吕公望集

永康文献丛书

一

吕公望 著

卢礼阳 邵余安 编校

图书在版编目(CIP)数据

吕公望集 / 吕公望著；卢礼阳，邵余安编校.
上海：上海古籍出版社，2025.5. -- （永康文献丛书）.
ISBN 978-7-5732-1564-2

Ⅰ. Z426

中国国家版本馆 CIP 数据核字第 2025N0S918 号

特约编审：李梦生
责任编辑：戎　默

永康文献丛书

吕公望集

（全十册）

吕公望　著

卢礼阳　邵余安　编校

上海古籍出版社出版发行

（上海市闵行区号景路 159 弄 1-5 号 A 座 5F　邮政编码 201101）

（1）网址：www.guji.com.cn
（2）E-mail：guji1@guji.com.cn
（3）易文网网址：www.ewen.co

浙江新华数码印务有限公司

开本 710×1000　1/16　印张 318.25　插页 57　字数 3,880,000
2025 年 5 月第 1 版　2025 年 5 月第 1 次印刷
印数：1—2,300
ISBN 978-7-5732-1564-2
Ⅰ·3912　定价：1680.00 元

如有质量问题，请与承印公司联系

永康文献丛书编纂成员名单

指导委员会

主　任　　　　胡勇春　郑云涛
副主任　　　　施礼干　胡文建　何丽平　卢　轶
委　员　　　　吕明勇　施一军　杜奕铭　朱林平　陈绍东　应巍炜

　　　办公室主任　　施一军
　　　副主任　　　　徐湖兵
　　　成　员　　　　应　蕾　朱　丹　陈有福　杨　晶

顾问委员会

主　任　　　　胡德伟
委　员　　　　鲁　光　卢敦基　卢礼阳　朱有抗　徐小飞　应宝容

编辑委员会

主　编　　　　李世扬
委　员　　　　朱维安　章竟成　林　毅　麻建成　徐立斌

1912年8月,吕公望任浙江陆军第六师师长。次月,授陆军中将。(采自《陆军学会军事月报》第6期,1914年1月版,第1页)

1916年7月,吕公望任浙江督军兼署省长。由此成为浙江历史上第一任省长。

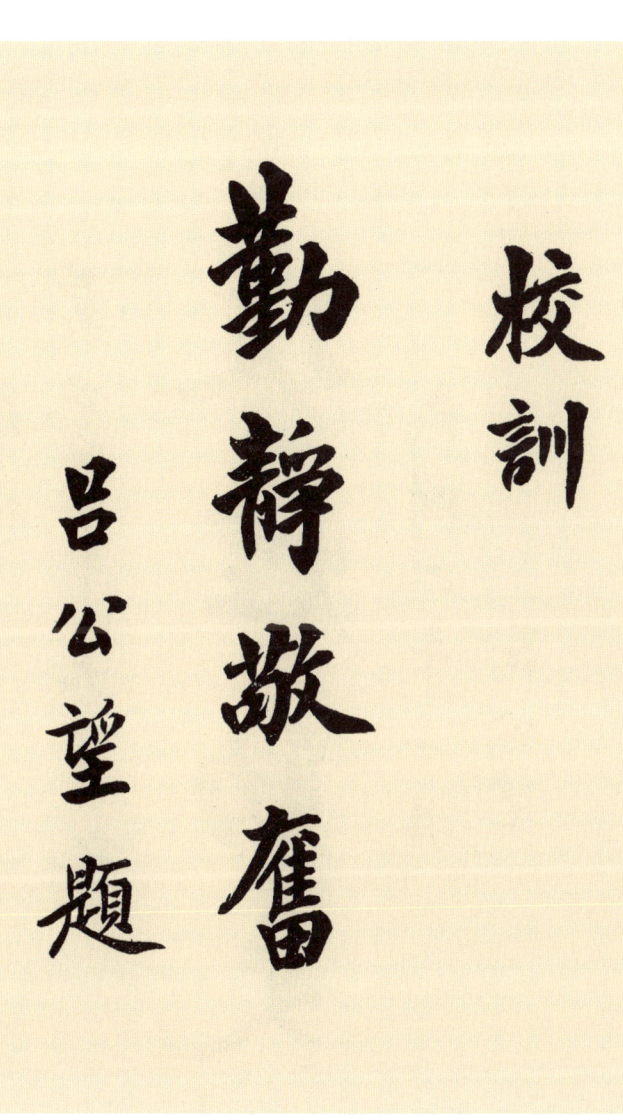

1912年10月，吕公望发起创办浙江体育学校。校训"勤静敬奋"，出自吕公望手笔。（上海图书馆藏）

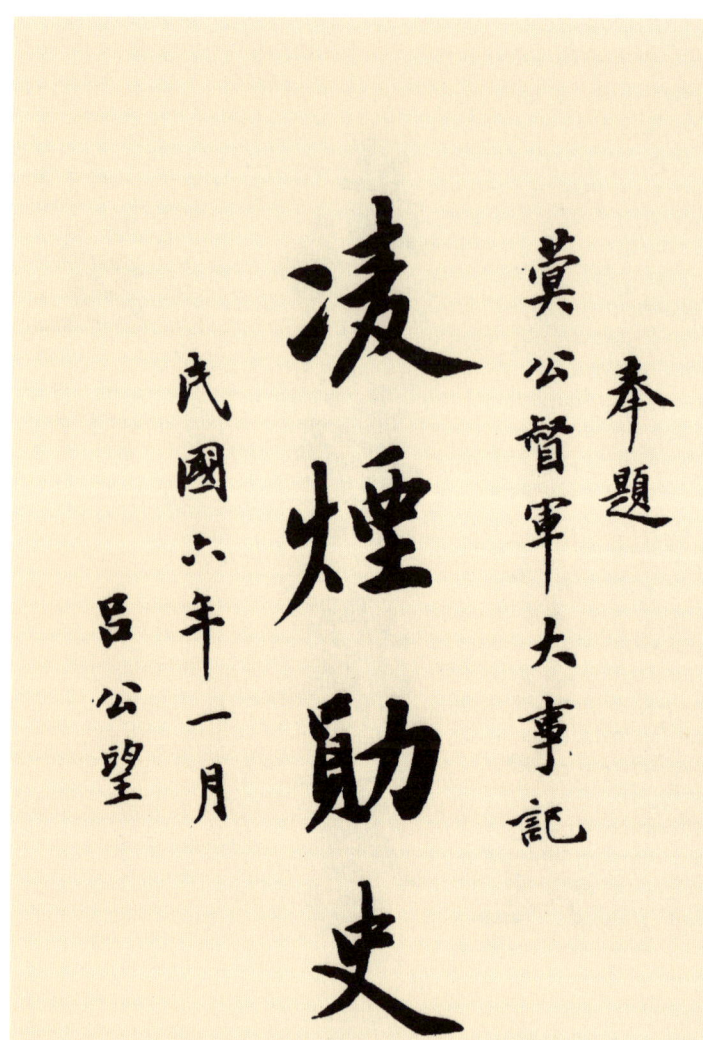

1917年1月，应约为《再造共和唐会泽大事记》（初名《蓂公督军大事记》）题"凌烟勋史"。唐会泽，即唐继尧，字蓂公，云南督军。

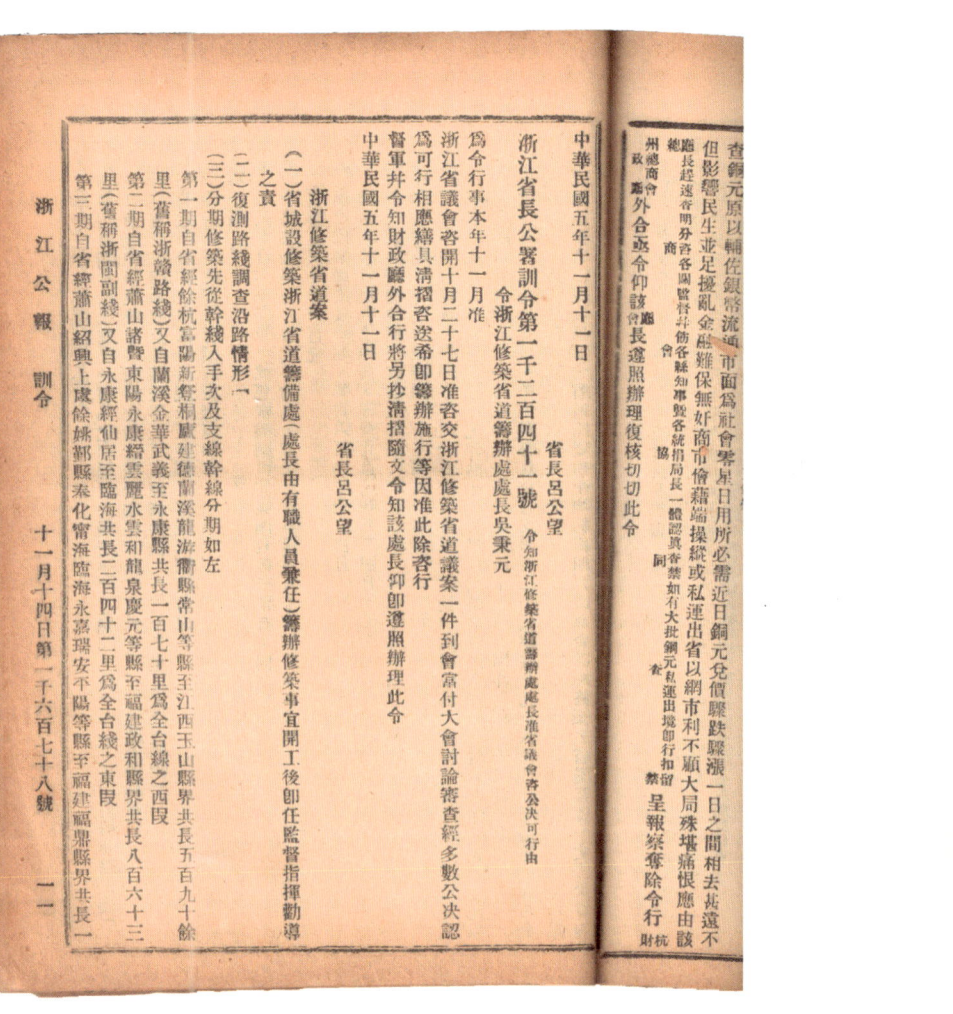

吕公望任内力推浙江修筑省道案,规模宏远,备受社会关注。图为《浙江公报》1916年11月14日刊登的"浙江修筑省道案"。

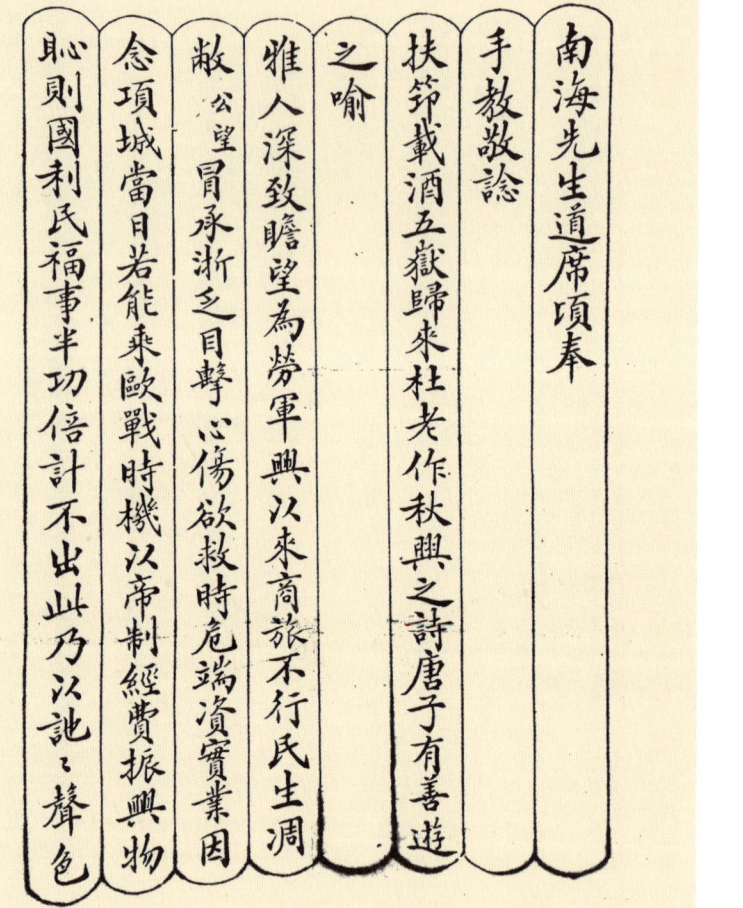

1916年11月8日，吕公望复康有为函之一。

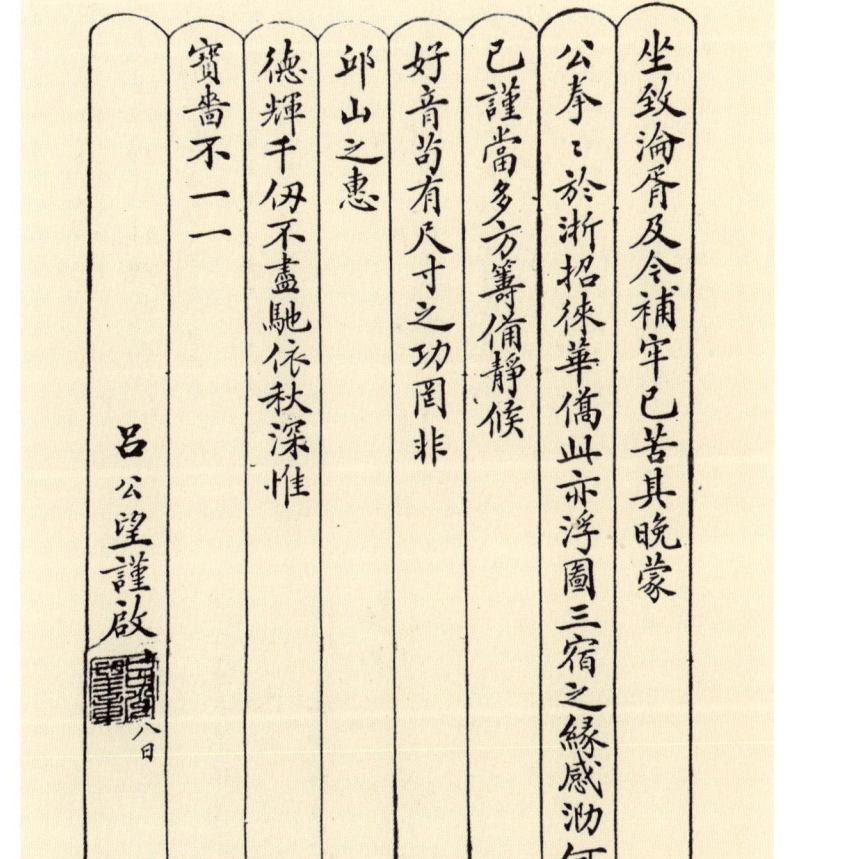

复康有为函之二

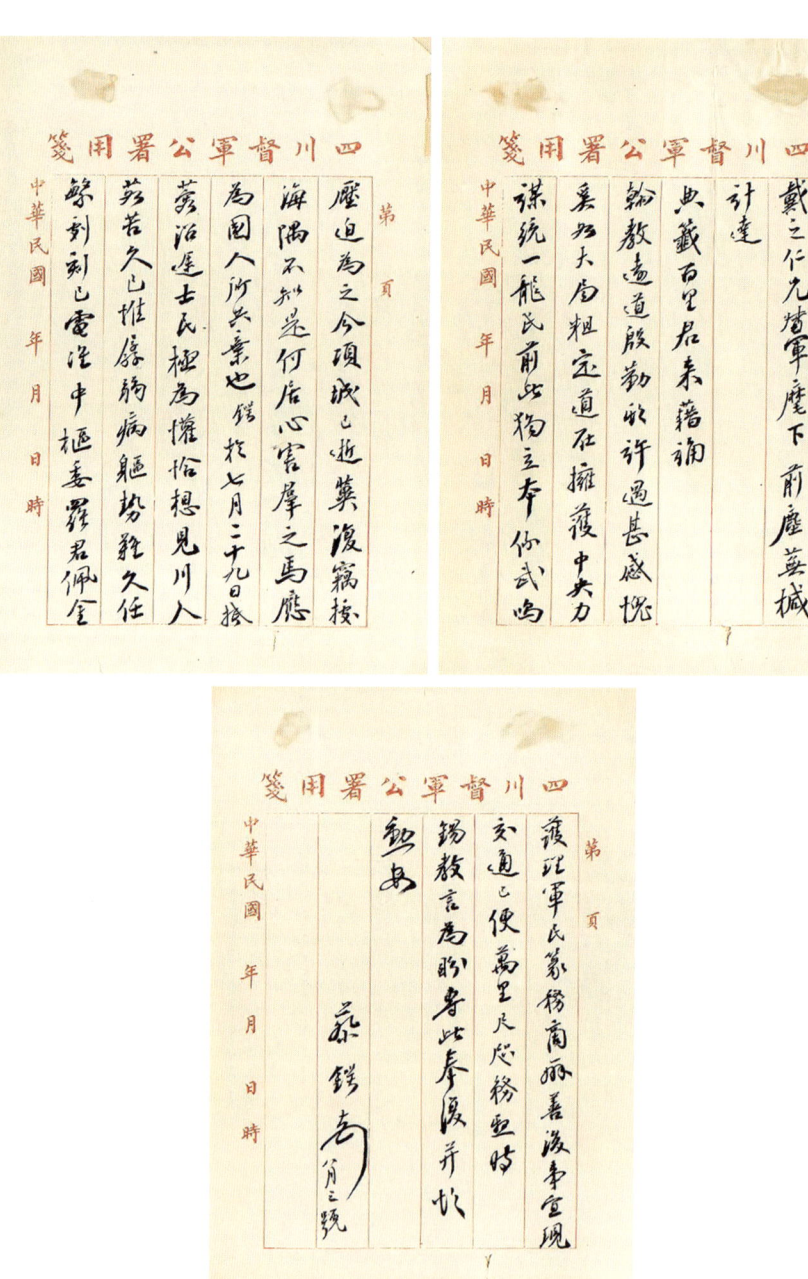

1916年8月3日，四川督军蔡锷致吕公望函。

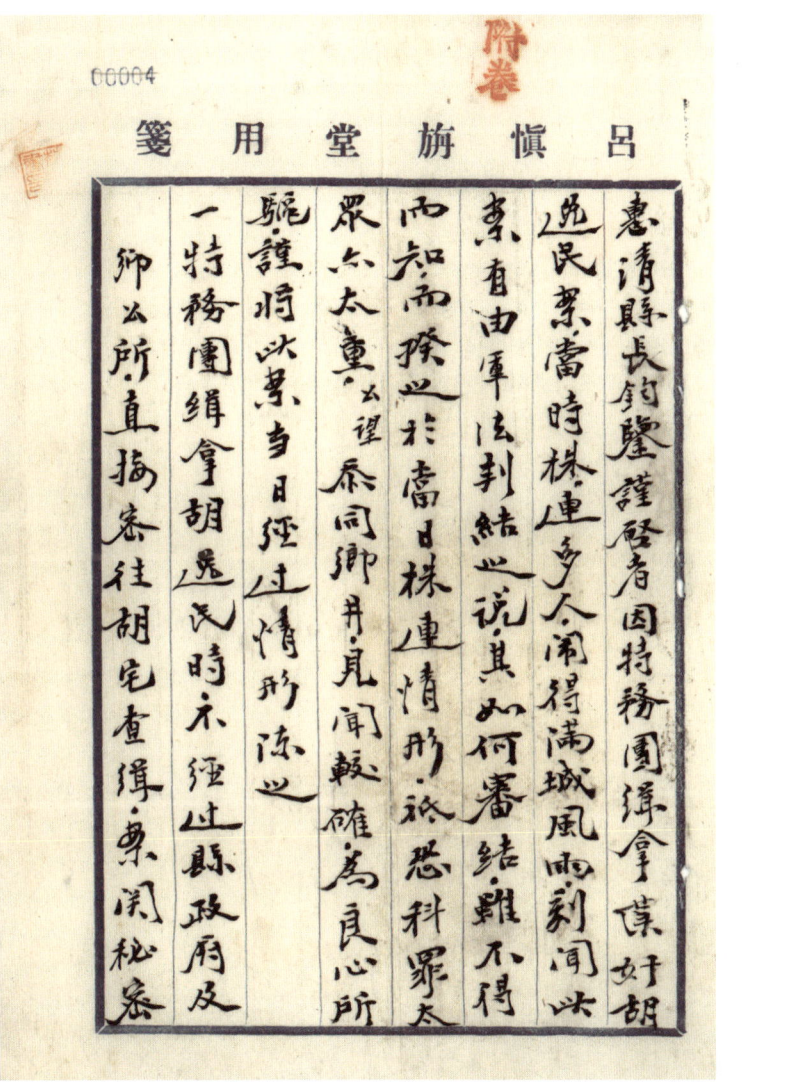

1939年8月31日，吕公望致朱惠清函第一页。（浙江省永康市档案馆藏）

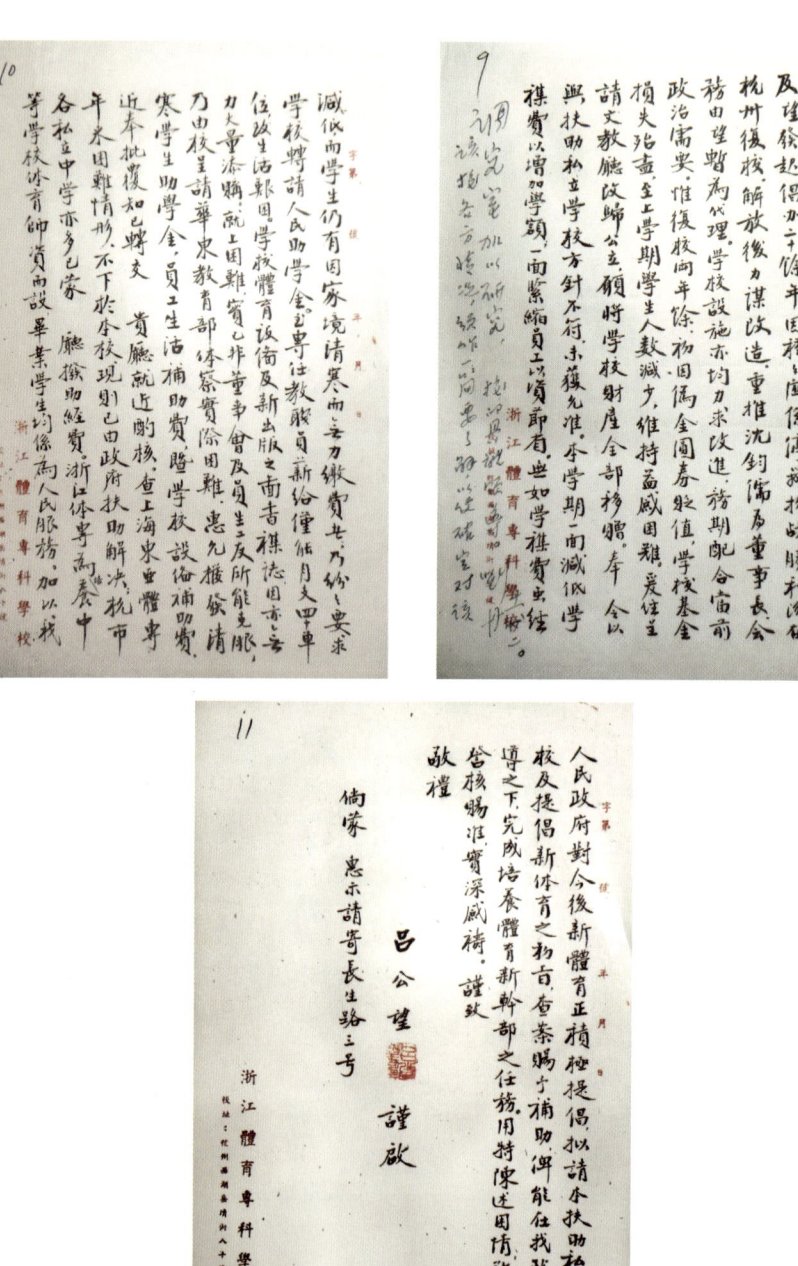

1950年11月，吕公望致浙江省文教厅厅长刘丹、副厅长俞仲武函，拟捐出私立浙江体育专科学校，改为公立。（浙江省档案馆藏）

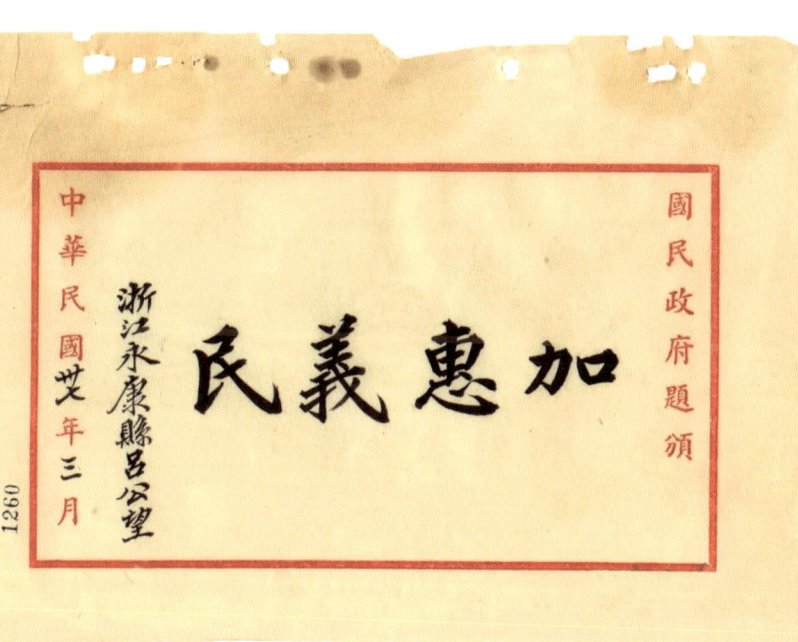

1948年3月，吕公望因抗战时期救济难民有功，受颁"加惠义民"匾额一方。

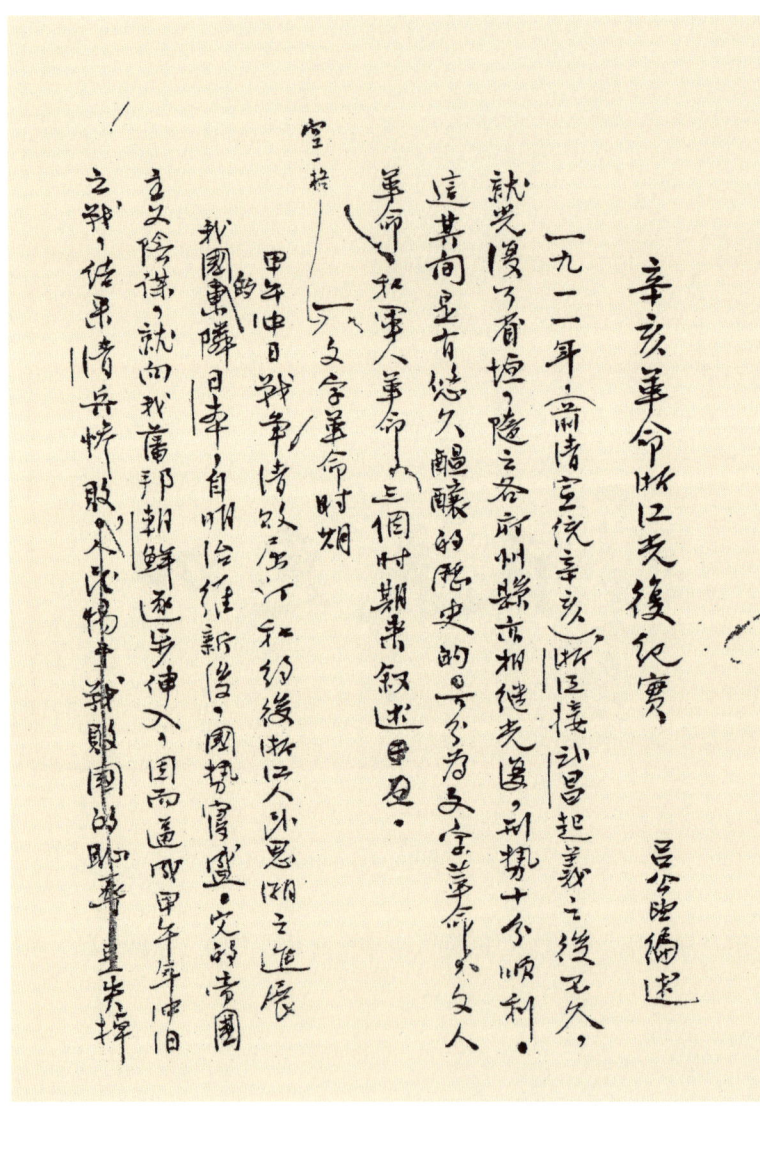

1954年，吕公望撰《辛亥革命浙江光复纪实》手稿第一页。（吕师煜供稿）

总　　序

永康历史悠久，人文荟萃。

据南朝宋郑缉之《东阳记》载，永康于三国赤乌八年(245)置县。建县近1800年来，虽经朝代更替，然县名、治所及区域，庶无大变，风俗名物，班班可考，辞章文献，卷帙颇丰。

魏晋南北朝至隋唐，是中国经济重心由北向南转移的准备阶段，永康的风土人情渐次载入各类典籍。北宋以降，永康即以名贤辈出、群星璀璨而著称婺州。名臣高士，时闻朝野；文采风流，广播海内。本邑由宋至清，载正史列传20余人，科举进士200余名。北宋胡则首开进士科名，为官一任，造福一方；徐无党受业于欧阳修，深得良史笔意，尝注《新五代史》，沾溉后学。南宋状元陈亮创立永康学派，宣导事功，名播四海；楼炤、章服、林大中、应孟明位高权重，忧国忧民，道德文章，著称南北。元代胡长孺安贫守志，文采斐然，名列"中南八士"。明代榜眼程文德与应典、卢可久，先后讲学五峰书院，传播阳明之学，盛极一时；朱方长期任职府县，清廉自守，史称一代廉吏；王崇投笔从戎，巡抚南疆，功勋卓著；徐文通宦游期间与当时文坛巨子交往密切，吟咏多有佳作。清初才女吴绛雪保境安民，壮烈殉身，名标青史；潘树棠博闻强记，饱读诗书，人称"八婺书橱"；晚清应宝时主政上海，对申城拓展、繁荣卓有贡献；胡凤丹、胡宗楙父子毕生搜罗乡邦文献，刊刻《金华丛书》，嘉惠士林。民国吕公望，早年投身辛亥革命，曾任浙江督军兼省长，公暇与程士毅、卢士希、应均等人结社唱酬，引领一代文风。抗战期间,方岩成为浙江省政府临时驻地,四方贤俊,汇聚于此,文人墨客,以笔代口,为抗日救亡而呐喊,在永康文化史上留下浓重一笔。

据粗略统计,本邑往哲先贤自北宋到民国时期,所撰经史子集各类著作及裒辑成集者,360余家,近千种。惜年代久远,迭经兵燹虫蠹、水火厄害,相当部分已灰飞烟灭,荡然无存。现国内外公私图书馆藏有本邑历代著作仅百余部,其中收入《四库全书》及存目、《续修四库全书》者20余部。这是历代先贤留给我们的宝贵精神财富,也是我们传承文化基因、汲取历史智慧的重要载体,更是一座有待开发的文化宝藏。

为整理出版《永康文献丛书》,多年以来,我市有识之士不懈呼吁,社会各界纷纷提议,希望开展此项工作。新时代政治清明,百业兴盛,重教崇文。为弘扬优秀传统文化,拓展我市文化内涵,提升城市文化品位,推进永康文化建设,永康市委市政府因势利导,决定由市委宣传部牵头,文广旅体局组织实施,启动《永康文献丛书》出版工程。历经一年筹备,具体工作于2021年3月正式展开。

整理出版《永康文献丛书》,以新时代中国特色社会主义思想为指导,以中共中央《关于整理我国古籍的指示》为指针,认真贯彻国务院《关于进一步加强古籍保护工作的意见》,继承与发扬永康学派的优良传统,着眼永康文化品位、学术氛围的营造与提升,系统梳理传统文化资源,让沉寂在古籍里的文字鲜活起来,努力展示本邑传统文化的独特魅力,积极推进永康文化建设。现拟用八至十年时间,动员组织市内外专业人士和社会各界力量,将永康文学、历史、哲学、法学、经济学、社会学、教育学诸方面的重要古籍资料,分批整理完稿;遵循"精选、精编、精印"的原则,总量在50部左右,每年五至六部,分期公开出版,并向全国发行。

《永康文献丛书》原则上只收录永康现有行政区域内,自建县以来至中华人民共和国成立之前的文献遗存。注重近代档案及其他文史资料的收集整理。在永康生活时间较长，或产生过较大影响的外邑人士的著作，酌情收入。丛书的采编，以抢救挖掘地方文献中的刻本以及流传稀少的稿本、抄本为重点；优先安排影响较大、学术价值较高、原创性较强的著作；对在永康历史上产生过重大影响的家族谱牒，也适当筛选吸收。

本次丛书整理，在注重现存古籍点校的同时，突出新编功能。一些重要历史人物的著述已经完全散逸，但尚有大量诗文见诸他人著作或志牒之中，又屡屡被时人和后人提及，则予以辑佚新编。一些历史人物知名度不高，但留存的诗文较多，以前从未结集，酌情编辑出版。宋元以来，我邑不少先贤，虽无著述单行，但大多有零散诗文传世，为免遗珠之憾，也拟汇总结集。

历史因文化而精彩，文化因历史而厚重。把永康发展的历史记录下来，把永康的文献典籍整理出来，把优秀传统文化传承下去，关乎永康历史文脉的延续，关乎永康精神的传承，关乎五金文化名城软实力的提升。因此，整理出版工作必须坚持政府主导、社会支援、专家负责的工作方针，遂分别建立指导委员会、顾问委员会、编辑委员会，各司其职，相互配合，以确保丛书整理出版计划的全面落实与高品质实施。

《永康文献丛书》整理出版的品质，在很大程度上取决于编纂人员的学识、眼光、格局，也取决于编纂人员的工作态度和敬业精神。为此，编纂团队将怀敬畏之心、精品意识、服务观念、奉献精神，抱着"为古人行役"的理念，以"功成不必在我"的境界和"功成必定有我"的历史担当，甘于寂寞，坚守初心，知难而进，任劳任怨，将《永康文献丛书》整理好、编辑好、出版好。

《永康文献丛书》是永康建县1800年来，首次对本邑古籍文献进行系统整理，是一套"千年未曾见，百年难再有"的大型历史文献，是对永康蕴藏丰富的文化资源的深入挖掘、科学梳理和集中展示,是构筑全国有影响的文化高地的有效途径,对于推进永康文化的研究、开发和传播,有着不可估量的可持续发展潜力。它是一项永康传统文化的探源工程、抢救工程,是一项功在当代、惠及千秋的传承工程、铸魂工程,是一项永康优秀传统文化的建设工程、形象工程。我们要在传承经典中守好文化根脉,在扎根本土中丰富精神内涵,在相容并济中打响文化品牌,为实现永康经济社会发展新跨越,为打造"世界五金之都,品质活力永康",提供强大的精神动力和文化支撑。

《永康文献丛书》编委会

2021年10月

以平常心参与创造历史

——《吕公望集》序

　　一个人生在怎样的时代,决定了他的人生将会怎样展开。1879年生于浙江永康的吕公望,遇到的是一个急剧变动的大转型时代,在他的童年、少年、青年时代,1883年到1885年发生了中法战争,1894年发生了中日甲午战争,1898年发生了戊戌变法,1900年发生了义和团运动,八国联军占领北京……这些中国近代史上的大事,像一条条鞭子狠狠地抽在大清帝国的脊背上。吕公望虽偏处帝国的边缘乡村,他的成长岁月却也不能处在这些大事之外。最初接触到梁启超主办的《新民丛报》的那种惊喜,他用了"寝食俱废"四个字。

　　1905年,当慈禧太后同意停止隋唐以来的科举制时,他已二十六岁,拥有秀才功名,通过科举考试进一步上升的通道突然堵死了。但此时的他已不是在旧典籍之外一无所知的读书人。就在这个时候,秋瑾、徐锡麟这些志士像一道光一般出现在他的面前,对于他的人生选择产生了重大影响,他成了光复会的一员。他自述1905年在西湖第一次见到秋瑾,大约是记忆有误,应该是1906年秋瑾从东京回国之后,他们在西湖游船,并在秘密革命据点白云庵相聚,"漫谈清政不纲,非革命不足以救国等事"。秋瑾邀他到上海《中国女报》担任主笔(他记得叫《女学报》),但他拒绝了,"文墨生涯,我感不到兴趣,最好要我习军事"。徐锡麟到安庆前,在西湖边对他说:"革命是不容易的一件事体,法国革了八十年的命,方得成功,我们中国的革命还未开始呢。我呢到安庆去预备流血的一人,我希望大家皆不要因我的流血而有惧心,就有希望了。你呢一定要混进军队去,方有希望的。"

这番话对他影响很大,他决定从军,自荐到浙江巡抚衙门的卫队当兵,由此进入随营学堂,获得到保定陆军速成学堂深造的机会。他以后常以一介武夫自许,其实他的书法、诗文都有很好的根柢,是受过传统文化训练的秀才郎,他申请当兵的呈文得到过巡抚张曾敭的欣赏。

1907年,对于他是个重要的转折点,作为以推翻清廷为目标的光复会成员,他北上保定,经过上海,将与他同行的童保暄等人都介绍给秋瑾,参加了光复会。他们以后也都成了清末民初浙军的主干,与他同时的蒋介石不久被公派留学东京学习军事。当他们北上之际,徐锡麟在安徽巡警学堂总办任上刺杀巡抚恩铭而被杀,秋瑾在绍兴大通学堂被捕、遇害,风声鹤唳,他们在天津得知消息,刚刚加入光复会的几个年轻人惊惶不已,想要逃走,而他镇定如常,"以不欲革命则已,如欲革命是不能离开军队的;如离开军队,此后无事可做,生不如死的好",最后安然无恙。

他由此进入军界,与尹昌衡、李书城、蒋作宾、吴禄祯等许多志士都有接触,参与谋划过不少事。武昌起义发生时,他正担任浙军八十二标第二营督队官,与同道在杭州等地起兵响应。浙江独立之后,正是他于辛亥年九月十七日率先向浙江省临时参议会提出浙军攻取南京的建议,获得通过。浙军攻宁支队迅速成立,朱瑞为支队长,他出任参谋长。南京之役是缔造民国的关键一战,浙军的功劳显赫,牺牲惨烈,如今在西子湖畔、鸡笼山上还有一块攻克金陵浙军阵亡将士纪念碑。一年后,西子湖头要举行追祭浙军光复南京先烈的大会,他以浙军第六师师长的身份在上海《民立报》发表告白,直言:"去岁光复南京,我浙军之铁血代价者居多。"

这是他军事生涯中最光荣的杰作,这一年,他不过三十二岁。这一战显示出他出色的军事才能,可谓有谋有勇,已载入辛亥革命史。详情由他的回忆《辛亥革命浙军攻克南京纪实》可知,已收入《吕公望集》第十一卷。

吕公望从政生涯的顶峰是袁世凯称帝失败之后,他于1916年5月6日正式就任浙江都督(两个月后,总统黎元洪任命他为督军兼省长),不过三十八岁。他之主政浙江,乃出于军警商民各界公推,非靠武力争来。作为军人,他说:"维持国家,吾辈固有专责;而干预政治,军人应避嫌疑。"这是1913年3月他给北京国事维持会的电文中公开说的。在"二次革命"中,他身为浙江陆军第六师师长兼嘉禾戒严司令官,持反对立场。袁世凯称帝前,册封他为一等男爵,意图笼络,他不为所动。

从投身革命的热血志士,到主政浙江不过十年,吕公望想起牺牲的秋瑾、徐锡麟等先烈,心中的感慨可想而知,在他批阅的大量的公文中,也有涉及西湖边一处纪念秋瑾的"秋社"社址归属问题的。1916年7月25日,他正式就任浙江省督军兼省长几天后写的一封信中说:"顾念半载以来,干戈扰攘,浙省秩序虽一无变更,而方事之殷,耕辍于野,商废于途,风鹤惊传,流离转徙,其间损失盖已不可胜数。此后抚循之策,补救之方,欲厚民生,计将安出?"

他确实有心致力于建设,可惜为时不到九个月,时间实在太短,难有大的建树。有人在《辛亥革命以后十六年的浙江政局》中称许他"不失为自好之士"。他以省长身份在浙江省议会第二届第一次临时会上宣布政见,谈及实业、教育、交通等,在说到交通问题时,他说:"今中国上不能赖于国家,下不能托诸人民,只能由省妥筹,得寸则寸,得尺则尺。此公望所由有修筑省道案之提出。"修筑省道,就是他的主张,可惜未来得及付诸实施。《吕公望集》从第一卷到第九卷保存了他在任时的大量公牍,可以说涉及民生的方方面面。

他于1917年1月黯然辞职,因浙江省会警察厅长夏超密谋策动军警赶他下台。这一点,他在这年6月21日发表在上海《时报》的致杭州同乡函中说得很清楚:"去冬军警之变,为保全浙人生命财产计,含垢忍辱,尤不惜牺牲个人之地位。"他不是那种抓住权力不放的人,在他身上,我看到的是一种平常心,进可以掌军、主政一方,退可以服务地方、热心公益。"三生不语空虚泪,万劫犹留洁净身。"他的诗中就以"洁净身"自许。离职之时,他还以省长名义公布了省议会议决的《浙江省模范缫丝厂招商承办规则》《浙江省立苗圃办法》等。

从1917年到1927年,他在政界、军界继续活动了十年,包括1918年出任援闽浙军总司令,1924年任浙江自治军总司令等,但对历史都已产生不了什么重大影响了。从1926年1927年,他昔日保定陆军速成学堂的同学蒋介石举兵北伐,他曾受命与北军斡旋,也只是扮演力不从心的中间人角色。从他1926年12月26日写给蒋的信中可知,他只是传话而已。此时,他称蒋还是"介石吾兄",等到1934年11月他为家乡永康旱灾而致电蒋请求慷慨解囊时,口气已截然不同:"金陵叩别,忽已七八年矣。我公鞠躬尽瘁,公望无似,不能依附骥尾。"作为光复会旧人、浙军代表人物,他们的时代已过去。一个人在有生之年有幸参与创造过历史,这就够了。"兴亡异数追今古,岂独秋风庾信哀。……中朝多少光荣史,都付秋樵野话间"。在他的诗中,我读出的不是不平,而是云淡风轻。昔日的光荣史,在他暮年的回忆中也化作了"秋樵野话"。

值得留意的是在退出政治舞台之后,吕公望的余生仍在实业、公益等领域有所作为,《吕公望集》收入他1933年发表的《开发西北棉纺织业计划书》,就颇有见识。从他1945年12月起草的《浙江省振济会难民工厂报告书》,可知他在抗日战争期间为救济难民所付出的心血。

我初知吕公望其人还是少年时,读浙江辛亥革命史料,他的名字便常有出现。卢礼阳兄邀我为他们编的《吕公望集》写几句话,我之所以答应下来，就因为对吕公望这个名字并不那么陌生。其实，在此之前，接触到他的史料极为有限。《吕公望集》搜罗之广，编辑之谨严，都可圈可点，确实下了很大功夫。此书不仅是永康的乡邦文献，也是辛亥革命史、民国史研究的重要史料。历史研究的基础是史料，整理史料也要靠人。这一点吕公望很清楚，他在1916年12月推荐章太炎出任国史馆馆长的电文中说："非其人则有朝报之讥，得其人斯有良史之誉。此丘明内外之载，史迁纪传之书，所为光前烈而昭百代也。"

我读即将付梓的《吕公望集》，读到他的《故园》诗，尤喜"夜色沉云星斗暗，野香入酒稻花多"之句。在这带着乡土气息的诗句中，吕公望又岂止只是一介武夫。

傅国涌

2025年2月18、19日

前　　言

吕公望(1879—1954)，原名占鳌，字戴之，浙江永康人。光复会会员，辛亥革命志士，浙江历史上第一任省长。作为政治活动家、一代乡贤，吕公望无愧于"浙东健儿"的称誉。

清光绪五年二月初八日(1879年2月28日)，生于永康县西乡三十里坑横溪庄(今永康市花街镇新溪村)。父吕春梧，半商半农，有房屋五所，田一百二十亩。吕公望八岁入私塾。光绪二十五年(1899)，中生员。两年之后，补廪生，先后在横溪、易川设馆授徒。

光绪三十一年春，读到梁启超编《新民丛报》，痛感清廷腐败，丧权辱国，萌发民族主义思想，计划外出求学，以谋求救国之道。至杭州，入金衢严处四府公学求学。三十二年，以缙云吕逢樵、丁载生之介，结识秋瑾、徐锡麟，改名公望，加入光复会。遂弃廪贡生涯，求入浙江抚署卫队当兵，其呈文有云："揆之初度，本自桑弧蓬矢而来；念厥前途，还当马革裹尸而去。"[1] 经浙抚张曾敭首肯，得入抚署卫队，在随营学堂当学员。即利用同乡关系，在抚署卫队、随营学堂与浙江新军中秘密展开革命活动。三十三年春，浙江选派四十人入保定陆军速成学堂(保定军校前身)速成科，吕公望、童保暄、张鸿翔、叶志龙、林竞雄、倪德薰、王萼等均在内。五月十二日，吕公望一行乘船离杭，十四日至沪，次日介绍童保暄、张鸿翔、叶志龙、林竞雄、倪德薰、王萼

---

[1] 全文未详，转引自《吕公望亲笔稿》，见本集卷十一，3852页。

等,访秋瑾于上海女报馆,童保暄等一并参加光复会。六月初六日,秋瑾就义于绍兴古轩亭口,童保暄等闻绍兴知府贵福搜出党人名册,终日惊恐不安,吕公望极力慰勉,其后当局不了了之。七月入堂,第一学期为普通班。年底分班,习炮科。

宣统元年(1909)毕业后分发回浙,由督练公所派为第八十二标第二营见习官。同年冬,广西筹办新军,吕公望应召前往省城桂林,历任兵备处军事科、考功科、经理科科员,与尹昌衡、覃鎏鑫、赵正平等人创办《指南月刊》,秘密鼓吹革命。因涉讥讽被查封,改出《南风报》,又遭封闭。再更名《南报》,复被查禁。是时广西巡抚为张鸣岐,对吕公望严加监视,遂辞职,随冷遹离桂林至香港,会晤同盟会负责人黄兴、胡汉民、赵声等。二年秋,返回杭州,任督练公所经理科科员,负责财政及统计等工作。在浙时与廿一镇八十一标代理标统(团长)朱瑞等重整光复会,以太庙巷寓所作为党人秘密联络点。三年春,升任第八十二标第二营督队官。

一九一一年十月十日(辛亥八月十九日),武昌革命军兴,是时吕公望因事晋京,闻讯赶返杭州。十月十三日,与陈其美、褚辅成、童保暄、朱瑞等在西湖白云庵密议,决定分派王金发、姚勇忱、吕公望等分往绍兴、宁波、台州、金华各属集合同志来杭起事。同日,出席光复会在城隍山四景园召开之秘密会议,会上与朱瑞、顾乃斌、韩肇基、朱健哉等即席决定:(一)浙江起义时,推汤寿潜为都督,以资号召;(二)促王金发速返绍兴谋独立,并由吕公望至缙云促吕逢樵密运革命队伍往富阳独立,诱杭州驻军驰援,以分其众,以便杭州易于举事;(三)决定新历十一月九日(夏历九月十九日)为举事日期,吕公望于举事前回杭协助一切;(四)派褚辅成赴上海,秘密运手枪二百支来杭。会后,吕公望即离杭进行。

十一月四日(九月十四日)拂晓,革命党人在杭州提前起事,拘浙江巡抚增韫,举汤寿潜为都督。次日,吕公望闻讯,雇快船赶返杭州。

七日,在浙江临时参议会第四次会议上,吕公望提议浙江应即出兵进攻南京,以便民军底定江南,巩固浙江光复后的局势。与会诸人委托吕草拟动员计划。吕公望草就动员计划后,即交临时参议会审议通过。临时参议会派朱瑞任浙军攻宁支队支队长,吕公望任浙军攻宁支队参谋长。十九日,吕带参谋、参军各一人、副官两人赴上海,向江南制造局交涉,领到最新过山炮四尊,编入支队,并为浙军过境设营便利计,留副官一人在沪接洽,一面通告沪军都督陈其美、吴淞都督李燮和速筹出兵会攻南京。以浙军出发在即,亲至无锡采购粮秣,并侦察敌情。江浙联军士气高昂,经乌龙山、幕府山、孝陵卫和天保城等多次作战,十二月二日攻克南京。吕公望建议乘机扩充浙军实力,增编新兵两师,可为攻宁官兵之酬功凭借。但没有被采纳。五日,以朱瑞短于远谋,坐失良机,顿萌消极之心,以请假养病为由,离宁返杭。

一九一二年(民国元年)一月,中华民国临时政府在南京成立。由于吕公望在光复杭州、南京之役的突出表现,得以脱颖而出,任浙军第十一协协统(旅长)。七月,前浙军攻宁支队长朱瑞接蒋尊簋任浙江都督,浙军改称第六师,朱瑞兼师长。八月,吕公望继任师长,仍兼第十一旅旅长。九月二十八日,授陆军中将。一九一三年,"二次革命"发生,兼任嘉禾戒严司令官,驻嘉兴。十一月初解严,返杭仍任第六师师长。同年发起成立浙江体育会,并创办浙江体育学校,任会长兼校长。浙江体育学校是全国最早创办的体育专门学校之一。一九一四年七月,转任嘉湖镇守使,驻湖州,师长交由叶颂清接替。一九一五年十二月二十三日,大总统袁世凯密谋称帝,册封吕公望为一等男爵,以示笼络,吕不为所动。同月二十九日,一等侯、兴武将军朱瑞电袁请早正大位。一九一六年四月十二日,浙军第二旅旅长童保喧、省会警察厅厅长夏超等逐走朱瑞,宣布浙江独立,推浙江巡按使屈映光为都督,屈推辞不受,仅允以巡按使名义兼浙军总司令,并密电袁世凯报告。十四日,袁电复屈映光,加将军衔,命兼署督理浙江军务。十七日,屈映光改称浙江都督。五月一日,屈映光派兵捕杀中华革命党浙江司令夏尔屿于杭州。屈映光出尔反尔,舆论哗然。五日,屈映光辞职,众举吕公望为浙江都督,兼摄民政。吕公望履新后,当即组织浙江护国军,响应反袁护国运动。六月六日,袁世凯去世,黎元洪继任大总统。七月六日,黎元洪令改各省督理军务长官为督军,民政长官为省长,任吕公望为浙江督军兼署省长,吕公望由此成为浙江历史上第一任省长。

十二月,与省会警察厅厅长夏超发生冲突。吕公望得国务总理段祺瑞之助,将夏超调任全省警务处处长,由傅其永(历任浙军攻宁支队参军、二十一团团长、宪兵司令官等职)继任省会警察厅厅长,夏超不服,联合督军公署参谋长周凤岐等与吕对抗,以警察欠饷为名,指使巡逻队长林文忠凶殴傅其永,全城警察罢岗,军队配合,与警队包围柴木巷吕公馆,吕公望疏于防范,处境尴尬,被迫发表辞职通电。一九一七年元旦,北京政府准吕公望辞本兼各职,并接受副总统兼江苏督军冯国璋的提名,以淞沪护军使兼第四师师长杨善德为浙江督军,调参政院参政齐耀珊为浙江省长。吕公望遂于一月十二日、一月二十日,相继交卸督军、省长职务。

吕公望主持浙江军政期间,废除道制,裁撤机构,整顿财政,与省参议会(不久恢复为省议会)竭诚合作,很想做一番事业。任内设立浙江修筑省道筹办处(省道办事处)、招劝华侨兴办实业事务处、浙西水利议事会、疏浚西湖工程事务所,为推进交通建设、发展水利事业、改善西湖环境,更是多所谋划,不遗余力。其间邀请孙中山、康有为、梁启超等人来杭游历,对于提升西湖与杭州的美誉度,作出了实实在在的努力。由于任期只有短暂的八个多月,难以有大的作为。

特别值得一提的是吕公望力推的"浙江修筑省道案",先从干线入手,计划分四期修筑,为期四年八个月,总预算约九百九十三万大洋。

第一期,自省城经余杭、富阳、新登、桐庐、建德、兰溪、龙游、衢县、常山等县,至江西玉山县界,长五百九十余里(旧称浙赣路线)。又,自兰溪、金华、武义至永康县,长一百七十里。为全台线之西段。

第二期,自省城经萧山、诸暨、东阳、永康、缙云、丽水、云和、龙泉、庆元等县,至福建政和县界,长八百六十三里(旧称浙闽副线)。又,自永康经仙居至临海,长二百四十二里。为全台线之东段。

第三期,自省经萧山、绍兴、上虞、余姚、鄞县、奉化、宁海、临海、永嘉、瑞安、平阳等县,至福建福鼎县界,长一千零十三里(旧称浙闽正线)。

第四期,自浙经余杭、临安、於潜、昌化四县,至安徽交界之昱岭关,长二百零二里(旧称浙皖正线)。又,自浙经德清、吴兴,至泗安接安徽之广德县界,长二百六十五里(旧称浙皖副线)。又,自省城经崇德、嘉兴,至江苏交界之王江泾镇,长二百三十五里(旧称浙苏线)。干线成后,再依次修筑干线未经各县之支线,

十月二十七日此案提交省议会审查,当即议决开办。十一月修筑省道筹办处正式成立,制订并公布《浙江修筑省道筹办处简章》《浙江修筑省道筹办处旅费规则》《浙江修筑省道收用土地条例》《浙江修筑省道奖励条例》《浙江修筑省道募捐条例》《浙江修筑省道筹办处调查测量规则》等规章,并责成省财政厅于民国五年度预算案内先安排修筑省道费四十万元,其余公款补助及募捐事宜另行筹备。沿线各县发动与调查测量工作随后铺开。吕公望为何煞费苦心,如此注重省道的建设?这与他对交通事业的理念息息相关。正如他在《浙江省议会第二届第一次临时会省长宣布政见》之时所强调的:"总之,交通便利,则人民之进化易,社会之进化易,则各种实业之提倡亦易。故交通事业,各国皆以国家提倡,费出国税。今中国上不能赖于国家,下不能托诸人民,只能由省妥筹,得寸则寸,得尺则尺。此公望所由有修筑省道案之提出。若浙江果有千万款储以待用,何待公望提倡,今明知无钱而不能不极力求成,希望将来之利益。惟尤须注意者,此种事业,非十年无可比较,无可判断,惟望我浙人共策进行而已

耳。"遗憾的是省道尚未开工,吕公望已匆匆卸任。

相隔多年,舆论依然给予高度评价:"浙省创设省道之动机,远在民国五年间。时吕公望氏长浙,曾规划全省设三大干线,以杭州为中心,一至江西之玉山,一至安徽之广德,一至福建之浦城。另又分设支线,联络省内各县。路长数千里,需费数千万元,分年建筑,期以必成,诚一伟大事业。后以吕氏旋即去位,继任当道以省库支绌,停止进行。"①论者感叹:"浙江吕公望兼省长,筹备省道,规模宏远矣。齐耀珊继吕长浙,而全部推翻。"②

一九一七年一月十九日,黎元洪任命吕公望为将军府怀威将军。夏,府院之争起,吕远黎袒段。七月一日,张勋复辟,三日,段祺瑞马厂誓师,出兵讨逆,吕公望积极追随。十三日,废帝溥仪第二次宣布退位。段祺瑞再度上台,吕公望并未起用,遂闲居天津。其间,曾随援川军总司令吴光新入渝考察。

一九一八年四月,护法战争期间,浙军第一师师长童保暄率部入闽,助北军攻粤,进犯潮汕。护法军政府总裁岑春煊以吕公望与浙军有渊源,派秘书长章士钊至津,邀吕公望赴粤共事。五月,抵达广东潮州。六月,童部攻占广东大埔、饶平等县。七月,吕公望冒险至飞鹅岭前线,策动童部左路前敌指挥、团长陈肇英南投,童闻报,急忙下令北撤,粤军趁机追击,收复失地。八月十日,军政府下令进攻福建,以沈鸿英为总司令,下分三路,以靖国军方声涛为左路司令,桂军刘志陆为中路司令,浙军吕公望为右路司令。八月二十九日,任护法军援闽浙军总司令,设司令部于饶平县黄冈镇。一九一九年一月六日,任军政府军事委员会委员。次年七月,兼署军政府参谋部长。

---

① 《浙省之省道县道观》,原载《申报》一九二三年五月十九日,二十二版转二十三版,汽车增刊。参见本集附录四。
② 欧沧《山西通信》,原载《申报》一九二二年二月十九日,七版。参见本集附录四。

前言

一九二〇年九月,闽督李厚基以马步云为总指挥,派兵围攻驻守安海的援闽浙军,参谋长兼独立旅旅长苏璋(伏波)中弹阵亡。一九二一年二月下旬,陈肇英部在潮州为陈炯明部粤军与北军臧致平部合围,经当地商会居间调停,被迫缴械遣散。吕公望以大势已去,黯然离开广东,经沪入京,旋蛰居天津。

一九二二年,与张绍曾、金兆棪、董其蕙等在津筹办女子储蓄银行,任董事长,经营年余,结果因常务董事胡志仑与经理徐某通同作弊,银行以周转不灵倒闭。次年,与吴鼎昌、吴天民等集股,在北京朝阳门外筹建跑马场,因经费不足,亦未成功。其时,湖州张淡如至津,设立北洋交易所,堂弟吕临权当经纪人,邀吕公望集股设立经纪号,不到三个月,亦归于失败。

一九二四年十月八日,吕公望与蒋尊簋、屈映光、褚辅成等在宁波组织浙江临时自治政府,宣布独立。九日,因浙江第一师二旅旅长伍文渊反对,归于失败。十三日,宁台镇守使王桂林、第一师一旅旅长郝国玺拘捕伍文渊,推吕公望为浙江自治军总司令,宁波再度独立。十八日,浙江第二师周凤岐发兵攻占宁波,自治军宣告失败。

一九二五年二月,临时执政段祺瑞在京召开善后会议,吕公望应聘为军政门专门委员。五月,任临时参政院参政。次年七月,北伐军兴,离津南归。一九二七年一月,北伐军入浙,任江北宣抚使,奉命招抚杂牌军队。不久去职。

随后淡出政界,试图在经济与社会事业上谋发展。一九二八年,集资在上海开设永豫和记纺织公司。一九三二年一月,上海"一二八事变"起,永豫公司因之停办。三月,鉴于当时经济恐慌、民生凋敝的形势,雄心勃勃提出《开发西北棉纺织业计划书》,体现了他关注国计民生的远见卓识。但限于诸多原因,未能付诸实施。

一九三四年,至浙江昌化开采锑矿。一九三七年七月,卢沟桥事

7

变爆发。八月七日在金华《浙东民报》发表请缨通电。秋,矿场因日军占领而停办。十二月,杭州沦陷,返回故里永康。

一九三八年春,任难民救济委员会浙江省分会委员,省政府拨款十万元,委托吕公望创办难民染织工厂,任总经理。四月,择定古镇芝英开办,收容大批难民,以速成方式,授予染织技术。因难胞来去自如,时有增减,每日多者五千人,少者二三千人,日出布二百匹。嗣以工人技能成熟,日出布增至千匹,其产品大部供军政部军需局,一部则供应市场。在当时海口封锁之际,该厂对军需供应及国民经济贡献颇大。十月,浙江省政府委员会决定,将难民救济委员会浙江省分会改组为浙江省振济会,吕公望应聘为振济会常务委员,难民工厂正式改隶省振济会,以吕公望为经理,黄人望副之。一九四二年五月,日军进犯浙赣路,分兵占领永康,吕组织难民工厂拆卸机器设备,步行南撤。十月,抵达新省会云和,居于赤石。是时该厂房屋、机件,损失綦重,且原料来源中断,几无法继续生产。为顾念难胞生计起见,吕公望仍勉力维持,该厂以浙江贸易公司名义与上海东南公司订约,以桐油易纱,始得复工。嗣为适应环境需要,增设炼油、化学、畜牧、电灯、酱油、肥皂等分厂或工场,增收难胞,并生产日用品,于救济民生、稳定时局,均不无裨补。

一九四五年八月,抗战胜利。难民工厂职工以国土重光,纷纷返籍,工厂遂告停办,吕公望以主持难民工厂八年,自开办至结束,产布二十八万七千七百余匹;截至一九四三年,产纱二十余万斤。将余款三百余万元悉数交与省政府。

同年九月,浙江省参议会成立,吕公望由永康县参议会选为参议员,并膺选为副议长。一九四七年十月,与省政府委员兼民政厅长阮毅成、杭州市长周象贤等发起,商定就西湖白云庵原址建设辛亥革命纪念馆,受推为筹备主任,建筑经费由杭州市政府解决,设计、施工,均责成杭州市工务局承办。一九四八年三月二十三日,以战时救济难民有功,获国民政府题颁"加惠义民"匾额一方。

一九四九年一月,吕公望任浙江和平促进会常务委员,与促进会同仁联名致电国共两党领袖,希望双方即日派遣代表,以政治协商方式,解决国是,共谋和平。四月下旬,解放大军接近杭州,吕公望以省参议会副议长身份被推选为杭州市临时救济会主任委员,杭州市参议会议长张衡、市商会理事长程心锦为副主任委员。临时救济会多方发动,并与省政府主席周嵒一再交涉,积极争取,为因应社会局势、安定市民情绪、保护城市设施做了不少有益的工作。① 四月三十日,省主席周嵒登门邀请吕公望全家前往台湾,吕未应允。随即托病躲入浙江医院。

五月三日,杭州迎来解放。吕公望作为民主人士,欣然接受杭州市军管会的邀请,出任杭州市各界劳军运动总会常务委员兼第七分会主任、杭州市人民胜利折实公债推销委员会委员兼第五分会主任委员、杭州市镇压反革命审查委员会委员、中国人民救济总会杭州市分会副主席等职,尔后应聘浙江省政协委员,当选杭州市人民代表,表现了拥护新政府的积极政治姿态。

晚年撰写《辛亥革命浙江光复纪实》《辛亥革命浙军攻克南京纪实》《吕公望亲笔稿》等回忆文章②,为后人留下不可多得的一手资料。

一九五四年七月二十二日,吕公望因心脏病在杭州去世,享年七十六岁。中央人民政府副主席宋庆龄闻悉,致送赙仪三百元,以示哀悼和对其家人的慰问。③

综其一生,早年结纳志士,致力于民主革命,冒险参与辛亥光复

---

① 张天立《张衡先生任职杭州市参议会议长的前前后后》,原载《杭州文史资料》第十八辑,政协杭州市委员会文史资料委员会编印,一九九三年十二月,6—9页。

② 《辛亥革命浙江光复纪实》《辛亥革命浙军攻克南京纪实》两篇手稿,吕公望哲嗣吕师煜珍藏多年,二〇一一年二月捐赠浙江省档案馆,后移交杭州国家版本馆收藏。

③ 徐忠友《吕公望:不负徐公之望》,原载《联谊报》二〇一一年十一月十二日,三版春秋。

杭州、南京之役，为建立民国，奋不顾身，多所奉献。中年主政浙江，励精图治，为恢复社会秩序、建设城市交通、推进水利事业、吸引华侨兴办实业等，多方筹划，可惜限于任期，壮志未酬。抗战时期，为救济难胞，创办难民染织工厂，苦心孤诣，支持抗战大业，厥功甚伟。杭州解放前夕，以古稀之年，为缓解市民疾苦、稳定时局积极奔走，深受社会各界赞誉。一九四九年后，主动配合新政权工作，如赞同土改，支持"镇反"，推销公债等，有助于社会转型，无不可圈可点。

吕公望著作散见各处，生前没有结集，病故至今大半个世纪，也未搜罗成书。现将吕公望函电、饬、咨、呈、训令、指令、布告（公布）、通告、照会、批、委任令、牌示等，论文、祭文、传记、寿序、序言、谱序、信札、回忆录、诗作、联语等，尽可能整理收录，既以保存文献史料，亦用以告慰一代乡贤。

前九卷，收入吕从政期间各类公文数以千计，按都督（督军）兼署省长任期九个月，一个月为一卷，而鉴于篇幅关系，将此前第六师师长、嘉湖镇守使、嘉湖戒严司令任内告白、呈文、声明、电函等二十通置于卷首。卷十，收录援闽浙军总司令、护法军政府参谋部长任内的函电一组。卷十一，收录论文、自述、传记、序言、函电等六十多题（通）、诗八题二十三章、联语十三副，其中论十九路军抗战、开发西北棉纺织业计划书、浙江省振济会难民染织工厂报告书，以及回忆辛亥革命与早年经历的一组文章，尤其难得。

正文内，受文（函电、指令、训令等）对象的回复或来件，收作附件。少量公文当时未单独发布，从受文对象的呈文或训令中析出，酌情插入相应位置。

附录，包括联署文章、同僚友朋函电、公牍、媒体报道、时人日记、纪念文章等六部分，以为知人论世之助。其中附录一，联署文章，包括电报、信函、启事、布告等，三十篇；附录二，函电，一百七十通；附录三，公牍，七十七通。附录四，报道，选自《申报》《民国日报》《时报》《大公报》《浙江日报》等,约五百五十条。附录五,日记,收入童保暄、张枫、徐永昌、符璋、谭延闿、郑孝胥、黄秉义、许宝蘅、余绍宋、黄郛、邵元冲、陈训慈、宋云彬、夏承焘、竺可桢等十五家日记,两百五十三则,其中童保暄、余绍宋两家最多,各为一八〇则、三二则。附录六,传略,收录纪念或介绍文章一组十三篇。本拟将友朋唱和之作单独编成"酬唱"一组,鉴于数量有限,只好变通,将黄元秀《送吕镇守使赴湖州》、黄菊裳《与吕戴之省长津门客感次韵》、汾南渔侠《即席呈吕公戴之》、查人伟《自永康撤退至庆元途中》等六题,视作别样的传记材料,一并归入附录六。此外,岑春煊、蔡元培、章太炎、张耀曾等联名发起的《吕凤鸣封翁暨德配马太夫人七旬晋五双寿征文启》难以归类,姑且编入附录六,以殿其后。

卷后,主要人名索引,便于读者查考。

吕公望作为晚近浙江的一位代表人物,相对而言,史学界于吕公望给予的关注较少,这与他的历史地位与社会贡献是很不相称的,本集的整理与出版正当其时。

卢礼阳　邵余安

二〇二四年三月三十日初稿,四月九日补充,

七月二十四日至二十九日再改

目　　录

第　一　册

总　　　序 …………………………《永康文献丛书》编委会　1
以平常心参与创造历史——《吕公望集》序 ……………… 傅国涌　1
前　　　言 ………………………………… 卢礼阳　邵余安　1

吕公望集卷一　公牍一 ……………………………………… 1
　致各报馆电 ……………………………………………… 1
　阳历十二月二号追祭浙军光复南京诸先烈告白 ……… 1
　第六师呈都督为第二十五团第一营第二连第一排排长张益廉被钱荣瑞等枪杀
　　毙命请悬赏缉拿由 …………………………………… 2
　　附　大都督训令第十八号 …………………………… 2
　第六师呈都督射击场计画建筑图式并请估价兴工由 … 3
　　附　浙江都督府公函二年函字第二百四十四号 …… 4
　致叶颂清傅其永电 ……………………………………… 5
　　附　嘉禾来电 ………………………………………… 5
　致都督府电 ……………………………………………… 5
　又致都督府电 …………………………………………… 6
　　附　吕公望得意之电告 ……………………………… 6
　浙军吕公望之声明 ……………………………………… 6

1

致各报馆并转旅沪学会电 ·················· 7
复朱瑞电 ······················ 7
  附　共进会肆扰嘉湖 ··············· 7
致朱瑞张载阳电 ··················· 8
致朱瑞铣电 ····················· 8
致朱瑞敬电 ····················· 8
致朱瑞有电 ····················· 8
浙江陆军第六师师长兼嘉禾戒严司令官吕公望布告 ······ 9
致浙省各界电 ···················· 9
致北京统率办事处政事堂电 ············· 10
致各省将军巡按使长江巡阅使各都统各护军使各镇守使
 各师长电 ··················· 11
致云贵两广各都督民政长电 ············· 11
嘉湖戒严司令吕安民告示 ·············· 12
致宁波各县知事通电 ················ 12
致叶南坡函 ···················· 13
浙江军界致省内各道尹各县知事电 ·········· 14
浙省军民致北京政事堂统率办事处各部院长各省军民长官
 军警商学各界电 ················ 15
杭垣军警界复浙江国会议员电 ············ 16
致参谋总长段祺瑞电 ················ 17
就任浙江都督通电 ················· 18
  附　谷钟秀等致浙江吕都督电 ··········· 18
  附　钮永建等致吕都督等电 ············ 19
  附　驻沪国会议员致吕都督函 ··········· 19
  附　韩绍基佳电 ················· 19
  附　张嘉树鱼电 ················· 20
  附　来伟良鱼电 ················· 20

2

附 黄继忠来电	20
附 陈鸿业来电	20
附 张德全等佳电	20
附 潘补来电	21
附 嘉兴来电	21
附 张寅董永安来电	21
附 顾乃斌来电	21

吕公望通电 ………………………………………………………… 22

浙都督致唐温王电 ………………………………………………… 22

浙江都督通告云贵两广电 ………………………………………… 22

　　附 浙绅致唐少川电 ………………………………………… 23

浙江都督告示 ……………………………………………………… 23

浙江都督府饬军字第七十五号饬文武各僚属不得藉端辞职仰即遵照由
………………………………………………………………………… 23

浙江都督府饬警字第四十一号饬嘉善县知事饬知调委枫泾警佐由 …… 24

浙江都督府饬警字第四十二号饬绍兴县知事饬知调委东关警佐由 …… 25

浙江都督吕示 ……………………………………………………… 25

浙江都督府饬警字第四十四号饬知缙云县调委壶镇警佐由 ……… 26

致段祺瑞劝告项城速行退位电 …………………………………… 26

浙江都督府饬军字第一百二十号饬发《浙江省文武各官现行公文程式
　　条例》由 ………………………………………………………… 27

　　浙江省文武各官现行公文程式条例 ………………………… 27

浙江都督府饬军字第一百二十一号饬发《军事参议会条例》由 …… 28

　　军事参议会条例 ……………………………………………… 28

吕公望启事 ………………………………………………………… 29

浙江都督府饬军字第一百四十二号饬知继续给发军官士兵本年上期
　　年俸金及减饷由 ………………………………………………… 29

3

浙江都督吕批民政厅呈送组织条例请核准公布由 ………… 30
 浙江民政厅组织条例 ………… 30
浙江都督府饬军字第一百四十二号饬各军队将退伍兵复役年月籍贯详
 细查明造册具报由 ………… 32
浙江都督府饬军字第一百四十三号饬知为特任俞风韶为本府财政参议兼
 浙江中国交通实业各银行监理官由 ………… 33
浙江都督府饬军字第一百四十三号饬特任该员为本府财政参议兼浙江
 中国交通实业各银行监理官由 ………… 33
浙江都督府饬军字第一百四十四号饬特任杭关浙海瓯海各关监督由
 ………… 34
浙江都督府饬军字第一百四十五号饬特任高等审判检察厅长由 …… 34
浙江都督府饬军字第一百四十六号饬拿藉名捐募军饷匪徒由 ………… 35
浙江都督府饬政字第五号饬警政厅保护嘉善窑市由 ………… 35
浙江都督府饬政字第六号饬各县知事示各县人民本省钱粮捐税仍应照常
 完纳由 ………… 36
 浙江都督吕示 ………… 36
浙江都督府饬政字第七号饬省会工程局会办夏超代理总办由 ………… 37
 批抄附 ………… 37
浙江都督府饬政字第八号通饬各属遵照转饬所属一体照约保护美国人陶
 士登俄国人米托发诺等来浙游历由 ………… 38
 浙江省游历名单 ………… 38
浙江都督府饬政字第九号通饬各属遵照转饬所属一体照约保护日商下野
 哲四郎来浙游历由 ………… 38
浙江都督咨浙江参议会请求同意任命财政厅厅长莫永贞民政厅厅长王文
 庆高审厅厅长范贤方不及提交先行就职日期由 ………… 39
浙江都督府饬军字第一百四十八号饬第二十五师师长为任命团附营长
 及委任副官由 ………… 40

浙江都督府饬军字同上号 饬第六师师长为任命团附营长及委任副官由 …… 41

浙江都督府饬军字同上号 饬委戴鸿渠为九十九团副官由 …… 41

浙江都督府饬政字第 号 通饬各属遵照转饬所属一体照约保护英国女教士饶梅英游历浙江由 …… 42

吕都督电复宁波周警察厅长仍着代理道尹由 …… 42

 附 宁波周警察厅长电称新任道尹就职或另委接代由 …… 42

浙江都督府饬军字第一百五十八号 饬各军队机关军职补充不得任意保荐由 …… 43

吕都督咨复参议会咨请裁撤道尹一案依议执行由 …… 43

浙江都督府饬军字第一百六十六号 饬嘉湖戒严司令官前向嘉兴吴兴提拨之款仰速将确数具复由 …… 44

浙江都督府饬军字同上号 饬第四十九旅长该旅前在宁波支库借拨款项并九十七团第一营向绍兴县公署借拨款项应如数归还由 …… 45

浙江都督府饬军字同上号 饬台州镇守使张前任前在海门支库借拨款项有无归还查明具报由 …… 46

浙江都督府饬政字第二十一号 饬民政厅长警政厅长嘉湖镇守使保护莫干山避暑西人由 …… 46

 附 浙江民政厅饬第二十三号 饬武康县知事保护莫干山避暑西人由 …… 47

浙江都督吕批 财政厅详为省外军事机关直接所提库款应如何结束并分饬各机关查明具报由 …… 48

浙江都督吕批 永嘉县知事详为奉电划拨周委员征兵费银二千元在省税项下动支乞示由 …… 48

浙江都督吕批 龙泉县知事为据详请领垫发退伍兵死后年金附送印领领结恳请察核照给由 …… 48

浙江都督吕批 杭州游击队统领呈为补领旧有军官戴彤四月分薪水请示核发由 …… 49

浙江都督吕批镇海县知事为据情转详恳求核释逃兵姚连胜罪名仰祈鉴核由 …… 49

都督府电饬四道尹员缺一律裁撤预备结束由 …………………… 49

浙江都督府饬军字第一百七十三号饬知为任命杭州游击队第三营管带
　陈绍琳为步兵第二十三团少校团附遗缺以徐鲲升充由 ………… 50

吕都督咨浙江参议会业经特任警政厅长高等检察长请追予同意由 …… 50

吕都督咨复浙江参议会咨询警政厅长检察厅长曾否加委由 ………… 51

浙江都督府饬军字第一百八十号饬委黄恩绪为本府助理秘书助办司法
　事宜由 …………………………………………………………… 51

浙江都督府饬军字第一百八十二号饬兼代第二十五师师长据台州镇守
　使详为第二十五师差遣阮钟良调充职署少校参谋由 …………… 52

浙江都督府饬军字同上号饬第六师长据台州镇守使详为该师步兵第十一
　旅司令部差遣张乃森书记周兆熊调充职署副官军需正由 ……… 52

浙江都督府饬军字第一百八十四号饬嘉湖戒严司令官据湖属经商黄永
　源等请将前湖属内河太湖各盐巡船勇一律迅予拨回由 ………… 53

浙江都督府饬军字第一百八十五号饬兼代第二十五师师长据台州镇守
　使详为第二十五师差遣张振岳请调充随员由 …………………… 54

浙江都督府饬政字第四十二号饬各属保护日人三浦铁太郎来浙游历由 …… 54

浙江都督府饬政字第四十三号饬民政厅长财政厅长警政厅长饬知各属
　请领独立特别用款等情碍难照准由 ……………………………… 55

浙江都督府饬政字第四十五号饬财政厅长民政厅长警政厅长据平湖县
　知事电禀交卸日期知照由 ………………………………………… 55

浙江都督府饬政字第四十六号饬前任财政厅长新任财政厅长派委监盘
　交代知照由 ………………………………………………………… 56

浙江都督府饬政字第四十九号饬财政厅长莫永贞详查德清县粮额荒缺
　情形具复由 ………………………………………………………… 56

浙江都督府饬政字第五十一号饬四道尹一律裁撤并候派员接收由 …… 57
　计附开办法八条 …………………………………………………… 58

目 录

浙江都督吕批浙江警政厅详准组织条例由 ········· 59
 浙江警政厅组织条例 ············ 59
浙江都督府饬军字第一百九十号饬委胡庸为本府监印官由 ····· 61
浙江都督府饬军字第一百九十六号饬委袁钟瑞为本府法律顾问官由 ···· 62
浙江都督府饬军字同上号饬委顾松庆王锡荣何春熙为本府财政顾问官由
 ···················· 62
浙江都督府饬军字第二百零五号饬军法审判处处长为委任黄善溥丁权
 充该处帮审员由 ··············· 62
浙江都督府饬军字第二百零七号饬知第二十五师长等为建筑五十旅营
 舍派俞炜汪镐基为筹办委员由 ·········· 63
浙江都督府饬军字第二百零九号饬兼代第二十五师师长第六师师长为
 委任第九十九团中校团附暨各军需正由 ······· 63
浙江都督府饬军字第二百一十号饬第六师师长为宪兵司令官职务仍以
 王桂林暂行兼理由 ············· 64
浙江都督府饬军字第二百十一号饬温岭县知事详请饬查该局借款赶速
 划还由 ·················· 64
浙江都督吕批德清县知事吴嚣皋详为德邑赋额荒缺吁恳援例计考由 ····· 65
浙江都督吕批海盐县详征收费不足等情饬财政厅查核由 ······· 65
浙江都督吕批台州镇守使详为请委任使署参谋副官军需军法及书记各职人员由
 ···················· 66
浙江都督吕批绍兴县知事宋承家详报章徐氏报称被劫一案诣勘情形录送单表
 请鉴核由 ················· 66
浙江都督吕批署理常山县知事赵钲铉详为详报遵办防范玉匪情形仰祈俯赐察
 核由 ··················· 66
浙江都督吕批台州镇守使详为第二十五师差遣张振岳请调充随员由 ····· 67
浙江都督吕批台州镇守使详为游击队统领办事勤奋请分别升等支薪由 ···· 67
浙江都督吕批嘉善县知事殷济详报丁栅市郁恒裕等家被匪劫扰诣勘情形并请

7

通缉由 …………………………………………………………………… 67
浙江都督吕批据宪兵司令官详为宪兵司令官职务仍由旅长王桂林兼理由 …… 68
浙江都督吕批温岭县知事为据详请饬查温岭征兵分局借款赶速划还由 …… 68
浙江都督府饬政字第六十号饬据外海警厅长王荨详称救护北兵资送上海
　造送名册等情饬警政厅备案由 ………………………………………… 68
浙江都督吕批第六师为炮兵团请领第二期卫生材料由 ………………… 68
浙江都督吕批徐课员琳呈请变卖破坏服装并送清册由 ………………… 69
浙江都督吕批内河水警厅徐则恂详称巡警高元荣并未违法殃民复请察核由 …… 69
浙江都督吕批游击队统部为呈送统部及所属各营开办器具经费报销册由 …… 69
吕都督咨参议会修正浙江护国军政府组织法第六第八两条法案送请议决见复由
　……………………………………………………………………………… 70
　修正浙江护国军政府组织法第六第八两条法案 ……………… 70
浙江都督府饬军字第二百十四号饬军法审判处据杭地检厅呈为刘景晨
　越权杀人一案经同级审判厅判决管辖错误应归由该处审结由 ……… 71
浙江都督府饬军字第二百十六号饬知旧杭属各县知事等特任第六师师
　长童保暄等兼充各处警备司令官由 …………………………………… 72
浙江都督府饬军字第二百十六号饬第六师师长兼警备司令官由 ………… 72
浙江都督府饬军字第二百十六号饬台州镇守使顾乃斌兼警备司令官由 …… 73
浙江都督府饬政字第六十九号通饬发监征规则分别遵照由 ……………… 73
　各属监征规则 ………………………………………………………… 74
浙江都督府饬政字第　号饬委章寿龄等为各道接收委员由 …………… 75
浙江都督府饬政字第七十一号饬各厅厘定官俸并改编预算知照由 …… 76
浙江都督府饬政字第七十四号饬据金华道道尹详请为金华县派员会考
　乙种商校毕业并饬民政厅届时派员由 ………………………………… 78
浙江都督府饬政字第七十八号饬民政厅据台州镇守使详遵批验放食米由
　……………………………………………………………………………… 78
浙江都督府饬政字第八十一号饬据旧台属水产巡回教授员方宝清详请

目 录

更正三月分计算书及收据饬民政厅转咨财政厅查卷核销由 …… 79

浙江都督府饬政字第八十二号饬据绍兴耋绅程丙臣禀称恶棍凭空冒名
捏控官长饬民政厅饬查律办由 …… 80

浙江都督吕批杭县地方检察厅为据呈刘景晨越权杀人一案经同级审厅判决管
辖错误归由军事裁判检同案卷及保状送请察核由 …… 80

浙江都督吕批军务课员张炯呈为因病未愈请辞职由 …… 81

浙江都督吕批第六师师长呈为二十四团团长伍文渊骑兵团团长余宪文办事得
力请销去代理由 …… 81

浙江都督吕批浙江邮务长沙木罗浮详为请将饬委检查邮件地点开示以便遵行由
…… 81

浙江都督府饬军字第二百二十三号饬第六师长等为各部队一等军兽医
司药人员自六月一日起改照十成支薪由 …… 82

浙江都督府饬军字第二百二十四号饬杭关监督本府军医课前向上海购
办军用卫生材料运送到杭仰转饬税关照数放行由 …… 82

浙江都督府饬军字第二百二十七号饬二十五师师长该师四十九旅尚有
编余马匹应先拨归五十旅应用由 …… 83

浙江都督府饬军字第二百二十九号饬民政厅据闽浙电政管理局详请核
发四月分官电费将清册发仰查照由 …… 83

浙江都督府饬军字第二百三十号饬高审检厅嗣后各县盗匪抢劫案件月
报表均须逐月造报由 …… 84

浙江都督府饬政字第九十号饬据茧商孙长耀禀控赵扬升等藉学勒捐饬民
政厅查案核办由 …… 84

浙江都督府饬政字第九十一号饬据钱塘道道尹详报安吉县平民习艺所
所长刘以璋领到委状并缴销前所长潘荣光委状饬民政厅备查由 …… 85

浙江都督府饬政字第九十五号饬据瓯海道道尹陈光宪详报撰就禁止假
茶简明告示饬民政厅备案存查由 …… 85

浙江都督饬政字第一百零一号饬据会稽道道尹详送各县高小校管教员

9

学生一览表饬民政厅查核饬遵由 …………………………………… 86

浙江都督府饬政字第一百零三号饬据会稽道道尹详请绍兴县师范讲习
　　所举行毕业派员监试饬民政厅核派由 ……………………………… 86

浙江都督府饬政字第一百零四号饬据会稽道尹详送鄞县模范桑园开办
　　经费详细款目清册饬民政厅查核饬遵由 …………………………… 87

浙江都督府饬政字第一百零七号饬据会稽道尹详转温岭县禁烟案内给
　　奖人员履历并记功状并请补发奖章饬民政厅分别给存由 ………… 87

浙江都督府饬政字第一百零八号饬据钱塘道道尹转送嘉善县改正商会
　　章程暨选举职员名册钤记公费饬民政厅查照核办由 ……………… 88

浙江都督府饬政字第一百二十四号饬各厅署及盐运使关监督厘正各下
　　级机关呈电都督府及各厅署手续由 ………………………………… 88

浙江都督府饬政字第一百二十八号饬民政厅将各县知事暨到省候补知
　　事详细履历汇册详送备查由 ………………………………………… 89

浙江都督府饬政字第一百二十九号饬民政厅造送各厅局警正警佐详细
　　履历到任年月功过成绩暨警官考试名单警务研究所毕业名册一并汇册详送
　　备核由 …………………………………………………………………… 89

浙江都督府饬军字第二百三十一号饬游击队统领为委任该统部各营官
　　长由 ……………………………………………………………………… 90

浙江都督府饬军字同上号饬第六师长等该师差遣陈文升等业经杭州游击
　　队统领呈准调用由 ……………………………………………………… 91

浙江都督府饬军字同上号饬委缪范等充杭州游击队第二营各连排长由 …… 91

浙江都督府饬军字同上号饬委褚善佐充杭州游击队第三营副官由 ……… 91

浙江都督府饬军字第二百三十三号饬第六师长为调委军需处长被服厂
　　长及第二十四团各营营长由 ………………………………………… 92

浙江都督府饬军字第二百三十四号饬第二十五师为委任张骥等四员充
　　该师差遣由 …………………………………………………………… 92

浙江都督府饬军字同上号饬委张骥等四员充第二十五师差遣由 ………… 93

目 录

浙江都督府饬军字第二百三十五号饬为任命项需为谘议官由 ……… 93

浙江都督府饬军字第二百三十八号饬知警政厅内河水上警察第三区区
　　长张荫荣调充本府军事谘议官遗缺以王凤飞代理由 ……… 94

浙江都督府饬军字第二百三十九号饬本府军事参议官吴钟镕该员办事
　　勤劳改为特任由 ……… 94

浙江都督府饬军字第二百四十号饬为任命姚桐豫为本府顾问官由 …… 95

浙江都督府饬军字第二百四十九号饬知师长等继续训练担架兵以重教
　　育由 ……… 95

浙江都督吕批九十八团团长兼绍兴团区司令官呈为请领五年年俸及上期年金由
　　 ……… 96

浙江都督吕批闽浙电政管理局详为前将军署及巡按使署四月分官电费请核发
　　杭局收领由 ……… 96

浙江都督吕批据钱塘道尹详送新登县知事造送苗圃图说并录租据请拨给经费
　　仰民政厅核咨财政厅给发由 ……… 97

浙江都督吕批代理体育学校校长呈报奉委代理并启用印信日期由 ……… 97

浙江都督吕批兼代第二十五师师长呈为造送四十九旅旅部留裁人员清摺请鉴
　　核由 ……… 97

吕都督咨复前任浙江都督屈为派员点收屈前都督移交款项等由 ……… 97

浙江都督府饬军字第二百五十二号饬知第六师长等为陆军各军需人员
　　自六月分起薪水改照十成支给由 ……… 98

浙江都督府饬政字第　号饬据东阳县详请给款施种牛痘饬民政厅查照由
　　 ……… 99

　　附原详 ……… 100

浙江都督府饬政字第一百三十一号饬各属加派金华等十二县监征员由
　　 ……… 100

浙江都督府饬政字第一百三十五号饬由警政厅遴选外海警厅第七队
　　长呈候核委由 ……… 101

11

浙江都督府饬政字第　　号饬民政厅为派员点收屈前都督移交款项等由 ……………………………………………………………………… 101

浙江都督府饬军字第二百五十八号饬暂编游击队副官黄在中改任命为营长遗缺以第六师差遣季亮充任由 ……………………… 102

浙江都督府饬军字第二百五十八号饬第二十五师长为暂编游击队副官改任为营长遗缺以该师差遣季亮充任由 ……………… 103

浙江都督府饬军字第二百五十九号饬宪兵司令官宪兵第一连排长金衽调升第二十一团第六连连长由 ……………………… 103

浙江都督府饬军字第二百六十号饬杭州游击队统领据军务厅转据中华佛教华严大学校请迁让军队仰饬该营另觅他处驻扎由 …… 104

浙江都督府饬军字第二百六十一号各军事机关嗣后需用军士应在现役各士兵中挑选勿得收用斥革之兵由 ……………………… 105

浙江都督府饬军字第二百六十二号一件为二十二团营长李金培等提升中校并更调二十一二两团团附及嘉湖镇守使署副官长各缺由 …… 105

浙江都督府饬军字第二百六十二号饬任命本府参谋周璋为二十二团少校团附由 ……………………………………………… 106

浙江都督府饬军字第二百六十三号饬第二十五师长驻前敌备战之部队士兵照第六师长详准月各给津贴两元按日扣算以示体恤由 …… 106

浙江都督吕批第六师师长呈请更调二十三四两团及工兵营等处连排长暨司务长由 ……………………………………………… 107

浙江都督吕批第六师呈二十二团排长郑樟森等办事勤恳请取销代理由 …… 107

浙江都督吕批二十五师师长呈请委周玉田充补充兵营二等军需由 ……… 108

浙江都督吕批第六师师长呈为辎重营一连排长阮兆熊与二连排长郑汉照对调请给委由 ……………………………………… 108

浙江都督吕批第六师为派员点放本年五月分各团营连薪饷由 ………… 108

　　附抄单 ………………………………………………………………… 108

浙江都督吕批第六师呈为炮兵团第二营建修炮房由 …………………… 109

浙江都督吕批东阳县详请县费生学费应自何月起算由	109
浙江都督吕批为云和县知事详筹办造林情形由	110
浙江都督吕批临海县知事详复该县商校面粉学捐情形仰民政厅饬行该县遵照由	110
浙江都督吕批萧山县知事呈称犒赏军警奉文互异由	110
浙江都督吕批瑞安县详附和谋乱犯王阿金案卷未列犯罪事实无从释放请示由	110
浙江都督吕批模范警队营长陈最呈报兵士屈瑞中操练重伤仰警政厅查核转饬由	111
复外海水上警察厅厅长王萼电	111
附　镇海来电	111
复象山县知事廖立元电	111
附　宁海来电	112
浙江都督府饬政字第一百四十号饬为吴兴县属织里地方被巢匪抢劫准悬赏并通缉由	112
浙江都督府饬政字第一百四十四号饬委各县监征员由	113
各属监征员一览表	113
浙江都督府饬政字第　号饬任命杜士珍为都督府顾问官由	114
浙江都督府饬军字第二百六十四号饬委翁辟柯德假充二十五师差遣由	114
浙江都督府饬军字同上号饬第二十五师师长为委翁辟柯德假为该师差遣由	114
浙江都督府饬军字第二百六十五号饬宪兵司令官据报告冒穿军服致害军人名誉由	115
浙江都督府饬军字第二百六十六号饬为委吕之望充本府机要秘书处书记由	115
浙江都督府饬军字第二百六十七号饬为杭州游击队各管带改称营长	

13

换发关防由 ··· 116

浙江都督吕批第六师师长呈为第二十一团第六连连长缺请以宪兵排长金衽
　　调升由 ·· 116

浙江都督吕批第六师师长呈为二十三团连长徐步蚊等缺以胡永胜等分别升充由
　　·· 116

浙江都督吕批宪兵司令官呈为仍恳将周光杲徐宁二员拨充差遣由 ············ 117

浙江都督吕批水警代理第三区区长王凤飞呈报织里被匪劫械抢掳勘验长巡
　　伤毙拟议剿办情形由 ·· 118

浙江都督吕批吴兴县知事呈为事主张茂生家被劫并拒伤其弟妇林氏先行通
　　报勘验情形请察核由 ·· 118

浙江都督吕批据洪士俊详转报第四营四哨兵队遵饬撤回瓜沥原防仰警政厅
　　查核由 ·· 118

浙江都督吕批中华佛教华严大学校校长释显珠呈为请饬周营长另觅他处驻扎由
　　·· 119

浙江都督吕批警备队第二区统带洪士俊详报第四营侦获慈属盗犯应文英解
　　县饬厅转知由 ··· 120

浙江都督吕批高审厅呈平湖县盗犯脱逃知事管狱员分别议处由 ············ 121

浙江都督吕批东阳县详报奉饬放免内乱嫌疑犯卢正魁一名请察核备案由 ···· 121

浙江都督吕批绍兴县详报缉获西渡庵被劫案内盗犯何阿保等二名由 ········ 121

浙江都督吕批绍兴县详内乱嫌疑犯吴有金县中无卷可稽请示由 ············ 122

浙江都督府饬军字第二百六十八号饬任命模范警队营长陈最为第六
　　师参谋遗缺以倪德熏充任由 ·· 122

浙江都督府饬军字第九十五号饬任命千秋鉴为机要助理秘书由 ·········· 123

浙江都督府饬政字第一百四十八号饬各关监督造送关税总额比较暨
　　薪公支出清册由 ··· 123

浙江都督府饬政字第一百四十九号饬财政厅将现任征收差职各员详
　　细履历到差年月比较成绩一律汇册造送由 ································· 124

目 录

浙江都督府饬政字同上号为饬厅造送全省警务人员履历到任年月成绩表由 ………………………………………………………………… 124

浙江都督府饬政字第一百五十二号饬据临海马兆唐禀匪徒何昌君等抢拔伤人饬县迅予查案办理由 ………………………………… 125

浙江都督府饬军字第二百七十二号饬二师长为十二旅司令部副官朱吉舜委充第二十五师差遣由 ……………………………………… 125

浙江都督府饬军字同上号饬委朱吉舜充第二十五师差遣由 ………… 126

浙江都督府饬军字第二百七十三号饬委靳侠充本府军务厅军需课课员由 ………………………………………………………………… 126

浙江都督府饬军字同上号饬委沈正融充本府军务厅厅附由 ………… 126

浙江都督府饬军字第二百七十四号饬二十五师长查弁目学堂毕业生牟振声陆军第二预备学校学生都铭等四员均发往该师差遣由 …… 127

浙江都督府饬军字同上号饬委都铭等充第二十五师差遣由 ………… 127

浙江都督吕批高检厅详复温岭县纵容教练员枪毙团丁一案由 ……… 127

浙江都督吕批第六师师长呈送军官名册请分别升级加薪由 ………… 128

浙江都督吕批高审厅详送五年三月分诉讼摘由单表由 ……………… 131

浙江都督吕批杭县据吴福春禀唐卢氏侵占基地一案由 ……………… 132

浙江都督吕批景宁县知事详报四月份禁烟情形由 …………………… 132

浙江都督吕批外海水警厅详报第三队获匪严海元一名并请奖巡官王鼓成由 …… 132

　　附原详 ……………………………………………………………… 132

浙江都督吕批内河水警厅详报第八队毙匪夺械情形并请抚恤由 …… 133

　　附原详 ……………………………………………………………… 134

浙江都督吕批乐清县详报匪犯鲍皮五改正判词由 …………………… 135

浙江都督吕批高审厅呈富阳县盗犯盛生荣等判处死刑由 …………… 136

浙江都督吕批金华县详报张光因被陈炳乾等砍伤方死一案由 ……… 136

浙江都督吕批浙江警备队第二区统带洪士俊详为第六三两营具报剿匪并伤亡兵丁格毙匪徒仰祈察核由 ……………………………… 136

15

浙江都督吕批模范警队营长陈最详请分别奖升连长连附由 …… 137
　　原详 …… 137
浙江都督吕批长兴县知事详报叶阿五因伤身死并送格结由 …… 138
浙江都督吕批警备队一区统带详报犯官傅新脱逃情形由 …… 138
　　附原详 …… 138
浙江都督吕批详请调补一营一哨二营一哨各哨官差遣由 …… 139
浙江都督吕批警备队一区统带王凤鸣详送二三四五营各在职人员履历名单
　　请准予加委由 …… 140
浙江都督吕批详报撤换连附黄衷宪并请委任连附司务长由 …… 140
浙江都督吕批高等厅详报鄞地审厅判处盗犯李德新等死刑由 …… 140
浙江都督吕批安定中学校校长陈纯呈报校生陆煐等四十四人毕业由 …… 141
浙江都督吕批民政厅据龙泉县季庆麒等禀控知事张绍轩失职违法请撤换由
　　…… 141
浙江都督吕批杭县徐继生禀称不报杭地审厅判决请救济上诉由 …… 141
浙江都督吕批前步兵二十四团一营连长陈子汶家属陈朱氏禀请就近给领遗
　　族年俸以免跋涉由 …… 141
浙江都督府饬政字第　号饬财政厅据崇德县公民徐受孚等电禀益大茧
　　行擅用私秤请速派员同验罚办由 …… 142
　　原电 …… 142
浙江都督府饬军字第二百七十五号饬委王仁济充杭州游击队司令部
　　司药由 …… 142
浙江都督府饬政字第一百五十四号饬民政厅据瓯海道师范讲习所请
　　催解款饬厅核办由 …… 143
浙江都督府饬政字第一百五十五号饬财政厅核办嘉兴六邑茧商电请
　　茧货经过厘卡免予起货过秤由 …… 143
浙江都督府饬政字第一百五十八号饬发财政厅厅长兼任烟酒公卖局
　　长由 …… 144

浙江都督吕批平湖县知事详送四月分监狱工场出品暨收支一览表由……… 144
 原详…………………………………………………………………… 144

浙江都督吕批外海水警厅详第□署拿获掳却油船盗首项金富请抵销前过由
 …………………………………………………………………………… 146
 附原详……………………………………………………………… 146

浙江都督吕批第六师长呈为二十二团排长谢文彬销差遗缺以黄湘济暂代由
 …………………………………………………………………………… 147

浙江都督吕批永康县知事吕策详报三月份缉捕月报表由………… 147

浙江都督吕批发警政厅据浙江警备队第三区统带姜映奎详报六营军佐刁庆
 奎辞职以袁文豹接充由…………………………………………… 148
 附原详……………………………………………………………… 148

浙江都督吕批嘉湖戒严司令官呈为仍请将上官仁恩改委为代理少尉副官由
 …………………………………………………………………………… 148

浙江都督吕批第六师师长呈为师部少校副官林拯久不到差遗缺请以二十一
 团副官吕和音等调充由…………………………………………… 148

浙江都督吕批镇海炮台总台官详请委马步云充安远炮台教习由…… 149
 照抄原呈…………………………………………………………… 149

浙江都督吕批於潜县知事详县境半年未出盗案请奖出力人员由…… 149

浙江都督吕批戴任详为五营详报哨官娄旭东勤劳卓著请予优奖据情转陈仰
 祈鉴核示遵由……………………………………………………… 150
 附原详……………………………………………………………… 150

浙江都督吕批上虞县知事造送四月分缉捕盗匪成绩月报由………… 151

浙江都督吕批余姚县耆民陈景云等禀控陈碧田等藉势吞赈由……… 154

第 二 册

吕公望集卷二 公牍二…………………………………………………… 155

浙江都督府饬军字第二百八十一号饬台州镇守使为临海东胜乡已设

17

电报分局饬仰转知由 ·············· 155
浙江都督府饬政字第一百五十六号饬据浙江参议会议决浙江省各厅
　　　官制咨请公布施行等因饬各厅查照由 ·········· 155
　　　浙省各厅官制 ················· 156
浙江都督府饬政字第一百五十七号饬任命萧鉴为烟酒公卖局副局长由
　　　···················· 157
浙江都督府饬政字第一百五十九号饬烟酒公卖局并入财政厅办事由
　　　···················· 157
浙江都督吕批永嘉县知事为据详请领五年第一次伤亡将士抚金俾便给发由
　　　···················· 158
浙江都督吕批分水县详中交两银行钞票仍旧照常通用由 ······ 158
　　　附原详 ··················· 158
浙江都督吕批徐金南详报讲演往返日期及听讲人数由 ······· 159
　　　原详 ···················· 159
浙江都督吕批会稽道道尹详送鄞县教育行政会议议决案暨收支清册由 ··· 159
　　　原详 ···················· 160
　　　鄞县第一次县教育行政会议议决案 ·········· 160
　　　统一教科书案 ················· 161
　　　小学教员优待金案 ··············· 162
　　　取缔私塾案 ·················· 163
　　　促进私塾改良案 ················ 164
　　　筹办展览会运动会案 ··············· 165
　　　送达及保存公文暨征集表册办法案 ·········· 167
浙江都督府饬军字第二百八十三号饬各机关取消谢飞麟误会妄举一
　　　案由 ···················· 168
浙江都督府饬军字同上号饬第二十五师师长取消谢飞麟误会妄举一案由
　　　···················· 168

目 录

浙江都督府饬军字第二百八十五号饬各厅公牍文电示谕除军事应守
秘密外均应抄送刊登公报由 ………………………………… 169

浙江都督府饬军字第二百八十六号饬嘉湖戒严司令官/严时梅为委严
时梅充驻嘉铁路稽查员由 …………………………………… 170

浙江都督府饬军字第二百八十七号第二十五师师长周凤岐调孙瑞云
充本府军务厅差遣由 ………………………………………… 170

浙江都督府饬政字第一百六十号饬民政厅并各县知事取销沈剑生缉
案转饬所属一体遵照由 ……………………………………… 171

附 浙江民政厅饬第三百四十三号饬各警厅局并各县知事奉都督
饬知取销沈剑生缉案转饬所属一体遵照由 ……………… 172

浙江都督府饬政字第一百六十二号饬委吴宗潜检查银元局机器由 …… 173

浙江都督府饬军字第二百八十八号任命金如松任汝明为本府政治谘议
官由 …………………………………………………………… 173

浙江都督府饬军字第二百九十号饬为委步兵第九十九团及一百团各
尉官由 ………………………………………………………… 173

浙江都督府饬军字同上号饬第六师师长为委步兵第九十九团及一百团
各尉官由 ……………………………………………………… 175

浙江都督府饬军字第二百九十二号为委吴钧充军务厅差遣由 ……… 175

浙江都督府饬军字第二百九十三号饬各师长各司令官本省实任军职
在三年以上者著有成绩各长官详加考察呈候核办由 ……… 176

浙江都督府饬军字第二百九十四号饬任命许炳黎为本府谘议官由 …… 176

浙江都督府饬军字第二百九十四号饬第二十五师师长为本府军事
谘议官许炳黎派往该师第五十旅司令部办事由 …………… 177

浙江都督府饬军字第二百九十五号饬为委任林之茂充九十九团中尉由
………………………………………………………………… 177

浙江都督府饬军字第三百号饬特任何遂为本府军事参议官由 ……… 178

浙江都督府饬军字第三百零一号任命张伯岐为本府顾问官吴翀汉调

19

任军务厅军需课课员由·················178

浙江都督府饬政字第一百六十八号饬财政厅为清理官产处拟归并财
　　政厅办理迅即妥拟复核由·············178

浙江都督府饬政字第一百六十九号饬财政厅颁布征收员任用暂行章
　　程由·························179

浙江都督府饬军字第三百零八号任命魏旭初林尉为第六师司令部参谋由
　　·····························179

浙江都督府饬军字同上号任命项云舫吴克润为本府军务厅参谋由······180

浙江都督府饬军字第三百十一号饬第六师师长为调六师参谋陈最任
　　军务厅参谋由···················180

浙江都督府饬军字第三百十二号任命朱吉舜为本府军事谘议官由······180

浙江都督府饬政字第一百七十二号饬任命金继扬为本府谘议官由······181

浙江都督府饬政字第一百七十三号饬查第十一师范校学生罢课风潮由
　　·····························181

浙江都督府饬军字第三百二十六号饬知民政厅委陈焕章兼任本府公
　　报编辑主任兼管理公报发行事宜饬厅知照由·········182

浙江都督府饬军字同上号饬委陈焕章兼任本府公报编辑主任并整顿发
　　行事务由·······················182

浙江都督吕批瓯海道尹详送温属乙种蚕业学校改正学则请核示由·······183

浙江都督吕批财政厅呈报平湖县交代派委崇德县为监盘员由·········183

浙江都督吕批杭县知事呈报解四年分抵补金正税第六次银一万五千元由····183

浙江都督吕批杭县报解四年分抵补金正税第七次银一万元由·········184

浙江都督吕批绍兴县知事宋承家呈为事主何陈氏家被劫诣勘情形连同表单
　　请鉴核由·······················184
　　附原呈························184

浙江都督吕批第六师呈为炮兵团排长谢杰等三员成绩优美请升为中尉由····185
　　附原呈························185

20

浙江都督吕批衢县知事详为酌派代表晋省藉便通信由 …………… 186

浙江都督吕批长兴商号丁恒升等禀控巡长纵警殃商请速派员查办由 ……… 186

浙江都督吕批发民政厅据留美康南耳大学土木工程科学生李垩身禀请继续
　学费由 ……………………………………………………………… 186

浙江都督吕批发民政厅据黄岩正鉴乡保卫团总叶咏桃详称海塘被人私开私断由
　………………………………………………………………………… 187

浙江都督吕批财政厅呈报瓯海关缉获两次烟膏赏款已照数发给由 ………… 187
　原呈 ………………………………………………………………… 187

浙江都督吕批为第三区统带刘凤威呈报到差在事日期由 ………………… 187
　抄呈附 ……………………………………………………………… 188

浙江都督吕批省警厅夏超详报督察长警佐任卸日期并加具考语呈送履历由
　………………………………………………………………………… 188
　抄原详附 …………………………………………………………… 188

浙江都督吕批宁波警察厅周琮详送三月份缉捕盗匪成绩月报表由 ………… 189
　原详 ………………………………………………………………… 189

浙江都督吕批绍兴县知事被控各节据委查明具复仰祈鉴核由 …………… 189
　原呈 ………………………………………………………………… 190

浙江都督吕批江山县知事造送三四两月缉捕盗匪表由 …………………… 191

浙江都督吕批嘉湖戒严司令官呈为军法处长陈焕勤劳卓著请加薪由 ……… 192
　附原呈 ……………………………………………………………… 192

浙江都督吕批第六师呈为炮兵团副官遗缺拟以王寅等分别升充由 ………… 192
　照钞原呈 …………………………………………………………… 192

吕都督通电各属由 ………………………………………………………… 193
　附　北京国务院来电 ……………………………………………… 193
　又电 ………………………………………………………………… 194

都督府咨浙江参议会付议高等审判厅呈请设立代行大理院上告法庭金华
　瓯海两地厅及恢复审检所由 ……………………………………… 194

21

浙江都督府饬军字第二百九十六号饬为李铎充第五十旅旅附由 …… 197

浙江都督府饬军字同上号饬为彭周鼎充第五十旅旅附由 …… 197

浙江都督府饬军字同上号饬为潘藻充第五十旅旅附由 …… 197

浙江都督府饬军字同上号饬为娄展鹏充第五十旅旅附由 …… 198

浙江都督府饬军字同上号饬为房拱极充第五十旅旅附由 …… 198

浙江都督府饬军字第二百九十七号饬任命周华昌为本府谘议官由 …… 198

浙江都督府饬军字第三百十号饬委任吕汉劲充第六师炮兵第六团差遣由 …………………………………………………………………………………… 199

浙江都督吕批德清县知事吴鬻皋详照监犯戴荣庆脱逃请予饬缉由 …… 199

浙江都督吕批第二十五师师长呈为九十八团副官连长遗缺请以连长胡奠邦排长王子清李荣标分别调升由 …… 201

浙江都督吕批杭关监督呈报四月分各种报告表由 …… 201
 原呈 …… 201

浙江都督吕批高等审判厅呈请设立代行大理院上告法庭金华瓯海两地方审判厅及恢复审检所由 …… 204

浙江都督吕批富阳县知事陈融呈报公回日期并附陈劝办实业各项情形暨文说三篇由 …… 205

浙江都督吕批为钱塘道署裁缺各员准予汇案核办由 …… 208
 原呈 …… 208

浙江都督吕批为呈报金山场知事更委熊鏊代理由 …… 210
 附原呈 …… 210

浙江都督吕批丽水县知事详报应水才儿等三家同夜被劫批仰高检厅严缉究办由 …… 210
 原详 …… 210

浙江都督吕批武义县知事刘应元详送遵签修改教育行政会议章程由 …… 213
 原详 …… 213

浙江都督吕批遂安知事陈与椿详报警佐钱智泉等任卸日期由 …… 214

附原详 ………………………………………………………… 215

浙江都督吕批发民政厅为淳安县知事详送四月分缉捕盗匪成绩表由 ……… 215
　淳安县知事原详 ………………………………………………… 215

浙江都督吕批发财政厅为云和县商民戴义隆等禀徇情嘱委扰害商民请饬照
　认定原额收捐由 ………………………………………………… 216
　原呈 ……………………………………………………………… 216

浙江都督吕批为外海警厅警正等六员准予加给任命状随批并发由 ……… 217
　原详 ……………………………………………………………… 217

浙江都督吕批金华道尹呈送武义县六月份讲演稿由 ……………………… 218
　原呈 ……………………………………………………………… 218

浙江都督吕批绍兴县知事详缴张吉臣等一案卷宗仰祈鉴收批仰录报高审厅
　高检厅查照由 …………………………………………………… 219
　原详 ……………………………………………………………… 219

浙江都督吕批丽水县详警察官吏黄定甲等劳绩卓著仰厅查核饬知由 ……… 219

浙江都督府饬军字第三百十九号饬特任俞炜为特编护国军第一旅旅
　长并分委各员由 ………………………………………………… 220

浙江都督府饬军字同上号饬杭州游击队统领兼代第二十五师长特任俞
　炜为特编护国军第一旅旅长仰即转饬所属遵照由 ………………… 222

浙江都督府饬军字第三百十九号饬委商诰充台州镇守使副官长由 …… 222

浙江都督府饬军字同上号饬知第六师长任命商诰为台州镇守使署副官长由
　…………………………………………………………………… 223

浙江都督府饬军字同上号饬知台州镇守使任命商诰为该使署副官长由
　…………………………………………………………………… 223

浙江都督府饬军字第三百二十五号饬知宪兵司令官任命金鸿亮调任
　第十一旅司令部参谋由 ………………………………………… 223

浙江都督府饬军字第三百二十七号饬委叶鸿猷为五十旅司令部差遣由
　…………………………………………………………………… 224

23

浙江都督府饬军字第三百二十八号饬委刘祖舜为第六师差遣由 …… 224

浙江都督府饬军字第三百二十九号为任命傅式说为谘议兼译东西各报由 …… 225

浙江都督府饬军字第三百三十一号饬为委王汝为充军务厅厅附王廷诏为本府招待员由 …… 225

浙江都督府饬军字第三百三十三号为饬知二十五师师长任命第九十七团十二连连长金国胜充该团少校团附由 …… 225

浙江都督府饬军字第三百三十四号饬为任命军务厅副官刘同度潘秀敏为本府谘议官由 …… 226

浙江都督府饬军字第三百三十七号饬为任命吕衷和为本府秘书处文牍助理秘书由 …… 226

浙江都督府饬军字第三百四十三号饬为任命倪德熏为浙江护国军第一军司令部参谋由 …… 226

浙江都督府饬军字同上号饬知第一军司令官任命倪德熏为该部参谋由 …… 227

浙江都督府饬政字第一百七十五号饬民政厅查核义乌县知事丘峻改代为署由 …… 227

浙江都督吕批据民政厅呈复绍县警佐薛瑞骥堪以县知事记名拔升批仰备案转饬该知事知照由 …… 228
　附原呈 …… 228

浙江都督吕批据高审检两厅详遵批核议鄞县详报缉获越狱人犯请奖出力员探批详已悉由 …… 228
　附原详 …… 229

浙江都督吕批高审厅呈据新昌县越狱案拟请将知事唐玠罚俸三个月管狱员李成撤差照准由 …… 229
　附原呈 …… 229

浙江都督吕批金华道尹呈送龙游县六月份讲演稿由 …… 232

附原呈 …………………………………………………………… 232
　　说婚嫁都要从俭 …………………………………………………… 232
　　劝人民各安本业 …………………………………………………… 234
浙江都督吕批为嘉善县委任掾属王达等准予注册由 ……………… 235
　　附原呈 …………………………………………………………… 235
　　嘉善县掾属姓名表一纸 …………………………………………… 236
浙江都督吕批发民政厅为衢县知事呈送讲演所章程规则由 ……… 236
　　附原呈 …………………………………………………………… 236
　　衢县公立通俗教育讲演所章程 …………………………………… 237
　　衢县公立通俗教育讲演所听讲规则 ……………………………… 238
浙江都督吕批瓯海道道尹为泰顺县知事刘钟年准予给发署理任命状饬转发由
　　………………………………………………………………………… 238
　　附原详 …………………………………………………………… 239
浙江都督吕批发高等检察厅据长兴县知事详报缉获抢劫瑞丰等家案内盗犯
　　沈立成一名由 …………………………………………………… 239
　　附原详 …………………………………………………………… 240
　　抢劫水口商号瑞丰等家案内逸盗姓名颜籍单 …………………… 240
浙江都督吕批高审厅详诸暨县请提先裁撤清理积案委员并请奖励涂景新由
　　………………………………………………………………………… 241
　　附原呈 …………………………………………………………… 241
浙江都督吕批据警政厅长呈复内河水警改造飞划经费请酌裁侦探费腾拨仰
　　转饬知照由 ……………………………………………………… 242
　　附原呈 …………………………………………………………… 243
浙江都督吕批警政厅长呈报萧国炘等三员为内河水警厅差遣请备案由 …… 244
　　附原呈 …………………………………………………………… 244
浙江都督吕批钱塘道道尹呈请委第二联合县立师范讲习所所长由 ……… 244
浙江都督吕批发民政厅为新委镇海县知事樊光请准辞职由 ……………… 244

25

附 浙江民政厅饬第三百五十二号饬新委镇海县樊知事奉都督批发该员辞职一案由 ····· 245

浙江都督吕批发民政厅为宁波警察厅长周琮呈请以应拔等三员勤劳卓著以县知事存记由 ····· 245

  附原呈 ····· 245

浙江都督吕批发警政厅为呈荐该厅参事邹可权等准照给任命状随批并发由 ····· 247

浙江都督吕批淳安县知事阮陶镕辞职遗缺准以汤国琛接充由 ····· 247

附 浙江民政厅饬第三百五十一号饬淳安知事阮陶镕奉都督批该知事辞职另委接充由 ····· 248

浙江都督吕批杭县人民相炎德禀蠹书成群朦官虐民请饬设柜完粮由 ····· 248

  附原禀 ····· 248

都督府咨复参议会公布修正浙江省护国军政府组织法由 ····· 249

  浙江省护国军政府组织法 ····· 250

都督府咨请参议会浙江省县官制提交复议由 ····· 251

  清摺 ····· 252

浙江都督府饬军字三百四十四号饬据绍萧两县知事详称火神塘塘工紧要派袁钟瑞为监工员赍款前往兴修并饬民财两厅知照由 ····· 253

浙江都督府饬军字同上号饬知绍兴萧山两县据详火神塘工程委派袁钟瑞监工赍款兴修其不足之款仍责成该知事协筹拨补仰即遵照由 ····· 255

浙江都督府饬军字第同上号饬袁钟瑞监工与修火神塘工程由 ····· 255

浙江都督府饬军字第三百四十五号饬为委吕习常为本府军务厅差遣孔宣为本府军务厅厅附由 ····· 256

浙江都督府饬军字第三百四十六号饬委杨世杰等充本府差遣由 ····· 256

浙江都督府饬军字第三百四十八号饬知二十五师长委张志强等九员充该师差遣由 ····· 257

浙江都督府饬军字同上号饬委张志强等充第二十五师差遣由 ····· 257

浙江都督府饬军字第三百五十八号饬委本府军务厅校对各职员司由 …… 258

浙江都督府饬政字第　号饬民政厅为浦江县知事赌禁废弛请查禁由 …… 259

浙江都督吕批龙游县详报解犯汤光耀中途殴警脱逃悬赏缉获由 …… 259
　附原详 …… 260

浙江都督吕批第二十五师师长呈为姚绥寿委充第二十师补充兵第二营军医由 …… 261

浙江都督吕批第二十五师师长呈为委充赵寅元为补充兵第三营军医由 …… 261

浙江都督吕批浙江游击队营长呈请设书记军需专员以重职守由 …… 261

浙江都督吕批详为改良模范养蚕场应请准予仍照前拟俟缫丝厂成立再行附设开办并将先行设场饲育春蚕以示提倡各情形具文详请察核由 …… 261

浙江都督吕批第六师师长呈为炮兵营长王惟连前充第五军一等军械员实任军职已有三年请予记升加薪由 …… 262

浙江都督吕批第六师师长呈为步兵二十一二两团副官及连长各缺以朱化龙等分别升充由 …… 262

浙江都督吕批第六师呈为二十四团第八连连长缺以该连排长翁尚宾等分别递升由 …… 262
　附原呈 …… 263

浙江都督吕批第六师师长呈为二十二团三连连长缺以该连排长徐长春朱宗涌吕兆飞等分别升补由 …… 263

浙江都督吕批第六师师长呈为骑兵团四连排长缺以司务长马云程升充遗缺以邵本瀚补充由 …… 263

浙江都督吕批嘉湖戒严司令官呈为游击队统部仍请准予添设副官员缺由 …… 264

浙江都督吕批兼代第二十五师师长呈为补充营连长吴宗树等七员请改为九十八团团附连附由 …… 264

浙江都督吕批嘉湖戒严司令官呈为请加委裘燮廷为游击队第二营副官由 …… 264

浙江都督吕批台州镇守使顾乃斌呈台米出口素无限制请改定办法通饬实行由 …… 265

27

附原呈 ·· 265
浙江都督吕批第六师师长呈为二十一团吴肇基等五员请分别升级加薪由 ······ 267
浙江都督吕批宪兵司令官呈为教练长包焕庚等三员成绩卓著请升级加薪由
　　·· 267
　　原呈 ·· 267
浙江都督吕批嘉湖戒严司令官呈请任命参谋长姚琮等各员缺由 ············· 268
浙江都督吕批第二十五师呈为四十九旅军法官袁汉云奉委推事留兼原职另
　　给夫马费由 ·· 269
　　附原呈 ·· 269
浙江都督吕批高等检察厅呈书记官王振芳因病出缺请予恤金由 ············· 270
　　附原呈 ·· 270
浙江都督吕批高审检厅呈请暂设高等分庭于兰溪道署并呈预算表由 ······ 271
浙江都督吕批瑞安县知事详称遴员接任县立中学校校长由 ··················· 271
浙江都督吕批交涉公署署长为呈报启用印信日期由 ···························· 271
　　附原呈 ·· 272
浙江都督吕批警察厅厅长呈为第七队队长赵鼎华逾假日久有旷职务请予撤
　　差示惩由 ··· 272
　　附原呈 ·· 272
浙江都督吕批淳安县知事阮陶镕因病辞职照准由 ································ 273
浙江都督吕批发民政厅据胡人钦禀请整顿警察办法由 ························· 273
　　附原禀 ·· 273
浙江都督吕批第六师师长呈为二十四团中校团附以营长吕俊恺兼代二十三
　　团少校团附以十一旅参谋梁韫等分别调任由 ·· 276
浙江都督吕批宪兵司令官呈为排长武秉钧等请照中尉一等排长支薪由 ······ 276
浙江都督吕批陆军第二十五师呈为九十七团排长陈钺等三员成绩均优请照
　　中尉支薪由 ·· 276
浙江都督吕批军法审判处处长呈为司法官副官书记等请分别任委由 ·········· 277

浙江都督吕批第六师师长呈为请委方祖树充炮兵第二营二等军需由……… 277

浙江都督吕批第六师呈送各团营军官军士衔名清摺请分别存补由……… 277

浙江都督吕批兼代第二十五师师长呈为九十七八两团军官军士请予升级由
……………………………………………………………………………… 278

浙江都督吕批台州镇守使呈为造送台州第一游击队名单履历并请加委由… 278
  附原呈 ………………………………………………………………… 278

浙江都督吕批第六师呈为卫戍病院二等军需陆家桢请升为一等军需由…… 279

浙江都督吕批宪兵司令处呈为请将一等军医张世鏓升为三等军医正并二等
  军需王仁普升为一等军需并添设军需司事由 ………………………… 279

浙江都督吕批第六师师长呈为帮办参谋徐卓杨际春等请加月薪由 ……… 280

浙江都督吕批平湖县呈报钱顺兴报伊父四观因盐枭拒捕枪伤身死由……… 280

浙江都督吕批发民政厅嵊县知事呈报验办团总竺德顾被匪戕毙并获匪钱竹
  安讯供大概情由填格请核由 ……………………………………………… 280
  附原呈 ………………………………………………………………… 281

浙江都督吕批第六师呈为前骑兵团谢团长亏欠洋元各情由……………… 282
  附 都督府军务厅军需课函地方实业银行 ………………………… 282
  附原函 ………………………………………………………………… 283

浙江都督吕批内河水上警察厅详报第三区缉获水口镇劫案职盗由……… 283
  附原呈 ………………………………………………………………… 283

浙江都督府饬军字三百六十二号饬调第四十九旅差遣徐光国充本府
  军务厅厅附由 ………………………………………………………… 284

浙江都督府饬军字同上号饬知二十五师长调徐光国充本府军务厅厅附由
……………………………………………………………………………… 284

浙江都督府饬军字第三百六十四号饬委仇德骐等充本府军务厅差遣由
……………………………………………………………………………… 285

浙江都督府饬军字第三百六十五号饬委王占祥等充本府军务厅差遣由
……………………………………………………………………………… 285

浙江都督府饬军字第三百六十六号饬委袁宏熹为本府军务厅书记由
.... 286

浙江都督府饬军字第三百七十二号饬特任徐定超为本府高等顾问官由
.... 286

浙江都督府饬军字同上号饬任命叶诰书为本府顾问官王观为本府谘议官由
.... 286

浙江都督府饬政字第一百八十号饬民政厅为黄岩县警佐赴省遗缺拟
以路桥警佐兼代由 287

浙江都督府饬政字第　号饬知民政厅直接管理道仓并拟具规则呈核由
.... 287

浙江都督吕批发民政厅为浦江县知事详送四月份警察缉捕盗匪成绩表由 288
　　附原详 288

浙江都督吕批银行监理呈具银行条例并请颁发图记由 289
　　附原呈 290

浙江都督吕批为饬发宁波警察厅警正应拔等任命状由 291
　　附原呈 291

浙江都督吕批发民政厅据瓯海道呈龙泉县视学暨政务助理准予注册由 292
　　附原呈 292

浙江都督吕批云和县详称警佐杨锡琦种种荒谬行为饬查由 293
　　附原详 293

浙江都督吕批第陆师师长呈为骑兵团连长管篯等请予记升加薪由 294

浙江都督吕批吴兴县详报孙耕元家被劫一案由 295
　　附原详 295

浙江都督吕批淳安县知事呈保卫团县警缉捕得力造册请奖由 295
　　附原呈 295

浙江都督吕批龙泉县详送征收人员请奖表纸由 296
　　附原详 297

浙江都督吕批发警政厅为外海水上警察厅呈请核委警察队长分队长由 …… 297

浙江都督吕批发萧山县据张承绂禀盗就获请饬县追究巨赃由 …… 298

  附原禀 …… 298

浙江都督吕批瓯海道尹陈光宪转呈平阳县查复商民孔幼臣禀黄可贵等私收埠费由 …… 298

浙江都督吕批财政厅呈报移交矿务事项由 …… 299

  附原呈 …… 299

浙江都督吕批兼代第二十五师师长呈为加派九十八团补充兵各军官由 …… 299

  附原呈 …… 300

浙江都督吕批第六师呈为炮兵团副官姚永安与该团二连长祁荣祖对调由 …… 300

浙江都督吕批高等审判厅呈报桐乡县判处盗犯陆阿三等死刑由 …… 301

浙江都督吕批高审厅呈报开化县判处盗犯樊作观死刑由 …… 301

浙江都督吕批高审厅呈报鄞地审厅判处盗犯王金广死刑由 …… 301

浙江都督吕批交涉公署呈为奉到发交文件逐案呈明分别办理由 …… 302

浙江都督吕批高审厅呈桐庐县详裁请撤承审员由 …… 302

浙江都督吕批高检厅呈请任命陈灏为杭县典狱长由 …… 302

浙江都督吕批民政厅为平阳公民控知事溺职业已派查并分派各员赴各属明密查访由 …… 303

浙江都督吕批民政厅呈为宣平县知事请撤换该县警佐雷钺如由 …… 303

浙江都督吕批民政厅呈报委员王右庚等均已就道接收各道尹该管事宜由 …… 303

  附原呈 …… 303

浙江都督吕批发民政厅为玉环县知事详请将该县四等警佐因防守出力请进叙由 …… 304

  附原详 …… 304

浙江都督吕批发财政厅据桐乡统捐征收局长窦炎呈请捐务困难恳予辞职饬厅另委由 …… 305

浙江都督吕批民政厅呈荐任吴万里为镇海县知事由 …… 305

31

浙江都督吕批为代理象山县知事廖立元呈报交卸日期由 …… 306
 附原呈 …… 306

浙江都督吕批发民政厅据青田县公民王超等控十一师范校长冯豹侵吞校款
 败坏教育请撤换由 …… 306

浙江都督吕批发民政厅据天台县知事被控历述实在情形由 …… 306

浙江都督吕批发黄岩县知事据该县人民唐尚云等禀控胡宗悍倚乃兄胡永胜
 之势横行乡里由 …… 307

浙江都督吕批民政厅呈诸暨县知事周铁英辞职荐魏炯接充由 …… 307
 附原呈 …… 307

浙江都督吕批台州镇守使转饬台州第二游击队统领陈步棠为呈送各营官长
 履历清单请予给委由 …… 308
 照抄清单 …… 308

浙江都督吕批发民政厅为余姚县呈防乱情形并各项费用清册发厅核议由 …… 309
 附原呈 …… 310

浙江都督吕批叶金氏禀为夫叶仰高阵亡能否援案补领恤金由 …… 311

浙江都督吕批民人黄勉为控告前温岭县知事纵盗吞赃不准由 …… 311

浙江都督吕批民人马士元禀请抚恤由 …… 311

浙江都督吕批新昌公民俞观旭等禀请知事辞职恩叩以警佐沈衍箕升任由 …… 312

浙江都督府饬军字第三百八十二号饬任命陈华为本府谘议官由 …… 312

浙江都督府饬军字第三百八十四号饬任命王凯成为第二十五师帮办
 参谋由 …… 312

浙江都督府饬军字第三百八十五号饬为本府参谋副长董绍祺兼充测
 量局局长自本月起月给夫马费洋一百元由 …… 313

浙江都督府饬军字第三百八十六号饬护国军预备第一旅旅长为调派
 该旅排长陈宗琳充宪兵第三连一排排长由 …… 313

浙江都督府饬军字第三百八十八号饬为委陶铸为本府谘议官由 …… 314

浙江都督府饬政字第一百八十六号饬财政厅照参议会议决本会按月

预算支给由 …………………………………………………………… 314

浙江都督府饬政字第一百八十八号饬嘉兴公民孙仿鹤等电禀合盛叶
　　行张慎之挟款潜逃请饬发封赔偿由 ………………………………… 314

浙江都督府饬政字第一百八十九号饬民政厅交涉署为嘉兴天主堂司
　　铎韩日禄函称堂中被窃请饬查缉由 ………………………………… 315

浙江都督吕批兼代第二十五师师长呈为规定《准尉及上士补充暂行条例》由
　　……………………………………………………………………………… 316
　　附原呈 …………………………………………………………………… 316
　　陆军第二十五师准尉及上士补充暂行条例 …………………………… 316

浙江都督吕批高检厅呈现行审检两厅办事权限不合条理请示由 …… 320

浙江都督吕批杭县呈保护院改组教养局并送预算由 ………………… 321

浙江都督吕批萧山县彭延庆详巨盗张阿标等六名未获照章酌拟赏格购缉请
　　示遵由 …………………………………………………………………… 321

浙江都督吕批发高检厅平湖县详报僧连庆在庵被盗由 ………………… 321
　　附原详 …………………………………………………………………… 321

浙江都督吕批两浙盐运使呈送岁出岁入经费暨盐斤产销额数清册由 …… 322
　　两浙盐运使署暨所属各机关岁出经常各款清册 ……………………… 323
　　两浙盐运使署暨所属各场局五年分岁入各款预算清册 ……………… 329

浙江都督吕批据模范警队营详请饬缉逃兵黄克明一名解营严惩由 …… 331
　　附原详 …………………………………………………………………… 331

浙江都督吕批民政厅呈拟云和县造林应给奖励请汇案办理由 ………… 332
　　附原呈 …………………………………………………………………… 332

浙江都督吕批发民政厅为遂安县详查办花会吗啡及员役并无收费情弊由 …… 332

浙江都督吕批玉环县详楚门匪散兵扰会同陆军弹压妥筹善后并请酌减盐税由
　　……………………………………………………………………………… 333

浙江都督吕批外海水警第一总署长/温岭县知事详遴选查米局稽查员会请
　　委任由 …………………………………………………………………… 333

33

浙江都督吕批发民政厅为平湖县详报史槐庭史槐堂家被劫由……………… 333
　　附录史槐庭名下失单 …………………………………………………… 333
　　史槐堂名下失单 ………………………………………………………… 334

浙江都督吕批发警政厅为外海水上警察厅长详报第五队获匪叶三玉梁洪福
　　二名由 …………………………………………………………………… 335

浙江都督吕批警备队第二区统带洪士俊详为第四营三哨哨长晋等暨一营四
　　哨什长记升由 …………………………………………………………… 335

浙江都督吕批内河水警厅详报第九队获匪张阿荣一名由 ………………… 335

浙江都督吕批嘉兴县详报计篮田家被劫由 ………………………………… 335
　　附录计篮田家被劫各物失单 …………………………………………… 336

浙江都督吕批宁海县知事江恢阅详为警探破获伪币机关奉批奖赏恳请核明
　　给发由 …………………………………………………………………… 337

浙江都督吕批瑞安统捐局长陈乃揖详报接钤任事由 ……………………… 337
　　附原详 …………………………………………………………………… 337

浙江都督吕批第六师师长呈为二十一团连长蒋棠遗缺以叶衍桐等分别署代由
　　………………………………………………………………………………… 337

浙江都督吕批兼代第六师师长呈为炮兵团连长潘藩积资已在四年以上请予
　　升级加薪由 ……………………………………………………………… 338

浙江都督吕批缙云县知事警备队第四区第五营管带汇详敬举贤才可否准予
　　注册县知事分道录用由 ………………………………………………… 338

浙江都督吕批接收金华道尹文案委员呈缴印信密码电本由 ……………… 338

浙江都督吕批民政厅为遂昌县警佐章冏拟请照《警察官吏奖励规则》办理由…… 339
　　附原呈 …………………………………………………………………… 339

浙江都督吕批余姚县商民余开祥禀店被盗劫延不缉获乞饬县勒缉由 …… 339
　　附原呈 …………………………………………………………………… 339

浙江都督吕批孔教会浙江支会会员范耀雯等禀为军队迁让文庙请通饬垂为
　　定宪由 …………………………………………………………………… 340

浙江都督吕批军法审判处处长呈为军法审判处司法官张尚宾办事勤慎请照
  三等军法正七成支薪由 ·················· 341

浙江都督吕批宪兵司令官呈为一等副官及连排长遗缺请以吴冠军等分别升充由
  ·················· 341

浙江都督吕批上虞县知事张应铭电军警恩饷各给一月是否连同实洋两元一
  角发给请示由 ·················· 341

浙江都督吕批会稽道尹周琮呈为该道署裁缺人员准予酌量提前委用请由 ······ 342

浙江都督吕批为遂昌县呈请添设助理程乃穀由 ·················· 342

浙江都督吕批财政厅长呈为发行军需公债拟具简章由 ·················· 342

  附原呈 ·················· 342

  改正拟定军需八厘公债暂行章程 ·················· 343

浙江都督吕批警政厅呈请以常荣清为该厅总稽查准填给任命状由 ·········· 344

  附原呈 ·················· 344

都督率属上黎大总统就任贺电 ·················· 344

  附 黎元洪复电 ·················· 345

致童保暄电为本府参谋魏斌请仍留湖办理防务由 ·················· 345

浙江都督府饬军字第三百九十六号饬知特编游击队营长委李锦标程
  登瀛充该队差遣由 ·················· 345

浙江都督府饬军字同上号饬为委李锦标程登瀛充特编游击队差遣由 ······ 346

浙江都督府饬军字第三百九十八号饬为委何埒聪充军务厅差遣由 ······ 346

浙江都督府饬军字第三百九十九号饬发准尉及上士补充暂行条例由
  ·················· 346

浙江都督府饬军字第四百零一号饬照准兼代二十五师师长详请委拱
  宸桥邮局检查员洪捷为四十九旅差遣由 ·················· 347

浙江督都吕批民政厅为嘉兴县详报王柴氏家被劫由 ·················· 347

  附录王柴氏家被劫失单 ·················· 347

浙江都督吕批财政厅呈请加给该厅科长及所属各捐局长任命状由 ········· 348

35

附原呈 ... 348

浙江都督吕批桐庐县知事为据呈请领伤兵宋浩然恤金恩赐照发归垫由 ... 350

浙江都督吕批平阳县知事为据呈请领故兵杨继安生前减饷请核发归垫由 ... 350

浙江都督吕批永嘉县知事为据呈遵批呈送周委员奉拨征兵费收据由 ... 350

浙江都督吕批陆军被服厂厂长薛炯呈为呢料缺乏价值昂贵拟改制棉夹衣裤由 ... 350

浙江都督吕批兼代第二十五师长呈为四十九旅调洪捷陈焜二员为该旅差遣由 ... 351

浙江都督吕批预备第一旅请调姚寿冲充差遣由 ... 351

浙江都督吕批嘉湖戒严司令官呈为军需副官应镇藩任职已在三年以上请升级加薪由 ... 351

浙江都督吕批兼代第二十五师师长呈为中尉副官叶庆就请晋级上尉月薪照八成支给由 ... 352

浙江都督吕批守备队司令长呈为连长王德庆等三员成绩优美月薪请照少校八成支给由 ... 352

浙江都督吕批为江山县呈追租事宜能否改为行政处分办理由 ... 352

浙江都督吕批为钱塘道呈复查明海宁县承审员汪濂被控各节由 ... 352

浙江都督吕批高检厅呈为陈毓琳吴兴交代案内解款被倒请撤销非法处分由 ... 353

浙江都督吕批发民政厅据缙云县知事欧阳忠浩详报警费项下提给缉匪赏金由 ... 353

浙江都督吕批高审厅呈报江山县判处盗犯毛增流死刑由 ... 353

浙江都督吕批高审厅呈报金华县电准枪毙施森鑫由 ... 354

浙江都督吕批高审厅请示发给承审管狱各员委状办法由 ... 354

浙江都督吕批嘉善县详报王荣海家被劫失赃由 ... 354

附录失单 ... 355

浙江都督吕批嵊县详报宋宝兴被匪徒张庄福等轰毙由 ... 355

目录

浙江都督吕批发高检厅为宣平县详报破获兴林庵盗犯及发现该犯拐骗人妻
　一案由 …… 355

浙江都督吕批高审检厅呈送四年分十一十二三个月各属命盗案件考核表由
　…… 356

浙江都督吕批发永康县据该县郭洪贵禀被匪害请饬营县拿办由 …… 356
　附原禀 …… 357

浙江都督吕批发高检厅据江山县盗犯叶春桂饬即通缉由 …… 357
　附原呈 …… 357
　附录清摺 …… 358

浙江都督吕批据临海县知事呈送振市公司收回天主堂沿江涂地由 …… 359

浙江都督吕批桐乡县德泰典主朱春藻赔偿当货请饬县派警弹压由 …… 359

浙江都督吕批发民政厅据本省公民谢挥等呈诉捐税病民由 …… 360

浙江都督吕批义乌人民禀伊子充当邮差被护送兵士枪毙请察核惩处由 …… 360

浙江都督吕批海宁陆宗渊等禀承审员汪濂劣迹照彰请查办由 …… 360

浙江都督吕示为标卖旧废铜铁定于本月十三日派员监视开标由 …… 360

浙江都督吕批高检厅呈余姚县案犯宋广大可否执行枪毙由 …… 361

浙江都督吕批民政厅长呈送孝丰县模范森林清册并拟定看青通则由 …… 361
　附原呈 …… 361

浙江都督府饬政字第一百九十号饬民政厅查办郑秉范所递公函章程由
　…… 362

浙江都督吕批兼代第二十五师师长周凤岐呈请将石国柱马玉成王本成三员
　记升加薪由 …… 362

浙江都督吕批兼代第二十五师师长呈为补充营司务长董瑞麟请升级加薪由
　…… 363

浙江都督吕批兼代第二十五师师长呈为九十八团排长陈启明成绩优美请予
　记升中尉照中尉支薪由 …… 363

浙江都督吕批第一军司令官/第六师为参谋赵南等未到差以魏旭初等委充由
　…… 363

37

浙江都督吕批财政厅长呈拟军用票发行处暂行简章即准照行由 …………… 364
 附原呈 ………………………………………………………………… 364
浙江都督吕批海宁县知事呈报积匪沈和尚图谋反狱由 ……………… 365
浙江都督吕批高检厅呈杭县分监监犯暴动消弭情形由 ……………… 365
浙江都督吕批会稽道呈复象山县王载廷控俞赓夔侵占官道由 ……… 365
浙江都督吕批发民政厅为私立法政专门学校校长阮性存禀请仍设别科以储
 法政人材由 ………………………………………………………… 365
 附原禀 ………………………………………………………………… 366
浙江都督吕批临安县知事呈为捐资兴学遵例请奖由 ………………… 367
 附原呈 ………………………………………………………………… 368
浙江都督吕批临安县知事呈送培英国民学校校长潘兆昌捐资兴学事实由 …… 368
 附原呈 ………………………………………………………………… 369
浙江都督吕批浙海关兼宁波交涉员呈报英国教士韩涌泉女教士费文兰二名
 游历浙江发给护照由 ……………………………………………… 369
 附原呈 ………………………………………………………………… 369
浙江都督吕批发民政厅为上虞县知事呈报警佐渎职情形即准撤差由 …… 370
浙江都督吕批财政厅呈报归并清理官产处办法请核示由 …………… 370
浙江都督吕批民政厅为江山县警佐叶树蕃等独立后准予各记功一次由 …… 370
 附原呈 ………………………………………………………………… 370
浙江吕都督通电 ……………………………………………………………… 371
 附 王正廷殷汝骊等致吕督电 ……………………………………… 373
 附 浙江之态度 …………………………………………………… 373
浙江都督府饬军字第三百八十九号饬省城卫戍司令官仰酌派妥员前
 往电话公司常川监视由 …………………………………………… 373
浙江都督府饬军字第四百十二号饬为委江畴黄乾郭建武等三员充本
 府军务厅厅附由 …………………………………………………… 374
浙江都督府饬军字第四百十三号饬兼代第二十五师师长预备第一旅

旅长为委二十五师差遣蒋宗敏充预备第一旅中尉副官由 …… 374

浙江都督府饬军字第四百十四号饬预备第一旅旅长查有第二十五师
　　第九十九团三等军医正朱炳参调任该旅第二团三等军医正由 …… 375

浙江都督府饬军字同上号饬第二十五师师长该师第九十九团三等军医
　　正朱炳参调任护国军预备第一旅第二团三等军医正由 …… 375

浙江都督府饬军字同上号饬第一军司令官该军军医林登衢升任第九十
　　九团三等军医正由 …… 376

浙江都督府饬军字同上号饬兼代第六师师长现充护国军第一军军医林
　　登衢升任第九十九团三等军医正由 …… 376

浙江都督府饬军字第四百十六号饬为任命徐仁钊为本府顾问官由 …… 376

浙江都督府饬政字第一百九十一号饬玉环县据该县蔡思岳禀伊子如
　　福被哨官王树勋擅刑在押毙命由 …… 377

浙江都督府饬政字第一百九十三号饬任命阮性存为本府机要秘书由
　　…… 377

浙江都督府饬政字第一百九十四号饬任命郑文易为本府民政主任秘
　　书由 …… 378

浙江都督府饬政字第一百九十五号饬任命沈钧业为本府财政主任秘
　　书由 …… 378

浙江都督府饬政字第一百九十六号饬任命张浩为本府警政主任秘书
　　陈簠为本府警政秘书由 …… 378

浙江都督府饬政字第一百九十七号饬任命王理孚为本府民政秘书由
　　…… 379

浙江都督府饬政字第一百九十八号饬任命陈时夏为本府秘书长由 …… 379

浙江都督吕批会稽道尹呈联合师范讲习所应由民政厅直接管辖由 …… 379

浙江都督吕批会稽道尹呈送私立高小校附设国民学校章程由 …… 380

浙江都督吕批发民政厅长据诸暨杨善等禀填复麻车坑请遴派贤员秉公测勘由
　　…… 380

39

浙江都督吕批财政厅长呈为鄞县警察恩饷已准作正开支遵饬核议具复由 …… 380

浙江都督吕批崇德县呈送保节采访会刊印章程并执照式样请通颁各县仿办由 …………………………………………………… 380

  附原呈 …………………………………………………… 381

  崇德县创设保节采访会章程 …………………………… 382

浙江都督吕批发民政厅诸暨楼桓登等为私筑堤埂请开复原流以随水势由 …… 383

浙江都督吕批民政厅呈复会稽道所请各县叙官证明文件并未送到由 ……… 384

  附原呈 …………………………………………………… 384

浙江都督吕批发警政厅据渔业太和等公所童能藩等为规则苛求妨害渔业呈

  送护船规则乞鉴核由 …………………………………… 384

浙江都督吕批据内河水上警察厅长呈议复民国三年裁减水警请饬拨款由 …… 384

浙江都督吕批瓯海关呈复瓯海关税收情形并造送各项表册由 ……………… 385

浙江都督吕批浦江县知事呈为四年公债请照旧付息由 ……………………… 385

浙江都督吕批省会工程局呈请将该局裁并省会警察厅办理由 ……………… 385

浙江都督吕批江山县呈报执行盗匪金万达死刑日期由 ……………………… 386

浙江都督吕批为前瓯海道署裁撤人员准予分别酌量提前委用由 …………… 386

浙江都督吕批乐清县呈报冯利宏被盗弹伤身死由 …………………………… 386

浙江都督吕批衢县江纪纲禀为声叙代表由 …………………………………… 386

浙江都督府饬政字第一百九十九号饬任命诸宗元为本府文牍秘书由 …………………………………………………………… 387

浙江都督府饬政字第二百号饬任命余名铨叶遇春汪希等为本府谘议官由 …………………………………………………………… 387

浙江都督吕批本府守备队司令长呈为朱炳参调任护国军预备旅第二团军医

  正遗缺以林登衢升任由 ………………………………… 388

浙江都督吕批高检厅呈复瑞安江每奶控知事贿纵命案凶犯由 ……………… 388

浙江都督吕批发警政厅为邮务管理局长详严桐护警在途枪毙邮差请再饬营

  县勒限获凶由 …………………………………………… 388

目　　录

浙江都督吕批兰溪知事苏高鼎呈送本年四月分缉捕盗匪成绩表由 ……… 388

浙江都督吕批余姚知事王嘉曾呈报四月份警务各项表册已详送民政厅存案由
　…………………………………………………………………………… 389

浙江都督吕批嵊县知事呈为警队恩饷可否由省支给抑于警费余款动支请核示由
　…………………………………………………………………………… 389

浙江都督吕批警政厅呈复牛痘传习所简章遵批议改情形并牛痘传习所所长
　曾衡禀请通饬各县选送学生来所肄业由 ………………………………… 389
　附原呈 …………………………………………………………………… 390

浙江都督吕批缙云县知事欧阳忠浩详为胪陈防务得力情形请将管带等奖励由
　…………………………………………………………………………… 391

浙江都督吕批缙云县知事欧阳忠浩详为驻缙警备队哨官娄旭东请予优奖由
　…………………………………………………………………………… 391

浙江都督吕批警政厅呈请任命吴敦义姜映奎为该厅秘书与总稽查由 …… 391

浙江都督吕批发民政厅为金华道道尹转呈常山县改委椽属请予注册由 … 391
　附原呈 …………………………………………………………………… 392

浙江都督吕批警政厅呈请模范警队营教练官准以该队四连连长升充由 … 392

浙江都督吕批夏厅长呈复外海水警第四分队救护水难多人分别记功给奖由
　…………………………………………………………………………… 392
　附原呈 …………………………………………………………………… 393

浙江都督吕批发警政厅为警备队第四区统带详遵饬查开现职人员名单履历
　核委由 …………………………………………………………………… 393
　附原详 …………………………………………………………………… 393

浙江都督吕批发龙泉县知事据该县李镜蓉禀前知事陈蔚勒罚肥私请追缴由
　…………………………………………………………………………… 396

浙江都督吕批发永嘉县知事据该县郑吴氏为匪首郑家俊等未办禀请饬县追办由
　…………………………………………………………………………… 397

浙江都督吕批发高检厅据会稽道呈据嵊县查复马耀章折案情形由 ……… 397

41

浙江都督吕批据外海水警厅呈报拿获抢犯范厚生一名枪毙由 …………… 397

浙江都督吕批嵊县知事呈报执行盗匪张大毛等死刑日期并请开支罚金充赏由
……………………………………………………………………………… 398

浙江都督吕批嘉善县呈获盗犯薛小弟等讯明拟办请示由 ………………… 398

浙江都督吕批发警政厅据德清绅商学界程森等禀驻城水警吴所员请免调由
……………………………………………………………………………… 398

浙江都督吕批省会工程局总办夏超为呈报接代日期由 …………………… 398
　附原呈 ………………………………………………………………… 399

浙江都督吕批民政厅呈请加给各县知事任命状由 ………………………… 399
　附原呈 ………………………………………………………………… 399

浙江都督吕批外海警厅长王萼呈请给第三队故警王星浦恤金由 ………… 401

浙江都督吕批发民政厅据新昌黄勉禀控前温岭县知事张绍轩饬厅查案办理由
……………………………………………………………………………… 401

浙江都督吕批发民政厅据海宁县刘知事呈送三四两月警察缉捕成绩月报表由
……………………………………………………………………………… 401

浙江都督吕批发警政厅据永嘉宁商日新号禀护船陷商人掳货劫请追究办由
……………………………………………………………………………… 402

浙江都督吕批发警政厅据永康孔庆约为妻羊氏被兵士朱金标奸淫逼夺请派
　干员澈查由 …………………………………………………………… 402

浙江都督吕批发民政厅据学员王人鉴等禀旅京学费支绌公恳接济由 …… 402

浙江都督吕批发警政厅据警备队戴统带详为第四营侦缉员周福林缉获案匪
　潘立灿一名归县讯办由 ……………………………………………… 403

浙江都督吕批私立浙江牛痘传习所所长曾衡禀为恳请迅予通饬各县选送学
　生来所肄业由 ………………………………………………………… 403
　附原禀 ………………………………………………………………… 403
　私立浙江牛痘传习所修正简章 ……………………………………… 404

浙江都督府饬军字第四百十七号饬为任命赵鼎华充本府谘议官由 ……… 405

浙江都督府饬军字第四百二十一号饬为任命警佐倪遇立章彬马振中
　　等三员为本府谘议由 ·· 406
浙江都督府饬政字第二百零三号饬为任命楼金鉴充本府机要助理秘书由
　　··· 406
浙江都督吕批高审检厅据萧山县呈监犯反狱格毙魏芝生等三名情形由 ······ 407
浙江都督吕批杭县地方审判厅长呈报任事日期由 ························ 407
　　附原呈 ··· 407
浙江都督吕批警政厅呈复哨官娄旭东准予晋升一等照二等支薪由 ········ 408
　　附原呈 ··· 408
浙江都督吕批杭县知事呈为第十五区长桥保卫团请领枪弹铜帽由 ········ 408
浙江都督吕批开化县知事林应昌呈为请领华埠保卫团枪弹恳赐饬发给领由
　　··· 409
浙江都督吕批发警政厅为湖南客民李懋卿续请酌给恤金以便归里由 ········ 409
浙江都督吕批警政厅呈复北京警察学员薪津准予寄给分别转饬民政厅筹给由
　　··· 409
浙江都督吕批瓯海道尹陈光宪据景宁县详送警佐何绣林办理警务成绩履历由
　　··· 410
浙江都督吕批警政厅据外海警厅长王荨呈报第五队在沙镬洋面救回难民难
　　船并获匪械情形由 ··· 410
　　附原呈 ··· 410
浙江都督吕批发民政厅为新昌县呈报梁土朝家被匪拷诈格毙一名情形由 ······ 411
浙江都督吕批嘉兴县呈报陈永顺家被劫一案由 ························ 411
　　附原呈 ··· 412
浙江都督吕批高检厅据新登县呈报拿获临安县盗犯张清法一名由 ········ 412
浙江都督吕批慈溪县呈报枪毙盗犯胡银顺日期由 ························ 413
浙江都督吕批崇德县呈报执行积盗沈阿六死刑日期由 ···················· 413
浙江都督吕批淳安阮知事呈为遵批查造巡警马麟积劳病故调查表诊断书送

43

请赐恤由 ··· 413

浙江都督吕批发高检厅为警政厅呈象山赵松筠家被劫获犯王有焜等仍饬缉
　　　追赃犯由 ··· 413

复段祺瑞史履晋曲同丰电 ··· 414
　　　附　北京国务院来电 ·· 415

吕都督赞同废止军巡名称电 ··· 415

浙江都督府饬军字第四百二十三号饬第六师长将该师差遣吕舜凯
　　　调充宪兵司令处差遣由 ·· 416

浙江都督府饬军字第四百二十五号饬为参谋徐士镰勤劳卓著照中校
　　　支薪由 ·· 416

浙江都督府饬政字第二百零四号饬财政厅长加任为中国交通浙江三
　　　银行监督由 ·· 417

浙江都督府饬政字第　　号饬发民政厅为省教育会请拨公地建筑会所及
　　　运动场由 ··· 417

浙江都督吕批金华沈道尹转呈永康县军警官佐巡防得力可否酌予奖励并准
　　　支销会哨费缘由由 ·· 418

浙江都督吕批高审厅为诸暨县清理积案委员准予记功一次由 ············· 419

浙江都督吕批高检察长王天木呈请因病辞职由 ································ 419
　　　附　浙江高等检察厅长呈都督续请辞职由 ····································· 419

浙江都督吕批湖属经商黄永源禀为巡疲销短请更委巡员情形由 ············· 420

浙江都督吕批衢县公民江纪纲续请以该县代表名义驻省由 ················· 420

浙江都督吕批银行监理处呈请加任财政厅长为银行监督由 ················· 420

浙江都督吕批据嘉善县知事呈城区枫泾各警佐不堪称职由 ················· 421

浙江都督吕批嵊县知事呈报祁条轩状报仁德当解洋至途被劫由 ············ 421
　　　附原呈 ··· 421

浙江都督吕批黄岩县知事呈为金清乡保卫团请领枪弹乞赐核发由 ········· 422

浙江都督吕批金衢严警备正司令官呈为警备地域司令部各员请分别加委由
　　　 ·· 422

附原呈 ··· 423

浙江都督吕批四十九旅旅长呈为镇海装设军用电话三处所需贴费装费请备案由
　　 ··· 423

　　附原呈 ··· 423

浙江都督吕批嘉兴县知事据呈报事主张凤高等家被劫失赃一案勘缉情形由
　　 ··· 424

　　附原呈 ··· 424

浙江都督吕批电政管理局监督据详为陈复勘估建德淳安设线缘由请备案由
　　 ··· 425

　　附原详 ··· 425

浙江都督吕批宪兵司令官呈为第六师差遣吕舜凯调充宪兵司令处差遣由 ······ 426

浙江都督府饬军字第四百二十六号饬为任命吴斌为军务厅参谋由 ······ 426

浙江都督府饬政字第二百零五号饬为任命娄谦马兆龙为本府财政助
　　理秘书由 ·· 426

浙江都督吕批第六师师长呈为第十一旅旅长王桂林代理第一军司令官及湖
　　属戒严司令官所遗职务以该旅部参谋金鸿亮代拆代行由 ············ 427

　　附原呈 ··· 427

浙江都督吕批第六师师长呈为辎重营中尉排长各缺请以排长郑汉照等分别
　　升补由 ·· 427

浙江都督吕批测量局局长呈为代理审查员张骞服务勤奋请予补实由 ········ 428

浙江都督吕批示民妇孙陈氏禀为伊孙孙海波在监患病请予暂释医治由 ······ 428

浙江都督府饬政字第二百零六号为饬查各县有无私添额外法警情事由
　　 ··· 428

浙江都督吕批台州镇守使呈报管带花耀魁在宁奉交界兜剿匪党邹顺昌并夺
　　械情形由 ·· 429

　　附原呈 ··· 429

浙江都督吕批嘉兴县知事呈报事主林大宝等家沈连生状报被劫失赃一案勘

45

缉情形由 ……………………………………………… 430
　　原附呈 …………………………………………………… 430
浙江都督吕批为民政厅呈请该厅科长章长庚等五员准予一律填发任命状由
　　………………………………………………………………… 432
　　附原呈 …………………………………………………… 432
　　清单 ……………………………………………………… 432
浙江都督吕批安吉县呈报拿获邻境盗犯陶玉仙一名由 …………… 432
浙江都督吕批财政厅呈为通志局经费应否由省库筹给请示遵由 … 433
浙江都督吕批发财政厅为黄岩酒商方顺发等禀请议减酒税由 …… 433
浙江都督吕批烟酒公卖局呈为改订局章请核示由 ………………… 433
　　浙江烟酒公卖局暂行章程 ……………………………… 434
浙江都督吕批警政厅为呈报外海厅委任各员已由该厅分别给委由 … 435
　　附原呈 …………………………………………………… 435
吕都督函复旧省会议员请通告召集省会由 ………………………… 437
吕都督致西安陈柏生君电 …………………………………………… 437
浙江都督府饬军字第四百三十四号饬为任命叶英为海防司令处参谋
　　吴耀为副官分别给发任状由 …………………………… 438
浙江都督府饬政字第二百零八号饬警政厅暨内河水警厅嘉兴等县知
　　事据丝商电请保护航运饬属加警保卫由 ……………… 438
都督电复上海丝业会馆准饬属保护航运由 ………………………… 439
浙江都督吕批第六师师长呈为二十一团五连一排长缺以五十旅排长董制欧
　　留充由 …………………………………………………… 440
　　附原呈 …………………………………………………… 440
浙江都督吕批外海水上警察厅厅长兼海防司令官呈为转呈镇海炮台添设旗
　　灯目兵及炮兵并送花名册由 …………………………… 441
　　附原呈 …………………………………………………… 441
浙江都督吕批民政厅王厅长呈请将兰溪警察局仍改为警察所以归一律由
　　………………………………………………………………… 442

浙江都督吕批发高检厅为嵊县呈报验明过培周被人刀伤身死由 …………… 442
　　附原呈 …………… 442
浙江都督吕批淳安县呈报邮差游海清被劫一案由 …………… 443
浙江都督吕批高审厅呈报江山县盗犯金万达日期由 …………… 443
浙江都督吕批高检厅呈复德清县监犯戴荣庆脱逃一案由 …………… 443
　　附原呈 …………… 443
浙江都督吕批嵊县呈报陈昌恒被刘阿和等劫死由 …………… 444
浙江都督吕批民政厅呈请设置视学及警务视察各员由 …………… 445
　附　民政厅呈都督为酌定警务视察员额遵批具报请予备
　　案由 …………… 445
浙江都督吕批民政厅长呈派员会考毕业通饬暂停已饬金华县知事照办由 …………… 446
　　附原呈 …………… 446
浙江都督吕批民政厅呈报第九中学校长辞职以何绍韩接充由 …………… 446
　　附原呈 …………… 446
浙江都督吕批发民政厅为平阳县女子高小校长禀请饬县示谕各茶商缴捐由
　 …………… 447
浙江都督吕批发民政厅为湖南刘本铎禀请发还刘公祠以保私产由 …………… 447
浙江都督府通告通告在省候补人员分班传见由 …………… 447
浙江都督府饬军字第四百三十六号饬黄尚华升为本府密电处主任员由
　 …………… 448
浙江都督府饬军字第四百三十九号饬知第六师长委吴达成等九员充
　该师差遣由 …………… 448
浙江都督府饬军字第四百三十九号饬知第二十五师师长委牟念均等
　十五员充该师差遣由 …………… 448
浙江都督府饬军字第四百三十九号饬知护国军预备第一旅旅长委陈
　人伟等四员充该旅差遣由 …………… 449
浙江都督府饬军字第四百三十九号饬知警政厅厅长委王品芳等九员

47

充警备队差遣由 ·· 449

浙江都督府饬军字第四百三十九号饬委吴学览等七员充本府军务厅厅附稽查招待差遣由 ·· 449

浙江都督府饬军字第四百三十九号饬委吴达成等九员充第六师差遣由 ·· 450

浙江都督府饬军字第四百三十九号饬委牟念均等十五员充第二十五师差遣由 ·· 450

浙江都督府饬军字第四百三十九号饬委陈人伟等四员充护国军预备第一旅差遣由 ·· 451

浙江都督府饬军字第四百三十九号饬委王品芳等九员充警备队差遣由 ·· 451

浙江都督府饬军字第四百四十号饬知军法课员陈光熺照三等军法正十成支薪由 ·· 451

浙江都督府饬军字第四百四十一号饬为任命张孟定为本府谘议官由 ·· 452

浙江都督府饬军字第四百四十二号饬委褚勤襄充军务厅差遣由 ······ 452

浙江都督府饬军字第四百四十五号饬委屠进先充浙江特编游击队二等军医由 ·· 452

浙江都督府饬军字第四百四十六号饬各属为前清裁撤绿营所遗废旧铜铁已由本府派员带同该商分赴各属陆续过磅按批给照起运验明放行由 ······ 453

浙江都督府饬军字第四百四十六号饬为军械总局、总台官应会同废旧铜铁监视过磅委员详细履勘由 ·· 453

浙江都督府饬军字第四百四十六号饬委本府谘议林显扬厅附徐光国为废旧铜铁监视过磅委员由 ·· 454

办理销售废旧铜铁军械办法 ·· 454

浙江都督府饬军字第四百四十八号饬各县知事缉拿军需王吉梧一名务获解究由 ·· 456

面貌书 ································ 457

浙江都督府饬政字第二百零九号饬官产清理处官产事宜应即移交财
　　政厅办理由 ································ 457

浙江都督府饬政字第二百十一号饬知民政厅将魏其光徐士瀛李素三
　　员以知事存记由 ································ 457

浙江都督吕批据会稽道尹呈请饬慈溪镇海奉化定海等县解甲种商校经费由
　　································ 458

浙江都督吕批发民政厅据民人祝沛莲禀遗屋被炮打伤请抚恤修理由 ······ 458

浙江都督吕批建威路支队长呈为特编游击队请补给药品及添设军医由 ····· 458

浙江都督吕批建威路支队长呈为副官陈启明从事奋勉请升为少校副官由 ······ 459

浙江都督吕批嘉湖镇守使兼戒严司令官呈为游击队第三营各官长服务勤劳
　　请分别奖励由 ································ 459

浙江都督吕批军械总局收到一分局批解军火洋元并严缉在逃前王军需私携
　　公款由 ································ 459

　　附原呈 ································ 460

浙江都督吕批建威路支队长呈为特编游击队副官季亮一等军医赵振华请照
　　现职十成支薪由 ································ 460

浙江都督吕批第六师师长呈为十二旅少校参谋王濒请记升中校由 ········ 461

　　附原呈 ································ 461

浙江都督吕批财政厅呈拟裁并官产增订条例由 ················ 461

浙江都督吕批民政厅长呈复本届派员会考毕业通饬暂停由 ··········· 461

　　附原呈 ································ 462

浙江都督吕批绍兴县萧山县知事呈报解决两县塘闸摊款办法由 ········· 462

　　附原呈 ································ 462

吕都督电南京冯上将请再电请恢复约法国会由 ················ 464

　　附　冯华甫主张旧约法电 ···························· 465

吕都督咨复参议会咨据金蓉镜等陈请组织临时省议会各情将议决情形请察

49

照由 ··· 466

浙江都督府饬军字第四百三十七号饬知军械局长边继孝充该局监修员崔舜甫陆凤达充该局工师金沅张泳生等充该局工匠由 ········· 467

浙江都督府饬军字第四百三十七号饬委边继孝等充军械总局监修员及工师由 ·· 467

浙江都督府饬军字第四百五十号饬委本府调查员蒋万鹏升调本府总稽查由 ··· 468

浙江都督府饬军字第四百五十一号饬所属各军队将所有损坏枪枝列表呈报分批送交军械总局饬匠修理由 ······························· 468

浙江都督府饬军字第四百五十二号饬委蒋祖汉充本府军务厅差遣由 ·· 469

浙江都督府饬军字第四百五十五号饬为任命汪嵌为本府谘议官由 ······ 469

浙江都督府饬军字第四百六十号饬护国军第一军司令官呈为倪德熏公文无从投递函送察收由 ·· 469

浙江都督府饬政字第二百十二号饬民政厅咨复参议会咨据金蓉镜等陈请组织临时省议会各情将议决情形请察照由 ······················· 470

浙江都督府饬政字第二百十四号饬民政厅据台州镇守使电称海门商会及鄞县知事先后请放运米石乞示由 ···································· 470

浙江都督府饬政字第二百十五号饬财政厅饬查永嘉盐局长放行私酒情形由 ·· 471

浙江都督府饬政字第二百十六号饬交涉署准发议会咨复交涉署长经开会多数赞成作为追认由 ··· 472

浙江都督府饬政字第 号饬据两浙节孝总祠主任孙锵禀请拨款补助由 ··· 472

浙江都督吕批据两浙节孝总祠主任孙锵禀请拨款补助由 ·············· 474

浙江都督吕批第六师师长呈为二十一团十连排长缺以黄凯等分别升充由 ······· 474

浙江都督吕批第六师师长呈为第二十二团排长陆钟泰蔡周封等遗缺以李安

南等分别升补由 475

浙江都督吕批第六师师长呈为二十一团连长吴伯廉等遗缺请以排长江怀国
　等分别升补由 475
　附原呈 475

浙江都督吕批军械总局呈为饬各军队如有损坏枪枝迅即送局修理由 476

浙江都督吕批第二十五师师长呈为请委司事董绍闻充九十八团留守队军需由 476

浙江都督吕批据盐运使呈复玉环盐税已照温属食盐税率办理由 477
　附原呈 477

浙江都督吕批据民人吴庆寿禀凶犯王约来越狱脱逃周阿富又不到案请饬办
　等因批发高检厅转饬遂安县勒缉由 478

浙江都督吕批民政厅呈报龙游五都詹警佐龚澜辞职遗缺以唐诚接充由 478

浙江都督吕批民政厅为仙居公民潘靖中等禀请挽留知事孙熙鼎由 478

浙江都督吕批发民政厅为遂昌县知事呈请长警在戒严期内应否按名酌予津
　贴请求由 478

浙江都督吕批发财政厅据余杭肉业张聚来等禀加收肉捐办保卫团经费请饬
　禁止由 479

浙江都督吕批民政厅呈请给发宁波警察厅长周琮永嘉警察局徐熙两员任命状由 479

浙江都督吕批民政厅呈报警正应拔等任命状并将邵缵绪张春元两员准以警
　佐记升由 479
　附原呈 480

浙江都督吕批民政厅呈复东阳县司法助理樊鹤鸣准以警佐记名录用由 480
　附原呈 480

浙江都督吕批为民政厅呈复警正应拔等三员准以知事存记任用由 481

浙江都督吕批为民政厅呈报宣平县警佐雷钺如撤差遗缺以王瑾补充由 481

浙江都督吕批财政厅呈复竺烈士遗族抚恤学费嵊县税内无可指拨应否停止

51

或仍由省库给发请示遵由	481
浙江都督吕批民政厅呈奉批发建德教育会长控第九中校校长徐檀破坏学务一案查案具复由	482
浙江都督吕批发财政厅据陈毓琳禀称具保或发县看管以便清理交案由	482
致独立各省电	482
吕都督电请各省赞同冯删电之主张由	483
吕都督通电	483
附　黎元洪复电	484
吕都督通电	484
吕都督通电	484
浙江吕都督致谭石屏电	485
浙江都督府饬军字第四百六十六号饬知护国军预备第一旅旅长委华振常等六员充该旅差遣由	485
浙江都督府饬军字第四百六十六号饬委华振常等六员充浙江护国军预备第一旅差遣由	485
浙江都督府饬政字第二百十七号通饬各属人民不得邮递禀件由	486
浙江都督府饬政字第　号饬民政厅转饬嘉善县准以内校场为设立公众运动场地点由	487
浙江都督吕批金华道尹呈报永康县各校管教员学生一览表由	487
浙江都督吕批财政厅呈复奉批议复龙泉县请奖征收四年地丁各员简明表由	489
附原呈	489
浙江都督吕批瑞安县呈报任用财政主任张锡龄及会计张澯鋆年岁籍贯由	490
附原呈	490
浙江都督吕批诸暨民人冯登潮等为县公署处分违法提起诉愿由	490
浙江都督吕批新昌县呈为属县警察请求给予恩饷乞示遵由	491
浙江都督吕批泰顺县知事呈为巡警队是否一律发给恩饷请示遵由	491

浙江都督吕批发民政厅据会稽道属筹赈委员呈报销委由 …………… 491
 附原呈 ………………………………………………………… 491
浙江都督吕批上虞警佐蔡尊周因公被诬请澈究以申冤抑由 ………… 493
浙江都督吕批高等审判厅呈报崇德县执行积盗沈阿六枪毙日期由 …… 493
 附原呈 ………………………………………………………… 493
浙江都督吕批高审厅呈报慈溪县执行盗犯胡银顺枪毙日期由 ……… 493
 附原呈 ………………………………………………………… 493
浙江都督吕批民政厅长呈拟道属苗圃师范传习所等办法五条由 …… 494
 附原呈 ………………………………………………………… 494
 附清摺 ………………………………………………………… 495
浙江都督吕批义乌县知事呈报巡视四乡考察完竣并禁花会筹画防务情形由
 ………………………………………………………………… 496
 附原呈 ………………………………………………………… 496
浙江都督吕批象山县知事呈送历朝贞孝节烈妇女姓氏清册由 ……… 499
浙江都督吕批玉环县知事呈上次莠民滋闹监犯图逃警佐队长防护得力请核奖由
 ………………………………………………………………… 499
浙江都督吕批高审厅为嘉兴县承审员吴鉴办理承审成效卓著仰厅照章核奖由
 ………………………………………………………………… 500
浙江都督吕批发高审厅据江山县呈报董毛氏状诉董毓烈戳毙伊子案内获犯
 情形由 ………………………………………………………… 500
浙江都督吕批建威路支队长呈为排长姜鸿林军纪不整与差遣周耀庭对调由
 ………………………………………………………………… 500
浙江都督吕批第六师师长呈为二十二团营长谢鼎请照升级十成支薪由 …… 501
 附原呈 ………………………………………………………… 501
浙江都督吕批预备第一旅旅长呈为营长周幹等三员请照中校八成支薪由 …… 501
 附原呈 ………………………………………………………… 501
浙江都督吕批第六师师长呈为辎重营营附林锐等业经严加考核择尤请奖由
 ………………………………………………………………… 502

53

附原呈 …………………………………………………………… 502

浙江都督吕批义乌县呈报拿获花会首犯陈阿成一名到案由 ………… 502

浙江都督吕批江山县呈报执行盗犯管大昌死刑日期由 ……………… 503

浙江都督吕批发高检厅据东阳李沈氏控张知事滥用威权枪毙氏夫李才春一案由
　…………………………………………………………………… 503

浙江都督吕批高审厅呈为松阳县监犯脱逃拟请管狱员等分别议处由 ……… 503

浙江都督吕批发民政厅据宁波商会详为沈家门商会总理任满改选请核委由
　…………………………………………………………………… 504

浙江都督吕批发高检厅据金华县呈报本年四五月份盗匪抢劫案件月报表遵
　报高审检厅汇转由 ……………………………………………… 504

浙江都督吕批民政厅呈复建德县公民陈子贞等禀请饬县取消附税由 ……… 504

　附原呈 …………………………………………………………… 504

浙江都督吕批民政厅财政厅会衔呈报划分征收矿税办法由 ……………… 505

　附原呈 …………………………………………………………… 505

浙江都督吕批发财政厅为永嘉县呈大校场余地可否变卖抑应酌留请示遵由
　…………………………………………………………………… 505

浙江都督吕批财政厅据称张鸿荐充该厅官产科科长由 ……………… 506

　附原呈 …………………………………………………………… 506

浙江都督吕批财政厅呈复丽水县遵电查复金华军队剿办宣丽土匪骚扰情形由
　…………………………………………………………………… 506

　附原呈 …………………………………………………………… 506

浙江都督吕批军械总局呈为汇送五月分收发硝磺军火报册由 …………… 507

浙江都督吕批平阳知事呈请核给退伍兵林春元四年下半期减饷由 ……… 508

浙江都督吕批缙云县知事呈报垫发亡兵杨新昌二年遗族年金请拨交财政厅
　作为地丁解款由 ………………………………………………… 508

浙江都督吕批第二十五师师长呈为九十八团三等军医正陈彝镛等二员请照
　现职十成支薪由 ………………………………………………… 508

浙江都督吕批第二十五师师长呈为九十七团十二连连长遗缺以陈筹委充由 …… 508

浙江都督吕批杭州关监督呈送报告表由 …… 509
 附原呈 …… 509

浙江都督吕批发民政厅据瑞安县知事刘泽龙因国会召集准予辞职遴委由 …… 512
 附原呈 …… 512

浙江都督吕批民政厅呈复淳安县知事呈保卫团及署员警奖案仰核由 …… 513
 附原呈 …… 513

浙江都督吕批财政厅呈送浙省统捐各局长履历并各局通年比额表由 …… 514
 附原呈 …… 514

浙江都督吕批财政厅派委会同银行监理查杭甬交通银行情形并善后由 …… 522
 附原呈 …… 522

吕都督电黎大总统请释褚辅成常恒芳两议员由 …… 524

浙江都督吕牌示报到候补知事分次传见日期由 …… 524

浙江都督吕批第六师师长呈为造具选送二十五师各兵士姓名清册由 …… 525
 附原呈 …… 525
 陆军第六师选送第二十五师任用士兵姓名及军装数目清册 …… 526

浙江都督吕批财政厅议复商会禀请删除账票等项印花税并零卖烟酒牌照税暨请减印花税罚则由 …… 529
 附原呈 …… 529

浙江都督吕批盐运使查获仁和场书吏尚无勒索舞弊实据并设立总柜情形由 …… 531
 附原呈 …… 531

浙江都督吕批据遂安县知事陈与椿呈境内半年以上并无盗案发生请将出力营警员弁援案记功由 …… 533

浙江都督吕批民政厅呈为委任金兆梓为第七中校长请备案由 …… 533

55

浙江都督吕批民政厅据余姚陈金源等禀知事玩纵匪首张玉麟等由 ………… 533

浙江都督吕批长兴县知事呈为保董施佩埧办事奋勇呈请核奖由 ………… 533

浙江都督吕批新登茧捐局呈报撤局日期并出运茧数由 ………… 534
　　附原呈 ………… 534
　　附清摺 ………… 534

浙江都督吕批警政厅长呈为奉饬核议各道署警队应如何编置由 ………… 535
　　附原呈 ………… 535

浙江都督吕批淳安县知事呈报判处盗犯吕洪鲁一案由 ………… 536
　　附原呈 ………… 536

浙江都督吕批民政厅呈复嵊县竺德顾被匪戕毙一案由 ………… 536
　　附原呈 ………… 537

浙江都督吕批宁海县知事呈报格毙伙匪洪见舜一名情形由 ………… 537

浙江都督吕批为民政厅长呈报全省警费仍照三年度成案办理请备案由 …… 538

浙江都督吕批松阳县知事呈报放免内乱嫌疑犯金红桥一名由 ………… 538

浙江都督吕批民政厅长请变通核发警察官吏恤金手续由 ………… 538
　　附原呈 ………… 538

吕都督函复省议会议员省议会从缓召集由 ………… 539

浙江都督府饬军字第四百八十六号饬委邵羲为本府谘议官由 ………… 540

浙江都督府饬政字第　号饬任命徐肃为本府司法主任秘书由 ………… 540

浙江都督府饬政字第　号饬民政厅准赴美赛会监督陈琪咨请转饬协会
　派员赴沪领回赛品由 ………… 540

浙江都督府饬政字第　号饬财政厅厅长莫永贞呈送发行军用票告示请
　核印通颁由 ………… 541

浙江都督府饬政字第二百二十八号饬民政厅财政厅会同核议陈英士
　家属抚恤办法由 ………… 543

浙江都督吕批第二十五师师长呈为九十七团排长施国瞻因病销差遗缺以该
　团差遣周德基委充由 ………… 543

目　录

浙江都督吕批第二十五师师长呈为九十九团第三营军需舒绍基军医姚绥寿
　　由补充兵第二营改充请察核由 ………………………………………… 544

浙江都督吕批发高审厅为淳安县呈四年分垫支司法不敷经费请在县税公益
　　费内支销由 ……………………………………………………………… 544

浙江都督吕批警政厅长呈为外海二区七队长以张启元改充前委杜邦梁即予
　　撤销由 …………………………………………………………………… 544

浙江都督吕批警政厅呈荐警正谭云斅请以知事存记任用由 …………………… 545

浙江都督吕批奉化县呈报枪毙匪犯应宝昌日期由 ……………………………… 545

浙江都督吕批萧山私枭聚众拒捕劫回私盐并伤警夺械请分饬营县严拿首从
　　各犯惩办由 ……………………………………………………………… 545

浙江都督吕批平阳县呈报曾成绸等挂设花会夺犯殴警由 ……………………… 545

浙江都督吕批镇海县呈报范华氏被叶世昂等殴毙由 …………………………… 546

浙江都督吕批高检厅呈长兴县案犯俞小可否准予变通执行枪毙由 …………… 546
　　附原呈 …………………………………………………………………… 546

浙江都督吕批发高等检察厅为余姚民人余家祚续禀犯逸赃悬请饬缉追由
　　…………………………………………………………………………… 547

浙江都督吕批高审厅呈报嵊县判处盗犯张大毛死刑一案由 …………………… 547

浙江都督吕示为接见续行报到候补知事由 ……………………………………… 548

浙江都督府饬政字第二百三十一号饬高检厅据诸暨陈正灿电请饬县
　　阻止保释陈永福由 ……………………………………………………… 548

浙江都督吕批长兴知事黄赞元呈给发警察恩饷是否国税项下划领抑均在地
　　方收入开支由 …………………………………………………………… 549

浙江都督吕批上虞知事张应铭呈造五月分缉捕盗匪成绩表由 ………………… 549

浙江都督吕批慈溪知事夏仁溥呈为军警长官保卫地方得力请酌奖励由 …… 549

浙江都督吕批为财政厅转据奉化县呈请免赔江口镇商会被劫印花税票由 …… 550

浙江都督吕批民政厅长呈复龙游县知事答辩被叶时著控诉侵渔积谷遵饬核拟由
　　…………………………………………………………………………… 550

57

浙江都督吕批发民政厅据象山耆绅黄利模等呈为保卫森林请出示严禁由 ………………………………………………………………… 550

 附原禀 ……………………………………………………………… 550

吕都督覆余姚县知事电据该县会营电禀浒山枭匪聚众滋事由 ……… 551

 附 余姚来电 ………………………………………………………… 552

吕都督复嵊县知事电据该县电请枪毙盗犯张松见陈生运二名由 …… 552

 附 曹娥来电 ………………………………………………………… 552

浙江都督府饬政字第二百三十五号饬各厅为各县知事应兴应革事件妥拟办法呈候核夺由 ……………………………………………… 552

浙江都督吕批嘉善县知事殷济呈报硖石老公茂拖轮被风掀翻请奖救护出力人员由 ………………………………………………………… 553

 附原呈 ……………………………………………………………… 553

浙江都督吕批发财政厅为硖石商务分会总理徐光溥呈请停止发行军用票由 …………………………………………………………………… 555

浙江都督吕批长兴县知事呈报日人小西秀雄到长游历入境出境由 … 555

 附原呈 ……………………………………………………………… 555

浙江都督吕批民政呈复上虞陈吉甫禀因公亏累一案由 ……………… 556

浙江都督吕批高等检察厅据吴兴县呈报押犯脱逃未获三名请通缉由 … 556

浙江都督吕批发民政厅据长兴县知事呈团丁施松泉拒匪毙命请照章给恤由 …………………………………………………………………… 556

 附原呈 ……………………………………………………………… 556

浙江都督吕批发高检厅据义乌贾金氏续禀伊子被警备什长纵兵枪毙请迅委确查由 …………………………………………………………… 558

浙江都督吕批高检厅呈杭县监犯徐忠华等反狱情形由 ……………… 558

 附原呈 ……………………………………………………………… 558

浙江都督吕批发高检厅据江山县呈报监犯廖金海图逃跌死情形由 … 559

浙江都督吕批发高检厅为东阳县呈报检验羊小娜伤毙情形由 ……… 560

浙江都督吕批金华县呈报日人重次郎到金游历入境出境日期由 …………… 560
　附原呈 …………………………………………………………………… 560

浙江都督府饬政字第二百三十四号饬各县知事将地方应兴应革事件
　妥拟办法呈候核夺由 …………………………………………………… 561

浙江都督吕批警政夏厅长呈据二区洪统带报第六营在第一尖山剿匪并伤兵
　王金龙请恤由 …………………………………………………………… 561
　附原呈 …………………………………………………………………… 562

浙江都督吕批发民政厅据汤溪县呈警察警队恩饷业已发并请将警佐警队长
　核奖由 …………………………………………………………………… 563

浙江都督吕批民政厅呈拟请变通警察奖章关于给奖办法请示由 ………… 563
　附原呈 …………………………………………………………………… 564

浙江都督吕批发民政厅据於潜知事郭曾煜声明并未奉到二七号饬文恳请查
　明补发由 ………………………………………………………………… 565

浙江都督吕批发民政厅为昌化知事鲍湛呈送兵警名册请鉴核给发恩饷由 … 565

浙江都督吕批民政厅呈复核议永嘉警察局毋庸冠以商埠字样 …………… 565
　附原呈 …………………………………………………………………… 566

浙江都督吕批台州顾镇守使呈复天台知事密详潘继水揭帖驱官一案请将警
　佐朱英撤办由 …………………………………………………………… 566

浙江都督吕批民政厅呈复奉批平湖县呈防务重要拟请增设警队由 ……… 567
　附原呈 …………………………………………………………………… 567

浙江都督吕批委员徐象先警备队第四区统带戴任呈为军用电话事关防务仰
　祈鉴核饬拨提款俾速设置由 …………………………………………… 567

浙江都督吕批浙海关监督呈送三月份常关五十里外收入计算书并乙联税单由
　………………………………………………………………………………… 568
　附原呈 …………………………………………………………………… 568
　浙海常关五十里外各口五年三月分收入计算书 ……………………… 568

浙江都督吕批民政厅长呈复临安潘兆昌捐赀兴学给予奖章请备案由 …… 570

59

附原呈 ··· 571

浙江都督吕批民政厅长财政厅长呈复丽水县呈地方收入无款发给恩饷议仍
　　饬县另筹以符通案由 ··· 571

　　附原呈 ··· 571

吕都督致镇海县洪知事电 ··· 572

浙江都督吕批上虞县知事呈城区警佐蔡尊周不职情形并自请辞职由 ······ 572

　　附　民政厅呈为上虞县警队与警察冲突一案奉批后适据
　　查复谨将酌拟办法呈请察核示遵由 ································· 572

浙江都督吕批宁海县知事电呈防务吃紧请将警队先裁十名维持两月乞示遵由
　　 ··· 575

吕都督复嵊县电 ·· 575

第　三　册

吕公望集卷三　公牍三 ··· 577

都督府咨复参议会已饬财政厅按照议事日程派员出席由 ··············· 577

浙江都督府饬政字第二百三十九号饬知财政厅按照议事日程派员出
　　席由 ·· 577

浙江都督吕批警政厅呈请警备队第二区统部教练官并各营管带等七员加给
　　委状由 ·· 578

　　附原呈 ··· 578

浙江都督吕批第六师师长呈报工兵营逃兵董金钱业经缉获判处徒刑由 ······ 579

　　附原呈 ··· 579

浙江都督吕批高检厅为玉环县呈报拘留犯蔡加福自缢身死由 ·········· 580

　　附原呈 ··· 580

浙江都督吕批高审厅为上虞县呈报王徐氏被唐廿八等殴伤后自缢身死由 ······ 582

浙江都督吕批发高检厅据泰顺县知事呈复故兵周德荣致死情形由 ········ 582

　　附原呈 ··· 583

浙江都督吕批象山县呈该县二等警佐陈曜焜办理警务成绩表著请以县知事
　　记升由 ································· 584

浙江都督吕批民政厅长呈报第一中校长因病辞职已委吴文开接充由 ········ 584
　　附原呈 ································· 584

浙江都督吕批财政厅呈遵饬酌拨节孝总祠公款并另由本都督捐廉三百元转
　　饬具领由 ································ 584

浙江都督吕批民政厅长呈复批发云和廖奏熙等请并学校以省糜费由 ······· 585
　　附原呈 ································· 585

浙江都督吕批高检厅据云和县呈报黄陈氏自缢身死请求免验由 ·········· 586

浙江都督吕批民政厅呈复照收会稽道属办赈公费余款及各种卷宗图册尚属
　　相符并分别咨移归垫补报由 ······················ 586
　　附原呈 ································· 586

浙江都督府饬第　号饬知各属政府尊重法律顺从民意协商撤销军务院由
　　··································· 587

浙江都督府饬政字第二百四十四号饬民政厅警政厅转饬各属机关毋
　　得滥押刑讯由 ····························· 588

浙江都督府饬政字第二百四十五号饬高检厅通饬所属遇有官吏违法
　　立即依法起诉由 ···························· 590

吕都督颁发私立宗文中学第七次毕业训词 ·················· 590

浙江都督吕批发高审厅为缙云县呈复蔡伯雨挂设花会拒捕殴警一案由 ····· 591

浙江都督吕批高审厅为缙云县呈送三月分民刑案件摘由清单由 ·········· 591
　　附原呈 ································· 592

浙江都督吕批余姚县呈报案犯宋广大行刑日期由 ················ 592

浙江都督吕批发高检厅据嘉兴沈茂芳等禀合盛叶行倒款一案请饬律办由 ···· 592

浙江都督府布告为政府尊重法律顺从民意协商撤销军务院由 ··········· 592

浙江都督吕接见续行报到各候补知事由 ···················· 593

浙江都督府饬军字第五百零三号饬各属协缉慈溪县属金川乡丈亭地

61

方民人周宁生在途被盗戳毙案内盗犯篑永标等三名由 ………………… 593

浙江都督府饬军字第五百零五号饬各属准外交部电取消一八五八年
　　中美约第十八款由 ……………………………………………… 595

浙江都督府饬军字第五百零八号饬警政厅长据嘉湖镇守使呈复查办
　　吴兴县属织里镇被匪肆劫由 …………………………………… 596

浙江都督吕批嘉湖镇守使呈报查办吴兴县属织里镇被匪肆劫由 …… 596

浙江都督吕批民政厅呈为萧山县保举警佐俞迈芬以知事拔升由 …… 597

浙江都督吕批东阳县知事据呈派员请领垫发恤金并缴验恤金给与令暨送领
　　状祈察核示遵由 ………………………………………………… 597
　　附原呈 …………………………………………………………… 597

浙江都督吕批东阳县知事据呈派员请领垫发吴望明何启明抚金由 … 598
　　附原呈 …………………………………………………………… 598

浙江都督吕批发民政厅据接收瓯海道委员徐象先呈缴印信文卷款项恳请销差由
　　……………………………………………………………………… 599

浙江都督吕批发民政厅为开化县知事吴含章因丁外艰准予辞职由 … 599

浙江都督府饬军字第五百零九号饬二十五师及民政厅据委员刘崧申
　　等查复竺山营地情形由 ………………………………………… 599

浙江都督府饬军字第五百十四号饬四十九旅旅长兼陆防司令官等为
　　现在黎大总统依法继任南北亟谋统一所有前设海防司令官应即一律撤销由
　　……………………………………………………………………… 601

浙江都督府饬军字第五百十六号饬台州镇守使兼戒严司令官为现在
　　黎大总统依法继任南北正谋统一该属自应宣告解严由 ………… 602

浙江都督府饬军字第五百十六号饬嘉湖镇守使兼戒严司令官等为现
　　在黎大总统依法继任南北正谋统一所有嘉湖两属应即宣告解严由 … 602

浙江都督吕批发警政厅据嘉善自治委员施能禀称水警舍舟居陆强占公有市
　　房请饬让由 ……………………………………………………… 603
　　附原禀 …………………………………………………………… 603

浙江都督吕批慈溪县知事为呈请饬缉戳毙周宁生案内伙盗簧永标等三名由 ················ 604
　附原呈 ················ 604
浙江都督吕批高检厅为呈送伍月分本厅暨杭鄞两厅已未结刑诉案件清单由 ················ 605
浙江都督吕批高审厅呈请将诸暨县清理积案委员赵寿春记功由 ················ 605
浙江都督吕批高审厅呈复章宝老控郑益卿由 ················ 605
　附原呈 ················ 605
浙江都督吕批发警政厅据旧温属护商警察局长徐定超呈请饬撤船商球商两董事会由 ················ 606
　附原呈 ················ 606
浙江都督吕批高等审判厅呈送杭地审厅五年一月至五月止惩治盗匪统计表由 ················ 608
　附原呈 ················ 608
浙江都督吕批宣平县知事呈为县属警察可否援警队成例一律给发恩饷由 ················ 608
　附原呈 ················ 608
浙江都督吕批民政厅为瓯海道呈送永嘉等十四县五种舆图及文卷由 ················ 609
浙江都督吕批省会工程局总办呈送工务处章程暨办事细则支出预算书由 ················ 609
　附原呈 ················ 610
浙江都督吕批萧山县呈报钱江义渡经费奉厅批准由县税项下拨银补助由 ················ 610
浙江都督吕批发高检厅据遂安县余吴氏禀徐花竹杀死伊夫一案由 ················ 610
浙江都督吕批建威路支队长呈为特编游击队营长黄在中服务勤奋请加月薪由 ················ 611

吕都督致北京政府电 ················ 611
吕都督致北京各部总长暨各省军民长官及各报馆电 ················ 611
吕都督致云贵桂湘各都督暨肇庆岑都司令电 ················ 612
　附　梁启超复吕公望电 ················ 613

63

浙江都督府饬军字第五百二十五号饬本府军医课课长蒋可宗任职有
  年勤劳卓著照现职十成支薪由 ………………………………… 613
浙江都督府饬军字第五百二十八号饬第二十五师师长张载阳销去嘉
  湖镇守使兼职另委镇守使并旅团营长各缺由 …………………… 614
浙江都督府饬军字第同上号饬第二十五师师长张载阳销去嘉湖镇守使
  兼职另委镇守使并旅团营长各缺由 ……………………………… 614
浙江都督府饬军字第五百三十号饬特任傅其永兼宪兵司令官由 …… 615
浙江都督府饬政字第二百五十四号饬盐运使转饬各场局所卡购阅公
  报由 ………………………………………………………………… 615
浙江都督府饬政字第二百五十五号饬民政厅转饬各学校停止教授袁
  政府颁布教育宗旨由 ……………………………………………… 616
浙江都督吕批发财政厅据义乌县人民朱宪章等呈控经征人赵屏等舞弊浮征由
  ……………………………………………………………………… 616
浙江都督吕批发高审厅为江山县知事呈伍怀俊状报被璩大脚腹肚纠抢案内
  获犯讯供情形由 …………………………………………………… 617
  附原呈 ……………………………………………………………… 617
浙江都督吕批发民政厅据承办蚕种制造场胡景福等禀控陈委员揩价不付请
  饬给由 ……………………………………………………………… 618
浙江都督吕批民政厅长呈据遂安县呈拟设警队所需开办常年各费可否在三
  成警费内支销由 …………………………………………………… 618
  附原呈 ……………………………………………………………… 618
浙江都督吕批委员刘崧申镇海县知事会呈查勘竺山营地情形由 …… 619
浙江都督吕批发民政厅转饬东阳县知事对于警备队统带往来公文应用公函由
  ……………………………………………………………………… 620
  附原呈 ……………………………………………………………… 620
浙江都督吕批发财政厅据通益公司董事龚心铭等再请缓解公款由 … 621
浙江都督吕批民政厅呈遵批呈复地方警察厅官制毋庸修改兰溪一局可否先

64

饬改所由　　621

　　附原呈　　621

浙江都督吕批民政厅呈复奉批办理嘉善县呈称该县城区枫泾各警佐难称职

　　守一案由　　622

　　附原呈　　622

浙江都督吕批民政厅呈仙居县知事准给假两星期以便调理由　　623

　　附原呈　　623

浙江都督吕批高等审判厅呈请废止易笞条例请示由　　624

　　附原呈　　624

浙江都督吕批发财政厅据候补知事邱树枫拟请假回籍由　　625

　　附原呈　　625

浙江都督吕批财政厅呈荐桐乡统捐局长窦炎撤任遗缺以魏在田补充由　　625

浙江都督吕批财政厅呈请余镜清接充菱湖统捐长由　　626

浙江都督吕批於潜监征员张伯载呈报该县屯田缴价违章浮收并送证据由　　626

浙江都督吕批发财政厅据於潜县知事呈请速饬监征员将屯田缴价簿根发还

　　以凭查办由　　626

浙江都督吕批民政厅呈复批发台州镇守使请改定查米办法由　　627

　　附原呈　　627

浙江都督吕批民政厅呈复奉批核办玉环县呈请楚门匪案内警佐防守出力请

　　奖一案由　　628

浙江都督吕批警政厅呈为警备队第二区第三营剿办土匪拿获钱竹庵并获枪

　　械请奖由　　629

浙江都督吕批杭县范春山禀控吴警佐妄庇警士石锦春致女遭畏吓自尽由　　629

浙江都督吕批新昌俞观旭禀请饬查两次请留警佐沈衍箕捏名由　　629

浙江都督吕批仁和场灶商吴尚志等为遵照盐运使批示组织运晒公厫禀请备案由

　　　　629

浙江都督吕批乐清赵佐等控钱知事溺职营私请饬查撤换由　　630

浙江都督府饬军字第五百三十一号饬军警各机关嗣后输送军械装具
　　由本府填给护照由 …………………………………………………… 630

浙江都督府饬政字第二百四十一号饬各县查明办理地方事业各捐款
　　列表呈送察核由 …………………………………………………… 631

浙江都督府饬政字第二百四十五号饬各县知事毋得擅杀滥押暨用刑
　　讯由 ………………………………………………………………… 631

浙江都督府饬政字第二百五十六号饬高检厅民政厅警政厅准绥远都
　　统咨缉夏人杰亏款潜逃请通缉由 …………………………………… 632

浙江都督府饬政字第二百五十七号饬财政厅扣缴各县局报费由 …… 633

浙江都督吕批长兴商会业董陈小园等禀控巡长纵警凶殴请迅派员查办由 …… 634

浙江都督吕批长兴商号丁恒升等禀控巡长纵警殃商请派员查办由 …… 634

　　附　民政厅呈都督遵批查明长兴县商会业董陈小园禀控
　　　　巡长纵警凶殴一案由 ……………………………………… 635

浙江都督吕批发民政厅据新昌僧仰山禀请饬厅饬县准予办理学校由 …… 637

浙江都督吕批发民政厅据鄞县知事呈报分浙候补知事汪培生留署办理民政
　　主任由 ……………………………………………………………… 637

　　附原呈 …………………………………………………………… 638

浙江都督府饬政字第四百二十九号饬民政厅核议南田县呈请酌奖出
　　力员弁由 …………………………………………………………… 638

浙江都督吕批民政厅呈复核议南田县呈请该县政务主任张廷藻办理防务出
　　力应否以警佐记名一案由 ………………………………………… 639

　　附原呈 …………………………………………………………… 639

浙江都督吕批民政厅呈报改委章毓兰接充第九中校校长由 ………… 640

　　附原呈 …………………………………………………………… 640

浙江都督吕批杭州兵站监部呈为嗣后输送军械装具由本府填给护照由 …… 641

浙江都督吕批常山县知事赵钲铉呈为阵亡士兵胡启梅五年分全数抚金应否
　　仍照给发请示由 …………………………………………………… 641

目 录

浙江都督吕批浙江护国军预备第一旅旅长俞炜呈请发给第一团被服装具由
…… 642

浙江都督吕批海宁县知事刘蔚仁呈为呈报事主金锦章家被劫一案勘缉获犯大略情形由 …… 642

浙江都督吕批松阳县知事余生球呈为原垫故官潘灏恤金遵批派员赍领并呈各领由 …… 642

浙江都督吕批发高检厅据余姚县呈报获匪余阿怀被党夺回伤毙探警由 …… 642

附原呈 …… 643

浙江都督吕批发高检厅据鄞县拿获盗匪徐阿乔等二名请赏由 …… 644

浙江都督吕批发高审厅据开化县报获邻境盗犯朱星星朱古茂二名由 …… 644

浙江都督吕批财政厅查复第八区分局呈请巡船查获私烟酒随时扣留举发由 …… 644

浙江都督府饬军字第五百三十三号饬委李鸿春充第一百团少尉由 …… 645

浙江都督府饬军字第五百三十七号饬为现在时局渐定所有前派杭州车站之检查电报电话人员自应一律撤除由 …… 645

浙江都督府饬军字第五百四十一号饬民警两厅长军警各机关将从前检查一案即日撤销具报由 …… 646

浙江都督府饬军字第五百四十一号饬拱宸桥邮局检查员将从前邮局检查事宜即日撤销具报由 …… 646

浙江都督府饬军字第五百四十一号饬邮务局局长陆军各机关为尊视人民书信秘密之权从前邮局检查员应即撤销由 …… 647

浙江都督府饬政字第　号饬盐运使转饬北监场知事地方盐务务宜兼筹并顾由 …… 647

浙江都督府饬政字第　号饬交涉公署据民政厅呈为德国矿师赖伦赴宁勘矿未领护照饬函德领事照约给照以便保护由 …… 648

浙江都督府饬政字第二百五十八号饬本府公报处发各盐场局所公报由 …… 649

67

浙江都督府饬政字第二百六十一号饬民政厅为平湖士绅徐清扬等电请饬县免征水利费由……650

浙江都督府饬政字第二百六十二号饬各县知事呈报所属各机关购阅公报由……651

浙江都督府饬政字第二百六十三号饬财政厅依限编造本年下半年出入总概算草册由……652

浙江都督吕批民政厅呈为德国矿师赖伦赴宁海勘矿未领护照饬函德领事照约给照以便保护由……653

浙江都督吕批财政厅查复平阳茶会请改定关税一案由……653

  附原呈……653

浙江都督吕批民政厅呈复上虞县警队与警察冲突一案并酌拟办法呈请察核示遵由……653

浙江都督吕批发财政厅据嘉善县嘉兴县油酒业王永盛等禀支栈经理剥商肥己等情由……654

浙江都督吕批民政厅呈复衢县前派代表川费准予开支由……654

  附原呈……654

浙江都督吕批发警政厅据平湖民陆江等控水警分队长彭寿春渎职殃民各款由……655

  附原禀……655

浙江都督吕批天台县徐芳等为前控警佐朱英种种违法一案请再派员密查由……656

浙江都督吕批永嘉县民程增淦续控叶蓁等争执涂田一案乞平反由……656

都督府咨复参议会公布预算表并饬厅按月照支由……656

浙江都督府饬政字第二百六十五号饬天台县知事据公民胡秀麟邮递禀请饬县营严缉逸匪由……657

浙江都督府饬政字第二百六十六号饬民政厅长调查省议会议员在省暨在籍人数由……657

目 录

浙江都督府饬政字第二百六十八号饬财政厅为嘉兴公民陶崇廉等电
 请饬县免除九厘征费由 ·············· 658
 附　嘉兴来电 ····················· 658

浙江都督府饬政字第二百七十二号饬财政厅查照参议会咨送预算表
 按月支付由 ······················ 659

浙江都督吕批民政厅呈报批发海宁谦吉典被焚请援案减轻赔偿由 ········ 661
 附原呈 ························ 661

浙江都督吕批据民政厅呈复长兴县商会业董陈小园禀控巡长纵警凶殴一案
 拟具办法请察核示遵由 ················ 664

浙江都督吕批盐运使呈以范贤祥代理黄岩场知事应即照准加给任命状由 ····· 664

浙江都督吕批盐运使为余姚场知事陈书玑与金山场知事熊鏊对调准加给任
 命状由 ························ 665

浙江都督吕批民政厅长呈请关于县署直辖各机关图记均由本厅刊发由 ····· 665

浙江都督吕批高检厅呈复查明义乌楼聿新等禀楼宝袋被诬为匪由 ······· 665
 附原呈 ························ 665

浙江都督吕批新登县知事呈送募款兴修水利工程规则请察核由 ········ 667

浙江都督吕批发警政厅据代理内河水营第三区区长王凤飞呈为辖地辽阔船
 警不敷分布筹议规复旧额请核示由 ············ 667

浙江都督吕批泰顺县知事呈报财政主任及会计员姓名年岁籍贯请备案由 ····· 668
 附原呈 ························ 668

浙江都督吕批陆军典狱官呈请改叙文官由 ············· 668

浙江都督吕批缙云县知事呈报四月份民刑诉讼摘由清单由 ········· 669

浙江都督吕批发高审厅据平湖县知事呈报史槐庭家劫案内首犯沈引福一名
 格毙由 ························ 669
 附原呈 ························ 669

浙江都督吕批发民政厅据诸暨县知事呈请提拨盐规充贫儿院教育会经费由
 ············· 670

69

附原呈 …… 670
浙江都督吕批盐运使为奉贤县公民阮惟和等禀为浙省袁浦场荡地灾重请量
　　予减征由 …… 671
浙江都督吕批前瓯海道署书记员吕复请求饬厅录用由 …… 671
浙江都督吕批温岭蒋拱之控看守所长曹文郁诈欺不遂擅捕释恨由 …… 672
浙江都督吕批嘉善县知事呈报东舍滨口发现无名男尸由 …… 672
　　附原呈 …… 672
浙江都督吕批发民政厅据桐庐县知事呈报荻浦深澳两庄争水哄斗已拨兵解
　　散及善后情形由 …… 673
浙江都督吕批财政厅呈荐该厅田赋捐税两科科长请加给任命状由 …… 673
浙江都督吕批发奉化县知事据嵊县钱王氏禀氏夫钱旺根被韩成凤挟嫌捏报
　　酷刑毙命由 …… 674
　　附原禀 …… 674
浙江都督府饬政字第二百七十四号饬民政厅通行各属行政官厅对于
　　各学校改用照会由 …… 675
浙江都督府饬军字第五百四十三号饬委洪雨霖为第一火药库库员由
　　…… 676
浙江都督府饬政字第二百七十七号饬警政厅拟订各项警察人员任用
　　规则业经政务会议议决由 …… 676
浙江都督府饬政字第　　号饬民政厅据温岭公民毕卫恒等电禀郑警佐被
　　人诬告请嗣后呈禀概令取保由 …… 676
浙江都督吕批民政厅财政厅会呈永嘉县给拨各长警恩饷碍难动拨省税仍应
　　就地方款内酌量动支由 …… 677
　　附原呈 …… 677
浙江都督吕批第二十五师师长呈为第九十七团排长傅光国等三员遗缺以差
　　遣郑启明等委充由 …… 678
浙江都督吕批护国军预备第一旅旅长呈请委任杜伟为第二团第三连连长由
　　…… 678

浙江都督吕批第六师师长呈为二十二团三连三排长缺以陈炳云接充由 ……… 679

浙江都督吕批第六师师长呈为二十一团九连司务长徐豁改为差遣缺以中士
　章占鳌升充由 ……………………………………………………………… 679

浙江都督吕批民政厅为青田县警佐郑肃请以县知事拔升由 ……………… 679

浙江都督吕批民政厅据平湖县知事呈报体察地方分别办理情形由 …… 679

浙江都督吕批象山县知事张鹏霄呈报勘验丐民赵发兴等被仇杀死由 …… 680

　附原呈 ……………………………………………………………………… 680

浙江都督吕批仙居县知事孙熙鼎呈报五月份并无盗匪案件发生请免填表由
　……………………………………………………………………………… 681

浙江都督吕批发高审厅据诸暨刘子蔚控讼棍杨雪斋一案请饬提保押交讯究由
　……………………………………………………………………………… 681

浙江都督吕批温岭蒋拱之续控看守所长曹文郁由 …………………………… 682

　附原禀 ……………………………………………………………………… 682

浙江都督吕为定期分班接见续行报到各候补知事由 ………………………… 682

浙江都督府饬政字第二百八十号饬警政厅禁止省城各戏园演唱淫戏
　并仰移会民政厅饬属一律严禁由 ………………………………………… 683

浙江都督府饬政字第二百八十一号饬警政厅转饬所属购阅公报由 …… 683

浙江都督吕批财政厅呈报浙海关两次拿获生土药赏款已照数核给由 …… 684

浙江都督吕批长兴县知事呈报鼎甲桥商民赵步升被劫失赃拒伤一案由 …… 684

浙江都督吕批慈溪县知事呈报县属护龙乡宝积禅院被盗一案勘验缉拿情形由
　……………………………………………………………………………… 685

浙江都督吕批杭县知事姚应泰呈为派员赴领王造英遗族年抚金由 ……… 685

浙江都督吕批发民政厅据泰顺县知事呈该县警佐杨中权职务废弛性情骄纵
　请撤换由 …………………………………………………………………… 685

　附原呈 ……………………………………………………………………… 685

浙江都督吕批民政厅呈送海盐县保卫团月支经费表并声复拨款借垫尚无妨
　碍请示由 …………………………………………………………………… 686

吕公望集

浙江都督府饬军字第五百五十三号饬第六师第二十五师预备第一旅
　　转饬所属购阅公报由 ································· 687

浙江都督府饬军字第五百五十四号饬第六师长据第二十五师师长呈
　　为九十七团第二连排长蔡得标因内部受伤请予退役遗缺以该团差遣洪捷接
　　充由 ······································ 687

浙江都督府饬政字第二百八十二号饬民政厅转饬海盐黄岩两县将清
　　丈田亩办理情形具报并责成赶速办理完竣由 ·············· 688

浙江都督府饬政字第二百八十五号饬民政厅嗣后荐任知事应将荐任
　　之员品性政绩等项详细声叙由 ························· 689

浙江都督吕批发民政厅据绍兴萧山县知事会呈水利联合研究会第一次议决
　　事项缮送记事书由 ································· 689

浙江都督吕批发高审厅据龙泉县知事呈复李镜蓉控陈前知事朋吞罚款一案由
　　·· 690

　　附原呈 ··· 690

浙江都督吕批发财政厅据平湖县公民时汝霖等请澈查陶菊泉等控财政主任
　　方鸿铠等朋吞公费由 ······························· 691

浙江都督吕批发财政厅据监征员/宁洋广货捐征收局会呈四月分征解对照表
　　及比较表由 ······································· 691

浙江都督吕批发高检厅据余姚县知事呈报匪犯余唔叨服毒自尽一案由 ······ 691

　　附原呈 ··· 692

浙江都督吕批发民政厅据杭县知事续送李谷香对于源丰润抵款房屋原信据由
　　·· 692

浙江都督吕批发高审厅据义乌县呈报楼龚氏毒死亲夫小狗一案由 ········ 693

　　附原呈 ··· 693

浙江都督吕批第二十五师师长呈为九十七团第二连排长蔡得标因伤请退
　　役遗缺以洪捷接充由 ······························· 695

浙江都督吕批陆军第六师师长呈为二十一团七连排长赵显榜撤差遗缺以傅

72

典承等分别升补由 ………………………………………………… 695

浙江都督吕批陆军第六师师长呈为二十四团排长简复盛遗缺请以排长陶振
　　武等分别升补由 ………………………………………………… 695

浙江都督吕批第六师师长呈为二十一团八连排长杜逢辰体弱改为差遣遗缺
　　以于经匡委充由 ………………………………………………… 696

浙江都督吕批民政厅厅长呈报武林艮山候潮凤山各门拆造雉堞办理情形由
　　…………………………………………………………………… 696
　　附原呈 …………………………………………………………… 696

浙江都督吕批民政厅厅长呈复批发开化县呈为发给匾额贫苦无资请免缴注
　　册费由 …………………………………………………………… 698
　　附原呈 …………………………………………………………… 698

浙江都督吕批交涉公署拟复日商在定海白马礁起除沉轮饬从速工作并预定
　　竣工限期由 ……………………………………………………… 699
　　附原呈 …………………………………………………………… 699

浙江都督吕批发交涉公署据瓯海关监督兼温州交涉员冒广生呈报办结自立
　　会争执教堂由 …………………………………………………… 699
　　附原呈 …………………………………………………………… 700

浙江都督吕批新登县知事因国会召集呈请辞职即照准选员接替由 ……… 701
　　附　民政厅电各县知事查明参众两院议员迅即通告如期赴京报到
　　　以便继续开会由 ……………………………………………… 701

浙江都督吕批杭县徐继生续禀侯才世溺毙一案请复审由 ……………… 702

浙江都督府饬政字第二百八十三号饬民政厅通饬各属继续认真办理
　　各要政由 ………………………………………………………… 702

浙江都督府饬政字第二百八十七号饬财政厅为本省国会议员请垫发
　　川费并拨借在京公寓开办费共洋一万一千一百元分别函复饬知照数汇寄由
　　…………………………………………………………………… 703

浙江都督府饬政字第　　号饬高检厅据永嘉县知事呈尸亲藉尸诈扰聚众

73

抗拒营警请示办法由 …………………………………………… 704
复永嘉县知事电 …………………………………………………… 706
浙江都督吕批发高审厅据长兴县知事呈报王老二被唐老四刃伤致死由 …… 706
浙江都督吕批民政厅长呈复宁海县知事电防务吃紧请将警队先裁十名维持
　　　两月乞示遵由 ………………………………………………… 706
　　　附原呈 ………………………………………………………… 706
浙江都督吕批青田县知事呈防务紧要垫款补修西北隅城缺三处可否作正
　　　开支由 ………………………………………………………… 707
浙江都督吕批民政厅呈复青田县垫用修城经费其在该县准备金项下支销
　　　察核由 ………………………………………………………… 707
　　　附原呈 ………………………………………………………… 707
浙江都督吕批内河水上警察厅呈复硖石编船情形及办法请核由 ………… 708
浙江都督吕批警政厅呈复奉批发内河水上警察厅呈报硖石编船情形及办法
　　　一案请备案由 ………………………………………………… 708
　　　附原呈 ………………………………………………………… 708
浙江都督吕批高审厅呈报判决富阳盗犯华阿茂一案由 ………………… 709
　　　附原呈 ………………………………………………………… 709
浙江都督吕批发财政厅据吴兴县监征员陈其蔚知事张嘉树会呈五年六月分
　　　征收情形及田赋征数表由 …………………………………… 710
浙江都督吕批馀上监征员呈报余姚县等征解钱粮捐税情形由 ………… 710
浙江都督吕批民政厅荐任徐士瀛署理新登县知事由 …………………… 710
浙江都督吕批民政厅荐任金城署理新昌县知事由 ……………………… 710
浙江都督吕批民政厅呈请任命张寅署定海知事魏大名署瑞安知事俞景朗署
　　　东阳知事由 …………………………………………………… 711
浙江都督吕批发民政厅据杭县为陈耕湄禀称领垦荒地请求维持由 …… 711
浙江都督吕批发民政厅据杭县明敏女校校长禀请拨款补助由 ………… 711
浙江都督吕批发民政厅据杭县明敏女校详请核奖成绩优异教职各员由 …… 712

目　录

浙江都督吕批民政厅呈报奖叙海塘测量处办事出力人员请备案由 ……… 712

浙江都督吕批民政厅呈据盐平塘工局呈报监工员钱文祥积劳病故请恤由 …… 712

浙江都督吕批水利委员会技正呈为涂棍筑坝断流请派队督拆由 ……… 712

浙江都督吕批发民政厅据全浙典业公会据情呈送苏省典业木榜规条叩求核
　　准吴兴县同泰馀庆两典援案免赔被劫当货并恳严饬捕获原赃待赎由 ……… 713

浙江都督吕批发新昌县知事据公民吕锡庚禀前请留升警佐沈衍箕一案声明
　　列名原委由 …………………………………………………………………… 713

浙江都督吕批高检厅呈送鄞县监狱工场开办等费请销由 ……… 713

浙江都督吕批高审厅呈报义乌监犯脱逃请将有狱管狱各官分别惩处由 …… 714

浙江都督吕批发高检厅据桐庐县知事呈报申屠承荣等因争水械斗致伤申屠
　　天福身死一案诣验由 ………………………………………………………… 714
　　附原呈 ………………………………………………………………………… 714

浙江都督吕批发高检厅据兰溪县知事呈报下邵村经堂殿内发现无名男尸由
　　………………………………………………………………………………… 715

浙江都督吕批发高审厅据兰溪县知事呈报祝水花溺水身死一案验讯由 …… 716

浙江都督府饬军字第五百六十四号饬知军事编辑处总经理为委该处
　　总编纂暨编辑校对员由 ……………………………………………………… 716

浙江都督府饬军字第五百六十四号饬委林知渊为军事编辑处总编纂／
　　钟浩生李光陈光誉为军事编辑处编辑员由 ……………………………… 717

浙江都督府饬军字第五百六十四号饬委王友濂为军事编辑处校对由
　　………………………………………………………………………………… 717

浙江都督府饬军字第五百六十四号饬委本府军务厅参谋成炳荣厉尔
　　康等七员兼充军事编辑处编辑员由 ……………………………………… 717

浙江都督府饬军字第五百六十五号饬知本府参谋成炳荣自本月份起
　　加薪由 ………………………………………………………………………… 718

浙江都督府饬政字第二百八十九号饬警政厅迅饬省会警察厅严密管
　　束旅馆并咨民政厅分饬各厅局所一体查禁由 …………………………… 718

75

浙江都督府饬政字第　号饬高检厅查禁各县知事以旧充禁卒暨家丁充当看守长看守人等由	719
浙江都督府饬政字第　号饬委民政厅长监盘会算烟酒公卖局汤前局长交代一案由	720
浙江都督府饬政字第　号饬省会警察厅长转饬所属购阅公报由	720
浙江都督吕批淳安县呈造册报销警队什兵侦探给发一月恩饷由	721
浙江都督吕批民政厅奉批呈复淳安县报销警队什兵侦探给发恩饷由	721
附原呈	721
浙江都督吕批警政厅呈复缙云县呈请拨还垫给陈荣生恤金一案由	722
附原呈	722
浙江都督吕批发警政厅据桐庐县知事呈解选送警察赵振华五月分饷银暨存饷银元并请饬缴存饷收据由	722
浙江都督吕批发财政厅据嘉兴公民陶崇廉等禀地丁征收费非法加征请予通饬免除由	723
浙江都督吕批吴兴知事呈复抵补金主任被控一案遵照批指分别办理由	723
浙江都督吕批民政厅长呈准警政厅咨为嵊县牛知事办匪勤劳请奖由	723
附原呈	723
浙江都督吕批民政厅呈义乌县知事陈祖望因病辞职由	724
附原呈	724
浙江都督吕批盐运使所属各处所缴报费悉数照收并将溢缴数目分别饬知并添购报费饬补解由	724
附原呈	725
浙江都督吕批省会警察厅长呈为举荐徐安真为工务主任请核准由	726
浙江都督吕批省会警察厅长呈缴前省会工程局关防请核销由	726
附原呈	726
浙江都督吕批发高审厅据江山县呈报姜增祥被姜增祺等戳伤身死由	726
附原呈	727

目　录

浙江都督吕批发财政厅据长兴县呈请转饬财政厅核给缉盗赏金由 …… 728
　附原呈 …… 728

浙江都督吕批财政厅长兼烟酒公卖局长呈请派员监盘会算汤前局长交代一案由
…… 729

浙江都督吕批发民政厅据安吉县知事呈为造送六月分禁烟月报请鉴核由 …… 729
　安吉县造民国五年六月份禁烟月报清册 …… 729

浙江都督吕批发警政厅据定海王仁来禀护商局长枉法病商请迅饬查明追赃
　缉盗由 …… 730

浙江都督府饬政字第二百九十号饬民政厅长为饬查松阳县余知事侵
　扣警察恩饷由 …… 730

浙江都督府饬政字第二百九十六号饬各厅凡本都督批发核议案件务
　须迅速妥议呈复由 …… 731

浙江都督府饬政字第一百七十号饬民政厅核议嘉善县知事函请添招
　长警一案缘由 …… 731

浙江都督吕批民政厅呈遵饬核议嘉善县函请添招长警一案由 …… 732
　附原呈 …… 732

浙江都督吕批财政厅呈为市面金融活动拟将军用票暂时中止发行由 …… 733
　附原呈 …… 733

浙江都督吕批发民政厅据杭州商会以多设茧行有妨丝绸禀请准如绸丝业董
　事等所请仍遵旧例办理由 …… 734
　附原禀 …… 734

浙江都督吕批发民政厅据龙游县知事呈送五年四五两月分违警罚金收支清册由
　…… 735
　附收支清册 …… 735

浙江都督吕批发民政厅据嵊县知事呈报陈世培等在新昌私采矿石售与日商
　请核示由 …… 740

浙江都督吕批发警政厅据青田县知事呈为驻青哨长陈佐卿成绩昭著请优予

77

拔升祈核示由 ·· 740
浙江都督吕批发民政厅据杭县知事呈复勘明祝沛莲屋被炮伤估给修价乞核示由
　　·· 740
浙江都督吕批民政厅呈复吴兴应时禀请准补留英徐新陆官费遗缺由 ········ 741
浙江都督吕批民政厅呈寿昌县知事呈复缉捕月报表未列已破旧案由 ········ 741
浙江都督吕批浦江县呈发给恩饷造册请销由 ·························· 741
浙江都督吕批民政厅呈为奉批核议浦江县呈发给恩饷造册请销一案议复准
　　予核销惟新招警队未便拨给请鉴核由 ···························· 742
　　附原呈 ·· 742
浙江都督吕批警政厅长呈为转报外海厅呈遵批饬发警察队各员委状并请任
　　命总队长给发关防由 ·· 742
　　附原呈 ·· 742
浙江都督吕批民政厅呈报第一中校校长因病辞职已委吴文开接充由 ········ 744
浙江都督吕批民政厅呈奉批补报省立第一中校校长吴文开履历备案由 ······ 744
　　附原呈 ·· 744
　　履历 ·· 744
浙江都督吕批发民政厅据温岭县知事呈称米谷仍拟给照放行酌收照费补助
　　地方行政请批示遵由 ·· 745
　　附原呈 ·· 745
浙江都督吕批发民政厅局据崇德县知事呈请在准备金项下拨补司法不敷经
　　费饬厅会同高审厅议复由 ······································ 747
浙江都督吕批民政厅呈为遵批呈报现委警务视察长员衔名由 ·············· 747
　　附清摺 ·· 747
浙江都督吕批发交涉公署据吴兴县知事呈报日商出入境日期由 ············ 748
都督府复参议会函声明各省军民长官新加任命本署并无正式官电由 ········ 748
　　附　参议会函达本会对于各省军民长官新加任命意见由 ·············· 748
浙江都督吕通告 ·· 749

复旅沪湖州同乡会电 749

浙江都督府饬政字第二百九十九号饬民政厅据宪兵司令官呈请特保
　　书记官何蓺恳以知事存记由 749

浙江都督府饬政字第三百零一号饬省会警察厅为杭地发见类似赌博
　　之营业查禁由 750

浙江都督吕批据东阳李沈氏控张知事滥用威权枪毙氏夫李才春一案由 751

浙江都督吕批高等检察厅呈复东阳李沈氏控张知事一案办理情形由 751

　　附原呈 751

浙江都督吕批财政厅呈复天台县呈请核奖征收主任罗庆平催征得力一案已
　　批饬照章办理由 754

浙江都督吕批烟酒公卖局长呈送六月分支出计算书对照表黏件簿并七月分
　　副局长俸给如何开支由 754

浙江都督吕批发民政厅据宁海县呈为录案呈报平粜竣事造报亏耗数目由 754

　　附原呈 754

浙江都督吕批民政厅呈为准以李藩先行代理瑞安县知事缺由 758

浙江都督吕批发财政厅据萧山南沙诉愿代表沈定一等禀请饬县停办沙地缴
　　价等情由 759

浙江都督吕批安吉朱履鳌等禀称涎捐保护专制拨充请饬县免捐由 759

浙江都督府饬政字第　号饬财政厅据温岭县松门商会电禀东南两乡烟
　　业因包办烟丝捐索扰一律闭歇请派查维持由 760

浙江都督府饬政字第　号饬任命章篯为本府谘议官由 760

浙江都督府饬政字第三百零五号饬财政厅据龙泉县民张省三函呈经
　　征员并征下忙钱粮并增加自治附捐由 761

浙江都督府饬政字第三百零七号各监征员将县局征解数目按月列表
　　呈送并发表式由 762

浙江都督府饬政字第　号饬财政厅筹汇国会议员川费一万五千元由 763

浙江都督府饬政字第　号饬民政厅为饬发道署被裁各员履历成绩册摺

79

饬量为分别提前委用由 …………………………………………… 763

浙江都督吕批发民政厅据镇海灵岩乡自治会议长顾鹏振等禀控警佐叶玉如

违法殃民请饬县知事澈查由 ………………………………………… 764

浙江都督吕批汤溪县知事呈恩饷业已发给并请奖励警佐警队长由 ……… 764

浙江都督吕批民政厅呈奉批议复汤溪县呈称恩饷业已发给并请奖励警佐警

队长一案未便照准由 ………………………………………………… 765

附原呈 ……………………………………………………………… 765

浙江都督吕批盐运使遵批查复袁浦场荡地上年因风受灾情形由 ………… 765

附原呈 ……………………………………………………………… 765

浙江都督吕批发高审厅据警政厅呈内河厅第六队缉获盗犯陈阿根包小春解

县讯办由 ……………………………………………………………… 767

附原呈 ……………………………………………………………… 767

浙江都督吕批馀上监征员叶文萃呈报上虞县征解钱粮捐税情形由 ……… 768

浙江都督吕批发高检厅据嘉兴公民费立城禀被盗劫请饬缉办由 ………… 768

附原呈 ……………………………………………………………… 768

浙江都督吕批发高检厅据仙居管狱员蒋沛泽呈知事玩法任私请澈查究办由

 ……………………………………………………………………… 769

附原呈 ……………………………………………………………… 770

浙江都督吕批发高检厅据开化县呈报拿获邻省盗犯朱星星等三名归何县讯

办请示由 ……………………………………………………………… 772

浙江都督吕批发高等检察厅据遂安县呈报侦缉逃犯王约来办理情形由 …… 772

浙江都督吕批发高审厅据玉环张道乾禀控秦知事擅释凶犯由 …………… 773

附原禀 ……………………………………………………………… 773

浙江都督吕批发高审厅据慈溪县呈报李钟秀家被劫一案获盗陈阿淦等讯供

情形由 ………………………………………………………………… 774

浙江都督吕批发民政厅据萧山商民韩凤鸣控警佐周任侠巡长胡德喜滥用职

权请惩戒由 …………………………………………………………… 774

浙江都督吕批财政厅呈荐龙泉等统捐局长人员由………………………… 774

吕都督函复国会议员干事谷钟秀等允予筹垫议员川费一万五千元由
　………………………………………………………………………………… 775

都督电复开化县电报拿获冒充委员姜栋成等三名请示办法由………… 775
　附来电 ………………………………………………………………… 775

浙江都督府饬政字第　号饬高检厅为查办第四中校毕业俞国祥伪造文
　书印信函致北京清华学校请求插班由 ……………………………… 776

浙江都督府饬政字第　号饬民政厅为浙江一区众议员姚勇忱身故遗额
　以候补当选金溶熙递补饬补给证书并电众议院暨内务部由 ……… 777

浙江都督府饬军字第五百八十一号饬台州镇守使等据外海水上警察
　厅厅长呈请核发退伍年金由 ………………………………………… 777
　外海水警请给各警退伍年金数目 …………………………………… 778

浙江都督府饬政字第三百十二号饬知烟酒公卖局交代已派委民政厅
　长为监盘员由 ………………………………………………………… 778

浙江都督府饬政字第　号饬各机关通饬就职日期由 ……………… 778

浙江都督吕批高审厅呈报鄞地检厅枪毙盗犯王金广由 ………………… 779
　附原呈 ………………………………………………………………… 779

浙江都督吕批发高检厅据永康县知事呈报陈修明被陈双庆受伤气闭身死由
　………………………………………………………………………………… 780

浙江都督吕批孝丰县监征员朱一鸣知事芮钧会呈孝邑五六月分征解正杂捐
　税各数由 ……………………………………………………………… 780

浙江都督吕批德清县监征员陈其蔚知事吴嚣皋会呈德邑六月分征解情形并
　附表由 ………………………………………………………………… 780

浙江都督吕批发高审厅据长兴县呈送杨树滋家劫案内获盗张启发供判由
　………………………………………………………………………………… 780

浙江都督吕批发高审厅据长兴县呈报张家志家被劫案内盗犯赵文远供判由
　………………………………………………………………………………… 781

浙江都督吕批发高审厅据云和县知事呈报王发然自缢身死由 …………… 781

浙江都督吕批临安县呈请添设巡逻警队由 ……………………………… 781

浙江都督吕批民政王厅长呈奉批临安县呈请添设巡逻警队由 ………… 782

  附原呈 ………………………………………………………………… 782

浙江都督吕批高审厅呈报鄞地检厅枪毙盗犯李德新等三名日期由 …… 782

  附原呈 ………………………………………………………………… 782

浙江都督吕批外海水上警察厅厅长呈请核发退伍年金由 ……………… 783

浙江都督吕批高审厅长呈法政毕业生郑范等请求登录律师发给证书仰祈核示由

………………………………………………………………………………… 783

  附原呈 ………………………………………………………………… 783

浙江都督吕批预备第一旅旅长呈为第一团排长陈宗琳等遗缺请以潘胜德朱

  贵分别委充由 ……………………………………………………… 785

浙江都督吕批发高审厅据警政厅呈报内河厅缉获陆亥卿家劫案内盗犯杜顺

  馀等由 ……………………………………………………………… 785

浙江都督吕批发高审厅据嵊县呈报盗犯张松见等二名枪毙日期由 …… 786

  附原呈 ………………………………………………………………… 786

都督电复慈溪县电请将盗犯陈阿淦等四名惩办由 ……………………… 786

  附来电 ………………………………………………………………… 786

吕都督电呈大总统国务院就督军省长之职由 …………………………… 787

吕都督电告参众两院等就督军省长之职由 ……………………………… 787

致国务院电 ………………………………………………………………… 788

  附　国务院复电　七月二十四日发 ……………………………… 788

浙江都督府布告示军民人等布告就职日期由 …………………………… 788

浙江都督牌示浙江都督吕为续见报到各候补知事由 …………………… 788

督军兼省长咨复参议会为闭会日期即登报布告由 ……………………… 789

浙江都督府饬政字第三百零九号饬民政厅据南浔南栅警察一分驻所

  函禀警佐张继墉侵吞罚款及收卖失路幼孩并擅离职守等情饬查办由 ……… 790

浙江都督府饬政字第三百一十号饬民政厅据嘉兴商会函送商民陆廷
　　锡等禀姚警佐被控无据请免调动由……790
浙江都督府饬军字第五百八十四号饬陆军第六师师长护国军预备第
　　一旅旅长据第二十五师师长呈请废除排次暨排长名目所有连内各中少尉一律
　　改为连附由……791
浙江都督府饬政字第　号饬民政厅查察各县警察官吏违法渎职由……792
浙江都督吕批第六师师长呈送各团营驻扎地点清单以便分寄公报由……792
　　附原呈……792
浙江都督吕批警政厅呈为外海厅呈复日新号金顺兴船劫案护船长周虬保护
　　不力情形由……793
浙江都督吕批民政厅高审厅会呈嘉兴县承审员吴鉴以候补推事存记由……794
浙江都督吕批陆军第二十五师师长呈报各团营排长名称一律改称连附等情由
　　……794
浙江都督吕批盐运使呈复台商承办永武壶镇盐务并新商现禀各情形由……794
浙江都督吕批杭县王国梁续禀请饬厅发原戤价洋由……794
浙江都督吕批缙云民田培兴禀为诬良为盗请饬临安县提项和英归案严办由
　　……795
浙江都督吕批萧山杨应进禀高审厅曲断请求饬令更正由……795
浙江都督吕批新昌张吉祥禀与僧宗海坟山纠葛一案由……795
浙江都督吕批嘉善商民陆宝鎏等为添设茧行禀请立案由……795
浙江都督吕批天台民人曹礼纶禀兄曹礼华冤遭笞杖抑郁毙命请昭雪由……796
浙江都督吕批吴兴承催吏张绍政禀控范和生欲思捏名补充会办征收主任由
　　……796
浙江都督吕批永嘉商民李昌运等被李应木等移尸图诈荡抢夺犯由……796
浙江都督吕批永武绅商胡莹等禀送认引简章请赐定案饬遵由……796
都督吕为咨复参议会议决裁撤各县自治委员学务委员由……797
浙江都督府饬政字第　号饬交涉公署据江苏省长咨美人罗福履持照游

历请饬属保护由 ································· 799

浙江都督府饬政字第　号饬民政厅为上海商务报馆王薇伯等电请饬拿
陈鹏飞一名由 ································· 799
附　来电 ······································ 800

浙江都督府饬政字第　号饬高审检厅据临海张知事电禀前省议员张驷
群被人告诉奸占等情当场拿获由 ················· 800

浙江都督吕批发民政厅据火神塘监工委员袁钟瑞详陈二策请饬县筹办由 ······ 801

浙江都督吕批发民政厅据淳安县呈阮前知事任内动支未奉批销各款开摺呈
请查案示遵由 ································· 801

浙江都督吕批民政厅长呈据公民陈载阳等禀请设立模范整理织物工场由 ····· 802
附原呈 ······································ 802

浙江都督吕批发民政厅据通志局呈请饬催各县迅送修志要公由 ············· 803
附原呈 ······································ 803

浙江都督吕批省会警察厅呈为教育会拟拨工程局公地作公共运动场声明窒
碍请核示由 ··································· 804

浙江都督吕批高审厅呈盗犯盛生荣一名可否饬萧山县执行枪毙请批示祇遵由
 ··· 804

浙江都督吕批嘉兴县知事呈复办理合盛叶行倒闭情形由 ··············· 805

浙江都督吕批发高检厅据温岭县林高蹈禀伊弟有朋遭地匪徐再庚等枪毙由
 ··· 805

浙江都督吕批发诸暨县知事据绍兴杨郭氏续控前诸暨吴知事非法枉纵一案
请饬勒保押交由 ······························· 805

浙江都督吕批高检厅呈报各县征收罚金由厅列榜盖印发县揭示由 ······ 806
附原呈 ······································ 806

浙江都督府饬政字第　号饬嘉湖镇守使台州镇守使转饬所属营队购阅
公报由 ······································· 806

浙江都督府饬政字第　号饬财政厅为杭州交通银行监察官呈请辞职并

目 录

送清册请察核由··· 807

浙江都督吕批发高检厅据江山县呈报夏家窑地方发现无名男尸由·········· 809

浙江都督吕批民政厅长呈处理龙泉县知事张绍轩被控一案拟具办法请察核
　　批示由··· 809

浙江都督吕批发高审厅据嵊县知事呈格毙盗犯张毛头即癞子并夺获枪弹由
　　··· 809

浙江都督吕批发高审厅据遂安陈知事呈报办理吴振生一案由·············· 810

浙江都督吕批发高审厅据东阳县呈报吕老侃等被张老炜等戳死由·········· 810

浙江都督吕批发民政厅据余姚县呈请将警察黄瑞旺给恤由················· 810

浙江都督吕批发高检厅据象山县呈报看守所等工竣绘图具结呈报由······· 811

浙江都督吕批发民政厅据天津国立北洋大学学生许元瀚等呈为测量海塘以
　　资实习请饬属保护由·· 811

浙江都督吕批诸暨杨雪斋禀前知事吴德耀渎职殃民请分别饬办由·········· 811

浙江督军兼省长通告省议会召集日期由····································· 811

浙江督军兼省长饬政字第　号通饬各机关护国军组织法废止日期由
　　··· 812

浙江督军兼省长饬政字第　号饬知省议会召集日期由····················· 812

浙江督军兼省长吕批警政厅呈为警备队二区呈报一二两营捕获匪犯张松
　　见刘阿毛陈生运等三名转报由·· 813
　　　附原呈··· 813

浙江督军兼省长吕批发高审厅据吴兴县知事张嘉树呈承审员陆咸久著勤
　　能才堪任使胪陈成绩恳予照章优奖由····································· 814

浙江督军兼省长吕批发高检厅据宁海县知事呈复知事兼理司法办理情形由
　　··· 814

浙江督军兼省长吕批发民政厅据余姚县知事呈警佐张守坤蔡光宇队长杨
　　金奎防御出力请予记功由··· 814

浙江督军兼省长吕批民政厅呈报遂昌县知事一再保荐警佐酌予记过一次

85

请察核备案由	814
浙江督军兼省长吕批民政厅呈复遵查提拨浙西水利经费原案并解垫各情形由	815
浙江督军兼省长吕批民政厅呈缴中华书局请饬用教科书原禀由	815
浙江督军兼省长布告护国军组织法废止日期由	815
浙江督军兼省长吕批警政厅呈据三区五营管带吕桂荣疏于督察拟请记过以示惩戒由	815
浙江督军兼省长吕批富阳县呈复该县署向已订购公报由	816
浙江督军兼省长吕批财政厅呈报委提各县编审户粮案内户摺经费盈余由	816
浙江督军兼省长吕批为永嘉县呈尸亲藉尸诈扰请示办法由	816
浙江督军兼省长吕批财政厅长呈复嘉兴县拟派警催粮业经由厅批准由	817
浙江督军兼省长吕批民政厅长呈复丽水县郑秉范系患疯癫并非匪徒由	817
浙江督军兼省长吕批高审检厅呈报兰溪分庭组织成立日期由	817
浙江督军兼省长吕批第二十五师呈九十七团代理团附营长请销去代理字样由	817
浙江督军兼省长吕批发高审厅据义乌县知事呈报黄德三溺水身死由	817
浙江督军兼省长吕批余姚宋阿德禀母病垂危恳请暂释由	818
浙江督军兼省长吕批瑞安民人蔡庭贤为侄蔡德仁无辜拖累由	818
浙江督军兼省长吕批云和县公民余文等禀控赵知事与司法书记张钰舞弊营私由	818
浙江都督府通告	819
浙江都督府饬政字第三百二十六号饬委殷汝熊特任署理高等检察厅长由	819
浙江都督吕批高等检察长王天木因病辞职由	819
附原呈	819
浙江省长公署饬政字第二号饬知财政厅委袁钟瑞周锡经两员为地方实	

业银行查账员由 …………………………………………………… 820

浙江省长公署饬政字第三号饬交涉公署为美国女士邬秀珠来浙游历饬
　　保护由 …………………………………………………………… 821

浙江省长公署饬政字第四号饬民政厅遵照部电查案筹划垫给地方警察
　　传习所学员半薪由 ……………………………………………… 821

浙江省长公署饬政字第　号饬警政厅饬查地方警察传习所津贴如尚未
　　寄给应即妥速汇寄由 …………………………………………… 822

浙江省长公署饬政字第　号饬民政厅为天台许离憾等电禀该县不拘警
　　佐朱英质讯请饬办由 …………………………………………… 823

浙江省长吕批发民政厅据新昌县知事因国会召集准予辞职已委金城接署由
　　………………………………………………………………………… 823

浙江省长吕批警政厅呈核议内河厅呈请添加经费扩张警额由 ………… 824

浙江省长吕批警政厅呈请警备队第二区统带拟给领恤金办法暨李懋卿变通
　　给恤请示由 ……………………………………………………… 824

浙江省长公署饬政字第　号饬任命汪钦等十一员为本署政务参议会会
　　员由 ……………………………………………………………… 825

浙江省长公署饬政字第七号饬高审检厅据姚桐豫电禀张驷群被张知事
　　非法逮捕又临海谢翰芝及公民柳诗等分电同前由 ……………… 825

浙江省长公署饬政字第八号饬民政厅为上虞黄强等以县警队长王殿甲
　　迭著成绩电禀可否免予撤差由 ………………………………… 826

浙江都督吕批永嘉县前后任会同监盘呈送交代存垫总册由 …………… 826

　附　前任永嘉县知事、监盘瑞安县知事、现任永嘉县知事会造
　　接收郭前知事经手国家税征收解支各款交代总册 ……… 827
　前任永嘉县知事、监盘瑞安县知事、现任永嘉县知事会造
　　接收郭前知事经手地方税收支各款交代总册 ………… 831

浙江省长吕批高检厅呈鄞县拿获盗犯并拟于准备金项下拨给勇探赏洋一案
　　办理情形具报由 ………………………………………………… 836

87

浙江省长吕批发高检厅据上虞县知事呈报赵家坝发现无名男尸由 ……… 836
浙江督军兼省长吕批第二十五师师长呈送旅团营驻扎地点表以便寄公报由
………………………………………………………………………………………… 836
 附原呈 ……………………………………………………………………… 836
浙江省长吕批据上虞县呈报监犯赵阿风在监病故由 ………………………… 837
浙江省长吕批民政厅呈据上海商务报馆王薇伯等电请饬捕陈鹏飞一案请示由
………………………………………………………………………………………… 837
浙江省长吕批发高检厅据上虞县呈报盗犯吴永来在监病故由 ……………… 837
浙江省长吕批发高审厅据江山县呈报缉获掳赎人犯柴世恩一名讯供由 …… 838
 附原呈 ……………………………………………………………………… 838
浙江省长吕批诸暨杨雪斋续禀准予在外候审立提郦锦昌等对质由 ………… 838
浙江省长吕批绍兴酿商王志成等禀请将少数带欠酒捐从宽蠲免由 ………… 839
浙江督军兼省长咨复福建督军为日商林铁塀等来浙游历已饬属照约保
 护由 ………………………………………………………………………… 839
 附李厚基原咨 ……………………………………………………………… 839
浙江督军署饬第一号饬军事各机关据警政厅呈据警备队四区统带呈称三
 营四哨哨长祁韶未经准假擅自离防仰勿予录用由 ………………………… 840
浙江督军署浙江省长署饬会字第三号饬军民各机关准福建督军咨请
 保护日商林铁塀等来浙游历由 ……………………………………………… 841
浙江省长公署饬政字第　号饬民政厅为催造警察官吏履历等表由 ……… 841
浙江省长公署饬政字第九号饬财政厅查明大纶茧行舞弊及擅用私秤由
………………………………………………………………………………………… 842
浙江省长公署饬政字第十一号饬民政厅分饬各属保护新庆瑞小轮由
………………………………………………………………………………………… 842
浙江省长公署饬政字第十二号饬民政厅转饬沿途县警保护升昌小轮由
………………………………………………………………………………………… 843
浙江省长公署饬政字第十三号饬前嘉湖镇守使保荐嘉属军政执法处执

目　录

法员汪宪章等四员饬分别量予委用由 …………………………… 843

浙江省长公署饬政字第十四号饬高审厅据前嘉湖戒严司令官保荐军法
　　处长陈焕仰厅优予擢升由　846

浙江省长公署饬政字第十六号饬财政厅准财政部电催赶造六年度岁入
　　岁出预算由　847

浙江省长公署饬政字第十七号饬警政厅饬发内河外海水警各区队关防
　　钤记由　848

浙江省长吕批发民政厅据海宁县知事呈请开放城东茧行以兴蚕业乞核示由
　　…………………………………………………………………………… 848

浙江省长吕批发民政厅据永康中校长黄云书呈请提拨县税公益费祈核准由
　　…………………………………………………………………………… 849

浙江省长吕批警政厅厅长呈为哨长祁韶擅离职守撤差通饬勿予录用由 …… 849

浙江省长吕批由发高审厅据永康商民朱樟木等禀家遭巨匪郭承富等烧抢请
　　饬营县严办由　849

浙江省长吕批高审厅呈同级检厅划分权限须经法定手续请示由 ………… 850

浙江省长吕批发高检厅据嵊县知事呈报任张铨家被劫拒毙伊弟法铨身死由
　　…………………………………………………………………………… 850

　　附原呈　850

浙江省长吕批发警政厅据两浙盐运使呈为警备队协助场务剿匪有功开摺请
　　予核奖由　851

浙江省长吕批发民政厅据富阳县知事陈融呈为商民沈辅之拟于洋涨净土寺
　　地方开设富利茧行请核示遵行由　851

浙江省长吕批民政厅呈为云和县知事赵铭传记大过一次警佐杨锡琦以三等
　　降调应即照准由　851

浙江省长吕批警政厅呈复奉饬取缔旅馆茶馆办理情形并送呈各规则由 …… 852

浙江省长吕批发民政厅据嘉兴县知事呈为保荐科员方达成恳以警佐存记开
　　具履历仰祈察核由　852

89

浙江省长吕批<small>为本省第一区候补当选第一名金溶熙递补众议员给与证书并分电部院查照由</small>……………………………………………………… 852

浙江都督吕批<small>瑞安县知事林钟琪详报四年十月至十二月司法费收支清册谨请核销由</small>…………………………………………………… 853

浙江省长吕批<small>高审厅呈复查核瑞安县四年十月至十二月司法费收支清册由</small>……………………………………………………………… 853

  附原呈………………………………………………………… 853

吕省长电内务部众议院<small>为递补议员金溶熙请查照由</small>………… 854

吕省长电复国务院内务部<small>省议会决定九月一日为召集期由</small> 854

  附 国务院来电<small>省议会应否召集俟国会议定再办由</small>…… 855

吕省长电复财政部<small>六年度预算已饬厅迅即编造由</small>………… 855

吕督军电广西陆督军<small>敬劝迅速赴粤以解倒悬由</small>……………… 855

  附 广西来电<small>陆荣廷复敬电并告迟不赴粤原因由</small>………… 856

吕省长电司法部<small>请废止《高审厅办事条例》由</small>………………… 856

吕省长电司法部<small>报告任范贤方为高等审判厅厅长殷汝熊为高等检察厅厅长由</small>………………………………………………… 856

吕省长电复江苏齐省长<small>电询浙省当票印花税有无十元起贴之事乞电复由</small>……………………………………………………………… 857

  附 来电……………………………………………… 857

吕省长电复青田知事<small>电禀九都因抗屠税殴警夺犯应否会营拿办由</small>…… 857

  附来电………………………………………………………… 857

浙江省长吕<small>为牌示补见候补知事赵协莘等由</small>……………… 858

浙江督军兼省长咨复江苏军民署<small>准咨以沪湖航路商轮遭劫已饬各属协同剿缉由</small>………………………………………………… 858

浙江督军署浙江省长署饬会字第四号<small>饬嘉湖镇守使警政厅准江苏军民长官咨以沪湖航路商轮遭劫请饬各属协同剿缉由</small>…… 859

浙江督军署饬第七号<small>饬第六师师长等为陆军第二预备学校开校在即是项</small>

学生应即饬令回校由 …………………………………………………… 860

浙江督军署饬第十一号 饬军事各机关为诰诫军人应体念时局之艰危不得
　　广征游宴由 ………………………………………………………… 861

浙江省长公署饬政字第十九号 饬委政务参议会书记官及书记由 …… 861

浙江省长公署饬政字第　号 饬委任朱国霖为本署会计兼庶务由……… 862

浙江省长公署饬政字第二十一号 饬交涉公署为日人山口尚赴浙游历
　　通饬保护由 ………………………………………………………… 862

浙江省长公署饬政字第二十二号 饬交涉公署为日人近藤耕造赴浙江
　　等省游历通饬保护由 ……………………………………………… 862

浙江省长公署饬政字第二十三号 饬交涉公署为美国贝乐夫人赴浙游
　　历饬保护由 ………………………………………………………… 863

浙江省长公署饬政字第二十四号 饬委张鹤帮办本署会计兼庶务由 …… 863

浙江督军吕批 第六师师长呈为二十二团连长华钜镕等四员分别更调由 …… 864
　　附原呈 ……………………………………………………………… 864

浙江督军吕批 第六师师长呈为饬委贺亚雄等调充军医由 ……………… 864

浙江省长吕批 水利委员会技正林大同呈袁家浦开港情形由 …………… 865

浙江省长吕批 民政厅呈复泰顺县警佐杨申权业经撤任并遴委蔡光宇升充由
　　………………………………………………………………………… 865

浙江省长吕批 警政厅呈报内河水警救护老公茂轮拖遇险案内出力人员分别
　　核奖由 ……………………………………………………………… 865

浙江省长吕批 交涉署长张嘉森呈请辞职由 ……………………………… 866

浙江省长吕批 警政厅厅长为呈报警备队第二区第三营三哨官格毙匪首并夺
　　获匪械分别奖励由 ………………………………………………… 866
　　附原呈 ……………………………………………………………… 866

浙江省长吕批 嘉善县呈复查明善署认购公报份数其各机关应否增购饬查现
　　未复到容催齐另行汇转由 ………………………………………… 868

浙江省长吕批 发民政厅据新登县知事呈请饬令新任赶速赴任由 ……… 868

91

吕省长电复於潜县知事俟新任到后再来省由 ……… 869
浙江省长署函复交通部准咨以华商嘉禾益宁两小轮变更航
　路注册换照已饬属保护由 …… 869
浙江督军署浙江省长署饬会字第五号饬军民各机关嗣后凡因军事请
　示或呈报者应专呈本督军其属民政者应专呈本署省长由 …… 870
浙江省长公署饬政字第二十五号饬民政厅准农商部咨请查复开设冶
　坊一业由 …… 870
浙江省长公署饬政字第二十六号饬民政厅长转饬绍萧两县知事限复
　筹议修筑火神塘情形由 …… 871
浙江省长公署饬政字第二十七号饬民政厅准交通部咨称嘉禾益宁两
　小轮变更航路注册换照请饬属保护由 …… 871
浙江省长公署饬政字第二十八号饬民政厅迅将罗纯嘏价购壶春楼等
　地亩一案咨查明确核议呈复由 …… 872
浙江省长公署饬政字第三十二号饬民政厅为电复院部本省省议会召
　集日期由 …… 872
浙江省长公署饬政字第三十三号饬委庄之盘徐忍如为政治谘议由 …… 873
浙江省长公署饬政字第同上号饬委王文典为名誉顾问由 …… 873
浙江省长公署饬政字第三十四号饬民政厅查报本省现办保卫团情形由
　 …… 874
浙江省长公署饬政字第三十六号饬民政厅准内务总长咨遵改筹备国
　会事务局已奉准由 …… 875
浙江省长公署饬政字第三十七号饬民政厅警政厅准内务总长咨奉大
　总统申令《报纸条例》应即废止由 …… 875
浙江省长公署饬政字第　号饬各厅准内务部咨奉大总统申令政治罪犯
　被拘禁者应一律释放由 …… 876
浙江省长吕批民政厅长呈据公立医校呈教员赴日考察请给咨文由 …… 876
　附　咨驻日公使文 …… 876

92

浙江省长吕批警政厅呈为内河水上警察厅查取属员履历开摺分别荐委由…… 877
浙江省长吕批奉化县呈报订购公报数目由…… 877
浙江省长吕批财政厅厅长呈复奉饬核议衢县知事请以都司署及演武场为公共运动场由…… 878
浙江省长吕批余杭县呈报领购公报数目由…… 878
浙江省长吕批高检厅呈桐庐监犯吴如珍等脱逃请示由…… 878
　附原呈…… 878
浙江省长吕批发高检厅据平湖县呈报褚泾坊解圩九亩滨发现无名男尸由…… 879
　附原呈…… 879
浙江省长吕批发高审厅据义乌县呈报金王氏堕胎毙命一案相验由…… 880
浙江省长吕批民政厅呈为遵议湘湖浚垦事宜并送报告图说请核示由…… 880
　附原呈…… 880
浙江省长吕批财政厅长呈为具复武林铁工厂请给补助费一案由…… 882
　附原呈…… 882
浙江省长吕批民政厅呈为核议发还刘公祠一案办法请示遵由…… 883
浙江省长吕批发民政厅据省会警察厅厅长呈请转饬杭县知事觅开荒山取沙石以资应用由…… 884
　附原呈…… 884
浙江省长吕批警政厅呈据外海水上警厅呈复护船保证金碍难免除并送取缔规则请核示由…… 885
浙江省长吕批发财政厅据新昌县知事呈复前征收主任徐师孟垫款属实应准归还由…… 886
浙江省长吕批发高检厅据义乌县管狱员呈犯已就获声明原委由…… 886
浙江督军兼省长吕批陆军第六师师长呈请给发公民许之楣等匾额由…… 886
　附原呈…… 886
浙江省长吕批汤溪僧青云禀为天宁寺改设小学请批示立案由…… 887
浙江省长吕批建德县公民邵嗣彦等禀请饬县免收自治附捐由…… 888

93

浙江省长吕批上海商务报馆理事荒牧藤三禀陈鹏飞强占戏园请饬解讯由……… 888

浙江省长吕批永康陈日升禀控县署书记王培阑恃符揽权请查究由 ………… 888

浙江督军兼省长咨内务部为准咨奉令本年七月十二日以前因政治犯罪
　　拘禁各犯应即一律释放由…………………………………………… 888

浙江省长署函复交通部准咨以华商宜昌轮船变更航线注册换照已饬属保
　　护由 ……………………………………………………………………… 889

浙江督军署浙江省长署饬会字第六号饬军民各机关准内务部奉令本
　　年七月十二日以前因政治犯罪拘禁各犯应行一律释放由……………… 890

浙江督军署浙江省长署饬会字第八号饬各属准外交部咨取消一八
　　五八年《中美条约》第十八款合众国民人在船上不安本分逃走至中国内地办
　　法由 ……………………………………………………………………… 890

　　照录美芮使函 ………………………………………………………… 891

　　照录美芮使照会 ……………………………………………………… 892

　　照录复美芮使照会 …………………………………………………… 892

浙江督军署饬第八号饬第二十五师师长等据第六师呈请规定官兵请假由
　　…………………………………………………………………………… 893

浙江督军署饬第二十号饬文武各属为《浙江护国军政府组织法》业经废止
　　该军务厅名目亦应取消由 ……………………………………………… 893

浙江督军署饬第三十九号饬各厅为各县公署所用军事调查侦探等员统
　　限本月底一律裁撤由………………………………………… 894

　　浙江督军署致各属电………………………………………… 894

浙江省长公署饬政字第　号饬民政厅警政厅转饬各属保护日人田中兵
　　五郎来浙游历由………………………………………………… 895

浙江省长吕批金华县知事呈为遵饬填报订购公报数目表请赐察核由…… 895

　　附原呈 ………………………………………………………… 895

浙江省长吕批民政厅呈报委任孙士琦为第八中学校校长由………… 897

　　附原呈 ………………………………………………………… 897

目 录

浙江省长吕批发高审厅据嵊县呈报史钱氏被张樟老戳毙一案相验由………… 897
  附原呈……………………………………………………………………… 897
浙江省长吕批发民政厅据宁波交涉员呈请诸暨县知事迅行断结英教会价买
  基地纠葛一案由…………………………………………………………… 898
浙江省长吕批发高审厅据余杭王应氏禀王克彬惨杀两命请饬速判由………… 898
浙江督军吕批监犯张鸿杰禀为不服军法会审判决请饬再审由………………… 899
浙江省长吕批韩渭滨控嵊商夏泰和等欠课致遭冤押由………………………… 899
致大总统总理各部总长电……………………………………………………… 899
吕省长致大总统国务院各部总长电为报告浙省一切机关组织职权及
  任用人员应暂仍其旧由…………………………………………………… 899
浙江省长公署饬政字第四十号饬委薛元燕等十二员为秘书处书记………… 900
浙江省长公署饬政字第四十二号饬各属为以后各机关对于各部文电
  应呈由本署核转由………………………………………………………… 901
浙江省长公署饬政字第四十四号饬各厅署具报认购《法令全书》《职员
  录》由……………………………………………………………………… 901
浙江省长公署饬政字第四十五号饬交涉署函复俄总领事速令路桥案
  内刘殿鳌到案集讯由……………………………………………………… 902
浙江省长公署饬第 号饬民政厅准交通总长咨宜昌轮船变更航线注册换
  照请饬属保护由…………………………………………………………… 903
浙江都督吕批绍兴萧山两县知事会呈筹商拨给天乐乡火神塘修筑经费情形由
  ………………………………………………………………………………… 903
  附 民政厅呈复都督遵批核办绍萧两县会呈筹拨火神塘
    经费一案情形由…………………………………………………… 904
  附 绍萧两县知事会呈………………………………………………… 904
浙江省长吕批民政厅厅长呈复批发楼聿新请补留德官费应予照准并饬将从
  前存记各生具报备案由…………………………………………………… 905
  附原呈………………………………………………………………………… 905

95

浙江省长吕批海宁县为该县已购公报十二份此次又添购九份由 …… 907
　　附原呈 …… 907
浙江省长吕批高等审厅呈荐推事厅长书记官沈敏树等二十三员由 …… 909
　　附原呈 …… 909
吕督军电各县知事为本署各军事调查侦探等员业经裁撤各县谍报均应停办由
　　…… 911
吕督军电两镇守使暨各卫戍司令官为裁撤各军事侦探调查等员由
　　…… 911
浙江省长公署饬政字第四十六号饬浙江政务参议会为刊发政务参议
　　会图记一颗由 …… 912
浙江省长公署饬政字第四十七号饬各厅署使知照政务参议会成立日
　　期并附发会章由 …… 912
浙江省长公署饬政字第五十二号为饬委孙发继为实业谘议由 …… 913
浙江省长公署饬政字第五十五号饬民政厅查明金溶熙有无《选举法》
　　第六七八九条情事并将年岁一项补报由 …… 913
浙江省长公署饬政字第　号饬任命程士毅为警政秘书由 …… 914
浙江省长吕批民政厅准长兴县知事黄赞元辞职遗缺即以魏兰署理由 …… 914
浙江省长吕批发民政厅据衢县知事呈为请假省亲由 …… 914
浙江省长吕批德清县呈为添购公报由 …… 915
　　附原呈 …… 915
浙江省长吕批发民政厅据玉环县知事呈请给假三星期并起程日期由 …… 916
　　附原呈 …… 916
浙江省长吕批发高审厅据临海县知事呈报余徐氏诉张驷群犯奸吸烟案判决
　　情形由 …… 917
浙江省长吕批发民政厅据云和县知事赵铭传准予交代给假三个月饬遴员荐委由
　　…… 917
浙江省长吕批候补知事吴清徽为条陈时事四则由 …… 917

目　录

浙江省长吕批新昌县知事唐玠呈为垫给团丁饷项无着乞拨款核给以免赔累由
　…………………………………………………………………………… 918

浙江省长吕批财政厅呈准外海水警厅咨复征收船舶验费一案录摺请示由…… 918
　附原呈 …………………………………………………………………… 918

浙江省长吕批民政厅财政厅呈复乐清县给发警察恩饷应并在地方收入项下
　动支由 …………………………………………………………………… 920
　附原呈 …………………………………………………………………… 921

浙江省长吕批发高审厅据义乌县呈报革除司法积弊情形由 ………………… 921

浙江省长公署饬政字第五十九号饬民政厅准交通总长咨华商金隆小
　轮变更航路请饬属保护由 ……………………………………………… 921
　复交通部函 ……………………………………………………………… 922

浙江省长公署饬政字第六十号饬警政厅为民政厅呈龙泉县呈复吴遇恩
　等禀请豁免特捐一案乞核示由 ………………………………………… 922

浙江省长公署饬政字第六十二号饬各厅准内务部咨奉大总统申令拿
　办杨度等八人由 ………………………………………………………… 924

浙江省长公署饬政字第六十三号饬民政厅为沪交涉员函法商立兴之
　立康小轮被劫请饬缉由 ………………………………………………… 925

浙江省长公署饬政字第　号饬民政厅据浦江县知事张鼎治电禀裁撤临
　时警队群求加给恩饷乞复示由 ………………………………………… 925

浙江省长吕电复浦江县张知事为电禀裁撤临时警队群求加给恩饷乞复
　示由 ……………………………………………………………………… 926
　附　来电 ………………………………………………………………… 926

浙江省长吕批安吉县知事因母病请给假归奉就医由 ………………………… 926
　附　安吉县知事呈省长因母病请给假归奉就医由 …………………… 926

浙江省长吕批发高检厅据天台庞吴氏禀伊子捉来被徐呈福殴毙一案由 …… 927

浙江省长吕批发高审厅据上虞县呈报金张高被王世宝父子纠同王水章等戳
　毙一案由 ………………………………………………………………… 927

97

浙江省长吕批发高审厅据长兴县呈报民人濮三大被殴受伤身死抄具格结供
　　词报请鉴核由 ……………………………………………………… 928
浙江省长吕批发高检厅据永康县呈报韩郎氏自缢身死勘验情形由 ……… 928
浙江省长吕批民政厅呈为龙泉县呈复吴遇恩禀请豁免特捐一案乞核示由 … 928
浙江省长吕批警政厅呈复查明王肇歧前呈并未知情由 …………………… 928
浙江省长吕批发民政厅据公民王廉等呈为募资购造救生汽船请批示由 …… 929
浙江省长吕批高检厅呈送武康县改建看守所经费收支清册请核销由 …… 929
浙江省长吕批发民政厅据孝丰广西乡林业会长呈安吉县境侵害竹筏请颁示
　　取缔由 ……………………………………………………………… 929
浙江省长吕批盐运使呈复胡莹等认办盐引一案拟请变通办法加入台商公司
　　请示遵由 …………………………………………………………… 930
　　附原呈 ……………………………………………………………… 930
浙江省长吕批缙云县民人田培兴控项和英诬良为盗一案邀保具结由 …… 932
浙江省长公署饬政字第六十六号饬民政厅转饬泰顺县传谕潘翰瑸等
　　撤换警佐杨中权一案情形由 ………………………………………… 932
浙江省长公署饬政字第六十八号饬警政厅准江苏省长咨为老公茂小
　　轮被水警巡船强迫附拖致遭倾覆案饬即查禁由 …………………… 933
浙江省长吕批高审厅呈报象山县判处盗犯周玉书死刑由 ………………… 934
　　附原呈 ……………………………………………………………… 934
浙江省长吕批民政厅长呈筹设商品陈列所必要情形并送追加预算书由 …… 935
浙江省长吕批上海寰球尊孔会医院呈请饬属保送习医由 ………………… 936
浙江省长吕批民政厅呈为图书馆长请拨迎宾馆为馆舍乞核示由 ………… 936
浙江省长吕批军司令官呈为遵饬解严将部内各职员分别记升录用由 …… 936
浙江督军署饬第　号饬民政厅分别录用军法官胡鸿逵等以资奖劝由 …… 937
浙江省长公署饬政字第七十号饬财政厅迅将六年度预算分别编造呈送由
　　……………………………………………………………………… 937
　　附　财政厅长呈省长请分饬各官署编造六年度预算底表送厅汇办由 … 938

目 录

浙江都督府饬军字第五百九十五号饬嘉湖台州两镇守使据警政厅厅
长呈为奉批遵改警备队编制表并送清摺请核由 ………………………… 939

浙江都督府饬字同上号饬陆军第六师等据警政厅厅长呈为奉批遵改警备
队编制表并送清摺请核由 ……………………………………………………… 940

浙江省长吕批警政厅厅长呈为奉批遵改警备队编制表并送清摺请核由 …… 941
　　附原呈 ……………………………………………………………………… 941

浙江省长吕批民政厅呈为龙泉县知事张绍轩撤任遗缺以范贤初署理由 …… 942

第 四 册

吕公望集卷四 公牍四 ……………………………………………………… 943

浙江省长公署饬政字第五十三号据高审厅呈送并经咨送参议会议决
　　兰溪永嘉两地检厅预算书饬发财政厅由 ……………………………… 943
　　附 浙江高等审判厅训令第一百十九号 ……………………………… 943

浙江省长公署饬政字第　号饬民政厅准交通部咨送新顺昌轮船执照并
　　新顺发册照费请转发并饬属保护由 …………………………………… 944

浙江省长公署饬政字第　号饬盐运使据杭县善堂总董吴恩元陈请将两
　　浙盐捐照数拨还以维善举由 …………………………………………… 945

浙江督军公署浙江省长公署饬会字第十号饬各属据杭州关监督呈
　　请将军警用轮简章转饬遵照由 ………………………………………… 947
　　照录《军用警用轮船暂行简章》 ……………………………………… 948

浙江督军公署浙江省长公署饬会字第十三号饬各属为日人蔡金瑞
　　林永生赴浙游历饬一体保护由 ………………………………………… 949

浙江督军公署浙江省长公署饬会字第十四号饬各属为日人植田量
　　御船正赴苏浙等省游历饬保护由 ……………………………………… 950

浙江督军署饬第三十六号饬各属为浙江护国军预备第一旅现改为浙江
　　陆军步兵独立第一旅由 ………………………………………………… 951

浙江省长公署饬政字第六十五号饬警政厅据胡允明呈送患病类八种

99

暨传染及死亡者各月报表发厅查核由 …… 951

浙江省长公署饬政字第六十七号饬警政厅转饬淳安县传知商会管带
　　乐占元已批准另候差委由 …… 952

浙江省长公署饬政字第六十九号饬高检厅民政厅准福建督军兼省长
　　咨闽海关灯塔船在平阳县洋面被抢请饬严缉由 …… 952
　　　附　福建省长公署来文 …… 953
　　遗失单 …… 954

浙江督军兼省长吕批财政厅呈复第四师范学校请拨营产一案由 …… 954

浙江督军公署浙江省长公署饬会字第　号饬民政厅为财政厅呈复
　　第四师范学校请拨营产一案由 …… 955
　　清单 …… 956

浙江省长吕批警政厅呈为模范警队营二连连长端木坚准调充该营副官递遗
　　连长缺准以二十五师差遣金斌调充由 …… 957

浙江省长吕批发民政厅据上海总商会禀请循旧取缔茧行维持丝绸国货核准
　　通饬由 …… 957

浙江省长吕批发民政厅据嵊县呈报张志汉被周才根等殴死由 …… 957

浙江省长吕批警政厅呈为模范警队教练官江逊免去第四连连长兼职遗缺以
　　邢启周升充由 …… 958

浙江省长吕批民政厅呈复遵批饬县查明绍兴乌门山采石一案情形由 …… 958

浙江省长吕批民政厅呈据长兴煤矿公司请领运爆发药护照由 …… 958

浙江省长吕批警备队第六区统部副官葛铖销差遗缺准以陈鳌升充由 …… 958

浙江省长吕批昌化县为添购公报由 …… 959

浙江省长吕批发高审厅据江山县呈报姜开仁即吕目赵被姜增祥戳伤身死
　　一案由 …… 959

浙江省长吕批高等审判厅呈桐庐监犯越狱照章将主管人员分别议处由 …… 959

浙江省长吕批高审厅呈复龙泉李镜蓉控前知事陈蔚吞款一案由 …… 960
　　附原呈 …… 960

目　录

浙江省长吕批民政厅呈复饬各警察机关擅刑滥押受理民刑诉讼等弊已严申
　　诰诫由 ………………………………………………………………… 961
　　附原呈 ………………………………………………………………… 961
浙江省长吕批民政厅呈为派员赴直隶山东河南等省调查草帽辫情形兼选艺
　　徒学习拟请追加预算分别咨饬由 …………………………………… 961
浙江省长吕批候补知事许适详为呈验凭照由 …………………………… 961
浙江省长吕批俞秘书兼银行监理辞职由 ………………………………… 962
浙江省长吕批兰溪胡允明呈送医士月报表请饬警厅切实改良由 ……… 962
浙江省长吕批烟商苏树明禀为涂改未明恳请撤销原判由 ……………… 962
浙江省长吕批建德县民朱润椿等禀许后澄承买官地复占民地请求饬委复量由
　　………………………………………………………………………… 963
浙江省长吕批余杭人邵江为价买佃地已领部照不服官产处将照吊回提
　　起诉愿由 ……………………………………………………………… 963
浙江督军吕为颁布《投效军官考试委员会条例》及《考试规则》由 … 963
　　投效军官考试委员会组织条例 ……………………………………… 964
　　投效军官考试规则 …………………………………………………… 964
浙江省长公署咨直隶山东河南省保护派赴该省委员艺徒调查学习草
　　帽辫由 ………………………………………………………………… 965
浙江督军公署浙江省长公署饬会字第十五号饬各属为保护德人来
　　浙游历由 ……………………………………………………………… 966
浙江督军公署浙江省长公署饬会字第十六号饬各属为保护日人竹
　　田条太夫长石八郎来浙游历由 ……………………………………… 967
浙江督军公署浙江省长公署饬会字第十七号饬各属为保护日人新
　　井谨三大八木宇一郎来浙游历由 …………………………………… 968
浙江督军公署浙江省长公署饬会字第十八号饬各属为保护日人八
　　十岛孝作来浙游历由 ………………………………………………… 968
浙江省长公署饬政字第七十三号饬财政厅筹解民政厅派员赴直隶山

东河南三省调查学习草帽辫费用由 ………………………………… 969

浙江省长吕批警政厅呈复寄给京师警察传习所浙省学员半薪现经寄给由 …… 969

浙江省长吕批高等审判厅呈报新登县监犯脱逃主管人员分别议处由 ………… 970

浙江省长吕批高审厅呈报龙泉县押犯脱逃请将知事管狱员分别议处由 ……… 970

浙江督军署饬第三十六号饬护国军预备第一旅旅长为该旅改为浙江陆
　　军步兵独立第一旅换发关防委状由 ………………………………… 970

浙江督军署饬第六十一号饬任命黄守谦为本署谘议官由 ………………… 976

浙江省长公署饬政字第七十二号饬准审计院咨审定浙省教育各机关
　　二三年度各月分支出计算书件开单通知由 ………………………… 977

浙江省长公署饬政字第七十六号饬民政厅为知事请假离署应由省派
　　员代理由 ………………………………………………………………… 977

浙江省长公署饬政字第七十七号饬民政厅为澈查松阳知事余生球与
　　县警佐何光耀互禀一案由 ……………………………………………… 978

浙江省长公署饬政字第　　号饬宁波交涉员核办俄总领事函请惩处四明
　　日报馆一案由 …………………………………………………………… 978

浙江省长公署饬政字第八十号饬知各厅应赶备提交省议会议案由 …… 979

浙江省长公署饬政字第八十四号饬民政厅为定海县绅商电请另委他
　　籍人员莅定饬厅转饬张知事持平办理由 ……………………………… 980

浙江省长公署饬政字第八十五号饬知各厅署迅将各长官履历送署以
　　便分别存转由 …………………………………………………………… 980

浙江省长公署饬政字第八十七号饬高审检厅据临海县谢翰芝等电禀
　　张知事挟嫌逮捕张驷群乞撤办由 ……………………………………… 981

浙江省长吕批衢县刘文等禀控师范讲习所所长杜宝光校务废弛遗误后学由
　　………………………………………………………………………………… 981

浙江省长公署函知沪宁铁路局查明有无浙路测绘生越界扰害田庐情事由
　　………………………………………………………………………………… 982

浙江督军署咨复参谋本部准咨为水路测量班经费由本署继续筹垫由 …… 982

浙江省长公署咨请督军署将军事费预算早日编就饬厅汇编由 ………… 983

浙江省长公署函复交通部准咨以华商裕泰小轮拟定航线已饬属保护由
………………………………………………………………………………… 984

浙江省长公署饬政字第八十八号饬民政厅准交通总长咨华商裕泰小
轮拟定航线注册发照请保护由 ………………………………………… 985

浙江省长公署饬政字第八十九号饬民政厅调取各项章程规则表式由
………………………………………………………………………………… 985

浙江省长公署饬政字第九十号饬知财政厅准财政部咨曾酌拟各省区中
央解款专款内拨抵款项办法由 ………………………………………… 985

浙江省长公署饬政字第　号饬委郑文德为政务参议会会员由 ……… 986

浙江省长吕批民政厅呈荐平智础代理於潜县知事由 ………………… 986

浙江省长吕批黄岩县知事呈获匪潘小环奖赏洋四十元准在准备金项下开支由
………………………………………………………………………………… 987

浙江省长吕批发民政厅为天台县警察署全署长警控警佐朱英捐薪扣饷请予
勒令照给由 ……………………………………………………………… 987

浙江省长吕批发民政厅据遂安县呈陆友篪禀评校长恃众要挟各情由 … 987

浙江省长吕批发民政厅据嘉兴顾绍镛等禀控警佐姚允中徇法溺职病商殃民
列款叩请撤任查办由 …………………………………………………… 988

浙江省长吕批发高检厅据江山民妇王杨氏禀伊夫王懋炳被杨日有等弹毙请
通缉严办由 ……………………………………………………………… 988

浙江省长吕批警政厅呈二区警察署警正遗缺准以张良楷补充由 …… 988

浙江省长吕批财政厅呈请分饬民政等厅编送六年度预算底表由 …… 988

浙江省长吕批民政厅呈永康县知事调省遗缺准以魏佑孚署理由 …… 989

浙江省长吕批民政厅呈任命魏兰署理长兴县知事由 ………………… 989

浙江省长公署饬政字第八十九号饬警政厅调取各项章程规则表式由
………………………………………………………………………………… 989

浙江省长公署饬政字第　号饬各厅据财政厅呈请分饬民政等厅编送六

103

年度预算底表由 …………………………………………………… 990

浙江省长公署饬政字第九十二号 饬民政厅饬发参议会所送卷宗三十宗清摺一扣由 ……………………………………………………… 991

浙江省长公署饬政字第　号 饬民政厅准农商总长咨行填送农商统计省表由 ……………………………………………………… 991

浙江省长吕批 财政厅呈复查明前巡按使署允拨武林铁工厂官股原案请鉴核由 ………………………………………………………………… 992

浙江省长吕批 发民政厅据海宁县呈五年地丁项下暂仍积谷名义每两带征六分并遵批集议用途谨陈各意见请鉴核示遵由 ……………… 992

浙江省长吕批 发民政厅据富阳县呈复饬遵继续办理各要政情形由 …… 992

浙江省长吕批 高等检察厅检察长王天木呈报卸任日期备案由 ……… 993

浙江省长吕批 发警政厅据绅民徐子桢等禀凤舞台髦儿戏伤风败俗请饬停锣由 ……………………………………………………… 993

浙江省长吕批 发民政厅据候补知事唐寿仁呈请续假两月由 ………… 993

浙江省长吕批 发民政厅据甲种工校长呈酌定派遣出洋游学名额请增加预算由 ………………………………………………………… 993

浙江省长吕批 淳安吕赞文禀求录用由 ………………………………… 994

浙江省长吕批 永嘉城区区立第四国民学校校长胡纲禀请示禁演唱淫戏由 … 994

浙江省长吕批 海盐县孙丙璜等禀请自备资斧给咨游学日本由 ……… 994

吕省长复财政部电 为官产处之应设立与否应属国有与否及应行标卖与否须待国会解决由 ……………………………………………… 995

附　北京财政部电吕省长 为官产处仍请转行胡运使就近兼办由 …… 995

吕省长致财政次长电 为浙省帑藏奇绌需款尤多大部叠次追索又欲划分官产乞力予主持由 ………………………………………………… 996

附　殷汝骊复电 …………………………………………………… 996

浙江省长公署函复交通部 华商公记等连陞各小轮已饬属保护由 …… 997

浙江省长公署函复交通部 华商三德号同丰小轮已饬属保护由 ……… 997

目 录

浙江督军公署浙江省长公署饬会字第二十号饬各属为保护英人陶
  廷来浙游历由·················· 998

浙江省长公署饬政字第九十八号饬高审厅应缮成不准越诉暨投递邮
  禀告示分贴各处邮政机关由·················· 998

浙江省长公署饬政字第九十九号饬委袁钟瑞周锡经两员为浙江实业
  银行董事由·················· 999

浙江省长公署饬政字第一百号饬财政厅为委袁钟瑞周锡经两员为浙
  江实业银行董事由·················· 1000

浙江省长公署饬政字第一百零一号饬各厅署公文应求简明毋庸全录
  原文由·················· 1000

浙江省长公署饬政字第一百零二号饬高检厅准江苏省长咨为殷文轩
  控同行受欺一案牵连之谢泽民请饬绍兴县传案解宁由·················· 1001

浙江省长公署饬政字第一百零四号饬民政厅警政厅准交通部咨以华
  商公记连陞各小轮饬属保护由·················· 1002

浙江省长公署饬政字第一百零五号饬民政厅警政厅准交通部咨饬属
  保护华商三德号同丰小轮由·················· 1002

浙江省长公署饬政字第　　号饬高检厅为诸暨公民周滨陶等禀花会盛行
  请饬拿办由·················· 1002

浙江省长公署饬第一百零六号饬民政厅准交通部咨华商正和小轮改
  名国庆注册给照请饬属保护由·················· 1003

浙江省长公署饬第一百零七号饬民政厅准交通部咨华商年丰小轮注
  册给照请饬属保护由·················· 1004

浙江省长公署饬第一百零八号饬财政厅据宁温台三帮船商金顺发等
  禀魏委员违章暴敛串覆朦详请出示禁革验费由·················· 1005

浙江督军吕批浙江独立第一旅旅长为呈送添建军士连讲堂及体操器具工帐
  图式由·················· 1005

浙江督军吕批台州镇守使呈为副官陈金棠遗缺请以上尉参谋陈礼文调升由
  ·················· 1006

105

附原呈 …… 1006

浙江督军吕批第六师师长呈为师部军需处长王学椷等请分别加薪由 …… 1006

　　附原呈 …… 1006

浙江督军吕批第二十五师师长呈为五十旅参谋黄公略回校所遗职务派员兼充由 …… 1007

　　附原呈 …… 1007

浙江省长吕批民政厅长呈为临海县知事调省遗缺以戚思周署理由 …… 1008

浙江省长吕批发警政厅据嵊县吕乐耕禀控长乐镇警备队哨官田瑞林无端勒索叩请法办由 …… 1008

浙江省长吕批发警政厅据嵊县吕位林禀控长乐镇警备队田哨官刘什长诈欺不遂强取财物由 …… 1009

浙江省长吕批定海县呈报四年四月起至五年六月止监狱工场表册由 …… 1009

浙江省长吕批发高检厅据吴兴县民人章阿珍禀书吏施小梅胁迫请澈究由 …… 1009

浙江省长吕批民政厅呈复委查大岙山矿区情形请示由 …… 1009

浙江省长吕批发高检厅据仙居县呈管狱员捏词诬陷请开缺听候查办由 …… 1010

浙江省长吕批发高检厅据南田县呈报戴包氏被吴富林刀伤身死由 …… 1010

浙江省长吕批发高检厅据萧山民妇金陈氏禀盐警轰伤毙命数人请饬拘凶严办由 …… 1010

浙江省长吕批高检厅呈复象山县添造看守所等工竣由 …… 1011

浙江省长吕批发高检厅据吴兴县呈报徐士懋被钱龙山等殴毙弃尸河中由 …… 1011

浙江省长吕批发高检厅据奉化县呈复钱王氏控伊夫钱旺根非刑毙命一案情形由 …… 1011

浙江省长吕批发高审厅据永康县呈报徐应氏与黄来明互控黄徐氏投水身死由 …… 1011

浙江省长吕批高审厅呈报宁海县判处盗犯李玉兰等死刑由 …… 1012

浙江省长吕批发高审厅据长兴县呈送董长生致犯叶阿五供判由 …… 1012

浙江省长吕批发高审厅据长兴县呈送唐老四致死王老二供判由 …………… 1012

浙江省长吕批民政厅呈复鄞县拿获盗犯准在准备金项下给赏由 …………… 1013

浙江省长吕批发民政厅据海盐县呈复农工各业分别已办未办情形由 …… 1013

浙江省长吕批发财政厅据清查浙江地方实业银行委员周锡经袁钟瑞报告
  情形由 ……………………………………………………………………… 1013

浙江省长吕批发高检厅据嵊县呈报任张铨家劫案内盗犯支开林被盗伙枪伤
  身死诣验由 ………………………………………………………………… 1014

浙江省长吕批盐运使呈为认购职员录四部饬公报处照汇寄购由 ………… 1014

浙江省长吕批永康徐有来禀控胡魁法侵占屋基案请饬速判由 …………… 1014

浙江督军署饬第七十六号饬为编定《浙江陆军暂行给与令》饬陆军各机
  关一体遵照由 ……………………………………………………………… 1015
  浙江陆军暂行给与令 ……………………………………………………… 1015

浙江省长公署饬政字第一百零九号饬委罗瀚章为本署收发主任俞少
  传黄继昌为收发员由 ……………………………………………………… 1018

浙江督军吕批第六师师长为呈报拟赴嘉湖巡阅职务由参谋长代理由 …… 1019
  附原呈 ………………………………………………………………………… 1019

浙江省长吕批发民政厅据长兴县知事呈为遵饬胪陈农工各要政情形由 …… 1019

浙江省长吕批高审厅呈为龙泉县承审员沈宝璟荒废职务准即撤任由 …… 1019

浙江省长公署训令第一号训令各机关改用新公文程式由 ……………… 1020

浙江督军省长公署训令第三号令各机关为保护日人平井美壵太来浙
  游历由 ……………………………………………………………………… 1020

浙江省长公署训令第六号令交涉署长等为发给洋员护照务将洋员姓名
  汉洋文字分别填注报部由 ……………………………………………… 1021

浙江省长公署训令第八号令警政厅为严官巷清静庵尼庚生呈称聚众抢
  劫并被殴伤由 …………………………………………………………… 1021

浙江省长公署训令第九号令高检厅据淳安叶贤和呈为迭遭抢劫请饬
  拿办由 …………………………………………………………………… 1022

107

浙江省长公署训令第十号令高审检厅速将议定改分庭为分厅办法及预
算表呈报核夺由 …………………………………………………… 1024

浙江省长公署训令第　号令财政厅为浙籍陕西渭南县知事王垓因公致
死给恤清单饬照发由 ………………………………………………… 1024
　　附件抄发 …………………………………………………………… 1025

浙江省长公署训令第十四号令民政厅发吉林通俗报转发讲演机关以备
参考由 ………………………………………………………………… 1026

浙江省长公署训令第二十五号令民政厅据警官潘坤等呈请将前次考
取警官分班挨委由 …………………………………………………… 1026

浙江省长公署指令第二号呈一件为添购公报由 …………………… 1027

浙江省长公署指令第六号为天台人潘廷献禀为父雪冤请拘获逃脱之已
撤警佐朱英由 ………………………………………………………… 1027

浙江省长公署指令第七号呈一件为孝丰县王氏私立学校基金不足拟抽
收本族竹货捐附呈简章请备案由 …………………………………… 1028

浙江省长公署指令第八号为建德县知事呈复办理各项要政情形请察核由
 ………………………………………………………………………… 1028

浙江省长公署指令第九号为绍兴县知事呈报办理农桑水利各要政开摺
请核由 ………………………………………………………………… 1028

浙江省长公署指令第十三号呈一件为临安县新设教堂由 ………… 1029

浙江省长公署指令第十五号呈一件嵊县呈报钱伦法命案由 ……… 1029

浙江省长公署指令第十六号呈一件长兴县请奖管狱员由 ………… 1029

浙江省长公署指令第十七号呈一件平湖县呈报查勘萧咬生家被劫由 …… 1029

浙江省长公署指令第十八号呈一件为高审厅呈送六月份民刑收结案件
表由 …………………………………………………………………… 1030

浙江省长公署指令第十九号呈一件吴兴县呈报程兆才服毒自尽一案由
 ………………………………………………………………………… 1030

浙江省长公署指令第二十号呈一件桐庐县呈报周如成命案由 ……… 1030

108

浙江省长公署指令第二十一号呈一件为呈送六月份刑事案件进行表由 ………………………………………………………………………… 1030

浙江省长公署指令第二十二号呈一件为奉化倪温福禀匪党焚屋并毙
  邻妇由 …………………………………………………………… 1031

浙江省长公署批第一号呈为为父雪冤请拘获脱逃之已撤警佐朱英由 …… 1031

浙江省长公署批第五号呈一件为控承审员违法判断由 ………………… 1031

浙江省长公署批第六号呈一件为迭遭抢劫请饬拿办由 ………………… 1032

浙江省长公署批第七号呈一件为请饬民警各厅仍将前次考取警官分班
  挨委由 …………………………………………………………… 1032

吕督军致南宁陈督军兼省长电 …………………………………………… 1032
  附 南宁来电 ………………………………………………… 1033

吕督军复贵阳刘督军电 …………………………………………………… 1033
  附 贵阳来电 ………………………………………………… 1033

浙江省长公署咨内务部为请示规复地方自治办法由 …………………… 1034

浙江省长公署训令第 号令财政厅准财政次长电浙省财政为难情形转
  饬厅与部委周大钧洽商由 ……………………………………… 1035

浙江省长公署训令第十三号令民政厅为准内务部咨送三年三届准褒扬
  证书奖章由 ……………………………………………………… 1035

浙江省长吕批民政厅呈为余姚县知事王嘉曾调省遗缺以邢炳旦署理由 …… 1037

浙江省长公署批第八号禀一件为请加烟酒附加税以维学费由 ………… 1037

浙江省长公署批第九号禀一件为请酌加烟酒附加税以维学务由 ……… 1037

浙江省长公署批第十号禀一件请颁明令恢复地方自治由 ……………… 1038

浙江省长公署批第十一号禀一件请速复县议会宜用旧议员由 ………… 1038

浙江省长公署批第十二号禀一件请饬县知事将地丁抵补金附税等项详
  细公布由 ………………………………………………………… 1038

浙江省长公署批第十六号呈一件为控知事处分不当由 ………………… 1038

浙江省长公署批第十七号呈一件为王哨官等滥刑毙命由 ……………… 1039

浙江省长公署批第十八号呈一件控钱增棠仗势横行纵火掳掠一案由……1039

浙江省长公署咨督军为案准浙江交涉署长与警政厅长会呈金华军队剿匪
情形并称彭玉成剿捕过严迹近骚扰如何处分请酌办由……1039

浙江省长公署训令第十八号令高等检察厅澈查长乐镇保卫团团长仗势
横行纵火掳掠一案情形由……1040

浙江省长公署训令第二十号令高检据据永康曹大富禀孔宪洪等殴毙三
命请求拘凶集讯由……1040

浙江督军公署浙江省长公署训令第二十四号令各机关为日商井
上健胜等赴闽浙等省游历令保护由……1041

浙江督军公署浙江省长公署训令第二十五号令各机关为英商老
中庸洋行伙怀特赴江苏等省游历通令保护由……1042

　　附　浙江民政厅训令第四十号……1042

浙江省长公署训令第二十六号令民政厅为富阳县呈报县议会筹办情
形请示召集日期由……1043

浙江省长公署训令第二十七号令民政厅为黄岩县知事呈据情转呈师
范讲习所经费免提县税小学经费由……1043

浙江省长公署训令第二十九号令民政厅准农商总长咨送农务物产表册由
……1044

浙江省长公署训令第三十号令民政厅迅速查照前饬将浙省选送北京警
察传习所学员半薪垫给由……1044

浙江省长公署训令第三十四号令民政厅据长兴县吴秉钧呈请准予先
行试探金牛山铁矿由……1045

浙江督军署饬第八十九号饬军队各机关现用器具造报以凭计核由……1045

浙江省长公署指令第二十四号呈一件为该厅呈奉省长会饬建威路支
队长呈管带乐占元防务出力如何奖励饬厅核办由……1046

浙江省长公署指令第三十一号呈一件为长兴县知事填送饲育春蚕成
绩并检送缫成细丝由……1046

目　录

浙江省长公署指令第三十四号 呈一件据遂安县知事为委查陆友篪禀
　　讦方校长本义案情拟议请示由 ………………………………… 1046
浙江省长公署指令第三十五号 呈一件据海盐县知事呈据孙世铨等禀
　　请回复县议会由 ………………………………………………… 1047
浙江省长公署指令第四十号 呈一件据财政厅民政厅会衔呈报王观等请
　　领兰建交界马岭山官荒饬县查勘核办由 ……………………… 1047
　　附原呈 …………………………………………………………… 1047
浙江省长公署指令第四十七号 呈一件为吴兴县知事呈据乌青商务分
　　会函请丝商沈桐扬开设兴昌茧厂 ……………………………… 1048
　　附送商会保结批厅核饬由 ……………………………………… 1048
浙江省长公署指令第四十九号 呈一件杭县茧捐局呈报本届征收数目
　　及裁撤日期并送比较表由 ……………………………………… 1048
浙江省长公署指令第五十二号 呈一件新昌县嵊县为查明烟篓捐征收
　　情形并送管理规则请核示由 …………………………………… 1049
浙江省长公署指令第五十四号 呈一件为呈复查明金华军队剿办宣丽
　　土匪情形请察核示遵由 ………………………………………… 1049
浙江省长公署指令第五十五号 呈一件为嘉善县判决获盗薛小弟等死
　　刑一案呈请核示由 ……………………………………………… 1050
浙江省长公署指令第五十六号 呈一件为江山县呈报缉获毛十三一名
　　讯供由 …………………………………………………………… 1050
浙江省长公署指令第六十三号 呈一件为该厅呈复云和县呈请查案核
　　奖许学彬可否记名录用由 ……………………………………… 1050
浙江省长公署批第二十号 呈一件为涂荡被占请核定由 ……………… 1051
浙江省长公署批第二十一号 呈一件为孔宪洪等殴毙三命一案请求拘齐
　　凶犯集讯由 ……………………………………………………… 1051
浙江省长公署批第二十二号 呈一件禀为警备队哨官邓福泰纵兵妨害警
　　务请饬办由 ……………………………………………………… 1051

111

浙江省长公署批第二十六号呈一件禀请撤销自治附捐由……1051

浙江省长公署批第三十号呈一件请准先行开工试采金牛山铁矿由……1052

浙江督军署批第二号呈一件为请投效由……1052

吕督军致云南唐督军任省长电……1052

浙江督军公署浙江省长公署饬会字第二十五号饬军警各机关案
 准国务院咨据察哈尔田都统函称有扶国军都招讨邵荣勋之谬言请饬属一体
 严禁由……1053

 附 浙江民政厅训令第一百零四号……1053

浙江督军公署浙江省长公署饬会字同上号饬各军警局各厅团司令
 呈准国务院咨据察哈尔田都统函称有扶国军都招讨邵荣勋之宣言请饬属一
 体严禁由……1054

浙江省长公署指令第九十六号呈一件为议复盐运使请奖警备队协助
 场务有功人员请察核由……1055

浙江省长公署指令第九十七号呈一件为江山县呈报缉获盗匪叶春桂
 一名讯供由……1055

浙江省长公署批第三十三号呈一件为朱振宜等挟嫌毒害由……1055

浙江省长公署批第三十四号禀一件为叶杏棠强占垦地请澈查由……1056

督军署咨省长为警备队第三区第三营管带项燃业调本署署附少校由……1056

浙江督军署训令第二号令委张化习为本署署附少校由……1056

浙江督军署训令第四号令委本署参谋陈最代理步兵第一旅参谋由……1057

浙江督军署训令第六号令委警备队第三区第二营管带项燃调任本署
 署附少校由……1057

浙江省长公署训令第三十号令民政厅据汤溪县呈报办理农桑水利各项
 要政情形由……1057

浙江省长公署训令第四十一号令高等审判厅据王时雨控徐宝宝奸媳
 谋子一案仰该厅迅即查明复核由……1058

浙江省长公署训令第四十四号令烟酒公卖局长为预防公卖流弊严行
 稽核由……1058

目录

浙江省长公署训令第四十六号令民政厅为朱士斌陈备三两员以县知
　　事存记任用由 ………………………………………………………… 1059

浙江省长公署训令第四十七号令各厅准内务部咨请通缉前代理兴和
　　县知事巩金汤由 ……………………………………………………… 1059

　　附　浙江警政厅训令第六十八号 ………………………………… 1060

　　附　浙江民政厅训令第一百零三号 ……………………………… 1061

浙江督军署指令第七号令陆军步兵独立第一旅旅长俞炜呈一件为参谋
　　蔡鼎彝回校请遴员接替由 …………………………………………… 1061

浙江省长公署指令第九十八号呈一件江山县呈报获犯毛乌抵打讯供由
　　…………………………………………………………………………… 1062

浙江省长公署指令第九十九号令高等审判厅长范贤方呈一件为相验
　　童金氏命案由 ………………………………………………………… 1062

浙江省长公署指令第一百号令高等审判厅长范贤方呈一件德清县呈报
　　命案由 ………………………………………………………………… 1062

浙江省长公署指令第一百零七号令民政厅长王文庆呈一件为查明李
　　谷香对于源丰润抵款房屋原信据系由误封并无别情由 ………… 1062

浙江省长公署指令第一百一十号呈一件为请颁发政务参议会议事规
　　则暨办事细则由 ……………………………………………………… 1063

浙江省长公署指令第一百十一号令民政厅长王文庆呈一件为松阳县
　　知事呈明警佐密报克扣恩饷始末情形由 …………………………… 1063

　　附原呈 ……………………………………………………………… 1063

浙江省长公署指令第一百十六号令财政厅长莫永贞呈一件为实业银
　　行董事周锡经袁钟瑞两员呈报任职日期由 ………………………… 1065

浙江省长公署指令第一百十七号令交涉署长张嘉森呈一件为续请解
　　职并举贤自代由 ……………………………………………………… 1065

浙江省长公署任命状第五十一号 ………………………………………… 1065

浙江省长公署批第三十二号呈一件控徐宝宝奸媳毙谋伊子一案请饬复

讯昭雪由……1066

浙江省长公署批第三十五号呈一件请释钱竹安由……1066

浙江省长公署批第三十七号呈一件为续呈项和英一案难觅保人由……1066

浙江省长公署为咨复前浙江参议会收到银行存款折扣由……1066

浙江省长公署咨外交部据财政厅交涉署呈为查明亚细亚火油分运一案
　　系照章办理请咨部转复英使由……1067

浙江督军署训令第五号令第二十五师师长据交涉署长警政厅长呈复前
　　哨官彭玉成纵兵滋扰请核示由……1069

浙江督军署训令第十一号令委第二十五师差遣吕挹清为台州镇守使署
　　参谋由……1069

浙江督军公署浙江省长公署训令第　号令各属准外交部送浙江省
　　游历人名单由……1070
　　前往浙江省游历名单……1070
　　附　浙江民政厅训令第七十一号……1070

浙江督军公署浙江省长公署训令第　号令各属准江苏省公署咨请
　　保护德人思特尔穆纳特赴浙游历由……1071
　　附　浙江民政厅训令第六十六号……1072

浙江督军公署浙江省长公署训令第　号令各属准江苏省公署咨请
　　保护日人佐佐木国藏赴浙游历由……1072
　　附　浙江民政厅训令第六十号……1073

浙江省长公署训令第　号令发前浙江参议会终结余银存款折一扣由……1073

浙江省长公署训令第四十五号令民政厅财政厅为批答兰溪县知事条
　　陈该县地方应兴应革事宜由……1074

浙江省长公署训令第五十七号令财政厅据衢县米商王万成等禀为张
　　泰来认办米捐扰累商民请饬县取消由……1074

浙江省长公署训令第　号令嵊县知事为张浩童杭时等分函请饬释钱竹
　　安由……1075

附　复张浩童杭时各一函 …………………………………… 1075
浙江省公署训令第　号令民政厅为南浔南栅警察所长警等续禀警佐张
　继墉违法殃民侵吞罚款由 ………………………………… 1076
浙江督军署指令第八号呈一件为呈复前哨官彭玉成纵兵滋扰请示由 …… 1076
　附原呈 ………………………………………………………… 1077
浙江督军署指令第三十一号呈一件为因公北上旅部职务暂由第一团团
　长陈瓒代拆代行由 ………………………………………… 1080
　附原呈 ………………………………………………………… 1080
浙江省长公署指令第　号呈一件据呈查明亚细亚火油分运一案系照章
　办理请咨部转复英使由 …………………………………… 1080
浙江省长公署指令第一百零九号令兰溪县知事苏高鼎呈一件为条陈
　该县地方应兴应革事宜由 ………………………………… 1081
浙江省长公署指令第一百十号令江山县知事程起鹏呈一件为条陈地方
　应兴应革事宜由 …………………………………………… 1084
浙江省长公署指令第一百十八号令高等检察厅长殷汝熊呈一件为报
　章朝茂家劫案由 …………………………………………… 1084
浙江省长公署指令第一百十九号呈一件为开化县监犯朱星星等一案由
　……………………………………………………………… 1084
浙江省长公署指令第一百二十号呈一件为上虞监犯谢学明等死刑由
　……………………………………………………………… 1085
浙江省长公署指令第一百二十一号呈一件为检验尸骨费请在准备金
　项下开支由 ………………………………………………… 1085
浙江省长公署指令第一百二十二号呈一件为呈送奉化县盗犯应宝昌
　供判由 ……………………………………………………… 1085
浙江省长公署指令第一百二十三号呈一件为派员领收瓯海道署文卷由
　……………………………………………………………… 1086
浙江省长公署指令第一百四十号呈一件为奉贤县上年因风灾一案年

度已过不及蠲免由···1086

浙江省长公署批第三十九号禀一件控叶双等抗欠租金请饬县执行由
···1086

浙江省长公署批第四十号呈一件为子荣卿生死不明由············1086

浙江省长公署批第四十一号呈一件为张泰来任办米捐扰累商民请饬县
 取销由···1087

浙江省长公署批第四十六号呈一件禀请饬厅行县收回封禁铜炉命令并
 发还已缴捐税由··1087

浙江督军署致大总统国务总理电···································1087

 附 黎元洪复电···1088

 附 朱积壎朱积樆来电··1088

浙江督军署训令第十三号令海盐县知事奉大总统令前将军朱瑞着交陆
 军部从优议恤转告该家属知照由·································1088

浙江省长公署训令第六十二号令民政厅准交通部咨请饬属保护华商
 新顺康小轮行驶由··1089

 附 浙江民政厅训令第一百六十七号·····························1089

复交通部咨··1090

浙江省长公署训令第六十三号令民政厅据省教育会函请通饬各校先
 时预备举行联合运动会由··1090

浙江省长公署训令第六十四号令民政厅警政厅为交通部咨为吉庆小
 轮行驶航线请饬属保护由··1091

 附 浙江民政厅训令第一百六十六号·····························1091

浙江省长公署训令第六十五号令高检厅据永嘉县知事电禀楠溫李姓
 藉尸捣抢一案拘讯抗拒请示由····································1092

 复永嘉县电···1092

浙江省长公署训令第六十六号令各厅将省会停止以后所颁本省各种
 单行条例录出交会议决由··1093

目 录

浙江省长公署训令第六十七号令财政厅为实业银行董事温玉改委稽
 查员遗缺以张宗峄充任由 ……………………………………………… 1093
浙江省长公署委任令第一号令张宗峄充任实业银行董事由 …………… 1094
浙江省长公署指令第一百五十六号呈一件据分水县呈送商会章程职
 员名册并缴钤记公费由 ………………………………………………… 1094
 附原呈 …………………………………………………………………… 1094
浙江省长公署指令第一百五十七号呈一件请将西湖捞草经费如数动
 用由 ……………………………………………………………………… 1095
浙江省长公署指令第一百五十九号呈一件为饬委查明平阳县知事列
 控各节由 ………………………………………………………………… 1095
浙江省长公署指令第一百六十一号呈一件临海县知事遵报办理农桑
 水利各要政情形由 ……………………………………………………… 1096
浙江省长公署指令第一百六十二号呈一件东阳县知事呈送县立第七
 高小校舍图并建造费用决算清册由 …………………………………… 1096
 附原呈 …………………………………………………………………… 1096
浙江省长公署指令第一百六十三号呈一件为遵批具报办理杭县呈复
 修筑范家涧堤塘经费由 ………………………………………………… 1098
 附原呈 …………………………………………………………………… 1098
浙江省长公署指令第一百六十四号呈一件据金华县呈报办理教育情
 形由 ……………………………………………………………………… 1099
 附原呈 …………………………………………………………………… 1099
浙江省长公署指令第一百六十五号令吴兴县知事张嘉树呈一件为添
 购公报由 ………………………………………………………………… 1102
浙江省长公署指令第一百六十六号呈一件金华县知事呈送新旧县志由
 ………………………………………………………………………………… 1102
 附原呈 …………………………………………………………………… 1102
浙江省长公署指令第一百六十七号呈一件为冶业公所请援茧行例凡

117

已设冶坊行销地点不准再行开设由 ………………………………… 1103
　　　附原呈 ……………………………………………………………… 1103
浙江省长公署批第三十八号呈一件为涂改联单情不甘服复诉请撤销由
　 …………………………………………………………………………… 1103
浙江省长公署批第五十一号呈一件为瓯海道署供职被裁报到听候委用由
　 …………………………………………………………………………… 1104
吕省长致北京内务部电 …………………………………………………… 1104
浙江省长公署咨农商部据民政厅呈解临安县商会钤记公费由 ………… 1104
浙江督军署咨各省督军据第二十五师师长呈称差遣康昉请假未待核准
　擅自离营请予撤差并令各机关勿予录用由 ………………………… 1105
浙江省长公署咨农商部据民政厅转据镇海县知事呈送商会各职员履历
　册改正章程并钤记公费由 …………………………………………… 1105
浙江省长公署咨教育部为民政厅呈据云和县呈复沙溪学校田租案已办
　结请咨部查照由 ……………………………………………………… 1106
浙江督军署训令第十八号令各属据第二十五师师长呈称差遣康昉请假
　未待核准擅自离营请予撤差并令各机关勿予录用由 ……………… 1107
浙江省长公署委任令第二号任命罗根袁钟铨为本署工程谘议官由 …… 1108
浙江省长公署委任令第三号委任郭梓熙为本署会计兼庶务由 ………… 1108
浙江省长公署训令第七十号令交涉署据江苏交涉公署函称日轮安鑫自
　泗安行驶江苏请饬查见复由 ………………………………………… 1108
浙江省长公署训令第七十一号令高检厅为永康陈李氏呈伊夫陈修明
　被陈双庆等殴毙请雪由 ……………………………………………… 1110
浙江省长公署训令第七十二号令高检厅据富阳陈凤锵呈法警违法揽
　权请饬查办由 ………………………………………………………… 1110
浙江省长公署训令第七十四号令民政厅据警察传习所学员周鲁请寄
　给半薪由 ……………………………………………………………… 1111
浙江省长公署训令第七十八号令民政厅为嵊县史萼卿等禀标卖该县

目 录

公产声明原委请饬县过户由 …… 1111

浙江省长公署训令第七十九号 令民政厅据上海总商会禀为请饬开化
县勒缴余渭浙等伙吞茶商新隆泰借款由 …… 1112
附原禀 …… 1112

浙江省长公署指令第一百五十四号 令民政厅长王文庆呈一件该厅据
镇海县知事呈送商会各职员履历册改正章程并钤记公费由 …… 1114

浙江省长公署指令第一百五十五号 令民政厅长王文庆呈一件该厅解
临安县商会钤记公费请转咨由 …… 1114

浙江省长公署指令第一百六十号 呈一件请检发军警用轮船特定旗式由
…… 1114
军警用轮船旗图式说明 …… 1114

浙江省长公署指令第一百六十八号 呈一件寿昌县知事遵报办理农桑
水利各要政情形由 …… 1115
附原呈 …… 1115

浙江省长公署指令第一百七十号 呈一件为乐清县知事钱沐华因病请
假二星期由 …… 1118
附原呈 …… 1118

浙江省长公署指令第一百七十一号 呈一件为呈荐署员丁绍瀛以县知
事存记由 …… 1119
附原呈 …… 1119

浙江省长公署指令第一百七十八号 呈一件淳安县知事遵报办理农桑
水利各项要政情形由 …… 1119

浙江省长公署指令第一百七十九号 呈一件象山县知事遵报办理农桑
水利各要政情形由 …… 1120

浙江省长公署指令第一百八十号 呈一件萧山县知事遵饬办理农桑水
利各要政情形由 …… 1120

浙江省长公署指令第一百八十一号 呈一件常山县知事遵报办理农桑

水利各要政情形由 ………………………………………… 1120
浙江省长公署指令第一百八十二号 呈一件衢县知事遵报办理农桑水
　利各要政情形由 ……………………………………… 1121
浙江省长公署指令第一百八十三号 呈一件义乌县知事遵报办理农桑
　水利要政情形由 ……………………………………… 1121
浙江省长公署指令第一百八十六号 呈一件云和县沙溪学校田租案已
　办结由 ………………………………………………… 1121
　附原呈 ………………………………………………… 1122
浙江省长公署指令第一百八十八号 呈一件兰溪县呈报童王氏命案勘
　讯由 …………………………………………………… 1122
浙江省长公署指令第一百八十九号 呈一件桐庐县呈报毛家谷命案获
　犯讯供由 ……………………………………………… 1123
浙江省长公署指令第一百九十号 呈一件吴兴县呈报许阿寿行船劫案由
　………………………………………………………… 1123
浙江省长公署指令第一百九十三号 呈一件为呈复新昌县军警防剿土
　匪出力人员分别核奖由 ……………………………… 1123
浙江省长公署指令第一百九十七号 呈一件呈复核奖余姚县警佐张守
　坤蔡光宇由 …………………………………………… 1123
浙江省长公署指令第一百九十八号 呈一件旧宁属县立甲种商业学校
　校长费绍冠请拨酒类附捐补助校费并送预算书由 … 1124
浙江省长公署批第四十九号 呈一件请预备县议会各事由 ……… 1124
浙江省长公署批第五十二号 禀一件为校长方本义殴辱余景贤知事坚不
　撤换由 ………………………………………………… 1124
浙江省长公署批第五十三号 禀一件请浚垦湘湖并请颁发计画图册由
　………………………………………………………… 1125
浙江省长公署批第五十五号 呈一件为法庭误驳请饬再审由 …… 1125
浙江省长公署批第五十六号 呈一件为法警假名诈索私禁由 …… 1125

目 录

浙江省长公署批第五十七号呈一件为夫陈修明被陈双庆等殴毙由……1126

浙江省长公署批第五十九号呈一件为标卖嵊县公产声明原委请饬县过户由……1126

浙江省长公署批第六十号呈一件为请饬开化县勒缴余渭浙等伙吞茶商新隆泰借款由……1126

浙江省长公署咨财政部内务部农商部据民政厅呈《改正典业公会规条》请咨部核复由……1126

浙江省长公署咨内务部为咨报领到省长特任状由……1127

浙江督军署训令第十九号令步兵第一旅长为本署差遣施颂同等三十员发往该旅服务由……1128

浙江督军署训令第十九号令本署差遣施颂同等三十员堪以发往步兵独立第一旅服务由……1129

浙江督军署训令第二十号令军队各机关据第二十师呈称本师见习军官何莘私自离营仰勿予录用由……1129

浙江督军署训令第二十一号令师旅各军队转饬所属各团营凡患脚气病者随带蚊帐被服送往云居山分院疗治由……1129

  附 原呈……1130

浙江督军公署训令第二十七号浙江省长公署训令第八十三号令各属为德人策德留司礼和行东罗森堡姆等赴苏浙等省游历饬保护由……1131

  附 浙江民政厅训令第一百四十号……1131

浙江省长公署训令第八十一号令民政厅为永康县知事电催新知事迅行赴任由……1132

浙江省长公署训令第八十二号令知财政厅本署复财政部佳电情形由……1133

浙江省长公署训令第 号令民政厅为鄞县公民忻锦崖等禀请进行宁郡东钱湖水利由……1133

浙江督军署指令第八十八号令陆军第六师司令部师长童保喧呈一件为

121

报参谋林蔚等回校日期由 …………………………………………… 1134
　　　附原呈 ……………………………………………………………… 1134
浙江督军署指令第八十九号呈一件为请将二十三团三等军需正周新济
　　加薪由 ………………………………………………………………… 1134
　　　附原呈 ……………………………………………………………… 1135
浙江督军署指令第九十号呈一件为一百团副官钱宗泽差遣黄直民请加
　　薪由 …………………………………………………………………… 1135
　　　附原呈 ……………………………………………………………… 1135
浙江督军署指令第九十四号呈一件为九十七团军需军医各员供职勤奋
　　请照十成支薪由 ……………………………………………………… 1136
浙江督军署指令第九十五号呈一件为九十七团军需叶雯旭撤差以周传
　　鼎补充由 ……………………………………………………………… 1136
浙江督军署指令第九十六号呈一件为第一团成绩优美各军官请升级加
　　薪由 …………………………………………………………………… 1137
　　　附原呈 ……………………………………………………………… 1137
浙江督军署指令第一百零六号呈一件为陆军卫戍病院添设云居山分院由
　　 ………………………………………………………………………… 1138
浙江省长公署指令第二百零九号呈一件为呈报另委张济演接充龙泉
　　承审员由 ……………………………………………………………… 1138
浙江省长公署指令第二百一十号呈一件为遂安知事陈与椿呈送四年
　　八月至本年六月违警罚金收支清册察核由 ………………………… 1139
浙江省长公署指令第二百十三号呈一件为改正典业公会规条由 …… 1139
　　　附原呈 ……………………………………………………………… 1139
浙江督军署批第十号原具呈人张紫钦呈一件为请予投效由 ………… 1142
浙江督军署批第十一号原具呈人辎重兵准尉俞国桢呈一件为请予投效由
　　 ………………………………………………………………………… 1142
浙江督军署批第十二号原具呈人预备役军官张义棠呈一件请予投效由
　　 ………………………………………………………………………… 1142

目 录

浙江督军署批第十三号原具呈人许杰呈一件为请予投效由 ………… 1143

浙江督军署批第十四号原具呈人方位陞呈一件为请予投效由 ………… 1143

浙江督军署批第十五号原具呈人董岳文呈一件为请予投效由 ………… 1143

浙江督军署批第十六号原具呈人王化龙呈一件为请求录用由 ………… 1143

浙江省长公署批第六十一号呈一件为请改咨福建原籍候补由 ………… 1144

浙江省长公署批第六十二号呈一件条陈整顿狱务意见由 ………… 1144

吕省长复温岭县知事电温岭县知事电请将获匪张小玉等三名处以死刑由
　………………………………………………………………………… 1144

　附来电 ………………………………………………………………… 1144

吕省长致永嘉县知事电温州徐象严等电禀地民争水械斗误毙一兵请饬
　县知事和平办理由 …………………………………………………… 1145

　附　温州徐象严等来电 ……………………………………………… 1145

浙江省长公署咨内务部为民政厅呈复历办各县地方保卫团情形由 …… 1145

浙江督军署训令第二十五号令师旅各军队为陆军卫戍病院订定《脚气
　病预防简章》并变更兵食案饬属遵办由 …………………………… 1146

　附原呈 ………………………………………………………………… 1147

　陆军第六师变更兵食案 ……………………………………………… 1147

　陆军第六师脚气病预防暂行简章 …………………………………… 1148

浙江省长公署训令第八十八号令民政厅准交通部咨人和号宁通汽油
　船行驶航线业有通轮成案由 ………………………………………… 1149

　附　浙江民政厅训令第七百二十号 ………………………………… 1149

浙江省长公署训令第九十号令民政厅为嘉兴徐涵电告回复自治机关由
　………………………………………………………………………… 1150

　附　浙江民政厅训令第一百三十九号 ……………………………… 1151

浙江省长公署训令第九十三号令民政厅财政厅据崇德县知事条陈地
　方应兴应革事宜由 …………………………………………………… 1151

浙江省长公署训令第九十七号令民政厅为富阳绅耆楼凤梧等呈为田

123

地坍没请豁粮由 …………………………………………………… 1155
浙江省长公署训令第九十九号令民政厅准北京大学咨送浙籍毕业各
　　　生姓名表由 ……………………………………………………… 1155
浙江督军署指令第一百一十号呈一件为变更兵食以遏脚气病由 …… 1157
浙江省长公署指令第二百一十四号呈一件据崇德县呈请设立第二乙
　　　种商校由 ………………………………………………………… 1157
浙江省长公署指令第二百一十五号呈一件呈复王廉等呈请募资购造
　　　汽油轮船一案由 ………………………………………………… 1158
　　　附原呈 …………………………………………………………… 1158
浙江省长公署指令第二百二十一号呈一件该厅据委员查复绍兴诒穀
　　　校长请革除中饱以维学务由 …………………………………… 1158
　　　附原呈 …………………………………………………………… 1159
浙江省长公署指令第二百二十七号呈一件条陈地方应兴应革事宜由
　　　………………………………………………………………………… 1161
浙江省长公署指令第二百二十八号呈一件丽水县知事为遵报办理农
　　　桑水利各要政情形由 …………………………………………… 1162
浙江省长公署指令第二百三十三号呈一件据富阳县知事呈报将县志
　　　径送通志局由 …………………………………………………… 1162
浙江省长公署指令第二百三十五号呈一件为任命吕衡署玉环县知事由
　　　………………………………………………………………………… 1162
　　　附　浙江民政厅训令第一百三十号 …………………………… 1163
　　　附　浙江民政厅训令第一百三十一号 ………………………… 1163
浙江省长公署指令第二百三十六号呈一件为吴兴县知事张嘉树调省
　　　遗缺以吕俊恺署理由 …………………………………………… 1164
　　　附　浙江民政厅训令第一百二十八号 ………………………… 1164
　　　附　浙江民政厅训令第一百二十九号 ………………………… 1164
浙江省长公署批第六十三号禀一件请进行宁郡东钱湖水利由 ……… 1165

目 录

浙江省长公署批第六十四号原具禀人邵鹏等呈一件为学务委员毛仲败
坏学务由 ………………………………………………………… 1165

浙江省长公署批第六十六号原具禀人叶耀庭等禀一件为学务委员毛仲
败坏学务由 ………………………………………………………… 1165

浙江省长公署批第六十七号呈一件控江知事违法殃民请派委撤查由
………………………………………………………………………… 1166

浙江省长公署批第六十八号禀一件请电政府以明令恢复地方自治由
………………………………………………………………………… 1166

浙江省长公署批第六十九号禀一件请澄清教育防杜祸患由 …… 1166

浙江省长公署批第七十号禀一件请立案拨还学款以广教育由 …… 1166

浙江省长公署训令第九十五号令民政厅据徐涵等电请取消师范讲习所由
………………………………………………………………………… 1167

浙江省长公署训令第九十八号令民政厅据义乌陈白禀请饬县解除堕
民名目由 …………………………………………………………… 1167

浙江省长公署指令第　号呈一件据富阳县知事呈报七月分结社调查表由
………………………………………………………………………… 1168

　附　民政厅呈省长为各县月报调查集会结社一项与约法
　　　抵触拟请通令取销由 ……………………………………… 1168

浙江省长公署指令第二百四十一号呈一件建德县知事为呈送教育行
政会议议案请核示由 ……………………………………………… 1170

　附　浙江民政厅训令第三百零七号 ……………………………… 1170

浙江省长公署指令第二百四十三号呈一件海宁县知事请拨借公款购
回校舍乞核示由 …………………………………………………… 1171

浙江省长公署指令第二百四十四号呈一件为前县议会函请召集应如
何对付乞示遵由 …………………………………………………… 1171

浙江省长公署指令第二百四十八号呈一件武义县知事具报解款被金
华乾康庄截留倒闭由 ……………………………………………… 1171

吕公望集

浙江省长公署指令第二百四十九号呈一件为报明於潜县交代委杭县
　　监盘由 ·· 1172
　　附原呈 ·· 1172
浙江省长公署指令第二百五十号呈一件具复温岭县陆知事等会呈米
　　捐项下造报县税不敷各款又选举经费款归前任清解一案已咨民政厅核饬遵
　　照并由厅令知由 ··· 1172
　　附原呈 ·· 1172
浙江省长公署指令第二百五十一号呈一件具报东阳县张知事交代派
　　金华县监盘由 ·· 1173
　　附原呈 ·· 1173
浙江省长公署批第七十一号禀一件仍请发还刘公祠以保私产由 ······ 1173
浙江省长公署批第七十二号禀一件为育婴堂保婴局种种败坏由 ······ 1174
浙江省长公署批第七十三号呈一件为《催追业租暂行法》请通令照旧办
　　理由 ·· 1174
浙江省长公署批第七十四号禀一件控汪归源侵占水利请派员澈查由
　　··· 1174
浙江省长公署批第七十六号呈一件为田地坍没请豁粮由 ················ 1175
浙江省长公署批第七十七号呈一件禀请饬县解除堕民名目由 ········· 1175
省长公署咨财政部据财政厅呈送余姚县余支湖田亩图册咨送备案由 ····· 1175
浙江督军公署训令第三八号浙江省长公署训令第一一三号
　　令各属准江苏省长咨请饬属保护义国领事署书记多勒理赴浙游历由 ········ 1176
　　附　浙江民政厅训令第一百七十五号 ······································· 1177
浙江省长公署训令第一百零三号令民政厅转饬所属采集树种呈候送
　　部由 ·· 1177
　　附　浙江民政厅训令第二百十三号 ··· 1178
浙江省长公署训令第一百零五号令财政厅为饬遵赶办六年度预算并
　　请维持五年度预算乞察核由 ·· 1179

目 录

浙江省长公署训令第一百零九号令盐运使永武公民李文燮等呈为陈
　　明买食台盐苦况请迅赐承办以顺民情由…………………………… 1180

浙江省长公署指令第　号呈一件民政厅呈为拟办实业请饬财政厅筹款由
　　……………………………………………………………………………… 1181

浙江省长公署指令第二百三十七号呈一件为呈复地方保卫团情形由
　　……………………………………………………………………………… 1181

浙江省长公署指令第二百五十二号呈一件为呈复批发余姚六仓总董
　　胡正表等请清丈沙地一案由………………………………………… 1182
　　附原呈……………………………………………………………………… 1182

浙江省长公署指令第二百五十五号呈一件据嘉兴统捐局呈送七月分
　　征解比较等表由……………………………………………………… 1183

浙江省长公署指令第二百五十七号呈一件为遵饬赶办六年度预算并
　　请维持五年度预算乞察核由………………………………………… 1183

浙江省长公署指令第二百五十九号呈一件议复平海桥西北原划公园
　　地亩拨作省立公共运动场并无窒碍由……………………………… 1183

浙江省长公署指令第二百六十号呈一件抄送温岭县米捐收支清册由
　　……………………………………………………………………………… 1184

浙江省长公署指令第二百七十五号呈一件转送余姚县余支湖田亩图
　　册咨部备案由………………………………………………………… 1184
　　附原呈……………………………………………………………………… 1184

浙江省长公署指令第二百七十七号呈一件德清知事呈报下塔圩地方
　　演戏聚赌长警往拿被地棍张荣锦等凶殴由………………………… 1187

浙江省长公署批第八十三号呈一件海宁茶商泰顺昌等行代表林陈鹤禀
　　为海盐捐局司事索诈不遂反诬船户殴辱等情由…………………… 1187

浙江省长公署批第八十七号呈一件请求转咨议院及财政部豁免屠宰税由
　　……………………………………………………………………………… 1187

浙江省长公署咨复安徽省长准咨请转饬开化县将朱古木等三名解归休

127

宁县讯办由 ·· 1188

浙江省长公署训令第一百十五号令民政厅为教育部咨明回浙留法学
　　生顾用康未得文凭缘由由 ······················ 1189

浙江省长公署训令第一百十六号令民政厅准教育部咨催缴二年报费由
　　··· 1190

浙江省长公署训令第一百十七号令民政厅准教育部咨送北京高等师
　　校毕业生马树翰等赴浙录用由 ················ 1191

　　附名单 ·· 1191

浙江省长公署训令第一百十八号令民政厅准交通部咨请饬属保护吉
　　利小轮变更航线由 ····························· 1192

　　附　浙江民政厅训令第二百二十六号 ········· 1192

浙江省长公署训令第一百十九号令民政厅警政厅准交通部咨江苏省
　　立水产学校自置淞航汽油船往来江浙饬属保护由 ··· 1193

　　附　浙江民政厅训令第二百二十四号 ········· 1194

浙江省长公署训令第一百二十四号令盐运使据永武绅商胡莹等禀为
　　认办盐引一案仍请批准饬使施行由 ············ 1195

浙江省长公署训令第一百二十六号令高检厅准安徽省长咨请转饬开
　　化县将朱古木等三名解归休宁县讯办由 ········ 1198

浙江省长公署指令第二百七十八号呈一件为呈报奉委兼充副指挥官
　　文到日期由 ······································ 1198

浙江省长公署指令第二百七十九号呈一件杭县知事为拟打捞野荷办
　　法四端乞示遵由 ································· 1199

　　附原呈 ·· 1199

浙江省长公署指令第二百八十一号呈一件德清县知事呈为报办理农
　　桑水利各要政情形由 ··························· 1200

浙江省长公署指令第二百八十四号呈一件为仙居县知事遵报办理农
　　桑水利各要政情形由 ··························· 1200

目 录

浙江省长公署指令第二百八十五号呈一件崇德县知事为遵报办理农
　桑水利各要政情形由 …………………………………………… 1201

浙江省长公署指令第二百八十六号呈一件浦江县知事为呈报办理农
　桑水利各要政情形由 …………………………………………… 1201

浙江省长公署指令第二百八十八号呈一件据嘉兴女子师范学校请改
　省立增加经费由 ………………………………………………… 1202

浙江省长公署指令第二百九十一号呈一件据省视学请取消联合师范
　讲习所由 ………………………………………………………… 1202

浙江省长公署指令第二百九十三号呈一件桐乡县知事遵报农业水利
　各要政情形由 …………………………………………………… 1202

浙江省长公署指令第三百零六号呈一件慈溪县知事造送县税分配各
　册及抵补金附捐自治附捐各册由 ……………………………… 1203

浙江省长公署指令第三百零八号呈一件东阳县呈报财政主任及会计
　员姓名年岁籍贯由 ……………………………………………… 1203

浙江省长公署指令第三百十七号呈送余姚县盗犯范桂生等供判由 …… 1203

浙江省长公署指令第三百十八号呈一件孝丰县呈报拿获邻境盗犯杨
　金泰等三名由 …………………………………………………… 1204

浙江省长公署指令第三百十九号呈一件德清县呈报孙子山家被劫获
　盗讯供由 ………………………………………………………… 1204

浙江省长公署指令第三百二十号呈一件德清县报获胡宝坤等家劫案
　内盗犯由 ………………………………………………………… 1205

浙江省长公署指令第三百二十一号呈一件上虞县呈报王高氏被王裕
　堂推跌殒命一案由 ……………………………………………… 1205

浙江省长公署指令第三百二十二号呈一件江山县呈报王汪氏报称伊
　子赖发服毒毙命一案勘验讯供由 ……………………………… 1205

浙江省长公署指令第三百二十三号呈一件高检厅呈请奖励江山县警
　佐由 ……………………………………………………………… 1206

浙江省长公署指令第三百二十四号呈一件呈送本年七月分诉讼月报表由 …… 1206

浙江省长公署指令第三百二十五号呈一件嵊县知事呈报史钱氏家被盗并伤事主由 …… 1206

浙江省长公署指令第三百二十六号呈一件海宁县呈送现存军械半年报表并请免填出纳军械月报表由 …… 1207

浙江省长公署批第八十九号呈一件为认办盐引一案仍请批准转饬运使施行由 …… 1207

浙江省长公署批第九十号禀一件请派员筹修浙东官道由 …… 1208

浙江省长公署批第九十一号呈一件请饬警厅启封并交还会牌由 …… 1208

浙江省长公署批第九十二号呈一件控赵扬陞藉学图利请饬县谕禁由 …… 1209

浙江省长公署批第九十三号禀一件为控殷知事侵吞罚款由 …… 1209

浙江省长公署训令第一百二十三号令财政厅准财政部咨行清理官产碍难一律停办拟请分别办理一案由 …… 1209

浙江省长公署训令第一百二十七号令高审检厅据浦江县知事条陈地方应兴应革事宜由 …… 1210

浙江省长公署训令第一百三十一号令民政厅遴派熟谙枪弹人员查明各县署警队存枪种数由 …… 1213

浙江省长公署训令第一百三十四号令警政厅为吴兴农民沈廷福禀控探长彭开甲诬盗诈财由 …… 1214

浙江省长公署训令第一百四十号令民政厅转令各县设立栖流所养济院由 …… 1214

浙江省长公署训令第一百四十二号令民政厅警政厅据警备队第五区统带呈请严禁赌博以清匪源由 …… 1215

　附原呈 …… 1215

浙江省长公署指令第八十二号据盐运使呈复盐税格于条例未便带收

善捐等情仰即行县议具办法呈厅酌核具复由 …………… 1217
　　　附　浙江民政厅训令第九十二号 ………………………… 1218
　　　附　原呈 ……………………………………………………… 1218
浙江省长公署指令第二百九十四号呈一件省会警察厅呈请饬交涉署
　　转知英领事照交泥管碎石由 ……………………………… 1220
　　　附原呈 ………………………………………………………… 1220
浙江省长公署指令第三百零三号呈一件嵊县商会为酒捐过重请饬查
　　核议大加裁减由 ……………………………………………… 1224
浙江省长公署指令第三百二十七号令浦江县知事张鼎治呈一件为条
　　陈地方应兴应革事宜由 ……………………………………… 1225
浙江省长公署指令第三百二十八号呈一件武义县知事刘应元呈为境
　　内半年以上无盗案发生报请察核由 ………………………… 1225
浙江省长公署指令第三百三十二号呈一件为宁海县知事江恢阅调省
　　遗缺准以何公旦署理由 ……………………………………… 1225
　　　附　浙江民政厅训令第二百一十号 ……………………… 1226
　　　附　浙江民政厅训令第二百十二号 ……………………… 1226
浙江省长公署指令第三百三十四号呈一件为候补知事陈炳业呈请给
　　假省亲由 ……………………………………………………… 1227
浙江省长公署指令第三百三十五号呈一件为萧山县知事彭延庆调省
　　遗缺以王右庚署理由 ………………………………………… 1227
　　　附　浙江民政厅训令第二百零九号 ……………………… 1227
　　　附　浙江民政厅训令第二百十一号 ……………………… 1228
浙江省长公署指令第三百四十七号令云和县知事赵铭传呈一件为条
　　陈该县应兴应革事宜由 ……………………………………… 1228
浙江省长公署指令第三百四十八号呈一件孝丰县遵报办理农桑水利
　　各要政情形由 ………………………………………………… 1231
浙江省长公署指令第三百四十九号呈一件据诸暨县呈公堂盐规业已

并入均税请示遵由·· 1231
浙江省长公署批第九十四号禀一件为请豁免笋牙仲资由·············· 1232
浙江省长公署批第九十五号原具禀人乐清县公民郑骏廷等禀一件为冯
　　乃春征收舞弊县知事受贿袒详请核明严究由························ 1232
浙江省长公署批第九十六号呈一件为请求普减忙银以纾民力由······· 1232
浙江省长公署批第九十七号禀一件为丝绸业代请仍照定章限制添设茧
　　行由·· 1233
浙江省长公署训令第一百二十八号令财政厅长准财政部复本署寒电
　　仰即遵照由·· 1233
浙江省长公署训令第一百二十九号令民政厅警政厅转饬所属不得滥
　　行请奖由·· 1234
　　附　浙江民政厅训令第二百零六号·································· 1234
浙江省长公署训令第一百三十七号令各厅为嗣后保案中央准驳自有
　　定衡勿庸先事呈请由·· 1235
浙江省长公署训令第一百四十四号令民政厅为省教育会函送全浙教
　　育联合会第四次议决案由·· 1236
浙江省长公署指令第三百五十三号呈复警政厅修改保卫团及悬赏获
　　盗办法由·· 1236
浙江省长公署指令第三百六十号令民政厅长王文庆呈一件该厅议复
　　吴兴县立甲种商校禀请补助费一案由······························ 1236
　　附原呈·· 1237
浙江省长公署指令第三百六十一号令民政厅长王文庆呈一件呈复第
　　八师范讲习所所长被控由·· 1237
　　附原呈·· 1237
浙江省长公署指令第三百六十五号令民政厅长王文庆呈一件江山县
　　前县议会议长周正熺禀请示遵开会由······························ 1238
浙江省长公署指令第三百六十六号令民政厅长王文庆呈一件该厅遵

复海宁县带征积谷经费处分方法由 …………………………………… 1238
　　附原呈 …………………………………………………………………… 1238
浙江省长公署指令第三百六十七号令民政厅长王文庆呈一件宣平县
　　知事呈报办理农桑水利各要政情形由 ………………………………… 1239
浙江省长公署指令第三百六十八号令民政厅长王文庆呈一件瑞安县
　　立中校呈送管理员教员学生一览表由 ………………………………… 1239
浙江省长公署指令第三百六十九号呈一件兰溪县知事为金鑫禀请展
　　期成立电灯公司由 ……………………………………………………… 1240
浙江省长公署批第　号据新昌县知事呈为遵饬查禁县属牛角湾开采绿
　　英矿石案请核办由 ……………………………………………………… 1240
　　附　民政厅呈省长呈复本厅对于陈世培等私采矿质拟定办法由 …… 1240
浙江省长公署批第九十八号禀一件为集资六万元拟在桐乡县屠甸寺镇
　　开设茧行请先行批准并送表结由 ……………………………………… 1242
浙江省长公署批第九十九号呈一件为申明理由饬厅判决由 …………… 1242
浙江省长公署批第一百零一号禀一件为禀被周福观欺凌控告由 ……… 1242
浙江省长公署批第一百零二号呈一件续控王金法杀毙黄福宝一案由
　　 ……………………………………………………………………………… 1242
浙江省长公署电复天津周运杓等代请朱前将军介人恤金由 …………… 1243
　　附来电 …………………………………………………………………… 1243
浙江省长公署电复财政部复财政部俟财政整理得有结束即令莫厅长
　　北上由 …………………………………………………………………… 1243
　　附　来电 ………………………………………………………………… 1244
浙江省长公署咨江苏省长为分发浙江知事袁长春一员留苏供职准免
　　扣资由 …………………………………………………………………… 1244
浙江省长公署咨江苏省长据吴兴县知事呈请咨提宋老窝子并赏缉董
　　仁海由 …………………………………………………………………… 1245
浙江督军署训令第五十六号令各属为陆军大学校招考学生颁发办法由
　　 ……………………………………………………………………………… 1246

133

陆军大学校暂行招考新生办法⋯⋯⋯⋯⋯⋯⋯⋯⋯⋯⋯⋯⋯⋯⋯⋯ 1246

浙江督军公署训令第五七号浙江省长公署训令第一二五号

令各属为保护德人俄登辈尔兮来浙游历由⋯⋯⋯⋯⋯⋯⋯⋯⋯ 1248

浙江省长公署训令第一百四十二号令警政厅据吴兴县知事呈请咨提

宋老窝子并赏缉董仁海由⋯⋯⋯⋯⋯⋯⋯⋯⋯⋯⋯⋯⋯⋯⋯⋯ 1249

附 浙江民政厅训令第三百八十七号⋯⋯⋯⋯⋯⋯⋯⋯⋯ 1249

附原呈⋯⋯⋯⋯⋯⋯⋯⋯⋯⋯⋯⋯⋯⋯⋯⋯⋯⋯⋯⋯⋯⋯⋯ 1250

浙江省长公署训令第一百四十五号令财政厅为水利委员会技正林大

同呈西湖湖面关系重要请重申禁令以杜觊觎由⋯⋯⋯⋯⋯⋯⋯ 1251

浙江省长公署训令第一百四十七号令财政厅为衢县米商王万成等电

禀张泰来认办米捐期满请饬县暂交商会经收由⋯⋯⋯⋯⋯⋯⋯ 1252

浙江省长公署训令第一百五十号令民政厅为松阳绅耆吴绍文等禀请

援案筹拨孔庙奉祀官津贴夫马等费由⋯⋯⋯⋯⋯⋯⋯⋯⋯⋯⋯ 1252

浙江省长公署训令第一百五十六号令高检厅据余姚毛叶氏控王知事

滥押伊夫毙命由⋯⋯⋯⋯⋯⋯⋯⋯⋯⋯⋯⋯⋯⋯⋯⋯⋯⋯⋯⋯ 1253

浙江省长公署指令第三百六十四号令民政厅长王文庆呈一件该厅查

复胡景福禀控原蚕种制造场陈委员一案由⋯⋯⋯⋯⋯⋯⋯⋯⋯ 1254

附原呈⋯⋯⋯⋯⋯⋯⋯⋯⋯⋯⋯⋯⋯⋯⋯⋯⋯⋯⋯⋯⋯⋯⋯ 1254

浙江省长公署指令第三百七十号呈一件临海县知事具复查办私垦荒

地发给所有权证书及减轻地价各缘由由⋯⋯⋯⋯⋯⋯⋯⋯⋯⋯ 1255

浙江省长公署指令第三百七十一号呈一件孝丰县鲁馨控知事渎职由

⋯⋯⋯⋯⋯⋯⋯⋯⋯⋯⋯⋯⋯⋯⋯⋯⋯⋯⋯⋯⋯⋯⋯⋯⋯⋯⋯ 1256

浙江省长公署指令第三百七十七号呈一件吴兴县知事为报解六月分

契税及契纸价各款并送册表由⋯⋯⋯⋯⋯⋯⋯⋯⋯⋯⋯⋯⋯⋯ 1256

浙江省长公署指令第三百八十五号呈一件为填送起解钱粮租税报告

表由⋯⋯⋯⋯⋯⋯⋯⋯⋯⋯⋯⋯⋯⋯⋯⋯⋯⋯⋯⋯⋯⋯⋯⋯⋯ 1256

浙江省长公署指令第三百八十八号呈一件会衔造送节存公栈五厘经

费暨酒捐附税征收费收支清册由 …………………………… 1257
　　附原呈 …………………………………………………………… 1257
　　附抄清册 ………………………………………………………… 1257
浙江省长公署指令第三百九十一号令民政厅长王文庆呈一件该厅遵
　　批议复留美学生徐守桢请改赴德国一案由 …………………… 1259
　　附原呈 …………………………………………………………… 1259
　　附留美官游学生徐守桢吴兴人原禀 …………………………… 1260
浙江省长公署指令第三百九十二号令民政厅长王文庆呈一件汤溪县
　　知事查复青云寺僧控虞际昌等夺产情形由 …………………… 1260
浙江省长公署指令第三百九十五号令民政厅长王文庆呈一件浙江旅
　　沪学会为旅沪公学请款补助由 ………………………………… 1261
浙江省长公署指令第三百九十六号令民政厅长王文庆呈一件该厅据
　　金华县知事呈送商会改组章程名册请核转由 ………………… 1261
浙江省长公署指令第三百九十八号令民政厅长王文庆呈一件为东阳
　　县俞知事呈报掾属员名请注册由 ……………………………… 1261
　　东阳县县公署掾属清摺 ………………………………………… 1261
浙江省长公署指令第三百九十九号令民政厅长王文庆呈一件为请任
　　命陈去病朱宗莱韦以黼为秘书由 ……………………………… 1262
　　附　浙江民政厅训令第二百五十七号 ………………………… 1262
浙江省长公署指令第四百零二号呈一件江山县呈报获犯讯供由 …… 1263
浙江省长公署指令第四百零四号呈一件为第二分庭检察官呈请将移
　　交案卷展限审期由 ……………………………………………… 1263
　　附原呈 …………………………………………………………… 1263
浙江省长公署指令第四百零五号呈一件淳安县呈报命案相验情形由
　　………………………………………………………………………… 1264
浙江省长公署指令第四百零六号呈一件南田县呈报命案勘讯情形由
　　………………………………………………………………………… 1264

135

浙江省长公署批第一百零三号呈一件控孙云卿捏契揹赎由…… 1264

浙江省长公署批第一百零四号呈一件为列控县知事吕耀钤溺职殃民由
…… 1265

浙江省长公署批第一百零五号呈一件控探长彭开甲诬盗诈财由…… 1265

浙江省长公署批第一百零六号原具呈人四明法政毕业生俞之桐呈一
件为请求传见由…… 1265

浙江省长公署批第一百零七号原具禀人叶玉呈一件恳请设立残民所及
施泽局由…… 1266

浙江省长公署批第一百十二号呈一件为前请援照万宝堂成案缴价承
买沙堡未奉批示续行呈请由…… 1266

浙江省长公署批第一百十三号原具呈人松阳绅耆吴绍文等呈一件为
援案筹拨孔庙奉祀官津贴夫马等费由…… 1266

浙江省长公署批第一百十四号原具呈人绍兴沙民王祥奎呈一件为保
护官塘受枉至深请饬员澈查由…… 1267

浙江省长公署批第一百十五号原具禀人林宗强禀一件请咨部证明以便
赴美留学由…… 1267

浙江省长公署批第一百十七号原具呈人费立诚呈一件为赃盗未获请
饬严拿由…… 1267

浙江省长公署咨教育部为浙江高等学校毕业生林宗强证明存记出洋游
学案请查照施行由…… 1267

浙江省长公署训令第一百四十六号令民政厅据嘉兴六邑茧公所电请
勿取消无灶分行以保农商由…… 1269

浙江省长公署训令第一百五十四号令民政厅财政厅准国务院篠电请
维持殖边分银行由…… 1269

浙江省长公署训令第一百五十八号令民政厅高检厅准督军署咨准税
务处福建三都口灯楼差船被劫由…… 1270

照录林元标上总税务司原禀…… 1271

目　录

浙江省长公署训令第一百五十九号令高等审判厅据温岭林以信控林
　　克信等挟嫌诬陷贿串害命由 ………………………………………… 1272

浙江省长公署训令第一百六十四号令民政厅据景宁县知事呈报缉获
　　逃兵刘作舟并请给赏警察由 ………………………………………… 1273

浙江省长公署训令第一百七十二号令财政厅准安徽省长咨普益煤矿
　　公司沿途运煤请转饬一体验照盖戳放行由 ………………………… 1273

浙江省长公署训令第　　号令警政厅据东阳县公民许崇文等呈请饬拿漏
　　网著匪由 ……………………………………………………………… 1274

浙江省长公署训令第　　号 …………………………………………… 1274

　　附　浙江民政厅训令第九十四号 …………………………………… 1275

浙江省长公署训令第　　号饬各属协缉湖南高等检厅书记官项华黼一案由
　　…………………………………………………………………………… 1276

　　附　浙江民政厅训令第一百八十一号 ……………………………… 1276

浙江省长公署指令第三百八十七号呈一件为会衔造送烟酒公卖局交
　　代清册由 ……………………………………………………………… 1277

　　附原呈 ………………………………………………………………… 1278

浙江省长公署指令第四百零七号呈一件警政厅呈报缉获德清县盗犯
　　杨顺发等由 …………………………………………………………… 1282

浙江省长公署指令第四百零九号呈一件长兴县知事呈报杨树芝家被
　　劫获盗讯供由 ………………………………………………………… 1283

浙江省长公署指令第四百一十号呈一件崇德公民钟可熊等请求饬催
　　审理由 ………………………………………………………………… 1283

浙江省长公署指令第四百十一号呈一件缙云县呈请开支正税为修理
　　审检所等用由 ………………………………………………………… 1283

浙江省长公署指令第四百十二号呈一件汤溪县呈报命案勘验情形由
　　…………………………………………………………………………… 1284

浙江省长公署指令第四百十四号呈一件为吴兴县知事呈报钱山漾支

137

吕公望集

港内发现无名男尸由 …………………………………………………… 1284

浙江省长公署指令第四百十五号呈一件萧山县呈请已撤哨官孙渊饬
即送县讯办由 …………………………………………………… 1284

浙江省长公署批第一百十八号原具呈人绍兴孙斯久呈一件为请求纠
正第二审决定由 ………………………………………………… 1285

浙江省长公署批第一百十九号原具呈人陈日丰呈一件为陈日正被邵
阿贵等殴毙请缉凶由 …………………………………………… 1285

浙江省长公署批第一百二十号呈一件呈请饬提高彭年等严讯由 …… 1285

浙江省长公署批第一百二十一号禀一件绍兴章单氏禀伊子甫椿被押
请求移转管辖一案由 …………………………………………… 1285

浙江省长公署批第一百二十二号原具禀人嵊县公民周毓奇等禀一件
禀请开释钱竹安由 ……………………………………………… 1286

浙江省长公署批第一百二十三号原具呈人余姚毛叶氏呈一件控王知
事滥押伊夫毛品芝毙命由 ……………………………………… 1286

浙江省长公署批第一百二十四号原具禀人温岭县民林以信禀一件为
控林克信等挟嫌诬陷贿串害命由 ……………………………… 1286

浙江省长公署批第一百二十六号原具呈人东阳许崇文等呈一件请饬
拿漏网著匪由 …………………………………………………… 1287

浙江督军署训令第五十三号令军队各机关遇有新辅币流行入境时不得
丝毫折扣并转令所属一体遵照由 ……………………………… 1287

浙江省长公署训令第一百六十三号令民政厅据武康县知事宗彭年胪
举该县警佐曾咏风事实请予核奖由 …………………………… 1288

浙江省长公署训令第一百六十九号令民政厅据安吉公民朱履鳌禀控
王克明划拨竹捐请照旧办理由 ………………………………… 1289

浙江省长公署训令第一百七十一号令民政厅据龙泉蒋葆蓉等禀为吴
嘉彦侵食学款请准开私塾由 …………………………………… 1290

浙江省长公署训令第一百七十六号令民政厅准内务部电第三四届保

免知事赴部考询由·· 1290
浙江省长公署训令第一百七十九号令民政厅准教育部咨以北京农业
　　学校毕业请量予任用由·· 1290
浙江省长公署训令第一百八十号令民政厅据留德工业矿务学生朱家
　　华呈请给予官费由·· 1291
浙江省长公署指令第三百四十四号令财政厅长莫永贞呈一件为请任
　　命马叙伦楼聿新为该厅秘书由······································ 1292
浙江省长公署指令第四百二十一号令武康县知事宗彭年呈一件为列
　　举警佐事实请核奖由·· 1292
浙江省长公署指令第四百二十四号令警备队第六区统带永嘉县知事
　　呈一件永嘉县滕李二姓械斗统带知事电报驰办由······················ 1292
浙江省长公署指令第四百五十号呈一件为嘉善县知事呈报修理县署
　　及各警察所被风损坍房屋由·· 1293
浙江省长公署指令第四百五十二号呈一件东阳县知事为请展限查报
　　农桑水利各要政由·· 1293
浙江省长公署指令第四百五十三号呈一件遂安县知事遵报办理农桑
　　水利各要政情形由·· 1293
浙江省长公署批第一百二十七号禀一件控王克明划拨竹捐请照旧
　　办理由·· 1294
浙江省长公署批第一百二十八号呈一件为吴嘉彦侵食学款请准开私
　　塾由·· 1294
浙江省长公署批第一百二十九号呈一件为呈诉涂田一案请派员复勘
　　实究虚坐由·· 1294
浙江省长公署批第一百三十二号原具呈人留德学生朱家华呈一件为
　　请给予官费由·· 1294
浙江省长公署批第一百三十三号禀一件为开采乌门山一案县详与事
　　实不符请委查由·· 1295

139

浙江省长公署批第一百三十四号呈一件为杨祥选等违禁开塘有害公
　　益环请撤销由 ·· 1295

浙江省长公署批第一百三十五号呈一件为续呈广告恳饬分贴由 ······ 1295

浙江省长公署批第一百三十六号呈一件为有害水利环求取销县判由
　　·· 1296

浙江省长公署批第一百三十七号呈一件请饬厅复讯由 ············ 1296

浙江省长公署批第一百三十八号呈一件为请开释伊父潘颂清由 ······ 1296

浙江省长公署批第一百四十号呈一件为弟吕登财因公惨死请求昭雪由
　　·· 1296

浙江省长公署批第一百四十一号呈一件为卸任郭知事剖白由 ········ 1297

吕督军兼省长贺北京段总理电 ·································· 1297

　　附　北京徐树铮来电 ··· 1297

浙江省长公署咨教育部为咨送省立第十一中学校详送转学生一览表由
　　·· 1297

浙江省长公署公函第一号函复江苏交涉公署函称日轮安鑫自泗安行驶
　　江苏请饬查见复由 ··· 1298

浙江省长公署训令第一百五十号令民政厅据余姚学务委员电请取消
　　师范讲习所由 ··· 1299

浙江省长公署训令第一百七十八号令警政厅造送全省各项警察名额
　　经费一览表由 ··· 1300

浙江省长公署训令第　号令民政厅造送全省各项警察名额经费一览表由
　　·· 1300

浙江省长公署训令第一百八十一号令民政厅为丁祭期届仰转行杭县
　　知事妥速筹备由 ··· 1301

浙江省长公署训令第一百八十二号令民政厅为丁祭期届仰转行各中
　　校各选学生二十人共襄祀典由 ······························· 1301

浙江省长公署训令第一百八十三号令民政厅为丁祭期届仰转令师校

遴选学生七十人杭县四高小校各三十五人为舞生由 ……… 1302

浙江省长公署训令第一百八十四号令高审厅为缉获盗首唐照生请速
　　判决由 …………………………………………………………… 1302

浙江省长公署训令第一百八十五号令高审厅据缙云吕炳汀禀弟吕登
　　财因公惨死请昭雪由 …………………………………………… 1303

浙江省长公署训令第一百八十六号令交涉公署仰即函复格总领事前
　　复省长一函何人泄告报馆似稍误会无庸饬查由 ……………… 1303

浙江省长公署训令第一百八十七号令各厅为催各厅将应提交省议会
　　议案赶速编订呈核由 …………………………………………… 1304

浙江省长公署训令第一百八十八号令民政厅为宁海县卢相汤请饬县
　　发还前次掠收各件由 …………………………………………… 1305

浙江省长公署训令第一百九十三号令民政厅准内务部皓电孔祭典礼
　　仰即咨饬遵行由 ………………………………………………… 1306

浙江省长公署训令第一百九十六号令民政厅据嘉兴沈文华等电请取
　　销联合师范讲习所由 …………………………………………… 1306

浙江省长公署训令第一百九十七号令民政厅通令各属裁撤学务委员由
　　…………………………………………………………………… 1307

浙江省长公署训令第一百九十八号令民政厅据绍萧公民徐绳宗等电
　　求准予开掘袁家浦新港以泄水势由 …………………………… 1307

浙江省长公署训令第一百九十九号令民政厅准内务部咨行饬属严禁
　　鸦片由 …………………………………………………………… 1308

浙江省长公署训令第　　号令民政厅转饬所属保护三北轮埠公司姚北轮
　　船由 ……………………………………………………………… 1308

　　附　浙江民政厅训令第一百六十四号 ……………………… 1309

浙江省长公署训令第　　号令民政厅转饬所属保护顺隆局顺泰小轮由 …… 1310

　　附　浙江民政厅训令第一百六十五号 ……………………… 1310

浙江督军公署指令第三百十一号浙江省长公署指令第四百十九

141

号呈一件为饬查陈如玉等图谋不轨一案查无其事祈将捏呈发县根究由 …… 1311
　　附原呈 …… 1311
浙江省长公署指令第四百二十六号呈一件为呈据省警厅呈拟定各药
　　房售药赠品限制办法由 …… 1313
　　附原呈 …… 1313
浙江省长公署指令第四百三十六号呈一件松阳县议长叶葆元为报明
　　预备开县议会由 …… 1314
浙江省长公署指令第四百三十七号呈一件为永嘉县知事据县议会咨
　　请设处筹备乞示遵由 …… 1314
浙江省长公署指令第四百四十四号令民政厅长王文庆呈一件该厅据
　　丁求真请给免查护照便运医用药械由 …… 1315
浙江省长公署指令第四百四十八号令民政厅长王文庆呈一件该厅议
　　复林宗强禀请咨部记名留学由 …… 1315
浙江省长公署指令第四百五十五号呈一件为汤溪县知事呈报验讯情
　　形备案由 …… 1315
浙江省长公署指令第四百五十六号呈一件呈送慈溪县盗犯陈阿淦等
　　供判由 …… 1315
浙江省长公署指令第四百五十七号呈一件余姚县知事呈报罗炳环被
　　戳身死验讯情形由 …… 1316
浙江省长公署指令第四百五十八号呈一件嵊县知事呈报安心诚家被
　　劫勘验情形由 …… 1316
浙江省长公署指令第四百五十九号呈一件玉环县知事呈报押犯卓子
　　儒脱逃由 …… 1316
浙江督军公署训令第七十号浙江省长公署训令第二百十五
　　号令各属为日人叶琢堂三好程次郎等来浙游历仰一体保护由 …… 1317
　　附　浙江民政厅训令第二百九十四号 …… 1318
浙江省长公署训令第一百六十八号令民政厅准北京大学咨浙籍学生

曹育瀞等十九名一律毕业遗额以未津贴学生郑奠等递补由……1319

浙江省长公署训令第一百七十七号令云和县知事据该县议会电请颁
　　发钤记并撤销自治办公处仰即转行前令民政厅通饬办理由……1320

浙江省长公署训令第一百九十四号令为申诫各县知事自审检所成立
　　后应实行检察职务并不得干涉审判由……1321

浙江省长公署训令第二百号令民政厅据吴兴菱湖镇自治会呈报九月一
　　日开秋季常会一案由……1322

浙江省长公署训令第二百零三号令警政厅该厅呈送《警察官吏恤金给
　　予条例》无须修正由……1322

浙江省长公署训令第二百零四号令民政厅据德清县知事兼警察所长
　　呈报钟管村警察分驻所成立一案由……1323

浙江省长公署训令第二百零五号令瑞安县知事据该县南岸镇林垟保
　　卫团呈该区内遇有拐带子女贩卖人口及种种违法情事可否出为查禁乞示遵由
　　……1323

浙江省长公署训令第二百零六号令民政厅据永嘉公民胡公权控告警
　　佐潘哲越权滥刑请撤换由……1324

浙江省长公署训令　号令财政厅据昌化县民人张水昌等为屯田缴价经
　　收人额外需索由……1325

浙江省长公署指令第　号令天台县警所呈送七月份月报表由……1325
　　附　浙江民政厅训令第一百九十一号……1325

浙江省长公署指令第四百六十号呈一件为德清县呈报检验监犯小吴
　　三溺毙一案由……1326

浙江省长公署指令第四百六十九号呈一件为玉环县秦知事抗填罚金
　　联单呈请议处由……1326

浙江省长公署指令第四百七十四号呈一件为长兴县知事呈报钱秉藻
　　被盗勘验情形由……1327

浙江省长公署指令第四百七十五号呈一件为云和县呈报勘验魏国球

143

被刀戳身死由 …………………………………………………… 1327
浙江省长公署指令第四百七十六号呈一件为永康县呈报徐廷容身死
　　勘验情形由 …………………………………………………… 1327
浙江省长公署指令第四百七十七号呈一件请销孙仿鹤控案由 …… 1328
浙江省长公署指令第四百七十八号呈一件为永康朱樟木控陈步云一
　　案由 …………………………………………………………… 1328
浙江省长公署指令第四百八十号呈一件为青田县呈报冯福金家抢掳
　　一案勘办情形由 ……………………………………………… 1328
浙江省长公署指令第四百八十一号呈一件为法政生郑范等请登录律
　　师由 …………………………………………………………… 1329
浙江省长公署指令第四百八十二号呈一件鄞县知事遵报农桑水利各
　　要政情形由 …………………………………………………… 1329
浙江省长公署指令第四百八十五号呈一件为诸暨县遵报办理农桑水
　　利各要政情形由 ……………………………………………… 1329
浙江省长公署指令第四百八十六号呈一件昌化县知事遵报办理农桑
　　水利各要政情形由 …………………………………………… 1330
浙江省长公署指令第四百八十七号呈一件寿昌县知事呈据县议会函
　　请筹款开会请示由 …………………………………………… 1330
　　附　浙江民政厅训令第三百四十一号 ……………………… 1330
浙江省长公署指令第四百八十八号呈一件嵊县知事遵报办理农桑水
　　利各要政情形由 ……………………………………………… 1331
浙江省长公署指令第四百八十九号呈一件诸暨县议复麻车江水利情
　　形由 …………………………………………………………… 1331
浙江省长公署批第　　号呈一件控叶杏棠恃强占租请饬县讯办由 …… 1332
浙江省长公署批第一百五十四号呈一件控告警佐潘哲越权滥刑请撤
　　换由 …………………………………………………………… 1332
浙江省长公署批第一百五十八号呈一件为屯田缴价经收人额外需索

请澈究由 ··· 1332

浙江省长公署批第一百五十九号呈一件请求宣布《征收验费细则》一
　　面饬厅免溯既往由 ·· 1332

浙江省长公署批第一百六十号呈一件为总征收蒋炳堃任用私人私收
　　陋规控请饬县澈查依法惩办由 ··· 1333

浙江省长公署批第一百六十一号呈一件请求核减吐头茧衣两项捐率由
　　··· 1333

浙江省长公署批第一百六十二号呈一件为许汉澄标买官地藉端霸产
　　控请派委复丈由 ·· 1333

浙江省长公署批第一百六十三号呈一件为侵占报垦地亩私筑盐坦控
　　请饬县严行拆毁按例惩办由 ··· 1334

浙江省长公署批第一百六十五号呈一件为提出理由请求准予承买住
　　所基地由 ··· 1334

浙江省长公署批第一百六十六号呈一件为催征吏施小梅浮收各年分
　　抵补金控请宣布银漕价格并惩治由 ·· 1334

浙江省长公署咨内务部财政部据东阳县详请山川坛官荒先行垦用一
　　面另觅相当地亩力图扩充由 ··· 1334

浙江省长公署咨农商部据上虞县详请县城及百官镇各设商会可否准予
　　设立请核复由 ·· 1336

浙江省长公署训令第二百一十号令财政厅咨催外海水警厅修订规则
　　及细则并查明现征验费数目及应否暂停妥议具复由 ······················ 1337

浙江省长公署训令第二百十一号令财政厅转令临海县知事查明征收
　　员私收陋规是否属实应行查禁并通令各县查禁由 ························· 1337

浙江省长公署训令第二百十二号令财政厅核议请减吐头茧衣捐率是
　　否可行由 ··· 1338

浙江省长公署训令第二百十三号令财政厅为建德县陈松景呈控许汉
　　澄标买官地请派委复丈由 ··· 1338

浙江省长公署训令第二百十四号令民政厅为平阳县民潘奕柱呈为侵
　　占报垦地亩私筑盐坦控请饬县严行拆毁按例惩办由……………… 1339
浙江省长公署训令第二百十八号令财政厅体察征期拥挤情形拟定办
　　法通令各属办理由……………………………………………………… 1340
浙江省长公署训令二百二十号令民政厅准交通部咨平安轮船推广航
　　线请饬属保护由………………………………………………………… 1340
　　附　浙江民政厅训令第三百九十三号…………………………… 1341
浙江省长公署训令第二百二十四号令民政厅准农商部咨改平湖商会
　　章程令即更正补报由…………………………………………………… 1341
　　平湖县商会章程应改各条………………………………………… 1342
浙江省长公署训令第二百三十三号令警政厅为平湖陈张氏禀陆邦燮
　　电控水警分队长彭寿春得赃渎职并案查办由………………………… 1342
浙江省长公署训令第二百三十四号令民政厅据黄岩县呈警察恩饷数
　　额及动支款项请核示由………………………………………………… 1343
浙江省长公署训令第二百三十五号令民政厅财政厅警政厅呈报派定
　　政务委员由……………………………………………………………… 1343
浙江省长公署训令第二百三十九号令财政厅为玉环县知事条陈应兴
　　应革摺内关于该县租税一条由厅核复由……………………………… 1344
浙江省长公署指令第二百零七号呈一件会复崇德县司法不敷款项未
　　便以准备金拨补惟既经财政厅批销应否认为定案由………………… 1344
　　附　浙江民政厅训令第三百九十六号…………………………… 1345
浙江省长公署指令第一百十二号令江山县知事呈一件为条陈地方应
　　兴应革事宜由…………………………………………………………… 1346
浙江省长公署指令第五百二十六号呈一件金华县知事呈为陈明乾康
　　钱庄亏倒现由商会清理并将应解之款设法措解由…………………… 1348
浙江省长公署指令第五百二十七号呈一件监征员丁福田报告桐乡濮
　　院镇统捐局局长征收有弊被江国樾等函吓托故避沪等情由………… 1348

浙江省长公署指令第　号呈一件为议复李谷香所执源丰润信据未能发
　　生效力应将房屋照拨师范讲习所由 ································ 1348
　　附原呈 ··· 1348
浙江省长公署指令第五百四十二号呈一件新塍王店两处商会改组情
　　形由 ··· 1350
浙江省长公署指令第五百四十六号呈一件为陈明浙省司法扩充改良
　　筹备整顿情形由 ··· 1350
浙江省长公署咨司法部据高等审判厅陈明浙省司法扩充改良筹备整顿
　　情形由 ··· 1350
浙江省长公署训令第二百十六号令民政厅准内务部电以恢复地方自
　　治俟国务会议通过后当有明令发表由 ·· 1354
　　附　浙江民政厅训令第二百七十三号 ·· 1355
浙江省长公署训令第二百二十一号令民政厅准驻美公使函选购棉种
　　正估业在前存余款内支付尚余美金应否汇还抑仍存备续购仰即具复由 ······ 1355
浙江省长公署训令第二百二十二号令民政厅准农商部咨据安徽模范
　　种茶场呈请饬产茶各县选择茶种拌以当地泥土用洋铁罐装满密封送场俾资
　　推广由 ··· 1356
浙江省长公署训令第二百二十五号令民政厅准河南省长咨送通俗讲
　　演稿由 ··· 1357
浙江省长公署训令第二百二十六号令民政厅准吉林省长咨送通俗报由
　　·· 1357
浙江省长公署训令第二百二十七号令民政厅为电复教育部催送三年
　　度教育统计表由 ··· 1358
浙江省长公署训令第二百三十八号令民政厅查送前谘议会未经议结
　　各案由 ··· 1358
浙江省长公署训令第二百四十号令海关各监督财政厅长民政厅长准
　　税务处咨为上海鸿裕纺织公司纱包出口准予验放由 ····················· 1359

浙江省长公署训令第二百四十八号令民政厅准教育部咨据镇海县知
　　事为方舜年捐赀兴学请奖未曾叙明碍难办理由…………………… 1360
浙江省长公署指令第　　号呈一件为民政厅呈请更委奉化县知事由…… 1361
　　附　浙江民政厅训令第二百零七号……………………………………… 1361
　　附　浙江民政厅训令第二百零八号……………………………………… 1362
浙江省长公署训令第　　号令民政厅转饬所属保护杭诸公司越康轮船由
　　……………………………………………………………………………… 1362
　　附　浙江民政厅训令第二百十五号……………………………………… 1363
浙江督军公署指令第四百零四号浙江省长公署指令第五百
　　七十三号呈一件邮务局呈邮差被劫请令行严缉由…………………… 1364
浙江省长公署指令第五百六十二号呈一件为呈报各区省议会已故议
　　员缺迅依法递补由……………………………………………………… 1364
浙江省长公署指令第五百六十五号令玉环县知事呈一件为条陈该县
　　地方应兴应革事宜由…………………………………………………… 1364
浙江省长公署指令第五百六十七号呈一件金华县呈报方徐氏被方小
　　苟殴毙勘讯由…………………………………………………………… 1365
浙江省长公署指令第五百六十八号呈一件平湖县呈报葛阿和被殴身
　　死勘验情形由…………………………………………………………… 1365
浙江省长公署指令第五百六十九号呈一件警政厅呈报续获朱富顺一
　　犯解海盐县讯办由……………………………………………………… 1365
浙江省长公署指令第五百七十号呈一件吴兴县呈报钱兰樵家被劫拒
　　伤获盗勘讯由…………………………………………………………… 1365
浙江省长公署指令第五百七十一号呈一件警政厅呈报获犯鲍锦凤等
　　二名解县讯办由………………………………………………………… 1366
浙江省长公署指令第五百七十五号呈一件为德清县知事吴嚣皋因粮
　　务疲滞酌拟变通催征方法由…………………………………………… 1366
浙江省长公署指令第五百七十七号呈一件为东阳县知事呈为乾康钱

庄倒闭陈明解款情形并请转饬金华县督促商会清理尽先提解由 …………1366

浙江省长公署指令第五百八十九号呈一件为补送刑事进行期间表由
…………………………………………………………………………1367

浙江省长公署指令第五百九十号呈一件为兰溪县呈报验明毛年高自
溺身死一案由 ……………………………………………………1367

浙江省长公署指令第五百九十一号呈一件为呈报验明庞捉来并非因
伤身死由 …………………………………………………………1368

浙江省长公署批第一百六十七号呈一件为人民纳粮拥挤每有重征错
入之弊拟请填给收据并附式样由 ………………………………1368

浙江省长公署批第一百七十九号呈一件为呈控官绅舞弊纵匪殃民公
请撤差拟处由 ……………………………………………………1368

浙江省长公署批第一百八十九号呈一件续控陈蔚私吞巨款请饬追究由
…………………………………………………………………………1369

吕省长复教育部电 ……………………………………………………1369
　　附来电 …………………………………………………………1369

吕省长电复湖南省长官产处归并财政厅办理由 ……………………1369

浙江省长公署咨内务部据上虞县知事详请奖励邑绅陈渭义行卓著咨请
察核由 ……………………………………………………………1370

浙江省长公署训令第二百十七号令各属准财政部咨为发行新银辅币
遇有流行到境可向银行兑换主币由 ……………………………1373

浙江省长公署训令第二百五十号令民政厅警政厅饬属保护华商宁绍
公司海宁汽油船由 ………………………………………………1374
　　附　浙江民政厅训令第三百九十五号 ………………………1374

浙江省长公署训令第二百五十二号令财政厅为永嘉县征收员滞发由
单请饬速发并查办由 ……………………………………………1375

浙江省长公署训令第二百五十三号令民政厅为裁撤嘉属戒严司令部
尹功廷饬以警佐录用由 …………………………………………1376

149

浙江省长公署训令第二百六十号令高检厅为查明新登县看守所房屋
　多寡及严办罗姓讼棍并查禁该县狱中押床及通令各管狱员一体遵办由 …… 1376

浙江省长公署训令第二百六十二号令高检厅将各县征收罚金按月送
　登公报由 …………………………………………………………… 1377
　　附　浙江高等检察厅训令第三百六十五号 ………………… 1378

浙江省长公署训令第二百六十三号令高检厅据调查委员报告富阳县
　管狱员奋勉异常除传令嘉奖外并通令各管狱员查照办理由 ……… 1379

浙江省长公署训令第二百六十四号令民政厅转令富阳县知事将该县
　社仓及各种实业并城门桥梁及警察迅速设法整顿兴修训练由 …… 1379

浙江省长公署训令第二百六十五号令高审厅据上虞金陈氏呈伊夫金
　张高被王世宝等殴毙由 ……………………………………………… 1380

浙江省长公署训令第二百六十六号令民政厅据平阳县民人郑仁楼张
　贤俊禀为不服瑞安县处分提起诉愿由 ……………………………… 1380

浙江省长公署指令第　　号 …………………………………………… 1381
　　附　浙江民政厅训令第二百五十八号 ……………………… 1381
　　附原呈 …………………………………………………………… 1381

浙江省长公署指令第五百八十四号呈一件为拟筹设嘉吴绍临四地方
　审检厅并拟设筹备处填送预算表请核准由 ………………………… 1382

浙江省长公署指令第五百九十二号呈一件开化县呈报姜栋成等冒充
　委员一案判决由 ……………………………………………………… 1383

浙江省长公署指令第五百九十三号呈一件为天台县呈报勘验周时来
　等连伤毙命一案由 …………………………………………………… 1383

浙江省长公署指令第五百九十四号呈一件鄞县呈扩充监狱工场拟订
　规则并添置器具由 …………………………………………………… 1384

浙江省长公署指令第五百九十五号呈一件造送四年七月至十二月分
　监犯名数总表由 ……………………………………………………… 1384

浙江省长公署指令第五百九十六号呈一件开化县呈报续获邻省盗犯

目　录

　　胡樟海一名由 …………………………………………………… 1384
浙江省长公署指令第五百九十八号呈一件为查复宁商虞和德电开姚
　　慈镇出产棉花卖空买空出示禁止由 …………………………… 1385
浙江省长公署指令第五百九十九号呈一件呈复派员查明平阳南港水
　　利工款纠葛一案由 ……………………………………………… 1385
浙江省长公署指令第六百零一号呈一件为呈复长兴公民钦乃宪等请
　　酌加烟酒附加税以维学务由 …………………………………… 1385
　　附　民政厅呈奉省长指令长兴钦乃宪等请酌加烟酒附税
　　　　以充学款由 ………………………………………………… 1385
浙江省长公署指令第六百十五号呈一件为候补知事夏惟默准予续假
　　两月由 …………………………………………………………… 1386
浙江省长公署指令第六百十九号呈一件呈报无名男子溺毙情形由 …… 1386
浙江省长公署指令第六百二十号呈一件崇德县呈报姚禹泉被姚宝娜
　　殴死由 …………………………………………………………… 1387
浙江省长公署指令第六百二十一号呈一件吴兴县呈报张明叔家被劫由
　　 …………………………………………………………………… 1387
浙江省长公署指令第六百二十二号呈一件为昌化县监犯脱逃知事管
　　狱员议处由 ……………………………………………………… 1387
浙江省长公署指令第六百二十三号呈一件义乌县请将清理积案委员
　　宋化春留义三月由 ……………………………………………… 1388
浙江省长公署指令第六百二十四号呈一件为讯办严官巷清静庵匪抢
　　情形由 …………………………………………………………… 1388
浙江省长公署指令第六百二十五号呈一件永嘉县呈报奉饬押回冯福
　　金及查拿王奕水等办理情形由 ………………………………… 1388
浙江省长公署批第一百九十四号呈一件为续禀王承昌捏诬请饬厅速
　　讯由 ……………………………………………………………… 1389
浙江省长公署批第一百九十六号呈一件为控叶杏棠焚屋毁苗由 …… 1389

151

吕公望集

浙江省长公署批第一百九十九号呈一件为不服瑞安县处分提起诉愿由
……………………………………………………………………… 1389

浙江省长公署训令第一百五十一号令民政厅准内务部咨各省省议会
应于十月一日依法召集由 ……………………………………… 1389

浙江省长公署训令第二百六十一号令高检厅为调查各县有法警不敷
之处酌添名额并法警承发吏之积习令厅议复核夺由 ………… 1390

浙江省长公署训令第二百七十四号令民政厅据天台已撤警佐朱英呈
为黏抄实据剖白前情请详核由 ………………………………… 1391

浙江省长公署指令第　号呈一件民政厅呈为遴员代理衢县知事由 …… 1392
 附　浙江民政厅训令第二百九十一号 ……………………………… 1392
 附　浙江民政厅训令第二百九十二号 ……………………………… 1392

浙江省长公署指令第　号呈一件为遵饬赶办六年度预算并请维持五年
度预算乞察核由 ………………………………………………… 1393
 附原呈 ……………………………………………………………… 1393

浙江省长公署指令第五百九十七号呈一件会呈甄用管狱员拟具章程
并考试日期由 …………………………………………………… 1395

浙江省长公署指令第六百二十六号呈一件永嘉县呈报徐象严等电禀
争水械斗一案将验办情形录复由 ……………………………… 1395

浙江省长公署指令第六百二十九号呈一件为遂昌县知事程荫榖准予
给假三月遗缺遴员代理由 ……………………………………… 1395

浙江省长公署指令第六百三十号呈一件为县佐张鸿材请咨部留浙任
用应从缓议由 …………………………………………………… 1396

浙江省长公署指令第六百三十一号令民政厅长王文庆呈一件为请任
命金彭年为该厅秘书由 ………………………………………… 1396
 附　浙江民政厅训令第三百八十九号 ……………………………… 1396

浙江省长公署指令第六百四十二号呈一件呈为议复平湖县官绅请暂
缓带收水利费一案由 …………………………………………… 1397

浙江省长公署批第二百零四号呈一件为控商会总理吴鹏翔营私武断由 …… 1397

浙江省长公署咨督军署为现职军官吕俊恺业由本署任命署理吴兴县缺由 …… 1397

浙江督军公署训令第　号　浙江省长公署训令第　号令民政厅转饬所属德人俄登辈尔兮等来浙游历由 …… 1398

　附　浙江民政厅训令第二百四十六号 …… 1399

聘何竞明为省长公署教育顾问函 …… 1400

　附　何竞明复函 …… 1400

第 五 册

吕公望集卷五　公牍五 …… 1401

浙江省长公署训令第二百七十二号令民政厅据平湖公民陆殿魁等禀为请拨公款开浚干河由 …… 1401

浙江省长公署指令第六百四十四号呈一件於潜县请酌增米谷杂粮袋数捐由 …… 1401

浙江省长公署指令第六百四十六号呈一件浦江县请解释志愿兵学习期满是否与中学毕业同等由 …… 1402

浙江省长公署指令第六百四十七号呈一件为宁海警佐王辛酉因公积劳病故请恤由 …… 1402

浙江省长公署指令第六百五十四号呈一件为查明丽水县教育会长接办情形由 …… 1402

浙江省长公署批第二百零三号原具呈人平湖陆殿魁等呈一件为请拨公款开浚干河由 …… 1402

浙江省长公署批第二百零五号呈一件为请饬县抄示三四两年报销册以便核算由 …… 1403

浙江督军署训令第九十号令财政厅为改编警备队二四两区之游击队原

有经费迅赐划拨由 ……………………………………………… 1403
浙江督军署训令第九十六号令第六师为二十四团第一营营长吕俊恺业
　　经任命署理吴兴知事遗缺仰派员暂代由 ……………………… 1403
浙江督军署训令第九十七号令各军队所有本年应发之夹衣裤帽仰查明
　　现在实有兵士名数开摺送署以凭配给由 ……………………… 1404
浙江省长公署训令第二百七十七号令民政厅准农商部咨迅速造报四
　　年度农商统计表由 ……………………………………………… 1404
浙江省长公署训令第二百八十三号令民政厅据汤溪县知事条陈内关
　　于教育事宜两条由厅核办由 …………………………………… 1405
浙江督军署指令第四百四十二号呈一件为改编警备队二四两区之游
　　击队原有经费祈迅赐划拨由 …………………………………… 1409
浙江省长公署指令第四百四十五号呈一件为省议会议决织物整理模
　　范工厂一案派员赴日本调查请转咨驻日公使查照由 ………… 1409
　　附原咨 …………………………………………………………… 1410
浙江省长公署指令第六百六十八号令汤溪县知事丁燮呈一件为条陈
　　该县应兴应革事宜由 …………………………………………… 1410
浙江督军署咨省长署据第二十五师师长呈为请将卢旌贤量才任用由 …… 1411
浙江省长公署咨内务部为分浙任用知事赵汤等呈报到省缴验凭照咨请
　　查照核销由 ……………………………………………………… 1412
浙江省长公署咨奉天省长为派员姚永元赴奉调查柞蚕状况咨请查照令
　　知所属保护由 …………………………………………………… 1412
浙江省长公署训令第二百八十五号令民政厅为分浙任用知事赵汤刘
　　恩沛两员呈报到省缴验凭照令该厅查照由 …………………… 1413
浙江督军署指令第四百四十六号呈一件为请将卢旌贤量才任用由 …… 1413
浙江督军署指令第四百五十六号呈一件为三等军需陈灿然辞职遗缺
　　请以陈图接充由 ………………………………………………… 1414
浙江督军署指令第四百五十七号呈一件为奉准升级中尉连附请给任

目　录

　　命状由 ·· 1414

浙江督军署指令第四百五十九号呈一件为参谋魏旭初因事销差由 ······ 1414

浙江督军署指令第四百六十二号呈一件为呈报连附潘鼎谢标遗缺以
　　朱贵等调充由 ·· 1414
　　　附原呈 ·· 1415

浙江省长公署指令第　号令民政厅长王文庆呈一件派员赴奉调查柞蚕
　　状况请咨奉省饬属接洽保护由 ······························ 1415

浙江省长公署指令第六百五十二号令民政厅长王文庆呈一件为请先
　　行规定回复县议会日期由 ·································· 1415
　　　附原呈 ·· 1416

浙江省长公署指令第六百七十七号令高等审判厅长范贤方呈一件龙
　　泉县呈报季周氏被搭身死由 ································ 1416

浙江省长公署指令第六百七十八号令警政厅长夏超呈一件呈报获匪
　　林本顺一名由 ·· 1417

浙江省长公署指令第六百七十九号呈一件呈监犯脱逃罚俸修监案
　　请拨补由 ·· 1417

浙江省长公署批第二百十一号原具呈人分浙任用知事赵汤、刘恩沛呈
　　一件为呈报到省缴验凭照由 ································ 1417

浙江省长公署批第二百十二号呈一件为在职人员包揽词讼请饬撤销由
　　··· 1418

浙江督军公署训令第九八号浙江省长公署训令第二八七号
　　令民政厅为教民通匪转知德教士不得干涉并令县照办由 ········ 1418

浙江督军公署训令第九九号浙江省长公署训令第二八六号
　　令各属为日人内山完造等赴江浙等省游历一体保护由 ·········· 1419
　　　附　浙江交涉署训令第十八号 ···························· 1420

浙江省长公署训令第二百九十三号令民政厅为南浔南栅警察一分驻
　　所函呈警佐张继墉赴省运动由 ······························ 1420

155

浙江省长公署训令第二百九十四号令财政厅据龙泉西北乡笋牙张赞
　　和呈笋牙仲资被县详请豁免恳饬厅查案转饬维持由……………………… 1421
浙江督军公署指令第四七一号浙江省长公署指令第六八〇
　　号呈一件为教民通匪转知德教士不得干涉并令县照办由……………… 1421
浙江督军署指令第四百八十九号呈一件为送试卷及成绩表由……… 1421
　　附原呈………………………………………………………………… 1422
浙江省长公署指令第六百七十号呈一件据平阳县知事呈报观美校长
　　吴肃与张钦昌互相攻讦情形由……………………………………… 1422
浙江省长公署指令第六百八十九号呈一件为奉令查办南浔南栅警佐
　　张继塘侵吞罚金各节已令县讯办由………………………………… 1422
浙江省长公署指令第六百九十一号呈一件金华县为报明该邑半年以
　　上无盗案发生由……………………………………………………… 1423
浙江省长公署指令第六百九十七号呈一件为衢县知事请拨款修理房
　　屋由…………………………………………………………………… 1423
浙江省长公署指令第六百九十八号呈一件嘉善县知事殷济具复地方
　　收支各款迟未刊布原因由…………………………………………… 1423
浙江省长公署指令第　　号呈一件嘉善县知事殷济具复地方收支各款迟
　　未刊布原因由………………………………………………………… 1424
浙江省公署批第二百二十一号呈一件为笋牙仲资被县详请豁免恳饬
　　厅查案转饬维持由…………………………………………………… 1424
浙江省公署批第二百二十三号呈一件为迭遭水灾请饬县缓征由…… 1425
浙江督军吕牌示……………………………………………………………… 1425
致孙中山黄兴胡汉民电……………………………………………………… 1425
　　附　孙中山黄兴等江电……………………………………………… 1425
浙江督军署训令第一百零二号令各县知事等为催造缉拿陆军士兵逃
　　亡月报表由…………………………………………………………… 1426
浙江省长公署训令第二百九十号令民政厅严密咨缉已撤天台警佐朱

目　录

英由 …………………………………………………………………… 1426

浙江省长公署训令第二百九十六号令民政厅为分发江西知事韦荣龄
　　改分浙江任用由 …………………………………………………… 1427

浙江省长公署训令第二百九十九号令民政厅内务部咨复准咨解地方
　　警察传习所学员津贴已经收到饬即转发由 ……………………… 1427

浙江省长公署照会第　号照会师范校长为崇圣祠正献官由 ………… 1428

浙江省长公署训令第三百零四号令本署政务参议员为崇圣祠分献官由
　　……………………………………………………………………… 1428

浙江省长公署训令第三百零五号令本署政务参议会会长王廷扬为祀
　　孔纠仪由 …………………………………………………………… 1429

浙江省长公署训令第三百零七号令派省内行政司法各员为孔庙分献
　　官由 ………………………………………………………………… 1429

浙江省长公署训令第三百零八号令各厅署为孔庙秋祭典礼转令所属
　　遵照办理由 ………………………………………………………… 1430

浙江省长公署指令第七百零六号呈一件具复桐庐县请免带征自治附
　　税由 ………………………………………………………………… 1430
　　附原呈 ……………………………………………………………… 1430

浙江省长公署指令第七百零七号呈一件呈报宁海县绅董争执寿宁寺
　　办法由 ……………………………………………………………… 1431
　　附原呈 ……………………………………………………………… 1431

浙江省长公署指令第七百十一号呈一件临安县议会议长呈请电请中
　　央速颁明令恢复自治饬交铃记卷宗由 …………………………… 1432

浙江省长公署批第　号呈一件为朱英脱逃请通告协缉由 …………… 1432

浙江省长公署批第二百二十二号呈一件为连遭风雨请再缓上年被灾
　　缓征银米并将上忙地丁展缓处罚由 ……………………………… 1433

浙江省长公署批第二百二十六号原具呈人季树功等呈一件控张光策
　　并僧普云请饬新知事公判由 ……………………………………… 1433

157

吕公望集

浙江省长公署批第二百二十七号呈一件为呈控叶杏堂强阻垦种续请
　　派员迅查由……1433

浙江督军署训令第一百十八号令师旅各部为更正军学补习所章程第
　　四十一条文义由……1434

浙江省长公署训令第二百十六号令高审厅据天台张启善呈县判无罪
　　请饬追赃惩办由……1434

浙江省长公署训令第三百零九号令新昌县据该县周杨氏禀夫为国殉
　　身请发还原产由……1435

浙江省长公署训令第三百一十号令临海县知事据该县民人马兆唐控
　　何昌君劫抢一案由……1436

浙江省长公署训令第三百十三号令财政厅为高审厅呈送编制各县监
　　狱预算表请鉴核由……1436

浙江省长公署训令第　　号令民政厅准农商部咨为商会改组展限六个月由
　　……1437

浙江省长公署指令第七百十二号呈一件镇海县呈已革催收生李祥丰
　　伪造印串请通缉由……1437

浙江省长公署指令第七百十三号呈一件为嵊县呈报客民张树山被匪
　　轰死由……1438

浙江省长公署指令第七百十六号呈一件上虞县呈报验明郑沈氏被唐
　　阿双等推跌堕胎身死由……1438

浙江省长公署指令第七百十七号呈一件缙云县呈报电拿王奕水等一
　　案办理情形由……1438

浙江省长公署指令第七百十八号呈一件永康县呈李烂货被李洪起等
　　殴死由……1439

浙江省长公署指令第七百十九号呈一件绍兴县呈报谢福锦家被劫案
　　内获盗高锦标等由……1439

浙江省长公署指令第七百二十二号呈一件新委永康县知事魏佑孚准

予辞职遗缺以张元成署理由·················· 1439
浙江省长公署指令第七百二十三号令高等审判厅长范贤方呈一件为
　　该厅呈玉环县脱越重犯将有狱各官惩处由············· 1440
浙江省长公署指令第七百二十四号呈一件警政厅呈报获盗葛瑞子等
　　五名送县审办由······················ 1440
浙江省长公署指令第七百二十五号呈一件海盐县呈报郑小保等被盗
　　受伤情形由························ 1440
浙江省长公署指令第七百二十一号呈一件为编制各县监狱预算缮表
　　呈请鉴核由························ 1441
　　附原呈·························· 1441
浙江省长公署指令第七百二十六号呈一件为於潜县呈报徐锡初家被
　　劫情形由························· 1449
浙江省长公署指令第七百二十七号呈一件瑞安县呈报归并所犯酌裁
　　口粮请备案由······················· 1449
浙江省长公署指令第七百二十八号呈一件嵊县呈报盗犯裘和焕因伤
　　身死由·························· 1449
浙江省长公署批第二百三十号呈一件禀姚炳荣串买基地案不服判决由
　　······························ 1450
浙江省长公署批第二百三十一号呈一件控叶杏棠藉端寻衅由······· 1450
浙江省长公署批第二百三十三号禀一件控前知事陈蔚吞没公款由····· 1450
浙江省长公署咨省议会为财警两厅派定到省议会出席员名由········ 1450
浙江省长公署训令第三百十九号令民政厅据衢县孙文华呈为办学无
　　款停闭已久请饬县恢复由·················· 1451
浙江督军公署训令第一三〇号浙江省长公署训令第三三三
　　号令各属为日人吉井民三郎赴江浙等省游历令保护由······· 1452
浙江省长公署训令第三百二十六号令财政厅据萧山士民李兆淦呈彭
　　知事将积谷公款存庄被倒请指令克日理楚由··········· 1453

159

吕公望集

浙江省长公署指令第七百三十二号呈一件嘉善县教育会请即组织教
　　育行政会议由 ………………………………………………………… 1453

浙江省长公署指令第七百三十四号呈一件据绍萧两县会呈请行知路
　　局多筑桥工旱洞由 …………………………………………………… 1454

浙江省长公署批第　号呈一件为办学无款停闭已久请饬县恢复由 …… 1454

浙江省长公署批第二百四十三号呈一件为该县积谷公款由彭知事存
　　庄被倒请指令克日理楚由 …………………………………………… 1454

浙江省长公署批第二百四十七号原具呈人盛韶等呈一件为义民汪儋
　　盦急公捐躯吁请表扬优恤由 ………………………………………… 1454

浙江省长公署批第　号原具呈人汪莹呈一件为先兄汪儋盦急公捐躯恳
　　请优恤由 ……………………………………………………………… 1455

浙江省长公署批第　号原具呈人沈定一呈一件为汪儋盦为国捐躯请昭恤由
　　………………………………………………………………………… 1455

浙江省长公署咨农商部据民政厅呈据龙游县呈送改组商会章程并名册
　　公费由 ………………………………………………………………… 1455

浙江省长公署咨省议会据民政厅长呈遵拟处理萧山湘湖浚垦一案议案由
　　………………………………………………………………………… 1456

浙江省长公署训令第三百三十二号令昌化县知事为查明分别整顿该
　　县差警推收等项并奖励织布厂及劝种杂粮由 ……………………… 1457

浙江省长公署训令第三百四十一号令民政厅准教育部咨为咨送永嘉
　　县绅诸燮元等捐赀兴学褒章转令分别给领由 ……………………… 1457

浙江省长公署训令第三百四十九号令高审厅转令崇德县赶紧查办探
　　警肇祸非法逮捕平民一案由 ………………………………………… 1458

浙江省长公署训令第三百五十三号令高检厅为速行分饬吴兴长兴二
　　县声明看守所教养局性质作用由 …………………………………… 1458

浙江省长公署训令第三百五十四号令高检厅为转饬桐庐县迅将管狱
　　员办公处及犯人责贴膳资等情分别改良禁革由 …………………… 1459

浙江省长公署训令第三百五十六号令高审厅为查禁分水县犯人自贴
  膳费及查察承审员态度由 ………………………………………… 1459
浙江督军公署指令第　号　浙江省长公署指令第七六六号
  呈一件临安县知事呈请明定钱武肃王祀典以垂久远由 ………… 1460
浙江省长公署指令第　号呈一件呈为遵令并案核议台盐运销永武一案由
   ………………………………………………………………………… 1460
  附原呈 ………………………………………………………………… 1460
浙江省长公署指令第　号呈一件为准以董宗彝钱寿彭王迈常接充兰溪
  武康闸口各统捐局长由 …………………………………………… 1462
浙江省长公署指令第七百三十六号呈一件温岭县知事陆维李查复刘
  驵渠等藉章勒勤捐一案由 ………………………………………… 1463
浙江省长公署指令第七百五十七号呈一件为条陈该县应兴应革事宜由
   ………………………………………………………………………… 1463
浙江省长公署指令第七百五十八号呈一件为条陈该县地方应兴应革
  事宜由 ……………………………………………………………… 1467
浙江省长公署指令第七百六十号呈一件临海县张知事条陈应革应兴
  事宜由 ……………………………………………………………… 1469
浙江省长公署指令第七百六十七号呈一件为遵批筹设商品陈列馆必
  要情形呈送议案由 ………………………………………………… 1470
浙江省长公署指令第七百六十八号呈一件为遵拟处理萧山湘湖浚垦
  一案议案由 ………………………………………………………… 1470
浙江省长公署指令第七百七十号呈一件为据省立第三中学校校长潘
  凤起为该校另行建筑一案由 ……………………………………… 1470
浙江省长公署指令第七百七十七号呈一件具复各属裁撤自治委员及
  学务委员由 ………………………………………………………… 1470
  附原呈 ………………………………………………………………… 1470
浙江省长公署指令第七百九十号呈一件为兰溪县呈报童维涌被童金

161

来等殴死由 …… 1471

浙江省长公署指令第七百九十一号呈一件为呈送各县审检所钤记样本由 …… 1472

浙江省长公署指令第七百九十二号呈一件高等厅呈议复浦江县条陈兴革事宜各条由 …… 1472

浙江省长公署指令第　号呈一件宁镇船货捐局局长顾思义调省遗缺以来壮涛补充由 …… 1472

浙江省长公署指令第　号呈一件为奉化县知事董增春调省遗缺以屠景曾署理由 …… 1472

浙江省长公署指令第　号呈一件为衢县知事请假遗缺准以王象泰代理由 …… 1473

浙江省长公署咨司法部咨送前巡按使办就江山县判决姜时风一案由 …… 1473

浙江省长公署咨司法部送浙江高等审判厅四年度九十两月分各属刑事进行期间表由 …… 1473

浙江省长公署咨司法部为咨送前巡按使办就江山县判决毛履滋一案由 …… 1474

浙江省长公署咨司法部咨送前巡按使办就孝丰县判决王珠紫等一案由 …… 1474

浙江省长公署训令第三百十一号令各厅准财政部咨行饬属严禁销毁制钱由 …… 1475

浙江省长公署训令第三百三十六号令各属准内务部咨为财政部发行新银辅币如有流行到境均可兑换主币由 …… 1476

浙江省长公署训令第三百三十七号令民政厅准农商部电请限九月内编送六年度预算由 …… 1476

浙江省长公署训令第三百三十八号令民政厅准财政部咨复全浙典业公会规条准予备案由 …… 1477

浙江省长公署训令第三百五十六号令警政厅为连附吕国明不候批示

目　录

擅自离营令水陆各警队弗予录用由 …………………………………… 1478

浙江省长公署训令第三百六十一号令民政厅据沈维敏为捐赀兴学援
　　例请奖由 ……………………………………………………………… 1479

浙江省长公署指令第八百零二号呈一件绍兴县呈报郑熙家被劫由 …… 1479

浙江省长公署指令第八百零九号呈一件嘉兴前县议会议长请取消第
　　二联合县立师范讲习所并饬县停解县税小学费以维地方小学由 …… 1480

浙江省长公署指令第八百十二号呈一件呈报筹设各县审检所成立日
　　期清单由 ……………………………………………………………… 1480

浙江省长公署指令第八百十三号呈一件吴兴县呈报盗犯马四龚小胖
　　仔二名中途投河溺毙一案验讯由 …………………………………… 1481

浙江省长公署指令第八百十六号呈一件为填给指挥司法警察证请转
　　警署知照由 …………………………………………………………… 1481

浙江省长公署指令第八百十八号呈一件为嵊县知事牛荫麔要求违章
　　留用承审员请酌予处分由 …………………………………………… 1481

　　附　浙江民政厅训令第六百二十四号 ……………………………… 1482

浙江省长公署批第二百五十三号呈一件控宗章兴捏情诬控由 ……… 1482

浙江省长公署批第二百五十五号呈一件为捐赀兴学援例请奖由 …… 1483

浙江省长公署批第二百五十六号呈一件为请援案改派西洋留学由 … 1483

浙江省长公署批第二百五十九号呈一件为续控陈蔚侵吞公款由 …… 1483

浙江省长公署批第二百六十二号呈一件控知事违法纵役勒索由 …… 1483

浙江省长公署训令第三百五十五号令高审厅查明淳安县承审员如病
　　已全愈督促迅将积案审结如病体尚未复原应即另委接替并禁止任意请假由
　　……………………………………………………………………………… 1484

浙江省长公署训令第三百五十九号令民政厅据绍兴肉业代表陈文澜
　　呈为举董办学县署刁难由 …………………………………………… 1484

浙江省长公署训令第三百六十号令民政厅准内务部咨送民国五年四
　　五六三个月进出口洋药数目表仰查照由 …………………………… 1485

163

吕公望集

附原表 ········· 1485

浙江督军署指令第六百零一号呈一件为呈送七月分逃兵表由 ········ 1487

浙江省长公署指令第八百二十六号令民政厅长王文庆呈一件为请设
　改良靛青制造模范工厂并送履历计画书及刊发图记由 ········ 1487

　附原呈 ········· 1487

浙江省长公署指令第八百二十七号令民政厅长王文庆呈一件嘉善县
　议会为第二联合师范讲习所经费该会殊难承认由 ········ 1488

浙江省长公署指令第　号令高等审判厅长范贤方呈一件为审检所成立
　之后各县烟案罚赎并入司法项下报解由 ········ 1488

浙江省长公署指令第　号呈一件为天台县田知事辞职遗缺准以姜恂如
　署理由 ········ 1488

浙江省长公署指令第　号呈一件为云和县知事赵铭传撤任遗缺准以王
　志鹤署理由 ········ 1489

浙江省长公署指令第　号呈一件为嘉善县知事殷济撤任遗缺准以樊光
　署理由 ········ 1489

浙江省长公署批第二百五十七号呈一件为设立铁业协会请准饬立案由 ········ 1489

浙江省长公署批第二百六十号呈一件禀被鲍阿大等截劫一案请饬追办由 ········ 1489

浙江省长公署批第二百六十一号呈一件呈被陈丙山欺诈滥押请昭雪由 ········ 1490

浙江省长公署咨督军署为准以高绍基充任警备队第三区第二营管带由 ········ 1490

浙江督军公署训令第一三九号浙江省长公署训令第三七六号
　令各属准江苏省长咨请保护日人江头力平赴浙江等省游历由 ········ 1490

浙江督军公署训令第一四〇号浙江省长公署训令第三七八号
　令各属为德国工程师毕象贤、商人施赖得赴苏浙等省游历令保护由 ········ 1491

目 录

浙江督军公署训令第一四一号浙江省长公署训令第三七七号
　　令各属准江苏省长咨为日本平尾精一郎等赴苏浙等省游历请饬保护由 …… 1492

浙江督军公署训令第一四二号浙江省长公署训令第三七五号
　　令各属准江苏省长咨请保护德女士柯雷波姑娘等赴苏浙等省游历令保护由
　　………………………………………………………………………… 1493

浙江省长公署训令第三百七十二号令警政厅据财政厅呈复增加模范
　　警队增加两月经费由 ……………………………………………… 1493

浙江省长公署指令第八百二十九号呈一件分水县知事为呈报办理农
　　工各要政情形由 …………………………………………………… 1494

浙江省长公署指令第八百三十号呈一件武义县知事为呈报办理农工
　　各要政情形由 ……………………………………………………… 1494

浙江省长公署指令第八百三十一号呈一件余姚县知事为呈报办理农
　　工各要政情形由 …………………………………………………… 1495

浙江省长公署指令第八百三十六号呈一件具复私立监狱学校业经呈
　　准立案由 …………………………………………………………… 1495

浙江省长公署指令第八百四十四号令余杭县知事成健呈一件为条陈
　　该县地方兴革事宜由 ……………………………………………… 1495

浙江省长公署指令第八百五十号呈一件为杭县善堂经费已呈准将签
　　单费移拨请行县知照由 …………………………………………… 1497

浙江省长公署指令第八百五十三号呈一件为准以高绍基充任警备队
　　第三区第二营管带由 ……………………………………………… 1498

浙江省长公署指令第八百五十五号呈一件为查明平湖陆江等控水警
　　分队长彭寿春渎职殃民一案由 …………………………………… 1498

浙江省长公署指令第　　号呈一件为陈明绍商周同善不服县知事处分一
　　案审查结果及拟议办法由 ………………………………………… 1498
　　附原呈 ……………………………………………………………… 1499

浙江省长公署指令第八百六十一号呈一件为呈请照拨警费余款扩充

165

各县警额由 …… 1501

浙江省长公署指令第八百六十六号呈一件警政厅报获匪犯林大花面
解县讯办情形由 …… 1501

浙江省长公署指令第八百六十八号呈一件崇德县呈报卫锡林等被劫
一案勘讯由 …… 1501

浙江省长公署指令第八百六十九号呈一件警政厅报获德清县盗犯林
荣昌解讯并小吴三淹毙由 …… 1502

浙江省长公署指令第八百七十号呈一件黄岩县遵饬解回鄞犯并请拨
还垫款由 …… 1502

浙江省长公署指令第八百七十一号呈一件为呈送修正长警存饷规则
请核示公布由 …… 1502

浙江省长公署指令第八百八十四号呈一件请以柳云序补留欧官费生由 …… 1503

浙江省长公署批第二百七十六号呈一件禀控县主被朦请吊卷伸冤由 …… 1503

浙江省长公署咨复交通部准咨新华兴等小轮变更航线饬属保护由 …… 1503

浙江省长公署咨教育部以柳云序补留欧官费生由 …… 1504

浙江省长公署咨复省议会省议会停止后之制定各种单行条例提交省议
会议决已饬各厅署照办由 …… 1504

浙江省长公署训令第三百九十三号令警政厅各县知事据民政厅呈送
修正长警存饷规则请核示公布由 …… 1505

浙江省长公署训令第三百九十四号令民政厅准内务部陆军部财政部
函停止宣讲爱国说以节经费由 …… 1506

浙江省长公署训令第三百九十六号令民政厅准农商部咨复更正浙省
典业规则准予备案由 …… 1506

浙江省长公署训令第三百九十七号令民政厅准教育部通电孔子诞日
仍定旧历八月二十七日由 …… 1507

目 录

浙江省长公署训令第三百九十九号令民政厅准咨新华兴等小轮变更
航线饬属保护由 ········· 1507

浙江省长公署训令第四百零一号令高检厅为转饬淳安县迅将该县之
卑湿看守所及私打吗啡针实行改良禁革并查明该县之监狱工场基本金及收
状纸情形由 ········· 1508

浙江省长公署训令第四百零二号令淳安县知事为该县之农田水利以
及苗圃学校诸端亟应切实整顿由 ········· 1508

浙江省长公署训令第四百零三号令吴兴县知事为该县警察之训练征
收役之舞弊以及鸦片之私售等事应宜分别改良禁止由 ········· 1509

浙江省长公署训令第四百零四号令长兴县为该县有添设法警及承发
等吏并以差役充当法警舞弊等情迅速查明禁绝由 ········· 1510

浙江省长公署训令第四百零五号令桐庐县知事为迅速量移警察事务
所整理习艺所讲求水利并不时下乡等事由 ········· 1510

浙江省长公署训令第四百一十号令财政厅准财政部电所有国家税地
方税及国家行政经费地方行政经费亟应划分由 ········· 1511

浙江省长公署训令第四百十四号令财政厅准督军署咨请查照部函转
令各属停止宣讲爱国说一书由 ········· 1511

浙江省长公署训令第四百十七号令省会警察厅准江苏交涉署电和兰
华侨陈抚辰等回国调查土货饬属保护并饬商会遇事指导由 ········· 1512

浙江省长公署训令第　号令民政厅财政厅为师部差遣卢旌贤令民财两
厅以县知事统捐局长存记任用由 ········· 1512

浙江省长公署指令第八百七十二号呈一件武林艮山凤山候潮四城楼
改建雉堞已承包拆修并请将拨款原案撤销由 ········· 1513
　附原呈 ········· 1513

浙江省长公署指令第八百九十一号呈一件核议徐涵等呈请取消联合
师范讲习所由 ········· 1514
　附原呈 ········· 1514

167

浙江省长公署指令八百第九十四号呈一件为呈复荐桥东山弄口三太
　　傅祠改筑小菜场一案由·················· 1515
浙江省长公署指令第八百九十七号呈一件为奉发捏名灵岩区保卫团
　　团总诬告平民陈如玉等原呈核对笔迹不符由·········· 1515
浙江省长公署指令第九百号呈一件为云和县前后任知事限内算结交代
　　请各记大功一次由···················· 1516
浙江省长公署指令第九百零二号呈一件为嘉兴县呈为报解八月分印
　　花税票价银元由····················· 1516
浙江省长公署指令第九百零五号呈一件南田县呈为录送四年七月起
　　至五年六月止地丁特捐收支各款刊示册由············ 1516
　　附原呈························· 1516
浙江省长公署指令第九百零七号令财政厅长兼烟酒公卖局长莫永贞
　　呈一件为造送八月分支出计算书收支对照表及粘件册由······ 1518
　　附原呈························· 1518
浙江省长公署指令第九百零八号令民政厅长王文庆呈一件景宁县为
　　呈送七月份警察月报违警罚金各表册由············· 1519
浙江省长公署指令第九百十一号令警政厅长夏超呈一件为呈请指令
　　售药赠品展期办法由··················· 1519
浙江省长公署咨复省议会为议员金燮等质问联合县立师范讲习所一案由
　　··························· 1519
浙江督军署训令第一百四十九号令文武各属嗣后请领输运免税物品
　　护照照章先行缴纳印花税由················· 1520
浙江省长公署训令第四百二十二号令财政厅据武义县知事条陈该县
　　地方兴革事宜仰该厅核议由················· 1520
浙江省长公署训令第四百二十四号令财政厅为萧山县知事条陈内应
　　由该厅核办各项抄发原摺及批答由··············· 1521
　　附　浙江财政厅训令第五百七十六号············· 1521

浙江省长公署训令第　　号令民政厅为萧山县知事条陈内应由该厅核办
　　各项抄发原摺及批答由……………………………………… 1522
浙江督军署指令第六百九十四号令桐庐县知事颜士晋呈一件为呈送
　　八月三十一日以前逃兵表由……………………………… 1523
浙江省长公署指令第九百十八号呈一件为外海水警第七第八两队长
　　互调请加给任命状由……………………………………… 1523
　　附　浙江警政厅训令第二百二十号………………………… 1524
浙江省长公署指令第九百二十六号令天台县知事呈一件为报办理农
　　桑水利各要政情形由……………………………………… 1524
浙江省长公署指令第九百二十七号令瑞安县知事呈一件为报办理农
　　桑水利各要政情形由……………………………………… 1525
浙江省长公署指令第九百二十九号呈一件新登县知事为报办理农桑
　　水利各要政情形由………………………………………… 1525
浙江省长公署指令第九百三十号呈一件上虞县知事为报办理农桑水
　　利各要政情形由…………………………………………… 1525
浙江省长公署指令第九百三十一号呈一件桐庐县知事为报办理农桑
　　水利各要政情形由………………………………………… 1526
浙江省长公署指令第九百三十二号呈一件金华县知事为报办理农桑
　　水利各要政情形由………………………………………… 1526
浙江省长公署指令第九百三十三号呈一件安吉县知事为报办理农桑
　　水利各要政情形由………………………………………… 1526
浙江省长公署指令第九百三十八号令民政厅长王文庆呈一件为嘉兴
　　县知事辞职遗缺以张梦奎署理由………………………… 1527
浙江省长公署指令第九百三十九号呈一件为呈请诸暨县疏脱监犯将
　　知事管狱员分别惩戒由…………………………………… 1527
浙江省长公署指令第九百四十号令分水县知事呈一件为条陈该县兴
　　革事宜由…………………………………………………… 1527

吕公望集

浙江省长公署指令第九百四十一号令武义县知事呈一件为条陈该县
地方兴革事宜由 ……………………………………………………… 1529

浙江省长公署指令第　号令现任萧山县知事王右庚呈一件条陈该县兴
革事宜由 ……………………………………………………………… 1530

浙江省长公署咨财政部据缙云县知事呈报县属下洋庄地方田亩被灾分
别转请备案由 ………………………………………………………… 1534

浙江省长公署咨台州镇守使为台属保卫团经费不敷议将团丁分别裁减由
……………………………………………………………………………… 1535

浙江省长公署训令第四百二十三号令财政厅据上虞县知事条陈该县
兴革事宜仰分别核议由 ……………………………………………… 1535

浙江省长公署训令第四百二十九号令各厅署据公报处主任呈为寻常
例行通令公文一律刊登公报由 ……………………………………… 1536
　　计抄公报到达各县日期清单 ……………………………………… 1537

浙江省长公署训令第四百三十号令财政厅等核议丽水知事条陈清丈
事宜由 ………………………………………………………………… 1538

浙江省长公署指令第九百四十二号令上虞县知事呈一件为条陈该县
兴革事宜由 …………………………………………………………… 1539

浙江省长公署指令第九百四十四号令龙游县知事呈一件为条陈该县
兴革事宜由 …………………………………………………………… 1540

浙江省长公署指令第九百四十五号令遂安县知事呈一件为条陈该县
地方兴革事宜由 ……………………………………………………… 1542

浙江省长公署指令第九百四十六号令吴兴县知事呈一件为条陈该县
兴革事宜由 …………………………………………………………… 1546

浙江省长公署指令第九百四十八号呈一件为外人建筑房屋不允照警
章让宽街道请核鉴并咨部办理由 …………………………………… 1548

浙江省长公署指令第　号令杭县知事姚应泰呈一件为报办理农桑水利
各要政情形由 ………………………………………………………… 1548

目　录

浙江省长公署指令第九百五十号令丽水县知事呈一件为条陈该县地
　　方兴革事宜由 ………………………………………………………… 1548
浙江督军署咨省长公署为奉令任命暂编浙江各师旅团军官请即查照由
　　……………………………………………………………………… 1550
浙江省长公署咨复省议会为答复省公署设立政务参议会理由书由 …… 1551
浙江省长公署咨省议会为答复浙省独立后所用顾问谘议等员理由书由
　　……………………………………………………………………… 1552
浙江省长公署咨复省议会质问前屈巡按使家驻兵保护由 …………… 1552
浙江省长公署咨江苏省长北京巡警总监据警政厅呈革弁孙渊查传
　　无获请通缉归案讯办由 ……………………………………………… 1553
浙江督军署训令第一百五十七号令各师旅长转令所属自营长以下各
　　官佐应行改给任命由 ………………………………………………… 1554
浙江督军训令第同上号令文武各厅为本省军队奉令改编转令所属一体
　　遵照由 ………………………………………………………………… 1555
　　附　浙江高等审判厅训令第七百零六号 …………………………… 1555
　　附　浙江高等检察厅训令第五百六十三号 ………………………… 1556
浙江省长公署训令第四百三十二号令高检厅为武康王沈氏呈吴金生
　　被警殴死由 …………………………………………………………… 1556
浙江省长公署训令第四百三十三号令财政厅为慈溪县人魏万祥禀为
　　蹂躏征收发封房屋再请派委饬县依法征收以便启封由 ………… 1557
浙江省长公署训令第四百三十四号令财政厅为衢县米业张泰来等认
　　办米捐实系捐上加捐于中取利电请饬县取销由 ………………… 1557
浙江省长公署指令第八百九十八号呈一件前任镇海县知事、监盘鄞
　　县知事、现任镇海县知事为亏垫公益费及自治附捐为数颇巨拟请分别移抵弥
　　补由 …………………………………………………………………… 1558
　　附原呈 ………………………………………………………………… 1558
浙江省长公署指令第八百九十九号呈一件前任镇海县知事监盘鄞县

171

知事后任镇海县知事会送收支存垫总册由 …………………… 1559

　　附原呈 …………………………………………………………… 1560

浙江省长公署指令第九百四十九号令本署机要助理秘书兼公报处主
　　任陈焕章呈一件为规定公报到达各县日期请寻常例行通饬公文刊登公报不
　　另行文由 …………………………………………………………… 1565

浙江省长公署指令第九百五十二号呈一件警政厅报获桐乡盗犯沈宝
　　生解县讯办由 …………………………………………………… 1565

浙江省长公署指令第九百五十三号呈一件警政厅报获匪犯陈池虎一
　　名并枪械送县讯办由 …………………………………………… 1566

浙江省长公署指令第九百五十四号呈一件义乌县清理积案委员宋化
　　春呈请销委由 …………………………………………………… 1566

浙江省长公署指令第九百五十五号呈一件呈复长兴县管狱员记大功
　　一次由 …………………………………………………………… 1566

浙江省长公署指令第九百五十六号呈一件富阳县呈复陈凤锵控法警
　　勒索规费一案讯办情形由 ……………………………………… 1567

浙江省长公署指令第九百五十八号呈一件民政厅呈复奉化倪温福禀
　　被陈和高等焚屋并毙邻妇一案情形由 ………………………… 1567

　　附　浙江高等检察厅训令第七百四十九号 ………………… 1567

浙江省长公署指令第九百五十九号呈一件富阳县呈报陈朱氏病故情
　　形由 ……………………………………………………………… 1568

浙江省长公署指令第九百六十号呈一件吴兴县呈报陆金富等家被劫由
　　…………………………………………………………………… 1569

浙江省长公署指令第九百六十一号呈一件兰溪县呈报陈贤贤家被盗
　　情形由 …………………………………………………………… 1569

浙江省长公署指令第九百六十二号呈一件丽水县呈报陈大年殴死徐
　　蔡氏由 …………………………………………………………… 1569

浙江省长公署指令第九百七十三号呈一件革弁孙渊查传无获请通缉

归案讯办由 …………………………………………………………………… 1570

浙江省长公署指令第九百七十四号呈一件黄岩县为呈送四五六月分

违警罚金清册报单由 …………………………………………………… 1570

附清册 …………………………………………………………………… 1570

浙江省长公署指令第九百七十八号呈一件为遵饬呈送各项章则表式由
………………………………………………………………………………… 1574

浙江省长公署指令第九百七十九号呈一件为会送浙省关于警务各项

单行章程请察核交议由 ………………………………………………… 1574

浙江省长公署指令第九百八十四号呈一件为奉化县署财政主任更委

胡祉昌充任由 …………………………………………………………… 1574

浙江省长公署批第二百九十一号禀一件为兄金秀山被王水堂等殴伤由
………………………………………………………………………………… 1575

浙江省长公署批第三百号呈一件控西乡分所警佐金林吞没公款请查办由
………………………………………………………………………………… 1575

浙江省长公署批第三百零四号禀一件请改第八联合师范讲习所为省

立第八师校由 …………………………………………………………… 1575

浙江省长公署批第三百零五号禀一件请饬县撤销叶锡璋议员资格由
………………………………………………………………………………… 1575

浙江省长公署批第三百零六号原具呈人绍兴县斯久等呈一件为呈请

保全乌门山名胜专祠由 ………………………………………………… 1576

浙江省长公署批第三百零七号原具呈人陆友篯呈一件请免除附加自

治费由 …………………………………………………………………… 1576

浙江省长公署批第三百零八号原具呈人黄岩纯一女校校长陈文衡呈

一件请将裁撤学务委员经费拨充纯一等女校由 ……………………… 1576

浙江省长公署咨复驻美公使据民政厅呈复代购美国棉种结存余款拟请

无庸汇还以便续购咨请查照由 ………………………………………… 1577

浙江省长公署咨农商部据民政厅呈送邬珍洪沛两矿商图结咨请查照由
………………………………………………………………………………… 1577

浙江省长公署训令第四百三十六号令财政厅据临海李超群等电前任
　　张知事挪用县税并未表示请饬新任知事认真核案清算接收保管由……………1578
浙江省长公署训令第四百三十八号令财政厅据昌化县知事条陈该县
　　地方兴革事宜仰分别核议由……………………………………………………1579
浙江省长公署训令第四百四十五号令财政厅准直隶省长咨为前兴武
　　将军朱瑞灵柩回籍请查照办理由………………………………………………1579
浙江督军署指令第七百六十一号令东阳县知事俞景朗呈一件为呈送
　　八月份逃兵表由…………………………………………………………………1580
浙江省长公署指令第九百零六号呈一件孝丰县知事为送本年七月分
　　地方各款收支清册由……………………………………………………………1581
　　附　　原呈………………………………………………………………………1581
浙江省长公署指令第九百八十七号令昌化县知事呈一件为条陈该县
　　兴革事宜由………………………………………………………………………1587
浙江省长公署指令第九百九十一号令民政厅长王文庆呈一件呈复驻
　　美公使代购美国棉种结存余款拟请暂存该馆以便续购由……………………1589
浙江省长公署指令第九百九十七号令平阳县知事张朝辅呈一件呈报
　　贫儿院成立日期由………………………………………………………………1589
浙江省长公署指令第九百九十八号令崇德县知事汪寿鋆呈一件该县
　　议会议长请取消第二师范讲习所由……………………………………………1589
浙江省长公署指令第九百九十号呈一件为送邬珍洪沛两矿商图结请
　　咨部由……………………………………………………………………………1589
浙江省长公署指令第一千零零二号令民政厅长王文庆呈一件该厅为
　　叶容葆开采煤矿并送图结请转咨由……………………………………………1590
浙江省长公署指令第一千零零四号令缙云县知事欧阳忠浩呈一件为
　　报办理农桑水利各要政情形由…………………………………………………1590
浙江省长公署指令第一千零零五号呈一件具报销毁烟土烟具并附摄
　　影清单由…………………………………………………………………………1590

目 录

浙江省长公署批第二百九十二号呈一件禀请饬高审厅迅释结案由……1590

浙江省长公署批第二百九十三号呈一件控平湖县署书记毛凤济等营私舞弊由……1591

浙江省长公署批第二百九十四号呈一件禀被刘阿康毒殴诬奸由……1591

浙江省长公署批第二百九十七号呈一件为请求给还翁氏义民遗产由……1591

浙江省长公署批第二百九十八号原具呈人浙江地方实业银行股东金文粹呈一件为本行特别公积金恳请咨部仍照原案由官划拨以全信用由……1591

浙江省长公署批第二百九十九号原具呈人分浙任用知事冯秉乾呈一件为缴验知事分发凭照由……1592

浙江省长公署咨省议会准咨请回复各级自治由……1592

浙江督军署训令第一百四十六号令师旅各军官为军官升级加薪办法应即停止由……1593

浙江省长公署训令第四百四十八号令崇德县知事据该县教育会等电请撤销联合县立师范讲习所一案应俟省会议决后再行令遵仰分别转知由……1593

浙江省长公署训令第四百五十号令高审检厅该厅会同议定各县审检所办事手续通令具报由……1594

浙江省长公署训令第四百五十三号令警政厅准部咨海军轮流梭巡办法令行查照并转令沿海地方官接洽由……1594

浙江省长公署训令第四百六十号令民政厅为省议会咨复议员何勋业等质问书由……1595

　附　民政厅呈省长为省议会议员何勋业等质问钱江义渡改良跳板并未执行一案由……1595

浙江省长公署训令第四百六十二号令民政厅警政厅准内务部电示关岳祀典办法由……1597

浙江省公署训令第四百七十三号令民政厅准教育部咨为撤销教育纲要由……1597

175

浙江省长公署训令第四百七十四号令民政厅准交通部咨新飞马小轮
　　变更航线饬属保护由 ………………………………………… 1598
浙江省长公署训令第四百七十七号令警政厅据长兴公民徐鸿基等呈
　　为该处警备队哨官温长胜办事认真请晋级加薪一案由 ……… 1598
浙江省长公署训令第四百七十八号令警政厅据巡长黄一梅呈控警厅
　　科员余廷栋侵越职权滥用私刑由 …………………………… 1599
浙江省长公署训令第四百八十号令高检厅据嘉兴吴晋甫等电禀被盗
　　连劫十二家请饬县严缉由 …………………………………… 1599
浙江省长公署训令第四百八十二号令高审检厅准司法部电复废止高
　　审厅办事权限条例一案由 …………………………………… 1600
浙江省长公署训令第四百八十三号令各厅准司法部咨行奉令严禁鸦
　　片由 …………………………………………………………… 1600
浙江省长公署训令第四百八十六号令财政厅准财政部咨复余姚余支
　　湖新垦田亩自本年起归入地粮造串征收由 ………………… 1601
浙江省长公署指令第一千零三十五号呈一件庆元县知事呈请独立
　　时电费准在另款开支由 ……………………………………… 1602
浙江省长公署指令第一千零三十九号呈一件为桐乡县呈请将司法
　　完全独立捐俸补助请示由 …………………………………… 1602
浙江省长公署指令第一千零四十号呈一件为常山县呈报江有生跌死
　　情形由 ………………………………………………………… 1602
浙江省长公署指令第一千零四十一号呈一件余姚县呈报陈惠和等
　　被劫诣勘由 …………………………………………………… 1603
浙江省长公署指令第一千零四十二号呈一件青田县呈报缉捕王奕
　　水一案情形由 ………………………………………………… 1603
浙江省长公署指令第一千零四十三号呈一件奉化县呈报张孝瑞呈
　　报无名男尸二具勘验由 ……………………………………… 1604
浙江省长公署指令第一千零四十四号呈一件松阳县呈报民人郭徐

旺受伤后被勒身死一案验讯由 ········· 1604

浙江省长公署指令第一千零四十六号呈一件奉化县呈报应兴德家
被劫伤害三人由 ········· 1604

浙江省长公署指令第一千零五十号呈一件具报石门丝茧捐稽查局长
以周煦海接充由 ········· 1605

浙江省长公署批第三百十二号呈一件为声明茶商新隆泰被开化余渭
浙等朋吞茶款与伊无涉请令县施行由 ········· 1605

浙江省长公署批第三百十三号原具呈人海盐丝业商民梅垲等呈一件
为请求援照前案限制茧行以维丝业由 ········· 1605

浙江省长公署批第三百十五号呈一件为控林化南藉学吞占宏福寺产由
········· 1605

浙江省长公署批第三百十六号呈一件为呈控警厅科员余廷栋侵越职
权滥用私刑由 ········· 1606

浙江省长公署批第三百十七号原具呈人泰顺潘鸿康等呈一件为援例
组织温州法政讲习所请立案由 ········· 1606

浙江省长公署批第三百十八号呈一件续呈王克彬通盗杀死二命请饬
速判由 ········· 1606

浙江省长公署批第三百十九号呈一件奉批未准重申理由请再澈究由
········· 1607

浙江省长公署批第三百二十号呈一件控童春泉串通庄书李阿奴种种
舞弊由 ········· 1607

浙江省长公署批第三百二十一号呈一件控韩士衡唆串诬陷知事藐法
滥刑由 ········· 1607

浙江省长公署批第三百二十二号呈一件续控鄞地检察长庇护检察官
沈秉德由 ········· 1607

浙江省长公署批第三百二十三号呈一件呈为因公获咎并未溺职请澈
查由 ········· 1608

177

浙江督军公署训令第一六五号浙江省长公署训令第四八八
　　号令各属准江苏省咨请饬属保护德万力系赴浙江等省游历由……………1608
浙江督军公署训令第一六六号浙江省长公署训令第四八九
　　号令各属准江苏省咨请饬属保护日人石田正雄王佐庭赴浙江等省游历由……1609
浙江督军公署训令第一六七号浙江省长公署训令第四九○
　　号令各属准江苏省咨请饬属保护英人陈景芝等赴浙江等省游历由………1609
浙江督军公署训令第一六八号浙江省长公署训令第四九一
　　号令各属准江苏省咨请饬属保护美人戴明赴浙江等省游历由……………1610
浙江督军公署训令第一六九号浙江省长公署训令第四九二
　　号令各属准江苏省咨请饬属保护英妇顾兰德赴浙江等省游历由…………1611
浙江督军公署训令第一七○号浙江省长公署训令第四九三
　　号令各属准江苏省咨请饬属保护美人柏乃德赴浙江等省游历由…………1611
浙江督军公署训令第一七一号浙江省长公署训令第四九四
　　号令各属准江苏省咨请饬属保护德员沙乐赴浙江等省游历由……………1612
浙江省长公署训令第四百九十九号令各县知事据财政厅兼烟酒公卖
　　局长呈烟酒商人纷入联合会愚民误会滞纳费款请饬各县切实劝禁由………1613
浙江省长公署训令第五百零一号令高审厅据永嘉朱华等禀控警佐方
　　秉林违法滥刑案由………………………………………………………………1614
浙江省长公署指令第一千零六十七号呈一件为烟酒商人纷入联合
　　会愚民误会滞纳费款请饬各县切实劝禁由……………………………………1614
浙江省长公署指令第一千零七十号呈一件富阳县呈请将历任移交库
　　书缴款二百元作教养局经费由…………………………………………………1614
浙江省长公署指令第一千零七十一号呈一件温岭县补报陈合斌家
　　被劫勘验获犯由…………………………………………………………………1615
浙江省长公署指令第一千零七十二号呈一件核复鄞县监狱工场尚
　　须拨款添置器具由………………………………………………………………1615
浙江省长公署指令第一千零七十三号呈二件孝丰县查复保卫团团

总鲁馨诬告平民陈如玉讯实情形又呈据鲁馨以捏名诬控呈请澈究由·········1615

浙江省长公署指令第一千零七十四号呈一件为金华县呈报庄光宪
　　被金宗梅等挟嫌致死由··1616

浙江省长公署指令第一千零七十五号呈一件为该厅呈送八月分诉
　　讼月报表由··1616

浙江省长公署指令第一千零七十六号呈一件为云和县呈请通缉命
　　案逃犯许豹儿一名由··1616

浙江省长公署指令第一千零七十八号呈一件呈报陈天有家被劫由
　　··1616

浙江省长公署指令第一千零七十九号呈一件呈报丁永孝家被劫由
　　··1617

浙江省长公署指令第一千零八十号呈一件平阳县呈复闽省咨缉拦劫
　　海关灯塔一案境内并无来澳地名由··1617

浙江省长公署指令第一千零九十一号呈一件为请调二十五师差遣
　　单平充任警备队第一区统部副官由··1617

浙江省长公署指令第一千零九十三号令衢县知事呈一件为条陈该
　　县地方兴革事宜由··1618

浙江省长公署批第三百二十四号呈一件禀控警佐方秉林违法滥刑案由
　　··1620

浙江省长公署批第三百二十五号原具呈人宋周氏呈一件禀伊子被匪
　　张庄福等轰毙一案由··1620

浙江省长公署批第三百二十七号呈一件续控陈六四等挟嫌报复县官
　　处分违法请饬取消由··1620

浙江省长公署批第三百二十八号呈一件为前控黄毓材黄在中等一案
　　请示期集讯由··1621

浙江省长公署训令第五百号令各县知事准海军部咨送海军学生考选章
　　程仰遵照办理由··1621

179

海军部令第一二六号 …… 1621

浙江省长公署训令第五百零八号令财政厅据象山县条陈该县地方兴
革事宜由 …… 1625

浙江省长公署训令第五百十九号令民政厅等为绍兴县知事条陈该县
地方兴革事宜由 …… 1625

浙江省长公署指令第一千零九十二号令象山县知事呈一件为条陈
该县地方兴革事宜由 …… 1626

浙江省长公署指令第一千零九十四号呈一件黄岩县呈为估计修缮
警察所新移屋宇费由 …… 1627

浙江督军署训令第一百七十三号令各属准内务部电本属关岳祀典自
应参照秋丁祀孔办法由 …… 1627

浙江省长公署指令第一千零九十八号呈一件请转咨给恤已故郭炳麟由
…… 1628

浙江省长公署指令第一千一百号令警政厅长夏超呈一件呈送考试投
效人员规则请备案由 …… 1628

浙江省长公署指令第一千一百零三号呈一件呈复核议兰溪县警政
教练情形由 …… 1628

浙江省长公署指令第一千一百零五号令绍兴县知事呈一件为条陈
该县地方兴革事宜由 …… 1629

浙江省长公署训令第五百二十号令民政厅据留欧学生监督函请兑汇
冬费准予电汇由 …… 1631

浙江省长公署训令第五百二十四号令民政厅据缙云陈文鹏等呈为前
控欧阳知事一案请饬委再查本旧款以维旧校由 …… 1632

浙江省长公署训令第五百二十五号令民政厅为钓台石用亭已募人捐
建修祭各费请饬县照原定银数拨给由 …… 1633

浙江省长公署训令第五百二十六号令临安县知事准农商部咨送临安
县商会钤记由 …… 1633

目 录

浙江省长公署训令第五百二十七号令镇海县知事准农商部咨送商会
　钤记并照改会章条文由 …………………………………………… 1634

浙江省长公署训令第五百二十八号令高检厅据遂安人民汪洋控该县
　知事孙法受贿一案遵批取具切结由 ……………………………… 1634

浙江省长公署训令第五百二十九号令高检厅准湖南省长咨请通缉前
　古丈县知事张武由 ………………………………………………… 1635

浙江省长公署训令第五百三十号令财政厅准审计院为第十六次审定
　各征收机关二三年度及四年下半年各月支出计算书开单通知由 … 1635

浙江省长公署训令第五百三十六号令财政厅准财政部电为官产收入
　民五预算已列入中央收入项下请照章解库由 …………………… 1636

浙江省长公署训令第五百三十七号令民政厅准教育部咨请饬属废止
　高等小学校考试摘默办法由 ……………………………………… 1636

浙江省长公署训令第五百三十八号令民政厅准交通部咨据王树槐呈
　请撤销普济轮船公司案请查复由 ………………………………… 1637

浙江省长公署训令第五百三十九号令财政厅为孝丰酒商郑信成等禀
　请取销酒斤加价之学捐由 ………………………………………… 1638

浙江省长公署训令第五百四十一号令民政厅准农商部公报编辑处函
　寄农商公报由 ……………………………………………………… 1639

浙江省长公署训令第五百四十二号令民政厅准京兆尹咨送讲演汇编
　第一期二册由 ……………………………………………………… 1639

浙江省长公署指令第一千一百一十号呈一件呈送永康县立中学校
　毕业表请予咨部由 ………………………………………………… 1640

浙江省长公署指令第一千一百十二号呈一件遂安县知事呈复方本
　义呈称并未将余景贤推跌受伤似尚可信由 ……………………… 1640

浙江省长公署指令第一千一百十五号呈一件为上海英工部局请续
　租麋陡二山开取石子候示遵行由 ………………………………… 1640

浙江省长公署指令第一千一百十六号呈一件缴嘉兴新塍商会钤记

181

费请转咨由……1641

浙江省长公署指令第一千一百十七号呈一件姚先雅等禀成材老木
　　请饬弛禁应毋庸议由……1641

浙江省长公署指令第一千一百十九号呈一件为张世杓等禀请息借
　　官款改良制纸碍难照准由……1641
　　附原呈……1641

浙江省长公署指令第一千一百二十号呈一件为上虞县呈报落河身
　　死无名男尸由……1642

浙江省长公署指令第一千一百二十一号呈一件为淳安县呈报办理
　　叶贤和诉王灶章等抢劫一案由……1642

浙江省长公署指令第一千一百二十二号呈一件为续议胡莹等承办
　　永武盐引案变通办法请示遵由……1643
　　附原呈……1643

浙江省长公署指令第一千一百二十四号呈一件上虞县知事张应铭
　　报明解交五年及元二三四年地丁粮捐等款日期由……1645

浙江省长公署指令第一千一百二十五号呈一件上虞县知事张应铭
　　具报征存二三四年分地丁罚金解库日期由……1645

浙江省长公署指令第一千一百三十号呈一件嘉兴县知事袁庆萱报
　　解元二三四等年正税粮捐等款日期由……1645

浙江省长公署指令第一千一百三十三号呈一件安吉县知事姜若为
　　编审户粮两次完竣请将财政主任胡楷嘉奖由……1646

浙江省长公署指令第一千三百一十四号呈一件议复通惠公息款列
　　入预算碍难变更未便援照通益公成案办理由……1646
　　附原呈……1646

浙江省长公署指令第　　号……1647
　　附　民政厅呈省长核办由呈复盗匪悬赏购缉办法应否送
　　　　交省议会议决请咨查案……1647

目 录

浙江省长公署批第三百三十六号原具禀人詹光宸等禀一件为徐秉彝
已丧失议长资格仍召集县议会请查办由 ……………………………… 1648

浙江省长公署批第三百三十七号原具呈人李超群等呈一件为保存县
税请饬县照案交代由 ………………………………………………… 1648

浙江省长公署批第三百三十八号呈一件为太平庵田产被郑良等朦详
翻案由 ………………………………………………………………… 1648

浙江省长公署批第三百三十九号呈一件为禀请饬传陈九香到案对质由
…………………………………………………………………………… 1648

浙江省长公署批第三百四十号呈一件为藕塘渔利朦官残民请取销县示由
…………………………………………………………………………… 1649

浙江省长公署批第三百四十一号呈一件前控欧阳知事一案请饬委再
查本旧款以维旧校由 ………………………………………………… 1649

浙江省长公署批第三百四十三号呈一件控遂安县知事遵批取具切结由
…………………………………………………………………………… 1649

浙江省长公署批第三百四十四号呈一件呈开掘支江徒加民害请赐撤
销由 …………………………………………………………………… 1649

浙江省长公署批第三百五十号禀一件为承垦官荒请饬县派勘以便缴价由
…………………………………………………………………………… 1650

浙江省长公署批第三百五十一号呈一件为毛仲办学成绩卓著请核奖由
…………………………………………………………………………… 1650

浙江省长公署咨复省议会咨送议员陈振椒为派员考查柞蚕质问书由 …… 1650

浙江省长公署训令第五百四十七号令民政厅据已撤天台警佐朱英禀
为朋谋构陷求请平反仰令催该县知事迅传人证研讯判决由 ……… 1651

浙江省长公署训令第五百五十号令各县知事为饬发国民浅训仰分发
各属备览照购由 ……………………………………………………… 1651

浙江省长公署训令第五百五十九号令民政厅为嵊县知事条陈该县地
方兴革事宜由 ………………………………………………………… 1652

183

附　民政厅呈省长奉训令嵊县条陈兴革事宜抄发警政条陈第一条仰查
　　照议复由………………………………………………………………… 1652
浙江省长公署指令第一千一百四十五号令监征员丁福田、崇德县知
　　事汪寿鋆呈一件呈为会送八月份征解正杂捐税表由……………… 1653
浙江省长公署指令第一千一百五十一号呈一件呈为修正浙省店屋
　　捐章程请交省议会议决由…………………………………………… 1654
浙江省长公署指令第一千一百五十二号令长兴监征员朱一鸣、长兴
　　统捐局局长毕兆熊呈一件为会送八月分征解比较表由…………… 1654
浙江省长公署指令第一千一百五十六号呈一件为报查禁烟苗并请
　　在准备金项下开支经费由…………………………………………… 1654
浙江省长公署指令第一千一百五十七号令民政厅长王文庆呈一件
　　复新女校校费支绌请饬县补助由…………………………………… 1654
浙江省长公署指令第一千一百六十二号呈一件为呈复孝丰知事条
　　陈兴革事宜案内关于康山庄新辟河道经费由……………………… 1655
　　附原呈………………………………………………………………… 1655
浙江省长公署指令第一千一百六十四号呈一件据黄岩县知事检送
　　剿办金清港匪案内用款收据由……………………………………… 1655
浙江省长公署指令第一千一百六十五号令民政厅长王文庆呈一件
　　拟复教育联合会第四次议决案办法由……………………………… 1656
浙江省长公署指令第一千一百六十六号令民政厅长王文庆呈一件
　　为呈复留德矿务大学生朱家华请给予官费由……………………… 1656
浙江省长公署指令第一千一百七十三号呈一件警政厅呈缴徐俊英
　　等四员八九十三个月津贴由………………………………………… 1656
浙江省长公署指令第一千一百七十五号令民政厅长王文庆呈一件
　　呈复昆阳女校争执茶捐一案由……………………………………… 1657
浙江省长公署指令第一千一百七十八号呈一件呈复义乌清案员宋
　　化春准留二月由……………………………………………………… 1657

浙江省长公署指令第一千一百七十九号呈一件丽水县呈教养局经
　费筹垫为难情形由 ································· 1657
浙江省长公署指令第一千一百八十号呈一件呈云和县知事对于私
　砍官木一案办理失当请酌予处分由 ····················· 1658
浙江省长公署指令第一千一百八十一号呈一件长兴县呈报事主王
　德清家被劫勘验情形由 ······························· 1658
浙江省长公署指令第一千一百八十二号呈一件呈复各县法警现定
　额数办法由 ··· 1658
　附原呈 ··· 1659
浙江省长公署批第三百五十七号呈一件禀奉批抄送决定书请行施监
　督权由 ··· 1660
浙江省长公署批第三百五十八号呈一件为伊夫李笃斋之事累及母弟
　郭质斋请再饬县公判由 ······························· 1660
浙江督军署咨江苏省长江西省长为吴兴县民人张静江前因政治犯罪
　没收股票息摺单请令知南通县浮梁县转饬该公司知照准予补填给领由 ····· 1660
浙江省长公署咨复省议会为筹设浙江实业行政会议案等七案由 ····· 1662
浙江省长公署公函五年政字第八号公函日本总领事为日商请行销戒烟药丸碍
　难照准由 ··· 1662
浙江省长公署训令第五百六十四号令委袁钟瑞为招劝华侨兴办实业
　事务处处长由 ······································· 1663
浙江省长公署训令第五百七十一号令高审检厅准审计院咨请汇送各
　县兼理诉讼暨监狱计算书仰遵照办理由 ················· 1664
浙江省长公署训令第　号令民政厅核议嵊县知事警政条陈由
　令高审厅核议嵊县知事司法条陈由 ····················· 1664
浙江省长公署训令第五百七十三号令财政厅为泰顺县条陈地方兴革
　事宜由 ··· 1665
浙江省长公署指令第一千一百八十六号令德清县知事呈一件为条

185

陈该县地方兴革事宜由 ················ 1666

浙江省长公署指令第一千一百八十七号令奉化县知事呈一件为条
陈该县地方兴革事宜由 ················ 1668

浙江省长公署指令第一千一百八十八号令定海县知事呈一件为条
陈该县兴革事宜由 ··················· 1671

浙江省长公署指令第一千一百八十九号令嵊县知事呈一件为条陈
该县兴革事宜由 ····················· 1672

浙江省长公署指令第一千一百九十六号呈一件温岭县知事为报办
理农桑水利各要政情形由 ·············· 1673

浙江省长公署指令第一千一百九十八号呈一件呈复教育部催解欠
缴教育公报费由 ····················· 1674

浙江省长公署指令第一千二百号呈一件民政厅长呈徐马陈三烈士墓
石破裂请饬估计补砌由 ················ 1674

浙江省长公署指令第一千二百零二号呈一件为崇德县自治委员杨
文焘捐资兴学请奖由 ·················· 1674

浙江省长公署指令第一千二百零三号呈一件为煤矿公司改定矿业
权代表请咨部注册由 ·················· 1675

浙江省长公署指令第一千二百零五号呈一件为添设酒捐主任人员
任尔康由 ··························· 1675

浙江省长公署指令第一千二百零六号呈一件呈报杭县金坤山等家
劫案内盗犯俞士林拟处死刑请示由 ········ 1675

浙江省长公署指令第一千二百零七号呈一件转报义乌县判处匪犯
傅樟法死刑请示由 ··················· 1676

浙江省长公署指令第一千二百零八号呈一件呈报义乌县判处匪犯
沈田爬死刑请示由 ··················· 1676

浙江省长公署指令第一千二百一十号呈一件慈溪县呈报警察拿赌
被殴落水身死由 ····················· 1677

浙江省长公署指令第一千二百十一号呈一件警政厅呈报四区二营
　　获匪吴炳根解县讯办由 …………………………………………… 1677
浙江省长公署指令第一千二百十二号呈一件建德县呈报勘验无名
　　男尸情形由 …………………………………………………………… 1677
浙江省长公署指令第一千二百十三号呈一件永嘉县呈报杜季顺被
　　杜严焕等殴伤气闭身死诣验由 …………………………………… 1677
浙江省长公署指令第一千二百十四号呈一件警政厅报获嘉兴姜珠
　　福等劫案盗犯傅长能等六名解县讯办由 ……………………… 1678
浙江省长公署指令第一千二百二十六号令嘉善县知事殷济呈一件
　　呈为该县周乃熙已考取江苏省立第二师范请予转咨由 ………… 1678
浙江省长公署指令第一千二百二十七号呈一件会复日商请行销戒
　　烟药丸碍难照准由 ………………………………………………… 1678
浙江省长公署指令第一千二百三十一号呈一件呈报核奖第三区三
　　营哨长侯斌等由 …………………………………………………… 1679
　　附原呈 ………………………………………………………………… 1679
浙江省长公署指令第一千二百三十二号呈一件为呈报核奖第四区
　　第二营哨官黄斌由 ………………………………………………… 1680
浙江省长公署指令第一千二百三十三号令常山县知事呈一件为条
　　拟该县地方兴革事宜由 …………………………………………… 1681
浙江督军署牌示 …………………………………………………………… 1682
浙江省长公署咨省议会据财政厅呈为查复省议员王倬等质问各统捐局
　　带征之二成自治附加捐一案由 …………………………………… 1682
浙江省长公署指令第　　号呈一件为查明缙云县知事于徐兆官案内用刑
　　示威一案由 ………………………………………………………… 1683
　　附　浙江民政厅训令第六百四十七号 …………………………… 1684
浙江督军公署训令第二〇一号浙江省长公署训令第五八九号
　　令各属准江苏省咨请饬属保护上海工部局员李彻赴浙江等省游历由 ……… 1684

附　浙江民政厅训令第七百七十四号……………………1685

浙江督军公署训令第二〇二号浙江省长公署训令第五九〇号

　令各属准江苏省咨请饬属保护德人师领事赴浙江等省游历由……………1686

浙江督军公署训令第二〇三号浙江省长公署训令第五九一号

　令各属准江苏省咨请饬属保护德人柏德医生来浙游历由……………1687

浙江督军公署训令第二〇四号浙江省长公署训令第五九二号

　令各属准江苏省咨请饬属保护德人博雅尔等来浙游历由……………1687

浙江督军公署训令第二〇五号浙江省长公署训令第五九三号

　令各属准江苏省咨请饬属保护德人铁贝克赴浙江等省游历由…………1688

　附　浙江民政厅训令第七百七十六号……………………1689

浙江督军公署训令第二〇六号浙江省长公署训令第五九四号

　令各属为日人三原介一赴苏浙等省游历令保护由……………………1690

　附　浙江交涉公署训令第三十二号……………………1691

浙江督军公署训令第二〇七号浙江省长公署训令第五九五号

　令各属准福建省咨为台湾人张兴赴闽浙游历令保护由…………………1691

浙江省长公署训令第五百七十五号令高检厅据温岭谢在舜呈为子侄

　被谢经文等枪毙请饬拿办由……………………1692

浙江省长公署训令第五百七十八号令财政厅准财政部咨请转行各种

　银钱行号迅即照章注册由……………………1692

浙江省长公署训令第　　号令财政厅核议青田县条陈该县地方兴革事宜由

　……………………1693

浙江省长公署训令第五百八十一号令民政厅转行杭县知事《全浙典

　业公会通守规则》仍遵照浙省成案办理由……………………1693

　附　浙江民政厅训令第七百四十四号……………………1694

　全浙典业原拟通守规条……………………1695

浙江省长公署训令第五百八十三号令财政厅核议仙居知事财政条陈由

　令高审厅核议仙居知事司法条陈由……………………1696

浙江省长公署训令第五百九十六号令杭县知事准省议会咨请传补议
　　员徐文霱辞职缺由………………………………………………… 1697
浙江省长公署指令第一千一百八十三号呈一件开化县呈报续获邻
　　省盗匪蔡金荣一名由…………………………………………… 1697
浙江省长公署指令第一千二百三十四号令遂安县知事陈与椿呈一
　　件为条拟该县地方兴革事宜由………………………………… 1698
浙江省长公署指令第一千二百三十五号令缙云县知事欧阳忠浩呈
　　一件为条陈该县兴革事宜由…………………………………… 1699
浙江省长公署指令第一千二百三十六号令青田县知事呈一件为条
　　陈该县兴革事宜由……………………………………………… 1701
浙江省长公署指令第一千二百三十七号令泰顺县知事呈一件为条
　　陈该县地方兴革事宜由………………………………………… 1702
浙江省长公署指令第一千二百三十八号令金华县知事呈一件为条
　　陈该县地方兴革事宜由………………………………………… 1702
浙江省长公署指令第一千二百五十六号呈一件为呈复省议员王倬
　　等质问各统捐局带征之二成自治附加捐一案由……………… 1704
浙江省长公署指令第一千二百五十八号呈一件呈复核议瑞安县归
　　并所犯酌裁口粮一案由………………………………………… 1704
浙江省长公署指令第一千二百五十九号呈一件嘉兴县呈报吴晋甫
　　等被劫一案勘讯由……………………………………………… 1704
浙江省长公署指令第一千二百六十号呈一件汤溪县呈报赌犯朱海
　　清病故由………………………………………………………… 1705
浙江省长公署指令第一千二百六十一号呈一件呈复天台张启善案
　　已饬县核复由…………………………………………………… 1705
浙江省长公署指令第一千二百六十二号呈一件仙居县会同承审员
　　呈法警薪饷太微及囚粮不敷情形由…………………………… 1705
浙江省长公署指令第一千二百六十六号令仙居县知事呈一件为条

189

陈该县地方兴革事宜由 …… 1706

浙江省长公署指令第一千二百六十七号令景宁县知事呈一件为条陈该县地方兴革事宜由 …… 1707

浙江省长公署批第三百六十号禀一件请饬县修复先贤吕成公祠墓由 …… 1709

浙江省长公署批第三百六十一号原具禀人上虞县公民王佐等禀一件请饬厅速拨因利局经费由 …… 1709

浙江省长公署批第三百六十三号原具呈人温岭王永旺呈一件控自治委员韩士衡敲诈串陷由 …… 1709

浙江省长公署批第三百六十五号呈一件呈缴恤金证书由 …… 1709

浙江省长公署批第三百六十七号呈一件为子侄被谢经文等枪毙请饬县拿办由 …… 1710

浙江省长公署批第三百六十八号呈一件禀请回复上诉权由 …… 1710

浙江省长公署批第三百六十九号呈一件禀控章邦达势占山地由 …… 1710

浙江省长公署批第三百七十九号呈一件续呈用度不明请饬查追归公由 …… 1711

浙江省长公署批第三百八十号呈一件禀自治委员韩士衡不法由 …… 1711

浙江省长公署批第三百八十一号原具呈人张纲等禀一件申明志愿兵性质请予解释由 …… 1711

浙江省长公署批第三百八十二号呈一件对于民政厅决定龙泉寺产管理权提起诉愿由 …… 1711

浙江省长公署咨热河都统据警政厅呈为分发热河知事吴敦义留厅任用咨销履历凭照由 …… 1712

浙江省长公署咨铨叙局为新昌县已故财政主任黄吉在职病故请恤一案咨局催发由 …… 1713

浙江省长公署咨江苏省长据警政厅呈为第四科科长夏钟澍留厅供职由 …… 1713

浙江省长公署咨安徽省长据警政厅呈为第一科长杨桂钦分发安徽拟请
  暂留本省任用转咨凭照履历由 ································· 1714

浙江督军公署训令第二一一号浙江省长公署训令第六〇七号
  令各属准外交部咨请饬属保护美人盖梅月女士等赴浙江等省游历由 ········ 1715
  前往浙江省游历名单 ·· 1715
  附　浙江交涉公署训令第三十四号 ······································ 1715

浙江督军公署训令第二一二号浙江省长公署训令第六〇六号
  令各属准江苏省咨请饬属保护英员蕲德本赴浙江等省游历由 ··········· 1716
  附　浙江民政厅训令第七百七十五号 ································· 1717

浙江省长公署训令第五百九十九号令警政厅各县知事准督军咨复退
  伍兵毛鸿文业已革除兵籍年金请转饬所属一体协拿由 ··············· 1718
  附　浙江警政厅训令第三百十九号 ······································ 1718

浙江省长公署训令第六百零一号令财政厅暨各关监督准税务处咨蒙
  古制硷公司运销之硷应照洋硷纳税成案只完值百抽五正税一道沿途概免
  重征由 ·· 1719

浙江省长公署训令第六百零五号令高等检察厅转令所属令知嗣后非
  经准假不得擅离职守由 ··· 1721
  附　浙江高等检察厅训令第六百十三号 ································ 1721

浙江省长公署训令第六百零九号令民政厅准农商部咨为嘉兴新塍镇
  商会改组章程等情由 ·· 1722

浙江省长公署训令第六百二十二号令警政厅长转令警备队第一区统
  带据委员冯惠安呈复查明陈谘议由徐搬运木器经周管带派兵拦阻情形由 ····· 1723
  附　浙江警政厅训令第四百零八号 ······································ 1725

浙江省长公署指令第一千二百七十三号呈一件义乌县呈报吴章时
  等被骆贵发等凶杀由 ··· 1727

浙江省长公署指令第　号呈一件为嵊县呈报吴益三即直谦被匪掳擒抢
  掠由 ·· 1728

191

浙江省长公署指令第一千二百七十五号 呈一件警政厅报获匪犯谢
　　金朝送临海县讯办由 ·· 1728
浙江省长公署指令第一千二百七十六号 呈一件绍兴县呈报事主俞
　　仲立等被劫一案勘验由 ··· 1728
浙江省长公署指令第一千二百七十七号 呈一件永康县呈报赵朱氏
　　被吕万金戳毙获犯勘验由 ··· 1729
浙江省长公署指令第一千二百七十八号 呈一件警政厅报获盗犯马
　　浩章由 ··· 1729
浙江省长公署指令第一千二百七十九号 呈一件嵊县营县会呈前获
　　钱竹安等一名应否释放请示由 ······································ 1729
浙江省长公署指令第一千二百八十四号 呈一件衢县为呈明警佐缉
　　获匪犯请奖由 ·· 1730
浙江省长公署指令第一千二百八十六号 呈一件为警佐朱英现已销
　　假并未脱逃由 ·· 1730
浙江省长公署指令第一千二百八十七号 呈一件为呈复严禁花会赌
　　博情形由 ·· 1730
浙江省长公署指令第一千二百八十九号 呈一件会议临安县呈请明
　　定钱武肃王祀典由 ·· 1730
　　附原呈 ··· 1731
浙江省长公署指令第一千二百九十三号 呈一件为萧山县闻堰镇商
　　会分所禀请禁止开港维持市面由 ··································· 1731
浙江省长公署指令第一千二百九十七号 呈一件为黄岩县知事呈各
　　校表册应否照旧城镇乡区填送请批示由 ························· 1732
　　附　浙江民政厅训令第七百九十八号 ···························· 1732
浙江省长公署指令第一千三百号 呈一件为请更换四区七营管带陈金
　　棠任命状由 ··· 1732
浙江省长公署指令第一千三百零二号 呈一件为第四科科长夏钟澍

留厅供职准予转咨由 ………………………………………………… 1733

浙江省长公署指令第一千三百零三号呈一件为呈送分发热河知事
　吴敦义履历凭照由 …………………………………………………… 1733

浙江省长公署指令第一千三百零四号呈一件为呈送第一科长杨桂
　钦凭照履历请转咨由 ………………………………………………… 1733

浙江省长公署指令第一千三百零五号呈一件呈送省议会议员递补
　名单由 ………………………………………………………………… 1734

浙江省长公署指令第一千三百零六号呈一件呈复来慎生等请加宽
　附工一法改抛坦石应毋庸议由 ……………………………………… 1734

浙江省长公署指令第一千三百零八号呈一件为请咨催故员黄吉恤案由
　………………………………………………………………………… 1734

浙江省长公署指令第一千三百零九号令桐乡县知事余大钧呈一件
　为条陈该县地方兴革事宜由 ………………………………………… 1734

浙江省长公署批第三百八十五号呈一件菱湖镇警佐王文棣被控公恳
　澈查由 ………………………………………………………………… 1736

浙江省长公署批第三百八十七号呈一件为请假三月回籍措资由 …… 1736

浙江省长公署批第三百八十八号呈一件为代请录用陆鸿由 ………… 1736

浙江省长公署批第三百八十九号呈一件为具报到省缴验凭照由 …… 1737

浙江省长公署批第三百九十号禀一件呈控场长捺给工资放弃场务请
　饬催给发由 …………………………………………………………… 1737

浙江省长公署批第三百九十一号原具呈人候补知事刘云呈一件为陈
　请意见书由 …………………………………………………………… 1737

浙江督军署咨省长公署据汤溪县知事呈为缉获逃兵吴培元请奖由 …… 1738

浙江省长公署咨复督军咨送本年三月至八月执行死刑人犯表由 ……… 1738

浙江省长公署咨教育部据民政厅呈送天台县立中学校四年十二月毕业
　表册请备案由 ………………………………………………………… 1739

浙江省长公署训令第六百零五号令各厅为警佐等请假应呈由主管上

193

浙江省长公署训令第六百十二号令高审检厅据旧台属调查委员张鬐
　　报称各县关于司法上应行禁止者厥有两端由 …………………… 1740
浙江省长公署训令第六百十四号令各厅署为抄登公报不另行文各公
　　件须认真缮校由 …………………………………………………… 1741
浙江省长公署训令第六百十五号令财政厅据谘议章箴呈为杭县由单
　　串票不遵章饬办理各县恐亦不免请通令饬遵由 ………………… 1741
浙江省长公署训令第六百二十一号令警政厅转饬内河水警厅办理送
　　茶银解竣准予销差由 ……………………………………………… 1743
　　附　浙江警政厅训令第三百二十一号 …………………………… 1743
浙江省长公署训令第六百二十四号令财政厅为寿昌县条陈该县地方
　　兴革事宜由 ………………………………………………………… 1744
浙江督军署指令第九百三十号呈一件为缉获逃兵吴培元请奖由 …… 1745
浙江省长公署指令第一千二百九十五号呈一件呈复蒋慎身庸医误
　　人条陈取缔方法由 ………………………………………………… 1745
　　附原呈 ……………………………………………………………… 1745
浙江省长公署指令第一千三百十二号呈一件为各县征收罚金遵令
　　取缔仍令按月具报印发榜示并抄登公报由 ……………………… 1746
浙江省长公署指令第一千三百十八号呈一件平湖县呈报申平小轮
　　被劫查在江苏金山县界请转咨办理由 …………………………… 1747
浙江省长公署指令第一千三百二十二号令寿昌县知事呈一件为条
　　陈该县地方兴革事宜由 …………………………………………… 1747
浙江省长公署指令第一千三百二十三号呈一件吴兴县呈报勘验无
　　名男尸受伤后弃尸水中一案由 …………………………………… 1749
浙江省长公署指令第一千三百二十四号呈一件呈复东阳县砍柴社
　　会内容由 …………………………………………………………… 1749
浙江省长公署指令第一千三百二十五号呈一件东阳县呈清理积案

目　录

　　人员既难裁撤应需经费仍请酌给由 …………………………………… 1749
浙江省长公署指令第一千三百二十七号呈一件高等厅呈复金华自
　　治委员刘受谦等对于收回地方厅房屋电旨误会由 …………………… 1750
浙江省长公署批第四百零三号呈一件请求准予考试由 ………………… 1750
浙江省长公署批第四百零四号呈一件呈请核示祀孔执事及与祭人员
　　资格由 …………………………………………………………………… 1750
浙江省长公署咨省议会为公布议决处置各族原有贤产办法条例一案由
　　 …………………………………………………………………………… 1751
　　处置各族原有贤产条例议决案 ………………………………………… 1751
浙江省长公署咨督军为军人经过租界携带枪械预为知照饬属遵办由 …… 1752
浙江省长公署指令第一千三百五十三号呈一件天台县呈报余守树
　　被余老三等因奸谋杀由 ………………………………………………… 1753
浙江省长公署指令第一千三百五十四号呈一件呈复永嘉李黎臣落
　　水身死尸亲骚扰抗传一案由 …………………………………………… 1753
浙江省长公署指令第一千三百五十七号呈一件为呈报办理农桑水
　　利各计画由 ……………………………………………………………… 1753
浙江省长公署指令第一千三百七十八号呈一件为据绍兴县拟具追
　　还认商所欠渔捐办法请核示由 ………………………………………… 1754
　　附原呈 …………………………………………………………………… 1754
浙省文武长官复梁任公先生电 ……………………………………………… 1756
浙江省长公署咨内务部财政部据民政厅呈拟裁撤县警队腾出经费留
　　办自治请核示由 ………………………………………………………… 1757
浙江省长公署咨复督军署咨为永嘉陆军调回所有防务移并警备队办理由
　　 …………………………………………………………………………… 1758
浙江省长公署咨督军署据民政厅呈拟裁撤县警队腾出经费留办自治请
　　核示由 …………………………………………………………………… 1758
浙江省长公署委任令第　号令朱章宝为调查学务委员由 …………… 1759

195

浙江省长公署委任令第十一号令章长庚等四员为政务厅各科长由 …… 1759
浙江省长公署训令第　号令警政厅准督军咨永嘉陆军调回所有防务移
　　并警备队办理由 ………………………………………………… 1760
浙江省长公署训令第　号令警政厅据民政厅呈拟裁撤县警队腾出经费
　　留办自治请核示由 ……………………………………………… 1760
浙江省长公署指令第　号呈一件为查明平湖警佐郑福煊嗜酒息职已撤
　　任由 ……………………………………………………………… 1761
浙江省长公署指令第　号呈一件为拟裁撤县警队腾出经费预备办理自
　　治缮具办法请核示由 …………………………………………… 1761
浙江省长公署指令第　号呈一件该厅呈请取消各县集会结社月报表由
　　…………………………………………………………………… 1762
浙江省长公署批第四百二十三号呈一件南洋中学校长请补助经费由
　　…………………………………………………………………… 1762
浙江省长公署委任令第十二号令委任王理孚署理松阳县知事由 …… 1762
浙江省长公署委任令第十三号令委任沈士远代理遂昌县知事由 …… 1763
浙江省长公署委任令第十四号令委任徐肃代理崇德县知事由 ……… 1763
浙江省长公署委任令第十五号令委任邱少羽署理武康县知事由 …… 1763
浙江省长公署训令第　号令民政厅为王镇守使电留嘉兴姚警佐由 …… 1764
浙江省长公署训令第六百五十九号令松阳知事业已因案撤任并委王
　　理孚署理由 ……………………………………………………… 1764
浙江省长公署训令第六百六十一号令崇德知事委任徐肃代理该县遗
　　缺由 ……………………………………………………………… 1766
浙江省长公署训令第六百六十六号令财政厅准税务处咨为吉林双城
　　兴华火柴公司税厘一案饬属遵照由 …………………………… 1766
浙江省长公署训令第六百七十六号令民政厅转令水利委员会奉省长
　　令准省议会咨处理萧山湘湖案令仰该技正派员切实勘估具报由 …… 1767
　　附　浙江民政厅训令第八百十九号 …………………………… 1768

目　录

浙江省长公署指令第　号呈一件安吉县呈报八月分无新结会社由……1768
　附　浙江民政厅训令第七百一十号……1769
浙江省长公署训令第　号令民政厅准交通部咨饬属秉公勘明绍萧一带
　河道并有无厘订免碰规则暨公摊堤岸修费由……1769
　附　浙江民政厅训令第七百十二号……1770
浙江省长公署指令第一千二百九十一号呈一件议复永康县立中校
　情形由……1771
　附原呈……1771
浙江省长公署批第四百二十六号原具呈人松阳私立高小校长陈樾等
　呈一件为该县知事政绩卓著请核奖由……1775
省长电复王镇守使为电请留任嘉兴姚警佐由……1775
浙江省长公署咨交通部据永康公民陈焕章等呈请设立永康电报局由……1776
浙江督军公署训令第二二九号浙江省长公署训令第六八二号
　令各机关准江苏省咨请饬属保护德人奔恩赴浙江等省游历由……1777
浙江督军公署训令第二三〇号浙江省长公署训令第六八一号
　令各机关准江苏省咨请饬属保护日人中岛任雄赴浙江等省游历由……1778
浙江督军公署巡令第二三一号浙江省长公署训令第六八〇号
　令各属准江苏省咨请饬属保护义人郅路砥赴浙江等省游历由……1778
浙江省长公署委任令第十六号令沈毓麟为政务参议会议员由……1779
浙江省长公署训令第六百七十三号令民警二厅暨各县知事为参谋部
　续出中国舆图请通饬各属购取由……1779
浙江省长公署训令第六百八十三号令高审厅据永康徐宗岳禀盗首陈
　隆兴等请饬正法由……1780
浙江省长公署训令第六百八十四号令高审厅准四川省长咨为四川卸
　任忠县知事冯元鈇潜逃仰转令绍兴县查传由……1780
浙江省长公署训令第　号令民政厅转饬各县知事各学校奉令转奉部咨
　教育纲要议决撤消由……1781

197

附　浙江民政厅训令第六百七十号……………………… 1781
浙江督军署指令第一千零四十六号呈一件为送八月份逃兵表由…… 1782
浙江省长公署指令第九百二十一号呈一件为调委杭县统捐局长等员由
　……………………………………………………………… 1782
浙江省长公署指令第九百三十七号呈一件为雪水桥统捐局长刘凤起
　调省遗缺以陈炳华接充由 ………………………………… 1783
浙江省长公署指令第一千零零九号呈一件为改调严东关新市统捐局
　长由 ………………………………………………………… 1783
浙江省长公署指令第一千四百十六号呈一件为民政厅呈复女师学
　请拨校址一案由 …………………………………………… 1783
　附原呈 ……………………………………………………… 1783
浙江省长公署指令第一千四百十八号呈一件警政厅报获盗犯金阿
　高等四名并枪支赃物送萧山县讯办情形由 ……………… 1785
浙江省长公署指令第一千四百十九号呈一件桐乡县呈报勘验淹死
　无名男尸由 ………………………………………………… 1785
浙江省长公署指令第一千四百二十号呈一件警政厅报四区五营获
　盗王小岙等由 ……………………………………………… 1785
浙江省长公署指令第一千四百二十一号呈一件桐乡县呈报熊尚氏
　落河身死由 ………………………………………………… 1786
浙江省长公署指令第一千四百二十二号呈一件平湖县呈报汪子馀
　家被劫由 …………………………………………………… 1786
浙江省长公署指令第一千四百二十三号呈一件江山县呈报自治委
　员周正熺被杀情形由 ……………………………………… 1786
浙江省长公署指令第一千四百二十四号呈一件义乌县报吴华祝受
　伤身死由 …………………………………………………… 1786
浙江省长公署指令第一千四百二十五号呈一件为议复丽水县司法
　条陈由 ……………………………………………………… 1787

附 浙江高等审判厅训令第八二八号 浙江高等检察厅
训令第五六五号……………………………………… 1787
浙江省长公署批第四百三十六号禀一件为福林巡缉队越界侵扰请咨
禁由……………………………………………………… 1790
浙江省长公署批第四百三十七号原具呈人永康公民陈焕章呈一件请
添设永康电报局由……………………………………… 1790
浙江省长公署批第四百四十二号原具呈人监狱毕业生方霖、王城等呈
一件禀请饬厅准予考试由……………………………… 1790
浙江省长公署电大总统呈请任命王文庆为政务厅厅长由………… 1791
浙江省长公署电大总统呈请任命林鹍翔为外交部特派员由……… 1791
浙江省长公署电大总统呈请任命范贤方为高审厅长殷汝熊为高检厅长由
…………………………………………………………… 1792
吕省长复台州第六中校张校长电………………………………… 1792
浙江省长公署咨福建省长据泰顺吴铗等禀为福林巡缉队越界侵扰请咨
禁由……………………………………………………… 1793
浙江省长公署训令第 号令政务参议会为参议员周延礽因病辞职另委
沈毓麟充任由…………………………………………… 1795
浙江省长公署训令第六百八十五号令高审检厅准司法部咨各审检衙
门所报之诉讼月表分别编辑汇总呈报由……………… 1795
附 浙江高等检察厅训令第四百七十三号………………… 1797
浙江省长公署训令第六百八十九号令吴兴县知事准湖南省长咨请令
知甄用合格人员郑德凝一员由………………………… 1798
浙江省长公署指令第 号令民政厅议复吴兴商会总理请截留县税房警
捐一案由………………………………………………… 1798
附 浙江民政厅训令第七百四十号………………………… 1799
浙江省长公署指令第 号呈一件呈复王树槐等撤销陆逵呈办普济小轮
公司碍难照准由………………………………………… 1800

199

附原呈 ··· 1800

浙江省长公署指令第一千四百二十六号 呈一件高等厅呈复嘉兴警
探至崇查赃被乡民误拏一案情形由 ······························· 1801

浙江省长公署指令第一千四百二十八号 令象山县知事呈一件呈复
石浦渔民滋扰亲往办理情形由 ······································ 1801

浙江省长公署指令第一千四百二十九号 令新昌县知事呈一件呈复
周杨氏控潘链杰一案由 ··· 1801

浙江省长公署指令第一千四百三十四号 令本署机要助理秘书兼公
报处主任陈焕章呈一件为呈送预算并请拨款补助由 ············ 1802

浙江省长公署指令第一千四百四十一号 呈一件火神塘监工袁委员
呈为工程将竣请拨给款项由 ··· 1802

浙江省长公署训令第六百九十七号 令警政厅添设南城脚下岗警由
··· 1802

浙江省长公署训令第六百九十八号 令温岭县知事准农商部咨为温岭
松门卫商会应将章程一并送核由 ··································· 1803

浙江省长公署训令第六百九十九号 令永嘉县知事据该县公民范继文
等禀称外海水警派出所巡官并永嘉警局分驻所警察搜获烟土未经送县请撤
查追毁由 ··· 1804

浙江省长公署训令第七百零四号 令民政厅准省议会咨复甲种实业各
校设留学生额案不成立由 ·· 1804

浙江省长公署训令第七百零五号 令警政厅准内务部咨为查禁各项不
良小说由 ··· 1805

浙江省长公署训令第七百零六号 令各县知事准内务部电订期恢复各
级自治机关俟国会议决即行公布由 ································ 1806

浙江省长公署训令第七百零七号 令各属准司法部咨奉大总统令认真
查禁鸦片复萌由 ··· 1806

浙江省长公署训令第七百零八号 令各县知事各学校为着用校服服料

务从朴实由 …………………………………………………………… 1807

浙江省长公署训令第七百零九号令杭县知事据公民韩复等呈称救生
　　公所形同虚设仰查明妥议整顿办法由 ………………………… 1807

浙江省长公署指令第一千四百七十八号呈一件为各县监狱月报造
　　报迟延请分别记过由 …………………………………………… 1808

浙江省长公署指令第一千四百七十九号呈一件为呈复王时雨控徐
　　宝宝一案判词由 ………………………………………………… 1808

浙江省长公署指令第一千四百八十号呈一件呈为余姚县报王信满
　　受伤落水身死由 ………………………………………………… 1808

浙江省长公署指令第一千四百八十一号呈一件仙居县报验王金氏
　　身死一案由 ……………………………………………………… 1809

浙江省长公署指令第一千四百八十二号呈一件江山县呈报监犯毁
　　械脱逃当场格毙一名由 ………………………………………… 1809
　　附　浙江高等检察厅训令第六百十七号 ……………………… 1809

浙江省长公署指令第一千四百八十九号呈一件呈请奖叙第五区各
　　管带防务出力由 ………………………………………………… 1811
　　附　浙江警政厅训令第三百四十五号 ………………………… 1811

浙江省长公署指令第一千四百九十二号呈一件警政厅报获匪梁周
　　咸送黄岩县讯办由 ……………………………………………… 1812

浙江省长公署指令第一千四百九十三号呈一件警政厅呈报续获嘉
　　兴事主姜珠福劫案内盗犯戴小麻子等送县讯办由 …………… 1812

浙江省长公署指令第一千四百九十四号呈一件警政厅报获盗犯吴
　　阿荣解平湖县讯办由 …………………………………………… 1813

浙江省长公署批第四百五十二号呈一件为司法滥用职权请饬秉公讯
　　究由 ……………………………………………………………… 1813

浙江省长公署批第四百五十三号呈一件控于吉人等串盗祀田由 …… 1813

浙江省长公署批第四百五十四号呈一件请饬拿凶犯孔小回等讯办由
　　…………………………………………………………………… 1814

201

吕公望集

浙江省长公署批第四百五十六号禀一件请将湘湖咨询案提交省会复议由……1814

浙江省长公署训令第六百七十六号令民政厅准省议会咨复处理湘湖案由……1814

浙江省长公署训令第　　号令民政厅转饬各属遵限造送四年度学校统计表由……1815

附　浙江民政厅训令第七百六十七号……1816

第 六 册

吕公望集卷六　公牍六……1819

浙江省长公署训令第七百十二号令各厅署各县为民政厅改为政务厅仍以前王厅长为政务厅长自十月一日起所有前民政厅之主管事务即由省长公署直接办理由……1819

浙江省长公署布告第一号布告全省人民为民政厅改为政务厅仍以前王厅长为政务厅长自十月一日起所有前民政厅之主管事务即由省长公署直接办理由……1820

省长公署电各县知事为双十节各机关暨各学校放假三日由……1820

吕督军致梁任公书……1820

致大总统国务院等电……1821

浙江省长公署致铁路局函……1821

浙江省长公署训令第七百十四号令省会警察厅转知商会国庆日令各商铺悬旗庆祝由……1821

浙江省长公署通告为规定见客时间由……1822

浙江省长公署通告……1823

浙江省长公署咨督军署为咨调文牍秘书莫章达书记韩秉臧李云骏司书邹绳祖四员由……1823

浙江省长公署咨督军署准内务部电为国庆日追祭有功民国忠烈即希查照由……1824

目 录

浙江省长公署委任令第十九号令任命陈焕章为本署机要科助理秘书
并兼公报处主任由 ··· 1824

浙江省长公署委任令第二十号令委任韦以黼等为民政秘书由 ········ 1825

浙江省长公署指令第一千五百十二号令财政厅长莫永贞呈一件为
劝募五年内国公债请予展限三月至本年年终为截止期由 ········ 1825

浙江省长公署批第四百六十号呈一件为朱鸿勋等拟设义新茧厂朦部
换照请咨部注销由 ··· 1825

浙江省长公署批第四百六十一号呈一件为屯田缴价委员裘夑侵吞屯
田匿报罚金一案请派委严追由 ····································· 1826

浙江省长公署批第四百六十二号原具呈人旅严金华同乡会代表朱学
全等呈一件请将翁氏遗产给由金华同乡会收管由 ················ 1826

浙江省长公署咨督军署咨省议会为改刊浙江省长印信及启用日期由
··· 1826

浙江省长公署公函五年省字第十五号函知盐运使为改刊浙江省长印信及启
用日期由 ··· 1827

浙江省长公署训令第七百二十四号令委任郭梓熙等为本署总务科会
计庶务等员由 ··· 1827

浙江省长公署训令第七百二十五号令委任马贰卿等为本署监印由
··· 1828

浙江省长公署训令第七百二十八号令各厅署为改刊浙江省长印信及
启用日期由 ·· 1828

浙江省长公署训令第七百三十七号令高审厅通令各属订购光绪条约
补遗由 ··· 1828

附 浙江高等审判厅训令第八百九十四号 ··················· 1829

浙江省长公署训令第 号令准铨叙局咨变通文职任用程序一案经国务
会议议决照办转饬所属遵照由 ··································· 1830

附原呈 ·· 1830

203

浙江省长公署指令第一千五百二十五号呈一件为奉令查复警佐王
　　文棣被控各节请毋庸议由……………………………………… 1831
浙江省长公署指令第一千五百二十六号呈一件为城区保卫团总仇
　　光遥办事成绩优异请援案给奖由…………………………… 1831
浙江省长公署指令第　号呈一件为镇海县吴知事拒绝委任人员请酌予
　　处分由………………………………………………………… 1832
浙江省长公署批第四百六十五号呈一件禀不能赴诉之理由由……… 1832
浙江省长公署批第四百六十六号呈一件续控陈维新等修谱灭族一案由
　　……………………………………………………………… 1832
浙江省长公署批第四百六十七号呈一件续呈周赵兰家私存烟土一案
　　补呈县卷由…………………………………………………… 1832
浙江省长公署布告第二号为改刊浙江省长印信及启用日期由……… 1833
省长复遂安县知事电………………………………………………… 1833
　　附　来电…………………………………………………… 1833
浙江省长公署批第四百七十六号呈一件为控告鄞县看守所长管铎营
　　私舞弊各情由………………………………………………… 1833
浙江省长公署批第四百七十八号原具呈人汪长至呈一件请饬县保释由
　　……………………………………………………………… 1834
浙江省长公署批第四百七十九号原具呈人陈步云呈一件请求提讯将
　　伊子陈继足释放一案由……………………………………… 1834
吕省长致本署名誉顾问函…………………………………………… 1834
浙江督军公署浙江省长公署咨复国务总理………………………… 1835
浙江督军公署训令第二六〇号浙江省长公署训令第七二九号
　　令各属准国务院咨为唐督军所定官吏疏纵鸦片处分请查照施禁由…… 1835
浙江督军公署训令第二七三号浙江省长公署训令第七四九号
　　令文武各属为日人铃木楠雄赴苏浙等省游历令保护由……… 1837
　　附　浙江警政厅训令第三百九十七号…………………… 1837

目　录

浙江督军公署训令第二七四号浙江省长公署训令第七四八号
　　令文武各属为德商制造师陶君赴闽浙等省游历令保护由 ················· 1838
　　附　浙江警政厅训令第三百八十五号 ································· 1839

浙江督军公署训令第二七五号浙江省长公署训令第七四七号
　　令文武各属为德人恩格尔赴苏浙等省游历令保护由 ··················· 1840
　　附　浙江警政厅训令第三百八十一号 ································· 1840

浙江督军公署训令第二七六号浙江省长公署训令第七四六号
　　令文武各属为葡人瓦立维拉赴苏浙等省游历令保护由 ················· 1841
　　附　浙江警政厅训令第三百八十三号 ································· 1842

浙江督军公署训令第二七七号浙江省长公署训令第七五〇号
　　令文武各属为义人卡特班赴苏浙游历令保护由 ······················· 1842
　　附　浙江警政厅训令第三百八十四号 ································· 1843

吕省长致本署谘议官郁振域刘世荣章彬程天邃徐宪章吴承
斋金继扬姜桐轩周籀张孟定马振中函 ································· 1844

浙江省长公署咨省议会为查案答复咨送陈议员等水产制纸巡回讲演事
　　项质问书由 ··· 1844

浙江省长公署委任令第二十三号令杨钦琦等为本署各科科员由 ······ 1845

浙江省长公署委任令第二十四号令富光年等为视学员由 ············ 1845

浙江省长公署委任令第二十五号令钮翔青等为矿务技术调查员由 ······ 1846

浙江省长公署指令第一千五百七十九号呈一件於潜县呈报陆乌毛
　　被张元有枪伤殒命勘验情形由 ······································· 1846

浙江省长公署指令第一千五百八十一号呈一件转报内河水警六队
　　获盗张毛头解县讯办情形由 ··· 1846

浙江省长公署批第四百八十号原具呈人义乌楼宝袋呈一件呈请取销
　　通缉一案由 ··· 1847

浙江省长公署批第四百八十一号原具呈人张锦文等呈一件控沈逸波
　　诈欺粮户浮收肥己请澈查由 ··· 1847

205

浙江省长公署批第四百八十二号 原具呈人周正柠呈一件呈明伊兄周
  正熺暗杀确系李春馥主谋由 …………………………………… 1847
浙江省长公署通告 ……………………………………………………… 1848
浙江省长公署训令第七百五十号 令农事试验场等发农业报告书由 …… 1848
浙江省长公署训令第七百六十号 令各县知事准农商部咨请饬属查报
  美国丕尔斯条问池塘蓄鱼各节由 …………………………… 1849
  照抄丕尔斯君原条问 ………………………………………… 1849
浙江省长公署训令第七百六十一号 令东阳县知事准内务部咨复该县
  请拨山川坛旧址筹办苗圃应准拨用由 ……………………… 1850
浙江省长公署训令第七百六十二号 令发省立第三苗圃编送《植树浅
  说》由 ………………………………………………………… 1850
浙江省长公署训令第七百六十三号 令警政厅各县知事为外人招募华
  工如确系雇充工人应随时具报外交内务农商三部核准由 …… 1851
浙江省长公署训令第七百六十四号 令高审检厅为奉令任命本省高等
  审判厅长范贤方为广东高等审判厅长高等检察厅检察长殷汝熊为湖南高等
  审判厅长由 …………………………………………………… 1851
  附　北京司法部来电两道 …………………………………… 1852
浙江省长公署指令第　号 呈一件为请转咨追缴屯溪东亚药房欠款由 …… 1852
浙江省长公署指令第一千五百七十六号 呈一件为呈报各县监所烟
  赌人犯拟令自备口粮由 ……………………………………… 1852
  附　浙江高等检察厅训令第六百三十八号 ………………… 1853
  附　原呈 ……………………………………………………… 1853
  附　浙江高等检察厅训令第八百一十九号 ………………… 1854
浙江省长公署通告 ……………………………………………………… 1855
浙江省长呈大总统 据高检厅呈为浙省检察经费拟恳援例流用乞鉴核转呈由
   ………………………………………………………………… 1855
浙江督军公署训令第二百六十六号 令各厅转饬各属奉大总统令台州
  镇守使移驻宁波改称宁台镇守使由 ………………………… 1857

附　浙江财政厅训令第六百三十三号……………………1857
浙江督军公署训令第二六七号浙江省长公署训令第七七一号
　令各属准江苏省长咨葡人张蕙史等来浙游历由…………1858
浙江督军公署训令第二六八号浙江省长公署训令第七七〇号
　令各属准江苏省长咨日人佐佐布质直来浙游历由………1858
浙江督军公署训令第二六九号浙江省长公署训令第七六九号
　令各属准江苏省长咨日人岩田虎一来浙游历由…………1859
浙江督军公署训令第二七〇号浙江省长公署训令第七六八号
　令各属准江苏省长咨日人盐岛美雄来浙游历由…………1860
浙江省长公署训令第七百六十七号令嵊县知事据前民政厅核复该县
　条陈关于警政各节由……………………………………1860
浙江省长公署训令第七百七十三号令镇海县准交通部咨将虞和德所
　办电话交由该处电局管有由……………………………1861
浙江省长公署训令第七百七十四号令警政厅杭县等三县保护华商顾
　敬记长康汽船由…………………………………………1862
浙江省长公署训令第七百七十五号令警政厅嘉善等五县保护华商时
　和公司年丰小轮由………………………………………1862
浙江省长公署训令第七百七十六号令警政厅嘉善县保护华商孙顺昌
　号昌顺小轮由……………………………………………1863
浙江省长公署训令第七百七十七号令余杭等县为准内务部咨请将地
　方警察传习所学员回籍旅费提前解部由………………1863
浙江省长公署训令第七百八十五号令警政厅永嘉县奉督军咨郑炳垣
　眷属上年在永嘉县属被劫一案请令勒限严缉由………1864
浙江省长公署指令第一千五百九十二号呈一件据该县呈复前民政
　厅振兴蚕桑办法并送预算书清册由……………………1865
　附　永嘉县公署垫款购运桑秧分配各区种植计年课效
　　　办法……………………………………………………1865

207

浙江省长公署指令第一千五百九十五号令平湖县知事张濂呈一件
  为呈报办理农工各要政情形由 ················· 1867
浙江省长公署指令第一千五百九十六号令丽水县知事呈一件据前
  民政厅转呈该县呈送调查实业报告书由 ············· 1867
浙江省长公署指令第一千五百九十七号令浦江县知事呈一件据前
  民政厅转呈该县查复邬珍探矿需用炸药并无危险由 ······· 1868
浙江省长公署指令第一千五百九十八号令遂安县知事呈一件据前
  民政厅转呈该县呈复调查纸料要项由 ··············· 1868
浙江省长公署指令第一千五百九十九号令委员蒋国华及鄞奉镇三
  县知事等呈一件为会县呈复前民政厅履勘东钱湖及开会集议情形由 ········ 1868
  附原呈 ··· 1868
浙江省长公署指令第一千六百号令省立第三苗圃圃长徐一亨呈一件
  据前民政厅转呈该圃长呈送《种树浅说》请予分发由 ······· 1870
  种树浅说 ······································· 1870
浙江省长公署咨复内务部准咨关于医院医校等调查表通令遵填呈转由
  ·· 1874
浙江省长公署训令第　号令为警务科事宜改由警政秘书督同原警务科
  人员办理由 ···································· 1875
浙江省长公署训令第七百八十八号令各警局等准内务部咨关于医院
  医校等调查表通令遵填呈转由 ····················· 1875
浙江省长公署训令第七百九十五号令特派交涉员温世珍准免职以林
  鹍翔署外交部特派交涉员由 ······················· 1876
浙江省长公署训令第七百九十六号令各厅署为各项劳绩保奖文职办
  法议决停止嗣后只另奖励奖各章由 ················· 1876
浙江督军公署指令第一千一百七十九号浙江省长公署指令
  第一千五百二十八号呈一件警政厅为前订《防务条例》请以明令废止由
  ·· 1877

附　浙江警政厅训令第三百七十二号…………… 1877
　　附原呈……………………………………………… 1878
浙江省长公署指令第一千六百零三号呈一件民政厅警政厅呈复核
　　议缙云县请奖出力人员一案给奖办法由…………… 1879
　　附　缙云县知事原详………………………………… 1880
　　附　浙江警政厅训令第四百十五号………………… 1881
浙江省长公署指令第一千六百零四号令警政厅长夏超呈一件呈复
　　会议归并台州保卫团暨移交接收办法由…………… 1882
浙江省长公署指令第一千六百零五号令警政厅长夏超呈一件呈报
　　外海水警第一队耗用子弹请核销由………………… 1882
浙江省长公署指令第一千六百零六号令警政厅长夏超呈一件呈为
　　外海水警第二游巡队长周学濂缉获邻境被劫油船救回难民酌拟给奖办法由
　　………………………………………………………… 1883
浙江省长公署指令第一千六百零八号呈一件呈补送警佐张锡瓒因
　　公负伤给恤调查表由………………………………… 1883
浙江省长公署指令第一千六百十一号呈一件呈复整顿富阳暨各县
　　审检所承发吏积习由………………………………… 1883
浙江省长公署指令第一千六百十二号呈一件呈请发还余杭管狱员
　　庞杨垟证明文件由…………………………………… 1883
浙江省长公署指令第一千六百十三号呈一件海宁县呈监狱经费不
　　敷甚巨请示补救办法由……………………………… 1884
浙江省长公署指令第一千六百十五号呈一件呈报查办李应等与季
　　昌波等聚众决斗一案会营解散由…………………… 1884
浙江省长公署批第四百九十三号呈一件为呈请将全浙监狱学校咨部
　　追认立案由…………………………………………… 1884
浙江省长公署批第四百九十六号原具呈人缙云曹书升呈一件为曹金
　　孝砍毙曹拱星一案请派委澈查由…………………… 1885

209

浙江省长公署训令第七百八十九号令绍兴县知事准农商部咨绍兴东
关商务分所改设商会一案区域如何划分各于章程内明定并催城商会从速改
组由 ……………………………………………………………… 1885

浙江省长公署训令第七百九十号令财政厅准国务院蒸电每月税收数
目向限次月电报中央应转饬财政厅迅速遵办由 …………………… 1886

浙江省长公署训令第八百零二号令各县准内务部咨行奉令严禁鸦片
重申前令请通行遵照由 ………………………………………………… 1886

浙江省长公署训令第八百零七号令各县知事准省议会咨关于筹备义
务教育之设齐国民学校年限及办法并造就师资办法两案议决情形仰分别
遵办由 ……………………………………………………………………… 1887

关于筹备义务教育之全省国民学校设齐年限及办法案 …… 1888

浙江省长公署训令第八百零八号令各联合师范讲习所准省议会咨关
于筹备义务教育之造就师资办法案议决情形仰遵照由 ……………… 1889

浙江省长公署指令第一千六百二十九号呈一件呈报办理玉环民人
蔡思岳控伊子蔡加法被哨官黄树勋滥刑毙命一案由 ………………… 1890

浙江省长公署指令第一千六百三十三号呈一件据呈前民政厅为蔡
光寿等创设肥料公司转送简章细则由 ………………………………… 1891

浙江省长公署指令第一千六百三十四号呈一件呈据上虞高小校长
呈请发给美赛会教育品奖章由 ………………………………………… 1891

浙江省长公署指令第一千六百三十五号呈一件据呈前民政厅为商
民王兆麟等请在桐属开设各茧行由 …………………………………… 1891

浙江省长公署指令第一千六百三十六号呈一件为商人赵颐拟请开
设茧行请核示由 ………………………………………………………… 1892

浙江省长公署指令第一千六百三十七号呈一件为商人王练拟在泉
湾开设利大茧行由 ……………………………………………………… 1892

浙江省长公署指令第一千六百四十五号呈一件为呈复查明朱璧光
等禀严公记快船不依规则等情一案办理情形由 ……………………… 1892

附原呈 ………………………………………………………… 1892

目 录

浙江省长公署指令第一千六百四十六号呈一件为呈报县属万馀丰
　花庄被劫诣勘情形由 ················· 1894
浙江省长公署指令第一千六百四十九号呈一件为呈送九月分开支
　侦探经费清册请准核销由 ················ 1894
　附原呈 ······················· 1894
浙江省长公署指令第一千六百六十六号呈一件呈复汪长至呈控被
　沈伯櫓等串诈保金一案由 ················ 1895
浙江省长公署批第五百零三号禀一件为请减免警厅肉捐由 ···· 1895
浙江省长公署批第五百零六号呈一件为命案久搁勒写和据请查办由
　····························· 1895
浙江省长公署批第五百零七号呈一件呈控韩士衡狡串陆知事滥刑伤
　骨一案取具结保请准理由 ················ 1896
浙江省长公署批第五百零八号呈一件呈为李春馥等谋杀周正熺一案
　抄密函请电饬拘押由 ·················· 1896
浙江省长公署批第五百零九号呈一件呈控杭看守所长一案遵批邀保
　具结由 ······················· 1896
浙江省长公署批第五百十一号呈一件呈称伊与谢佩铭为状元府基地
　纠葛一案不服判决提起诉愿由 ·············· 1897
浙江省长公署批第五百十三号呈一件呈伊夫张亮采被张世骏枪毙一
　案请饬县缉办由 ···················· 1897
浙江省长公署批第五百十五号禀一件为筹拟全国清理田赋编造鱼鳞
　册办法由 ······················· 1897
浙江省长公署咨复省议会为议员黄强等质问由 ········· 1898
浙江省长公署咨复省议会为议员林卓等质问由 ········· 1898
浙江省长公署咨复省议会以电政向由局电直接交通部本省长无管辖之
　权由 ························· 1899
浙江省长公署咨复省议会咨行取缔旅店规则业经通过缮折请公布至管

211

理酒店规则应即废止由 …………………………………………… 1899
　　　旅店营业取缔规则议决案 …………………………………………… 1900
浙江省长公署咨农商部据前民政厅呈送富阳场口镇商会章程等及钤记
　　　公费由 ………………………………………………………………… 1907
浙江省长公署咨农商部据前民政厅呈送嵊县商会检送钤记公费及章程
　　　名册由 ………………………………………………………………… 1908
浙江省长公署公函第十七号函驻宁英领事为诸暨县蟹眼桥基地纠葛案
　　　令速讯结由 …………………………………………………………… 1909
浙江省长公署委任令第七百九十八号令刘传亮调充本署机要助理
　　　秘书由 ………………………………………………………………… 1909
浙江省长公署训令第八百十三号令查勘宁海县属设置新化县治地点由
　　　 ………………………………………………………………………… 1910
浙江省长公署训令第八百十四号令诸暨县为该县蟹眼桥基地纠葛案
　　　令速讯结由 …………………………………………………………… 1912
浙江省长公署训令第八百二十九号令财政厅准财政部电为五年内国
　　　公债展缓截收期限希饬各属劝募由 ………………………………… 1913
浙江省长公署训令第八百三十一号令财政厅长兼烟酒公卖局长据温
　　　岭县酒类公卖支栈查缸员杨锐为定海县知事委充要犯韩士衡为视学员请饬
　　　县押解严办由 ………………………………………………………… 1914
浙江省长公署训令第八百三十二号令金华县知事据卸任永康县知事
　　　吕策电陈永绅胡耀南等挟恨要索张知事违法助焰请主持公道由 ……… 1914
浙江省长公署指令第一千六百五十六号呈一件为创设小菜暨停车
　　　各场并重修市道请行文绅董劝募由 ………………………………… 1915
浙江省长公署咨复省议会为本署顾问谘议已实行裁撤由 ……………… 1916
浙江省长公署咨农商部咨送葛景伊等请采诸暨锌矿矿图保结等件由 …… 1916
浙江省长公署咨财政部农商部为财政厅呈为转报地方实业银行派选
　　　董事稽查人员请核咨由 ……………………………………………… 1917

目 录

浙江督军公署训令第二九六号浙江省长公署训令第八四一号
　　令各属准江苏省长咨台湾人周少卿等来浙游历由 …………………… 1918
浙江督军公署训令第二九七号浙江省长公署训令第八四二号
　　令各属准江苏省长咨葡人蔡和霄来浙游历由 ………………………… 1918
浙江督军公署训令第二九八号浙江省长公署训令第八四三号
　　令各属准江苏省长咨英人该赐来浙游历由 …………………………… 1919
浙江督军公署训令第二九九号浙江省长公署训令第八四四号
　　令各属准江苏省长咨奥人立巴尔来浙游历由 ………………………… 1920
浙江督军公署训令第三〇〇号浙江省长公署训令第八四五号
　　令各属准江苏省长咨日人人神尾茂来浙游历由 ……………………… 1920
浙江省长公署委任令第二十七号令委建德县知事验收第九中校三年
　　度建筑工程由 …………………………………………………………… 1921
浙江省长公署训令第八百十六号令海宁等县参照杭县暨警政厅打捞
　　野荷花办法由 …………………………………………………………… 1922
　　附原呈 …………………………………………………………………… 1922
浙江省长公署训令第八百二十号令私立法校准教育部咨该校所请设
　　立别科应毋庸议由 ……………………………………………………… 1925
浙江省长公署训令第八百三十三号令瑞安县知事据水利委员会呈为
　　瑞安北乡塘西等河涨地一案由 ………………………………………… 1926
浙江省长公署训令第八百三十四号令财政厅据天台袁魁杰呈张月波
　　私开典押冒领当帖请依法处分由 ……………………………………… 1927
浙江省长公署训令第八百三十七号令瑞安知事据该县民陈珍生暨黄
　　黼枢等呈争显佑庙产一案仰即遵令办理具复由 ……………………… 1928
浙江省长公署训令第　　号令高检厅准司法部咨复兰溪管狱员沈明时资
　　格相符准予备案由 ……………………………………………………… 1929
浙江省长公署训令第八百五十七号令各县知事准农商部咨各商毋得
　　任意假冒外商牌号饬属示谕劝导由 …………………………………… 1930

213

浙江省长公署指令第一千六百八十四号呈一件为改委椽属开送履
　　历请注册由 ··· 1930
　　附原呈 ··· 1930
浙江省长公署指令第一千七百零一号呈一件呈前民政厅为仿办县
　　属各高小校联合运动会动支地方学款息金请示由 ··············· 1931
浙江省长公署指令第一千七百零四号呈一件呈前民政厅送县立中
　　校四年度管教员学生一览表由 ································· 1931
浙江省长公署指令第一千七百零五号呈一件呈前民政厅为三四年
　　分教育报费早经清解由 ······································· 1931
浙江省长公署指令第一千七百零七号呈一件呈前民政厅查复县视
　　学沈桐被控一案由 ··· 1932
浙江省长公署指令第一千七百零八号呈一件呈前民政厅为拟将旧
　　教演场借充公众运动场由 ····································· 1932
浙江省长公署指令第一千七百十六号令嘉兴县知事呈一件为条陈
　　该县地方兴革事宜由 ··· 1933
浙江省长公署指令第一千七百十七号令临安县知事呈一件为条陈
　　该县地方兴革事宜由 ··· 1934
浙江省长公署指令第一千七百十八号令武康县知事呈一件为条陈
　　该县地方兴革事宜由 ··· 1935
浙江省长公署指令第一千七百二十号呈一件呈为具复临安县金任
　　交代总散册尚未造送款亦未据解清等情由 ······················· 1937
浙江省长公署批第五百十六号原具呈人绍兴俞仲立呈一件呈宋知事
　　蔑视盗案请严令勒缉赃盗由 ··································· 1937
浙江省长公署批第五百二十三号原具禀人前参议会文牍员陈翰如禀
　　一件为请求以警佐存记由 ····································· 1937
浙江省长公署批第五百二十六号原具呈人龚宝铨等呈一件为请给恤
　　阙麟书营葬费由 ··· 1938

目 录

浙江省长公署批第五百二十七号原具呈人永嘉商民项正昌呈一件为
　　赴城运货被统捐分局勒令重捐请饬查由 …………………………… 1938

浙江省长公署训令第七百八十号令各县知事转行讲演所遵讲严禁鸦
　　片由 ……………………………………………………………………… 1938

浙江省长公署训令第七百八十四号令各县知事杭州商务总会据甲种
　　商校呈请分行录用第三班本科毕业生由 ………………………………… 1939

浙江省长公署训令第八百零五号令各县知事遵限裁撤县属警队腾出
　　经费预备办理自治由 …………………………………………………… 1941

浙江省长公署训令第八百二十一号令公立法校准教育部咨废止法政
　　讲习所章程由 …………………………………………………………… 1942

浙江省长公署训令第八百二十六号令财政厅据永嘉商民项正昌呈为
　　赴城运货被统捐分局勒令重捐请饬查由 ………………………………… 1942

浙江省长公署训令第八百四十七号令江山知事据委查复警佐李春馥
　　被控各款情形由 ………………………………………………………… 1943

浙江省长公署训令第八百五十二号令平阳县据该县农会报告前民政
　　厅长垂询关于农业计划由 ……………………………………………… 1944
　　附　平阳县县农会报告书 ……………………………………………… 1945

浙江省长公署训令第八百五十三号令旧杭嘉湖绍各属及分水兰溪鄞
　　县奉化等县准农商部咨复添设茧行一案发表式遵查填报由 …………… 1947

浙江省长公署训令第八百五十四号令杭县据前民政厅呈赵步洲请求
　　回复矿权由 ……………………………………………………………… 1948

浙江省长公署训令第八百五十六号令绍兴县据沪杭甬铁路局呈复函
　　转绍萧两县水利联合研究会要求条件由 ………………………………… 1949

浙江省长公署训令第八百五十九号令警政厅为陈从海禀诉张成恩哨
　　官勒拿诈洋再求恩准全营兵官对调由 ………………………………… 1950

浙江省长公署训令第八百六十号令警政厅为谢良翰禀荐桥街三太傅
　　祠被警厅强筑菜场奉批承置不理由 …………………………………… 1951

215

浙江省长公署训令第八百六十一号令汤溪县该县拿获逃兵吴培元案
内准督军咨将该知事记大功一次已准咨注册由……………………… 1952

浙江省长公署训令第八百六十二号令各属为台州镇守使移驻宁波改
称宁台镇守使由 ……………………………………………………… 1952

浙江省长公署训令第八百六十三号令各统捐局准省议会咨请严禁司
巡人等擅向商船索取货物由（补登）……………………………… 1953

浙江省长公署训令第八百六十九号令高检厅查核司法警察教练所毕
业生邵子承等呈请录用复议由 …………………………………… 1954

　　附　浙江高等检察厅训令第八百五十九号 ………………… 1955

浙江省长公署指令第一千七百三十四号呈一件据呈前民政厅为造
送四年分农商统计表票由 ………………………………………… 1955

浙江省长公署指令第一千七百三十六号呈一件为请销修理沈塘湾
等处塘岸补助费用由 ……………………………………………… 1956

浙江省长公署指令第一千七百四十号呈一件据前民政厅转呈该厂
本年一二两月支出计算书由 ……………………………………… 1956

浙江省长公署指令第一千七百四十二号呈一件为请派员验收会议
厅工程并声明工程外支款由 ……………………………………… 1956

浙江省长公署指令第一千七百四十三号呈一件为瑞安北乡劣绅指
河涨为官荒估价报买请令县取消前案由 ………………………… 1957

浙江省长公署指令第一千七百四十六号呈一件据前民政厅转呈衢
县造送更正六七八月公益费收支册及七月分抵补金特捐册由 … 1957

浙江省长公署批第五百三十四号呈一件拟在园花镇开设久成茧行请
备案由 ……………………………………………………………… 1957

浙江省长公署咨教育部解还四年七月至九月部垫留欧学费欠款由 …… 1958

浙江省长公署咨教育部解还四年六月以前浙省欧费欠息由 ………… 1958

浙江省长公署咨复省议会咨送议员许祖谦提出关于海宁塘工局事质问
书由 ………………………………………………………………… 1959

目 录

浙江省长公署咨内务部准咨据王介安等呈请仍照向章限制茧行一面广
　　兴蚕桑以培原料由 …………………………………………………… 1959

浙江省长公署训令第八百七十四号令财政厅据甲种商校呈请转行录
　　用第三班本科毕业生由 ……………………………………………… 1960

浙江省长公署训令第八百七十五号令财政厅遵照部咨分别核办周李
　　光等恤案由 …………………………………………………………… 1961

浙江省长公署训令第八百八十四号令各县准农商部咨送《改良中国
　　生丝节略》请转发传布由 …………………………………………… 1962
　　　改良中国生丝节略　绪言 ………………………………………… 1962
　　　改良中国生丝节略　美国丝业会著 ……………………………… 1963

浙江省长公署训令第八百八十五号令催各县呈送调查实业报告书以
　　凭汇办由 ……………………………………………………………… 1971

浙江省长公署训令第八百八十六号令催各县迅报振兴蚕桑办法由
　　………………………………………………………………………… 1971

浙江省长公署训令第八百八十七号令各缫丝厂为核定每月工作各项
　　限度表仰即遵办由 …………………………………………………… 1971

浙江省长公署指令第一千七百二十七号令财政厅长莫永贞呈一件
　　为拟送清查逃亡故绝各户产业表式并陈办法由 …………………… 1972
　　　附原呈 ……………………………………………………………… 1972

浙江省长公署指令第一千七百四十八号令黄岩县知事汤赞清呈一
　　件为造送五月至八月禁烟罚款清册由 ……………………………… 1974

浙江省长公署指令第一千七百七十二号令海宁县知事刘蔚仁呈一
　　件为更委掾属呈送履历请注册由 …………………………………… 1974
　　　附原呈 ……………………………………………………………… 1975

浙江省长公署指令第一千七百七十四号呈一件呈报钱朱氏被盗勘
　　验情形由 ……………………………………………………………… 1975

浙江省长公署指令第一千七百七十五号呈一件呈报宋正瑞被张三

弟戳伤毙命勘验情形由 …………………………………………… 1975

浙江省长公署指令第一千七百七十六号呈一件呈报宁二宝被吴阿
　　宁等殴伤身死勘验获犯情形由 ………………………………… 1975

浙江省长公署指令第一千七百八十号呈一件崇德县呈报陆万庆等
　　三家被盗抢劫一案勘讯情形由 ………………………………… 1976

浙江省长咨农商部据平阳县先后呈送商会章程名册及钤记费并各名册请
　　核复由 …………………………………………………………… 1976

浙江省长公署训令第八百九十七号令各县知事填送四年度外人设立
　　学校调查表由 …………………………………………………… 1977

浙江省长公署训令第八百九十八号令各县准部咨行各该知事已分别
　　呈准奖励照录清单行知由 ……………………………………… 1978

浙江省长公署训令第八百九十九号令慈溪县知事照录部咨奖励一案
　　转咨该前知事杨遵路知照由 …………………………………… 1978

浙江省长公署指令第一千七百五十号呈一件为呈请将习艺所所长
　　艺师等免予撤换由 ……………………………………………… 1979

浙江省长公署指令第一千七百六十七号呈一件为造送筹备立法院
　　议员选举费用乞核销由 ………………………………………… 1979

浙江省长公署指令第一千七百八十二号呈一件呈送八月分违警罚
　　金清册由 ………………………………………………………… 1979

浙江省长公署指令第一千七百八十三号呈一件呈送九月分县警队
　　经费收支册由 …………………………………………………… 1982

浙江省长公署指令第一千七百九十三号呈一件为请奖给耆民仇成
　　坦匾额由 ………………………………………………………… 1983

浙江省长公署指令第一千七百九十八号呈一件为呈请委任习艺所
　　所长由 …………………………………………………………… 1983

浙江省长公署指令第一千八百一十号呈一件据前民政厅转呈永康
　　县卸任知事吕策呈送九月一日至念七日县税收支册由 ……… 1983

目 录

浙江省长公署指令第一千八百十二号令嘉兴县知事呈一件据该县
　　呈前民政厅复嘉纶茧厂擅用重秤系一时错误请销案由 …………… 1984
浙江省长公署指令第一千八百十八号令崇德县知事汪寿銮呈一件
　　为公民沈沛农等拟新设备茧行祈示遵由 ……………………………… 1984
浙江省长公署指令第一千八百十九号呈一件据呈前民政厅为准商
　　会续请声明益成分行改作公益恒正行并无违碍由 …………………… 1984
浙江省长公署指令第一千八百二十一号令武康县知事呈一件据该
　　县知事呈沈镕等请开设裕盛茧行乞转咨给帖由 ……………………… 1985
浙江省长公署指令第一千八百二十二号令浦江县知事呈一件据前
　　民政厅转呈该县农会森林苗圃图说及开办费预算表由 ……………… 1985
浙江省长公署指令第一千八百二十七号令嘉兴县知事张梦奎呈一
　　件据前民政厅转呈该县呈为商民孙澄等呈请添设茧行由 …………… 1985
浙江省长公署指令第一千八百二十九号呈一件为条陈筹设全浙工
　　厂以兴实业由 ……………………………………………………………… 1986
浙江省长公署指令第一千八百三十七号呈一件警政厅民政厅为遵
　　核遂安县请奖得力营警员弁一案由 ……………………………………… 1986
浙江省长公署指令第一千八百三十八号令警政厅长夏超呈一件为
　　该厅呈据警备队第六区统带呈垫发前道署警队饷项川资可否令行旧道属各
　　县局解还归垫由 …………………………………………………………… 1986
浙江省长公署指令第一千八百四十八号呈一件呈为报明外海水警
　　厅汇解船舶牌照等费请备查由 …………………………………………… 1987
浙江省长公署指令第一千八百五十九号呈一件呈报会验江山警察
　　方元章服毒身死由 ………………………………………………………… 1987
浙江省长公署指令第一千八百六十八号呈一件呈前民政厅为呈复
　　补助阅报社经费拟在县税四成教育费内动拨由 ………………………… 1987
浙江省长公署批第五百三十九号呈一件据前民政厅转呈该商为脱退
　　矿业权请求俯准由 ………………………………………………………… 1988

219

浙江省长公署批第五百四十号呈一件据该商呈前民政厅为请设日新
　　茧行四距里数符合条例请准发牙帖由……………………………… 1988
浙江省长公署批第五百四十一号呈一件据前民政厅转呈该商补送履
　　历保结请核转准给采矿执照由…………………………………… 1988
浙江省长公署批第五百四十二号呈一件为王麻四霸占水浦及涂地一
　　案请饬县克日丈量由……………………………………………… 1989
浙江省长公署批第五百四十六号呈一件呈请招集司法警察教练毕业
　　生饬属尽先录用由………………………………………………… 1989
浙江省长公署批第五百七十号呈一件为征收主任陆翰章浮报灾额侵
　　蚀蠲银控请派员查追由…………………………………………… 1989
浙江省长公署通告………………………………………………………… 1989
浙江省长公署训令第九百零七号令鄞县等五县知事催填三年度外人
　　设立学校调查表由………………………………………………… 1990
浙江省长公署训令第九百十九号令财政厅准财政部咨复财政厅议复
　　各店铺年节账单免贴印花等情一案由…………………………… 1990
浙江省长公署指令第一千八百七十号呈一件呈前民政厅送义务教
　　育程序内调查事项表册由………………………………………… 1991
浙江省长公署指令第一千八百七十七号令长兴县知事魏兰呈一件
　　呈前民政厅为呈送缮正通俗教育讲演所章程规则及履历请备案由…… 1992
　　长兴县公立通俗教育讲演所章程………………………………… 1992
　　长兴县公立通俗教育讲演所办事规则…………………………… 1993
　　长兴县公立通俗教育讲演所听讲规则…………………………… 1994
浙江省长公署指令第一千八百七十八号令海盐县知事朱丙庆呈一
　　件呈前民政厅筹设教育行政会议拟具章程由…………………… 1995
　　海盐县教育行政会议章程………………………………………… 1995
浙江省长公署指令第二千零四十七号呈一件具复监征员朱一鸣报
　　告梅溪茧捐局长与大纶茧行串弊一案查无其事请免置议由…… 1996

目 录

浙江省长公署指令第二千零五十三号呈一件桐乡统捐局为陈明办
　　理为难情形请派员调查以期核实由 …………………………………… 1997
浙江省长公署批第五百六十八号呈一件禀为富阳征收主任沈逸波纵
　　警殃民请派员查办由 …………………………………………………… 1997
浙江省长公署批第五百六十九号呈一件为酒捐经理陈恭藻等虚报苛
　　征强制勒缴控请饬查由 ………………………………………………… 1997
浙江省长公署咨省议会为咨取缔戏园及取缔食品市场两种规则业经通
　　过咨请查照由 …………………………………………………………… 1998
　　《浙江省取缔戏园规则》议决案 ………………………………… 1998
　　《浙江省食品市场取缔规则》议决案 …………………………… 2002
浙江省长公署咨省议会为咨复吴议员文禧关于回复自治质问由 ……… 2004
浙江省长公署咨农商部据余杭县呈送更正商会章程检同前存名册及钤
　　记公费请核复由 ………………………………………………………… 2005
浙江省长公署咨农商部据於潜县呈送商会章程检同前存名册等请核复由
　　………………………………………………………………………… 2006
浙江省长公署咨农商部据分水县知事呈报商会启用钤记日期由 ……… 2007
浙江省长公署咨复教育部浙省教育费并无移用及六年度扩充情形由 …… 2007
浙江省长公署训令第九百零九号令甲种工校准省议会咨实业学校留
　　学一案经大会决议认为不能成立由 …………………………………… 2008
浙江省长公署训令第九百二十五号令矿商洪沛邬珍遵令补送矿图二
　　份由 ……………………………………………………………………… 2008
浙江省长公署训令第九百二十六号令广兴煤矿公司准部咨该公司变
　　更代表人应取具证明文据呈候核办由 ………………………………… 2009
浙江省长公署训令第九百三十二号令各师范讲习所将学生严加甄别由
　　………………………………………………………………………… 2009
浙江省长公署训令第九百三十四号令各县知事据两广图书局附设校
　　外教育院呈请饬属购领讲义由 ………………………………………… 2010

221

计开招生简章 ·································	2011
浙江省长公署训令第九百三十五号令省立甲种工校宁属县立甲种工校准教育部咨请录用北京工校浙籍毕业生由 ················	2012
浙江省长公署指令第一千九百七十四号呈一件呈前民政厅以提解本年苗圃经费核数未符请示遵办由 ··················	2012
浙江省长公署指令第一千九百七十六号呈一件呈前民政厅遵补商会章程名册及钤记公费由 ··················	2013
浙江省长公署指令第一千九百七十七号呈一件据呈浙江丝绸机织联合会以多设茧行有妨营业请严格限制由 ············	2013
浙江省长公署指令第一千九百八十五号呈一件核议嵊县知事司法条陈由 ································	2013
浙江省长公署批第五百五十六号呈一件呈控法警王俊明等杀毙伊夫王樟松反诬拒捕请委员查办由 ··················	2014
浙江省长公署批第五百五十八号呈一件呈傅朝荣唆使傅朝庭等强夺耕牛砍毙伊弟请饬县拘办由 ··················	2014
浙江省长公署通告 ································	2014
浙江省长公署咨交通部咨请将浙属航业分令按照图表填造由 ········	2015
浙江省长公署咨复省议会质问任用知事张元成等由 ············	2015
浙江省长公署委任令第二十八号令委林大同为验收海塘工程委员由 ································	2016
浙江省长公署训令第九百二十四号令兰溪县准部咨叶商矿图不合令即转饬遵照更正由 ····················	2017
浙江省长公署训令第九百三十三号令蚕业学校校长为准省议会议员质问该校长对于校务废弛一案由 ··················	2017
浙江省长公署训令第九百四十一号令孝丰县安吉县据政务参议会呈复会议孝丰塘福镇新辟河道及疏浚苕溪故道一案情形由 ····	2018
九月十六日开第三次常会议场速记录 ····················	2019

  九月二十三日开第四次常会议场速记录……2020

  九月三十日开第五次常会议场速记录……2021

  十月七日开第六次常会议场速记录……2022

浙江省长公署训令第九百四十二号令金华县为据情饬查农事试验场
  现在办理情形具复并设法整顿由……2022

浙江省长公署训令第九百四十四号令吴兴等三县知事令催查复限制
  新设冶坊并拟划分行销区域一案由……2024

浙江省长公署训令第九百四十五号令监理处发各厂八月分工作经过
  情形表仰即详核具复由……2025

浙江省长公署训令第九百四十六号令监理处发各丝厂结算报告表仰
  即汇总造表送核由……2025

浙江省长公署训令第九百五十一号令催海盐等七县将应增国民学校
  校数地点调查表迅速呈送由……2026

浙江省长公署训令第九百五十三号令各县知事准交通部咨请将所属
  航政分别填绘由……2026

浙江省长公署指令第一千九百二十二号呈一件据呈前民政厅为鄞
  珍拟在牌头镇创设兴业茧行并缴帖捐由……2028

浙江省长公署指令第一千九百二十三号呈一件为呈报办理农工各
  要政情形由……2028

浙江省长公署指令第一千九百二十六号呈一件为送修正章程清摺
  各当选人名清册并报启用新颁关防日期由……2029

浙江省长公署指令第一千九百二十七号呈一件为呈复查勘鸟门山
  石矿案并绘图拟议办法由……2029

浙江省长公署指令第一千九百二十八号呈一件据前民政厅转呈该
  县呈送调查实业报告书由……2029

浙江省长公署指令第一千九百三十四号呈一件复潘士邦等请在古
  城开设茧行与各行距离里数一案由……2030

浙江省长公署指令第二千零七十五号呈一件呈送调查实业报告书由
.... 2030

浙江省长公署指令第二千零七十六号呈一件据前民政厅转呈该县
呈送调查实业报告书由 2030

浙江省长公署指令第二千零七十七号呈一件据前民政厅转呈该县
呈送调查实业报告书由 2031

浙江省长公署指令第二千零七十九号呈一件据呈前民政厅为施广
福等开设公益茧行请核转给帖由 2031

浙江省长公署指令第二千零八十一号呈一件据呈为饬造农商统计
表册请展限一月由 2031

浙江省长公署指令第二千零八十三号呈一件呈前民政厅据复以前
筹办苗圃情形由 2031

浙江省长公署指令第二千零八十四号呈一件呈请查明益大茧行被
控情形请销案由 2032

浙江省长公署指令第二千零八十五号呈一件呈树艺场经董禀请按
年支给公益费由 2032

浙江省长公署指令第二千零八十六号呈一件呈遵令录送取缔钱庄
贴现条件由 2032

浙江省长公署批第五百七十五号呈一件为《茧行条例》谅已修改前请
开设茧厂乞秉公核夺由 2032

浙江省长公署批第五百七十六号呈一件为前民政厅创设茧厂乞吊核
前卷准予给帖由 2033

浙江省长公署批第五百七十七号呈一件为委员勘定掘毁扇袋角后患
无穷再请饬办由 2033

浙江督军公署浙江省长公署咨江苏督军准咨为英国教士王廷献赴
江浙鲁皖四省游历请饬保护由 2033

浙江省长公署咨省议会为答复第二次质问东塍设电局由 2034

目 录

浙江督军公署训令第三六〇号浙江省长公署训令第九四七号
 令各属准江苏督军咨为保护英教士王廷献赴江浙等省游历由·················· 2035
 附 浙江警政厅训令第四百八十五号·················· 2036

浙江省长公署训令第九百六十四号令财政厅准省议会咨议决按年由
 省款补助宁属甲种商校银二千元由·················· 2036

浙江省长公署训令第九百六十五号令特派交涉员所有各处教会与人
 民纠葛仰迅行各该管官吏处断由·················· 2039
 计开清单一纸·················· 2039

浙江省长公署训令第九百九十六号令各县知事准内务部咨行饬属禁
 止妇女缠足由·················· 2040

浙江省长公署训令第九百九十七号令各县知事准内务部咨复浙省县
 属警队拟分期裁撤应即照准备案由·················· 2040

浙江省长公署指令第一千九百二十九号令缫丝厂监理处主任员陆
 永呈一件呈送各缫丝厂七月份工作经过情形比较表由·················· 2041

浙江省长公署指令第二千零十五号令富阳县警所所长陈融呈一件呈
 警佐童葆初因父病请假请察核由·················· 2042

浙江省长公署指令第二千零三十五号令嵊县知事牛荫麐呈一件查
 复县立中校开办费并送学则履历请委任校长由·················· 2043

浙江省长公署指令第二千零四十号令兰溪县知事苏高鼎呈一件为遵
 令另拟关于教育条陈办法请核示由·················· 2043
 附原呈·················· 2043
 兰溪县补助贫民学费会简章·················· 2044

浙江省长公署指令第二千零四十二号令省立第一中学校校长吴文
 开呈一件造送五年度第一学期管教员学生一览表由·················· 2046

浙江省长公署指令第二千零九十五号令松阳县知事余生球呈一件
 为改委掾属请注册由·················· 2046
 附原呈·················· 2046

浙江省长公署指令第二千零九十八号令遂安县知事陈与椿呈一件
　　为筹设劝学所情形开送预算及各员履历由……………………… 2047
浙江省长公署指令第二千一百七十七号令奉化县知事屠景曾呈一
　　件为遴委掾属开送履历请注册由………………………………… 2047
　　附原呈……………………………………………………………… 2047
浙江省长公署指令第二千一百七十九号令松阳县知事余生球呈一
　　件请病假三星期在署调养职务委由财政主任代行由…………… 2048
浙江省长公署指令第二千一百八十一号呈一件为送九月分教养局
　　经费收支册祈核销由……………………………………………… 2048
浙江省长公署批第五百六十六号呈一件呈叶耀庭控毛仲案内牵涉推
　　戴系出冒捏由……………………………………………………… 2049
浙江省长公署批第五百七十二号呈一件控杨专审员渎职违法请撤换由
　　……………………………………………………………………… 2049
浙江省长公署批第五百七十三号呈一件呈为张光辅因伊兄欠款未清
　　致伊父非法拘禁请饬县开释由…………………………………… 2049
浙江省长公署批第五百七十八号呈一件为疏掘小南汇沙角被上虞劣
　　绅王佐诬陷一案再请委查由……………………………………… 2050
浙江省长公署批第五百七十九号呈一件呈试探淳安铅矿图内名章不
　　符缘由一案由……………………………………………………… 2050
浙江省长公署批第五百八十号呈一件为湘湖关系九乡水利请援案给
　　示并饬县勒石永禁由……………………………………………… 2050
浙江省长公署批第五百八十一号呈一件为农会公选会长不服批销请
　　饬县知照原给委由………………………………………………… 2051
浙江省长公署批第五百八十二号呈一件为前请开设茧厂迄今月余乞
　　吊卷核夺由………………………………………………………… 2051
浙江省长公署批第五百八十三号呈一件为《茧行条例》谅已修正前请
　　开设茧厂请吊卷核夺由…………………………………………… 2051

目 录

浙江省长公署批第五百八十四号呈一件胪举该县代理知事邱峻治绩
请予改代为署由 …… 2052

浙江省长公署批第五百八十五号呈一件请给假回籍措赀由 …… 2052

浙江省长公署通告 …… 2052

浙江省长公署决定书第三号宁海应世芳等为章良鉴混争沙涂不服县署
处分提起诉愿一案由 …… 2053

浙江省长公署咨省议会准咨请按年由省款补助宁属甲种商校银三千元由
…… 2054

浙江省长公署咨省议会为咨明陶童两议员应选情形并送陶议员证书请
转发由 …… 2054

浙江省长公署公布第一号公布省议会咨送《筹办商品陈列馆附设劝工场
议决案》由 …… 2055

　筹办商品陈列馆附设劝工场议决案 …… 2055

浙江督军公署训令第三二八号浙江省长公署训令第九七二号

　令各属为日人佐藤征夫高田矶太郎赴浙游历通令保护由 …… 2058

　附　浙江警政厅训令第五百二十一号 …… 2058

浙江督军公署训令第三二九号浙江省长公署训令第九八二号

　令各属为法人阿若第央赴浙游历令保护由 …… 2059

　附　浙江警政厅训令第五百二十四号 …… 2060

浙江督军公署训令第三三〇号浙江省长公署训令第九七六号

　令各属为日本人平岗小太郎三田宗治郎赴浙游历令照约保护由 …… 2060

　附　浙江警政厅训令第五百二十五号 …… 2061

浙江督军公署训令第三三一号浙江省长公署训令第九八三号

　令各属为德国瑞记洋行大班罗殿臣赴浙游历令保护由 …… 2062

　附　浙江警政厅训令第四百八十四号 …… 2062

浙江督军公署训令第三三二号浙江省长公署训令第九八四号

　令各属为德人林狄文随带手枪猎枪赴浙游历令保护由 …… 2063

227

附　浙江警政厅训令第四百七十九号 …………………… 2064
浙江督军公署训令第三三三号浙江省长公署训令第九八五号
　　令各属为德人顾锡恩携眷随带手猎枪各一支赴浙游历令保护由 …………… 2064
　　附　浙江警政厅训令第四百七十七号 …………………… 2065
浙江督军公署训令第三三四号浙江省长公署训令第九八六号
　　令各属为德人李登白赴浙游历令保护由 ……………………… 2066
　　附　浙江警政厅训令第四百七十八号 …………………… 2066
浙江督军公署训令第三三五号浙江省长公署训令第九六九号
　　令各属为美人盖理逊、亚白赴浙游历令保护由 ……………… 2067
　　附　浙江警政厅训令第四百八十三号 …………………… 2067
浙江督军公署训令第三三六号浙江省长公署训令第九七一号
　　令各属为啲嚩人戴克拉格携带手枪赴浙游历令保护由 ………… 2068
　　附　浙江警政厅训令第四百九十号 …………………… 2069
浙江督军公署训令第三三七号浙江省长公署训令第九七九号
　　令各属为德人哈白保慈各带猎枪赴浙游历令保护由 …………… 2069
　　附　浙江警政厅训令第四百七十五号 …………………… 2070
浙江省长公署训令第九百六十七号令各县知事为严禁私采矿苗并仰
　　布告合县人民一体知照由 ……………………………… 2071
浙江省长公署训令第一千零零二号令宁波警察厅据杨灏等禀组织侦
　　探研究所请立案由 ……………………………………… 2071
　　附　杨灏方梅秦裕等原禀 ……………………………… 2072
浙江省长公署训令第一千零零四号令黄岩温岭两县限日撩除野水荷
　　花由 …………………………………………………… 2073
浙江省长公署训令第一千零十二号令宁波总商会准部咨复宁波总商
　　会章程名册准备案附发关防由 ………………………… 2074
浙江省长公署训令第一千零十三号令龙游县准部咨行该县商会准其
　　改组备案附发钤记由 …………………………………… 2074

目 录

浙江省长公署训令第一千零十六号令金华兰溪浦江三县知事为金华
　　北山林牧公司代表蒋倬章禀请饬县会勘分别官私荒山详细丈查由……… 2075
浙江省长公署指令第二千三百七十五号令黄岩县知事呈一件为县
　　商会选票职员就职造册呈报附缴钤记费由………………………………… 2077
浙江省长公署指令第二千三百七十六号令黄岩县知事呈一件呈路
　　桥商会依法改组请核咨由……………………………………………………… 2077
浙江省长公署指令第二千三百七十七号令水利委员会技正林大同
　　呈一件呈送五六月份支出计算书据由………………………………………… 2078
浙江省长公署指令第二千三百七十八号呈一件为商民韩希龄等请
　　设电灯公司附送章程请核由…………………………………………………… 2078
浙江省长公署指令第二千三百七十九号呈一件为呈报拨款修筑太
　　平桥运洞计家坝由……………………………………………………………… 2078
浙江省长公署指令第二千三百八十二号呈一件前民政厅转呈该县
　　调查实业报告书由……………………………………………………………… 2079
浙江省长公署指令第二千三百八十三号呈一件呈县城商会改组附
　　设章程名册请核转由…………………………………………………………… 2079
浙江省长公署指令第二千三百八十四号呈一件为浙西水利宜乘时
　　兴修并拟先修吴兴碧浪湖由…………………………………………………… 2079
浙江省长公署指令第二千三百八十六号呈一件呈为转函王前场长
　　请其指定代表来场移交迄未答复请核示由…………………………………… 2080
浙江省长公署指令第二千三百八十七号呈一件为旧茧商请恢复茧
　　厂应否准予捐领新帖转呈核示由……………………………………………… 2080
浙江省长公署牌示……………………………………………………………………… 2080
浙江省长公署咨司法部铨叙局核议专审员江巨夔病故恤案由………… 2081
浙江省长公署咨省议会准咨送钱议员保杭等关于原蚕种制造场事项质
　　问书由…………………………………………………………………………… 2082
浙江督军公署训令第三三八号浙江省长公署训令第九八〇号

229

令各属为通令保护德人课尔登赴浙游历由 …………………………… 2083

　　　　附　浙江警政厅训令第四百七十六号………………………… 2084

浙江督军公署训令第三三九号浙江省长公署训令第九七〇号

　　　令各属为罗特随带双管枪手枪赴浙游历令保护由 ……………… 2084

　　　　附　浙江警政厅训令第四百八十六号………………………… 2085

浙江督军公署训令第三四〇号浙江省长公署训令第九七三号

　　　令各属为美人麦淑禧姑娘等赴浙游历令保护由 ………………… 2086

　　　　附名单…………………………………………………………… 2086

　　　　附　浙江交涉公署训令第五十五号…………………………… 2086

　　　　附　浙江警政厅训令第四百九十八号………………………… 2087

浙江督军公署训令第三四一号浙江省长公署训令第九七五号

　　　令各属为美人梅森源赴浙游历令保护由 ………………………… 2088

　　　　附　浙江警政厅训令第四百九十三号………………………… 2088

浙江督军公署训令第三四二号浙江省长公署训令第九八一号

　　　令各属为通令保护英人唐舜赴浙游历由 ………………………… 2089

　　　　附　浙江警政厅训令第四百八十七号………………………… 2090

浙江督军公署训令第三四三号浙江省长公署训令第九七八号

　　　令各属为江苏省咨请保护法人巴赛到浙游历由 ………………… 2090

　　　　附　浙江警政厅训令第五百二十三号………………………… 2091

浙江省长公署训令第九百十三号令公立图书馆长及各县知事准教育

　　部咨征取最新刊之志书径送本部由 ………………………………… 2092

浙江省长公署训令第九百十四号令各县知事催送义务教育程序内调

　　查表册由……………………………………………………………… 2092

浙江省长公署训令第九百十五号令各县知事准教育部咨各县著名碑

　　碣石刻各拓一份径送本部由 ………………………………………… 2093

浙江省长公署训令第一千零十四号令高等审判厅据农事试验场代理

　　场长呈为王前场长未指定代表来场移交由 ………………………… 2094

目 录

浙江省长公署训令第一千零十七号令杭县知事准部咨复杭馀两县瓶
　　窑镇商会章程名册准备案附发钤记由 ································ 2094

浙江省长公署训令第一千零十八号令建德县知事准部咨复该县商会
　　章程名册准备案附发钤记由 ·· 2095

浙江省长公署训令第一千零十九号令嘉善县准部咨复该县商会章程
　　既经修改准予备案附发钤记由 ······································ 2096

浙江省长公署指令第一千九百六十七号呈一件呈前民政厅造送第
　　三班本科毕业生名册请分行各机关任用由 ···························· 2096

浙江省长公署指令第二千一百十八号呈一件为拟议原有自治机关
　　经费回复办法由 ·· 2096

浙江省长公署指令第二千一百四十一号呈一件为换送自治办公处
　　自四年一月至五年七月经费收支清册由 ······························ 2097

浙江省长公署指令第二千一百四十二号呈一件呈为该县济婴局应
　　否派员接办抑或将陈董旧欠先予归还请示遵由 ························ 2097

浙江省长公署指令第二千一百五十七号呈一件桐乡县呈送修理武
　　庙开支册请核销由 ·· 2098

浙江省长公署指令第二千一百七十四号呈一件呈前民政厅转呈该
　　县呈送苗圃图说由 ·· 2098

浙江省长公署指令第　　号呈一件呈复查明拿获著匪邬顺昌详情由 ······ 2098
　　附　浙江警政厅训令第四百五十六号 ································ 2099

浙江省长公署指令第二千一百九十四号呈一件呈前民政厅送义务
　　教育程序内调查事项表册由 ·· 2100

浙江省长公署指令第二千二百号呈一件为补报增设停办学校造表请
　　备案由 ·· 2100

浙江省长公署指令第二千二百零八号呈一件呈前民政厅送劝学所
　　所长及劝学员履历请分别择委备案由 ································ 2101

浙江省长公署指令第二千二百四十五号呈一件前民政厅长转呈据

231

呈送章亮鉴与应世芳等控争塘涂案卷宗由 ………………………… 2101

浙江省长公署指令第二千二百四十六号呈一件为送八九两月警费
支出计算书表由 ……………………………………………………… 2101

浙江省长公署指令第二千二百四十八号呈一件为送七八九等月警
费支出计算书表由 …………………………………………………… 2102

浙江省长公署指令第二千二百四十九号呈一件为呈送七月份警费
支出计算书据由 ……………………………………………………… 2102

浙江省长公署指令第二千二百九十二号呈一件为呈报养济院栖流
所成立情形请批准拨款定案由 ……………………………………… 2102

浙江省长公署指令第二千三百零九号令黄岩县知事呈一件呈请解
释商会法条文由 ……………………………………………………… 2103

浙江省长公署指令第二千三百一十七号令长兴县知事魏兰呈一件
为委任掾属开送履历请注册由 ……………………………………… 2103
  附原呈 ………………………………………………………… 2103
  附名单 ………………………………………………………… 2104

浙江省长公署指令第二千三百四十四号呈一件为呈复核议奉化县
地方兴革事宜内财政条陈由 ………………………………………… 2104
  附财政厅呈复原呈 …………………………………………… 2104

浙江省长公署指令第二千三百八十八号呈一件为造送四年分农商
统计表票由 …………………………………………………………… 2105

浙江省长公署批第五百六十号禀一件为警佐张继埔被控久押请暂行
保释由 ………………………………………………………………… 2105

浙江省长公署批第五百六十一号禀一件为警佐徐荣不法请委查由 …… 2106

浙江省长公署批第五百八十九号呈一件为备款缴价地已标卖请令官
产处吊销执照准予购回由 …………………………………………… 2106

浙江省长公署批第五百九十号呈一件据呈经费奇绌无从进行请饬县
仍照议案补助由 ……………………………………………………… 2106

目 录

浙江省长公署批第五百九十九号呈一件为叶蔚谋充劝学所长捏诬孙
渊由……………………………………………………………… 2107
浙江省长公署布告第三号布告免试知事准部电免试各员限本年十一月
二十日以前赴部考询由…………………………………………… 2107
吕省长复海宁县知事电………………………………………………… 2108
吕省长复嵊县知事电…………………………………………………… 2108
浙江督军署训令第三百八十号令委叶英为步兵第四团中校团附由…… 2108
浙江督军署训令第同上号令第一师长为委叶英为步兵第四团中校团附由
……………………………………………………………………… 2108
浙江督军公署训令第三五三号浙江省长公署训令第一○二
九号通令各属为英教士王廷献赴浙游历令保护由………… 2109
　附　浙江警政厅训令第五百一十八号………………… 2110
浙江督军公署训令第三五四号浙江省长公署训令第一○三
一号令各属为日人方波见正吉藤崎善雄赴浙游历令保护由…… 2110
　附　浙江警政厅训令第五百十四号…………………… 2111
浙江督军公署训令第三五五号浙江省长公署训令第一○三
二号令各属为德人西伯斯赴浙游历令保护由……………… 2112
　附　浙江警政厅训令第五百二十二号………………… 2112
浙江督军公署训令第三五六号浙江省长公署训令第一○三
○号令各属为德领事署书记吕德齐赴浙游历令保护由…… 2113
　附　浙江警政厅训令第五百二十六号………………… 2114
浙江督军公署训令第三五七号浙江省长公署训令第一○三
三号令各属为江苏省长咨请保护英人修斯赴江浙等省游历饬保护由…… 2115
　附　浙江警政厅训令第五百二十号…………………… 2115
浙江督军公署训令第三七二号浙江省长公署训令第一○二
六号令各属为保护英女教士杜德深等来浙游历由………… 2116
　附　浙江交涉公署训令第五十三号…………………… 2117

233

附　浙江警政厅训令第五百十三号令……………… 2118
浙江督军公署训令第三七三号浙江省长公署训令第一〇二
　　五号通令各属保护德副领事来浙游历由 ……………… 2119
　　附　浙江警政厅训令第五百十五号……………… 2119
浙江省长公署委任令第三十号令委刘项宣为查勘设置新化县治委员由
　　………………………………………………………… 2120
浙江省长公署训令第一千零二十号令各县知事准省议会咨送人力车
　　取缔规则及浙江省各县消防队规则遵照办理由 ……… 2121
　　《人力车取缔规则》议决案……………………………… 2121
　　《浙江省各县消防队规则》议决案……………………… 2126
浙江省长公署训令第一千零三十五号令为大总统任命童保暄等为
　　暂编浙江第一师师长由 ………………………………… 2128
浙江省长公署指令第二千二百六十号呈一件呈前民政厅呈复朱鸿
　　藻资格与劝学所规程相符请委任由 …………………… 2128
浙江省长公署指令第二千三百二十号令临安县知事黄鹗之呈一件
　　为拟晋省备陈要公由 …………………………………… 2129
浙江省长公署指令第二千三百四十五号令青田县知事张鹏呈一件
　　为更委掾属开送履历请注册由 ………………………… 2129
　　附原呈 …………………………………………………… 2129
浙江省长公署指令第二千三百四十六号令温岭县知事陆维李呈一
　　件为更委掾属开送履历请注册由 ……………………… 2130
　　附原呈 …………………………………………………… 2130
浙江省长公署指令第二千三百四十七号呈一件为县警队定期裁撤
　　请酌给恩饷由 …………………………………………… 2130
浙江省长公署指令第二千三百四十八号呈一件呈报警佐交替日期
　　并请核销旧委状换给警察所委状由 …………………… 2131
浙江省长公署指令第二千三百五十一号呈一件呈复遵查叶尹峰被

  逮一案由……………………………………………………………………2131

  附原呈………………………………………………………………………2131

浙江省长公署指令第二千三百六十二号呈一件为打捞野荷需费甚

  巨请拨款接济由……………………………………………………………2132

浙江省长公署指令第二千三百六十五号呈一件为送更正二年分内

  务统计舛误各表由…………………………………………………………2132

浙江省长公署指令第二千三百七十三号呈一件呈为转呈虞古诜等

  拟在郭店镇开设厚生茧行请核示由………………………………………2133

浙江省长公署指令第二千三百九十一号呈一件为请委任公报处会

  计兼庶务陈树槐等七员由…………………………………………………2133

浙江省长公署指令第 号呈一件呈请将第三区统带督率有方防地安谧

  请予晋等支薪由……………………………………………………………2134

  附 浙江警政厅训令第四百七十号…………………………………………2134

浙江省长公署指令第二千三百九十四号呈一件呈报江山县判决虞

  开和死刑由…………………………………………………………………2134

浙江省长公署指令第二千四百零四号呈一件呈前民政厅为筹定劝

  学所经费及所址由…………………………………………………………2135

浙江省长公署指令第二千四百零五号呈一件为另送劝学所长履历

  请核委由……………………………………………………………………2135

浙江省长公署指令第二千四百一十号呈一件呈前民政厅请委任劝

  学所长开送履历由…………………………………………………………2136

督军署电海门顾镇守使镇海王厅长据宁海何知事电为健跳洋匪劫已

  向台洋逋逃分饬协缉由……………………………………………………2136

浙江省长公署咨内务部据海宁县公民吕丕英呈为请部资遣吕留良子孙

  回浙由………………………………………………………………………2136

浙江省长公署训令第九百十六号令校县所造送五年度管教员学生一

  览表由………………………………………………………………………2138

浙江省长公署训令第九百二十二号令警政厅据董顺生等禀明被人借
　　名续控巡逻分队长陈荣保实系不知求销案由…………………… 2139
　　附原呈…………………………………………………………… 2139
浙江省长公署训令第九百九十一号令警政厅转奉天督军兼省长咨请
　　协缉褫职分奉县知事赵宇航由………………………………… 2140
　　附　浙江警政厅训令第四百七十二号………………………… 2141
浙江省长公署训令第九百九十三号令高检厅据嘉兴吴晋甫等呈伊等
　　被盗抢劫伤毙人命请饬县严缉由……………………………… 2142
浙江省长公署训令第一千零四十三号令高审厅转令各县呈报积案
　　起数由…………………………………………………………… 2142
浙江省长公署训令第一千零四十四号令平阳县据商民孔幼臣禀黄
　　可贵等私收埠费请饬严禁由…………………………………… 2143
浙江省长公署训令第一千零五十七号令财政厅准财政部咨行派委
　　周佩箴会办浙江官产事宜由…………………………………… 2144
浙江省长公署训令第一千零五十八号令财政厅准审计院咨饬财政
　　厅查明二三年度内应补送书据及四年下半年书据一并汇呈核办由………… 2145
浙江省长公署训令第一千零六十一号令高检厅据义乌骆正喜呈控
　　吴兆槐等逞凶焚杀知事宽纵请严饬保护由…………………… 2146
浙江省长公署训令第一千零六十七号令各交涉员准外交部咨转饬
　　发照机关如发给护照时应将旧照撤回或竟涂销由…………… 2146
浙江省长公署训令第一千零六十八号令高审厅长准司法部电知任
　　命经家龄为浙江高等审判厅长由……………………………… 2147
浙江省长公署训令第一千零七十二号令衢县知事为该县视学施则
　　行呈省议会非法处置儒租请核咨取消由……………………… 2147
浙江省长公署指令第二千四百一十号呈一件呈前民政厅请委任劝
　　学所所长开送履历由…………………………………………… 2148
浙江省长公署指令第二千四百十二号呈一件呈前民政厅送劝学所

目　　录

　　所长履历请选择委任由 ·· 2148

浙江省长公署指令第二千四百二十六号呈一件为警长沈凤仪服务

　　有年勤劳卓著请以警佐记名由 ··· 2149

浙江省长公署指令第二千四百二十七号呈一件呈送本年九月分警

　　费支出计算书表等件由 ·· 2149

浙江省长公署指令第二千四百三十四号呈一件为请发还叙官证明

　　文件由 ·· 2149

浙江省长公署指令第二千四百三十五号呈一件呈报改委财政助理

　　请注册由 ·· 2149

　　附原呈 ·· 2150

浙江省长公署指令第二千四百六十四号呈一件为遵令议复象山县

　　条陈地方应兴应革案内财政事宜由 ··································· 2150

　　附原呈 ·· 2150

浙江省长公署指令第二千四百七十五号呈一件高等两厅呈请将永

　　嘉旧县署改设高等分厅暨地方厅由 ··································· 2151

浙江省长公署指令第二千四百九十号呈一件为裁留警队暨请拨款项由

　　·· 2151

浙江省长公署指令第二千四百九十一号呈一件呈送九月分计算书

　　据表册单请核夺由 ·· 2152

浙江省长公署指令第二千四百九十五号呈一件为补给新式枪械并

　　提前调补废铁以资捍卫由 ··· 2152

浙江省长公署指令第二千四百九十六号呈一件为遵饬汇报五年七

　　八九等月无盗匪案件发生并声叙自三年一月到任迄今二年以上均无是项案

　　件发生由 ·· 2152

浙江省长公署指令第二千五百十九号呈一件呈前民政厅为呈送学

　　校课外运动一览表并公众运动会章程及图说请核示由 ············· 2153

浙江省长公署指令第二千五百三十六号令於潜县知事呈一件条陈

237

该县地方应兴应革事宜由 ………………………………………… 2153
浙江省长公署指令第二千五百三十九号呈一件为呈复查明第一区
第六营周管带扣留陈谐议私置木器一案由 ……………………… 2155
　　附　浙江警政厅训令第五百三十号 ……………………………… 2155
浙江省长公署批第六百号呈一件呈前民政厅为劝学所长呈荐非人请饬
改选由 …………………………………………………………… 2156
浙江省长公署批第六百十一号呈一件呈罗世恭贿通册书占谋山产一
案乞讯明究治由 ………………………………………………… 2156
浙江省长公署批第六百十二号呈一件呈请患病日久请令厅准予保释由
…………………………………………………………………… 2157
浙江省长公署批第六百十三号呈一件为伊等被盗劫抢伤毙人命请饬
县严缉由 ………………………………………………………… 2157
浙江省长公署批第六百十四号禀一件为勘明半爿山下泥塘危险情形
粘呈图说请电核施行由 ………………………………………… 2157
浙江省长公署批第六百十五号呈一件呈请将禁泊商船示谕饬县取消由
…………………………………………………………………… 2158
浙江省长公署批第六百十六号呈一件为船户应金永等不缴船捐一案
补叙理由请准予诉愿由 ………………………………………… 2158
浙江省长公署批第六百十七号呈一件为杨梓青侵占官路一案请令县
强制执行由 ……………………………………………………… 2158
浙江省长公署批第六百十八号呈一件为西江塘危急请迅予派员实测由
…………………………………………………………………… 2159
浙江省长公署批第六百十九号禀一件为与沈宏昌等因庵产纠葛不服
县批提起诉愿一案请速决定由 ………………………………… 2159
浙江省长公署批第六百二十二号呈一件呈控李应木等移尸搆抢一案
请提犯惩治由 …………………………………………………… 2159
浙江省长公署批第六百二十三号原具呈人瑞安胡调元等呈一件胪举

该县代理知事成绩请予留任由 …………………………………………… 2160

浙江省长公署批第六百二十四号原具呈人开化汪子溥等呈一件禀控
　　该县会计员周印潭等种种不法请委查办由 ………………………… 2160

浙江省长公署批第六百二十五号呈一件呈为限制制盐损失大利请求
　　准予开放由 …………………………………………………………… 2160

浙江省长公署批第六百二十六号原具呈人馀姚县公民朱恭寿等呈一
　　件禀控该县征收主任杨秉政巧立名目浮收国税请依律惩办由 ……… 2160

浙江省长公署批第六百二十七号呈一件请派员会勘拟设县治由 …… 2161

浙江省长公署批第六百二十九号呈一件呈为创设东义永旅兰病院请
　　令三县酌拨公益费以资补助由 ………………………………………… 2161

浙江省长公署批第六百三十九号呈一件呈被朱子麟冤诬拔苗团总非
　　法滥刑请准上诉由 ……………………………………………………… 2161

浙江省长公署批第六百五十三号呈一件为请咨部资遣吕留良子孙回
　　浙由 ……………………………………………………………………… 2162

浙江省长公署咨农商部据富阳县呈报商会启用钤记日期并缴销钤记由
　　…………………………………………………………………………… 2162

浙江省长公署公函五年　字第二十四号盐运使据镇海公民虞和德等请将东绪
　　乡灶民盐粮援照民田减粮成案办理由 ………………………………… 2163

浙江省长公署训令第一千零七十五号令杭县等县令催拟送条陈内
　　各项章程暨具报遵办情形由 …………………………………………… 2163

浙江省长公署训令第一千零七十八号令诸暨县知事据该县周懿浒
　　呈控警察滥权逮捕警佐抗复抗查请查究由 …………………………… 2164

浙江省长公署指令第二千三百二十一号呈一件呈为查复绍兴县公
　　民朱文宪等禀控该县知事宋承家任用前清库书姚立三包征钱粮种种违法等
　　情一案由 ………………………………………………………………… 2164

浙江省长公署指令第二千三百三十七号呈一件呈送三区二营管带
　　高绍基履历印条并项燃旧任命状由 …………………………………… 2165

浙江省长公署指令第二千四百三十三号 呈一件请将已故余杭专审
　　员江巨夔核结恤金由 ························· 2165
浙江省长公署指令第二千四百六十三号 呈一件具复海宁茶商林陈
　　鹤控廖司事索诈不遂反诬殴辱委员查复情形由 ············· 2165
　　　附　原呈 ································· 2166
浙江省长公署指令第二千四百七十四号 呈一件呈送定海监狱工场
　　七八月份收支报告表册由 ························· 2168
浙江省长公署指令第二千五百四十二号 呈一件为呈报内河水警厅
　　长出巡日期由 ······························· 2185
　　附原呈 ································· 2185
浙江省长公署批第五百九十一号 呈一件呈前清领垦官山知事私卖请
　　饬取销等情由 ······························· 2186
浙江省长公署批第　　号 禀一件为因公受累请求核据追还余款由 ········ 2186
浙江省长公署批第六百四十五号 禀一件为征收苛索乞委员密查惩处由
　　 ····································· 2187
浙江省长公署批第六百四十七号 呈一件呈吴兆槐等逞凶焚杀知事宽
　　纵请严饬保护由 ····························· 2187
浙江省长公署批第六百四十八号 呈一件县审检所纵盗不办非法传质
　　请饬严办并勒缉逸盗原赃由 ······················· 2187
浙江省长公署批第六百四十九号 禀一件为警佐张翀侵款确有证据委
　　员袒复请委查追缴由 ·························· 2188
浙江省长公署批第六百五十号 禀一件为请缓裁县警队由 ·········· 2188
浙江省长公署咨复省议会 据毛议员蒙正提出温处水灾案内工赈余款处
　　置情形由 ································· 2188
　　清单 ································· 2189
浙江省长公署训令第一千零七十四号 令南田县知事据南田查案委
　　员条陈该县应行兴革事宜由 ······················· 2190

目 录

浙江省长公署训令第一千零七十九号令警政厅内河水警厅据平湖

    戈来碧电剖彭寿春案牵涉吴富荣事声明不符令查由 …………… 2197

浙江省长公署训令第一千零八十号令警政厅内河水警厅据海盐顾慰

    高等电禀水警勒索等情令内河水警厅严查由 ………………… 2198

浙江省长公署训令第一千零八十一号令各属准内务部咨查究造谣

    主名转令遵照由 ……………………………………………………… 2198

    附原呈 ………………………………………………………………… 2199

    附报纸 ………………………………………………………………… 2200

浙江省长公署训令第一千零八十四号令各县知事据楼鸿书条陈振

    兴林业事项择要通令筹办由 ………………………………………… 2202

    吾浙林业急宜兴办之（一）（二）（五）（六）四条 …………… 2202

浙江省长公署训令第一千零九十三号令财政厅据杭县呈报选择官

    地拨充商品陈列馆请即行财政厅知照由 …………………………… 2203

浙江省长公署训令第一千零九十七号令财政厅准财政部咨复五年

    公债转饬财政厅遵照部电分别办理由 ……………………………… 2204

浙江省长公署训令第一千零九十八号令财政厅准审计院咨行杭县

    等局四年三月分支出计算书表尚有疑义及应注意之处并应补贴印花请令厅

    查照饬遵由 ………………………………………………………… 2206

浙江省长公署训令第一千零九十九号令财政厅准省议会咨请令永

    嘉县将征忙粮期及设立征收分柜办法均按照法案办理由 ………… 2206

浙江省长公署训令第一千一百号令财政厅为标买丁源户佃地一案请

    从速决定执行令厅严催杭县查案核办具复由 …………………… 2208

浙江省长公署训令第一千一百零一号令绍兴县知事萧山县知事撤

    换临浦警佐会令妥为交替由 ………………………………………… 2208

浙江省长公署训令第一千一百零二号令姚允中调任萧山临浦警佐

    并给委任状由 ……………………………………………………… 2209

浙江省长公署训令第一千零五十号令各县知事各学校校长准部咨所

有预备学校应行废止及变更由·· 2210

浙江省长公署训令第一千一百零六号令财政厅准省议会咨请令饬
　永嘉县革除架房陋规并通令各属一律革禁由 ······················· 2210

　附　浙江财政厅训令第七百五十四号······························ 2212

浙江省长公署训令第一千一百零七号令财政厅为西湖沿湖一带之
　官产一律禁止标卖由·· 2212

浙江省长公署训令第一千一百零九号令各县知事准内务部咨请饬
　属严行查禁坊行历本由··· 2213

浙江省长公署训令第一千一百一十号令泰顺县知事为视察员王炯
　吾调查该县警佐杨中权声明诬蔑一案呈送节略由··················· 2213

浙江省长公署训令第一千一百十一号令平阳县知事为视察员王树
　中查复该县叶霖控警佐董树藩奸占伊妻一案全属子虚开具节略黏附叶霖辩
　明有人捏名冒控呈文由··· 2214

浙江省长公署指令第二千四百七十一号令江山县知事程起鹏呈一
　件为更委政务助理请注册由·· 2214

　附原呈 ·· 2215

浙江省长公署指令第二千五百四十六号呈一件呈报蔡真荣等因警
　所拿赌纠众要挟各情并请恤饬警由····································· 2215

浙江省长公署指令第二千五百四十八号呈一件呈复永康孔庆约控
　警备兵士朱金标奸占伊妻羊氏一案由·································· 2215

浙江省长公署指令第二千五百四十九号呈报四区二营击毙积匪林
　得庚并夺械消弹由··· 2216

浙江省长公署指令第二千五百五十三号呈一件呈兰溪电灯公司运
　输机器材料可否援案免税由·· 2216

浙江省长公署指令第二千五百五十四号呈一件呈借支准备金筹设
　桑秧平卖所由·· 2216

浙江省长公署指令第二千五百五十六号呈一件为补送商会章程及

发起人名册请核转由……………………………………………2217
浙江省长公署指令第二千五百五十八号呈一件为呈报乍浦测勘完
　　竣绘送形势图由……………………………………………2217
　　附原呈…………………………………………………………2217
浙江省长公署指令第二千五百六十号呈一件呈送商会修正简章及
　　钤记公费由……………………………………………………2219
浙江省长公署指令第二千五百六十二号呈一件为义乌县请免税严
　　禁宰牛一案业经核饬遵照由…………………………………2219
浙江省长公署指令第二千五百六十六号呈一件为造送四年度农商
　　统计经费清册请核销由………………………………………2219
浙江省长公署指令第二千五百六十七号呈一件呈送调查实业报告
　　书件由…………………………………………………………2220
浙江省长公署批第六百六十二号呈一件条陈振兴林业事宜由………2220
浙江省长公署批第六百六十三号呈一件为组织浙江农业协进社拟就
　　简章请批准备案由……………………………………………2220
浙江省长公署批第六百六十四号呈一件为劣绅盛天锡等弄权妨害渔
　　业乞赐示并令饬由……………………………………………2221
浙江省长公署批第六百六十五号呈一件为拚到叶姓森林请给示保护由
　　…………………………………………………………………2221
浙江省长公署通告……………………………………………………2221
浙江省长公署咨复省议会准咨送何议员勋业等质问钱江义渡一案由……2221
浙江省长公署公函五年函字第二十四号为函两浙盐运使准函鲍郎场澉浦地方
　　盐警肇事一案将该场知事察看业经撤委由…………………2222
浙江督军署训令第三八二号浙江省长公署训令一○九○号
　　令各属保护日人河本隆藏赴江浙等省游历由………………2223
　　附　浙江警政厅训令第五百十六号…………………………2223
浙江督军署训令第三八三号浙江省长公署训令一○八九号

243

　　　　令各属保护英人司徒特来浙游历由 ············· 2224
　　　　　附　浙江警政厅训令第五百一十九号 ············ 2225
　浙江督军署训令第三八四号浙江省长公署训令一〇八八号
　　　　令各属保护德副领事费恩德等来浙游历由 ·········· 2225
　　　　　附　浙江警政厅训令第五百十二号 ············· 2226
　浙江督军署训令第三八五号浙江省长公署训令一〇八七号
　　　　令各属保护英领事署英武员赴江浙等省游历由 ········ 2227
　　　　　附　浙江警政厅训令第五百十七号 ············· 2227
　浙江督军署训令第三百九十六号令步兵第六团团长为师附尉官徐行
　　　　辞差仍予退役并请扣除年俸由 ················ 2228
　浙江省长公署训令第一千一百零二号令嘉兴县该县警佐姚允中调
　　　　任萧山临浦警佐转令知照由 ················· 2229
　浙江督军署指令第一千六百零五号呈一件为师附尉官徐行辞差仍予
　　　　退役并请扣除年俸由 ···················· 2229
　浙江督军署指令第一千六百十二号呈一件为班员何兆芝刘凤章体弱
　　　　多病请予辞职由 ······················ 2230
　浙江督军署指令第一千六百十六号呈一件为请改任金幕曾为师附尉
　　　　官由 ····························· 2230
　浙江督军署指令第一千一百十七号呈一件为上尉副官张乃森兼代少
　　　　校副官请予任命由 ····················· 2230
　浙江督军署指令第一千六百十八号呈一件为兼代副官长金鸿亮请加
　　　　给委状由 ·························· 2231
　浙江督军署指令第二千一百六十号呈一件查复朱拙民禀沈荡商会选
　　　　举并非违法情形由 ····················· 2231
　浙江省长公署指令第二千一百六十一号令於潜县知事呈一件据前
　　　　民政厅转呈该县呈送调查实业书件由 ············ 2232
　浙江省长公署指令第二千一百六十三号呈一件为复明王馀庆开设

目 录

信孚茧行与大成久成各茧行距离里数由 ·················· 2232

浙江省长公署指令第二千一百六十八号呈一件呈送林场租约林树
 种类株数及用款清摺等由 ·················· 2232

浙江省长公署指令第二千三百六十七号呈一件为送更正二年分内
 务统计表祈察核由 ·················· 2233

浙江省长公署指令第二千五百八十八号呈一件呈送四年度学校视
 察录由 ·················· 2233

浙江省长公署指令第二千五百九十号呈一件呈前民政厅呈送教育
 行政会议议决案由 ·················· 2234

浙江省长公署指令第二千六百号呈一件据丽水县知事陈赞唐请将审
 检所经费划清界限并嗣后司法收入余款尽先归垫由 ·················· 2234

浙江省长公署指令第二千六百零三号呈一件呈报水口镇被劫失赃
 及勘验获盗情形由 ·················· 2234

浙江省长公署指令第二千六百零六号呈一件呈请准予悬赏购缉逸
 匪朱成荣等并予通缉由 ·················· 2235
  附原呈 ·················· 2235
  附 浙江警政厅训令第四百九十五号 ·················· 2236
  附原呈 ·················· 2237

浙江省长公署指令第二千六百一十号呈一件呈吴兆槐等与骆志上
 等因争沙地酿成巨案请令高审厅再审并派警备队弹压由 ·················· 2238
  附原呈 ·················· 2238

浙江省长公署指令第二千六百二十五号呈一件为汇报五年七八九
 三个月缉捕盗匪成绩月报表由 ·················· 2241

浙江省长公署指令第二千六百三十号呈一件呈刁恶胡谦等挟嫌诬
 告请准停职令县传讯由 ·················· 2241

浙江省长公署指令第二千六百三十一号呈一件为汇填五年五六七
 三个月缉捕盗匪成绩表由 ·················· 2242

浙江省长公署指令第二千六百三十二号呈一件呈送七月至九月陆
　　警资格调查表 ··· 2242
浙江省长公署指令第二千六百四十一号呈一件呈请开办劝学所其
　　施行细则可否依照报载草案由 ··································· 2242
浙江省长公署指令第二千六百四十三号呈一件呈政务厅造送九月
　　分报销册支出计算书据由 ······································· 2243
浙江省长公署指令第二千六百四十六号呈一件为县教育会补助费
　　能否仍在县税项下拨给由 ······································· 2243
浙江省长公署指令第二千六百四十八号呈一件呈报县立中校毕业
　　生陈振鹏考入江苏师范学校请转咨由 ····························· 2243
浙江省长公署指令第二千六百五十二号呈一件呈报组织教育行政
　　会议并送章程请核示由 ··· 2243
　　嘉善县教育会议章程 ··· 2244
浙江省长公署指令第二千六百六十五号呈一件为图书馆请续拨经
　　费添购幻灯影片并请拨经常经费请核示由 ························· 2245
浙江省长公署指令第二千六百六十九号呈一件呈补送私立扶雅中
　　校第四班学生毕业表请察核由 ··································· 2245
浙江省长公署指令第二千六百七十三号呈一件请委任璩涛为劝学
　　所长开送履历由 ··· 2246
　　附原呈 ··· 2246
浙江省长公署批第六百六十六号呈一件为拟在上四乡开设振纶茧厂由
　　·· 2246
浙江省长公署批第六百六十七号呈一件为拟开纬纶茧厂请核准由······ 2247
浙江省长公署批第六百六十八号呈一件为麻车江讼案委员朦详乞委
　　员秉公复勘由 ··· 2247
浙江省长公署批第六百七十号呈一件为前被道视学陈刚造端诬陷照
　　虚坐例办理由 ··· 2247

246

浙江省长公署批第六百七十一号原具呈人临海应士法呈人呈控第六
　　中校长不法无辜被革请伸雪由 ·· 2248
浙江省长公署批第六百七十二号呈一件请将临江区学务委员暂缓裁
　　撤由 ·· 2248
浙江省长公署批第六百七十三号呈一件为岑崇基品学卑劣不合为劝
　　学所长由 ·· 2248
浙江省长公署指令第二千五百九十八号呈一件为象山县交代限内
　　算结交清请将前后任各记大功一次由 ································ 2248
浙江省长公署指令第二千六百十八号呈一件为呈报警备四区统带
　　筹办各营哨择要移驻及更调情形由 ····································· 2249
　　附原呈 ·· 2249
浙江省长公署指令第二千六百十九号呈一件为呈模范警队代理营
　　长陆镇洋成绩卓著请销去代理字样由 ································ 2250
　　附　浙江警政厅训令第五百零三号 ····································· 2250
浙江省长公署指令第二千六百二十四号呈一件呈警佐杨凤来办事
　　勤能请求缓调由 ··· 2251
浙江省长公署指令第二千六百二十八号呈一件为请缓裁警队拟与
　　地方筹商经费改编警察侦探队由 ·· 2251
浙江省长公署指令第二千六百二十九号呈一件为请留原有警捐规
　　复警察旧额由 ··· 2252
浙江省长公署指令第二千六百四十号呈一件为拟办县立学校联合
　　运动会由县拨给补助由 ·· 2252
浙江省长公署指令第二千六百七十号呈一件为杨昱等捐款办学请
　　核奖由 ·· 2252
浙江省长公署指令第二千六百七十一号呈一件呈送教育行政会议
　　扩张教育经费议决案请核示由 ·· 2253
浙江省长公署批第五百九十五号呈一件为请拨公产种植桑林以设养

247

蚕模范场由…………………………………………………… 2253
浙江省长公署批第六百七十四号呈一件呈为父景贤被方本义凶殴请
　　律办由…………………………………………………… 2254
浙江省长公署批第六百七十五号呈一件为标买丁源户佃地一案请从
　　速决定执行由…………………………………………… 2254
浙江省长公署批第六百七十六号呈一件呈控管铎营私舞弊一案遵批
　　取具妥保由……………………………………………… 2254
浙江省长公署批第六百七十七号呈一件呈请令饬高审厅注销格毙越
　　狱罪犯一案由…………………………………………… 2255
浙江省长公署批第六百八十号呈一件呈伊姑王高氏被王裕堂推跌身
　　死法警受贿纵犯请勒缉由……………………………… 2255
浙江省长公署批第六百八十一号呈一件呈校长无理记过又被斥革请
　　查办由…………………………………………………… 2255
浙江省长公署批第六百八十二号呈一件呈标卖学产求饬县过户一案
　　请再饬查复由…………………………………………… 2255
浙江省长公署批第六百八十三号呈一件为陈启勤充劝学所所长资格
　　不合由…………………………………………………… 2256
浙江省长公署批第六百八十五号禀一件为拟恢复稽查局筹垫经费公
　　举正副董请立案由……………………………………… 2256
浙江省长公署批第六百八十六号呈一件呈前民政厅为王增荣冒领校
　　款知事延不办理由……………………………………… 2256
浙江省长公署通告………………………………………………… 2257
浙江省长公署训令第二千六百八十一号令警政厅为改组全省警务
　　处并发各项章程由……………………………………… 2257
　　浙江全省警务处暂行章程………………………………… 2258
　　浙江警务人员任用程序条例……………………………… 2261
　　附　浙江全省警务处咨行各机关………………………… 2264

浙江省长公署指令第　号禀一件据武义朱铭祥禀为经征舞弊请饬委查
　　办由 …………………………………………………………… 2265
浙江省长公署指令第　号禀一件据陈振声禀为不服富阳县清理沙地事
　　务所决定命令求吊卷察办由 …………………………………… 2265
浙江省长公署批第六百八十八号呈一件为经征舞弊请饬委查办由 …… 2265
浙江省长公署批第六百八十九号呈一件为不服富阳县清理沙地事务
　　所决定命令求吊卷察办由 ……………………………………… 2265
浙江省长公署批第六百九十号呈一件为呈明瑞邑蠲免银米一案先已
　　辞职请求摘销由 ………………………………………………… 2266
浙江省长公署批第六百九十一号禀一件为嵊商夏泰和等欠课不缴黏
　　呈证据请委提由 ………………………………………………… 2266
浙江省长公署批第六百九十二号禀一件为酒董林孔章浮捐押缴挡发
　　收票请饬给由 …………………………………………………… 2266

第 七 册

吕公望集卷七　公牍七 ……………………………………………… 2267
　浙江省长公署咨省议会为准咨送女子蚕业讲习所议决案再交复议由 … 2267
　浙江省长公署咨省议会准咨送森林学校及修浚浙西水利两议决案并将
　　　水利案再交复议由 ……………………………………………… 2268
　浙江省长公署委任令第三十五号令委余光凝代理景宁县知事由 …… 2269
　浙江省长公署训令第　号令警政厅令发蒋夔交该厅委充差遣令发外海
　　　厅遣用由 ………………………………………………………… 2270
　　　附　浙江警政厅训令第五百五十二号 ………………………… 2270
　浙江督军公署训令第四〇一号　浙江省长公署训令第一一
　　　一三号令各属警察厅警备司令官及警备条例应并撤销废止由 … 2271
　　　附　浙江警政厅训令第五百四十八号 ………………………… 2271
　浙江省长公署训令第一千一百二十七号令警政厅杭县等各县保护

吕公望集

　　杭诸公司暨振兴号越和聚兴两轮由·· 2272
浙江省长公署训令第一千一百二十八号令杭县知事据委员查复省
　　城三堂办理情形暨整顿意见转令遵办具报由······························ 2273
浙江省长公署训令第一千一百三十七号令景宁县知事为电陈请假
　　委余光凝接充由·· 2275
浙江省长公署指令第二千六百八十六号呈一件呈报县民金老虎被
　　杀一案验讯情形由·· 2275
　　附嘉善县原呈·· 2276
浙江省长公署指令第二千六百八十八号令高等检察厅长殷汝熊呈
　　一件呈该县监狱内部事务可否由地方厅督饬管理由······················ 2277
浙江省长公署指令第二千七百十一号呈一件为查明陈瑞金等控警
　　佐应鸣谷一案请察夺由·· 2277
浙江省长公署指令第二千七百三十三号呈一件呈禁烟查勘各费预
　　请指款垫给由·· 2277
浙江省长公署指令第二千七百五十四号呈一件为警正魏佑孚请开
　　去会审公堂兼差由·· 2278
浙江省长公署牌示··· 2278
浙江省长公署咨复省议会准咨迅将前巡按使公署提取各县警察经费由
　　省支配之非法命令即日废止由·· 2279
浙江省长公署咨农商部据金华县呈报该县商会启用钤记日期由·········· 2280
浙江省长公署训令第一千一百四十五号令各县知事调查各县毕业
　　生徒状况由·· 2281
浙江省长公署训令第一千一百四十六号令黄岩县知事准运使函已
　　令该县场知事会办灶地清丈由·· 2282
浙江省长公署训令第一千一百四十七号令平阳县令饬查复朱志正
　　等所组织振华矾业公司及采制矾矿由·· 2283
浙江省长公署训令第一千一百五十二号令德清县知事据该县民沈

目录

卫等呈劣绅组织公裕肥料所禁民肩挑勒令购买乞饬取销由 …………… 2284

浙江省长公署指令第二千七百四十八号呈一件呈报牟兴梅愿赴海
　　军考试请转送由 …………… 2285

浙江省长公署指令第二千七百四十九号呈一件转据龙泉县呈请该
　　县八都庄警捐能否邀免由 …………… 2285

浙江省长公署指令第二千七百五十号呈一件为呈请将保卫团团总
　　团丁等给奖由 …………… 2285

浙江省长公署指令第二千七百五十三号呈一件为呈警备五区统带
　　呈报巡阅情形暨拟具指饬办法由 …………… 2286
　　附原呈 …………… 2286

浙江省长公署指令第二千七百五十四号呈一件为呈复安吉客民郑
　　老三以防营诈欺控请查办一案由 …………… 2290

浙江省长公署指令第二千七百七十六号呈一件呈吴秉钧等请试探
　　金牛山铁矿按诸《矿业条例》尚无不合请咨部给照由 …………… 2290

浙江省长公署指令第二千七百七十九号呈一件为呈送条陈兴革事
　　宜案内关于实业教育清摺由 …………… 2290

浙江省长公署指令第二千七百八十号呈一件呈送试办章程经费预
　　算职员履历由 …………… 2291
　　浙江试办靛青制造模范工厂章程 …………… 2291

浙江省长公署指令第二千七百八十三号呈一件为商人金志安拟在
　　苏溪设立义丰茧行请核准由 …………… 2293

浙江省长公署指令第二千八百零四号呈一件呈请将不愿移赠各赛
　　品给还由 …………… 2293

浙江省长公署指令第二千八百零七号呈一件呈筹办苗圃请给款补助由
　　 …………… 2293

浙江省长公署批第六百九十四号原具呈人松阳养正高小学教员陈樾
　　呈一件声明前呈请奖该县知事余生球一件系属背列由 …………… 2293

浙江省长公署批第六百九十五号呈一件为请给假回籍省亲由……2294

浙江省长公署批第六百九十八号呈一件呈租户高大违禁售烟聚赌请
　　饬查究惩由……2294

浙江省长公署批第七百零二号呈一件为委鹤鸣冒垦谋买请饬县回复
　　原案由……2294

浙江省长公署批第七百零三号呈一件为许汉澄标买官产霸占民产请
　　饬还管业由……2295

浙江省长公署批第七百零八号禀一件请保送赴海军考试由……2295

浙江省长公署批第七百零九号呈一件呈为对于警政厅所为盔头巷粪
　　厕一案之诉愿决定不服再提起诉愿由……2295

浙江省长公署批第七百十六号呈一件为与金子安互控案不服县署处
　　分提起诉愿由……2296

浙江省长公署批第七百十九号呈一件据呈控叶球觊觎山场请密委查
　　勘等情由……2296

浙江省长公署批第七百二十号呈一件呈请发还呈文公费由……2296

浙江省长公署批第七百二十一号呈一件据呈被选为农会会长郑知事
　　任意阻挠请查办由……2297

浙江省长公署咨省议会准咨送浙省茧行单行条例第三条窒碍难行请核议由
　　……2297

浙江省长公署咨省议会准该会咨行议决夏烈士之麒应附祀浙江先烈祠由
　　……2299

　　附原咨……2300

浙江省长公署咨教育部据丁求真呈送证书履历请转咨存记提先补费由
　　……2301

浙江督军公署训令第四二五号　浙江省长公署训令第一一
　　七〇号令各属为日人野岛恕势夫赴浙游历令保护由……2303

　　附　浙江警政厅训令第五百七十二号……2303

目 录

浙江督军公署训令第四二六号　浙江省长公署训令第一一
　六七号令各属保护日人山田广吉来浙游历由……………… 2304

浙江督军公署训令第四二七号　浙江省长公署训令第一一
　六九号令各属为奥人柯习安赴浙游历令保护由…………… 2305
　附　浙江警政厅训令第五百七十四号………………………… 2305

浙江督军公署训令第四二八号　浙江省长公署训令第一一
　六五号令各属为日人谷舞福松赴浙游历保护由…………… 2306
　附　浙江警政厅训令第五百七十三号………………………… 2307

浙江督军公署训令第四二九号　浙江省长公署训令第一一
　六八号令各属为日人北田宗治郎赴浙游历通令保护由…… 2307

浙江督军公署训令第四三〇号　浙江省长公署训令第一一
　六六号令各属为英国汇丰银行英伙庞纳司林才赴浙游历令保护由…… 2308
　附　浙江警政厅训令第五百七十五号………………………… 2309

浙江省长公署训令第一千一百五十四号令财政厅准省议会咨行议
　决回复浙省地丁及抵补金滞纳处分案由…………………… 2309

浙江省长公署训令第一千一百五十七号令绍兴县知事调集绕门山
　产权确据传同两造讯决以息争端由………………………… 2310

浙江省长公署训令第二千八百零六号令财政厅据上虞县请给苗圃
　补助费由……………………………………………………… 2311

浙江省长公署指令第二千六百九十四号呈一件呈海门振市公司请
　将房捐暂予缓收由…………………………………………… 2312

浙江省长公署指令第二千七百六十六号呈一件为呈报公卖五厘经
　费足敷归抵公卖正款由……………………………………… 2312

浙江省长公署指令第二千七百六十九号呈一件为呈报管理财政主
　任及会计员姓名籍贯由……………………………………… 2312
　附原呈……………………………………………………………… 2313
　附清单……………………………………………………………… 2313

253

浙江省长公署指令第二千七百七十二号呈一件为呈送更正修理沈
　　塘湾等处塘岸补助费报销册由……………………………… 2313
浙江省长公署指令第二千七百七十三号呈一件为拟订植桑奖惩单
　　行章程请核示由…………………………………………… 2313
浙江省长公署指令第二千七百七十五号呈一件为转送朱世恩等组
　　织垦牧公司简章图说由…………………………………… 2314
浙江省长公署指令第二千八百零八号呈一件为请改派农工银行筹
　　备员以利进行由…………………………………………… 2314
浙江省长公署指令第二千八百二十九号呈一件送劝学经费预算表
　　并各员履历由……………………………………………… 2314
浙江省长公署指令第二千八百三十二号呈一件为呈送十月份缮正
　　讲稿请备案由……………………………………………… 2315
浙江省长公署指令第二千八百三十四号呈一件请变通县税小学费
　　分配办法由………………………………………………… 2315
浙江省长公署指令第二千八百四十一号呈一件呈前民政厅呈解第
　　三年教育公报半费由……………………………………… 2315
浙江省长公署指令第二千八百四十四号呈一件呈前民政厅送劝学
　　所预算表并所长履历由…………………………………… 2316
浙江省长公署指令第二千八百四十五号呈一件为呈送七月分报销
　　册请核销由………………………………………………… 2316
浙江省长公署指令第二千八百五十四号呈一件呈前民政厅送十月
　　份支付预算书及请款单请核发由………………………… 2316
浙江省长公署指令第二千八百六十二号呈一件呈送九月分报销册
　　请核销由…………………………………………………… 2317
浙江省长公署指令第二千八百六十六号呈一件送义务教育程序内
　　调查表册由………………………………………………… 2317
浙江省长公署指令第二千八百七十一号呈一件呈送九月分收支清
　　册由………………………………………………………… 2317

目 录

浙江省长公署指令第二千八百七十二号呈一件呈送八月分支出计
  算书据由 ································· 2318

浙江省长公署指令第二千八百七十四号呈送六七两月分杂支各款
  证明单并印花由 ··························· 2318

浙江省长公署指令第二千九百一十九号呈一件为查明牟晨梁明等
  捏名谎禀请澈究由 ························· 2318

浙江省长公署指令第二千九百二十三号呈一件为呈送拟编十一月
  份讲稿请核改由 ··························· 2318

浙江省长公署指令第二千九百二十五号呈一件呈送四年度学校视
  察录并视学员意见书由 ····················· 2319
  附意见书 ································· 2319

浙江省长公署指令第二千九百二十七号呈一件送四年度县税小学
  费分配各表由 ····························· 2321

浙江省长公署指令第二千九百三十七号呈一件呈送本学年招收新
  生及收受转学生管教员一览表由 ············· 2322

浙江省长公署指令第二千九百四十号呈一件呈报四年级生拟于本
  年十二月毕业试验请派员会考由 ············· 2322

浙江省长公署批第七百零七号禀一件呈控夹浦水警邹署长纵盗殃民
  各节听候查办由 ··························· 2323

浙江省长公署批第七百十三号呈一件呈请调拨军队保护矿场由 ····· 2323

浙江省长公署批第七百二十二号呈一件为张梦龄朦缴地价请令官产
  处吊回执照由 ····························· 2323

浙江省长公署批第七百二十三号呈一件为续请准拨曲院风荷公地捐
  建赵公祠由 ······························· 2323

浙江省长公署批第七百二十四号禀一件为津贴偏枯请饬县平均分配由
  ··· 2324

浙江省长公署批第七百二十五号呈一件呈送证书履历请转咨以留学

255

官费存记由……………………………………………………………… 2324
浙江督军公署浙江省长公署咨陆军部财政部据呈勘定设立水产
　　品工厂地址请核复由…………………………………………………… 2324
浙江省长公署咨省议会咨送议决省立中等学校校长任用规程请公布由
　　………………………………………………………………………… 2325
浙江省长公署咨省议会据财政厅呈复项议员关于承粮户摺征收手数料
　　质问各端请转咨由……………………………………………………… 2326
浙江省长公署咨农商部据余光启呈试探临海县鸡龙山铅矿请核给探照由
　　………………………………………………………………………… 2327
浙江省长公署咨农商部据杭县呈大有利公司加股改订章程请转咨注册由
　　………………………………………………………………………… 2327
浙江省长公署公布第二号……………………………………………… 2328
　　筹设省立甲种森林学校议决案………………………………………… 2329
浙江省长公署公布第三号……………………………………………… 2332
　　《浙江省立中等学校校长任用规程》议决案………………………… 2332
浙江省长公署训令第一千一百七十一号令第六中校据省视学查报
　　该校闹学情形由………………………………………………………… 2333
浙江省长公署训令第一千一百七十五号令嘉善县据该县教育会电
　　请维持小学方法由……………………………………………………… 2333
浙江省长公署训令第一千一百七十六号令第六中校据省视学呈报
　　该校情形由……………………………………………………………… 2334
浙江省长公署训令第一千一百七十八号令财政厅据鄞县知事呈为
　　甬江日狭亟宜设法保护以垂永久由…………………………………… 2334
浙江省长公署训令第一千一百八十一号令临安县知事据委员楼汝
　　蘅查复习艺所因利局情形由…………………………………………… 2336
浙江省长公署训令第一千一百八十二号令新任慈溪林知事查拿该
　　县花会匪犯并撤换陈云程由…………………………………………… 2337

目 录

浙江省长公署训令第一千一百八十三号令财政厅各统捐局发各统
 捐局经过货物月报表式令即填报由 ·· 2337

浙江省长公署指令第二千八百三十七号呈一件为县立模范国民学
 校添设高小学开送简章各表请备案由 ··· 2338

浙江省长公署指令第二千七百三十九号呈一件为呈复议员项廷桢
 关于承粮户摺征收手数料质问各端并缴原质问书由 ······················ 2339

浙江省长公署指令第二千八百四十二号呈一件呈送订聘外国教员
 合同请存转由 ··· 2339

浙江省长公署指令第二千八百五十一号呈一件为县教育会拟办会
 考及学校成绩展览会请拨补助请核示由 ··· 2339

浙江省长公署指令第二千九百一十号呈一件委员查复外海船舶征
 收验费情形据情转报并附清摺由 ·· 2340

浙江省长公署指令第二千九百十八号呈一件为阮道坤捐资兴学请
 核奖由 ··· 2340

浙江省长公署指令第二千九百三十五号呈一件呈为学生无故辍学
 请予饬县追缴学膳费由 ·· 2341

浙江省长公署指令第二千九百四十一号呈一件呈复长兴看守所教
 养局界限不明令县改正情形由 ·· 2341
  附原呈 ··· 2341

浙江省长公署指令第二千九百四十三号呈一件呈请修理旧屋藉资
 备用由 ··· 2342

浙江省长公署指令第二千九百四十四号呈一件呈报赴美赛品原出
 品人概愿一律移赠填送清单由 ·· 2343

浙江省长公署指令第二千九百四十五号呈一件呈运回赴美赛品分
 别原出品人愿赠与否由 ·· 2343

浙江省长公署指令第一千九百五十一号呈一件呈送沈少荫在盔头
 巷口建设粪厕一案原卷及辩明书请核办由 ···································· 2343

257

浙江省长公署指令第二千九百五十二号呈一件呈请将警备三区二
　　营在绍属西塘地方拿获匪首余阿高等案内所获匪械请给奖洋由 …………2343
浙江省长公署指令第二千九百五十三号呈一件呈请将警备三区三
　　营在下王庄拿获著匪胡雪堂即宿肚一名案内所获小口径快枪一枝请核赏由
　　……………………………………………………………………………………2344
浙江省长公署指令第二千九百五十八号呈一件呈送应考海军学生
　　钱选履历照片请汇送由 ………………………………………………………2344
浙江省长公署指令第二千九百五十九号呈一件呈报境内无医院医
　　校等请免填表由 ………………………………………………………………2344
浙江省长公署指令第二千九百六十号呈一件呈送应考海军学生王
　　祖旦宓志佳履历请汇转由 ……………………………………………………2345
浙江省长公署指令第二千九百六十二号呈一件请将防剿南乡土匪
　　黄桂芬案内出力人员叙功由 …………………………………………………2345
浙江省长公署指令第二千九百八十八号呈一件呈送教育行政会议
　　章程请察核由 …………………………………………………………………2345
　　永康县教育行政会议章程 ……………………………………………………2345
浙江省长公署指令第二千九百九十一号呈一件为呈报讲演员传习
　　期满并送履历请备案由 ………………………………………………………2347
浙江省长公署指令第二千九百九十三号呈一件为开送劝学所长及
　　劝学员履历请分别委任备案由 ………………………………………………2347
浙江省长公署批第七百二十六号呈一件禀孔耕田等借办五堡小学觊
　　觎庵产请饬收回由 ……………………………………………………………2347
浙江省长公署批第七百二十七号呈一件为丁求真志切留学经费困难
　　请首先拨补官费由 ……………………………………………………………2348
浙江省长公署批第七百二十八号呈一件为遵送证书履历请咨部提前
　　存记补费由 ……………………………………………………………………2348
浙江省长公署批第七百二十九号呈一件呈潘成灿等父子朋比为奸办

学腐败请饬跟究由 …………………………………………………… 2348
浙江省长公署批第七百三十号呈一件为学务委员施焯徇情废学请严
　　饬遵行由 ……………………………………………………………… 2349
浙江省长公署批第七百三十一号原具呈人陈廷荐等呈一件为县立第
　　三高小学校长陈鸿逵侵蚀公款由 …………………………………… 2349
浙江省长公署批第七百三十二号呈一件为学董王润滥用职权校长鲍
　　衡扣留证书请饬惩办由 ……………………………………………… 2349
浙江省长公署布告第四号 ………………………………………………… 2349
浙江省长公署咨省议会咨送革除酒类缸照捐及印花倍捐议决案请公布
　　施行由 ………………………………………………………………… 2350
浙江省长公署咨省议会据财政厅呈复省议会质问关于证券抵押所事项
　　请察核转咨并缴原质问书由 ………………………………………… 2351
浙江督军公署训令第四三八号　浙江省长公署训令第一一
　　九○号令各属保护英人波罗梭等来浙游历由 ……………………… 2352
浙江省长公署训令第一千一百二十八号令警政厅各县知事准交通
　　部咨请转令所属对于华商船只勿得再有抑勒骚扰等情事由 ……… 2353
浙江省长公署训令第一千一百八十五号令警政厅据南洋路矿学校
　　函称该校学生来西湖测量请饬保护由 ……………………………… 2355
浙江省长公署训令第一千一百九十三号令各官署准税务处咨行调
　　派税务司副税务司由 ………………………………………………… 2355
浙江省长公署训令第一千一百九十八号令警政厅据韩泽等函称钱
　　江振兴两公司争夺生意价贱客多非常危险请饬取缔由 …………… 2357
浙江省长公署指令第二千九百四十六号呈一件呈复省议会质问关
　　于证券抵押所事项请察核转咨并附缴原质问书由 ………………… 2357
浙江省长公署指令第二千九百七十七号呈一件为呈报出售五厂解
　　缴丝经并送承购单据由 ……………………………………………… 2358
　　附原呈并清摺 ………………………………………………………… 2358

259

浙江省长公署指令第二千九百九十四号呈一件为邵江标买丁主源
　　户佃地一案究应如何处分请指令遵行由·················· 2363
浙江省长公署指令第二千九百九十八号呈一件温岭酒商黄云曦为
　　酒捐征收王树名勒捐索诈漏收国税请求提讯由·················· 2363
浙江省长公署指令第三千零四十三号呈一件为陈三益等拟开茧行
　　一案续请核准由·················· 2363
浙江省长公署批第七百三十三号呈一件为谋事无路请求给资回里由
　　·················· 2364
浙江省长公署批第七百三十四号呈一件胪陈代理知事政绩请求免调由
　　·················· 2364
浙江省长公署批第七百三十五号呈一件为金辅镜等假学占茔请求究
　　办由·················· 2364
浙江省长公署批第七百三十七号呈一件为前办育英校垫有款项反被
　　捏诬请饬算由·················· 2365
浙江省长公署批第七百三十八号呈一件呈刘昌福不给撩荷薪工并朦
　　报肃清由·················· 2365
浙江省长公署批第七百四十号呈一件呈自治委员潘尊乾抢收田稻请
　　饬县停职严办由·················· 2365
浙江省长公署批第七百四十一号呈一件呈被邱阿芝等贿串警兵久羁
　　不释请澈究由·················· 2365
浙江省长公署批第七百四十二号呈一件呈被王阿四挟嫌诬攀含冤久
　　押请饬县讯办由·················· 2366
浙江省长公署批第七百四十三号呈一件拟在海宁胡家兜开设年丰茧
　　行由·················· 2366
浙江省长公署批第七百四十五号呈一件呈请转令高检厅查案录用由
　　·················· 2366
浙江省长公署批第七百四十八号呈一件呈伊子陈相被郭茂行等剖腹

毙命一案请饬县拿办由 …………………………………………… 2366
浙江省长公署批第七百四十九号呈一件呈前民政厅为西北隅国民校
　　长金联声浮冒校款由 ………………………………………………… 2367
浙江省长公署批第七百五十一号呈一件为酒捐征收王树名勒捐索诈
　　漏收国税请求提讯由 ………………………………………………… 2367
浙江督军署委任令第二十五号令委成炳荣兼充浙江陆军规程暂行编
　　制处处员由 …………………………………………………………… 2367
浙江督军公署训令第四百四十号令陆军规程暂行编制处长为委成炳
　　荣兼充该处处员由 …………………………………………………… 2368
浙江督军公署训令第四百四十一号令第一师长本署参谋军学补习所
　　长为委石铎成炳荣二员兼充军学补习所兵学教官由 ……………… 2368
浙江省长公署委任令第四十号令委洪钟代理余杭县知事由 ………… 2369
浙江省长公署训令第一千一百二十号令知余杭县知事成健委洪钟
　　代理该县知事由 ……………………………………………………… 2369
浙江省长公署训令第一千一百二十一号令嘉兴等县示禁仿冒商标由
　　………………………………………………………………………… 2369
浙江省长公署训令第一千一百二十三号令各属准督军咨据宁台镇
　　守使差遣马晏清撤差一案由 ………………………………………… 2370
浙江省长公署训令第一千一百二十四号令各属准督军署咨陆军第
　　一师一旅二团三营营附尉官成城撤差仰即知照由 ………………… 2371
浙江省长公署训令第一千一百二十六号令各属准督军咨炮兵一团
　　二营额外营附尉官邹继峰撤差示儆仰即知照由 …………………… 2372
浙江省长公署训令第一千一百三十一号令省立甲种工业学校校长
　　兼任机织传习所所长许炳埜准部咨晋省需丝织人才该校所能否量予分科练
　　习即呈复核转由 ……………………………………………………… 2372
浙江省长公署训令第一千一百三十二号令永嘉县知事准部咨永嘉
　　县商会职员名表准备案附发钤记由 ………………………………… 2373

261

浙江省长公署指令第二千九百六十三号 呈一件为更委政务主任请
　　予注册由 ·· 2374
　　附原呈 ·· 2374
浙江省长公署指令第二千九百七十号 呈一件呈各测量队均已出发
　　无从酌派请察核由 ·· 2374
浙江省长公署指令第二千九百七十一号 呈一件呈请视察杭嘉湖旧
　　府属各县辨别土宜事由 ·· 2374
浙江省长公署指令第三千零五十二号 为呈送八月分收支计算书表
　　收据簿由 ·· 2375
浙江省长公署指令第三千零六十二号 呈一件呈报警备第六区二营
　　缉获花会赌犯常大脚等三名送讯由 ·· 2375
浙江省长公署指令第三千零六十六号 呈一件呈报境内无医院中医
　　中药铺应否填表由 ·· 2375
浙江省长公署指令第三千零六十七号 呈一件呈复老公茂商轮拖船
　　翻没当时水警并无强迫拖船情事请察核由 ·································· 2375
浙江省长公署指令第三千零六十九号 呈一件为呈复第三区署长拟
　　定拱埠各旅馆现居妓女限制办法请察核由 ·································· 2376
浙江省长公署指令第三千零七十号 呈一件呈拟撤筹备地方自治人员
　　以省经费由 ·· 2376
　　附原呈 ·· 2376
浙江省长公署指令第三千零七十七号 呈一件呈报陈永水等两家被
　　劫拒伤事主勘验情形由 ·· 2377
浙江省长公署指令第三千零七十九号 呈一件呈报吕禄甫家被劫勘
　　验情形由 ·· 2378
浙江省长公署指令第三千零八十三号 呈一件呈报陈来香被寿瑞元
　　戳毙相验情形由 ··· 2378
浙江省长公署指令第三千零八十四号 呈一件龙游县知事呈报逸犯

姓名籍贯住址请准悬赏购缉由 …………………………… 2378
浙江省长公署指令第三千零八十五号呈一件为丁外艰请给假三月
　　回籍治丧由 …………………………………………………… 2379
浙江省长公署指令第三千零八十七号令诸暨县知事魏炯呈一件为
　　改委政务主任请注册由 ……………………………………… 2379
　　附原呈 ………………………………………………………… 2379
浙江省长公署指令第三千零八十九号令代理衢县知事王象泰呈一
　　件为改委掾属请注册由 ……………………………………… 2379
　　附原呈 ………………………………………………………… 2380
浙江省长公署指令第三千一百零六号呈一件呈录送禁止私采矿质
　　布告由 ………………………………………………………… 2380
浙江省长公署指令第三千一百零七号呈一件呈送调查实业报告书件由
　　………………………………………………………………… 2381
浙江省长公署指令第三千一百零八号呈一件呈复赴美赛品均愿移
　　赠陈列由 ……………………………………………………… 2381
浙江省长公署指令第三千一百一十号呈一件呈复赴美赛品均愿移
　　赠陈列由 ……………………………………………………… 2381
浙江省长公署指令第三千一百十一号呈一件呈报洽裕典被窃获犯
　　讯供情形并请抄示赔偿成案由 ……………………………… 2381
浙江省长公署指令第三千一百十二号呈一件为办理农商统计各表
　　循案请支准备金由 …………………………………………… 2382
浙江省长公署指令第三千一百十六号呈一件陈施仁等呈前民政厅
　　为保荐潮音校长学董勒索节规由 …………………………… 2382
浙江省长公署指令第三千一百二十一号呈一件呈为预算不敷请予
　　酌量增加由 …………………………………………………… 2382
浙江省长公署指令第三千一百三十七号呈一件呈复省议会单开各
　　种章程或属国税或属国家财务行政是以未经交议由 ……… 2383

263

浙江省长公署批第七百四十四号呈一件呈请转令高检厅将现任未合
　　资格管狱员一律撤任另委由 …………………………………………… 2383
浙江省长公署批第七百四十六号呈一件呈该民在临浦被劫一案请饬
　　县获盗追赃由 …………………………………………………………… 2383
浙江省长公署批第七百五十二号呈一件为请准开采杭县江干大岙山
　　石矿由 …………………………………………………………………… 2384
浙江省长公署批第七百五十五号呈一件为拟在海宁井栏庙地方开设
　　恒昌茧行由 ……………………………………………………………… 2384
浙江省长公署批第七百五十六号呈一件据呈前因创办长安利源电灯
　　公司一案韩希龄另换名称意图专利由 ………………………………… 2384
浙江省长公署批第七百六十一号呈一件禀为沈宏昌等庵产纠葛案县
　　署延不呈送辩明书乞迅予施行由 ……………………………………… 2385
浙江省长公署批第七百六十二号呈一件为在周家浦开设茧行请求核
　　准由 ……………………………………………………………………… 2385
浙江省长公署批第七百六十三号呈一件为郑雪亭朦请添设茧行请依
　　法批斥由 ………………………………………………………………… 2385
浙江省长公署批第七百六十四号呈一件为抵补金非法加征请回复法
　　案由 ……………………………………………………………………… 2385
浙江省长公署批第七百六十六号禀一件为请派员从严查禁由 ……… 2386
浙江省长公署咨财政部准省议会建议请将屠宰税咨部免除由 ………… 2386
浙江省长公署咨复省议会为建议将屠宰税咨部免除由 ………………… 2387
浙江省长公署咨省议会准咨请令省立甲种农校添设兽医科由 ………… 2387
浙江省长公署咨省议会咨复浙省派遣留学生规程一案经出席议员仍执
　　前议请公布转咨由 ……………………………………………………… 2388
浙江省长公署公布第四号为省议会议决筹设改良制糖厂附设种蔗试验
　　场议案由 ………………………………………………………………… 2388
　　筹设改良制糖厂附设种蔗试验场议案 ………………………………… 2389

目 录

浙江省长公署公布第五号为省议会议决本省派遣留学生规程案由……2392
　　《浙江省派遣留学生规程》议决案……………………2392
浙江省长公署训令第一千一百三十四号令财政厅将收支各县征费
　　开具细摺呈报察核由……………………………………2395
浙江省长公署训令第一千一百三十六号令临海县据省视学呈报该
　　县学务情形由……………………………………………2395
浙江省长公署训令第一千一百三十七号令第六师范讲习所据省视
　　学呈报视察该所情形由…………………………………2397
浙江省长公署训令第一千一百三十八号令省立图书馆各县知事准
　　山西省长咨送局刻书籍样本价目表由…………………2397
浙江省长公署训令第一千一百三十九号令饬财政厅查明向系自收
　　自支未经审计手续各款开摺送核由……………………2399
浙江省长公署训令第一千一百四十号令财政厅准省议会咨请通饬
　　各统捐局于新鲜蕃薯一项免予纳捐由…………………2400
浙江省长公署训令第一千一百四十一号令义乌知事邱峻改代理为
　　署理由……………………………………………………2400
浙江省长公署训令第一千一百四十二号令杭县知事查明海慧寺崧
　　骏祠改设宗忠简公祠由…………………………………2401
浙江省长公署训令第一千一百四十三号令农事试验场等会商振兴
　　蚕桑改良丝织办法分年计划列摺具复由………………2401
浙江省长公署训令第一千一百四十六号令各属准督军署咨缉逃兵
　　牛玉山并附单由…………………………………………2402
浙江省长公署指令第三千零七十一号令杭县知事姚应泰呈一件为
　　呈复钱江义渡改良跳板一案情形由……………………2403
　　附原呈……………………………………………………2403
浙江省长公署指令第三千一百二十三号令武康县知事邱少羽呈一
　　件呈送县境内校长校董捐款办学请核奖由……………2405

浙江省长公署指令第三千一百四十三号令黄岩县知事呈一件呈送
　　投考海军学生履历请汇送由……………………………………2405
浙江省长公署指令第三千一百四十四号呈一件呈报商船被劫救回
　　毙匪一名余匪逃遁情形由………………………………………2405
浙江省长公署指令第三千一百四十五号呈一件呈报境内无医校医
　　院等无从填表由…………………………………………………2406
浙江省长公署指令第三千一百五十三号呈一件呈报遵令筹议振兴
　　蚕桑拟具章程由…………………………………………………2406
　　富阳县推广植桑单行章程………………………………………2406
浙江省长公署指令第三千一百六十四号呈一件呈报王晋笙家被劫
　　勘缉情形由………………………………………………………2407
浙江省长公署指令第三千一百六十五号呈一件呈报弋获旧案逸犯
　　陈三妹请饬属注销缉案由………………………………………2408
浙江省长公署指令第三千一百八十五号呈一件呈复复核修理西湖
　　先烈祠等处工程由………………………………………………2408
浙江省长公署指令第三千一百九十八号呈一件据永嘉自治委员余
　　炳光呈为萧庆北私垦官荒请令县收回标卖由…………………2408
浙江省长公署指令第三千二百零六号呈一件呈送移赠赴美赛品清单由
　　……………………………………………………………………2409
浙江省长公署批第七百六十五号呈一件为征收员冯吉人匿报钱粮撤
　　换不足蔽辜请再依法处治由……………………………………2409
浙江省长公署批第七百七十号呈一件据呈禀控程增淦等掠割涂草案
　　抄送县判请饬强制执行由………………………………………2409
浙江省长公署批第七百七十一号呈一件为择定嘉兴县属双桥区九里
　　汇开设同吉茧行由………………………………………………2410
浙江省长公署批第七百七十二号呈一件为拟在嘉兴正家笕地方开设
　　同昌茧行由………………………………………………………2410

浙江省长公署批第七百七十三号呈一件为遵照修正茧行条例取销分
　　行改设正行由 ································· 2410
浙江省长公署批第七百七十四号呈一件呈请试探诸暨小东区铅矿请
　　予立案由 ····································· 2410
浙江省长公署批第七百七十五号呈一件为补送新昌看牛塆各区矿图
　　请发探照由 ··································· 2411
浙江省长公署批第七百七十六号呈一件为陶恩沛所开觉民舞台门路
　　建筑违则并吞公益剧场余款及筹办髦儿戏请令县分别饬改追缴禁止由 ······ 2411
浙江省长公署批第七百七十七号呈一件为贩米至宁售济民食请饬温
　　岭县发给护照由 ······························· 2412
浙江省长公署批第七百七十八号原具呈人调省知事黄夏钧呈一件为
　　因病续假三月由 ······························· 2412
浙江省长公署牌示 ·································· 2412
浙江省长公署咨内务部财政部为永康县造林拨用西津桥官有荒地一案由
　　 ·· 2412
浙江省长公署训令第一千一百四十七号令各属准内务部咨查禁小
　　贩兜售小说淫画由 ····························· 2413
浙江省长公署训令第一千一百四十八号令省会警察厅修理蒲场巷
　　马路由 ······································· 2414
浙江省长公署训令第一千一百五十号令余杭县据龙泉寺僧钁祯为
　　寺产管理权不服前民政厅决定再提起诉愿由 ·········· 2414
　　浙江省长公署诉愿决定书第四号 ················· 2415
浙江省长公署训令第一千一百八十七号令杭嘉湖旧府属各县据省
　　立第一苗圃呈请通令各该县明春赴圃领苗由 ·········· 2416
浙江省长公署训令第一千一百九十二号令财政厅准财政部咨行严
　　禁擅用银行或个人名义招集股份请饬属遵办由 ········ 2418
浙江省长公署训令第一千二百零三号令各县知事为召集临时省议会由
　　 ·· 2419

267

浙江省长公署训令第一千二百零五号令杭州总商会宁波总商会准
　　部咨请开示省内农工商各公司状况并对于实业上各项之需要由 …… 2419
浙江省长公署训令第一千二百十三号令财政厅为西湖名胜准照复
　　修理由该厅转行省警厅知照由 …………………………………… 2420
浙江省长公署训令第一千二百十四号令於潜县知事据委员楼汝蘅
　　查复该县习艺所因利局情形由 …………………………………… 2422
浙江省长公署训令第一千二百十七号令各县知事投考海军学生先
　　行饬知来省考选由 ………………………………………………… 2422
浙江省长公署指令第三千零四十七号呈一件呈复法警需索克扣囚
　　粮各情由 …………………………………………………………… 2423
浙江省长公署指令第三千一百三十四号呈一件呈送卢喜照等捐资
　　兴学事实表请核奖由 ……………………………………………… 2424
浙江省长公署指令第三千二百零七号呈一件呈赴美赛品承认移赠
　　陈列并送清单由 …………………………………………………… 2424
浙江省长公署指令第三千二百一十号呈一件为补送森林地图请予
　　核转由 ……………………………………………………………… 2424
浙江省长公署指令第三千二百十五号呈一件呈送何测绘员呈复会
　　勘麻车江情形原呈由 ……………………………………………… 2424
浙江省长公署指令第三千二百十七号呈一件呈请将议会议决浙西
　　水利修正案提交复议由 …………………………………………… 2425
浙江省长公署批第七百六十八号呈一件呈伊夫方元章被周正柠诬陷
　　毒杀屡呈不批提出抗告由 ………………………………………… 2425
浙江省长公署批第七百八十号呈一件请求令饬新任知事发还存饷由
　　……………………………………………………………………… 2425
浙江省长公署批第七百八十一号呈一件为奉饬县追租案仍冰搁请严
　　饬追缴由 …………………………………………………………… 2426
浙江省长公署批第七百八十二号呈一件呈自治委员温知新贪贿包讼

乞檄县免职由 …… 2426

浙江省长公署批第七百八十五号 呈一件被潘振纶霸占庵产一案请饬
县从速查办由 …… 2426

浙江省长公署批第七百八十七号 呈一件为柟溪梭船坝占航路一案请
吊阅全卷令县取消最后告示以安航业由 …… 2427

浙江省长公署批第七百八十八号 呈一件为显佑庙仓请仍责由司事管
理并严究诡名由 …… 2427

浙江省长公署批第七百八十九号 呈一件呈为集资开设丝厂附设茧行
缮具简章请立案由 …… 2427

浙江省长公署批第七百九十一号 呈一件呈茧行条例议决宽纵请咨交
复议以保工商由 …… 2428

浙江省长公署通告 …… 2428

浙江省长公署咨呈国务院 为省议会议决回复抵补金法定折价带征省地
方税由 …… 2428

浙江省长公署咨财政部 为省议会议决回复抵补金法定折价带征省地方税由
…… 2429

浙江省长公署咨复省议会 关于浙省店屋捐章程仍执前议一案由 …… 2429

浙江省长公署咨省议会 准咨议决模范缫丝厂招商承办办法未洽请复议由
…… 2430

浙江省长公署公布第六号 公布省议会咨送浙省回复抵补金法定折价带
征省地方税议决案由 …… 2431

回复抵补金法定折价带征省地方税案 …… 2432

浙江省长公署公布第七号 公布省议会咨送《浙江省茧行条例》议决案由
…… 2432

《浙江省茧行条例》议决案 …… 2432

浙江省长公署公布第八号 公布省议会咨送《浙江省保护森林条例》议决
案由 …… 2433

269

《浙江省保护森林条例》议决案……………………………………… 2433

浙江省长公署公布第九号公布省议会咨送浙江禁止江河湖荡涨地报买
　　议决案由……………………………………………………………… 2434

　　浙江省禁止江河湖荡涨地报买议决案…………………………………… 2435

浙江督军公署训令第四五四号　浙江省长公署训令第一二
　　一九号令各属为美人卜姆来浙游历令照约保护由……………… 2435

浙江督军公署训令第四五五号　浙江省长公署训令第一二
　　一八号令各属为德商广丰行东来浙游历令照约保护由………… 2436

浙江督军公署训令第四六四号　浙江省长公署训令第一二
　　二二号令各属为英人黑斯听等十五人来浙游历令照约保护由…… 2436

浙江督军公署训令第四六五号　浙江省长公署训令第一二
　　二三号令各属为日人前田桢吉等来浙游历令照约保护由………… 2438

浙江省长公署训令第一千一百四十四号令省立甲种农校准省议会
　　咨该校添设兽医一科由……………………………………………… 2438

浙江省长公署训令第一千一百八十九号令警政厅高检厅为通缉前
　　陕西扶风县知事林世英由…………………………………………… 2439

浙江省长公署训令第一千二百二十一号令刊发浙江修筑省道筹办
　　处钤记一颗由………………………………………………………… 2440

浙江省长公署训令第一千二百二十四号令各县知事转呈商民请设
　　茧行应附地图及注明各要点由……………………………………… 2440

浙江省长公署训令第一千二百二十五号令浙江全省警务处为前警
　　政厅警务科人员开单归并警务处办公由…………………………… 2440

浙江省长公署指令第三千一百四十九号令泰顺县知事刘钟年呈一
　　件为改委掾属分配职掌请注册由…………………………………… 2441

　　附原呈………………………………………………………………… 2441

浙江省长公署指令第三千二百三十二号令崇德县知事呈一件呈请
　　刊发劝学所图记由…………………………………………………… 2442

目 录

浙江省长公署批第七百九十四号原具呈人乐清郑绍宽呈一件为自治
　　委员得贿舞弊请派员查究由·· 2442

浙江省长公署批第七百九十五号呈一件为郑英鳌霸收已拨果育学校
　　天师坛租谷由··· 2442

浙江省长公署咨江苏省长准电请维持江苏丝绸各业将修正茧行条例缮
　　摺送请查照由··· 2442

浙江省长公署咨督军公署准省议会咨修筑浙江省道案大会公决认为可
　　行由··· 2443

浙江省长公署公布第十号公布省议会议决筹设省立女子蚕业讲习所议
　　案由··· 2444
　　筹设省立女子蚕业讲习所议决案··· 2444

浙江省长公署公布第十一号公布省议会议决修浚浙西水利修正案由
　　·· 2445
　　修浚浙西水利修正案·· 2445

浙江督军署训令第四百六十二号令参谋陆殿魁为调充本署谘议官由
　　·· 2446

浙江省长公署委任令第四十八号令派委武钟临为本署秘书处练习员由
　　·· 2447

浙江省长公署委任令第五十号令委员吴大桢验收省立第一苗圃建筑
　　各工程及购办各器具由·· 2447

浙江省长公署训令第一千二百二十八号令警务各机关办理特要事
　　件均照章程第十八条办理由·· 2448

浙江省长公署训令第一千二百三十二号令警政厅准督军咨送陆军
　　统计简明报告书凡例请将所辖军队名称任务人数造册送署由········· 2448

浙江省长公署训令第一千二百三十六号令财政厅杭州总商会为铜
　　元兑价骤涨骤跌应设法挽回以维市面由··································· 2449

浙江省长公署训令第一千二百四十一号令知浙江修筑省道筹办处

271

吕公望集

处长准省议会咨公决可行由 …… 2450
浙江修筑省道案 …… 2450
浙江省长公署指令第三千二百五十号呈一件桐庐审检所呈报姜万
　隆家被劫勘验情形由 …… 2454
浙江省长公署指令第三千二百五十一号呈一件上虞审检所呈报王
　裕堂被王水堂等杀毙情形并拟悬赏购缉请核示由 …… 2455
浙江省长公署指令第三千二百六十二号令常山县知事赵钲铱呈一
　件呈报组织教育行政会议并送简章由 …… 2455
浙江省长公署指令第三千二百七十一号呈一件高检厅为平湖县修
　理监墙在准备金内动支款项请予核销由 …… 2457
浙江省长公署指令第三千二百七十七号呈一件东阳县俞知事造送
　接收张前知事交代分款清册并印结由 …… 2457
浙江省长公署指令第三千二百七十八号呈一件常山县呈报批解五
　年内国公债银一千三百三十五元由 …… 2458
浙江省长公署指令第三千二百八十六号呈一件为平湖县修理监墙
　在准备金内动支款项请予核销由 …… 2458
浙江省长公署指令第三千二百八十八号呈一件为造送十月份支出
　计算书对照表及单据黏存簿由 …… 2458
浙江省长公署指令第三千二百九十号呈一件呈为改送本年七月分
　收支表册等件请核销由 …… 2458
浙江省长公署批第七百九十号禀一件禀请在松木场石山采取乱石请
　准予许可由 …… 2459
浙江省长公署批第七百九十二号呈一件为组织平湖第一工场请准租
　用公产由 …… 2459
吕督军吊蔡督军电 …… 2459
浙江省长公署训令第一千二百四十三号令各县知事准外交部咨假
　道温古佛往美之华人至舍路听候查验由 …… 2460

目 录

浙江省长公署训令第一千二百四十九号令催各县造送办理地方事
业捐款一览表由 ·· 2460

浙江省长公署指令第三千二百三十四号呈一件呈送吴士杰捐资兴
学事实册请核奖由 ·· 2461

浙江省长公署指令第三千二百九十三号呈一件为绍兴县人夏羲请
饬各县查禁大宗制钱私运出口由 ································ 2461

浙江省长公署批第七百五十号呈一件为年不丰登请予展限缓征由 ······ 2462

浙江省长公署批第七百九十六号原具呈人候补县知事谢伯镕呈一件
为请假回籍措资由 ·· 2462

浙江省长公署批第七百九十七号原具呈人候补县知事刘则汤呈一件
为请假回籍措资由 ·· 2462

浙江省长公署批第八百零一号呈一件为自治委员强占校舍一案请赐
批准由 ·· 2462

浙江省长公署批第八百零二号呈一件为请饬各县查禁大宗制钱私运
出口由 ·· 2463

浙江省长公署咨复江苏省长准咨由晋回浙候补知事李曾麟留苏任用由
·· 2463

浙江督军署训令第四百六十三号令本署署附罗鹤调充军学补习所副
官由 ·· 2464

浙江督军署训令第同上号令军学补习所所长为委本署署附罗鹤调充该
所副官由 ·· 2464

浙江督军署训令第同上号令暂编第二师长为军学补习所副官李耀唐应
回该师第四旅旅附原差由 ······································ 2465

浙江省长公署训令第一千二百三十九号令省农会准省议会咨该会
支出经费与原案规定办法不符应令逐项核减由 ···················· 2465

浙江省长公署训令第一千二百四十号令财政厅准省议会咨修筑省
道案公决可行由 ·· 2466

273

浙江省长公署训令第一千二百四十六号令裁撤模范缫丝厂监理处
　　并入实业科办理由…………………………………………………… 2466
浙江省长公署训令第一千二百四十八号令财政厅准财政部咨行奉
　　令减免地方苛细杂捐其赋课税捐国家正供应督饬经征官吏严杜中饱由…… 2467
浙江省长公署训令第一千二百五十号令各县知事及各警务机关准
　　内务部咨嗣后关于结社集会呈报该管警察官署由………………… 2467
浙江省长公署训令第一千二百五十二号令各县知事为教育实业司
　　法警政各项须认真办理并应设立教育主任由……………………… 2468
浙江省长公署训令第一千二百五十四号令委任来肇荣为永嘉第五
　　区西内镇警佐由……………………………………………………… 2469
浙江省长公署训令第一千二百六十四号令警政厅鄞县奉化保护甬
　　川公司新顺康小轮由………………………………………………… 2469
浙江省长公署训令第一千三百七十一号令各属承准国务院电请饬
　　属将吕丹书等严缉惩办由…………………………………………… 2470
浙江省长公署训令第一千三百七十二号令各属准直隶省长咨请饬
　　属协拿逃官刘凤岐由………………………………………………… 2471
浙江省长公署指令第三千二百七十号呈一件本署名誉谘议员章篯为
　　杭县串票仍不遵饬办理请令厅行县惩罚经征人并通令将滞纳罚金给单榜示由
　　………………………………………………………………………… 2472
浙江省长公署指令第三千三百二十号令金华县知事呈一件为更委
　　橡属请注册由………………………………………………………… 2472
　　附原呈………………………………………………………………… 2472
浙江省长公署指令第三千三百二十一号令平湖县知事张濂呈一件
　　为补委橡属请注册由………………………………………………… 2473
　　附原呈………………………………………………………………… 2473
浙江省长公署指令第三千三百二十三号呈一件呈据南田县呈鄞县
　　奉化等县递解人犯不必由南田经过请核示由……………………… 2473

目　录

　　附原呈………………………………………………………………2474

浙江省长公署指令第三千三百二十八号呈一件呈报包云林染坊彼
　　劫勘验情形由……………………………………………………2474

浙江省长公署指令第三千三百三十号呈一件为呈报平民习艺所所
　　长新旧交替日期请委任由………………………………………2475

浙江省长公署指令第三千三百三十四号呈一件宁海县知事何公旦
　　为勘报被潮成灾田禾情形由……………………………………2475

浙江省长公署指令第三千三百三十五号呈一件为呈送已办未办各
　　项要政分款开摺呈请训示由……………………………………2475

浙江省长公署指令第三千三百六十二号呈一件为呈送第一道仓推
　　陈盘耗谷数及开支清册请察核由………………………………2478

　　附原呈………………………………………………………………2478

浙江省长公署指令第三千三百六十四号禀一件据竺鸣涛禀请修葺
　　竺烈士绍康坟墓由………………………………………………2479

浙江省长公署指令第三千三百七十号呈一件为朱鸿辉等经修堤塘
　　道路工程过半请出示并代作捐启弥补亏款由…………………2479

　　附原呈………………………………………………………………2479

浙江省长公署指令第三千三百八十七号呈一件呈报统带请假离职
　　及司令官接代日期由……………………………………………2480

浙江省长公署批第八百零五号呈一件续呈被王福廷挟嫌插墙烧屋案
　　请查办由…………………………………………………………2481

浙江省长公署批第八百零六号呈一件呈伊孙树贤误被闷毙一案县判
　　过重请查办由……………………………………………………2481

浙江省长公署批第八百零八号呈一件请求改委别项差事由………2481

浙江省长公署批第八百零九号呈一件呈控保卫团总丁鸣球违法害民
　　四端请查办由……………………………………………………2481

省长公署函复寰球尊孔会医院院长………………………………2482

浙江省长公署通告·· 2482

浙江省长公署公布第十二号公布省议会咨送修正浙江省推收户粮规则
  议决案由··· 2483
  《浙江省推收户粮规则》议决案··················· 2483

浙江省长公署训令第一千二百五十一号令水利委员会准省议会咨
  送疏浚桐江上游航路案请饬派员测量由··············· 2485
  疏浚桐江上游航路案····································· 2485
  修改浅水轮航路工事筹画书····························· 2488

浙江省长公署训令第一千二百五十三号令永嘉警察局局长委任来
  肇荣为该局西内镇警佐由······························· 2492

浙江省长公署训令第一千二百五十五号令财政厅准省议会咨复议
  决修正浙江省推收户粮规则请公布施行由············· 2492

浙江省长公署训令第一千二百五十九号令浙西各县将奉前按署核
  准匀解及加收之浙西水利经费分别扫解免征由······· 2493

浙江省长公署训令第一千二百六十五号令警政厅杭县嘉兴吴兴等
  县保护华商招商内河轮船公司一乐汽船由············· 2493

浙江省长公署训令第一千三百六十八号令诸暨县知事准督军署咨
  该县拿获逃兵二名该知事记功二次由··················· 2494

浙江省长公署训令第一千三百七十号令各属准江苏齐省长咨请饬
  属通缉携饷潜逃巡官刘云亭由·························· 2495
  刘云亭面貌书··· 2496

浙江省长公署指令第三千三百九十号呈一件为呈报周峻德等五人
  愿考海军学校由·· 2497

浙江省长公署指令第三千三百九十二号呈一件呈内河水警厅拟定
  各机关借用巡舰归还煤油费办法请核示由············· 2497

浙江省长公署指令第三千三百九十三号呈一件统带王凤鸣呈报出
  巡日期由··· 2497

目 录

浙江省长公署指令第三千三百九十四号呈一件呈复讯办积匪卢积
　仁情形并请给赏由……………………………………………… 2498
浙江省长公署指令第三千三百九十五号呈一件呈复境内并无设有
　医校医院等请免予填表由……………………………………… 2498
浙江省长公署指令第三千三百九十七号呈一件呈复境内并无西医
　及医校医院请免填表由………………………………………… 2498
浙江省长公署指令第三千三百九十九号呈一件呈报警备队五区三
　营三四两哨到防回防日期由…………………………………… 2498
浙江省长公署指令第三千四百号呈一件呈送报考海军学生八名由…… 2499
浙江省长公署指令第三千四百零三号呈一件呈送医院医士调查表
　请转送由………………………………………………………… 2499
浙江省长公署指令第三千四百一十号呈一件据呈遵令酌提公款购
　办桑苗分发农民种植由………………………………………… 2499
浙江省长公署指令第三千四百十一号呈一件为呈报蚕桑情形及植
　桑奖惩章程由…………………………………………………… 2500
浙江省长公署指令第三千四百十二号呈一件呈复鄞县李氏修谱案
　对于教民不得歧视办理情形由………………………………… 2500
浙江省长公署指令第三千四百十四号呈一件为呈报南乡游民强挖
　冬笋聚众滋扰就近请兵率往弹压由…………………………… 2500
浙江省长公署指令第三千四百十九号呈一件为送袁化镇商会章程
　及钤记公费由…………………………………………………… 2501
浙江省长公署指令第三千四百二十一号呈一件为造送实业报告书
　表由……………………………………………………………… 2501
浙江省长公署指令第三千四百二十二号呈一件呈为运回赴美赛品
　均不愿移赠开单送核由………………………………………… 2501
浙江省长公署指令第三千四百二十八号呈一件据呈为造送实业报
　告书由…………………………………………………………… 2501

277

浙江省长公署批第八百十三号呈一件为被人捏名呈控显佑庙董请澈究由 2502

浙江省长公署批第八百十七号呈一件呈县知事违法溺职请澈查惩戒
　并饬严缉凶犯由 2502

浙江省长公署批第八百二十四号呈一件为吉利小轮违章行驶请令县
　禁止由 2502

浙江省长公署批第八百二十五号呈一件为杭馀行驶汽船如碍堤塘愿
　负赔偿再求核准给照 2503

浙江省长公署批第八百二十八号呈一件为拟在孝丰泉水湾西亩两处
　开设泰丰泰和两茧行由 2503

浙江省长公署批第八百二十九号呈一件为遵照条例拟在徐埭坊地点
　开设大利茧行由 2503

省长公署电复江西省长电询兴筑常玉铁路办法由 2504

浙江省长呈大总统据宁海县知事何公旦为勘报该邑北乡石埠沙歧两庄暨
　东乡越溪村等处田禾被潮成灾情形由 2504

浙江省长公署训令第一千二百六十号令各交涉员为各轮船公司勿
　搭英国敌人驶入英属军港由 2505

浙江省长公署训令第一千二百六十一号令临海县知事黄岩县知事
　警政厅准省议会咨旧台属查米局经大会议决裁撤请施行由 2506

浙江省长公署训令第一千三百六十九号令警政厅准嘉湖镇守使咨
　呈拟委内河水警第三游巡队长龙石林为内河水警临时督察员专带翔麾兵舰
　归镇署节制由 2507

浙江省长公署训令第一千三百七十六号令温岭县警政厅准省议会
　咨前请裁撤旧台属查米局一案内脱温岭县松门请补正由 2508

浙江省长公署指令第　号呈一件海盐县知事呈报海盗连劫八家勘验大
　略情形由 2509

　附　浙江高等检察厅训令第九百七十一号 2509

附原呈 …… 2510

　　平邑全公镇商民陈幼山等被海盗抢劫失单 …… 2512

浙江省长公署指令第三千二百四十三号令宁海县知事何公旦呈一件为遴委掾属请注册由 …… 2514

　　附原呈 …… 2514

浙江省长公署指令第三千二百四十四号呈一件为遴委掾属请注册由 …… 2515

　　附原呈 …… 2515

浙江省长公署指令第三千三百十五号呈一件呈警佐厉念劬因公招怨请予酌调由 …… 2516

浙江省长公署指令第三千三百五十六号呈一件据泗安商务分会呈商人杨德熊价购新飞电汽船行驶吴兴至泗安乞备案饬属保护由 …… 2517

浙江省长公署指令第三千四百零七号呈一件陆宗贽呈请令知高检厅一律以管狱员尽先任用由 …… 2517

浙江省长公署指令第三千四百三十号呈一件呈请征集各县茶种由 …… 2517

浙江省长公署指令第三千四百三十二号呈一件呈报查明预备造林之北幹山后面荒山确系官山等情由 …… 2518

浙江省长公署指令第三千四百三十五号呈一件据杭县呈为遵令复查放马山邻近四周尚无坟墓祈鉴核由 …… 2518

浙江省长公署指令第三千四百四十一号呈一件为呈送蚕业传习所育蚕经过成绩表清摺并请核销由 …… 2518

浙江省长公署指令第三千四百四十二号呈一件据呈复蚕业情形并筹拟办法由 …… 2519

浙江省长公署指令第三千四百四十三号呈一件呈遵令示禁私采矿苗录送示稿由 …… 2519

浙江省长公署指令第三千四百四十六号呈一件孝丰县公署为赵颐

拟请开设茧行核与旧有条例相符取具保结送请察核由 …… 2519

浙江省长公署指令第三千四百五十七号 呈一件为呈自治办公处函

请预发筹备费银请示遵由 …… 2520

附原呈 …… 2520

浙江省长公署批第八百十六号 呈一件呈请令知高检厅一律以管狱员

尽先任用由 …… 2520

浙江省长公署批第八百三十号 呈一件为拟在赵家庙地方开设永成茧

行由 …… 2521

浙江省长公署批第八百三十一号 呈一件为拟在北亭子桥地方开设永

裕茧行由 …… 2521

浙江省长公署批第八百三十二号 呈一件据呈遵照新定条例拟在普觉

庵地方开设永康茧行由 …… 2521

浙江省长公署批第八百三十三号 呈一件据呈前拟在五抗地方开设鼎

复昌茧行请批示由 …… 2522

浙江省长公署批第八百三十四号 呈一件为在博陆村地方创设经纶茧

行由 …… 2522

浙江省长公署批第八百三十五号 呈一件据呈拟在黄金塔地方开设协

集成茧行由 …… 2522

浙江省长公署批第八百三十九号 呈一件据呈前诉叶球等官绅压制一

案未奉批示等情由 …… 2522

浙江省长公署批第八百四十号 呈一件呈新市士绅组织肥料公司地方

反对几扰治安迅赐饬封由 …… 2523

浙江省长公署布告第五号 为考选海军学生布告及办法由 …… 2523

考选海军学生办法 …… 2523

浙江省长公署牌示 …… 2524

浙江省长公署咨农商部 据杭县呈送鼎新纺织修正章程等请转咨注册由

…… 2524

目 录

浙江省长公署咨督军署请察照会同转令现委修筑省道处各员由 ………… 2526

浙江督军公署训令第四九二号浙江省长公署训令第一四〇
  六号令各属准外交部咨行保护美人家绅士等来浙游历由 …………… 2526
  美国人前往浙江省游历名单 …………………………………………… 2527

浙江督军公署训令第四九三号浙江省长公署训令第一四〇
  七号令各属为浙江修筑省道筹办处成立由 …………………………… 2527

浙江省长公署训令第一千二百五十六号令省立中等以上各学校公
  立图书馆准审计院咨审定浙省教育各机关二三年度各月分支出计算书由 …… 2528
  清单 …………………………………………………………………… 2528

浙江省长公署训令第一千三百八十二号令各县知事准交通部咨复
  调查航路请转令就主要河道先事查填俟款项有着再行详细测勘由 …… 2530

浙江省长公署训令第一千三百八十四号令各绍兴等十六县据农事
  试验场呈请转饬各县征送茶种由 ……………………………………… 2531

浙江省长公署训令第一千三百八十七号令各县知事准内务部咨送
  保存古物调查表及说明书希饬属调查填送由 ………………………… 2533
  古物调查表说明书 ……………………………………………………… 2534

浙江省长公署指令第三千四百零九号呈一件为永嘉蒋志钦等筑坝
  断流一案由 ……………………………………………………………… 2537
  附前民政厅指令 ………………………………………………………… 2537
  附永嘉县知事原呈 ……………………………………………………… 2537

浙江省长公署指令第三千四百三十八号呈一件转送商会改组章程
  职员名册钤记公费请核转由 …………………………………………… 2539

浙江省长公署指令第三千四百三十九号呈一件据呈枫桥商会改组
  章程职员名册钤记费请核转由 ………………………………………… 2539

浙江省长公署指令第三千四百四十九号呈一件据刘青选等呈请显
  佑庙产仍归司事经管并饬将收支学款明白宣布严究诡名由 ………… 2540

浙江省长公署指令第三千四百五十一号呈一件为呈送习艺所各项

  收支报册请察核由……2540

浙江省长公署指令第三千四百五十五号呈一件为呈报上虞等县因

  利局公家既无拨款应由各县自行筹办请备案由……2540

  附原呈……2540

浙江省长公署指令第三千五百一十号呈一件据呈遵令拟复振兴蚕

  业办法由……2541

浙江省长公署批第八百三十七号呈一件为私产强属官有请委查勘丈

  给还管业由……2541

浙江省长公署批八百三十八号呈一件呈请试探鄞县大咸乡银山冈铅矿由

  ……2542

浙江省长公署批八百四十二号呈一件呈凶犯项成品等迄未缉究请饬

  县严办由……2542

浙江省长公署批八百四十七号呈一件为在枫泾开设大同茧厂请再核

  饬遵办由……2542

浙江省长公署批八百四十八号呈一件呈送更正矿图请准注册给照试探由

  ……2543

浙江省长公署批第八百四十九号呈一件为仿设模范缫丝厂再申前请

  祈核示由……2543

浙江省长公署公布第十三号为省议会议决改良手工造纸传习工场议案由

  ……2543

  改良手工造纸传习工场议决案……2543

浙江省长公署训令第一千三百九十七号令宁海县据余光启呈请试

  探铜锌铅矿仰查复核办由……2547

浙江省长公署训令第一千三百九十八号令财政厅据武康县知事呈

  复沈镕等请设裕盛茧行与旧茧行距离里数由……2547

浙江省长公署训令第一千四百零一号令新昌县准督军公署咨复吕

  国华等请设厂制硝案饬再开摺呈复由……2548

浙江省长公署指令第三千四百五十九号令诸暨县知事魏炯呈一件
 为呈送该县自治办公处收支原册及八九月分收支报册由·················· 2549
浙江省长公署指令第三千四百七十五号令缙云县知事欧阳忠浩呈
 二件为吕兴东等续缴赈款拟请充作工程用费其尾缴应否准予免缴乞示遵由
 ··· 2550
 附原呈··· 2550
浙江省长公署指令第三千四百七十七号呈一件呈报委任掾属请注
 册由··· 2552
 附原呈··· 2552
浙江省长公署指令第三千四百七十八号呈一件呈送调查实业报告
 书由··· 2553
浙江省长公署指令第三千四百八十一号呈一件据呈为遵核各厂八
 月分工作经过情形列表送核由··································· 2553
浙江省长公署指令第三千四百八十三号呈一件呈报购到幻灯即月
 用以讲演情形由··· 2553
浙江省长公署指令第三千四百八十七号呈一件为查复沈镕等请设
 裕盛茧行与旧茧行距离里数由··································· 2554
 附原呈··· 2554
浙江省长公署指令第三千四百八十八号呈一件呈送决算书表等件
 请予派员验收准销由··· 2555
浙江省长公署指令第三千四百九十四号呈一件呈报张楼氏被迫自
 缢身死勘验情形由··· 2555
浙江省长公署指令第三千四百九十七号呈一件为张振芳等请设兴
 昌等茧行转呈察核由··· 2555
浙江省长公署指令第三千四百九十八号呈一件据呈钱沥山请开采
 巡塘岗及大畈弗石矿由··· 2555
浙江省长公署指令第三千五百零四号呈一件呈送调查实业报告书件由
 ··· 2556

浙江省长公署指令第三千五百零六号呈一件呈查复平阳南港口水
　利工程并附图及预算清单由·· 2556
　　附原呈··· 2557
浙江省长公署指令第三千五百十三号呈一件据呈复赴美赛品各原
　出品人不愿移赠陈列由·· 2559
浙江省长公署指令第三千五百十四号呈一件据呈复农工各要政办
　理情形及未来计划由··· 2559
浙江省长公署指令第三千五百十八号呈一件为造送办理四年分农
　商统计经费报销册请于准备金内先行支销由······························· 2559
浙江省长公署指令第三千五百二十号令省立水产学校校长呈一件
　据该校教员田家鼐条陈请速设水产试验场并附件由······················· 2560
浙江省长公署指令第三千五百二十五号呈一件吴兴县知事拟请留
　拨禁烟罚金充办禁烟经费由··· 2560
浙江省长公署指令第三千五百二十七号呈一件淳安县知事为结束
　烟案罚赎金并自十月分起调查员薪及下乡费用是否在司法收入内拨补由······ 2560
浙江省长公署指令第三千五百二十八号呈一件为送节妇陈程氏等
　事实册证明书请转咨褒扬由··· 2561
浙江省长公署指令第三千五百三十四号呈一件具复德清县查明酒
　碗捐定案情形及碍难邀免缘由由··· 2561
浙江省长公署指令第三千五百三十五号呈一件为议复瑞安林文藻
　等关于清理官产条陈由··· 2562
浙江省长公署指令第三千五百三十六号呈一件为呈复萧山彭前知
　事移款购买公债及储蓄票已指令准抵由······································ 2562
浙江省长公署指令第三千五百三十九号令财政厅长莫永贞呈一件
　为造送本年七月分收支计算报告各书由······································ 2562
浙江省长公署指令第三千五百四十四号呈一件淳安县知事呈复王
　罗两前任溢支征费及借给参议会存放未还各款情形请分饬催追由········· 2563

浙江省长公署指令第三千五百六十六号呈一件郑梓相为载运茧黄
　　被乌青镇西栅外分局员扣留请委查验放核究偿失由 …………… 2563
浙江省长公署指令第三千五百八十二号呈一件武义县知事呈公款
　　已另筹清解请饬金华县知事转行商会尽先提还由 …………… 2563
浙江省长公署指令第三千五百八十七号呈一件呈复筹拟振兴蚕桑
　　办法再催县农会迅报由 ………………………………………… 2564
浙江省长公署指令第三千五百九十三号呈一件为遵令查复朱鹤皋
　　等请采秀球山石有碍水利并绘送图说由 ……………………… 2564
浙江省长公署指令第三千五百九十四号呈一件呈为造送实业报告
　　书由 ……………………………………………………………… 2564
浙江省长公署批第　号呈一件为载运茧黄被乌青镇西栅外分局员扣留
　　请委查验放核究偿失由 ………………………………………… 2565
浙江省长公署批第八百五十号呈一件为请在五抗村地方开设大纶茧行由
　　………………………………………………………………………… 2565
浙江省长公署批第八百六十二号呈一件为加增米捐请饬县维持由 …… 2565
吕省长电北京大总统国务院请仿照二年度颁布之省官制由 ………… 2566
　　附　黎元洪复电 ………………………………………………… 2567
　　附　郭宗熙复电 ………………………………………………… 2567
浙江省长呈大总统据嘉善县樊知事呈报勘明本年灾歉田亩开摺请迅予饬
　　厅委员复勘由 …………………………………………………… 2567
浙江省长公署训令第一千四百零五号令永嘉警察局准督军署咨复
　　该局请带收硝磺及花炮以充警费一案由 ……………………… 2568
浙江省长公署训令第一千四百零八号令各县知事准内务部咨送保
　　存古物办法五条请饬属调查保管由 …………………………… 2569
　　保存古物暂行办法 ……………………………………………… 2570
浙江省长公署训令第一千四百一十号令财政厅据桐乡商会电为朱
　　信昌等所运之烟因局秤轻重不同致被扣留请委查饬放由 …… 2571

浙江督军公署指令第一千九百二十五号　浙江省长公署指
　令第三千五百二十二号呈一件呈拟就浙江修筑省道规条五种请鉴
　　定由 …………………………………………………………………… 2572
　《浙江修筑省道筹办处简章》改正单 ……………………………… 2572
　　附　每月经费概算表 …………………………………………… 2573
　　浙江修筑省道筹办处简章 ……………………………………… 2573
　　浙江修筑省道筹办处旅费规则 ………………………………… 2576
　　浙江修筑省道奖励条例 ………………………………………… 2577
　　附　施行细则 …………………………………………………… 2579
　　浙江修筑省道募捐条例 ………………………………………… 2581
　　浙江修筑省道筹办处调查测量规则 …………………………… 2584
浙江省长公署指令第三千五百二十四号呈一件为更委掾属请注册由
　………………………………………………………………………… 2586
　　附原呈 …………………………………………………………… 2587
浙江省长公署指令第三千五百六十九号呈一件瑞安县公民吴锜等
　呈为请饬县严催原办主任黄秉彝等照章宣示歉缓正册由 ……… 2587
浙江省长公署指令第三千五百八十四号呈一件据史悠沛等呈修浚
　东钱湖举定局董事未实行请饬县加委由 ………………………… 2587
浙江省长公署指令第三千五百八十五号呈一件据忻锦崖等呈东钱
　湖急待修浚环叩饬委会县定议进行由 …………………………… 2588
浙江省长公署批第　　号呈一件呈为请饬县严催原办主任黄秉彝等照章
　宣示歉缓正册由 …………………………………………………… 2588
浙江省长公署批第八百六十一号呈一件为吐头茧衣两项捐率太重请
　添入政务参议会修正案内核减修正由 …………………………… 2589
浙江省长公署批第八百六十五号呈一件为开办丝厂遵减附设茧行灶
　乘请核准由 ………………………………………………………… 2589
浙江省长公署批第八百六十六号呈一件为拟在青莲地方开设利济茧

行由 …… 2589

浙江省长公署批第八百六十八号呈一件呈为东钱湖急待修浚环叩饬
　　委会县定议进行由 …… 2590

浙江省长公署批第八百六十九号呈一件呈修浚东钱湖举定局董事未
　　实行请饬县加委由 …… 2590

浙江省长函复金溶仲函请借用模范缫丝厂丝车等件由 …… 2591
　　附录原函 …… 2591

浙江督军署布告第六号为由前军署保荐未领凭照之县知事须呈明本署
　　汇领由 …… 2592

浙江省长公署通告 …… 2592

浙江省长公署咨复省议会关于拱埠警正魏佑孚质问书由 …… 2592

浙江省长公署咨省议会据财政厅长兼烟酒公卖局长呈为查复省议会咨
　　请查办第八区烟酒公卖分局违法征收出运印花捐一案由 …… 2594

浙江督军公署训令第五〇六号　浙江省长公署训令第一四
　　二九号令浙江修筑省道筹办处为委任该处各职员由 …… 2595

浙江省长公署训令第一千三百九十三号令五处缫丝厂据监理处呈
　　复遵核各厂八月份工作情形列表送核一案由 …… 2595

浙江省长公署训令第一千四百一十三号令各县知事为修正各县张
　　贴告示章程由 …… 2598

浙江省长公署训令第一千四百一十四号令财政厅准财政部咨行浙
　　省官产应仍设专处即以财政厅长莫永贞兼任总办由 …… 2599

浙江省长公署训令第一千四百一十五号令高检厅准财政部咨行浙
　　省检察厅经费不敷开支请流用各项与会计法尚无不合应照准由 …… 2600

浙江省长公署训令第一千四百二十一号令警政厅准督军署咨民人
　　三妹相即陈一轩招匠私带枪枝发售悬赏通缉由 …… 2601

浙江省长公署指令第　号呈一件据上虞县呈报勘验车式家被劫情形并
　　获盗讯供缘由 …… 2601

附 浙江高等检察厅训令第一千零八十五号……2602

浙江省长公署指令第三千五百九十七号呈一件为商人张遂初等请设福民茧行由……2603

浙江省长公署指令第三千五百九十八号呈一件为许震等拟在袁化镇请设久成茧行由……2603

浙江省长公署指令第三千六百零八号呈一件呈拟将商会水龙拨交县警所所有李前知事垫款即就罚金旷饷项下拨还由……2604

浙江省长公署指令第三千六百十二号呈一件慈溪县呈送七八月收支司法经费清册由……2604

浙江省长公署指令第三千六百三十六号呈一件呈为查复省议会咨请查办第八区烟酒公卖分局违法征收出运印花捐一案由……2605

浙江省长公署指令第三千六百三十七号呈一件为准县商会函称徐楷等指定各地点请设各茧行由……2605

浙江省长公署指令第三千六百三十八号呈一件桐乡商务分会总理王康祚为炉头镇统捐分局擅用私秤扣留烟件请委查饬放由……2605

浙江省长公署指令第三千六百三十九号呈一件前任瑞安县知事监盘平阳县知事现任瑞安县知事呈为瑞邑交代结算清楚造送总册请备案由……2606

浙江省长公署指令第三千六百四十八号呈一件为呈复宁台温船商施宗范呈为禁止商船停泊请饬取消一案由……2606

浙江省长公署指令第三千六百五十号呈一件为呈报城楼坍损请拨款修理由……2607

浙江省长公署指令第三千六百五十二号呈一件呈拟模范桑园补救方法并送图说清册由……2607

浙江省长公署指令第三千六百五十三号呈一件呈报筹拟振兴蚕桑办法由……2607

浙江省长公署指令第三千六百五十四号呈一件呈复办理蚕桑情形由……2608

目 录

浙江省长公署指令第三千六百五十六号呈一件据呈送陶伯垣与徐
　青仁等因山场经界一案图说及承垦证书等由 ………………………… 2608
浙江省长公署指令第三千六百五十七号令余姚县知事邢炳旦禀一
　件该县公民郑浩等为补选议员委员沈逢辰阿私舞弊请令县查究由 … 2609
浙江省长公署指令第三千六百六十四号呈一件为转送柴桥镇商会
　改正章程及名册公费由 ………………………………………………… 2609
浙江省长公署指令第三千六百六十六号呈一件为准袁化商会函称
　黄亦政等拟开设振大茧行请察核由 …………………………………… 2609
浙江省长公署指令第三千六百六十八号呈一件为据转呈大岙乡农
　会章等件由 ……………………………………………………………… 2610
浙江省长公署指令第三千六百七十二号呈一件为会同前校长黄勋
　呈报交接款项图书仪器等造册送请察核备案由 ……………………… 2610
浙江省长公署批八百六十七号呈一件为遵照修正条例在枫泾开设兴
　业茧行由 ………………………………………………………………… 2611
浙江省长公署批八百七十一号呈一件为伊子盛钟彦以身殉国请予
　抚恤由 …………………………………………………………………… 2612
浙江省长公署批八百七十二号呈一件为创办民业锡湖铁路请予备案
　并乞转咨由 ……………………………………………………………… 2612
浙江省长公署批八百七十四号呈一件为第八区公卖分局滥用职权违
　法屈罚提起诉愿由 ……………………………………………………… 2612
浙江省长公署批八百七十六号呈一件为在嘉兴新塍开设新昌茧行请
　核准给帖由 ……………………………………………………………… 2613
浙江省长公署批八百七十七号呈一件据呈禀控叶球等官绅压制一案
　再叩密委查勘由 ………………………………………………………… 2613
浙江省长公署批八百七十八号呈一件呈为选举九石殿水利堰渎经理
　县署玩视延搁请饬速办由 ……………………………………………… 2613
浙江省长公署批八百七十九号呈一件呈为振兴实业首重化验请本省

289

设立化验所由 …………………………………………………… 2613
致大总统国务总理电 …………………………………………… 2614
浙江省长公署咨内务部农商部为浙江茧行单行条例经议决公布缮摺
　　送请备案由 …………………………………………………… 2614
浙江督军公署训令第五〇四号浙江省长公署训令第一四三
　　三号令各属为法商勃利益阿尔芒赴浙游历饬属保护由 …… 2615
浙江督军公署训令第五〇五号浙江省长公署训令第一四三
　　四号令各属为英巡捕林澈赴浙游历请令保护由 …………… 2616
浙江督军公署训令第五〇一号浙江省长公署训令第一四三
　　五号令各属为德人德来思施通梅赴浙游历请饬保护由 …… 2616
浙江督军公署训令第五〇三号浙江省长公署训令第一四三
　　六号令各属为美人贝理哲赴浙游历请饬保护由 …………… 2617
浙江督军公署训令第五〇二号浙江省长公署训令第一四三
　　七号令各属为英人歌敖等四人赴浙游历请保护由 ………… 2618
浙江督军公署训令第五〇〇号浙江省长公署训令第一四三
　　八号令各属保护德人克伯林赴浙游历由 …………………… 2618
浙江督军公署训令第四九九号浙江省长公署训令第一四三
　　九号令各属保护德人葛灵惠赴浙游历由 …………………… 2619
浙江省长公署训令第一千四百二十八号令杭县知事据海宁县呈地
　　处下游野荷汇集请令杭县会同撩除由 ……………………… 2620
浙江省长公署训令第　号令财政厅通行各属认真查禁催征员役任意勒
　　索由 …………………………………………………………… 2621
　　附　浙江财政厅训令第九百二十二号 ……………………… 2621
浙江省长公署指令第三千六百五十五号电一件据嘉兴六邑茧业公
　　所请速颁布条例并饬县关于新设茧行里数知照公所查明复县转呈由 …… 2622
浙江省长公署指令第三千六百七十一号呈一件呈运回赴美赛品均
　　愿全数领回由 ………………………………………………… 2622

目 录

浙江省长公署指令第三千六百七十三号呈一件据余光启呈为请探仙居县牛落岭地方铅矿补呈矿图由 ………… 2623

浙江省长公署指令第三千六百七十六号呈一件天台审检所呈报盗犯戴方䌷脱逃请通缉由 ………… 2623

浙江省长公署指令第三千六百八十一号呈一件为遵填蚕丝生产调查表送请察转由 ………… 2624

浙江省长公署指令第三千七百一十二号呈一件呈复董顺生控艮山门外机神庙陈队长一案由 ………… 2624

浙江省长公署指令第三千七百一十三号呈一件呈补报六区四营二哨拿获盗犯陈春滔一名解县收讯情形由 ………… 2624

浙江省长公署指令第三千七百一十四号呈一件呈报四区一营二哨拿获匪首夏炎法一名并搜获匪械解县讯办情形由 ………… 2625

浙江省长公署指令第三千七百一十五号呈一件呈六区二营拿获青田冯福金被王奕水掳拔案内从犯王仲清一名解县收讯情形由 ………… 2625

浙江省长公署指令第三千一百一十六号呈一件呈送投考海军学生履历由 ………… 2625

浙江省长公署指令第三千七百一十七号呈一件呈报四区五营四哨拿获黄岩陶普龙家劫犯邱开梅一名解讯情形由 ………… 2626

浙江省长公署指令第三千七百一十八号呈一件呈报四区五营三哨拿获黄岩陈柳春家劫犯罗启章一名解县讯办情形由 ………… 2626

浙江省长公署指令第三千七百一十九号呈一件呈报三区六营拿获奉化应兴顺家被劫案犯黄宝寿等解县讯办情形由 ………… 2626

浙江省长公署指令第三千七百二十号呈一件呈复拱埠警正魏佑孚被省议会质问各节由 ………… 2626

浙江省长公署指令第三千七百二十一号呈一件呈报警备三区七营二哨哨官卢寿山拿获抢劫邵子配家案犯骆忠成等三名在事出力给赏一案由 ………… 2627

吕公望集

浙江省长公署指令第三千七百二十四号呈一件呈送调查实业报告
书由 …………………………………………………………… 2627

浙江省长公署指令第三千七百二十五号呈一件据袁花镇商务分会
电为黄亦政等在袁花请设振大茧行嘉善许振等在同镇请设乞查案核办由 …… 2627

浙江省长公署指令第三千七百二十八号呈一件请发还叙官案内证
明文件由 …………………………………………………… 2628

浙江省长公署指令第三千七百二十九号呈一件为请发还吴前任内
请叙官各项证件由 ………………………………………… 2628

浙江省长公署指令第三千七百三十六号呈一件为造送四年一月至
五年六月该县自治办公处收支报销更正清册由 ……………… 2628

浙江省长公署批第八百八十号呈一件为条陈浙省农业应注意改良各
事项由 ……………………………………………………… 2629

浙江省长公署批第八百八十一号呈一件呈为请探仙居县牛落岭地方
铅矿补呈矿图由 …………………………………………… 2629

浙江省长公署批第八百八十三号呈一件为请领作柱陈阿桃抑勒工资
案诉愿决定书由 …………………………………………… 2629

浙江省长公署批第八百八十四号禀一件据禀声明地面业主愿得该地
矿业权由 …………………………………………………… 2630

浙江省长公署通告 ……………………………………………… 2630

浙江省长公署咨省议会据财政厅呈复省议会咨送张议员若骝等提出质
问临浦等统捐局不照细则揭示一案由 ……………………… 2630

浙江督军公署训令第四九八号浙江省长公署训令第一四四
○号令各属保护日人岸田忠二郎赴浙游历由 ………………… 2631

浙江督军公署训令第四九七号浙江省长公署训令第一四四
一号令各属保护日人坂上卯夫赴浙游历由 …………………… 2632

浙江督军公署训令第四九六号浙江省长公署训令第一四四
二号令各属保护日人和田寿夫赴浙游历由 …………………… 2633

目 录

浙江督军公署训令第四九五号浙江省长公署训令第一四四
　　三号令各属保护日商不破凡夫赴浙游历由·············· 2633
浙江省长公署委任令第五十四号令钱因前往旧金温两属调查种蔗地
　　点及制糖厂屋绘图呈复由························· 2634
浙江省长公署训令第一千四百四十五号令财政厅准财政部内国公
　　债局电请督饬所属催收债款克期报解由·············· 2635
浙江省长公署训令第一千四百四十七号令平湖县知事据该县前县
　　议会议长陈邦彦等电报本会于十一月十日成立由········ 2635
浙江省长公署训令第一千四百五十一号令姚永元等准部咨该员等
　　办理国货展览会出力案内奉准给奖由················· 2636
　　浙江办理国货展览会人员给奖名单·················· 2636
　　农商部奖章规则·································· 2636
浙江省长公署指令第三千六百七十四号呈一件为奉委考察柞蚕事
　　竣造送报告标本旅费簿据请准销差由················· 2639
　　附原呈··· 2639
　　附清摺··· 2641
浙江省长公署指令第三千七百零五号呈一件据呈县苗圃改设农事
　　试验场编具经费预算表送请核示由··················· 2652
浙江省长公署指令第三千七百三十号呈一件改委掾属请注册由··· 2652
　　附原呈··· 2652
浙江省长公署指令第三千七百五十一号呈一件据常山县呈送七八
　　九三个月抵补金及地丁特捐刊示稿清摺由·············· 2652
浙江省长公署批第八百九十二号呈一件为桐庐县民周观治等聚众夺
　　桑案悬不理由···································· 2653
浙江省长公署批第八百九十三号呈一件为旗塘缴价已久照未颁发请
　　饬县速给照由···································· 2653
浙江省长公署批第八百九十四号呈一件为拟在乌镇开设开泰茧行请

293

核准由………………………………………………… 2653
浙江省长公署批第八百九十五号呈一件为拟在青镇设立南昌茧行请
　　　核准给帖由………………………………………………… 2653
浙江省长公署布告第六号为各项保奖县知事准部咨各该员凭照应由原
　　　省查明未经离省开单请领再行咨送由……………………… 2654
浙江督军公署训令第五一四号　浙江省长公署训令第一四
　　　五五号令各属保护日人岩本英夫等及德人罗芬赴浙游历由…… 2654
浙江督军公署训令第五二一号　浙江省长公署训令第一四
　　　六八号令各属保护英捕罗森赴浙游历由…………………… 2655
吕省长电嘉兴县知事据电为茧行条例就中发生三疑义请核示办法由…… 2656
　　　附来电………………………………………………… 2656
浙江省长公署训令第一千四百五十七号令警政厅据长兴县呈防地
　　　空虚匪案叠出请派兵下县分驻保卫由……………………… 2657
浙江省长公署训令第一千四百五十八号令警政厅准内务部咨警正
　　　阮继曾魏其光更名各节准予备案由………………………… 2658
浙江省长公署训令第一千四百五十九号令警政厅准督军署咨严禁
　　　军队往来及驻扎处所不得再有勒借勒捐情事由…………… 2658
浙江省长公署训令第一千四百六十六号令温岭县知事查复宏文蒙
　　　学校有无溷厕叫器情形由………………………………… 2660
浙江省长公署训令第一千四百六十七号令旧杭嘉湖三府属各县知
　　　事将因利局款项停止借贷其已借未缴之户并仰依限收齐具报由…… 2661
浙江省长公署训令第一千四百六十九号令财政厅为饬查绍兴公民
　　　朱文宪禀控姚立三征收舞弊一案由………………………… 2662
浙江省长公署指令第　　号呈一件高等审判厅呈为新昌县获盗陈双全老
　　　一案办理未当应否饬发复审一案由………………………… 2663
　　　附　浙江高等检察厅训令第一千一百零六号……………… 2663
浙江省长公署指令第三千六百九十号呈一件为常开统捐局呈为呈

报到差后调查统捐大概情形由 ·············· 2664

　　　附原呈 ··························· 2664

浙江省长公署指令第三千七百三十二号呈一件为遴委掾属请注册由
 ································· 2666

　　　附原呈 ··························· 2666

浙江省长公署指令第三千七百四十七号呈一件呈报合溪乡村民拿
　　获盗匪枪毙老蔡一名勘验情形由 ·············· 2667

浙江省长公署指令第三千七百五十四号呈一件为呈报整顿习艺所
　　添招艺徒并送预算表请察核由 ··············· 2667

浙江省长公署指令第三千七百六十一号呈一件为诸暨县知事呈复
　　英教会购基纠葛一案已转催审检所迅速办理由 ······ 2667

浙江省长公署指令第三千七百六十二号呈一件为前任知事袁庆萱
　　呈复县税册内列支县议会及纪念碑费两款请核销由 ···· 2668

浙江省长公署指令第三千七百六十三号呈一件为呈复丽水丽阳庙
　　田除留祭田十五亩其余应照原案标卖由 ·········· 2668

浙江省长公署指令第三千七百六十四号呈一件为制备艺徒棉被款
　　归无着应否酌借别宗款项先行筹备乞示遵由 ········ 2668

浙江省长公署指令第三千七百七十四号呈一件呈请委任劝学所所
　　长并将劝学员备案开送履历由 ··············· 2669

浙江省长公署指令第三千七百八十二号呈一件呈请解释疑义以资
　　遵办由 ····························· 2669

浙江省长公署指令第三千七百八十三号呈一件呈报办理毕业日期
　　请派员会考由 ························ 2670

浙江省长公署指令第三千七百九十一号呈一件送劝学所预算表并
　　所长履历请委任由 ····················· 2670

浙江省长公署指令第三千七百九十三号呈一件送劝学所所长履历
　　请予委任由 ························· 2670

浙江省长公署指令第三千八百零二号呈一件为呈请抽收亩捐作为
　撩除野荷花经费乞核示由……………………………………… 2670
浙江省长公署指令第三千八百零四号呈一件为地丁项下公益费不
　敷甚巨能否将县参两会议员公费及各项费用酌量裁减请核示由…… 2671
浙江省长公署指令第三千八百十七号呈一件呈请领回巴拿马赛会
　出品并送清单由……………………………………………… 2671
浙江省长公署指令第三千八百二十二号呈一件为据商人虞古诜在
　郭店拟设厚生茧行请核示由………………………………… 2672
浙江省长公署指令第三千八百三十七号呈一件为高等审检分厅书
　记官长职务未便由地方厅书记官长兼任请仍保持预算变更编制由…… 2672
浙江省长公署批第八百八十八号呈一件为呈请令县将显佑庙产簿据
　提算仍归自治接管由………………………………………… 2672
浙江省长公署批第八百九十六号呈一件据呈补送履历保结并缴注册
　费矿区税银由………………………………………………… 2673
浙江省长公署批第九百号呈一件为资圣寺产分拨东溪坤麓校请饬县收
　回成命由……………………………………………………… 2673
浙江省长公署布告第七号布告定期考验海军学生由……………… 2673
浙江省长公署牌示……………………………………………… 2674
浙江省长公署通告……………………………………………… 2674
浙江督军署咨陆军部为领受勋位咨复查照由……………………… 2675
浙江督军署咨参谋部为参谋钱瘼等三员免赴陆军大学复试由…… 2675
浙江省长公署咨农商部据德清县呈送城镇两商会章程及钤记费各清册
　乞核转由……………………………………………………… 2676
浙江省长公署训令第一千四百六十号令农事试验场准农商部咨行
　该场应与附近各校联合妥商每日规定时间由校轮派学生到场实习由……… 2677
浙江省长公署训令第一千四百七十六号令各县知事省农会准内务
　部咨解释地方各团体对于官署行文程式由…………………… 2678

附法制局原呈………………………………………………2678

浙江省长公署训令第一千四百八十二号令各海关监督财政厅准税
　　务处咨上海鼎丰公司制成肥皂出口时经过第一关征收正税一道沿途概免
　　重征由……………………………………………………2680

浙江省长公署训令第一千四百八十五号令财政厅令知修浚浙西水
　　利修正案规定征收各项附捐核定起征时期等情由……………2681

浙江省长公署训令第一千四百九十六号令富阳昌化吴兴等县令催
　　查造地方款项收支册由…………………………………2681

浙江督军署指令第二千零九十三号呈一件为参谋钱谟任务重要请免
　　赴陆军大学复试由………………………………………2682

浙江省长公署指令第三千六百九十三号呈一件呈复修正水警存饷
　　规则由……………………………………………………2682
　　修正浙江水上警察存饷规则……………………………2682

浙江省长公署指令第三千八百十五号呈一件转报陆伯苗等拟在广
　　陈等处各设茧行由………………………………………2684

浙江省长公署指令第三千八百二十八号呈一件具报礼和洋行第九
　　期息款已如期偿还由……………………………………2684
　　附原呈……………………………………………………2685

浙江省长公署指令第三千八百三十五号呈一件为具复嘉兴酒商恒
　　利等禀请查办统捐总稽查扣留烧酒一案由……………2685

浙江省长公署指令第三千八百五十二号呈一件萧山审检所呈报义
　　桥济泰典被劫诣勘情形由………………………………2686

浙江省长公署批第八百九十七号呈一件为呈麻车江案奉批声叙泣叩
　　派员秉公测勘由…………………………………………2686

浙江省长公署批第九百零一号呈一件禀卢人庆强砍大树抗断不缴捏
　　名诬控由…………………………………………………2687

浙江省长公署批第九百零二号呈一件为测量锡湖路线请给护照并饬

297

属保护由 ··· 2687
浙江省长公署批第九百零三号呈一件为陈诉显佑庙仓及西北学校学
捐各情形请秉公主持由 ··· 2688
浙江省长公署批第九百零四号呈一件为呈请饬县吊核显佑庙产簿据由
·· 2688
浙江省长公署批第九百零五号呈一件为在武康塔山河图村采石请饬
县给示保护由 ·· 2688
浙江省长公署批第九百零六号呈一件为遵例集资在嘉兴正家觅设立
茧行由 ··· 2688
浙江省长公署批第九百零七号呈一件为拟在西塘桥请设通济茧厂由
·· 2689
浙江省长公署批第九百零八号呈一件为章高祺侵占河面霸设鱼簖案
请饬执行由 ·· 2689
浙江省长公署批第九百零九号呈一件为拟在海盐茶院等处设立便济
等茧行由 ··· 2689
浙江省长公署批第九百一十二号呈一件呈请令饬嘉兴县将该犯解回
原籍监禁由 ·· 2689
浙江省长公署批第九百一十三号呈一件呈控警佐杨凤来滥用职权请
撤委讯办由 ·· 2690
浙江省长公署批第九百一十七号呈一件呈陆知事违法渎职请查办由
·· 2690
浙江省长公署批第九百一十八号呈一件呈伊父徐讨饭充当邮差被人
杀毙县署侦缉不力请惩戒由 ·· 2690
浙江省长公署批第九百一十九号呈一件为官产科长捺搁不批请饬财
政厅秉公办理由 ··· 2691
吕督军吊谭伯母祭文 ··· 2691
浙江督军署咨省长公署为第八团连长黄大荣措置乖方请撤差勿予录用由
·· 2692

目 录

浙江省长公署咨督军署请转令省道筹办处所委各陆军人员知照由 …… 2694

浙江督军公署公函五年军字第一十二号浙江省长公署公函五年省字第三十六号函知盐运使为十二月一日为黄蔡二公开追悼会所有文武各机关军队学校应下半旗及休假一日志哀由 …… 2695

浙江督军署训令第五百三十二号令各军队机关为第二师第八团连长黄大荣措置乖方撤差仰勿录用由 …… 2696

浙江督军署训令第五百三十六号令各团司令部等据警政厅呈验各退伍兵凭证请发年金减饷由 …… 2696

浙江督军公署训令第三九八号浙江省长公署训令第一一四三号令各机关为较准办公时间由 …… 2697

浙江督军公署训令第五三七号浙江省长公署训令第一五〇〇号令文武各机关为十二月一日为黄蔡二公开追悼会所有文武各机关军队学校应下半旗及休假一日志哀由 …… 2698

浙江督军公署训令第五四五号浙江省长公署训令第一五二四号令杭县知事及各学校为黄蔡二公追悼大会凡省城高小以上各校学生应到会由 …… 2698

浙江省长公署训令第一千四百八十三号令各海关监督财政厅准税务处咨吉林恒茂公司机制面粉经过沿途运税厘各机关查验免征由 …… 2699

浙江省长公署训令第一千四百八十六号令各属协缉江西玉山县栾思德通匪肇乱案犯奉令转行侦缉解报由 …… 2700

附　浙江高等检察厅训令第一千二百三十九号 …… 2700

浙江省长公署训令第一千四百九十二号令高审检厅详定审检所刑事案件移交办法并饬县备具月报表呈厅核转由 …… 2701

浙江省长公署训令第一千四百九十四号令余杭知事据该县议会呈报正式成立由 …… 2702

浙江省长公署训令第一千四百九十八号令警务处为任命邹可权等为浙江全省警务处参议等职由 …… 2702

浙江督军署指令第二千零九十二号呈一件为第八团连长黄大荣措置
　　乖方请撤差勿录用由 ……………………………………………… 2703
浙江督军署指令第二千一百零四号呈一件为请领犯兵旧棉衣裤由
　　…………………………………………………………………… 2703
浙江督军署指令第二千一百零五号呈一件为开摺请令护兵棉衣裤帽由
　　…………………………………………………………………… 2704
浙江督军署指令第二千一百零六号呈一件为请核发排长周耀庭复役
　　以前年俸由 ………………………………………………………… 2704
浙江督军署指令第二千一百二十二号呈一件为呈验减饷凭证请予
　　核发各退伍兵年金减饷由 ………………………………………… 2704
浙江督军署指令第二千一百二十六号禀一件为赴陆军大学校再审
　　请派员接代由 ……………………………………………………… 2705
浙江省长公署指令第三千八百三十九号呈一件据永嘉县人黄馀
　　卿前控第八区烟酒公卖局长王镛违法处罚等情一案奉批声明请催令解职
　　归讯由 ……………………………………………………………… 2705
浙江省长公署指令第三千八百四十一号呈一件呈为造送预算清册
　　及职员履历单由 …………………………………………………… 2705
浙江省长公署指令第三千八百七十二号呈一件为呈送造林费开支
　　清摺请核销由 ……………………………………………………… 2706
　　附清摺 ……………………………………………………………… 2706
浙江省长公署指令第三千八百七十三号呈一件为商人潘士邦请将
　　古城准设之茧行移设横湖由 ……………………………………… 2707
浙江省长公署指令第三千八百七十八号呈一件据呈遵令缮送推广
　　森林办法简章由 …………………………………………………… 2707
　　附原呈 ……………………………………………………………… 2707
浙江省长公署指令第三千八百八十三号呈一件据永康陈际泰等呈
　　鄞县各药行朋比团抗贩客受亏请谕令照旧出入由 ……………… 2710

目 录

浙江省长公署指令第三千八百九十一号呈一件为造送十月分禁烟
　　罚金收支清册由 ································· 2710
　　附原呈 ······································· 2710

浙江省长公署指令第三千八百九十六号呈一件据呈拟官产确于名
　　胜市政有关者概免标卖外余仍照章分别办理请示遵由 ····· 2711
　　附原呈 ······································· 2712

浙江省长公署批第九百一十号呈一件为前控第八区烟酒公卖局长王
　　镛违法处罚等情一案奉批声明请催令解职归讯由 ········· 2713

浙江省长公署批第九百二十一号呈一件为金寿嵩朦追佃户已缴学租
　　请饬追还由 ··································· 2713

浙江省长公署批第九百二十二号呈一件为资圣寺产分拨东溪坤麓校
　　请饬收回成命由 ································ 2713

浙江督军公署训令第五四三号　浙江省长公署训令第一五
　　〇三号令各属保护日本人三木甚市赴浙游历由 ··········· 2714

浙江督军公署训令第五三八号　浙江省长公署训令第一五
　　二〇号令各属保护英商德莱森赴浙游历由 ··············· 2714

浙江督军公署训令第五四一号　浙江省长公署训令第一五
　　二一号令各属保护德人爱森纳赴浙游历由 ··············· 2715

浙江督军公署训令第五四〇号　浙江省长公署训令第一五
　　二二号令各属保护英人梅纳赴浙游历由 ················· 2716

浙江省长公署训令第一千五百零五号令警务处准内务部咨复建筑
　　取缔规则对于外人宜照让地给价办法办理由 ············· 2716

浙江省长公署训令第一千五百零九号令财政厅准财政部咨派员续
　　办直隶等省官产一案刷印原呈请查照由 ················· 2717
　　附原呈 ······································· 2717

浙江省长公署训令第一千五百一十号令警务处长杭县嘉兴吴兴县
　　保护华商张毅臣云中鹤小轮由 ······················· 2718

301

浙江省长公署训令第一千五百一十四号令各县查照鄞县小学校手
　　工材料注重地方特产品物议决案一件仿行由 •••••••••••••••••••• 2718
　　小学校手工材料应注重地方特产品物案••••••••••••••••• 2719
浙江省长公署训令第一千五百一十五号令各县知事暨各学校等准
　　教育部咨为解释地方各团体对于官署行文程式由 •••••••••••• 2719
浙江省长公署训令第一千五百一十六号令财政厅迅将本年七月至
　　九月止各统捐局所征收银数列表呈报由 •••••••••••••••••••• 2720
浙江省长公署训令第一千五百二十五号令各县知事为搜集著名碑
　　碣由 ••• 2720
浙江督军署指令第二千一百三十三号呈一件为方策张健应试陆军
　　大学派员代理职务由 •••••••••••••••••••••••••••••••••••• 2721
　　附原呈 ••• 2721
浙江省长公署指令第三千九百号呈一件为增设国民学校请核奖县视
　　学学务委员由 •• 2722
浙江省长公署指令第三千九百零二号呈一件查复新设学校表内二
　　三四年级学生及米捐情形由 •••••••••••••••••••••••••••••• 2722
浙江省长公署指令第三千九百零三号呈一件呈复忠义区高小学请
　　领官荒查明距离里数等项开送请领计画书及绘图由 •••••••••• 2723
浙江省长公署指令第三千九百零八号呈一件呈复办理善后及回复
　　原状情形请察夺由 •••••••••••••••••••••••••••••••••••••• 2723
浙江省长公署指令第三千九百十七号呈一件送改正义务教育程序
　　内调查表册由 •• 2723
浙江省长公署指令第三千九百二十七号呈一件为呈报学务委员奉
　　令裁撤拟改任讲演员由 •••••••••••••••••••••••••••••••••• 2724
浙江省长公署指令第三千九百三十二号呈一件呈报下乡巡视所得
　　学务禁烟花会验契各现状由 •••••••••••••••••••••••••••••• 2724
浙江省长公署指令第三千九百三十五号呈一件呈送县立中校事项

目 录

图册请核转由 …… 2725

浙江省长公署指令第三千九百三十八号 呈一件呈送第二次教育行政会议议决案并开支清摺由 …… 2725

浙江省长公署指令第三千九百四十五号 呈一件呈送十月份刑事诉讼月报表由 …… 2726

浙江省长公署指令第三千九百四十六号 呈一件呈送九月分诉讼月报表由 …… 2727

浙江省长公署指令第三千九百四十八号 呈一件呈复该处委员工程司到差日期并遴委调查测量制图及额外各委员请分别令知由 …… 2730

浙江省长公署指令第三千九百四十九号 呈一件沈德溥呈前控潘补一案案悬匝月不批不理请饬县传究由 …… 2730

浙江省长公署指令第三千九百五十号 呈一件据叶云龙等呈请拨补经费令行永瑞两县撩除野荷由 …… 2730

浙江省长公署指令第三千九百五十八号 呈一件据呈严寀熙等及许寅等各请开设茧行祈核示由 …… 2731

浙江省长公署指令第三千九百六十二号 呈一件据富阳县知事呈送蚕业传习所饲育春蚕标准表并请动支公益费银由 …… 2731

附原呈 …… 2731

浙江省长公署指令第三千九百八十三号 电一件景宁县知事秦琪请将司法经费不敷银援照丽水县办法在司法收入余款内尽先提拨归垫由 …… 2732

浙江省长公署批第九百二十三号 呈一件呈与邵竹荣互控一案知事办理不合哨官纵兵殃民请查究由 …… 2733

浙江省长公署批第九百二十六号 呈一件为与陈缵琳等正本校纠葛一案知事违法请饬查由 …… 2733

浙江省长公署批第九百二十七号 呈一件为欧阳知事将正本书院款提拨兆岸新校请饬查由 …… 2733

浙江省长公署批第九百二十八号 呈一件为鹿石国民校长不能胜任请

303

  撤换由…………………………………………………………………… 2733

浙江省长公署批第九百二十九号呈一件为检送证书等请咨部尽先选
  补欧美官费由………………………………………………………… 2734

浙江省长公署批第九百三十号呈一件呈伊家被劫一案盗犯王有焜等
  供证确凿请令县严办并勒缉余犯由………………………………… 2734

浙江省长公署批第九百三十二号呈一件为业主挟恨收回佃地并四出
  捕人请饬发还禁捕由………………………………………………… 2734

浙江省长公署批第九百三十三号呈一件请续假四月以便措资由…… 2735

浙江省长公署批第九百三十四号呈一件为呈请饬县严究陈珍生假名
  并宣布学款仍将庙产归庙仓董等接管由…………………………… 2735

浙江省长公署批第九百三十五号呈一件为堤工较迫请将充公坍租移
  缓就急由……………………………………………………………… 2735

浙江省长公署批第九百三十六号呈一件据禀请组织嘉属农业促进会
  缮送简章由…………………………………………………………… 2735

浙江省长公署批第九百三十七号呈一件为拟在乌镇咸宁桥请设兴昌
  茧行遵送地图由……………………………………………………… 2736

浙江省长公署批第九百三十八号呈一件为拟在茶园添设协泰茧行核
  准给帖由……………………………………………………………… 2736

浙江省长公署批第九百四十号呈一件为呈请提倡森林设立林务专员
  并送章程等件由……………………………………………………… 2736

浙江省长公署通告………………………………………………………… 2737

浙江省长公署委任令第六十号令委本署教育科科员罗赓良等为小学
  教员检定委员会常任委员由………………………………………… 2737

浙江省长公署委任令第六十一号令委本署教育科长冯学壹为检定小
  学教员委员会会长由………………………………………………… 2738

  检定小学教员规程……………………………………………………… 2739

  附教育部原咨………………………………………………………… 2744

目 录

浙江省长公署指令第三千九百六十五号呈一件呈送奉发调查实业
 报告书式现已查竣并呈图摺由 ································· 2746

浙江省长公署指令第三千九百六十六号呈一件呈送饬发调查实业
 报告书件由 ··· 2747

浙江省长公署指令第三千九百八十一号令奉化县知事呈一件具复
 该县类似架房陋规早经禁革尽净由 ································· 2747
 附原呈 ·· 2747

浙江省长公署指令第三千九百八十八号呈一件呈为查明余姚县王
 任交案内列抵造串费及贴现二款分别准驳请鉴核由 ········· 2748
 附原呈 ·· 2748

浙江省长公署指令第三千九百九十号呈一件宁镇船货捐局长来壮
 涛呈送九月分征解比较等表由 ·· 2749

浙江省长公署指令第三千九百九十六号呈一件卸任慈溪县知事夏
 仁溥报解代收杨任民欠验契等银元由 ································· 2749

浙江省长公署指令第三千九百九十八号令原任衢县知事桂铸西呈
 一件为呈请销假由 ··· 2750

浙江省长公署指令第四千零零一号呈一件呈报筹定劝学所经费并请
 委任所长开送预算履历由 ·· 2750

浙江省长公署指令第四千零零六号呈一件呈送五年度管教员学生一
 览及转学生证明书成绩表等由 ·· 2750

浙江省长公署指令第四千零一十二号呈一件呈报志书无从搜集采
 访册径送通志局由 ··· 2751

浙江省长公署指令第四千零一十三号呈一件为作新女高小学举行
 毕业先送成绩表录由 ··· 2751

浙江省长公署指令第四千零一十五号呈一件送更正义务教育程序
 内调查表册由 ·· 2751

浙江省长公署指令第四千零一十八号呈一件呈改送县立中校四年

305

度管教员学生一览表及五年度一览表由 …… 2752
浙江省长公署指令第四千零一十九号呈一件送更正应增国民学校
　　校数地点调查表由 …… 2752
浙江省长公署指令第四千零四十四号呈一件送劝学所所长履历请
　　委任由 …… 2752
浙江省长公署指令第四千零五十二号呈一件为呈送四月至十月份
　　讲稿请鉴核由 …… 2753
浙江省长公署指令第四千零六十八号呈一件呈报遵办地方兴革事宜由
　　…… 2753
　　附修正条文 …… 2753
浙江省长公署指令第四千零六十九号令代理遂安县知事千秋鉴呈
　　一件查复该县前知事被控侵吞公款各节尚无实据由 …… 2754
浙江省长公署批第九百四十一号呈一件为请帖捐款被县中阻请令孝
　　丰县转呈由 …… 2754
浙江省长公署批第九百四十三号呈一件为标买丁源户佃地一案催请
　　决定从速执行由 …… 2754
浙江省长公署批第九百四十五号呈一件为陈启勤为劝学所长资格不
　　符请批斥由 …… 2755
浙江省长公署批第九百四十六号呈一件为改组平湖民智俱乐部请备
　　案由 …… 2755
浙江省长公署牌示为示考选海军学生各种规则由 …… 2755
浙江督军署电为奥皇薨逝应下半旗三日由 …… 2756
浙江省长公署咨教育部遵咨组织小学教员检定委员会开送名册由 …… 2756
浙江省长公署公函五年函字第三十九号为函知浙江病院本署考验海军学生体
　　格改于三十日举行由 …… 2757
浙江督军署训令第五百三十一号令陆军各军队机关各县知事为颁发
　　表结式样限文到三个月调查五年以来死难将士由 …… 2758

306

附　陆军部咨浙江督军署 …………………………………… 2759
浙江督军署训令第五千五百四十号令各军队机关颁发黄蔡二公追悼
　　会礼节及秩序单由 ………………………………………………… 2759
　　附　黄蔡二公浙江追悼大会筹备事务所通电 ……………… 2761
浙江省长公署委任令第六十三号令徐宪章为省会第一区警察署长由
　　……………………………………………………………………… 2761
浙江省长公署委任令第六十四号令委施典常王济组接收疏浚西湖工
　　程事务所物品由 …………………………………………………… 2762
浙江省长公署训令第一千五百二十六号令商务总会各县知事准农
　　商部咨县知事对于地方农会等团体行文程式由 ……………… 2762
浙江省长公署训令第一千五百二十七号令各县知事为征集最新刊
　　之志书由 …………………………………………………………… 2763
浙江省长公署训令第一千五百二十八号令警务处杭县等三县保护
　　华商杨彬记新飞电汽船由 ………………………………………… 2764
浙江省长公署训令第一千五百二十九号令警务处杭县等五县保护
　　钱江公司恒新轮船由 ……………………………………………… 2764
浙江省长公署训令第一千五百三十五号令警务处委徐宪章为省会
　　第一区警察署长由 ………………………………………………… 2765
浙江省长公署训令第一千五百三十六号令吴家瑛为委充女子蚕业
　　讲习所所长并任筹备事宜由 ……………………………………… 2766
浙江省长公署训令第一千五百三十七号令高检厅为查复金华狱囚
　　电留该县管狱员由 ………………………………………………… 2766
浙江省长公署训令第一千五百三十八号令平湖等十五县准部咨请
　　饬属仍照部颁表填报黄华鱼渔业由 ……………………………… 2767
浙江省长公署训令第一千五百四十三号令公报处主任自明年一月
　　起所有本署拨给补助费停止由 …………………………………… 2767
浙江省长公署训令第一千五百五十五号令黄寿山委为开化县警察

307

所警佐由 ··· 2768

浙江省长公署训令第一千五百五十八号令开化县知事为新调警佐
　　杨凤来业经在浦江任内因案撤任遗缺委黄寿山接充由 ············· 2768

浙江省长公署训令第一千五百六十五号令萧山县前据呈报义桥济
　　泰典被劫案该处警佐业经撤任留缉应即派代由 ····················· 2769

浙江省长公署训令第一千五百七十号令高审厅为第八区烟酒督察
　　员王镛被控一案由 ··· 2769

浙江省长公署指令第三千九百三十四号呈一件呈报劝学所九月分
　　经费已在学费内支给由 ··· 2770

浙江省长公署指令第四千零六十五号呈一件为推广国民学校遵令
　　查复并续报新增校数由 ··· 2770

浙江省长公署指令第四千零七十七号呈一件为新登县知事徐士瀛
　　具报征收抵补金遵照议决案办理并照成案酌给完户奖金由 ······ 2771

浙江省长公署指令第四千零九十号呈一件呈送张履清等捐赀兴学事
　　实表请核奖由 ··· 2771

浙江省长公署指令第四千零九十三号呈一件呈报教育成绩展览会
　　情形并报销开支经费由 ··· 2771
　　附原呈 ·· 2771

浙江省长公署指令第四千一百零七号呈一件送更正义务教育程序
　　内调查表册由 ··· 2772
　　附原呈 ·· 2772

浙江省长公署指令第四千一百零八号呈一件为第八第三高小学举
　　行毕业先送成绩表簿由 ··· 2773

浙江省长公署指令第四千一百零九号呈一件送五年度管教员学
　　生一览表等请察核由 ·· 2774

浙江省长公署指令第四千一百一十号呈一件高审厅呈复永嘉自治
　　议员朱华等控警佐方秉林违法滥刑一案由 ·························· 2774

目 录

浙江省长公署指令第四千一百一十三号呈一件海宁县呈报陆褚氏
　　家被盗抢劫情形由………………………………………………… 2775
浙江省长公署指令第四千一百一十四号呈一件平湖县呈报破获全
　　公坊陆修荣家盗匪抄供填表录报由……………………………… 2775
浙江省长公署批第九百四十七号呈一件呈前民政厅为赵芝兰等把持
　　学产一案请速赐传讯由…………………………………………… 2775
浙江省长公署批第九百四十八号呈一件为前控杭县上四乡黄酒支栈
　　违法舞弊一案请令厅澈查究办由………………………………… 2776
浙江省长公署批第九百五十号呈一件呈潘振纶霸占庵产一案请求派
　　委澈查究办由……………………………………………………… 2776
浙江省长公署通告………………………………………………………… 2776
浙江督军署咨驻美公使为咨送褚凤章赴美留学并发旅学各费由…… 2777
浙江督军署咨驻美公使咨为海军中尉褚凤章前赴美国练习造船专科由
　　……………………………………………………………………… 2777
浙江省长公署咨江苏省长据邮务管理局函请缉究行使旧废票之何元利由
　　……………………………………………………………………… 2778
浙江省长公署咨北京印铸局据浙江公报处主任呈请加委政府公报浙江
　　经理员由…………………………………………………………… 2779
浙江督军公署训令第五四二号浙江省长公署训令第一五一
　　九号令各属保护邮政司汉呢格赴浙游历由……………………… 2779
浙江督军公署训令第五四四号浙江省长公署训令第一五三
　　四号令定海县准陆军部咨制造水产品工厂地址应准拨用由…… 2780
浙江省长公署训令第一千五百六十三号令财政厅转令各县局嗣后
　　征解款项务须依限办理勿稍违延由……………………………… 2780
浙江省长公署训令第一千五百六十七号令各属警务机关遇有警务
　　处章程第十八条径详本署事件仍并同时并报警务处由………… 2781
浙江省长公署训令第一千五百六十八号令各县警务机关关于表册

309

呈送程序由 ·· 2782

浙江省长公署指令第四千一百一十六号 呈一件呈嵊县呈报办理钱
竹安一案情形由 ·· 2782

浙江省长公署指令第四千一百二十一号 呈一件定海县审检所呈报
岱山汤浚等家被劫并已获盗犯金阿满等情形由 ·················· 2782

浙江省长公署指令第四千一百二十三号 呈一件呈报本厅检察官分
别调派代理请转咨由 ·· 2783

浙江省长公署指令第四千一百二十四号 呈一件据常山徐品和呈因
在剧场被营兵误为赌徒知事挟嫌罗织请求昭雪由 ·············· 2783

浙江省长公署指令第四千一百二十五号 呈一件据嘉兴屠敦裕呈为
县署详请茧行不分先后请饬查更正以符手续由 ·················· 2783

浙江省长公署指令第四千一百二十六号 呈一件为商民余锦元及项
康年请设恒和等茧行由 ·· 2784

浙江省长公署指令第四千一百二十八号 呈一件平湖县知事为补送
莫恒裕请设大同茧行地点图由 ····································· 2784

附原呈 ·· 2784

浙江省长公署指令第四千一百五十号 呈一件据海宁县呈补送大兴
等各茧行图说请核示由 ·· 2785

浙江省长公署指令第四千一百五十七号 呈一件为烟案罚金是否仍
照旧章提成充赏由 ·· 2786

浙江省长公署指令第四千一百六十七号 呈一件为报查局务交接情
形由 ··· 2786

附原呈 ·· 2786

浙江省长公署指令第四千一百七十五号 呈一件呈请加委浙江省经
理政府公报人员由 ·· 2787

浙江省长公署指令第四千一百七十七号 呈一件呈报委余鉴成接充
青田管狱员缺请转咨由 ·· 2787

浙江省长公署指令第四千一百七十八号呈一件呈首盗阿四即卢盛
荣漂流沪渎请咨令协缉由 ·················· 2787

浙江省长公署指令第四千一百七十九号呈一件呈送监狱看守人犯
一览表并监狱破坏估工修理请照准由 ············ 2788

浙江省长公署指令第四千一百八十七号呈一件据上虞王连氏呈前
控上虞县知事溺职纵凶迄未将杀子凶犯王水堂等缉获究办由 ···· 2788

浙江省长公署批第九百四十九号呈一件为欧阳知事滥用职权乞查究由
·· 2788

浙江省长公署批第九百五十一号呈一件呈因在剧场被营兵误为赌徒
知事挟嫌罗织请求昭雪由 ··················· 2789

浙江省长公署批第九百五十二号呈一件禀张黄岩与洪宗水等因田纠
葛呈缴判词请予察办由 ····················· 2789

浙江省长公署批第九百五十三号呈一件续控王福庭纵火烧屋一案承
审员偏袒判决请从速澈究由 ·················· 2790

浙江省长公署批第九百五十五号呈一件呈叶大勋侵蚀公款残害婴儿
请派员澈查究办由 ························ 2790

浙江省长公署批第九百五十八号呈一件呈为县署详请茧行不分先后
请饬查更正以符手续由 ····················· 2790

浙江省长公署批第九百七十一号呈一件呈前控上虞县知事溺职纵凶
迄未将杀子凶犯王水堂等缉获究办由 ············· 2791

浙江省长公署批第九百七十二号呈一件呈与梁考感继案纠葛知事违
法祖判请律办由 ························· 2791

浙江省长公署批第九百七十三号呈一件呈前禀前知事张元成种种劣
迹恳迅批示解职讯办由 ····················· 2791

浙江省长公署批第九百七十五号呈一件完粮沙地被上虞劣绅王佐等
藉学霸占用 ···························· 2792

浙江省长公署训令第一千五百三十二号令龙游县知事遵照部咨给

奖照规则办理由 ……………………………………………… 2792

浙江省长公署训令第一千五百三十三号令余杭县知事准部咨送奖
照训令该知事转咨查照办理由 …………………………… 2792

浙江省长公署指令第四千一百三十号令义乌县知事呈一件据呈送
调查实业报告书由 ………………………………………… 2793
附原呈 ……………………………………………………… 2793

浙江省长公署指令第四千一百三十六号呈一件呈主任技术员久病
不回应如何办理请示由 …………………………………… 2806

浙江省长公署指令第四千一百八十一号呈一件高检厅呈填给指挥
司法警察证请转警署知照由 ……………………………… 2806

浙江省长公署指令第四千一百八十六号呈一件议驳长兴民人杨谦
等呈送撰状规则一案由 …………………………………… 2807

浙江省长公署指令第四千一百八十九号呈一件呈送务本高等小学
校毕业生表由 ……………………………………………… 2808

浙江省长公署指令第四千一百九十号呈一件为高小学办理毕业应
否抽查成绩请核示由 ……………………………………… 2808

浙江省长公署指令第四千一百九十一号呈一件为呈送五年度管教
员学生一览表请鉴核由 …………………………………… 2808

浙江省长公署指令第四千一百九十七号呈一件平湖县呈送平湖民
智俱乐部简章名单由 ……………………………………… 2809

浙江省长公署指令第四千二百号呈一件呈复查明方氏师范堂捐资兴
学一案由 …………………………………………………… 2809

浙江省长公署指令第四千二百零三号呈一件呈送第三届教育行政
会议议决案由 ……………………………………………… 2809

浙江省长公署指令第四千二百零四号呈一件送义务教育程序内调
查表册由 …………………………………………………… 2810

浙江省长公署指令第四千二百零八号呈一件呈请更正学则请鉴察由
……………………………………………………………… 2810

附原呈 …… 2810

浙江省长公署指令第四千二百一十号呈一件呈送十二月分支出预
算表请核示由 …… 2811

浙江省长公署指令第四千二百一十五号呈一件据江山县方周氏呈
伊夫被周正杼诬陷警佐叶树藩同谋毒杀一案请归案讯办由 …… 2811

浙江省长公署指令第四千二百一十六号呈一件廖关兴呈前控习艺
所长叶士龙一案请令新任查复由 …… 2812

浙江督军署批第二百四十八号禀一件为请予考试由 …… 2812

浙江督军署批第二百四十九号禀一件为请予考试由 …… 2812

浙江省长公署批第九百七十九号呈一件呈前控习艺所长叶士龙一案
请令新任查复由 …… 2813

浙江省长公署批第九百八十号呈一件呈伊夫被周正杼诬陷警佐叶树
藩同谋毒杀一案请归案讯办由 …… 2813

浙江省长公署咨农商部据兰溪县呈送商会章程等件及钤记费请核转由
…… 2813

浙江省长公署咨省议会据财政厅呈为造送浙省五年度省地方岁入岁出
预算书等件由 …… 2814

浙江督军公署训令第五三九号浙江省长公署训令第一五二
三号令各属保护日商川口益藏等赴浙游历由 …… 2815

浙江省长公署训令第一千四百九十号令知财政厅警政厅为省议会
议决店屋捐章程情形由 …… 2816

 附　省议会咨省长文 …… 2817

《浙江省征收店屋捐章程》议决案 …… 2817

 省长公署咨省议会文 …… 2819

 省长公署咨省议会文 …… 2820

浙江省长公署训令第一千五百七十一号令柳云递补留法学生詹汝
珊递补留美学生遗缺由 …… 2821

浙江省长公署训令第一千五百七十七号令各县知事为准内务部咨
　　行重订各省寺院及附属财产调查表请饬属查填由 …………………… 2822
浙江省长公署训令第一千五百七十八号令新委松阳钱知事查办前
　　知事与何警佐互控各节由 …………………………………………… 2824
浙江省长公署训令第一千五百七十九号令警务处准部咨浙省警务
　　机关及计画有无变更呈复核转由 …………………………………… 2825
浙江省长公署训令第一千五百八十一号令富阳县知事该县公立通
　　俗教育讲演所章程等准部咨复备案由 ……………………………… 2825
浙江省长公署训令第一千五百八十三号令桐庐县知事该县公立通
　　俗讲演所章程等件准部咨复备案由 ………………………………… 2826
浙江省长公署指令第四千二百一十七号呈一件平湖陆宝纷呈被劫
　　巨赃迄未追给请令县严缉赃盗由 …………………………………… 2826
浙江省长公署指令第四千二百一十八号呈一件为呈报委任橡属请
　　注册由 …………………………………………………………………… 2827
浙江省长公署指令第四千二百一十九号呈一件请援文官恤金令核
　　恤该校教员由 …………………………………………………………… 2827
浙江省长公署指令第四千二百二十一号呈一件密呈举发何警佐各
　　节请复查由 ……………………………………………………………… 2827
浙江省长公署指令第四千二百二十六号呈一件呈报嘉兴监狱脱逃
　　狱员夏潢疏忽另委接充由 ……………………………………………… 2828
浙江省长公署指令第四千二百三十七号呈一件呈为具复仙居县下
　　忙启征小银元铜币折数已饬遵章办理由 …………………………… 2828
　　附原呈 …………………………………………………………………… 2828
浙江省长公署指令第四千二百四十一号呈一件为呈送七十两月份
　　拟编讲稿请鉴核由 ……………………………………………………… 2828
浙江省长公署指令第四千二百四十三号呈一件送更正第四高小学
　　校毕业表并声复第二高小黄芸修业年分由 ………………………… 2829

目 录

浙江省长公署指令第四千二百四十四号呈一件为筹设通俗教育讲
　　演所并送章程细则预算请鉴核由 ………………………………… 2829
浙江省长公署指令第四千二百四十五号呈一件呈报选派选手赴会
　　请予豁免摊银由 ………………………………………………… 2830
浙江省长公署指令第四千二百四十六号呈一件送劝学所所长劝学
　　员履历并预算摺由 ……………………………………………… 2830
浙江省长公署指令第四千二百四十七号呈一件送义务教育程序内
　　调查表册由 ……………………………………………………… 2830
浙江省长公署指令第四千二百四十八号呈一件呈报毕业试验日期
　　请派员会考由 …………………………………………………… 2831
浙江省长公署指令第四千二百四十九号呈一件呈拟将本年一月至
　　六月分余款拨充建筑费并送四年十二月报销册由 …………… 2831
浙江省长公署指令第四千二百五十一号呈一件为遴荐劝学所所长
　　开送履历请核委由 ……………………………………………… 2831
浙江省长公署指令第四千二百五十三号呈一件为教育会经费支绌
　　请由县税学费项下支拨补助由 ………………………………… 2832
浙江省长公署指令第四千二百五十四号呈一件呈报第三届教育行
　　政会议议决案由 ………………………………………………… 2832
浙江省长公署指令第四千二百五十七号呈一件兰溪县呈请将三年
　　七月分兼理诉讼及监狱经费计算书表径发高检厅由 ………… 2833
浙江省长公署指令第四千二百五十八号呈一件诸暨县呈报奉罚俸
　　银已悉数修理监狱祈核销由 …………………………………… 2833
浙江省长公署指令第四千二百六十一号呈一件呈为造送浙省五年
　　度省地方岁入岁出预算书等件由 ……………………………… 2834
浙江省长公署批第九百七十四号呈一件为禀请饬知经理员遵补官费由
　　 ……………………………………………………………………… 2834
浙江省长公署批第九百七十八号呈一件呈被劫巨赃迄未追给请令县

315

严缉赃盗由 ··· 2834

浙江省长公署批第九百八十三号呈一件为吴兴县立中校借款屡索未
还请拨公款清理由 ··· 2835

浙江省长公署批第九百九十一号呈一件为拟在平湖青莲寺开设茧行
附送图说由 ··· 2835

浙江省长公署批第九百九十六号呈一件呈请援照成案再令各检厅尽
先录用由 ··· 2835

浙江省长公署批第一千零零六号呈一件为不服前民政厅决定阮连陞
等诉愿该作柱抑勒工资一案请再核判由 ····················· 2836

浙江省长公署批第一千零零七号呈一件为遵章续请设立同昌茧行请
予立案给帖由 ··· 2836

浙江省长公署通告 ··· 2836

浙江省长公署训令第一千五百八十六号令警务处妥议各县警费支
配办法由 ··· 2837

浙江省长公署训令第一千五百八十七号令各属准内务部咨准教育
部咨请将奇情浪史两种淫书饬属严禁由 ····················· 2838

浙江省长公署训令第一千五百八十八号令各属保护华侨陈后生等
游历由 ·· 2838

浙江省长公署训令第一千五百九十二号令各县知事布告赴美赛品
售出物件应扣关税清册由 ··· 2839

浙江省长公署训令第 号令交涉公署转令各县知事出示晓谕居民对于
安分习教之族人不得歧视由 ······································ 2847

  附 浙江交涉公署训令第七十一号 ······················ 2847

浙江省长公署训令第 号令全省警务处转令所属准江西督军省长咨玉
山倡乱首犯栾思德等逃匿浙省等处协缉解究由 ··········· 2848

  附 浙江全省警务处训令第三十六号 ······················ 2849

浙江省长公署指令第四千二百六十九号呈一件呈县视学高春辞职

目录

遴员请委由 ··· 2850

浙江省长公署指令第四千二百七十八号呈一件为呈报振兴蚕业筹
办情形由 ··· 2850

浙江省长公署指令第四千二百八十三号呈一件据呈陆伯苗等请设
各茧行图说请核准由 ·· 2850

浙江省长公署指令第四千二百八十四号呈一件据呈送调查实业报
告书由 ·· 2851

浙江省长公署指令第四千二百八十九号呈一件转送商民虞古诜在
郭店开设茧行地图请核准由 ··· 2851

浙江省长公署指令第四千二百九十号呈一件据呈张瑞张仁等请在
西塘桥等处开设茧行由 ··· 2851

浙江省长公署指令第四千二百九十四号呈一件为造送七月至十月
经过该局输出输入货物月报表由 ··· 2852

浙江省长公署指令第四千二百九十五号呈一件为据商人徐介石拟
在青莲庄开设茧行请核示由 ··· 2852

浙江省长公署指令第四千二百九十六号呈一件呈送调查实业报告
书由 ··· 2852

浙江省长公署指令第四千二百九十八号呈一件据嘉属蚕业公所呈
为桐乡县呈请添设茧行请严予审查以杜取巧由 ····························· 2853

浙江省长公署指令第四千三百号呈一件为据商民冈宝元等遵例开设
茧行绘图附结请核示由 ··· 2853

浙江省长公署指令第四千三百零三号呈一件据呈复拟具种桑奖励
章程由 ·· 2853

浙江省长公署指令第四千三百零四号呈一件呈改委俞廷猷为龙泉
县管狱员请转咨由 ··· 2854

浙江省长公署指令第四千三百零五号呈一件呈复骆吴两姓挟恨寻
仇案查勘时并无婴儿被焚事实由 ··· 2854

317

附原呈……2854

浙江省长公署指令第四千三百零九号呈一件呈各县教养局不敷经费暨监督权限应如何筹拨划分请示由……2856

附高审厅原呈……2856

浙江省长公署指令第四千三百一十二号呈一件呈复委员查明曹文郁并无诈财未遂及私擅逮捕情事由……2857

附原呈……2858

浙江省长公署指令第四千三百十九号呈一件为呈明疏浚西湖情形拟具计划请核示由……2858

浙江省长公署训令第　号令全省警务处转令各属转咨准贵州省长咨前铜仁县知事桂福亏欠公款潜逃饬属协缉由……2859

附　浙江全省警务处训令第六十五号……2859

浙江省长公署指令第　号据上虞知事呈报裴岐山等两家被劫勘缉情形由……2860

附　浙江全省警务处训令第八十一号……2861

附上虞县知事原呈……2862

第　八　册

吕公望集卷八　公牍八……2863

浙江省长公署行政诉愿决定书第五号决定程增淦呈为永嘉县罗浮龟山下涂地案不服县公署前后判押处分提起诉愿由……2863

浙江督军署咨省长公署为发给故兵唐春桂第二年遗族年金由……2865

浙江督军署咨江西督军为发给故兵唐春桂第二年遗族年金由……2866

浙江省长公署委任令第六十五号令委徐忍茹办理疏浚西湖工程事宜由……2867

浙江省长公署训令第一千六百一十号令各县知事准铨叙局咨文官普通考试展期举行请饬属示谕周知由……2867

附国务院原呈……2868

浙江省长公署训令第一千六百一十三号令各属准督军署咨混成旅二团二营额外连附黄在中准予撤差由……2868

浙江省长公署训令第同上号令各属准督军署咨第二师师附尉官蒋松生准予撤差由……2869

浙江省长公署指令第四千三百二十二号呈一件萧山审检所呈报义桥济泰典被劫获盗破案情形请令诸暨县协缉逸盗由……2870

附原呈……2870

浙江省长公署指令第四千三百二十三号呈一件呈陆宗赟等未便遽准以管狱员尽先任用由……2871

附原呈……2872

浙江省长公署指令第四千三百二十七号呈一件呈报缉获邻境盗犯李小教等由……2872

浙江省长公署指令第四千三百二十八号呈一件为添委掾属请注册由……2873

附原呈……2873

浙江省长公署指令第四千三百二十九号呈一件为呈报委任掾属请注册由……2873

浙江省长公署指令第四千三百三十二号呈一件据前警政厅呈据外海厅呈荐督队官葛焕猷兼充警察队总队长并送履历请核示由……2874

吕督军电询岑西林起居并欢迎来杭由……2874

吕督军电陆军部为考绩表于各人出身后之经历应记何处请电示照办由……2874

浙江督军公署训令第五五九号浙江省长公署训令第一六一七号令各属保护日人速水笃治郎等赴浙游历由……2875

浙江督军公署训令第五六〇号浙江省长公署训令第一六一八号令各属保护日人北田中次郎等赴浙游历由……2876

浙江督军公署训令第五六一号浙江省长公署训令第一六一

319

九号令各属保护日人生田松造赴浙游历由……2876

浙江督军公署训令第五六二号浙江省长公署训令第一六二
　〇号令各属保护英人达克特赴浙游历由……2877

浙江督军公署训令第五六三号浙江省长公署训令第一六二
　一号令各属保护日人中苦文作赴浙游历由……2878

浙江督军公署训令第五六四号浙江省长公署训令第一六二
　二号令各属保护法人笪喇谟赴浙游历由……2879

浙江省长公署指令第四千三百三十八号呈一件呈报四区五营拿获
　黄岩梁锦虞家被劫案犯沈亨暖沈亨登二名由……2879

浙江省长公署指令第四千三百三十九号呈一件前警政厅呈复核议
　四区四营管带李治光处分情形由……2880

浙江省长公署指令第四千三百四十号呈一件呈报五区四营侦获积
　匪张林水一名请准照案给赏由……2880
　　附原呈……2880

浙江省长公署指令第四千三百五十号呈一件呈请悬赏澉浦抢劫警
　所铺户案内盗犯由……2881

浙江省长公署指令第四千三百五十一号呈一件呈拟订邻县会哨日
　期并请拨款犒劳列表请核示由……2882

浙江省长公署指令第四千三百五十四号呈一件为据商民吴鸿等请
　设茧行呈送图结由……2882

浙江省长公署指令第四千三百五十九号呈一件据吴兴县呈商民吴
　德增请在西庄桥改设茧行由……2882

浙江省长公署指令第四千三百六十三号呈一件为商人张遂初等开
　设茧行附送图结由……2883

浙江省长公署指令第四千三百六十九号呈一件为送黄亦政等请在
　袁花镇开设茧行图说由……2883

浙江省长公署指令第四千三百八十四号呈一件呈奉令据新昌县电

目 录

蔡墺校长唐荣邦被匪掳去请拨兵缉拿由 …… 2883

浙江省长公署批第一千零十七号呈一件为嘉属各商违例纷设茧行请
　　派员测量取缔由 …… 2884

浙江省长公署批第一千零十九号呈一件禀请准饬警务处查案仍以一
　　二等警佐存记由 …… 2884

浙江省长公署批第一千零二十六号禀一件请补给官费以竟学业由
　　…… 2884

浙江省长公署通告 …… 2885

浙江省长呈报大总统据高检厅呈送前诸暨县知事吴德燿判案由 …… 2885

浙江省长公署指令第　号呈一件全省警务处为调遣弹药等费删减过多
　　不敷应用拟将仍准增加三万元以裕经费请核示由 …… 2886
　　　附　全省警务处长呈省长 …… 2886

浙江省长公署咨内务部司法部铨叙局据高检厅呈送前诸暨县知事
　　吴德燿判决案由 …… 2889

浙江省长公署训令第一千六百二十四号令沈祖绵遵照内务部咨准
　　予昭雪并交国务院存记由 …… 2889
　　　附内务部原呈 …… 2890

浙江省长公署指令第四千四百二十二号呈一件送五年度管教员学
　　生一览表请核转由 …… 2890

推章太炎长国史馆电 …… 2891

浙江省长公署指令第四千四百五十五号令义乌县知事呈一件呈报
　　该县整顿讲演所情形并送章程预算由 …… 2891

浙江省长公署指令第四千四百六十六号呈一件为拟送十一月份讲
　　稿请鉴核由 …… 2892

浙江省长公署指令第四千五百零四号呈一件陆树基请以千金乡原
　　准分行改设公益和茧行请核示由 …… 2892

浙江省长公署指令第四千五百一十三号呈一件为呈请拨给省城第

321

一劝工场房屋为省农会事务所由 ………… 2893
浙江省长公署指令第四千五百一十四号呈一件呈为拟送提倡种桑
　章程由 ………… 2893
浙江省长公署指令第四千五百一十五号呈一件杭县知事请核销修
　理里横塘桥塘路费用并送清册由 ………… 2893
浙江省长公署通告 ………… 2894
浙江省长公署诉愿决定书第六号决定书据兰溪米业代表郑荫甫等呈
　兰溪县处分金子安控拆米业案不当提起诉愿请求取消停止执行由 …… 2894
浙江督军署咨省长公署据陆军第二师呈为旅附尉官景元不守军纪撤差
　请令属勿予录用由 ………… 2896
省长公署咨复农商部准咨据商会联合会呈为申明《商会法》第四条第四十
　三条及《施行细则》第二条文义凡前清旧设商会者得一律依法改组由 …… 2896
浙江督军署训令第五百七十六号令军学补习所为该所书记张连奎仍
　回混成旅服务由 ………… 2897
浙江督军署训令第同上号令暂编混成旅为军学补习所书记张连奎仍回
　该旅服务由 ………… 2897
浙江督军署训令第五百七十八号令各军队机关为第二师旅附尉官景
　元不守军纪令准撤差仰勿录用由 ………… 2898
浙江省长公署训令第一千六百五十号令水利委员会为拟乘冬令水
　涸从事修浚碧浪湖事宜由 ………… 2898
浙江省长公署训令第一千六百五十三号令杭县等二十九县严谕各
　民局限日向邮局挂号由 ………… 2899
　邮局寄递军队及衙署公件公电章程 ………… 2900
　大清邮政民局章程 ………… 2902
浙江省长公署训令第一千六百五十五号令警务处为开化威坪双林
　各警佐员缺在该处未成立以前业由本公署遴员接充开单知照由 …… 2904
　附清单 ………… 2904

浙江督军署指令第二千二百八十六号呈一件为旅附尉官景元不守
军纪令准撤差由·· 2905
浙江督军署指令第二千二百八十七号呈一件为请给营垫故兵楼世
良埋葬费由·· 2905
浙江省长公署指令第四千五百二十一号呈一件呈送调查实业报告
书由·· 2905
浙江省长公署指令第四千五百三十三号呈一件为胡公振等请于广
陈镇虹霓堰各设茧行由·· 2906
浙江省长公署指令第四千五百三十四号呈一件为孙佐芳等请在东
南一庄开设大经茧行附送图结由································ 2906
浙江省长公署指令第四千五百三十九号呈一件为补送严寀熙等请
设茧行地图由·· 2906
浙江省长公署指令第四千五百四十一号电一件据袁花镇商务分会
为据各业董陈请将久成茧行取消或另择地点由·················· 2907
浙江省长公署指令第四千五百四十八号呈一件据委员王济组等呈
复验收该会建筑工程等情及检送缴件并保固单结由·············· 2907
浙江省长公署指令第四千五百六十号呈一件徐少川等为杭县沙地
事务所违章舞弊请澈究由······································ 2907
浙江省长公署指令第四千五百六十四号呈一件为会衔呈复会勘平
瑞两邑争界情形请示遵由······································ 2908
浙江省长公署指令第四千五百七十三号呈一件呈报遂安县管狱员
曾植恩撤任委施敬接充请转咨由································ 2908
浙江省长公署指令第四千五百七十五号呈一件呈南田审检所呈报
警备队获解盗匪罗茂夔等审讯情形由···························· 2908
浙江省长公署指令第四千五百七十六号呈一件镇海县呈报罪犯陈
阿子脱逃乞通饬协缉由·· 2909
浙江省长公署指令第四千五百八十号呈一件萧山县呈报侦获图劫

323

盗匪钱阿宝等讯供情形由 …… 2909

浙江省长公署指令第四千五百八十一号呈一件呈复查明象山项小满等纠闹逞凶一案由 …… 2909

浙江省长公署批第一千零三十六号呈一件禀为肉捐经董任翼谋侵吞捐款一案县署偏断再请派员讯究由 …… 2910

浙江省长公署批第一千零三十八号呈一件为杭县沙地事务所违章舞弊请澈究由 …… 2910

浙江省长公署批第一千零三十九号呈一件私立女子体操讲习所代表寿成云呈送简章请立案由 …… 2910

浙江省长公署批第一千零四十一号呈一件呈受抵孙纯锡田亩宋知事不准收租请追给由 …… 2911

浙江省长公署咨省议会据财政厅呈为省议会议决修正浙省推收户粮规则尚有疑义请转咨核复由 …… 2911

浙江省长公署咨省议会据财政厅呈为据萧山等统捐局呈复捐率罚款曾经遵章揭示由 …… 2912

浙江省长公署咨农商部复准咨沿海省分应筹设水产试验场请将经费编入明年度预算由 …… 2913

浙江省长公署咨农商部抄送公布省议会议决浙江省禁止江河湖荡涨地报买案及浙江省保护森林条例请备案由 …… 2914

浙江督军署训令第五百七十四号令陆军第二师准陆军部咨送徐振声一次恤金执照由 …… 2914

浙江督军署训令第五百七十五号令陆军第一师准陆军部咨送徐凤书一次恤金执照由 …… 2915

浙江督军公署训令第五七九号浙江省长公署训令第一六五七号令各属保护丹商峨尔生赴浙游历由 …… 2916

浙江督军公署训令第五八〇号浙江省长公署训令第一六五六号令各属保护德人祈渊赴浙游历由 …… 2916

目　录

浙江督军公署训令第五八一号浙江省长公署训令第一六五
　　八号令各属保护日人高木信行赴浙游历由 ················ 2917
浙江省长公署训令第一千六百六十号令各模范缫丝厂厂长筹备结
　　束事宜于本年十二月底一律完竣由 ···················· 2918
浙江省长公署训令第一千六百七十一号令委徐晋麒为省立第五中
　　学校长由 ······································ 2919
浙江省长公署训令第一千六百七十七号令各县知事准安徽筹赈公
　　所函皖省水灾吴绅慨捐巨款专呈请奖奉令照准乞赐提倡由 ······ 2919
　　附原呈 ·· 2920
浙江省长公署训令第一千六百七十九号令矿务技术员准部咨送新
　　定调查矿业常期报告节目令即遵办由 ···················· 2921
浙江省长公署训令第一千六百八十二号令各中等学校准教育部咨
　　查未经购领枪械各校应需枪枝数目由 ···················· 2922
浙江省长公署训令第一千六百八十三号令各中等学校据椒江商校
　　呈请将斥退生许聘棠等转令各校不得收录由 ················ 2923
浙江省长公署指令第　　号呈一件呈土匪远扬未尽拿获查封房屋应如何
　　办理请示由 ···································· 2924
浙江省长公署指令第四千五百八十二号呈一件呈报屠长宝被屠张
　　氏等戳伤毙命相验情形由 ···························· 2924
浙江省长公署指令第四千五百八十三号呈一件呈报沈金福等三家
　　被盗抢劫勘验情形由 ······························ 2924
浙江省长公署指令第四千五百八十八号呈一件呈遵办学校园并报
　　告办理情形由 ·································· 2925
　　附原呈 ·· 2925
　　学校园规则 ···································· 2925
浙江省长公署指令第四千五百九十六号呈一件呈筹拟劝学所经费
　　及所址并请委任所长由 ······························ 2930

325

浙江省长公署指令第四千六百号呈一件为转呈教育会联合会办法应
　　否通令仿行请察核由………………………………………………… 2931
　　附原呈…………………………………………………………………… 2931
浙江省长公署指令第四千六百零一号呈一件请核奖成绩优异各小
　　学职教员由……………………………………………………………… 2932
浙江省长公署批第一千零四十三号呈一件呈程阳春等侵占荒山诉县
　　不理请饬县履勘鞫讯由………………………………………………… 2932
浙江省长公署批第一千零四十四号呈一件呈控专审员裁判不公司法
　　侦探王荣顺藉势殃民请饬厅讯办由…………………………………… 2933
吕省长上大总统国务院内务部电…………………………………………… 2933
浙江督军署咨陆军部为军需毕业生叶春芳等十名于本月六日来署报到由
　　…………………………………………………………………………… 2934
　　附原咨…………………………………………………………………… 2934
浙江省长公署咨省议会准财政部咨复废止官中牙帖章程未便准行由…… 2935
浙江省长公署咨省议会据财政厅呈为补送预算岁入款项请转咨省议会由
　　…………………………………………………………………………… 2935
浙江省长公署咨省议会为派清理官产处政务委员出席由………………… 2936
浙江督军署公函五年军字第十四号函江苏交涉员准电为侨商邹辉清请给凭证
　　在沪购办军械由………………………………………………………… 2937
浙江督军署训令第五百八十八号令嘉湖镇守使署为该署收发员成圣
　　璋胞兄成维卿南京阵亡请抚恤由……………………………………… 2937
浙江督军署训令第五百八十九号令师旅各部准陆军部咨送军需学校
　　毕业生叶春芳等来浙见习由…………………………………………… 2939
浙江省长公署委任令第　号令郑文易为机要秘书陈篯为司法秘书由
　　…………………………………………………………………………… 2940
浙江督军署指令第二千三百一十四号呈一件为预备役军官李延岩
　　补送军学补习所肄业由………………………………………………… 2940

目 录

浙江省长公署指令第四千五百九十九号呈一件为县教育会拟设小
　学成绩品陈列所请将开办费于公益费内动支由 ······ 2940

浙江省长公署指令第四千六百零四号呈一件该县国民学校教员徐
　楚善等呈请饬县照城区学校例一律补助由 ······ 2941

浙江省长公署指令第四千六百零六号呈一件据柴溪高小校校长邹
　兰田等呈自治委员兼学董施志成等朦收学租并未报告由 ······ 2941

浙江省长公署指令第四千六百零九号呈一件送增设国民学校一览表由
　 ······ 2941

浙江省长公署指令第四千六百一十号呈一件呈报应增国民学校设
　立齐全并送图表由 ······ 2942
　　附原呈 ······ 2943

浙江省长公署指令第四千六百一十四号呈一件呈送柳景陶等捐赀
　兴学表册请核奖由 ······ 2950

浙江省长公署指令第四千六百三十五号呈一件为呈为关于实业条
　陈现办情形遵令复请示遵由 ······ 2950

浙江省长公署指令第四千六百三十八号呈一件查复蔡振潘与林凤
　铨争涂一案附送全卷由 ······ 2951

浙江省长公署指令第四千六百四十一号呈一件为送张太原请设嘉
　富茧行图结由 ······ 2951

浙江省长公署指令第四千六百四十二号呈一件为送潘志金拟在潘
　板桥开设茧行图结由 ······ 2952

浙江省长公署指令第四千六百五十六号呈一件送教育行政会议议
　决案由 ······ 2952

浙江省长公署指令第四千六百五十九号令衢县知事呈一件据该县
　国民学校教员呈教育会长期满请求转令召集改选由 ······ 2952

浙江省长公署指令第四千六百六十六号呈一件呈报委任叶桐为劝
　学员开送履历由 ······ 2953

327

吕公望集

浙江省长公署指令第四千六百七十九号呈一件为呈报委任掾属请

  注册由 …………………………………………………………… 2953

  附原呈 …………………………………………………………… 2953

吕督军致宁台镇守使电 ………………………………………………… 2954

  附来电 …………………………………………………………… 2954

浙江省长公署通告 ……………………………………………………… 2954

浙江省督军署咨省长公署据陆军测量局长呈为三角课班员俞冠群等被

  盗请予严缉追由 ………………………………………………… 2955

浙江省长公署咨督军署为连长黄大荣因案撤差各军队勿予录用由 …… 2956

浙江督军署训令第五百八十七号令宁台镇守使据陆军测量局长呈为

  三角班员俞冠群等被盗请予严令缉追由 ……………………… 2956

浙江督军署训令第五百九十五号令暂编混成旅长为规定守卫兵轮流

  规则由 …………………………………………………………… 2957

浙江省长公署训令第一千六百八十四号令警务处据公立医校呈建

  筑校舍转令省警察厅出示谕禁妨碍工程由 …………………… 2958

浙江省长公署训令第一千六百九十三号令财政厅据嵊县电为请饬

  曹娥水警将该处拘禁各船户释放听候办理由 ………………… 2958

浙江省长公署训令第一千六百九十五号令警务处高检厅准广东省

  长咨请令属协缉英人伍人玉被戕一案凶犯由 ………………… 2959

  计开本案案由及凶犯阿发籍贯面貌 …………………………… 2960

浙江省长公署训令第一千六百九十六号令各属准广东省长公署咨

  通缉卸任广东新会县知事颜德璋由 …………………………… 2961

  附 浙江全省警务处训令第一百八十一号 ………………… 2961

浙江省长公署训令第一千六百九十七号令财政厅转饬单开各局将

  比额征数等项补报候核并通令嗣后一律依限造报比较各表由 …… 2962

浙江省长公署指令第 号呈一件嵊县知事呈监狱经费不敷据情转呈拨

  补由 ……………………………………………………………… 2963

附 浙江高等检察厅训令第一千二百九十七号……………… 2963

浙江督军署指令第二千三百三十八号呈一件为三角班员俞冠群等
　　被盗请予严令追缉由……………………………………… 2964

浙江督军署指令第二千三百六十号呈一件为送督军署守卫兵轮流规
　　则请核示由………………………………………………… 2964

浙江省长公署指令第四千六百八十号呈一件为呈复奉令特设教育
　　科办理情形由……………………………………………… 2965

浙江省长公署指令第四千六百八十一号呈一件请予查案核准委任
　　项畴为教育主任由………………………………………… 2965

浙江省长公署指令第四千七百一十六号呈一件呈请晋省面陈要公由
　　………………………………………………………………… 2965

浙江省长公署指令第四千七百一十七号令南田县知事呈一件条陈
　　该县地方应兴应革事宜由………………………………… 2966

浙江省长公署指令第四千七百一十八号呈一件条陈地方兴革事宜
　　请核遵由…………………………………………………… 2967

浙江省长公署指令第四千七百一十九号呈一件呈复遵办批答兴革
　　事宜由……………………………………………………… 2968

浙江省长公署指令第四千七百二十号呈一件为呈复嘉兴县请将上
　　年蠲余歉缓钱粮再予展缓一案应毋庸议由……………… 2969
　　附原呈……………………………………………………… 2970

浙江省长公署指令第四千七百二十一号呈一件电询设立报馆有无
　　制限由……………………………………………………… 2970

浙江省长公署指令第四千七百二十三号呈一件为呈送哲美森案赎
　　地款项准由县税垫支原电由……………………………… 2970

浙江省长公署通告…………………………………………… 2971

浙江省议会参议院议员选举监督榜示……………………… 2971

浙江省长公署通告…………………………………………… 2972

329

浙江督军公署省长公署咨江西督军公署省长公署据常山县知事
　　呈报防范玉匪情形并陈剿抚兼施办法请咨核办由……………… 2972
浙江省长公署咨交通部据绍萧两县呈越安公司添购越康汽船一案可否
　　转咨准予给照由…………………………………………… 2974
浙江省长公署训令第一千六百九十八号令清理官产处查明罗纯嘏
　　购置壶春楼房屋基地及湖滨地亩一案已未办结由……………… 2978
浙江省长公署训令第一千六百九十九号令催海盐县迅将清丈事宜
　　遵令查议复夺由…………………………………………… 2979
浙江省长公署训令第一千七百号令各厅处准内务部咨请饬属密查奸
　　徒伪造印花由……………………………………………… 2979
浙江省长公署训令第一千七百零三号令警务处鄞县知事保护宝华
　　轮局宝华轮船由…………………………………………… 2980
浙江省长公署训令第一千七百一十一号令第七师范讲习所据兰溪
　　县查复学生罢课情形由……………………………………… 2980
浙江省长公署指令第四千九百零五号呈一件为呈复何议员质问绍
　　兴酒捐局征收科罚等情一案派员查明情形由………………… 2982
浙江督军公署指令第二千三百三十九号浙江省长公署指令
　　第四千九百零六号呈一件为报防范玉匪情形并陈剿抚兼施办法请咨赣
　　省核办由…………………………………………………… 2982
浙江省长公署指令第四千六百一十一号呈一件送各学校劝募基本
　　金数目表由………………………………………………… 2983
　　附原呈……………………………………………………… 2983
浙江省长公署指令第四千七百二十四号呈一件为呈报缫丝厂监理
　　处归并实业科移交清楚由…………………………………… 2988
浙江省长公署指令第四千七百二十五号呈一件黄岩审检所呈请变
　　通赌案充赏办法由………………………………………… 2988
浙江省长公署指令第四千七百二十九号呈一件呈报颜受煜染坊被

目 录

劫勘验情形由 ·············· 2988

浙江省长公署指令第四千七百三十五号呈一件为呈复勘估修葺竺
烈士绍康坟墓由 ·············· 2989

浙江省长公署指令第四千七百三十六号呈一件据绍兴县知事呈为
开办粥厂请指拨公款由 ·············· 2989

浙江省长公署指令第四千七百四十五号呈一件慈溪县知事林觐光
报解第一次五年内国公债款由 ·············· 2989

浙江省长公署指令第四千七百四十六号呈一件上虞县呈报续解五
年内国公债日期由 ·············· 2990

浙江省长公署指令第四千七百五十一号呈一件据崇德县人范伟为
经征主任吴衡舞弊营私请派员澈究由 ·············· 2990

浙江省长公署指令第四千七百五十二号禀一件据吴兴县人杨人俊
等为移完作歉请饬县宣布户名并宽免罚金由 ·············· 2990

浙江省长公署指令第四千七百五十三号呈一件呈送十月分收支计
算书表单据由 ·············· 2991

浙江省长公署指令第四千七百七十四号呈一件为拟请暂设学务处
开送章程清摺由 ·············· 2991

浙江省长公署指令第四千七百九十九号呈一件桐乡县呈为查明商
人朱信昌等被扣烟叶并无重斤夹带业已派员秤量放行由 ·············· 2991

浙江省长公署批第一千零五十号呈一件呈请转呈中央优加抚恤由 ······ 2992

浙江省长公署批第一千零五十一号呈一件呈伊夫周正熊田产充公不
服决定请移交平政院裁决由 ·············· 2992

浙江省长公署批第一千零五十二号呈一件呈祭产值年收租恐被抢收
请令县严禁由 ·············· 2992

浙江省长公署批第一千零五十八号呈一件为经征主任吴衡舞弊营私
请派员澈究由 ·············· 2993

浙江省长公署公函五年函字第四十四号函留日学生监督准函送本年度浙省官

331

自费生简表由 …………………………………………… 2993

浙江省长公署训令第一千七百一十八号令宣平县据交涉署呈并林
　　云岳等呈为军队剿匪牵涉教民一案迅即办结具报由 ………… 2996

浙江省长公署训令第一千七百一十九号令警务处准内务部咨行再
　　送警察现状调查表暨说明书请饬属克日填送由 ……………… 2997

浙江省长公署训令第一千七百二十八号令财政厅为庆元县核明所
　　拟各项兴革事宜由 …………………………………………… 2998
　　庆元县知事条陈财政应兴事宜 ………………………………… 2998

浙江省长公署训令第一千七百三十一号令各机关准教育部咨嗣后
　　各机关如向美国工厂购订物件须要求中国学生入厂练习由 … 3000
　　附录留美学生监督原呈 ………………………………………… 3001

浙江省长公署指令第　　号建德县知事兼警所长呈警佐高崇善拿获邻县
　　盗伙两起应如何奖励请核示由 ………………………………… 3003
　　附　浙江全省警务处训令第一百四十三号 …………………… 3003

浙江省长公署指令第四千八百一十一号呈一件呈复核议大有利电
　　灯公司窃电赔偿规则由 ………………………………………… 3004
　　附原呈 …………………………………………………………… 3004

浙江省长公署指令第四千八百一十三号呈一件呈复盗犯方成惠脱
　　逃陈知事委无贿纵情弊由 ……………………………………… 3005

浙江省长公署指令第四千八百一十四号呈一件萧山县知事呈报义
　　桥劫案内逸犯姓名乞准悬赏通缉由 …………………………… 3006

浙江省长公署指令第四千八百一十五号呈一件分水县知事呈报缉
　　获江山盗犯张锦鸿一名由 ……………………………………… 3006

浙江省长公署指令第四千八百二十三号呈一件永嘉警察局呈报小
　　南门外周得贤家失慎延烧邻屋由 ……………………………… 3006

浙江省长公署指令第四千八百二十九号呈一件呈报给奖保卫团总
　　潘乔祺团丁宣荣根等由 ………………………………………… 3007

附原呈 …… 3007

浙江省长公署指令第四千八百三十八号呈一件富阳县呈为呈复陆
树堂等状诉征收主任沈逸波违法浮收等情一案由 …… 3007

浙江省长公署指令第四千八百三十九号呈一件乐清县呈为请示回
复抵补金法定折价带征省地方税后原有特捐洋五角应否照旧征收由 …… 3008

浙江省长公署指令第四千八百四十二号呈一件永康县知事呈请饬
属凶犯应金林并令警厅查拘保人翁如玉由 …… 3008

浙江省长公署指令第四千八百四十三号呈一件呈复查明余姚陈惠
和等家被劫实情由 …… 3009

浙江省长公署指令第四千八百四十六号呈一件崇德县知事呈报续
获卫锡林等家被劫案内盗犯讯供情形由 …… 3009

浙江省长公署指令第四千八百四十九号呈一件呈复调查立兴轮船
立案情形由 …… 3009

浙江省长公署指令第四千八百五十号呈一件呈杭地审厅更正盗犯
俞士林判词请鉴核由 …… 3010

浙江省长公署指令第四千八百五十一号呈一件呈补送逸犯阿四即
卢盛荣年貌籍贯等项请转咨由 …… 3010

浙江省长公署指令第四千八百五十三号呈一件呈报委任掾属请注
册由 …… 3010

浙江省长公署指令第四千八百五十四号令庆元县知事呈一件为条
陈该县地方兴革事宜由 …… 3011

浙江省长公署指令第四千八百七十号呈一件为商民顾洪兴等请设
协泰等茧行由 …… 3011

浙江省长公署指令第四千八百七十一号呈一件呈送赴美运回赛品
愿否移赠由 …… 3011

浙江省长公署指令第四千八百七十六号呈一件据徐时勉呈请试探
诸暨县小东乡捣白湾庄等处锌矿由 …… 3012

浙江省长公署指令第四千八百七十七号呈一件呈送五年度管教员
　　学生一览表请核转由 ·· 3012
浙江省长公署指令第四千八百八十八号呈一件呈国民学校设立未
　　久并无毕业生徒请免予填表由 ····································· 3012
浙江省长公署指令第四千八百八十九号呈一件为拟饬各小校添设
　　夜课拟具办法请核示由 ·· 3013
　　附原呈 ··· 3013
　　附清摺 ··· 3014
浙江省长公署指令第四千八百九十一号呈一件送小学成绩展览会
　　办法清摺并请开支经费由 ·· 3014
浙江省长公署指令第四千八百九十二号呈一件为查视各乡学校加
　　考开摺送核由 ··· 3014
浙江省长公署指令第四千八百九十三号呈一件呈送吴士杰捐赀兴
　　学遵令另造表册请核由 ·· 3015
浙江省长公署批第一千零五十九号禀一件为移完作歉请饬县宣布户
　　名并宽免罚金由 ·· 3015
浙江省长公署批第一千零六十五号呈一件禀水警署长邹升高庇盗害
　　民请撤差另委由 ·· 3015
浙江省长公署批第一千零七十三号原具呈人永嘉县出品人金兼三等
　　呈一件为该民等应征赴美赛品业已运回请饬发还由 ·········· 3016
浙江省长公署批第一千零七十八号呈一件呈为复将矿图分别更正并
　　依据规则另具保结请察核由 ··· 3016
浙江省长公署批第一千零七十九号诉愿书一件为佃种贤产勒交租谷
　　县知事处分不当请撤销由 ·· 3016
浙江省长公署通告 ·· 3017
浙江省长公署咨省议会据烟酒公卖局呈为呈复何议员质问绍兴酒捐局
　　长征收科罚等情一案派员查明情形由 ····························· 3017

目 录

浙江督军署训令第六百零九号令各军队准陆军部电考绩表内于出身
　　后补现官以前之经历勿庸记载由 …………………………………… 3019

浙江督军署训令第六百一十二号令陆军第一师第二师为委姚琮赵南
　　为该师师附校官由 ………………………………………………… 3020

浙江督军署训令第同上号令委姚琮为第一师师附校官、赵南为第二师师
　　附校官由 …………………………………………………………… 3020

浙江省长公署训令第一千七百三十二号令武康县准教育部咨解释
　　劝学所所长资格由 ………………………………………………… 3021

浙江省长公署训令第一千七百三十三号令各县知事及各学校准教
　　育部咨行添授簿记一科仰遵照办理由 …………………………… 3021

浙江督军公署训令第五八六号浙江省长公署训令第一六七
　　四号令各县知事各军队为准国务院电通令不得挟私告讦由 ……… 3022

浙江省长公署训令第一千七百三十八号令各县知事选送女子蚕业
　　讲习所学生由 ……………………………………………………… 3023
　　浙江省立女子蚕业讲习所招选学生简章 ………………………… 3023
　　入学须知 …………………………………………………………… 3025

浙江督军署指令第二千三百八十三号呈一件为报第二团九连连附
　　聂松林因病解职由 ………………………………………………… 3025

浙江督军公署指令第二四二三号浙江省长公署指令第四九
　　〇九号呈一件为呈报会哨查剿玉匪情形并请明颁布告严禁附和由 … 3026

浙江省长公署指令第四千九百一十一号令淳安县知事呈一件条陈
　　该县地方兴革事宜由 ……………………………………………… 3026

浙江省长公署指令第四千九百一十二号呈一件绍兴俞仲立呈该民
　　被劫一案延不缉办请饬县严拿由 ………………………………… 3028

浙江省长公署指令第四千九百一十四号呈一件德清审检所呈报姚
　　振瑞家被劫由 ……………………………………………………… 3028

浙江省长公署指令第四千九百一十六号呈一件嘉兴县呈报方和尚

335

家被劫由 …………………………………………………… 3029
浙江省长公署指令第四千九百一十八号呈一件平湖县审检所呈报
　　李骏发家被劫由 ……………………………………………… 3029
浙江省长公署指令第四千九百二十一号呈一件黄岩罗锦芳等呈罗
　　邦庆等连劫五家请勒限缉办由 ……………………………… 3029
浙江省长公署指令第四千九百四十二号呈一件呈警备六区统带呈
　　报拿获上年丽水叶荣春等家被劫案犯梅生儿一名由 ……… 3030
浙江省长公署指令第四千九百五十二号呈一件呈报警备二区拨队
　　开驻长兴林城桥情形由 ……………………………………… 3030
　　附原呈 ………………………………………………………… 3030
浙江省长公署指令第四千九百五十八号呈一件兰溪县呈遵令会订
　　冬防办法作成计划书送请察核由 …………………………… 3031
　　附原呈 ………………………………………………………… 3031
浙江省长公署指令第四千九百七十号呈一件呈复遵令筹议酌添各
　　县审检所承发吏办法并拟酌添法警名额由 ………………… 3032
　　附原呈 ………………………………………………………… 3032
浙江省长公署指令第四千九百七十二号呈一件平湖审检所呈报张
　　秋生张德和家被劫由 ………………………………………… 3034
浙江省长公署指令第四千九百七十三号呈一件为呈送防剿南乡土
　　匪出力人员履历请核奖由 …………………………………… 3034
浙江省长公署批第一千零八十号呈一件拟设广利实业学校教授稻草
　　制棉方法请立案由 …………………………………………… 3034
浙江省长公署批第一千零八十一号呈一件为学费未贴权利存在请求
　　一律照给由 …………………………………………………… 3035
浙江省长公署批第一千零九十号呈一件呈该民被劫一案延不缉办请
　　饬县严拿由 …………………………………………………… 3035
浙江省长公署批第一千零九十二号呈一件呈罗邦庆等连劫五家请勒

限缉办由 …… 3036

浙江省长公署批第一千零九十三号原具呈人德清姚大炳等呈一件呈
　　该县朱专审员等违法殃民滥用职权请付惩戒并交法庭审办由 …… 3036

浙江省长公署批第一千零九十六号呈一件禀诉警兵朱金标占妻请求
　　转饬提讯由 …… 3036

浙江省长公署批第一千零九十七号禀一件为自制药饼已蒙化验请查
　　案批准给示发售由 …… 3037

浙江省长公署批第一千零九十九号禀一件禀请查案训令警务处尽先
　　委用由 …… 3037

浙江省长公署咨呈国务院准福建省长咨分浙知事李云峰现就福建省议
　　员之职请备案由 …… 3037

浙江督军署咨省长公署据陆军混成旅旅长呈称司务长董超放弃职务逾
　　越权限请予撤究由 …… 3038

浙江省长公署咨行内务部准福建省长咨复福建省长准咨分浙知事李云
　　峰现就福建省议员之职请备案由 …… 3039

浙江省长公署咨省议会咨送许议员等提出关于台属屯粮事项质问书一件由
　　 …… 3039

浙江省长公署咨省议会据财政厅呈为原编五年度省地方岁入款项有应
　　行更正之处请核咨由 …… 3040

浙江省长公署训令第一千七百四十二号令财政厅据淳安县知事条
　　陈该县地方兴革事宜由 …… 3041
　　附条陈 …… 3041

浙江省长公署训令第同上号令警务处据淳安县知事条陈该县地方兴革
　　事宜由 …… 3042
　　附条陈 …… 3042

浙江省长公署训令第同上号令高检厅据淳安县知事条陈该县地方兴革
　　事宜由 …… 3043

337

吕公望集

附条陈 ·· 3043

浙江省长公署训令第一千七百四十五号令烟酒公卖局为酒类缸照
捐印花倍捐仍照旧征收由 ·· 3044

附　浙江烟酒公卖局训令第一千二百一十号··············· 3045

浙江省长公署训令第一千七百五十三号令财政厅准省议会咨送许
议员等提出关于台属屯粮事项质问书一件由 ····················· 3046

浙江督军公署训令第六〇〇号浙江省长公署训令第一七五
四号令浙江公报处主任刊发浙江公报处钤记由 ················· 3047

浙江督军署训令第六百一十三号令各军队据混成旅长呈报二团九连
司务长董超因事撤差由 ·· 3047

浙江省长公署训令第一千七百五十五号令警务处准教士汤丕生使
用猎枪一枝由 ·· 3048

浙江省长公署公函 五年函字第四六号函复汤丕生允其使用猎枪一枝由 ······ 3048

浙江省长公署训令第一千七百五十八号令各县知事据旧严属督查
员姚复学呈送考察经过各县实业情形说帖由 ····················· 3049

附原呈 ·· 3049

浙江省议会参议院议员选举监督委任令第一号令委投票开票管
理监察各员由 ·· 3051

浙江省参议院议员选举投票所办事细则 ······················· 3052

浙江省参议院议员选举开票所办事细则 ······················· 3054

浙江督军署指令第二千四百零二号呈一件为呈报第二团第九连司务
长董超因事撤差由 ·· 3056

浙江省长公署指令第四千九百七十四号令省立第五师范学校校长
呈一件呈为因病请解校职并祈察核由 ································· 3056

浙江省长公署指令第四千九百八十七号呈一件拟具取缔客民取缔
航船规则请核示由 ·· 3056

浙江省长公署指令第四千九百八十八号呈一件为金昌运遵章在濮

院请设同昌茧行由…… 3057

浙江省长公署指令第四千九百八十九号呈一件嘉善县呈报张乃勋
　　被劫勘缉情形由…… 3058

浙江省长公署咨省议会准教育部咨复该会议决派遣留学规程一案应仍
　　照部颁规程办理由…… 3058
　　教育部令第二二号…… 3059
　　选派留学外国学生规程…… 3059

浙江督军公署训令会字六一五号浙江省长公署训令会字第
　　一七三七号令衢县等县知事据常山知事呈报剿玉匪情形分别令颁布告由
　　…… 3063
　　附原呈…… 3064

浙江督军署训令第六百一十七号令师旅各部为分发所属各机关同治
　　及光绪条约等书籍由…… 3066

浙江省长公署委任令第七十号令委任袁锵金正式接充场长并发委状由
　　…… 3066

浙江省长公署指令第四千九百九十六号令省立女子蚕业讲习所呈
　　一件据呈送拟具招生简章等件并请示选送办法由…… 3067

浙江省长公署指令第五千零三十八号令内河水上警察厅呈一件呈
　　复查明戈来碧电禀阅于队长方景铭查复彭寿春被控一案尚无讳饰请察
　　核由…… 3067
　　附原呈…… 3068

浙江省长公署指令第五千零四十号呈一件呈送会议警备队各项规程
　　请核定由…… 3070
　　附速记录…… 3070

浙江省长公署指令第五千零四十三号呈一件呈复查明上虞张亮采
　　被张世骏等枪毙一案由…… 3075

浙江省长公署指令第五千零四十四号呈一件呈报衢县审检所判处

盗犯萧老四等死刑请核示由 ············ 3076

浙江省议会参议院议员选举监督吕公望 ········ 3076

《暂行新刑律》第八章妨害选举罪 ············ 3077

浙江省长公署行政诉愿决定书第七号 诉愿人邵江为承购丁源户佃

地一案提起诉愿由署审查决定由 ············ 3078

浙江督军署咨陆军部 为转发张载阳等文虎章并送领单由 ····· 3079

浙江督军署训令第六百二十一号 令发张载阳等文虎章由 ····· 3080

浙江省长公署咨省议会 准国务院电县自治草案俟国会议决后颁布由 ···· 3080

浙江督军署委任令第二十九号 令委派薛同等三员兼充编制处处员由

 ············ 3081

浙江督军署训令第六百二十二号 令陆军规程暂行编制处长为委派薛

同等三员兼充该处处员由 ············ 3081

浙江省长公署训令第一千七百六十一号 令高检厅准福建省长咨请

饬平阳县追缉福建海关灯塔差船被劫一案赃盗由 ········ 3081

浙江省长公署训令第一千七百六十二号 令高审厅通令专审员从速

讯办盗案由 ············ 3082

浙江省长公署训令第一千七百六十三号 令发政务厅长等勋章凭单

及履历表由 ············ 3083

浙江省长致国务院电 ············ 3084

浙江省长公署训令第一千七百六十四号 令矿务技术员等为撤销矿

务调查员及实业科办理矿务科员由 ············ 3084

浙江省长公署训令第一千七百六十七号 令各县知事准教育部咨《教

育公报》自明年一月起改定报价邮费数目并催缴以前报价由 ···· 3085

浙江省长公署训令第一千七百七十五号 令第四师校据省视学呈报

该校学务情形由 ············ 3086

浙江省长公署训令第一千七百七十八号 令各县知事转行所属讲演

机关劝导革除女子缠足陋习由 ············ 3086

目 录

浙江省长公署训令第一千七百七十九号令各县知事准教育部内务
 部咨请饬属重修县志由 ………………………………………… 3087

浙江省长公署训令第一千七百八十号令各县知事公立图书馆准教
 育部咨将本地艺文无论已刊未刊广为搜集由 ………………… 3088

浙江省长公署训令第一千七百八十六号令南田县知事据象山县知
 事呈复查明该县并无疾病由 …………………………………… 3089

浙江督军署指令第二千四百五十八号呈一件为呈报调王英等三员
 充师附尉官所遗各职以刘文焕等分别调代由 ………………… 3090
 附原呈 …………………………………………………………… 3090

浙江省长公署指令第五千零四十九号呈一件高审厅呈复查明温岭
 王永旺电控知事违法滥刑一案由 ……………………………… 3090

浙江省长公署指令第五千零五十号呈一件呈复检查长兴杨谦等拟送
 撰状规则卷宗一案办理情形由 ………………………………… 3091
 附原呈 …………………………………………………………… 3091

浙江省长公署指令第五千零五十二号呈一件呈报县署已经设立教
 育一科并送主任履历由 ………………………………………… 3092

浙江省长公署指令第五千一百零三号呈一件送义务教育程序内调
 查表册由 ………………………………………………………… 3092

浙江省长公署指令第五千一百零四号呈一件送改正应增国民学校
 校数地点调查表由 ……………………………………………… 3093

浙江省长公署指令第五千一百零七号令临海县知事呈一件据该县
 讲演所讲演员呈报办理情形并请拨筹经费由 ………………… 3093

浙江省长公署指令第五千一百一十二号呈一件呈送教育行政会议
 议决案由 ………………………………………………………… 3093

浙江省长公署指令第五千一百一十九号呈一件财政厅据杭县查复
 徐有申户佃地误报原因暨处县先后办理情形由 ……………… 3094

浙江省长公署指令第五千一百二十九号呈一件呈复邮差丁善庆欠

341

缴洋五十元可否免缴由……………………………………… 3094
浙江省长公署指令第五千一百三十三号呈一件呈报添设教育专科
　　委任主任请注册由………………………………………… 3095
　　附原呈……………………………………………………… 3095
浙江省长公署指令第五千一百三十四号呈一件呈报赴沪募债由…… 3096
浙江省长公署指令第五千一百三十七号呈一件呈复查明南田知事并
　　无疾病由…………………………………………………… 3096
浙江省长公署批第一千一百一十五号呈一件为杭馀行驶汽船实于
　　交通有益请再澈查准予立案由…………………………… 3096
浙江督军署布告第十号浙江省长署布告第十一号……………… 3097
浙江省长公署咨省议会准财政部咨复浙省征收地丁办法应仍照暂行章
　　程办理由…………………………………………………… 3097
浙江省长公署训令第一千七百九十一号令定海县准财政部咨该县
　　大教场地亩准拨作制造水产品工厂厂址一案由………… 3098
浙江省长公署训令第一千七百九十二号令招劝华侨兴办实业事务
　　处等准农商部咨泗水侨商组织旋国恳亲团抄送缘起简章请查照办理由…… 3098
　　荷属华侨旋国恳亲团简章………………………………… 3099
　　行程表……………………………………………………… 3100
　　荷属华侨旋国恳亲团缘起………………………………… 3101
　　附入团简章………………………………………………… 3102
浙江省长公署训令第一千八百零一号令东阳县知事据委员查复该
　　县平民习艺所暨因利局情形由…………………………… 3102
浙江省长公署训令第一千八百零三号令财政厅准财政部咨复浙省
　　征收地丁办法应仍照暂行章程办理由…………………… 3103
浙江督军公署训令第六〇八号浙江省长公署训令第一八〇
　　八号令各属保护奥商谢福赉等四人赴浙游历由………… 3104
浙江督军公署训令第六〇七号浙江省长公署训令第一八〇

目 录

　　九号令各属保护德商拨尔思赴浙游历由 …………………… 3104

浙江督军公署训令第六〇六号浙江省长公署训令第一八一

　　一号令各属保护日人岛丰次郎赴浙游历由 ………………… 3105

浙江省长公署训令第一千八百一十二号令定海县知事据陈庭幹等

　　禀控韩士衡充该县教育主任毫无经验请予撤换由 ………… 3106

浙江督军公署训令第六〇四号浙江省长公署训令第一八一

　　四号令各属保护英巡捕密勒纳赴浙游历由 ………………… 3106

浙江督军公署训令第六〇五号浙江省长公署训令第一八一

　　五号令各属保护工部局侦探目潘林司赴浙游历由 ………… 3107

浙江省长公署指令第五千一百三十九号呈一件高检厅呈复江山周

　　正熺被人暗杀及方元章服毒自尽一案遵令查办情形由 …… 3108

　　附高检厅原呈 ……………………………………………… 3108

浙江省长公署指令第五千一百四十八号呈一件呈县议会咨报定期

　　召集开议应否转咨俟明令颁到再行召集由 ………………… 3113

浙江省长公署指令第五千一百五十四号呈一件为呈复饬造地方款

　　项收支报册须稍缓时日由 …………………………………… 3113

浙江省长公署指令第五千一百六十号呈一件呈送调查实业报告书件由

　　………………………………………………………………… 3114

浙江省长公署指令第五千一百七十二号呈一件为呈复并无通航河

　　道请免予查填图表由 ………………………………………… 3114

浙江省长公署指令第五千一百七十四号呈一件为呈报兴修郑公圩

　　堰沟督董筹办情形由 ………………………………………… 3115

浙江省长公署指令第五千一百七十八号呈一件为呈运复回赛品不

　　愿移赠请给还外并声明尚有县税公款价买之件由 ………… 3115

浙江省长公署指令第五千一百七十九号呈一件为呈报现在办理蚕

　　桑事宜情形并拟定推广办法由 ……………………………… 3115

浙江省长公署指令第五千一百八十号呈一件为呈送遵令改定苗圃

343

浙江省长公署指令第五千一百八十一号呈一件为呈报勘定苗圃地亩绘图请察核由 …………………………………………… 3116

经费预算并请速发补助款项由 …………………………………………… 3116

浙江省长公署指令第五千一百八十五号呈一件为呈报造送货物经过月报表由 …………………………………………… 3117

浙江省长公署指令第五千一百八十六号呈一件为遵令筹设教育一科遴员呈请注册由 …………………………………………… 3117

　附原呈 …………………………………………………………………… 3117

浙江省长公署咨农商部咨送矿商徐宿卿请探诸暨小银坑锌矿矿图等件由 …………………………………………………………………… 3118

浙江省长公署咨江西督军署准咨为浙江巡防队故兵唐春桂应领第二年年抚金请汇寄一案由 …………………………………………… 3119

浙江省长公署咨督军署据外海水警厅请将差遣蒋夔送军学补习所肄业由 …………………………………………………………………… 3119

浙江督军公署训令第六〇二号浙江省长公署训令第一八〇五号令各属保护德华银行伙看勒赴浙游历由 …………………… 3120

浙江督军公署训令第五九三号浙江省长公署训令第一八〇六号令各属保护英国教士贺若贤等赴浙游历由 ………………… 3121

浙江督军公署训令第五九四号浙江省长公署训令第一八〇七号令各属保护义国总领事德乐时赴浙游历由 ………………… 3122

浙江督军公署训令第六〇三号浙江省长公署训令第一八一六号令各属保护英巡捕色乐赴浙游历由 ………………………… 3122

浙江督军公署训令第六〇一号浙江省长公署训令第一八一七号令各属保护日人岩仓藤五郎等赴浙游历由 ……………… 3123

浙江督军公署训令第五九二号浙江省长公署训令第一八一八号令各属保护汉亭达而赴浙游历由 …………………………… 3124

浙江省长公署训令第一千八百二十四号令各县知事杭州总商会宁

目 录

波总商会准农商部咨全国商会联合会提出公文程式案三则请饬遵照由 …… 3124

浙江省长公署训令第一千八百二十六号令鄞县知事据省视学呈报该县学务情形由 ……………………………………………… 3125

浙江省长公署训令第一千八百二十九号令吴兴县知事准教育部咨菱湖唐沈筠捐资兴学奖给褒章由 ……………………… 3128

浙江省长公署训令第一千八百三十号令第四中校据省视学呈报该校学务情形由 ………………………………………… 3129

浙江省长公署训令第一千八百三十三号令知招劝华侨事务处委任梁创等六人为名誉实业顾问转给委状由 ……………… 3129

浙江省长公署训令第一千八百三十四号令黄岩县知事招妓侑觞宽予申斥由 ………………………………………………… 3130

浙江省长公署训令第一千八百四十六号令各县知事准教士慕恒立等禀通令各县知事出示保护民教由 …………………… 3130

浙江省长公署训令第一千八百四十九号令警务处据修筑省道筹办处呈请调用警备队第二区差遣为调查委员由 ……… 3131

浙江省长公署训令第一千八百五十号令杭县等十五县知事保护调查测量第二期省道各员由 ……………………………… 3132

浙江省长公署训令第一千八百五十一号令警务处奉大总统令任命夏超为全省警务处处长由 ……………………………… 3132

浙江省长公署训令第一千八百五十二号令警务处吴兴等三县保护华商嘉昌轮局江远小轮由 ……………………………… 3133

浙江省长公署训令第一千八百五十三号令警务处杭县等五县保护华商公记连陞轮船由 ………………………………… 3133

浙江省长公署训令第一千八百五十四号令警务处准内务部咨为抚恤前吴兴县警佐张锡瓒一案由 ……………………… 3134

浙江省长公署训令第一千八百五十六号令各县催送义务教育程序内调查册表由 ………………………………………… 3135

345

浙江省长公署指令第五千一百九十七号呈一件据前丽水县知事李
　　平呈请令县拨还垫款由 ································· 3135
浙江省长公署指令第五千二百零二号呈一件据矿商周师濂呈请试
　　探该县小东乡吾家坞铜岩山锌铅矿由 ················· 3135
浙江省长公署指令第五千二百零四号呈一件呈为遵令呈复查明披
　　山铅矿矿区情形由 ································· 3136
浙江省长公署指令第五千二百零五号呈一件为杭县知事呈范家涧
　　险塘修筑完竣支出经费造册请分别核销由 ············· 3136
浙江省长公署指令第五千二百零六号呈一件为呈报筹议振兴蚕桑
　　办法由 ··· 3136
　　附原呈 ··· 3137
浙江省长公署指令第五千二百零七号呈一件呈为说帖关旧严属各
　　县实业情形由 ······································· 3137
浙江省长公署指令第五千二百一十九号呈一件为送劝学所所长及
　　劝学员履历并预算表由 ······························· 3138
浙江省长公署指令第五千二百二十八号呈一件为临海县志书无从
　　购寄由 ··· 3138
浙江省长公署指令第五千二百三十九号呈一件呈德清管狱员杨庸
　　升撤任遗缺以孙兆兰接充由 ························· 3138
浙江省长公署指令第五千二百四十号呈一件呈报永康管狱员吴鼎
　　调任遗缺以叶作藩接充由 ··························· 3138
浙江省长公署指令第五千二百四十一号呈一件呈报刘沛坤家被劫
　　一案履勘情形由 ····································· 3139
浙江省长公署指令第五千二百四十三号呈一件呈请修正县知事罚
　　俸修监暂行简章由 ································· 3139
　　附原呈 ··· 3139
浙江省长公署指令第五千二百四十四号呈一件呈转报余姚审检所

目　录

　　判处盗犯金增林死刑添附意见请察核由 ·············· 3140

浙江省长公署指令第五千二百四十五号呈一件呈复嘉兴张莲芳等

　　电请移转管辖一案请毋庸议由 ····················· 3140

　　附原呈 ·· 3140

浙江省长公署指令第五千二百四十七号呈一件温岭审检所呈报张

　　亨保被江三妹豆等枪毙验讯情形由 ················ 3143

浙江省长公署指令第五千二百四十八号呈一件呈报房鹤高等两家

　　被劫勘讯情形由 ·· 3143

浙江省长公署指令第五千二百四十九号呈一件海盐公民蒋宝镕为

　　该邑地丁未照欵案缓征请饬厅委查晓谕由 ········· 3143

浙江省长公署指令第五千二百六十四号呈一件呈为造送调查实业

　　报告书由 ··· 3144

浙江省长公署指令第五千二百七十四号呈一件为造送调查实业报

　　告书由 ·· 3144

浙江省长公署指令第五千二百七十五号呈一件为造送调查实业报

　　告书表由 ··· 3144

浙江省长公署指令第五千二百七十六号呈一件为呈模范桑园改择

　　地点并请准拨用准备金以资开办由 ················· 3145

　　附原呈 ··· 3145

浙江省长公署指令第五千二百九十号呈一件呈修正警备队装械器

　　具保存规则由 ··· 3146

　　修正浙江警备队装械器具保存规则 ················· 3146

浙江省长公署批第一千一百二十二号原具呈人候补县知事宋化春

　　呈一件请给假回籍措资由 ····························· 3148

浙江省长公署批第一千一百二十三号原具呈人松阳叶士龙等禀一

　　件请求该县知事权行留任由 ·························· 3148

浙江省长公署批第一千一百三十号原具呈人定海陈庭幹等禀一件禀

347

控韩士衡充该县教育主任毫无经验请予撤换由……………………… 3148
浙江省长公署批第一千一百三十一号禀一件为裁缺已久请予提前
　　委用由……………………………………………………………………… 3149
浙江省长公署批第一千一百三十六号呈一件呈请在诸暨县小东乡
　　吾家坞铜岩山试探锌铅矿一案由……………………………………… 3149
浙江省长公署训令第一千八百五十八号令各县知事准教育部咨审
　　定讲演参考用书书目仰转行遵照由…………………………………… 3149
浙江省长公署训令第一千八百五十九号令高审厅据萧山审检所电
　　呈请将盗匪潘大猪等四名处以死刑由………………………………… 3152
浙江省长公署训令第一千八百六十二号令嘉善县知事将习艺所所
　　长周锡骥撤差另行遴员荐请核委由…………………………………… 3152
浙江省长公署训令第一千八百六十四号令浙江修筑省道筹办处修
　　正该处简章并刊发钤记由……………………………………………… 3153
　　浙江修筑省道办事处简章附表…………………………………………… 3153
浙江省长公署指令第五千三百二十六号呈一件绍兴县呈报警备队
　　什兵驻扎白洋西塘下沙地情形由……………………………………… 3154
　　附原呈……………………………………………………………………… 3154
浙江省长公署指令第五千三百三十四号呈一件警备队呈报三区三
　　营一哨三四两棚移驻新昌黄泽镇到防日期由………………………… 3155
　　附原呈……………………………………………………………………… 3155
浙江省长公署指令第五千三百三十九号呈一件呈遵令拟议义桥劫
　　案疏防官长办法由……………………………………………………… 3156
浙江省长公署指令第五千三百四十一号呈一件警备队呈报三区一
　　营三哨三四两棚移驻崧厦到防日期由………………………………… 3156
　　附原呈……………………………………………………………………… 3156
浙江省长公署指令第五千三百五十八号呈一件江山县呈报赣边栾
　　匪情形并会哨办法由…………………………………………………… 3157

附原呈 3157

浙江省长公署指令第五千三百六十二号呈一件送县立高等小学校
　　五年度管教员学生一览表由 3158

浙江省长公署指令第五千三百六十五号呈一件为国民学校酌放稻
　　假请示遵由 3159

浙江省长公署指令第五千三百六十六号呈一件送各高小学校成绩
　　表由 3159

浙江省长公署指令第五千三百八十五号令富阳县知事呈一件请委
　　任劝学所所长开送履历由 3159

浙江省长公署指令第五千三百八十六号令孝丰县知事呈一件送教
　　育成绩展览会章程规则由 3160

浙江省长公署指令第五千三百九十七号令乐清审检所呈一件呈报
　　鲍思柳被陈立塘等殴伤跌毙相验情形由 3160

浙江省长公署指令第五千三百九十八号呈一件永康知事历陈办理
　　司法困难情形请予变通并于署内组织行政会议由 3160

浙江省长公署指令第五千三百九十九号呈一件呈嘉兴县疏脱盗犯
　　一案该县知事请免议由 3161

浙江省长公署批第一千一百三十九号呈一件呈哨官金汉仁违法逮
　　捕伪造供词请查究由 3161

浙江省长公署批第一千一百四十二号原具禀余杭县人方瑞生呈一
　　件为缴价处驻办员鲁坚措照不交意图干没屯田一案乞澈究由 3162

浙江省长公署批第一千一百四十三号原具呈人海盐县公民蒋宝镕
　　呈一件为盐邑地丁未照欸案缓征请饬厅委查晓谕由 3162

浙江省长公署批第一千一百五十三号原具呈人西教士慕恒立、中教
　　士童道法等禀一件禀请通饬各县出示保护教民由 3162

浙江省长公署批第一千一百五十四号具禀人张鸿洲等禀一件为盐
　　警非法搜索骚扰民间请核办由 3163

浙江省长公署咨财政部咨行商品陈列馆未便拨给旗营地亩另觅相当官地由
………………………………………………………………………………… 3163
浙江省长公署咨督军署咨送省道筹办处简章由 ……………………… 3164
浙江省长公署咨督军署据修筑省道筹办处长呈请调用吴鼎薛冏二员充
　调查委员由 …………………………………………………………… 3165
浙江省长公署布告第十二号布告免试知事准内务部电未经考询免试知
　事展限至明年二月十日以前赴部报到由 ……………………………… 3165
浙江省长公署公布第十四号公布省议会咨复解释推收户粮规则请更正
　公布由 ………………………………………………………………… 3166
　推收户粮规则之更正及解释 …………………………………………… 3166
浙江省长公署指令第五千三百零九号呈一件呈派员调查测量第二
　期省道请通令各县保护协助由 ………………………………………… 3166
浙江省长公署指令第五千三百一十一号呈一件呈请调用并添派该
　处委员由 ……………………………………………………………… 3166
浙江省长公署指令第五千三百一十三号呈一件呈报遴委掾属请注
　册由 …………………………………………………………………… 3167
　附原呈 ………………………………………………………………… 3167
浙江省长公署指令第五千三百六十号呈一件请将差遣蒋夔送军学
　补习所肄业由 ………………………………………………………… 3167
浙江省长公署指令第五千三百七十一号呈一件为查复周陈楫等控
　蓝洲小学校长陈祥办学腐败由 ………………………………………… 3168
浙江省长公署指令第五千三百八十号呈一件呈送徐飞熊等捐赀兴
　学表册请核奖由 ……………………………………………………… 3168
浙江省长公署指令第五千四百零一号呈一件呈报鄞县管狱员陈宗
　黻撤任遗缺以永康管狱员吴鼎调充由 ………………………………… 3168
浙江省长公署指令第五千四百零二号呈一件新昌知事呈周鉴松呈
　控潘钟杰枪毙伊母潘任氏一案潘庆仁等结求免验请核由 …………… 3169

目 录

浙江省长公署指令第五千四百二十二号呈一件呈报三区四营二哨
  获匪陈含章解讯情形暨将该哨官记功由 …………………………… 3169

浙江省长公署指令第五千四百二十七号呈一件呈报改委教育主任
  请注册由 ……………………………………………………………… 3170
  附原呈 ………………………………………………………………… 3170

浙江省长公署指令第五千四百二十九号呈一件呈报事主叶祖荫家
  被劫诣勘获盗情形由 ………………………………………………… 3171

浙江省长公署指令第五千四百三十号令镇海县审检所呈一件呈报
  事主王奕清家被劫诣勘获盗情形由 ………………………………… 3171

浙江省长公署指令第五千四百三十三号令高等检察厅长殷汝熊呈
  一件汤溪县知事呈报兰溪警察越境拿赌枪毙滕关起勘验情形由 … 3171

浙江省长公署指令第五千四百三十四号令全省警务处呈一件为兰
  溪县呈报游埠警察因巡逻捉赌致酿人命由 ………………………… 3172
  附 浙江全省警务处训令第二百六十九号 ……………………… 3172

浙江省长公署训令第一千八百六十六号令杭县等十五县为发第二
  期省道经过各县地名里程由 ………………………………………… 3173

浙江省长公署训令第一千八百六十八号令财政厅准省议会咨复解
  释推收户粮规则请更正公布由 ……………………………………… 3182

浙江省长公署训令第一千八百七十七号令警务处准督军咨旅附尉
  官景元因败坏军纪撤差希饬属勿予录用由 ………………………… 3183

浙江省长公署训令第一千八百七十八号令武义县知事准教育部咨
  送徐佐均捐资兴学褒章仰转发由 …………………………………… 3184

浙江省长公署训令第一千八百七十九号令永嘉县知事准教育部咨
  送潘渭璜捐资兴学褒章仰转发由 …………………………………… 3184

浙江省长公署训令第一千八百八十五号令财政厅各县知事为行政
  费计算书据等件自令到之日起一律改送财政厅核转由 …………… 3185

浙江省长公署训令第一千八百八十六号令催各县知事征送通志局

351

需用志书及采访册由 …… 3185

浙江省长公署指令第五千四百三十五号令警务处长夏超呈一件为呈送省会警厅关于盔头巷建厕原卷请核办由 …… 3186

浙江省长公署指令第五千四百五十九号令海宁县知事呈一件为许寅等及徐楷等各陈距离茧行里数附图说由 …… 3186

浙江省长公署指令第五千四百七十二号令桐庐县知事呈一件为四年度增设学校请核奖学务委员等由 …… 3187

浙江省长公署指令第五千四百七十六号呈一件送义务教育程序内调查表册由 …… 3187

浙江省长公署指令第五千四百八十六号呈一件呈送四年度外人设立学校调查表由 …… 3187

浙江省长公署指令第五千五百零九号呈一件为更委掾属请注册由 …… 3188

　附原呈 …… 3188

浙江省长公署指令第五千五百一十号呈一件遵章遴委掾属请注册由 …… 3188

　附原呈 …… 3188

浙江省长公署指令第五千五百一十五号呈一件呈复天台县监犯越狱脱逃知事管狱员应得处分由 …… 3190

浙江省长公署指令第五千五百一十六号呈一件呈余杭监犯脱逃该知事成健酌予处分由 …… 3190

浙江省长公署指令第五千五百二十二号呈一件据遂安县余吴氏呈控徐花竹等杀死伊夫余永标一案请饬县严缉由 …… 3190

浙江省长公署指令第五千五百三十六号呈一件为祝景濂声明距离里数附送五里方图由 …… 3191

浙江省长公署指令第五千五百三十七号呈一件为送黄亦政开设茧行四距图说由 …… 3191

目 录

浙江省长公署指令第五千五百四十三号呈一件为沈辅之拟设茧行
　　补缴捐税请核准由 ··· 3192
浙江省长公署指令第五千五百四十六号呈一件据杭县呈三墩公兴
　　茧商请将留下分行改作正行请核准由 ····························· 3192
浙江省长公署指令第五千五百四十七号呈一件据义乌县呈送金志
　　安开设茧行保结由 ··· 3192
浙江省长公署指令第五千五百六十一号呈一件请改委劝学所所长
　　开送履历并缴前发任命状由 ·· 3193
浙江省长公署指令第五千五百六十二号呈一件呈改委县视学填具
　　履历请给委状由 ·· 3193
浙江省长公署指令第五千五百六十六号呈一件为呈明通俗图书馆
　　拨各费改由公益费内支给并送细则履历由 ······················· 3193
浙江省长公署批第一千一百八十二号呈一件呈控徐花竹等杀死伊
　　夫余永标一案请饬县严缉由 ·· 3194
浙江省长公署批第一千一百八十四号呈一件呈应上舟串同寺僧将
　　该山竹木判卖一案请饬县移卷审理由 ····························· 3194
浙江省长公署批第一千一百八十五号呈一件呈被王承昌诬告一案
　　请饬厅提讯由 ··· 3194
浙江省长公署批第一千一百八十七号呈一件为请在四里桥开设茧
　　行被县压抑请饬转呈由 ··· 3195
浙江省长公署批第一千一百八十八号呈一件为呈林知事违法处分
　　涂田一案请主持决定由 ··· 3195
浙江省长公署批第一千一百八十九号呈一件为罗晋模等办学腐败
　　请照案执行由 ··· 3195
浙江省长公署决定书第八号 ··· 3196
浙江督军公署省长公署咨陆军部据警务处呈请警备队三区一营哨长
　　余梦熊遗失补官部令请转咨补给由 ······························· 3197

353

浙江督军公署训令第六四二号浙江省长公署训令第一八九
二号令各属保护美人余国华太太等赴浙游历由 ………… 3199
浙江督军署训令第六百四十五号令各军队机关六年元旦前后各放假
三日由 ……………………………………………………… 3200
浙江省长公署训令第一千八百九十三号令桐庐县知事据调查学务
委员呈报该县学务情形由 ……………………………… 3200
  桐庐县一般状况 …………………………………………… 3202
  桐庐县教育状况 …………………………………………… 3203
浙江省长公署训令第一千八百九十九号令余姚县知事准教育部咨
陈继业捐赀兴学应给褒章由 …………………………… 3205
浙江省长公署训令第一千九百号令镇海县知事据省视学呈报该县学
务情形由 ……………………………………………… 3206
浙江省长公署训令第一千九百零五号令催财政厅迅将本年七月至
九月止各统捐局征收银数分别盈绌列表呈送察核由 ……… 3209
浙江省长公署指令第　号令全省警务处核议景宁县知事兼所长请奖警
佐何绣林由 ……………………………………………… 3209
  附　浙江全省警务处训令第二百二十一号 ……………… 3210
浙江省长公署指令第五千五百六十七号呈一件送五年度第一期县
税小学费分配各表由 …………………………………… 3210
浙江省长公署指令第五千五百七十九号呈一件送义务教育程序内
调查表册由 ……………………………………………… 3210
浙江省长公署指令第五千六百零六号呈一件呈送五年度管教员学
生一览表请察核由 ……………………………………… 3211
浙江省长公署指令第五千六百零八号呈一件为呈送模范养蚕场预
算章程等清摺由 ………………………………………… 3211
浙江省长公署指令第五千六百零九号呈一件为呈江浙渔会改组浙
海渔会录送章程由 ……………………………………… 3212

浙江省长公署指令第五千六百一十号呈一件据呈为遵令复勘厂地亩分绘图连同工程计画送请核示由 ················ 3212

浙江省长公署指令第五千六百一十一号呈一件呈为造送调查实业报告书由 ················ 3212

浙江省长公署指令第五千六百一十二号呈一件呈为造送调查实业报告书由 ················ 3213

浙江省长公署指令第五千六百一十四号呈一件呈为造送调查实业报告书及图表由 ················ 3213

浙江省长公署指令第五千六百一十八号呈一件平湖县商会电为货物捐特加水利费请将旧有二成附捐豁免由 ················ 3213

浙江省长公署批第一千一百九十号呈一件为与蒋延龄寺产纠葛一案请饬照约履行由 ················ 3213

浙江省长公署批第一千一百九十一号呈一件为项恺嗾使林孟明诬告东南校长鲍衡扣留证书由 ················ 3214

浙江省长公署批第一千一百九十二号呈一件为赁租东山校田被金寿嵩朦追重还田租请饬返还由 ················ 3214

浙江督军吕函云南督军署参谋长庚为函复赞成编印会泽史略寄题词由 ················ 3214

　　附　云南庚恩旸来电 ················ 3215

浙江省长公署通告 ················ 3215

浙江省长公署咨省议会为答复提出庆丰关设立统捐分局质问一案令厅转行杭县统捐局查办舞弊员役由 ················ 3216

浙江省长公署咨省议会为答复质问关于二三年度发给图书馆前馆长钱恂承领补抄缺本书经费银案由 ················ 3217

浙江省长公署训令第一千九百零六号令特派交涉员准审计院咨应即将本年十一月以前计算书据速送由 ················ 3217

浙江督军公署训令第六四九号浙江省长公署训令第一九一

　　　　六号令各属保护英国柯约翰赴浙游历由 …………………… 3218
浙江督军公署训令第六五〇号浙江省长公署训令第一九一
　　　　五号令各属保护英巡捕威理逊凯乐等赴浙游历由 ………… 3219
浙江督军公署训令第六五一号浙江省长公署训令第一九一
　　　　四号令各属保护英伙狄腊钩赴浙游历由 ………………… 3219
浙江督军公署训令第六五二号浙江省长公署训令第一九一
　　　　三号令各属保护日人水谷诚造等赴浙游历由 ……………… 3220
浙江督军公署训令第六五三号浙江省长公署训令第一九一
　　　　二号令各属保护日商八并增太郎赴浙游历由 ……………… 3221
浙江督军公署训令第六五四号浙江省长公署训令第一九一
　　　　一号令各属保护英人罗斯波等赴浙游历由 ………………… 3221
浙江督军公署训令第六五五号浙江省长公署训令第一九一
　　　　〇号令各属保护日人相川次平赴浙游历由 ………………… 3222
浙江督军公署训令第　　号浙江省长公署训令第　　号令各属为
　　　　本月二十三日国庆放假一日补令查照备案由 ……………… 3223
　　　　附　浙江高等检察厅训令第一号 ………………………… 3223
浙江督军公署训令第六四七号浙江省长公署训令第一九〇
　　　　七号令各属据嘉湖镇守使呈为盗首赵跨子吴老五二名罪情重大请准悬赏通
　　　　缉分别咨令由 ……………………………………………… 3224
浙江省长公署训令第一千九百一十八号令各官署省辖各机关应将
　　　　收支计算遵照修正各条分别办理由 ………………………… 3224
浙江省长公署训令第一千九百二十三号令叶绪耕准督军署咨该矿
　　　　商订购炸药俟购定起运有期再请验放由 …………………… 3226
浙江省长公署训令第一千九百二十六号令财政厅答复省议会提出
　　　　庆丰关设立统捐分局质问一案令厅转行杭县统捐局查办舞弊员役由 …… 3227
浙江省长公署训令第一千九百二十八号令松阳县知事据巡长詹刚
　　　　禀为未肯白纸盖戳致被知事发押又嘱程德利诬告拿赌私收罚金求饬释由 …… 3227

目 录

浙江省长公署指令第五千六百二十七号呈一件嘉善县知事樊光为
　前任交册内动支县税有未呈明及报销者开摺请示由 …………… 3228

浙江省长公署指令第五千六百四十二号呈一件平湖县知事呈为具
　报禁革类似庄架陋规一案情形并抄送布告稿由 ………………… 3229

浙江省长公署指令第五千六百五十二号呈一件为呈报前议会议长
　等由公益费内借支银元七十元作为筹备之资请先予支销由 …… 3229

浙江省长公署指令第五千六百五十八号呈一件呈为具复黄岩县请
　解释《修正地丁滞纳处分暂行法》业经指令在案由 ……………… 3230
　附原呈 ………………………………………………………………… 3230

浙江省长公署指令第五千六百五十九号呈一件为镇海闽船验费拨
　归自治征收一案据情声复并附清摺由 …………………………… 3230
　附清摺 ………………………………………………………………… 3231
　拟拨号台规费改充自治经费案 ……………………………………… 3231

浙江省长公署指令第五千六百六十号呈一件全浙典业公会呈为当
　票贴用印花可否暂照元年公布税法办理请咨部核复由 ………… 3232

浙江省长公署指令第五千六百六十一号禀一件据旅甬侨民许祥林
　等为请饬鄞县取销台象白肉进口征收税以恤商艰由 …………… 3232

浙江省长公署指令第五千六百六十二号呈一件呈为查明鄞县征收
　屠宰税情形暨由厅核饬遵办各节由 ……………………………… 3233
　附原呈 ………………………………………………………………… 3233

浙江省长公署指令第五千六百六十三号呈一件呈报遴委椽属请注
　册由 …………………………………………………………………… 3236
　附原呈 ………………………………………………………………… 3236

浙江省长公署指令第五千六百六十四号呈一件遵令委任教育主任
　请注册由 ……………………………………………………………… 3237
　附原呈 ………………………………………………………………… 3237

浙江省长公署指令第五千六百六十八号呈一件据江山县呈复查明

357

峡口礼贤等乡命案均经呈报高检厅由……………………………………3238

浙江省长公署指令第五千六百六十九号呈一件呈遂昌县胡福昌霸
　　占田亩县署延不判决请饬速判由……………………………………3239

浙江省长公署指令第五千六百七十七号呈一件据萧山金陈氏呈钱
　　莲德等枪毙伊子金仁有一案请饬县缉办由…………………………3239

浙江省长公署指令第五千六百七十八号呈一件据德清姚大炳续呈
　　专审员违法执行一案请准理由………………………………………3239

浙江省长公署指令第五千六百八十号呈一件为呈定期改组农事试
　　验场并送简章及拟筑石坝图说等件由………………………………3240

浙江省长公署指令第五千六百八十六号呈一件呈为造送七月至十
　　月收支册由……………………………………………………………3240

浙江省长公署批第一千一百九十三号呈一件为僧观法藉仁一校争
　　拨西明悟性两庵产县查不实由………………………………………3240

浙江省长公署批第一千一百九十八号呈一件为韩士衡教唆张连科
　　纠众抗查一案请予律办由……………………………………………3241

浙江省长公署批第一千一百九十九号呈一件为辩明前充征收主任
　　并无舞弊情事请饬传原告澈究虚实由………………………………3241

浙江省长公署批第一千二百号禀一件为请饬鄞县取销台象白肉进口
　　征收税以恤商艰由……………………………………………………3241

浙江省长公署批第一千二百零一号禀一件禀为资格相符请分发各县
　　清丈局分别录用以资历练由…………………………………………3242

浙江省长公署批第一千二百零二号呈一件为请求录用由…………3242

浙江省长公署批第一千二百零三号呈一件续呈专审员违法执行一案
　　请准理由………………………………………………………………3242

浙江省长公署批第一千二百零四号呈一件呈钱莲德等枪毙伊子金仁
　　有一案请饬县缉办由…………………………………………………3242

浙江省长公署批第一千二百零五号呈一件呈吴传忠盗卖田亩一案请

求明令指示以便遵循由 …………………………………… 3243

浙江省长公署批第一千二百零七号呈一件为请在暨邑设厂制硝由
　　…………………………………………………………………… 3243

浙江省长公署批第一千二百一十一号呈一件为警佐张翀私侵捐款
　　一案请先撤任提省追缴由 …………………………………… 3243

浙江省长公署批第一千二百一十三号呈一件为与仁一校争西明悟
　　性两庵产一案委员偏护妄详由 ……………………………… 3244

浙江省长公署批第一千二百一十四号呈一件为朱钟奇等抢收校租
　　捏情诬控由 …………………………………………………… 3244

浙江省长公署咨农商部为矿务技术员兼办矿务文件以节虚縻咨请查照由
　　…………………………………………………………………… 3244

浙江省长公署训令第一千九百二十九号令警务处据瑞安郭弻等呈
　　为粪桶加盖归并便所及各县建设寄厝所各办法由 ………… 3245
　　附原呈 ………………………………………………………… 3245

浙江省长公署训令第一千九百四十六号令各属准税务处咨为华洋
　　商轮配置军械及甲船托由乙船运交办法由 ………………… 3248

浙江省长公署训令第一千九百五十号令各县知事转令所属学校购
　　用教科书由 …………………………………………………… 3249

浙江省长公署指令第　号据兰溪县呈前警队队长刘迪光缉捕得力颇著
　　勤劳请注册任用从优奖励由 ………………………………… 3250
　　附　浙江全省警务处训令第二百二十二号 ………………… 3250

浙江督军署训令第　号准陆军部咨快利轮船前装军队人数过多有碍行
　　驶请饬查照制限由 …………………………………………… 3251
　　附　浙江全省警务处训令第二百二十四号 ………………… 3251
　　陆军部原咨 …………………………………………………… 3252
　　照录原附照译快利轮船主致税务司抗议书 ………………… 3253

浙江省长公署指令第五千六百八十七号呈一件为呈复购秧分种另

359

行预算指款请核示由…………………………………………3253
　浙江省长公署指令第五千六百九十号呈一件呈为造送九月分收支册由
　　　………………………………………………………………3254
　浙江省长公署指令第五千六百九十七号呈一件呈警备队三区一营
　　　哨长余梦熊遗失补官部令请转咨补给由……………………3254
　浙江省长公署指令第五千七百一十四号呈一件呈缉获菜地私盐群
　　　起反对陈明原委请鉴别是非由………………………………3254
　浙江省长公署指令第五千七百二十八号呈一件请电部将劝学所施
　　　行细则从速颁布由……………………………………………3255
　浙江省长公署指令第五千七百二十九号呈一件据周祖勋呈金寿嵩
　　　朦追田租一案请饬返还租款由………………………………3255
　浙江省长公署指令第五千七百三十一号呈一件据张世杓等呈拟将
　　　鄞东校产变价移建县立第二高小校舍分办国民高小由………3255
　浙江省长公署指令第五千七百三十四号呈一件呈送林洵捐赀兴学
　　　事实表册请核奖由……………………………………………3256
　浙江省长公署指令第五千七百三十六号呈一件为暂由公益费补助
　　　教育会经费请核示由…………………………………………3256
　浙江省长公署指令第五千七百三十七号呈一件呈遵令补报四年度
　　　第一学期社会教育一览表由…………………………………3256
　浙江省长公署指令第五千七百四十二号呈一件为新设县立第二高
　　　小校筹定款项并送简章预算校图请立案由……………………3257
　浙江省长公署指令第五千七百四十五号呈一件呈送改造三月至六
　　　月收支册表及支出计算书据由………………………………3257
　浙江省长公署指令第五千七百四十七号呈一件送义务教育程序内
　　　调查表册由……………………………………………………3258
　浙江省长公署指令第五千七百五十六号呈一件据胡肇封等呈为徇
　　　私选举教育会长请派委查明撤消由…………………………3258

目 录

浙江省长公署指令第五千七百五十八号呈一件呈报遵设教育专科
　　遴委办理请注册由…………………………………………………3258
　　附原呈……………………………………………………………………3259

浙江省长公署指令第五千七百五十九号呈一件呈报遵设教育一科
　　并改组各科委派人员请注册由……………………………………3259
　　附原呈……………………………………………………………………3260

浙江省长公署指令第五千七百七十四号呈一件为转送县商会修正
　　章程及职员表由……………………………………………………3261

浙江省长公署指令第五千八百零九号呈一件临安审检所呈报陈登
　　火家被劫并丁水古被戮毙命由……………………………………3261

浙江省长公署指令第五千八百三十二号呈一件为年假闭馆拟照各
　　校改用阴历并将夏秋冬三节放假加入规则请核准由……………3261
　　附原呈……………………………………………………………………3262

浙江省长公署批第一千二百一十六号呈一件为金寿嵩朦追田租一
　　案请饬返还租款由…………………………………………………3262

浙江省长公署指令第五千八百一十五号呈一件临县呈报陈祖仁
　　家被劫勘验情形由…………………………………………………3263

浙江省长公署指令第五千八百一十六号呈一件据温岭陈继呈王守
　　楷等将继父戮毙请求法办由………………………………………3263

浙江省长公署指令第五千八百一十八号呈一件呈为兼办矿务文件
　　请咨部备案由………………………………………………………3263

浙江省长公署批第一千二百一十九号呈一件为拟将鄞东校产变价
　　移建县立第二高小校舍分办国民高小由…………………………3264

浙江省长公署批第一千二百二十一号呈一件为徇私选举教育会长
　　请派委查明撤消由…………………………………………………3264

浙江省长公署批第一千二百二十四号呈一件拟在临平五杭村开设
　　美纶茧行请求核准并将怡昌盛茧行驳斥由………………………3264

361

浙江省长公署指令第五千八百二十一号呈一件呈复办理假冒外商
　　牌号一案情形由 ·· 3265
浙江省长公署指令第五千八百二十三号呈一件据普济校长阮其蓬
　　等呈屠宰税征收员黄宝周藉词抢捐教育主任喻时敏袒护由 ······ 3265
浙江省长公署指令第五千八百二十六号呈一件为县立中校长黄云
　　书辞职拟以楼对旸充任请鉴核由 ······························ 3266
浙江省长公署指令第五千八百二十八号呈一件请委任劝学所长并
　　拟以学务委员原薪移充所用由 ································ 3266
浙江省长公署指令第五千八百四十六号呈一件为请添招常驻团丁
　　月饷在抵补金特捐项下开支由 ································ 3266
浙江省长公署指令第五千八百五十号呈一件呈请通令各县于教堂
　　投税换契时慎重办理由 ······································ 3267
浙江省长公署指令第五千八百八十八号呈一件呈据警备队四区统
　　带查复六营管带陈朝杰被控一案由 ···························· 3267
　　附原呈 ·· 3267
浙江省长公署指令第五千八百九十三号呈一件呈购缉花会犯钟文
　　顺不敷赏金请将陈能尧缴案洋移用由 ·························· 3269
浙江省长公署指令第五千九百号呈一件呈送十一月分刑事诉讼案件
　　月报表由 ·· 3270
浙江省长公署指令第五千九百一十五号呈一件呈报遴委掾属请注
　　册由 ·· 3271
　　附原呈 ·· 3271
浙江省长公署指令第五千九百一十六号呈一件为遵设教育主任请
　　注册由 ·· 3272
　　附原呈 ·· 3272
浙江省长公署指令第五千九百二十一号呈一件并请将优异生奖励
　　金提先给发由 ·· 3273

目 录

浙江省长公署指令第五千九百四十五号呈一件据习艺所所长呈为
销路阻滞请通令各县转行演讲所编稿讲演以利营销由 …………… 3273

浙江省长公署指令第五千九百二十八号呈一件为呈送五月至十一
月份拟编讲稿请鉴核由 ……………………………………………… 3274

浙江省长公署指令第五千九百三十一号呈一件送义务教育程序内
调查表册由 …………………………………………………………… 3274

浙江省长公署指令第五千九百三十六号呈一件送义务教育程序内
调查表册由 …………………………………………………………… 3274

浙江省长公署指令第五千九百三十九号呈一件为沥陈办理情形请
鉴核由 ………………………………………………………………… 3275

浙江省长公署批第一千二百二十八号禀一件禀为盐兵缉私开枪激
变请分饬查办由 ……………………………………………………… 3275

浙江省长公署批第一千二百二十九号呈一件呈王守楷等将继父戳
毙请求法办由 ………………………………………………………… 3275

浙江省长公署批第一千二百三十号呈一件呈故夫阙麟书身后萧条再
请破格抚恤由 ………………………………………………………… 3276

浙江省长公署通告 ………………………………………………………… 3276

浙江省长公署咨复省议会查明省城因利局各前局长任内倒帐暨王前局
长亏短数目咨请查照其盐务外销暨学堂经费两项息款已令财政厅严切追还由
………………………………………………………………………… 3277

浙江省长公署咨教育部据海盐县知事呈为该县澉浦国坊朱陆氏捐资兴
学请予褒奖由 ………………………………………………………… 3278

浙江省长公署咨省议会为准军署咨复及水利委员会呈复测量余姚牟山
湖各情形并抄送各件由 ……………………………………………… 3279

浙江省长公署咨农商部准咨复限制茧行一案经会议决据丝绸机织联合
会电请维持是否确有窒碍请查核见复由 …………………………… 3281

浙江省长公署咨省议会为咨明官商合办浙海渔业公司缘由请追认由 …… 3283

363

吕公望集

浙江省长公署咨教育部准咨据永嘉教育会呈请将劝学所施行细则照批
　通行成立请酌核办理由 ………………………………………… 3284

浙江省长公署训令第一千九百五十二号令警务处为发该处办事细
　则由 …………………………………………………………… 3285
　　浙江全省警务处办事细则 …………………………… 3285

浙江省长公署训令第一千九百五十九号令各县知事于教会购地投
　税换契时慎重办理由 …………………………………………… 3289

浙江省长公署训令第一千九百六十号令检定小学教员委员会准教
　育部咨规定师范讲习所及前清简易科毕业生检定办法由 ………… 3290

浙江省长公署训令第一千九百六十一号令高检厅准司法部咨复《甄
　用管狱员章程》除第四条外余应如咨备案由 ……………………… 3291

浙江省长公署训令第一千九百七十一号令警务处准陆军部咨行湘
　省官商合股设局办磺运销各省应准试办由 ……………………… 3292

浙江省长公署批第一千二百三十八号呈一件呈控陈管带庇匪不拿
　县知事获匪不办请查究由 …………………………………… 3293

浙江省长公署批第一千二百三十九号呈一件呈胡国钿弹毙伊嫂徐
　钟氏一案现已缉获请饬县速办由 ……………………………… 3293

浙江省长公署批第一千二百四十二号呈一件呈为郑五九霸产涉讼
　一案请求核断由 …………………………………………… 3294

浙江省长公署批第一千二百四十三号呈一件呈伊弟张陈银被前缙
　云县知事刘景辰冤杀一案请究办由 …………………………… 3294

浙江省长公署批第一千二百四十六号呈一件为请给假回籍省亲由
　………………………………………………………………… 3294

浙江督军公署省长公署咨苏皖两省督军公署省长公署据嘉湖
　镇守使呈为盗首赵跨子吴老五二名罪情重大请准悬赏通缉分别咨令由 …… 3294

浙江督军公署训令第六六三号浙江省长公署训令第一九七
　八号令各属保护日人黄玉树赴浙游历由 ……………………… 3296

目 录

浙江省长公署训令第一千九百七十九号令各县知事准教育部咨送
 戒吸鸦片浅说令转发参考由·················· 3296

浙江省长公署训令第一千九百九十号令高检厅准司法部咨复吴温
 等充管狱员均准备案由····················· 3297

浙江省长公署训令第一千九百九十一号令高检厅准司法部咨复施
 敬等接充管狱员准备案由···················· 3298

浙江省长公署训令第一千九百九十八号令外海水警厅赶速知照商
 民陈俊笏领回被劫矾朱由····················· 3298

浙江督军公署指令会字第二五七八号浙江省长公署指令会
 字第五六四八号呈一件为盗首赵跨子吴老五二名罪情重大请准悬赏通
 缉由································· 3300

浙江省长公署指令第五千九百四十七号呈一件为报奉部令商品陈
 列馆拨用旗营地亩一案由···················· 3300

浙江省长公署指令第五千九百五十号呈一件为许寅等开设寅记茧
 行并无违例由··························· 3300

浙江省长公署指令第五千九百五十一号呈一件为呈据新市统捐局
 电奉令带征浙西水利费一案请核示各办法由········· 3301

浙江省长公署指令第五千九百五十三号令衢县知事呈一件该县教
 育会陈会长呈振兴蚕业请饬县改良办法由··········· 3301

浙江省长公署指令第五千九百五十四号令桐乡县知事呈一件为遵
 令检送各商请设茧行地图由··················· 3302

浙江省长公署指令第五千九百五十六号呈一件卸任武康知事宗彭
 年呈明陈凤笙家被劫案内各项费用请准销由········· 3302

浙江省长公署指令第五千九百六十二号呈一件桐庐县呈修理监狱
 墙屋开摺请核销由························· 3302

浙江省长公署指令第五千九百六十五号呈一件武义县知事呈知事
 兼理检察困难情形由······················· 3303

365

附武义县知事刘应元原呈⋯⋯⋯⋯⋯⋯⋯⋯⋯⋯⋯⋯⋯⋯⋯⋯⋯ 3303

浙江省长公署电嘉兴县知事据冯张氏等电被冯阿八等劫去糙米二百余
　　石请饬缉究由⋯⋯⋯⋯⋯⋯⋯⋯⋯⋯⋯⋯⋯⋯⋯⋯⋯⋯⋯⋯⋯⋯ 3304

浙江省长公署通告⋯⋯⋯⋯⋯⋯⋯⋯⋯⋯⋯⋯⋯⋯⋯⋯⋯⋯⋯⋯⋯⋯ 3305

浙江省长公署公布第十六号公布省议会议决浙江修筑省道收用土地条
　　例由⋯⋯⋯⋯⋯⋯⋯⋯⋯⋯⋯⋯⋯⋯⋯⋯⋯⋯⋯⋯⋯⋯⋯⋯⋯⋯ 3305

　　浙江修筑省道收用土地条例⋯⋯⋯⋯⋯⋯⋯⋯⋯⋯⋯⋯⋯⋯⋯⋯⋯ 3305

浙江省长公署公布第十七号公布省议会议决浙江修筑省道奖励条例由
　　⋯⋯⋯⋯⋯⋯⋯⋯⋯⋯⋯⋯⋯⋯⋯⋯⋯⋯⋯⋯⋯⋯⋯⋯⋯⋯⋯⋯⋯ 3307

　　浙江修筑省道奖励条例⋯⋯⋯⋯⋯⋯⋯⋯⋯⋯⋯⋯⋯⋯⋯⋯⋯⋯⋯ 3307

浙江省长公署公布第十八号公布省议会议决浙江修筑省道募捐条例由
　　⋯⋯⋯⋯⋯⋯⋯⋯⋯⋯⋯⋯⋯⋯⋯⋯⋯⋯⋯⋯⋯⋯⋯⋯⋯⋯⋯⋯⋯ 3309

　　浙江修筑省道募捐条例⋯⋯⋯⋯⋯⋯⋯⋯⋯⋯⋯⋯⋯⋯⋯⋯⋯⋯⋯ 3309

浙江省长公署指令第　　号黄岩县知事呈复查明孔妹儿年貌籍贯请通缉由
　　⋯⋯⋯⋯⋯⋯⋯⋯⋯⋯⋯⋯⋯⋯⋯⋯⋯⋯⋯⋯⋯⋯⋯⋯⋯⋯⋯⋯⋯ 3312

　　附　浙江全省警务处训令第二百九十五号⋯⋯⋯⋯⋯⋯⋯⋯⋯⋯ 3312

　　附黄岩县原呈⋯⋯⋯⋯⋯⋯⋯⋯⋯⋯⋯⋯⋯⋯⋯⋯⋯⋯⋯⋯⋯⋯⋯ 3313

浙江省长公署指令第五千九百六十六号呈一件黄岩马钦芳禀伊侄
　　马绍忠被杨宗汉诬陷县不速办由⋯⋯⋯⋯⋯⋯⋯⋯⋯⋯⋯⋯⋯⋯ 3313

浙江省长公署指令第五千九百七十一号呈一件呈送监狱工场出品由
　　⋯⋯⋯⋯⋯⋯⋯⋯⋯⋯⋯⋯⋯⋯⋯⋯⋯⋯⋯⋯⋯⋯⋯⋯⋯⋯⋯⋯⋯ 3314

浙江省长公署指令第五千九百七十四号呈一件景宁县呈报畲民纠
　　众闹捐殴警毁栈办理情形由⋯⋯⋯⋯⋯⋯⋯⋯⋯⋯⋯⋯⋯⋯⋯⋯ 3314

浙江省长公署批第一千二百五十号呈一件呈送遵批修正私立浙江女
　　子体操讲习所简章请备案由⋯⋯⋯⋯⋯⋯⋯⋯⋯⋯⋯⋯⋯⋯⋯⋯ 3314

浙江省长公署批第一千二百五十二号呈一件禀伊侄马绍忠被杨宗
　　汉诬陷县不速办由⋯⋯⋯⋯⋯⋯⋯⋯⋯⋯⋯⋯⋯⋯⋯⋯⋯⋯⋯⋯ 3315

目录

浙江督军公署训令第六七二号浙江省长公署训令第一九九
  三号令各属保护德人纪尔臣赴浙游历由 ········· 3315
浙江督军公署训令第六七三号浙江省长公署训令第一九九
  二号令各属保护日斯国人费赉赐赴浙游历由 ······· 3316
浙江督军公署训令第六七八号浙江省长公署训令第二〇一
  六号令文武各机关为六年元旦应行庆贺典礼由 ······ 3316
  附 浙江督军副官处函 ···················· 3317
浙江督军公署训令第六七九号浙江省长公署训令第二〇一
  七号令文武各机关为新年不得广征游宴由 ········ 3317
浙江省长公署训令第二千零零四号令汤溪县知事据委员查复该县习
  艺所暨因利局情形由 ····················· 3318
浙江省长公署训令第二千零零五号令鄞县知事据委员查复该县习艺
  所情形由 ··························· 3319
浙江省长公署指令第五千九百七十八号禀一件据平阳县官中游万
  里禀为张知事揹示勒费违章滥税请饬维持等情由 ····· 3319
浙江省长公署指令第五千九百七十九号呈一件呈复崇德县呈请地
  丁滞纳处分法案拟于下忙再行遵办一案由 ········ 3319
  附原呈 ···························· 3320
浙江省长公署指令第五千九百九十八号呈一件为捞除野荷经费不
  敷请添拨款项由 ······················ 3320
  附原呈 ···························· 3320
浙江省长公署指令第五千九百九十九号呈一件为呈复上柏地方行
  驶小轮实有妨碍由 ····················· 3322
  附原呈 ···························· 3322
浙江省长公署指令第六千零零三号呈一件据瓯海关监督呈报缉获吗
  啡烟片请核给奖洋由 ···················· 3323
  附瓯海关原呈 ························ 3323

367

浙江省长公署指令第六千零零六号呈一件据前余杭县知事成健造送
　　八九两月县税等项收支清册由…………………………………… 3323
浙江省长公署指令第六千零一十号呈一件嘉兴县呈屠礼芳等请设备
　　茧行图说保结各商先后呈县表由………………………………… 3324
浙江省长公署指令第六千零一十一号呈一件为遴委掾属取具履历
　　请注册由……………………………………………………………… 3325
　　附原呈………………………………………………………………… 3325
浙江省长公署指令第六千零一十二号呈一件为呈验知事凭照附送
　　履历请注册由………………………………………………………… 3326
浙江省长公署指令第六千零一十八号呈一件为造送调查实业报告书由
　　……………………………………………………………………… 3326
　　玉环县调查实业报告书……………………………………………… 3326
浙江省长公署指令第六千零二十八号呈一件为呈送十一月份院儿
　　名册请察核备案由…………………………………………………… 3334
浙江省长公署指令第六千零三十一号呈一件为呈送十一月份缮
　　正讲稿及本年十二月六年一月份拟编讲稿请分别鉴核备案由…… 3335
浙江省长公署指令第六千零三十四号呈一件呈报教育行政会议简
　　章请核准由…………………………………………………………… 3335
浙江省长公署指令第六千零四十二号呈一件呈匪首黄桂芬远扬可
　　否准予加重赏格由…………………………………………………… 3335
浙江省长公署指令第六千零四十三号呈一件呈翙麾巡舰官兵薪饷
　　及各月报仍由第三区长造送领给一面仍归使署调遣由…………… 3336
浙江省长公署指令第六千零四十六号呈一件呈复嵊县警备队已革
　　伍长刘清山拿回之铜宝赌码已送县传讯由………………………… 3336
浙江省长公署指令第六千零四十九号呈一件呈报警备队四区二哨
　　追回前劫张镜如家案内匪械由区保存并请核赏由………………… 3337
浙江省长公署指令第六千零七十二号呈一件兰溪县知事请令饬农

368

事试验场配发各项种子以资试验由 ····· 3337

浙江省长公署指令第六千零八十二号 呈一件据吴兴县呈为王振槐
请在杨家埠设兆丰茧行由 ····· 3337

浙江省长公署指令第六千零八十九号 呈一件为呈送另绘苗圃林场
图说由 ····· 3338

  附原呈 ····· 3338

浙江省长公署指令第六千零九十三号 令嘉兴县知事呈一件为该县商
会转据恒昌茧商略陈陈源违例在新塍镇开设茧行请查又据丝商刘正顺等电同
前情由 ····· 3338

浙江省长公署批第一千二百五十七号 呈一件禀为征收员违章勒缴
毙牛捐税请饬县讯办由 ····· 3339

浙江省长公署批第一千二百五十九号 禀一件为张知事揹示勒费违
章滥税请饬维持等情由 ····· 3339

浙江省长公署示 示民人沈德庆等据官产处呈复该民等佃地纠葛一案应自
向买户协商由 ····· 3340

浙江省长公署咨省议会 请复议《浙江丝厂条例》由 ····· 3340

浙江省长公署咨省议会 咨复浙省地丁滞纳处分暂行条例内五字确系六
字之讹法字应改为条例二字请更正公布施行由 ····· 3341

浙江省长公署公布第十九号 公布省议会议决浙江水利委员会暂行章程由
····· 3342

  浙江水利委员会暂行章程 ····· 3342

浙江省长公署公布第二十号 公布省议会咨送更正省立甲种森林学校经
费预算由 ····· 3343

浙江省长公署公布第二十一号 公布省议会议决修正浙江省地丁滞纳
处分暂行条例由 ····· 3343

  修正浙江省地丁滞纳处分暂行条例 ····· 3344

浙江省长公署公布第二十二号 公布省议会议决修正浙江省抵补金滞

纳处分暂行条例由……………………………………………………… 3344

　　修正浙江省抵补金滞纳处分暂行条例……………………………… 3345

浙江督军署训令第六百八十一号令各师旅准陆军训练总监咨陆军各

　　学校中途辍学学生如资格相符应准与考由…………………………… 3345

浙江省长公署训令第二千零零九号令警务处高检厅准内务部咨行议

　　定报馆犯罪以经理人及编辑主任人负其责任由……………………… 3346

浙江省长公署训令第二千零十三号令丽水县商会准两浙盐运使函复

　　丽水县商会经费在盐税内拨助已咨催照案签发由…………………… 3347

浙江省长公署训令第二千零十五号令金华县知事据委员查复该县习

　　艺所暨因利局情形由…………………………………………………… 3347

浙江省长公署训令第二千零二十四号令财政厅准省议会咨复浙省

　　地丁滞纳处分暂行条例内五字确系六字之误法字应改为条例二字请更正公

　　布施行由………………………………………………………………… 3348

浙江省长公署公布第二十三号公布省议会议决浙海渔业公司暂行简章由

　　……………………………………………………………………………… 3348

　　浙海渔业公司暂行简章………………………………………………… 3348

浙江省长公署训令第二千零二十九号令各厅处查明所属荐任职缺

　　额类有无分发学习或调用人员由……………………………………… 3350

　　附原呈…………………………………………………………………… 3351

浙江省长公署训令第二千零三十七号令各工校私立女子职业学校

　　各工厂准湖南省长咨胡兆麟来浙参观工校工厂由…………………… 3352

浙江省长公署训令第二千零四十号令遂昌县知事核办该县公民黄钤

　　等诉为张肇文霸吞义谷经县批驳提起诉愿一案由…………………… 3353

浙江省长公署训令第二千零四十五号令分水县据省视学呈报该县

　　学务情形由……………………………………………………………… 3353

浙江省长公署指令第六千零九十五号呈一件呈报下乡催征查烟及

　　视察防务各情形由……………………………………………………… 3354

目 录

浙江省长公署指令第六千一百零八号呈一件为修正孝丰县所拟清
　　查隐匿粮赋办法开摺复请示遵由 ………………………………… 3355

浙江省长公署指令第六千一百零九号呈一件龙泉县知事范贤礽为
　　议复笋行张赞和禀包闭牙仲一案由 …………………………… 3355

浙江省长公署指令第六千一百一十八号呈一件呈武康县请补销陈
　　凤笙家劫案缉赏等费请予准销由 ………………………………… 3355

浙江省长公署指令第六千一百二十八号呈一件为呈送习艺所成绩
　　品请鉴核由 ………………………………………………………… 3356

浙江省长公署指令第六千一百三十一号呈一件据呈复旧藩署二门
　　内空地业经人民王琦缴价承买由 ………………………………… 3356

浙江省长公署批第一千二百七十二号呈一件为典业规条请援案仍
　　照原拟十二十三两条分别免予合并由 …………………………… 3357

浙江省长公署批第一千二百七十五号呈一件呈为批饬改章仍未遵
　　行乞令催由 ………………………………………………………… 3357

浙江省长公署批第一千二百七十六号呈一件呈族人叶观明被张吉
　　生等殴伤致毙知事受贿袒护请澈究由 …………………………… 3357

浙江省长公署批第一千二百七十七号呈一件呈控程知事疏脱监犯
　　私和人命请查办由 ………………………………………………… 3357

浙江省长公署批第一千二百八十二号呈一件据呈为缕陈组织工业
　　公会被陈云生朦禀情形请饬县究诬由 …………………………… 3358

浙江省长公署批第一千二百八十六号呈一件为拟陈省立模范工场
　　理由办法请咨会提议由 …………………………………………… 3358

浙江省长公署批第一千二百八十七号呈一件为开茧行冤遭阻抑请
　　令县查案给照由 …………………………………………………… 3358

浙江省长公署批第一千二百八十八号呈一件为和纶茧行变更地点
　　不能生效请鉴核由 ………………………………………………… 3359

浙江省长公署批第一千二百八十九号呈一件为施致祥吴钧等违例

371

吕公望集

  请设茧行由 …………………………………………… 3359
浙江省长公署批第一千二百九十号呈一件蒋世芳等请设茧行地点不
  符请驳斥由 …………………………………………… 3359
浙江省长公署批第一千二百九十六号呈一件为被周永祥背拨鄞阳
  血食一案请速决定由 ………………………………… 3359
浙江省长公署批第一千三百号诉愿为与教育会争拨寺田办学不服县
  署处分由 ……………………………………………… 3360
浙江省长公署批第一千三百零一号呈一件为宗鲁校长孔昭本拖欠薪
  水学董徇私祖复由 …………………………………… 3360
省长公署电复崇德县知事徐肃电请晋省面陈要公由 ………… 3360
浙江省长公署通告 …………………………………………… 3360
浙江省长公署咨教育部为咨送之江大学校及广济医学校成绩表由 … 3361
浙江省长公署公布第二十四号公布省议会议决免除住屋捐一案由 … 3363
  省议会议决免除住屋捐案原咨 ……………………… 3363
浙江省长公署训令第二千零四十六号令各县知事各学校准教育部
  内务部咨饬查报告各校愿书证书贴用印花数目由 …… 3366
  附财政部原咨 ………………………………………… 3366
浙江省长公署训令第二千零五十号令德清县准教育部咨该县讲演所
  章程等项准备案由 …………………………………… 3367
浙江省长公署训令第二千零五十二号令桐庐县据省视学呈报该县
  学务情形由 …………………………………………… 3367
浙江省长公署指令第六千一百五十四号呈一件呈复查明警备队五
  区六营管带张承恩前在哨官任内被控情形由 ………… 3369
  附原呈 ………………………………………………… 3369
浙江省长公署指令第六千一百六十七号呈一件为陈泰康拟在罗埠
  镇设泰和茧行由 ……………………………………… 3373
浙江省长公署指令第六千一百六十八号呈一件据呈赵节芗请在城

目 录

区设益大茧行由 ··· 3374

浙江省长公署指令第六千一百七十号呈一件据呈陆树臧请在埭溪
镇开设集成茧行由 ··· 3374

浙江省长公署指令第六千一百七十一号呈一件据呈温益成在城区
设安泰茧行附送图结由 ··· 3374

浙江省长公署指令第六千一百七十二号呈一件据吴兴县呈陆树基
请以千金乡原准分行改设公益利有灶茧行续送图说等请核由 ········· 3374

浙江省长公署指令第六千一百七十三号呈一件据为遵令核复南浔
统捐局呈为查填货物月报表另拟表式一案由 ··························· 3375

浙江省长公署指令第六千一百七十四号呈一件为胡抱一请在四里
桥设振兴茧行由 ··· 3375

浙江省长公署指令第六千一百七十六号呈一件为丁本鐢请在西镇
三家村设广大茧行附送图说由 ··· 3375

浙江省长公署指令第六千一百七十七号呈一件转据南汇机户胡蟾
香等为陆润田等捏图滥设茧行请查办由 ································· 3376

浙江省长公署指令第六千一百七十八号呈一件为竹锦淇请在石舍
庄开设仁昌茧行由 ·· 3376

浙江省长公署指令第六千一百七十九号呈一件据呈为检送贸易季
册请免填输出入货物月报表由 ·· 3376

浙江省长公署指令第六千一百八十一号呈一件为遵令绘送各商请
设茧行地点总图并将呈请日期列摺请核由 ······························ 3377

致大总统国务院辞职电 ··· 3377

嘉兴吕公望来电一 ··· 3378

嘉兴吕公望来电二 ··· 3378

浙江督军署布告第十一号布告为浙事静候解决由 ··························· 3379

督军署电各机关 ·· 3379

浙江省长公署训令第二千零五十五号令德清县据省视学呈报该县

373

吕公望集

　　学务情形由…………………………………………………………3380

浙江省长公署训令第二千零五十六号令兰溪县据省视学呈报该县

　　学务情形由…………………………………………………………3381

浙江省长公署指令第六千一百八十二号呈一件据木智材呈为缕陈

　　组织工业公会被陈云生朦禀情形请饬县究诬由……………………3383

浙江省长公署指令第六千二百零二号呈一件会呈绍河行驶汽船并

　　报告录等件请察核由………………………………………………3383

浙江省长公署指令第六千二百零九号呈一件呈为据绍兴县知事呈

　　复周宗旦呈控违法殃民一案情形由………………………………3384

　　附抄原呈……………………………………………………………3384

浙江省长公署指令第六千二百一十五号呈一件具复东阳县以巍山

　　等乡离城窵远议令经征人掣串挨征等情拟毋庸议由………………3387

浙江省长公署指令第六千二百一十八号呈一件内河水警厅呈为具

　　复查明曹娥水警办理船照情形由……………………………………3387

浙江省长公署指令第六千二百一十九号呈一件具报经征员吴景堂

　　朦蔽舞弊案业经办结由………………………………………………3388

浙江省长公署指令第六千二百二十二号电一件余姚县公民叶晋绥

　　电为该县处分官产并不照章程办理等情请查办由…………………3388

浙江省长公署指令第六千二百三十七号呈一件送五年度各高等小

　　学校管教员学生一览表由……………………………………………3388

浙江省长公署指令第六千二百五十一号呈一件请将县税小学费分

　　成留作奖励由…………………………………………………………3389

浙江省长公署致念劬先生函………………………………………………3389

浙江省长公署训令第二千零五十七号令分水县据调查学务委员朱

　　章宝呈报该县学务情形由……………………………………………3390

　　报告书…………………………………………………………………3391

浙江省长公署训令第二千零五十八号令武康县据省视学呈报该县

学务情形由 ··· 3394
浙江省长公署指令第　号据高等审判厅呈报新昌县审检所判决盗犯富
　　小梅死刑缘由 ··· 3395
　　附　浙江高等检察厅训令第一千五百六十四号················ 3396
浙江督军署训令第　号令全省警务处转令各警备队出纳军械月报表暨
　　半年报克日造送报部由 ··· 3397
　　附　浙江全省警务处训令第三百八十六号······················ 3397
浙江省长公署指令第六千二百六十七号呈一件据马相皋呈刘毓棠
　　等积欠租谷请饬追缴由 ··· 3398
浙江省长公署指令第六千二百六十九号令临安县知事呈一件据沈
　　鄞氏呈被周永祥背拨鄞阳血食一案请速决定由················ 3398
浙江省长公署指令第六千三百零七号令兰溪县知事呈一件送义务
　　教育程序内调查表册由 ··· 3399
浙江省长公署批第一千三百零四号令原具呈人开化许炜万等呈一件
　　为石门第五小学校长夏锡珪觊觎四毫排捐由···················· 3399
浙江省长公署牌示 ··· 3399
浙江省长公署指令第六千二百六十二号令云和县知事呈一件请委
　　任劝学所所长并拟所址改用三公庙由································ 3399
浙江省长公署指令第六千三百一十三号令嘉兴县知事呈一件据自
　　治委员陆继鏳呈学龄儿童数不确小学费分配不均请饬复查由······ 3400
浙江省长公署指令第六千三百一十五号令第十联合县立师范讲习
　　所呈一件为呈报优异生津贴数目由··································· 3400

第　九　册

吕公望集卷九　公牍九 ··· 3401
　致上海各报馆电 ··· 3401
　致各省军政长官及各报馆电 ·· 3401

致吴思豫电 ··· 3401
　　附　绍兴吴思豫通电 ··· 3402
浙江省长公署咨行福建省长承准院咨请查照办理由 ·············· 3402
浙江省长公署公布第一号公布省议会议决试办水产品制造模范工场案由
　　··· 3403
　　试办浙江水产品制造模范工场案 ···································· 3403
浙江省长公署委任令第四号令委杨悌代理上虞县缺由 ············ 3405
浙江省长公署指令第一十一号呈一件常山徐起鳞呈伊弟起云被人谋
　　命请饬县诉究由 ·· 3405
浙江省长公署批第一号呈一件呈与申屠喆等寺产纠葛一案不服县批请
　　准抗告由 ··· 3405
浙江省长公署批第二号呈一件呈王永木等焚毁财产一案续请并案察办由
　　··· 3406
浙江省长公署批第三号呈一件呈伊弟起云被人谋命请饬县诉究由 ······ 3406
浙江省长公署批第六号呈一件禀为第八区烟酒监察员王镛被控查办之
　　际擅离职守乞令解职留省归讯由 ································· 3406
浙江省长公署批第七号呈一件为捐征酒碗迹涉苛细请求豁免由 ······ 3407
浙江省长公署牌示 ·· 3407
浙江省长公署公布第二号公布省议会议决试办改良靛青制造模范工厂
　　案由 ··· 3407
　　试办改良靛青制造模范工厂案 ····································· 3407
浙江省长公署公布第三号公布省议会议决浙江省丝厂单行条例由 ······ 3408
　　浙江省丝厂单行条例 ··· 3408
浙江省长公署公布第四号公布省议会议决浙江省模范缫丝厂招商承办
　　规则由 ·· 3409
　　浙江省模范缫丝厂招商承办规则 ··································· 3409
浙江省长公署公布第五号公布省议会议决浙江省立苗圃办法由 ······ 3410

浙江省立苗圃办法……3410

浙江省长公署公布第六号公布省议会议决省立甲种水产学校章程由……3411
　省立甲种水产学校章程……3411

浙江省长公署公布第七号公布省议会议决修正本省省立中等学校校长任用规程由……3412
　修正浙江省立中等学校校长任用规程……3412

浙江省长公署公布第八号公布省议会议决修正本省派遣留学生规程由……3413
　浙江省派遣留学生规程修正案……3413

浙江督军公署训令第五号浙江省长公署训令第四号令各属保护和人番柯尔巴赴浙游历由……3414

浙江督军公署训令第六号浙江省长公署训令第三号令各属保护日人松本菊熊赴浙游历由……3415

浙江省长公署训令第一十五号令各县知事转行各校采用中华书局新出教科书由……3416

浙江省长公署训令第一十六号令松阳县知事据邮务局函请保护邮局由……3416

浙江省长公署训令第一十七号令龙游县知事据邮务局函请保护邮局由……3417

浙江省长公署牌示……3417

浙江省长公署指令第七十九号呈一件为因病请假三月请派员接替由……3417

浙江省长公署指令第九十一号呈一件为掾属人员遵令改组请注册由……3418
　附原呈……3418

浙江省长公署指令第一百零七号呈一件为县立中校长边棠赴日求学拟以孙廷珍接充请分别给照加委由……3419

377

浙江省长公署批第十六号呈一件呈熊文佐侵蚀谷款请令县买补以重仓
　　储由 ·· 3419
浙江省长公署第二十号呈一件控方寅亮擅权蠹欺赈款由 ········· 3419
浙江省长公署第二十一号呈一件为武康城乡成衣工价以马加梁创议增
　　加工资不能一律请饬县示禁由 ····························· 3419
浙江省长公署批第二十二号呈一件为呈请令县保存溢征米摺存款由
　　 ·· 3420
浙江省长公署公布第九号公布省议会议决浙江省大义富三仓章程由 ······ 3420
　　浙江省大义富三仓章程 ····································· 3420
浙江督军署训令第七号令分浙见习军官蒋定宇周启植等派往各师见习由
　　 ·· 3421
浙江督军署训令同上号令第一师长为分浙见习军官蒋定宇第二师长为
　　分浙见习军官周启植等发往各师见习由 ····················· 3422
浙江省长公署委任令第　号令委施钟汉等为本公署警政助理秘书由
　　 ·· 3423
浙江省长公署训令第一十八号令慈溪县知事据委员查复该县习艺所
　　情形由 ·· 3424
浙江省长公署指令第八十九号呈一件为更调掾属请予注册由 ········· 3424
　　附原呈 3425
浙江省长公署指令第一百零九号呈一件呈报收到成绩品并请令知审
　　查评点及有无奖励由 ····································· 3425
浙江省长公署指令第一百五十六号呈一件为呈送十一月份计算书据
　　等件由 ·· 3425
浙江省长公署指令第一百五十七号呈一件为呈送十一月份计算书据
　　等件由 ·· 3426
浙江省长公署指令第一百五十八号呈一件为呈送十一月份计算书据
　　等件由 ·· 3426

目 录

浙江省长公署指令第一百七十五号呈一件据何绍韩等呈为抄呈新昌
上坑坞及东阳里冈矿区租约由 ······ 3426

浙江省长公署批第二十三号呈一件为呈请令县保存溢征米摺存款由
······ 3427

浙江省长公署批第二十五号呈一件据呈为抄呈新昌上坑坞及东阳里冈
坞矿区租约由 ······ 3427

浙江省长公署批第二十七号呈一件呈庄秋晖宠媳逐妾请饬高审厅准予
上诉由 ······ 3428

浙江省长公署咨省议会 ······ 3428

浙江省长公署咨省议会据财政厅呈为查复划拨实业银行特别公积金一
案请核明转咨由 ······ 3429

浙江省长公署公布第十号公布省议会议决浙江内河运放竹木取缔规则由
······ 3430

　　浙江内河运放竹木取缔规则 ······ 3430

浙江省长公署委任令第　号令委卢旌贤代理孝丰县知事缺由 ······ 3432

浙江省长公署委任令第十三号令张翅为公立法政学校校长由 ······ 3432

浙江省长公署训令第三十三号令杭县知事据本署实业科长呈复查勘
将台山等处种树成绩由 ······ 3433

浙江省长公署训令第三十五号令各县知事准海军部电海军学生推广
为一百名并以后改定每年十二月考取一次由 ······ 3434

浙江省长公署训令第三十六号令财政厅核定省议会各议员公费由 ······ 3434

浙江省长公署训令第三十九号令天台县知事为该籍参议员张曙现更
名复元由 ······ 3435

浙江省长公署指令第一百四十八号呈一件据黄佐新等呈为处罚烟犯
未革陋规请饬移送审厅办理由 ······ 3435

浙江省长公署指令第一百九十六号呈一件呈为新登县前后任知事均
于限内算清交代请各记大功一次由 ······ 3436

浙江省长公署指令第一百九十八号呈一件瑞安人民项鸿畴为伊父玉
　　润被李复等挟嫌控告造册宣示一案胪陈困难情形乞饬查摘销由 …………3436
浙江省长公署指令第二百零三号呈一件呈复查勘将台山等处种树成
　　绩由 ………………………………………………………………………………3436
浙江省长公署指令第二百一十三号呈一件请仍委朱邦彦为劝学所所
　　长开送履历由 ……………………………………………………………………3437
浙江省长公署指令第二百一十九号呈一件呈报本学期未到学生业已
　　除名请备案由 ……………………………………………………………………3437
　　附原呈 ……………………………………………………………………………3437
浙江省长公署指令第二百二十一号呈一件呈复卢炳晁蒋润二名证书
　　籍贯误填缘由并请将证书验发由 ………………………………………………3438
浙江省长公署指令第二百二十三号呈一件为开办学校成绩展览会缮
　　送简章预算摺表由 ………………………………………………………………3438
浙江省长公署指令第二百四十一号呈一件为呈复董顺生等控警察分
　　队长陈荣保一案请察核由 ………………………………………………………3438
浙江省长公署指令第二百六十一号呈一件为送节烈妇及耆年硕德事
　　实名册请核咨褒扬由 ……………………………………………………………3439
浙江省长公署批第二十号呈一件为伊父玉润被李复等挟嫌控告造册宣
　　示一案胪陈困难情形乞饬查摘销由 ……………………………………………3439
浙江省长公署批第三十一号呈一件为控告华东生等行使小票浮收缸捐
　　一案已由检厅讯办请一并发交质讯由 …………………………………………3440
浙江省长公署批第三十二号呈一件为知事偏护顽佃搁案不批乞令眷保
　　跟追租田由 ………………………………………………………………………3440
浙江省长公署通告 ……………………………………………………………………3440
浙江省长公署公布第十一号公布省议会咨送议决钱江义渡收回省有并
　　改设轮渡案由 ……………………………………………………………………3441
　　附原咨 ……………………………………………………………………………3441

目 录

浙江省长公署训令第五十九号令各县知事准农商部咨行译送美国国
 会新议决行船议案与国税议案由 ················ 3444
 照译美国国会新议决行船议案第三十六条 ············ 3445
 照译美国新议决国税议案 ···················· 3445

浙江省长公署训令第六十二号令警务处准内务部咨发该处简任状仰
 祇领由 ···························· 3447

浙江省长公署训令第六十七号令省城贫儿院院长据省警厅查复贫儿
 院请拨墙外隙地一案由 ···················· 3447

浙江省长公署训令第六十九号令清理官产处据冯丙然等电请严令赵
 所长祝知事取消范姓请买原业由 ················ 3448

浙江省长公署训令第七十一号令各县知事据省立甲种农校呈请通令
 任用农科毕业生仰查照办理由 ················· 3449
 毕业生姓名籍贯 ························ 3450

浙江省长公署训令第七十五号令警务处准内务部咨行宁波警厅警正
 陈绍舜积劳病故准予给恤由 ·················· 3450

浙江省长公署指令第一百九十九号呈一件富阳民人朱印农等为控告
 征收主任沈逸波违法浮收一案再求饬厅立提对质由 ········ 3451

浙江省长公署指令第二百一十号呈一件为添委掾属呈报察核由 ······ 3451
 附原呈 ···························· 3451

浙江省长公署指令第三百号呈一件据天台许文祥等呈张国治图占官塘
 私自缴价请饬县取消由 ···················· 3452

浙江省长公署指令第三百零六号呈一件为沥陈春节前后暨曝书期内
 及休息日闭馆理由请察核示遵由 ················ 3452

浙江省长公署批第二十九号呈一件为控告征收主任沈逸波违法浮收一
 案再求饬厅立提对质由 ···················· 3453

浙江省长公署批等三十七号呈一件为张梦龄朦缴地价一案乞准备价赎
 回由 ····························· 3453

381

浙江省长公署批第三十八号呈一件为马先仕亲见七代五世同堂请褒奖由 ………… 3453

浙江省长公署批第四十四号呈一件据呈张国治图占官塘私自缴价请饬
　县取消由 …………………………………………………………………… 3453

浙江省长公署牌示 …………………………………………………………… 3454

致大总统国务总理电 ………………………………………………………… 3454

吕公望留别全浙父老暨僚友书 ……………………………………………… 3454

浙江省长公署咨省议会 ……………………………………………………… 3455

浙江督军公署训令第四七号浙江省长公署训令第五四号令各
　属保护日人美浓金三郎等赴浙游历由 …………………………………… 3457

浙江督军公署训令第四八号浙江省长公署训令第五三号令各
　属保护日人向井正生等赴浙游历由 ……………………………………… 3458

浙江督军公署训令第四九号浙江省长公署训令第五二号令各
　属保护德教士高有耀赴浙游历由 ………………………………………… 3459

浙江督军公署训令第五〇号浙江省长公署训令第五一号令各
　属保护丹商赖森赴浙游历由 ……………………………………………… 3460

浙江督军公署训令第五一号浙江省长公署训令第五〇号令各
　属保护英人马斯等赴浙游历由 …………………………………………… 3460

浙江督军公署训令第五二号浙江省长公署训令第四九号令各
　属保护日人票田富赴浙游历由 …………………………………………… 3461

浙江督军公署训令第五三号浙江省长公署训令第四八号令各
　属保护英巡捕贺睦卓等赴浙游历由 ……………………………………… 3462

浙江省长公署训令第七十六号令各属准督军署咨照陆军测量局职员
　王狮撤差请饬属一体知照由 ……………………………………………… 3462

浙江省长公署指令第三百一十二号呈一件孙明标等呈为珠溪小学校
　长孙树廷腐败请饬撤换由 ………………………………………………… 3463

浙江省长公署指令第三百二十号呈一件福建柯德润呈被匪首夏大妹

抢劫一案请令县迅予判决由·············3463

浙江省长公署指令第三百二十一号呈一件上虞王连氏呈知事违法溺
　　职请查办由·····························3464

浙江省长公署指令第三百二十二号呈一件余姚施姜氏呈氏子在押八
　　月迄未审判请饬县讯释由·······················3464

浙江省长公署指令第三百七十七号呈一件呈复查明崧祠所有权并请
　　改祀崧公由·····························3464

浙江省长公署指令第三百七十八号呈一件为据呈择地筹设农事试验
　　场并附图表由·····························3465

浙江省长公署指令第二百七十九号呈一件为据呈送拟具提倡蚕桑办
　　法缮摺请核由·····························3465

浙江省长公署指令第三百九十六号呈一件据呈请续办因利局以示体
　　恤由·································3465

浙江省长公署指令第四百零八号呈一件为送古物调查表由······3466

浙江省长公署指令第四百二十二号呈一件为送姚大炳等因与沈宏昌
　　庵产纠葛不服县署原处分提起诉愿一案辩明书及必要书状由·····3466

浙江省长公署指令第四百三十一号呈一件为查复永嘉潘岩福因继承
　　营业被县拒绝注册一案情形由·······················3466

浙江省长公署指令第四百三十七号呈一件为补送掾属陈海瑚等详细
　　履历请注册由·····························3467

浙江省长公署批第四十二号呈一件为呈江浙渔会改组浙海渔会自办护
　　船请照准达部由···························3467

浙江省长公署批第四十三号呈一件据呈九石殿水堰经费奉判另举经理
　　案请指令限期办理由·························3467

浙江省长公署批第四十五号呈一件陆润田请在大收圩开设茧行不合条
　　例请取消由·····························3468

浙江省长公署批第四十八号呈一件为珠溪小学校长孙树廷腐败请饬撤

383

吕公望集

　　换由 …………………………………………………………………… 3468

浙江省长公署批第四十九号呈一件为创办浙江中医学校请报案咨部由
　　 …………………………………………………………………………… 3468

浙江省长公署批第五十一号呈一件呈氏子在押八月迄未审判请饬县讯
　　释由 …………………………………………………………………… 3469

浙江省长公署批第五十二号呈一件呈知事违法溺职请查办由 ……… 3469

浙江省长公署批第五十三号呈一件呈被匪首夏大妹抢劫一案请令县迅
　　予判决由 ……………………………………………………………… 3469

浙江省长公署批第五十四号呈一件为创设集贤国民学校由 ………… 3470

浙江省长公署批第五十九号禀一件为被选县议员高审厅判决确定知事
　　延不查复请令速复由 ………………………………………………… 3470

浙江省长公署通告 ……………………………………………………… 3470

浙江省长公署咨督军署为据开化林知事电遵令防缉赣省匪徒地方一切
　　敉平由 ………………………………………………………………… 3471

浙江省长公署咨宁台镇守使准咨为警备队黄统带移驻海门及其他调驻
　　情形由 ………………………………………………………………… 3471

浙江省长公署训令第八十五号令绍兴县知事为该县融和炉房禀被同
　　业嫉妒妄禀警佐偏听勒迁请核办由 ………………………………… 3472

浙江省长公署训令第九十二号令各县知事准财政部咨行凡殖业银行
　　发行债票未经本部核准或经核准而无期限利息者均应禁止由 …… 3472

浙江省长公署指令第三百一十九号呈一件为呈复清丈情形并报进行
　　方法由 ………………………………………………………………… 3473
　　附原呈 ………………………………………………………………… 3473

浙江省长公署指令第三百八十号呈一件为南浔统捐局转呈丝业董事
　　请免加浙西水利附捐由 ……………………………………………… 3474
　　附原呈 ………………………………………………………………… 3475

浙江省长公署指令第四百三十八号呈一件呈报遴委掾属请注册由
　　 …………………………………………………………………………… 3477

附原呈…………………………………………………………… 3477

　附清摺…………………………………………………………… 3477

浙江省长公署诉愿决定书愿字第一号………………………… 3478

浙江省长公署公布第十二号公布省议会议决阙君麟书应附祀浙江先烈

　祠一案由………………………………………………………… 3484

　阙君麟书附祀浙江先烈祠议决案……………………………… 3484

浙江督军公署训令第五四号浙江省长公署训令第四七号令各

　属保护德密副领事等赴浙游历由……………………………… 3487

浙江督军公署训令第五五号浙江省长公署训令第五八号令各

　属保护英人麦根西候勒达赴浙游历由………………………… 3488

浙江督军公署训令第五六号浙江省长公署训令第五七号令各

　属保护日人谷了悟赴浙游历由………………………………… 3488

浙江督军公署训令第五七号浙江省长公署训令第五五号令各

　属保护英人莫肃等赴浙游历由………………………………… 3489

浙江督军公署训令第五八号浙江省长公署训令第五六号令各

　属保护日人米元长治等赴浙游历由…………………………… 3490

浙江督军公署训令第七〇号浙江省长公署训令第一〇一号

　令各属保护日人石冢柴郎等赴浙游历由……………………… 3490

浙江督军公署训令第七一号浙江省长公署训令第九九号令各

　属保护南京德领事舒礼慈赴浙游历由………………………… 3491

浙江督军公署训令第七二号浙江省长公署训令第一〇〇号

　令各属保护美人马国球赴浙游历由…………………………… 3492

浙江省长公署委任令第一十五号令委代理於潜县知事平智础改代为

　署由……………………………………………………………… 3492

浙江省长公署训令第九十六号令各机关准交通部咨取消长期免票由

　…………………………………………………………………… 3493

　附原呈…………………………………………………………… 3493

吕公望集

浙江省长公署指令第四百三十九号呈一件为增设第三科更委橡属并
　　改定各科名称请注册由……………………………………………… 3494
　　附原呈…………………………………………………………………… 3494
浙江省长公署指令第四百四十一号呈一件为建设新化县舆情未洽转
　　请鉴核由………………………………………………………………… 3495
浙江省长公署指令第四百五十三号呈一件财政厅呈查复周宗旦控绍
　　兴知事关于司法各节由………………………………………………… 3496
浙江省长公署指令第四百六十号呈一件据林永掌等呈杨味秋兜收校
　　租由……………………………………………………………………… 3496
浙江省长公署指令第四百六十七号呈一件呈解第三年教育公报费由
　　………………………………………………………………………… 3496
浙江省长公署指令第四百六十九号呈一件为教育会拟于春季开小学
　　成绩展览会缮送简章并开支经费由…………………………………… 3497
浙江省长公署批第五十号呈一件呈为民生凋敝营业困难请令场署免予
　　清丈由…………………………………………………………………… 3497
浙江省长公署批第六十二号禀一件为与沈宏昌等庵产纠葛不服县署原
　　处分提起诉愿一案请求迅予裁决由…………………………………… 3497
浙江省长公署批第六十五号禀一件为盗劫全公坊等处请饬县严缉由
　　………………………………………………………………………… 3498
浙江省长公署批第六十六号呈一件呈被张德友等藉尸图诈一案请令天
　　台县查办由……………………………………………………………… 3498
浙江省长公署咨农商部财政部为据清理官产处呈新涨沙地奉财政部
　　令归专案办理不适用《荒地承垦条例》等情由………………………… 3498
杨善德吕公望商议交代会衔电…………………………………………… 3500
浙江省长公署委任令第一十七号令委徐宪章代理海盐县知事缺由…… 3500
浙江省长公署委任令第二十一号令委各县知事为募捐主任由………… 3501
浙江省长公署训令第八十七号令吴兴县知事保护双林邮局由………… 3501

目 录

浙江省长公署训令第八十八号令警务处杭县等县保护华商顺记顺华
小轮由 ………………………………………………………… 3501
浙江省长公署训令第八十九号令警务处杭县等县保护陈复昌新顺昌
小轮由 ………………………………………………………… 3502
浙江省长公署训令第九十一号令杭县等二十八县据邮务管理局函各
民局延未挂号请再严催由 ………………………………… 3503
浙江省长公署训令第九十八号令各县知事准农商部咨嗣后各侨埠商
会给发护照介绍侨商回国应饬地方官认真保护由 ………… 3503
浙江省长公署训令第一百零六号令各属准督军署咨混成旅二团三营
九连司务长董超撤差由 …………………………………… 3504
浙江省长公署训令第一百零七号令各属准陆军部咨行嗣后编造支付
计算书应参照新编年度预算办理由 ………………………… 3505
浙江省长公署训令第一百一十六号令长兴知事准教育部咨该县通
俗教育讲演所章程等项准备案由 …………………………… 3506
浙江省长公署训令第一百一十九号令海盐县知事朱丙庆停职听候查
办由 …………………………………………………………… 3507
浙江省长公署训令第一百二十号令委方赞修为第九中学校校长由…… 3507
浙江省长公署训令第一百二十一号令各县知事为浙江省禁止报买江
河湖荡涨地案照部咨订发施行细则由 ……………………… 3508
浙江省禁止江河湖荡涨地报买议决案施行细则 ……………… 3508
浙江省长公署训令第一百二十二号令各县知事准农商部咨行购运硝
磺磷质甲年所领护照展至乙年六月为止过期无效由 ……… 3509
浙江省长公署训令第一百二十六号令省立第十一师校长应调省另候
任用由 ………………………………………………………… 3510
浙江省长公署训令第一百二十七号令华国为第十一师范学校校长由
………………………………………………………………… 3511
浙江省长公署训令第一百二十八号令长兴煤矿公司准军署咨该公司

387

吕公望集

前呈添购药线爆针案俟到沪时请给护照由 …………………………… 3511

浙江省长公署训令第一百三十一号令杭县知事准农商部咨大有利电灯公司扩充营业改名为大有利电汽股分公司应修正章程补缴注册费由 …… 3512

浙江省长公署指令第　号呈一件据呈新涨沙地奉财政部令归专案办理不适用《荒地承垦条例》等情由 …………………………… 3513

浙江省长公署指令第　号呈一件为计宝善等请在上莫泾设崇利茧行由 …………………………… 3513

浙江省长公署指令第四百一十二号呈一件为丽水县呈关于警政条陈缕晰陈复祈指令祗遵由 …………………………… 3513

浙江省长公署指令第四百一十三号呈一件报巡警与学校龃龉处理情形请察核由 …………………………… 3514

浙江省长公署指令第五百零四号呈一件呈报到省缴验凭照由 …… 3514

浙江省长公署指令第五百零五号呈一件呈报遵设教育主任请注册由 …………………………… 3514

附原呈 …………………………… 3515

浙江省长公署批第六十七号呈一件呈陆锡钧霸管祠产一案提起行政诉愿由 …………………………… 3515

浙江省长公署批第七十号呈一件呈与沈宏昌等因庵产纠葛一案请迅予核办由 …………………………… 3516

浙江省长公署批第七十一号呈一件呈抢案积久未破请严饬限缉由 …… 3516

浙江省长公署批第七十三号呈一件为第一女子高等小学校教员聚赌由 …………………………… 3516

浙江省长公署批第七十五号禀一件警备队护兵周虎屯奸拐伊妻请饬缉追由 …………………………… 3517

浙江省长公署批第七十七号呈一件为认定枫泾南栅开设茧行一案遵批请示再求核饬办理由 …………………………… 3517

浙江省长公署批第七十八号呈一件为金昌运在濮院设同昌茧行有碍民

388

目　录

　　生请批驳由 ··· 3517

浙江省长公署批第八十号呈一件为申明北地圩距离各旧茧行里数合例
　　请核准由 ··· 3517

浙江省长公署诉愿决定书第二号决定徐怀德等呈请在青莲寺开设茧
　　行县署批驳失当提起诉愿由 ··· 3518

浙江省长公署决定书第三号决定据平湖胡守恒等呈平湖县处分莫恒裕
　　在青莲寺开设茧行补送图说认为不当提起诉愿由 ·················· 3519

浙江省长公署训令第一百三十二号令高检厅据平湖谢斐氏呈控伊子
　　谢炳生被管狱员凌虐乞查禁由 ·· 3520

浙江省长公署训令第一百三十四号令各县知事遴选募捐董事并令知
　　开募日期及募捐费用由 ·· 3521

浙江省长公署训令第一百三十七号令公立医校公立法校私立法校准
　　教育部咨送各该校成绩奖状及匾额由 ·································· 3521

浙江省长公署训令第二百五十六号令奉化县知事据委员呈复调查该
　　县平民习艺所暨因利局各情形由 ·· 3522

浙江省长公署训令第二百五十七号令清理官产处准财政部咨行解释
　　公有条文四条由 ·· 3523

浙江省长公署训令第二百五十八号令警务处杭县等县保护华商杭诸
　　公司宁孚汽船由 ·· 3524

浙江省长公署训令第二百五十九号令余姚县知事据委员查复该县习
　　艺所情形由 ··· 3525

浙江省长公署指令第五百一十七号呈一件据吴兴县呈王振华请在中
　　锦镇设元锟茧行由 ··· 3525

浙江省长公署指令第五百一十九号呈一件据德清县呈许麟瑞设同和
　　陆树芬设益成各茧行附图结请核示由 ·································· 3525

浙江省长公署指令第五百二十四号呈一件据祝景濂呈拟设鼎兴茧行
　　地点距久成行基里数实系合例请饬复查核准由 ····················· 3526

389

浙江省长公署指令第五百三十一号 呈一件据吴兴县吴德均请在该县
　　善琏镇设公泰茧行由 3526
浙江省长公署指令第五百三十二号 呈一件为周贻卿复拟在白阜埠设
　　鑫泰茧行由 3526
浙江省长公署指令第五百三十四号 呈一件为朱凤书拟在横村埠开设
　　裕丰恒茧行由 3527
浙江省长公署指令第五百三十六号 呈一件呈请委任各县知事为募捐
　　主任并令知募捐开始日期及募捐用费由 3527
浙江省长公署指令第五百六十三号 呈一件为呈报办理情形请列入地
　　方学事年报由 3527
　　附原呈 3527
浙江省长公署指令第五百六十八号 呈一件为造送五年七八九月份报
　　销册由 3530
浙江省长公署指令第五百七十二号 呈一件为条陈教育事宜开送册表由
　　... 3530
浙江省长公署指令第五百七十六号 呈一件查复陈纯仁等控学董勒索
　　规费一案由 3530
浙江省长公署指令第五百七十九号 呈一件为查复该县习艺所事项开
　　单请核由 3531
　　附清单 3531
浙江省长公署指令第五百八十号 令乐清县知事呈一件为条陈该县兴
　　革事宜由 3532
浙江省长公署指令第五百八十三号 令新登县知事呈一件为条陈该县
　　兴革事宜由 3533
浙江省长公署指令第五百八十四号 令平阳县知事呈一件为条陈该县
　　兴革事宜由 3536
浙江省长公署指令第六百一十六号 呈一件朱人积等为朱四位等吞没

理家学校校租校具并开设私塾由 …………………………………… 3538

浙江省长公署指令第六百二十九号 呈一件呈谢天锡输财助学应否并
　　案请奖由 …………………………………………………………… 3539

浙江省长公署指令第六百三十二号 呈一件查复金生标等与金振邦等
　　因茔稍互控一案由 ………………………………………………… 3539

浙江省长公署批第八十三号 呈一件为第八师范讲习所长措施乖方风潮
　　迭起请另委由 ……………………………………………………… 3539

浙江省长公署批第八十四号 呈一件为朱四位等吞没理家学校校租校具
　　并开设私塾由 ……………………………………………………… 3540

浙江省长公署批第八十五号 呈一件为与陈缵琳等正本校产纠葛一案由
　　………………………………………………………………………… 3540

浙江省长公署批第八十七号 禀一件禀故夫王佩章前因从军殒躯请恩恤由
　　………………………………………………………………………… 3540

浙江省长公署批第八十八号 呈一件呈警佐龚溥营私溺职乞迅赐撤惩由
　　………………………………………………………………………… 3541

浙江省长公署批第八十八号 禀一件禀明楼宝袋被诬为匪缘由叩请取销
　　通缉原案由 ………………………………………………………… 3541

浙江省长公署批第八十九号 呈一件为违背约法侵害住居请履勘查究莱
　　盐被劫生计垂绝请查究返还由 …………………………………… 3541

浙江省长公署批第九十号 禀一件禀泰顺蔡警佐纵警索捣请派员勘讯革
　　究由 ………………………………………………………………… 3541

浙江省长公署批第九十一号 呈一件呈约帮赶鸭踏伤豆麦请速令水陆警
　　驱逐由 ……………………………………………………………… 3542

浙江省长公署批第九十二号 呈一件为姜鹤鸣抢买官产一案再求传审由
　　………………………………………………………………………… 3542

浙江省长公署批第九十三号 呈一件为官营产事务所擅买县议会房屋余
　　地请销原案由 ……………………………………………………… 3542

391

浙江省长公署批第九十四号呈一件为历代垦佃官山请准予加价承买由 ………………………………………………………… 3542

浙江省长公署咨农商部咨送刘长荫请采汤溪铅矿矿图保结矿床说明书等件由 ……………………………………………… 3543

浙江省长公署公布第十三号公布省议会议决吴兴县立甲种商业学校及台属县立椒江甲种商业学校补助费案由 ……………… 3544

  附原咨 ………………………………………………… 3544

浙江省长公署公布第十四号省议会议决浙江省民国五年度岁出入预算案由 ……………………………………………… 3547

浙江省长公署委任令第二十三号令委喻渐鸿为本公署书记由 ……… 3547

浙江省长公署训令第二百六十六号令高检厅据平湖谢裴氏暨陆来芳先后电控土豪朱佩山诬良为盗枪毙人命由 ……………… 3548

浙江省长公署训令第二百七十号令警务处准内务部咨复警佐郭炳麟积劳病故呈奉指令准如所拟给恤由 ………………… 3548

浙江省长公署训令第二百七十一号令外海水上警察厅迅将金春顺金顺祥两船被劫案缉获解究由 ……………………… 3549

浙江省长公署训令第二百八十三号令各县知事准福建省长咨甲种农校职员学生赴浙旅行请饬属保护由 ………………… 3550

浙江省长公署指令第三百八十七号呈一件呈送十月份诉讼月报表由 ……………………………………………… 3551

浙江省长公署指令第五百八十五号令平湖县知事呈一件为条陈该县兴革事宜由 ………………………………… 3555

浙江省长公署指令第五百八十六号令东阳县知事呈一件为条陈该县兴革事宜由 ………………………………… 3557

浙江省长公署指令第五百八十七号令宣平县知事呈一件为条陈该县兴革事宜由 ………………………………… 3559

浙江省长公署指令第五百八十八号令安吉县知事呈一件为条拟兴革

事宜由 ··· 3560

浙江省长公署指令第六百三十三号令龙游县知事呈一件呈解第三年
教育公报费由 ··· 3563

浙江省长公署指令第六百四十二号令金华县知事呈一件为呈送该县
平民习艺所成绩品请收核由 ································· 3563

浙江省长公署指令第六百四十三号呈一件为复调验朱绍勋吸烟嫌疑由
··· 3563

浙江省长公署指令第六百四十四号呈一件为募建县署缕述理由拟具
办法请核示由 ··· 3564

浙江省长公署指令第六百五十七号令孝丰县知事呈一件为查复该县
习艺所事项开摺请核由 ·· 3564

浙江省长公署指令第六百八十号呈一件请续办因利局以恤灾黎由 ······ 3565
附原呈 ··· 3565

浙江省长公署批第九十四号呈一件为据呈与林子钦等控争涂地一案县
复不合各情由 ··· 3566

浙江省长公署批第九十六号呈一件呈为送缴注册费及矿区税请转咨注
册给照由 ·· 3567

浙江省长公署批第九十七号呈一件为拟具业佃两方应守章程请核准由
··· 3567

浙江省长公署批第九十八号呈一件呈第八区烟酒监察员王镛以私烧移
祸一案请指定管辖由 ·· 3567

浙江省长公署批第一百零一号呈一件为自治委员温知新视贿祖复由
··· 3568

浙江省长公署批第一百零二号呈一件为自治委员温知新欺官殃民由
··· 3568

浙江省长公署批第一百零四号禀一件警佐来肇荣纵警勒索率警捣毁
请先予撤任令解司法讯办由 ································· 3568

393

浙江省长公署批第一百零六号呈一件呈为呈送请探嵊县六洞口弗石
　　矿矿图及呈文费由 …………………………………………… 3568
浙江省长公署批第一百零七号呈一件呈为呈送请探新昌飞凤形弗石
　　矿矿图并呈文费由 …………………………………………… 3569
浙江省长公署批第一百零八号呈二件呈为呈送请探余姚大厂山铜矿
　　矿图保结并续缴呈文费由 …………………………………… 3569
浙江省长公署批第一百零九号呈一件呈为呈送请探新昌五脚爿等处
　　弗石矿图并呈文费由 ………………………………………… 3569
浙江省长公署训令第二百九十三号令建德县据调查学务委员呈报该
　　县学务情形由 ………………………………………………… 3570
　　建德县一般状况 ……………………………………………… 3571
　　建德县教育状况 ……………………………………………… 3572
浙江省长公署指令第六百七十一号呈一件为呈请通令各县习艺所收
　　受贫儿院教养期满院儿由 …………………………………… 3574
浙江省长公署指令第六百八十五号呈一件为据呈查复厉定有与周文
　　石争涂一案附送印谕由 ……………………………………… 3574
浙江省长公署指令第六百九十一号呈一件萧山吴芝轩报明行劫义桥
　　济泰当案内盗犯匿居地点请速饬拿办由 …………………… 3576
浙江省长公署指令第六百九十九号呈一件呈改造刘秉彝潘伍捐资兴
　　学表册请察核由 ……………………………………………… 3576
浙江省长公署指令第七百号呈一件呈疾病侵寻难胜校务请遴员接替由
　　……………………………………………………………………… 3577
浙江省长公署指令第七百零四号呈一件送劝学所所长及劝学员履历
　　并请书记由劝学员兼任由 …………………………………… 3577
浙江省长公署指令第七百二十六号令松阳县知事呈一件呈拟兴革事
　　宜由 …………………………………………………………… 3577
浙江省长公署指令第七百二十七号令开化县知事呈一件为条陈该县

浙江省长公署指令第七百二十八号令建德县知事呈一件为条陈该县
　　兴革事宜由 ··· 3580

浙江省长公署指令第七百二十九号令诸暨县知事呈一件呈拟该县兴
　　革事宜由 ··· 3582

浙江省长公署指令第七百四十号呈一件为送渔业调查报告书由 ······ 3583
　　旧温属渔业调查报告书 ··································· 3583

浙江省长公署指令第七百八十号令平湖县知事呈一件为查复该县习
　　艺所事项开单请核由 ····································· 3590

浙江省长公署指令第七百九十七号呈一件为陈宝幹等呈忠义庙租迫
　　提学款一案抄送县令由 ··································· 3592

浙江省长公署批第一百号呈一件报明行劫义桥济泰当案内盗犯匿居地
　　点请速饬拿办由 ··· 3592

浙江省长公署批第一百一十号呈一件呈请领垦黄岩县属荒地由 ······ 3592

浙江省长公署批第一百十四号呈一件呈获匪不办余匪不追请令缉办由
　　·· 3593

浙江省长公署批第一百十六号呈一件为杭馀行驶汽轮有碍农田水利
　　请查案咨部禁止由 ······································· 3593

浙江省长公署通告 ·· 3593

浙江省长公署咨教育部送三年度外人设立学校调查表由 ············ 3594

浙江省长公署咨省议会据财政厅呈为抵补金征费核减不敷开支拟仍照
　　原数支配请咨议会查照由 ································· 3598

浙江省长公署委任令第二十五号令委朱承章为总务科科员由 ········ 3599

浙江省长公署训令第一百四十八号令各属保护美国人詹美生等来浙
　　游历由 ·· 3599

浙江省长公署训令第二百九十六号令余杭县知事据委员楼鹤书呈报
　　该县森林苗圃各事均未筹办由 ····························· 3600

395

吕 公 望 集

浙江省长公署训令第二百九十七号令省立第一第二苗圃令发安吉县
    呈送橡种及照抄说明书由 ································· 3601
    橡树种植方法说明书 ······································· 3601

浙江省长公署训令第三百号令警务处为本署书记邵锡濂以警佐注册提
    先录用由 ·· 3602

浙江省长公署指令第五百一十一号呈一件呈送五年十一月份民刑诉
    讼月报表推事暨办结案件表由 ·························· 3602

浙江省长公署指令第七百七十六号呈一件内河水警厅呈复水警编船
    并无勒索由 ·· 3606
    附原呈 ·· 3606

浙江省长公署指令第八百一十四号呈一件呈报奉令选送女子蚕业讲
    习所女生文到日期并办理情形由 ······················· 3608

浙江省长公署指令第八百二十一号呈一件据为屠敦裕请在顾家港设
    永和茧行由 ·· 3608

浙江省长公署指令第八百二十二号呈一件为查复谷颂民为百官商会
    改组违法请令重选一案由 ································ 3608

浙江省长公署指令第八百二十三号令安吉县知事呈一件据为陆树勋
    请在该县西乡凉棚亭设正本茧行附图结书请核由 ·· 3609

浙江省长公署指令第八百二十七号呈一件施余焕经理磷堰侵蚀公款
    公叩追究以兴水利由 ······································· 3609

浙江省长公署指令第八百三十号呈一件为呈农会苗圃推广种植需用
    经费请给补助应由何款支给由 ·························· 3610

浙江省长公署指令第八百三十五号呈一件为呈送承垦及所有权各证
    书备查一联由 ··· 3610

浙江省长公署指令第八百六十一号呈一件青田县呈请转咨将警佐郑
    肃优予拔升由 ··· 3610

浙江省长公署批第一百二十四号呈一件呈请令县限期拆卸章高祺所

筑鱼簖由 …………………………………………………… 3611
浙江省长公署批第一百二十五号呈一件呈施余焕经理磷堰侵蚀公款
　　公叩追究以兴水利由 …………………………………… 3611
浙江省长公署训令第一百五十一号令各县据省立甲种蚕校呈送招考
　　补习科学生简章请通令由 ……………………………… 3611
　　浙江省立甲种蚕业学校补习科招生简章 ……………… 3612
浙江省长公署训令第一百五十二号令各县知事准教育部咨劝学所规
　　程施行细则登载公报即发生效力仰遵照开办由 ……… 3613
　　劝学所规程施行细则 …………………………………… 3613
浙江省长公署训令第一百五十五号令常山县知事准内务部咨送徐吁
　　俊匾额褒章等件请转发由 ……………………………… 3616
浙江省长公署训令第一百五十九号令委陈焕章为机要秘书郭梓熙为
　　兼公报处主任由 ………………………………………… 3616
浙江省长公署训令第三百零九号令警务处为本署书记浦诚增深资得
　　力仰该处提先任用由令本署书记浦诚增为该员深资得力发警务处提先任用由
　　………………………………………………………………… 3617
浙江省长公署指令第七百九十八号呈一件送义务教育程序内调查册
　　表由 ……………………………………………………… 3617
浙江省长公署指令第七百九十九号呈一件呈送一月分支付预算书由
　　………………………………………………………………… 3618
浙江省长公署指令第八百四十五号呈一件呈复陆军测量局员在宁海
　　县属被劫案内疏防官长分别惩处由 …………………… 3618
　　附原呈 …………………………………………………… 3618
浙江省长公署指令第八百四十六号呈一件呈送浙江警备队现状调查
　　表由 ……………………………………………………… 3619
浙江省长公署指令第八百五十八号呈一件丽水县胪举警佐黄定甲剿
　　匪出力及获花会积盗等案劳绩并花会犯及盗犯各案内没收赃物无人认取可

否量予售卖以奖兵警乞核示由………………………………………… 3621
浙江省长公署指令第八百九十七号呈一件黄岩曾福仁呈现控周士禄
　　　等诬控诈欺取财一案知事违法逮捕请查办由………………………… 3622
浙江省长公署指令第九百二十八号呈一件为更委掾属请注册由…… 3622
　　　附原呈………………………………………………………………… 3622
浙江省长公署指令第九百二十九号呈一件为遴委掾属请注册由…… 3623
　　　附原呈………………………………………………………………… 3623
浙江省长公署批第一百二十七号呈一件呈为声明前请添设缫丝工场
　　　漏未声明呈县注册及未添招股分由…………………………………… 3624
浙江省长公署批第一百三十三号呈一件呈配制日好咳嗽药饼业奉批
　　　准制售乞准给示以广营销由…………………………………………… 3624
浙江省长公署批第一百三十四号呈一件为里书弊填浮粮杭县越权误
　　　证乞行县查复办理由…………………………………………………… 3624
浙江省长公署批第一百三十六号呈一件为架书沈葆荣湮没官物一案
　　　知事不理乞令解职归讯由……………………………………………… 3624
浙江省长公署批第一百三十八号呈一件呈控周士禄等诬控诈欺取财
　　　一案知事违法逮捕请查办由…………………………………………… 3625
浙江省长公署批第一百三十九号呈一件为越安公司添开轮班请饬县
　　　禁办由…………………………………………………………………… 3625
浙江省长公署批第一百四十号呈一件为姚文林借用息谷及侵吞赈款
　　　等项请委员查究由……………………………………………………… 3626
浙江省长公署咨省议会据财政厅呈为拟请自本年二月分起验契免除罚
　　　金以示格外体恤由……………………………………………………… 3626
浙江省长公署咨省议会据财政厅呈送浙省各统捐局捐率及增设巡船表
　　　摺请咨省议会由………………………………………………………… 3629
浙江省长公署训令第一百六十号令各县知事准内务部咨国色大香等
　　　十种小说词意猥亵饬属严禁由………………………………………… 3629

附原单 ……………………………………………………………… 3630
浙江省长公署训令第一百六十五号令杭县知事将西湖刘祠木主查照
　　原案克日派员迁入清六臣祠供奉由 ………………………………… 3631
浙江省长公署训令第一百七十三号令各警务机关嗣后如须招补缺额
　　应尽先招用退伍兵由 ………………………………………………… 3632
浙江省长公署训令第一百七十五号令财政厅警务处准财政部咨行推
　　行印花不得徒事摊派仰转饬遵照由 ………………………………… 3632
浙江省长公署训令第一百七十六号令财政厅警务处准财政部咨行为
　　奸商于发货票上仅开价目不盖图章藉口小条有意隐税应照印花税法第六条
　　处罚由 ………………………………………………………………… 3633
浙江省长公署训令第一百七十七号令财政厅准财政部咨行拟于各乡
　　镇酌设印花税劝导委员酌定办法请转饬遵照由 …………………… 3634
浙江省长公署训令第一百八十六号令总务科/薛元燕 令为薛元燕以
　　科员存记尽先补用由 ………………………………………………… 3635
浙江省长公署训令第一百九十二号令矿商洪沛邬珍准农商部咨送该
　　商探照仰来署领取由 ………………………………………………… 3635
浙江省长公署训令第一百九十四号令遂安浦江县知事为矿商洪沛邬
　　珍该县矿业核准检发审定矿图仰查收存署由 ……………………… 3636
浙江省长公署训令第一百九十六号令省立甲种工业学校核准山西省
　　长咨拟送学生十名实习丝织请查明该校能否容纳由 ……………… 3636
浙江省长公署训令第二百七十六号令警务处为本公署书记柯赓虞张
　　家骥两员深资得力仰该处以警佐存记由 …………………………… 3637
浙江省长公署指令第八百零一号呈一件平阳振中国民校长陈绪芬呈
　　请匀拨杉木学捐由 …………………………………………………… 3638
浙江省长公署指令第八百六十九号呈一件呈为查复旧金温两属种蔗
　　制糖地点觅定厂屋并附图摺等件由 ………………………………… 3638
　　附抄件 ………………………………………………………………… 3638

399

浙江省长公署指令第八百九十五号呈一件前永康管狱员吴鼎呈凶犯
　　应金林保释一案保人翁如玉无故牵涉请核示由 ……………………… 3641
浙江省长公署指令第八百九十六号呈一件补送已决盗犯干同生供判由
　　…………………………………………………………………………… 3641
浙江省长公署指令第九百四十一号呈一件天台公民张逢镳等为田赋
　　混淆请求饬县清丈以除积弊由 ………………………………………… 3642
浙江省长公署指令第九百四十二号呈一件平阳县知事为抵补金奉令
　　减收习艺所等经费无着可否照旧征收请核示由 ……………………… 3642
浙江省长公署指令第九百五十二号呈一件为范儒藻拟在吴兴县双林
　　镇设益大茧行附图结书请核示由 ……………………………………… 3642
浙江省长公署指令第九百五十四号呈一件呈复女子蚕业讲习所女生
　　难以选送由 ………………………………………………………………… 3643
浙江省长公署指令第九百六十号呈一件海盐县呈为吴鸿等请设茧行
　　转呈之件实先张瑞等一日由 …………………………………………… 3643
浙江省长公署指令第九百六十一号呈一件为孙佐芳等请在城区东南
　　一庄设大经茧行由 ……………………………………………………… 3643
浙江省长公署指令第九百八十四号令昌化县知事呈一件据该县城区
　　第一国民校长戴鸿文呈方镜明侵吞学款由 …………………………… 3644
浙江省长公署指令第　　号呈一件呈为拟请自本年二月分起验契免除罚
　　金以示格外体恤由 ……………………………………………………… 3644
浙江省长公署批第　　号呈一件呈请匀拨杉木学捐由 ………………… 3644
浙江省长公署批第一百四十一号呈一件准予撰记树碑并令杭县迁刘
　　典木主由 ………………………………………………………………… 3645
浙江省长公署批第一百四十三号呈一件为在昌化株柳镇设立茧行请
　　饬县呈报由 ……………………………………………………………… 3645
浙江省长公署批第一百四十七号呈一件禀请饬委清丈灶地一案续请
　　委员组织会丈由 ………………………………………………………… 3645

目 录

浙江省长公署批第一百四十八号呈一件为仍拟举骆汉雄为正谊校董
　　将孟子香撤退由 ………………………………………………… 3646

浙江省长公署批第一百四十九号呈一件为正本校产一案递禀省委毫
　　无影响由 ………………………………………………………… 3646

浙江省长公署布告第一号 …………………………………………… 3646

浙江省长公署训令第一百九十九号令瑞安县知事准内务部咨该邑请
　　拨给县城丰积仓旧址设立模范桑园应照准由 ………………… 3647

浙江省长公署训令第二百零二号令原任崇德县知事开去原缺另候任
　　用由 ……………………………………………………………… 3647

浙江省长公署训令第二百零五号令委钱崇润为公立医药专门学校校
　　长由 ……………………………………………………………… 3648

浙江省长公署指令第八百九十九号呈一件为送古物调查表由 …… 3648
　　浙江省於潜县古物调查表 ……………………………………… 3648

浙江省长公署指令第九百三十三号呈为查复汪湘舲禀控陆海雯舞弊
　　一案情形由 ……………………………………………………… 3652

浙江省长公署指令第九百九十九号呈一件呈送五年十二月分刑事诉
　　讼案件月报表由 ………………………………………………… 3652

浙江省长公署指令第一千号呈一件余杭知事成健呈请将罚俸银暂缓扣
　　支由 ……………………………………………………………… 3653

浙江省长公署指令第一千零二十八号呈一件呈复显佑庙产互控一
　　案请令遵由 ……………………………………………………… 3653

浙江省长公署指令第一千零三十号呈一件据呈冬期农闲请予派员讲
　　演以资劝导由 …………………………………………………… 3654
　　附原呈 …………………………………………………………… 3654

浙江省长公署指令第一千零三十三号呈一件为周凤墀试办碾米机
　　器兼电灯厂请察核由 …………………………………………… 3654

浙江省长公署指令第一千零三十四号呈一件遵送陈康泰罗埠镇泰

401

和茧行保结申请书由 …………………………………………………… 3655

浙江省长公署指令第一千零四十三号呈一件为据呈筹修球川地方
沿溪长堤并拨款补助情形由 …………………………………… 3655

浙江省长公署指令第一千零四十六号呈一件为查复金昌运请在濮
院镇设同昌茧行情形由 ………………………………………… 3655

浙江省长公署指令第一千零四十七号呈一件为商民吕国华等请试
办硝厂附送清摺请转咨由 ……………………………………… 3656

浙江省长公署指令第一千零四十九号呈一件据昌化县为商民方成
璧请在颊口镇设振泰茧行附图结书请核示由 ………………… 3656

浙江省长公署指令第一千零五十二号呈一件据呈复造林树株覆点
情形绘图送核由 ………………………………………………… 3656

浙江省长公署指令第一千零五十三号呈一件据呈补绘林场地图并
另筹补救办法由 ………………………………………………… 3657

浙江省长公署指令第一千零五十六号呈一件据呈为造送调查实业
报告书并附县图由 ……………………………………………… 3657

浙江省长公署指令第一千零五十七号呈一件为张鼎等请在新创办
电灯公司请核转给照由 ………………………………………… 3657

浙江省长公署批第一百四十六号呈一件呈为拟办制靛工厂请拨给官
股由 ……………………………………………………………… 3658

附原禀 …………………………………………………………… 3658

浙江省长公署批第一百五十号呈一件为正本校租纠葛一案由 ……… 3661

浙江省长公署批第一百六十号呈一件为承办第一模范丝厂附具保结
请备案由 ………………………………………………………… 3661

浙江省长公署批第一百六十一号呈一件为奸商请于金石墩等处违例
开设茧行请撤销由 ……………………………………………… 3662

浙江省长公署公函 公函省教育会准部咨送公文程式由 …………… 3662

浙江省长公署委任令第　号令委刘传第充本署教育科书记由 ……… 3662

目 录

浙江省长公署训令第一百九十五号令各属准教育部咨学校官署互相
 行文程式由 ·············· 3663
 学校官署互相行文程式 ············· 3663
浙江省长公署指令第九百一十七号呈一件呈送警备处编制表由 ······ 3664
浙江省长公署指令第一千零六十二号呈一件据呈设立模范养蚕场
 并推广种桑办法由 ·············· 3664
浙江省长公署指令第一千零六十三号呈一件为潘士邦请将古城准
 设之茧行移设黄湖由 ············· 3664
浙江省长公署指令第一千零六十四号呈一件为金凤苞张醉经等请
 开茧行同一地点请示遵由 ············ 3665
浙江省长公署指令第一千零六十七号呈筹拨各区模范桑园经费请
 核准由 ·················· 3665
浙江省长公署指令第一千零六十九号呈一件送五年度收入副产清册由
 ······················ 3665
浙江省长公署指令第一千零七十一号呈一件为遵查沈家门镇依法
 应设商会请示划分区域标准由 ·········· 3666
浙江省长公署指令第一千零八十九号呈一件呈解教育公报费由 ····· 3666
浙江省长公署指令第一千零九十二号呈一件义务教育程序内调查册表由
 ······················ 3666
浙江省长公署指令第一千零九十六号呈一件为查复戏捐移充学费
 于警费无碍由 ················ 3667
浙江省长公署指令第一千一百一十号呈一件据金梓福等呈烈塘校
 长金品三朦县提拨关王庙庵产由 ········· 3667
浙江省长公署指令第一千一百零一号呈一件为呈送五年十二月及
 本年一月份讲稿请察核由 ············ 3667
浙江省长公署指令第一千一百零五号令永嘉县知事呈一件据该县
 承化镇第五国民校长呈剖捏名诬控情形请令县查明严办由 ······ 3668

403

浙江省长公署指令第一千一百二十九号呈一件为九峰高小校长请

  通令各县高小学毋得滥收学生由…………………………………… 3668

  附原呈……………………………………………………………… 3668

浙江省长公署批第一百五十九号呈一件据呈为遵送更正矿图由…… 3669

浙江省长公署批第一百六十二号呈一件为陈景朦请在小结圩开设

  茧行请批驳由…………………………………………………… 3670

浙江省长公署批第一百六十三号呈一件为承办第二模范丝厂附具保

  结请备案由……………………………………………………… 3670

浙江省长公署批第一百六十四号呈一件为金子习于白水湖违例设立

  茧行请令迁移由………………………………………………… 3670

浙江省长公署训令第一百八十五号令各县转行讲演所应将禁烟事宜

  特别注重由……………………………………………………… 3671

  通俗教育研究会议案一件……………………………………… 3671

浙江省长公署训令第二百零六号令海盐县知事准教育部咨送该县朱

  陆氏捐助学校田产褒奖仰即转给由…………………………… 3672

浙江省长公署训令第二百一十六号令嵊县知事准教育部咨复该县县

  立中学校立案事项图册应准备案由…………………………… 3672

浙江省长公署训令第三百零三号令各县知事为准全国水利局咨请转

  令各县检送县志及关于水利之私家著述由…………………… 3673

浙江省长公署批第一百六十五号呈一件为呈林阿逊蔡振潘争涂案奉

  批取消垦案请收回成命由……………………………………… 3673

浙江省长公署训令第三百零一号令各县知事准全国水利局咨送调查

  水利表三种请发县遵照调查填送由…………………………… 3674

致段祺瑞电…………………………………………………………… 3679

致大总统国务院电…………………………………………………… 3679

吕公望集卷十　公牍十……………………………………… 3680

 浙军通电…………………………………………………………… 3680

附　岑春萱慰勉浙军电…………………………………… 3680

致广州莫荣新电吕公望陈肇英申谢犒师……………………… 3681

　　附　吕一夔等致莫荣新李耀汉电………………………… 3681

　　附　莫荣新慰劳浙军电…………………………………… 3681

　　附　政务会议复电………………………………………… 3682

就任援闽浙军临时总司令之通电……………………………… 3682

　　附　林葆怿汤廷光贺电…………………………………… 3683

致广州军政府电请奖浙军宣慰使蒋尊簋……………………… 3683

　　附　政务会议复吕公望蒋尊簋电………………………… 3683

复广州军政府电正式就任援闽浙军总司令…………………… 3684

　　附　军政府令……………………………………………… 3684

致广州军政府电通告派金兆棪为浙军代表…………………… 3684

致李耀汉电……………………………………………………… 3685

致广州军政府各总裁电通告派王赞尧为浙军代表…………… 3685

　　附　政务会议复电………………………………………… 3685

致广州参众两院军政府电报告移驻黄冈亲赴前敌…………… 3686

　　附　政务会议复电………………………………………… 3686

复吴景濂函……………………………………………………… 3687

致广州军政府诸总裁各总长电贺军政府代行国务院职权并摄行大总

　统职务……………………………………………………… 3687

　　附　军政府复电…………………………………………… 3688

致广州军政府电报告移驻漳州………………………………… 3688

　　附　政务会议复电………………………………………… 3689

贺伍廷芳兼财政部长电………………………………………… 3689

　　附　伍廷芳复电…………………………………………… 3689

致广州军政府电报告蓝天蔚驻节黄冈………………………… 3690

复林森吴景濂褚辅成电………………………………………… 3690

405

吕公望集

附　林森吴景濂等关于公推唐绍仪为军府和议总代表
　　征求意见电 …………………………………………………… 3690

致广州军政府电据前敌报告奉军已抵浦城请电诘徐世昌 ………… 3691
　　附　政务会议复电 …………………………………………… 3691

致军政府电请军政府严电诘责并饬浙督将所抄陈肇英家产回复原状 …… 3692
　　附　军政府复电 ……………………………………………… 3692
　　附　政务会议复电 …………………………………………… 3693

致广州军政府陆军部电请升补少将陈肇英为中将上校苏瞕吴秉元为少
　　将中校朱维翰为上校加少将衔 ……………………………… 3693
　　附　陆军部复电 ……………………………………………… 3694
　　附　军政府咨第一百零八号 ………………………………… 3694

致广州军政府电请为于张扶持并设法救援刘承烈 ………………… 3695
　　附　政务会议复电 …………………………………………… 3695

致广州军政府电请于黄冈暂缓设所收厘 …………………………… 3695
　　附　政务会议复电 …………………………………………… 3696
　　附　政务会议致莫荣新翟汪电 ……………………………… 3696

复广州军政府电揭阳南陇乡郑栋材所称各节全属子虚 …………… 3697
　　附　军政府来电 ……………………………………………… 3697

致广州军政府电请电诘北廷迅饬厦门浙军师长潘国纲将该军参议李惠人
　　等礼遣旋部 …………………………………………………… 3697
　　附　政务会议复电 …………………………………………… 3698

致广州军政府电据报灌口浙军向前移动请电北廷务令退回原防电 …… 3699
　　附　广州军政府致北京国务总理龚心湛电 ………………… 3699

致广州军政府电请严电北廷转饬浙督迅将陈肇英屋产先行启封派员会算电
　　………………………………………………………………… 3700
　　附　政务会议复电 …………………………………………… 3700

致广州军政府电为张钫家属请周恤 ………………………………… 3701

附　政务会议复电………………………………………………3701

致广州军政府电请再电北廷转令浙督先将陈肇英家产启封………………3701

致广州军政府电改派张浩兼充敝军驻省军事代表……………………3702

　　附　政务会议复电………………………………………………3702

致广州各总裁电为李厚基汲汲备战……………………………………3702

致广州军政府电报告据陈肇英电称北军备战甚力……………………3703

　　附　政务会议复电………………………………………………3703

呈政务会议为呈请赵汉江等补官给章由………………………………3703

　　附　军政府咨第九百二十三号…………………………………3704

　　附　陆军部咨陈政务会议文……………………………………3704

　　附　代行国务院职权摄行大总统职务中华民国军政府
　　　　指令第一九〇号………………………………………………3705

致政务会议电联呈请授蒋群陆军少将并给予三等文虎章……………3706

　　附　陆军部咨陈政务会议文……………………………………3706

　　附　政务会议复电………………………………………………3708

致广州军政府政务会议电请颁发勋绩调查表式样……………………3708

　　附　政务会议复电………………………………………………3708

致广州军政府电职部参谋陈毓麒前在连长任内欠款与应支项下核抵实无
　　亏短应由潘部派员来汕核算或俟大局解决饬该员返浙理楚等情希转电浙督
　　查照办理……………………………………………………………3709

　　附　军政府各总裁致靳云鹏电…………………………………3709

　　附　政务会议复电………………………………………………3710

致李督办商酌如何通信电………………………………………………3711

致惠州马济请速接济弹粮电……………………………………………3711

　　附　莫荣新致马济电……………………………………………3711

　　附　莫荣新致刘志陆电…………………………………………3712

　　附　傅德谦致刘志陆电…………………………………………3712

407

附　莫荣新致李国治电…………………………………… 3713
　　　附　马济致沈军长林军长电…………………………… 3713
　　　附　岑春煊莫荣新致李督办沈督办林军长唐司令电……… 3713
　　　附　陈炯明致岑春煊林葆怿吕公望电…………………… 3714
　致岑春煊支电……………………………………………… 3714
　　　附　岑春煊致李纯电……………………………………… 3715
　致岑春煊续电……………………………………………… 3715
　　　附　岑春煊致陈光远电…………………………………… 3715

吕公望集卷十一　杂文　诗歌　联语……………………… 3716
杂文……………………………………………………… 3716
　从九品桂发翁传艮重千廿八……………………………… 3716
　恭祝桂发老伯先生七十寿序寿辰在八月艮重千廿八………… 3717
　祭虞赓甫先生文…………………………………………… 3718
　致讲武堂训词……………………………………………… 3719
　《武德》发刊祝词………………………………………… 3720
　致北京国事维持会电……………………………………… 3721
　在城西山宗祠志…………………………………………… 3721
　浙江体育会致浙江教育会函……………………………… 3722
　楼翁藻圃先生七旬寿序…………………………………… 3723
　文林郎胡思绚公传浙行四百三十七………………………… 3724
　唁陈英士电………………………………………………… 3725
　祭陈英士文………………………………………………… 3725
　领衔致朱瑞函……………………………………………… 3726
　　　附　朱瑞复函…………………………………………… 3728
　省立甲种商业学校本科第三次毕业训词………………… 3728
　致某先生信札……………………………………………… 3729
　松沪护军使杨树堂先生六十寿言………………………… 3730

廷二百二十八陈节母潘太夫人传	3732
祭朱兴武将军文	3734
复祭朱兴武将军文	3734
浙江省议会第二届常年会省长祝词	3735
浙江省议会第二届第一次临时会省长颂词	3736
浙江省议会第二届第一次临时会省长演说	3736
浙江省议会第二届第一次临时会省长宣布政见	3737
葛太翁暨其妇徐太夫人双庆寿言	3739
陈母徐太夫人七旬寿序 协行二百四十七	3740
行标四百十九蒋翁汝瀛传赞	3741
致外交部电	3742
全浙中等学校第一次联合运动会训词	3742
《德皇雄图秘著》序	3743
《胡正惠公遗集》序	3745
祭黄克强蔡松坡二公文	3746
附 创设松坡图书馆缘起	3746
宁杭铁路通车祝词	3748
致杭州同乡函	3748
应君冠北行状	3749
玉川卢氏续修宗谱序	3750
《兵纶抚式》题词	3751
章葆吾先生七旬暨王孺人六旬晋八双寿序	3752
浙江裁撤军队商榷书	3753
致孙传芳夏超电	3757
致周凤岐叶焕华电	3757
附 屈映光致孙传芳夏超电	3758
附 孙传芳复屈映光电	3758

北京吕公望电…………………………………………………… 3758
清故朝议大夫候选盐运司运同晓湖公墓表……………………… 3759
心泉老伯暨伯母程夫人七十双寿序……………………………… 3760
致蒋介石函…………………………………………………………… 3762
致唐伯渔家属唁电…………………………………………………… 3763
重建魁星阁记………………………………………………………… 3763
金华八县旅沪同乡常年大会通告…………………………………… 3764
坤二十卢太夫人九秩寿序…………………………………………… 3764
论书法………………………………………………………………… 3766
　　附　北平吕公望书法函授部暂行简章………………………… 3768
　　附　北平吕公望书法函授招生………………………………… 3770
　　附　北平吕公望启事……………………………………………… 3770
论十九路军抵抗暴日之战…………………………………………… 3771
开发西北棉纺织业计划书…………………………………………… 3772
　　开发西北的程序…………………………………………………… 3772
　　纺织厂地点的选择………………………………………………… 3773
　　陕州纺厂设计及预算……………………………………………… 3776
　　陕州设厂的利益…………………………………………………… 3776
　　开发西北的进展…………………………………………………… 3778
《北山纪游》序……………………………………………………… 3779
姚母林太夫人传萃二十八…………………………………………… 3779
华溪姚氏重修宗谱序………………………………………………… 3781
致蒋介石电…………………………………………………………… 3782
金衢严处旅杭同乡致蒋介石电……………………………………… 3782
花园徐氏地房西溪丙子重修谱序…………………………………… 3783
徐荫南公传略………………………………………………………… 3784
致朱惠清信札两通…………………………………………………… 3785

  第一通 ······ 3785
  第二通 ······ 3786
浙难民工厂 ······ 3787
为节约建国储蓄告永康同胞 ······ 3788
应仲杰先生八秩寿言 ······ 3790
永康楼氏续修宗谱序 ······ 3791
浙江省振济会难民工厂报告书 ······ 3792
浙江省振济会难民染织工厂始末记 ······ 3803
浙江光复丛谈 ······ 3807
  附　许缄夫先生来函 ······ 3813
  附　雷鸣春先生来函 ······ 3813
永康旅杭同乡会杭州市龙川学社为选举国民大会代表及立法院立法委员郑重联合宣言 ······ 3814
李衍珍先生传 ······ 3817
浙江省首届人民各界代表会议代表发言 ······ 3818
拥护惩治反革命条例 ······ 3819
辛亥革命浙江光复纪实 ······ 3820
  一、文字革命时期 ······ 3820
  二、文人革命时期 ······ 3821
  三、军人革命时期 ······ 3823
  附录　广西初次革命计划失败的经过 ······ 3824
  编后馀言 ······ 3832
辛亥革命浙军攻克南京纪实 ······ 3832
  浙军攻宁支队之编组 ······ 3833
  会师无期　孤军先进 ······ 3834
  偷袭幕府山炮台获胜 ······ 3835
  马群遭遇战 ······ 3835

411

胜后辄败　又转败为胜…………………………………………3836
　　攻克天保城……………………………………………………3837
　　林述庆之侵功与浙军之分防…………………………………3839
　　浙军进城　林述庆被逐………………………………………3839
我在辛亥革命之前…………………………………………………3841
　一、献身革命之动机……………………………………………3841
　二、实践军人革命之理想………………………………………3842
　三、参与军人革命之开端………………………………………3845
吕公望亲笔稿………………………………………………………3848
　一、自我出生至应科举的时期…………………………………3849
　二、赴杭求学入光复会及投军时期……………………………3850
　三、辛亥革命及倒袁称帝时期…………………………………3854
　四、与北洋军阀斗争时期………………………………………3868

诗歌及对联………………………………………………………3882

夕照亭雅集奉酬南湖居士…………………………………………3882
南湖示以隔岁放鹤亭题壁一首次韵答之…………………………3882
　　附　吴芝瑛集句赠联…………………………………………3882
题扇面………………………………………………………………3882
秋兴八首……………………………………………………………3883
吟月楼雅集联句并七律一章………………………………………3884
故园…………………………………………………………………3886
永康华溪八景诗……………………………………………………3886
戊子秋祭岳庙录万松岭走马旧作赠士青老友……………………3888
挽虞赓甫联…………………………………………………………3888
挽陈英士联两副……………………………………………………3888
题吴兴陈英士墓联…………………………………………………3889
挽朱瑞联……………………………………………………………3889

挽蔡松坡先生	3889
挽黄蔡二公联	3890
挽章葆吾联	3890
挽周氏童太孺人联	3890
挽姚母应太君联	3890
挽杨哲商烈士联	3891
永康游川周氏祠堂柱联	3891
赠吴森南联	3891
筹组民艺剧社报请备案呈杭州市民政局文	3891
附　杭州市人民政府指示府秘新字第3876号	3892
附　杭州市人民政府代电府秘新字第四〇七三号	3892

第 十 册

附录一　联署	3893
江皖倡义诸烈士追悼会	3893
军务院宣告撤销电	3894
冯国璋等致大总统国务院参众两院电	3895
唐继尧等致大总统国务院电	3896
冯国璋等呈大总统国务总理电	3897
广东林葆怿等致南代表电	3899
旅京浙籍同乡致卢永祥电	3900
卢永祥复旅京浙籍同乡电	3901
亚细亚银公司露布	3901
浙江省临时自治政府布告	3902
浙江省临时自治政府组织大纲	3903
全浙公会致浙江省临时自治政府诸行政委员电	3904
浙江自治政府通电	3904

413

浙江自治军布告第一号	3905
欢迎太虚法师	3905
公祭南海普陀山普济寺明觉方丈启事	3906
旅沪全浙救灾会敬告慈善家	3906
旅沪全浙救灾会征求书画物品展期二十日通告	3907
旅沪全浙救灾会紧急通告	3907
旅沪全浙救灾会敬谢诸大善士捐赠书画	3908
旅沪全浙救灾会敬谢各国货工厂公司行号暨蓬莱市场匡仲谋先生	3908
旅沪全浙救灾会善果券开奖通告	3909
旅沪全浙救灾会善果券准七月十五日开奖	3909
旅沪全浙救灾会善果券拈阄给奖再展期十天	3909
旅沪全浙救灾会善果券赠品之张裕白兰地券限九月底截止兑换	3910
慈溪张啸林先生六秩大庆征文启	3910
为刘祝群先生集赀印书祝寿启	3913
何柏丞先生追悼会启事	3913
徐浩先生治丧委员会启事	3916
剡溪王邈达先生古稀大庆集资刊书启	3916
浙江省和平促进会致蒋介石电	3917
浙江省和平促进会致毛泽东电	3918

附录二　函电 …… 3920

太平共和党分部来电	3920
太平县参两议会来电	3920
葛道藩致吕公望书	3920
浙委员报告张家口兵变已平电	3921
童保喧夏超王桂林来电	3921

浙国会议员致屈映光电	3922
浙国会议员杜士珍等来电	3922
旅沪台人致吕都督电	3923
彭程万等致杭州电	3923
白逾桓等致吕都督电	3923
嘉属旅沪同人致浙都督等电	3923
夏震武复吕戴之都督	3924
黄兴来电	3924
黄兴复函两通	3924
军务院各首领就任宣言	3925
唐继尧梁启超等来函	3926
唐继尧复函	3927
杨善德致北京统率办事处电	3927
刘铫均来电	3928
张勋冯国璋倪嗣冲来电	3928
屈映光来电	3929
梁启超齐电	3930
梁启超蒸电	3930
梁启超致独立各省电	3931
梁启超再致独立各省电	3931
梁启超致杭州电	3932
梁启超复函	3933
梁启超来电	3934
卢涤非致吕督电	3935
李平书复函	3936
刘强夫致浙江吕都督函	3936
田世泽魏清涛刘强夫来电	3937

张謇来函 …………………………………………… 3938

孙中山来电 ………………………………………… 3938

孙中山唐绍仪等来电 ……………………………… 3939

孙中山唐绍仪来电 ………………………………… 3939

张勋复函两通 ……………………………………… 3939

康有为来函 ………………………………………… 3940

赵倜田文烈来电 …………………………………… 3941

潘矩楹来电 ………………………………………… 3942

王占元来电 ………………………………………… 3942

毕桂芳来电 ………………………………………… 3943

旅沪国会议员致吕都督书 ………………………… 3943

  国会议员集会通告 ……………………………… 3944

冯国璋来电 ………………………………………… 3946

李纯戚扬来电 ……………………………………… 3947

蔡锷来电 …………………………………………… 3947

蔡锷来电通告赴川接任日期由 …………………… 3948

蔡锷来电通告为奉令督川兼省长由 ……………… 3948

蔡锷复函 …………………………………………… 3948

张怀芝蔡儒楷来电 ………………………………… 3949

倪嗣冲来电 ………………………………………… 3949

毕桂芳来电 ………………………………………… 3950

朱家宝来电 ………………………………………… 3950

黎元洪来电 ………………………………………… 3951

黎元洪来电 ………………………………………… 3951

黎元洪复电 ………………………………………… 3951

黎元洪东电 ………………………………………… 3952

黎元洪支电 ………………………………………… 3952

交通部来电	3952
张作霖冯德麟来电	3953
李一中等致肇庆电	3953
谭人凤来电	3954
姚雨平来函	3955
陈光华等致浙江电	3955
陈汉钦邓恢宇来电	3956
李烈钧请查滇粤军行动电	3956
江恢阅来电	3957
戚思周来电	3957
北京外交部来电	3957
虞洽卿来电	3957
王文庆复虞洽卿电	3958
陆荣廷文电	3958
陆荣廷庚电	3959
陆荣廷铣电 告盐日抵梧由	3959
陆荣廷号电 告奉命为广东督军于巧日行抵肇庆由	3959
陆荣廷来电	3960
陆荣廷支电	3960
陈炳焜来电	3961
张驷群等来电	3961
徐建侯来电	3962
龙济光来电 通告粤事变双方停战由	3962
龙济光来电 请饬滇桂各军双方退札业经复允由	3962
章太炎来函	3963
龙璋来电 赞同军务院第六号通电由	3964
贾德耀来电 通告交代陕南镇守使兼陆军第十五旅混成旅旅长任务由	3964

财政部致浙省长盐运使电·· 3964

教育部来电催欧美留学秋费迅汇由·································· 3964

沈铭昌来电通告接任日期由··· 3965

王占元来电通告范省长卸任日期由····································· 3965

刘人熙来电电告正式就职由··· 3965

刘人熙来电电告暂代湖南省长由·· 3966

沈铭昌来电··· 3966

赵倜来电··· 3966

王占元来电电告奉令兼署湖北省长由································· 3966

李思浩贺电··· 3967

刘存厚贺电··· 3967

罗佩金来电电告取消护国第一军左翼总司令名义由············· 3967

罗佩金巧电请转电龙李暂时休兵静待中央后命由················ 3968

罗佩金马电为粤事纠纷请幹公兼程赴任由··························· 3968

罗佩金复电··· 3968

田中玉来电电告驻丰直隶防营兵变旋即戡定商民安堵恐传闻失实由········· 3969

张嘉树来电吴兴县知事晋省日期由····································· 3969

俞景朗张寅来电东阳县知事任卸日期由······························· 3969

岑春煊来电··· 3969

岑春煊来电告陆督寒日抵梧由·· 3970

岑春煊来电··· 3970

王嘉曾来电禀勘验命案署务委财政主任代行由·················· 3972

秦联元来电禀由省回署销假视事由···································· 3972

王桂林来电告使署删日移湖由·· 3972

唐继尧删电告奉京电准假二十日藉资调养由······················· 3972

唐继尧删电··· 3973

唐继尧皓电··· 3973

刘凤威来电	3974
邢炳旦来电	3974
谭延闿来电	3974
李厚基复电	3974
龙济光有电	3974
龙济光复电	3975
孙洪伊复电	3975
安徽旅京同乡会来电	3975
应德闳来书	3976
应德闳致浙江督军署秘书某君书	3976
莫擎宇鱼电	3977
陈炳焜鱼电	3978
刘显世来电	3978
谭延闿来电	3978
屠景曾来电	3979
两广都司令部来电	3979
唐继尧任可澄来电	3980
朱庆澜铣电	3980
内务部来电	3980
临海黄岩仙居太平宁海教育会来电	3981
段祺瑞来电	3981
王象泰来电	3981
田泽勋来电	3982
姜桂题来电	3982
嘉兴城镇乡自治联合会致省长电	3983
定海沈家门镇商会呈报火灾电	3983
北京中国银行来电	3983

陈枧等致吕省长电 …………………………………………………… 3984

管鹏致吕督军函 ……………………………………………………… 3984

江苏省绸商致吕省长电 ……………………………………………… 3985

上海国货维持会致吕省长电 ………………………………………… 3985

江浙丝绸机织联合会致吕省长电 …………………………………… 3985

众议员陶保晋等来电 ………………………………………………… 3986

北京宪法研究会国会议员来电 ……………………………………… 3986

陈炳焜来电 …………………………………………………………… 3987

浙军界通电 …………………………………………………………… 3987

浙军第二师司令部致申报馆电 ……………………………………… 3988

绍兴王团长来电 ……………………………………………………… 3988

浙江国会议员请电杨善德勿多携军队赴浙履任并请吕公望
暂任省长函 ………………………………………………………… 3988

李烈钧复电 …………………………………………………………… 3990

李厚基致国务院转报吕公望策动陈肇英团倒戈投南密电 ………… 3990

李烈钧复函 …………………………………………………………… 3991

田桐致孙中山函 ……………………………………………………… 3991

浙江宪法会议代电 …………………………………………………… 3992

俞寰澄等来电 ………………………………………………………… 3993

宁波第一师全体官佐致孙传芳电 …………………………………… 3994

浙江自治军办事处致褚辅成电 ……………………………………… 3994

中共中央军委致总前委华东局并粟裕张震电 ……………………… 3995

附录三　公牍 ……………………………………………………… 3996

临时大总统令 ………………………………………………………… 3996

浙江都督府指令第　号为二十四团十连下士邵忠发病故请恤由 ……… 3996

浙江都督府训令第　号为京电吕公望叶颂清顾乃斌三员分别授以勋位由
………………………………………………………………………… 3997

浙江都督府指令第　号暂给机关枪连保存费由 …………………… 3997
浙江都督府训令第　号令知现役军官业已造册呈请陆军部补官由 …… 3998
    计抄去电二则 ………………………………………………… 3998
浙江都督府训令第四百零八号令知遇有开会聚众散布浮言潜谋内乱
    者立予查拿惩办由 …………………………………………… 3999
    附　国务院转大总统命令通电 ……………………………… 4000
浙江都督府训令第　号令发军需学员回籍川资由 ………………… 4001
浙江都督府训令第七百十五号令发《陆军军队校阅条例》由 ……… 4002
浙江都督府训令第七百八十五号令发看护兵士实习名单由 ……… 4002
浙江都督府训令　第六百六十一号一件为吕公望等奉大总统给予二
    等文虎等章由 ………………………………………………… 4004
都督府政务会议章程 …………………………………………………… 4005
第六师师长呈请以徐长春等升充营连排长由 ……………………… 4006
民政厅呈都督饬据武康县详请禁烟余款拨补司法不敷一案拟照案会同高审
    厅核办由 ……………………………………………………… 4006
浙江高等检察厅呈请都督将审检两厅办事权限拟请照省官制未公布以前
    办法由 ………………………………………………………… 4007
民政厅长呈都督为呈明设置视学视察各员藉资整顿教育警务由 … 4009
民政厅呈都督请予加委原系荐任暨派充各现有警务差职人员由 … 4009
民政厅奉都督批据淳安县呈保卫团暨县署兵警得力员警兵丁查案拟奖仰
    祈核夺示遵由 ………………………………………………… 4010
民政厅呈复都督批发定海镇海遂安三县赈款报册收据仰即查核由 … 4011
浙江民政厅呈奉都督饬议南田县政务主任张廷藻办理防务出力应否准以警
    佐记名由 ……………………………………………………… 4012
浙江民政厅呈奉都督批玉环县知事呈楚门匪案警佐防守出力详叙始末恳从
    优奖叙由 ……………………………………………………… 4013
民政厅呈都督据萧山知事呈警佐俞迈芬历职已久成绩卓著请以县知事拔升由
    …………………………………………………………………… 4014

民政厅呈复都督批发江山县知事呈请追租事宜改为行政处分由……………… 4016

民政厅呈都督全省警费仍照三年度成案办理请备案由……………… 4017

民政厅呈都督凡关于县署直辖各机关图记均由本厅刊发由……………… 4018

民政厅呈都督嗣后关于拨用地方款项应请录案饬知以便稽核是否可行乞示
遵由……………… 4019

民政厅呈都督遵批点收会稽道属办赈公费余款及各种卷宗图册尚属相符并
分别咨移归垫补报由……………… 4020

民政厅呈都督呈复核议竞雄女校补助费由……………… 4021

民政厅呈复都督批吴兴自治委员禀请饬县拨款充保卫团经费由……………… 4022

民政厅呈报查办云和县知事与警佐互讦并该县民禀控该知事各种劣迹一案由
……………… 4022

民政厅呈都督为奉饬改用学校行文程式拟请暂缓施行由……………… 4026

财政厅呈复都督为附收征费实为旧日火耗平馀之变相请暂仍其旧以俟大
局解决由……………… 4027

大总统申令……………… 4028

政务参议会呈报启用图记并选正副会长由……………… 4029

民政厅呈奉省长饬准内务部咨请整顿保卫团仰将本省现办情形克日具报由
……………… 4030

民政厅呈报省长拟办实业必要情形请饬财政厅克日如数筹款解厅应用由
……………… 4031

浙江省议会咨省长咨明本会办事处回复组织暨启用关防日期由………… 4034

浙省军警长官致北京大总统国务院电恳请仍以吕督军兼任省长由
……………… 4034

民政厅呈请省长转呈核示地方团体行文程式由……………… 4035

浙江警政厅呈省长为查明平湖县公民陆江等禀控水警分队长彭寿春溺职
殃民一案谨将办理情形复请察核由……………… 4035

民政厅呈复省长遵饬查办松阳知事余生球克扣存饷属实请予酌惩由…… 4039

目　录

民政厅呈奉训令据吴兴县商会总理王树枌呈请将固有县税房警捐留作就地
　　之用由……………………………………………………………………… 4040
财政部咨浙江省长公署为盐运使与督军省长都统等往来文件以后宜用
　　公函由……………………………………………………………………… 4042
民政厅呈省长遵令将全浙教育联合会第四次议决案分别核议办理由…… 4043
民政厅呈省长为酌拨警费余款扩充各县警额由…………………………… 4043
大总统令……………………………………………………………………… 4044
浙江督军署阅报室规则……………………………………………………… 4045
黄蔡二公追悼大会筹备事务所启事………………………………………… 4045
　　黄蔡二公追悼大会事务所简章………………………………………… 4046
浙江旅沪学会致黄蔡二公追悼大会筹备事务所函为请黄毛二君
　　与祭由……………………………………………………………………… 4046
黄蔡二公浙省追悼大会事务所致各县知事电……………………………… 4047
浙江督军署副官处函各省督军署副官处为送浙省各军事机关主要
　　人员表由…………………………………………………………………… 4047
大总统令……………………………………………………………………… 4049
大总统令……………………………………………………………………… 4049
浙江督军署咨省长公署为接印视事由……………………………………… 4049
浙江省长公署布告第二号布告接篆就职日期由…………………………… 4050
大总统训令…………………………………………………………………… 4050
大总统令……………………………………………………………………… 4050
大总统令……………………………………………………………………… 4051
参议院通告林森当选为议长电……………………………………………… 4051
政务会议致吕公望查办林修止捐勒捐藉端招摇函………………………… 4051
政务会议致吕公望查办林一足等藉势招摇包勒百姓函…………………… 4052
军政府训令第五十号据潮安同智学校校长杨睿辉等电称该校于寒假期内
　　被浙军游击队第二统领部占为募兵处悬迁不允开校无地学生辍学请令退让

423

俾得开课等情仰迅速查明办理文……………………………………4052

政务会议致吕公望陈肇英电转达华孚银行兑票仍得交付…………4053

军政府咨第五百零一号咨交通部援闽浙军总司令吕公望请补电报局长刘铣为头等甲级案应即照准由部注册升补并转行该总司令知照饬遵文……4054

军政府咨第五百二十四号咨陆军部援闽浙军总司令吕公望呈请奖给师长陈肇英等勋章一案除陈肇英等六员已明令给章外所有各员均著分别给予文虎章文………………………………………………………4054

军政府咨第五百六十七号咨陆军部援闽浙军总司令吕公望请保周维纲等补授实官一案除已有令明发外所有各员均准分别补官给章文……4055

内政部咨陈政务会议陈核援闽浙军总司令吕公望呈保文职各员案……4057

内政部咨政务会议陈核浙军总司令吕公望请奖温良彝等嘉禾章一案除与给章条例不合应无庸议外余均照准文………………………………4057

代行国务院职权摄行大总统职务中华民国军政府指令第一零一号令代理部务内政部次长冷遹陈核浙军总司令吕公望呈请奖给温良彝等嘉禾章由………………………………………………………4058

军政府咨第三百五十四号政务会议咨陆军部请将援闽浙军总司令吕公望呈请加奖韦世经等勋章一案核议见复文…………………………4058

陆军部咨陈政务会议陈核援闽浙军总司令吕公望请奖所部职员吕焕光等勋章一案应准分别奖叙文…………………………………………4059

代行国务院职权摄行大总统职务中华民国军政府指令第二二二号令陆军部长莫荣新陈核援闽浙军总司令吕公望请奖所部职员吕焕光等勋章由……………………………………………………………4061

军政府令…………………………………………………………4061

军政府令…………………………………………………………4061

行政院呈据内政部呈转请褒扬浙江省永康县吕公望一案呈请鉴核题匾由……4062

　　附　余绍宋金润泉证明……………………………………4064

国民政府指令稿…………………………………………………4064

附录四　报道 4066

  附录四　报道 4066
  派委陆军将校 4066
  南都近事 4066
  杭州专电 4067
  朱师长乞假 4067
  浙军会议纪闻 4067
  杭垣汤吕互控案之禀复 4067
  共和党浙支部成立 4069
  浙军政司自请查办 4069
  新浙督之亲献 4070
  八月初九日临时大总统令 4071
  浙军第六师长得人 4071
  浙军实行归并 4071
  组织军法会审 4072
  第六师检阅情形 4072
  去年今日之回想(节选) 4073
  杭州电 4074
  温处灾黎歌挟纩 4074
  孙中山游杭豫闻 4074
  西湖公宴孙中山纪事 4075
  杭州电 4075
  四月一日临时大总统命令 4075
  杭垣最近之恐慌(共三则,选第二则) 4076
  浙报停刊原因 4076
  独立声中之浙省态度 4077
  浙军对于松军之态度 4077
  设立镇守使 4077

奉贤人为沈葆义诉冤	4078
张旅长交卸卫戍事宜	4078
杭州电	4079
朱督回省视事	4079
朱都督之平匪策	4079
杭州电	4079
北京电	4080
杭州电	4080
军探埋赃陷害案之原委	4080
杭州电	4081
杭州电	4081
朱都督维持路事	4081
朱都督派员采办军马	4082
浙省出品协会展览会开幕纪	4082
浙将军府改组之筹备	4083
浙江体育学校毕业志闻	4083
军府宴请李参政	4084
七月二十二日大总统策令	4084
烈风迅雷中之损失	4084
杭州电	4085
画分水陆防线	4085
吕镇守使补上月助洋二十元	4085
吕镇守使面陈联防问题	4086
屈使出巡之迎送	4086
水警为党人运动被获	4086
嘉兴拿获党人	4087
十二月二十三日政事堂奉策令	4087

四月九日政事堂奉策令	4087
喧传浙江独立之影响	4088
浙江独立纪闻(节选)	4088
浙江独立之观察	4088
嘉兴独立前之状况	4089
独立电措词滑稽	4090
嘉兴宣布独立纪详	4090
杭州电	4091
杭州电	4091
独立后之杭垣表面观	4091
都督府出现后之杭城	4093
屈文六京中之死耗	4093
浙江独立后三日之经过(特别通信,节录)	4094
浙江独立后之军人与议会	4094
某君再致浙江独立诸要人书	4095
好教训	4095
呜呼浙江逃将军(特别通信)	4096
恢复沪杭交通之佳音	4096
杭州电(两则)	4097
浙江之局已定	4097
杭州电(两则)	4097
浙江之新旧都督	4097
杭州电(两则)	4098
苏省周围之情势(节选)	4098
浙江更举都督记	4098
今后之浙江如何	4099
更举都督后之浙江军界	4100

宁波快信	4101
浙省又有谣言发生	4103
浙省内部之布置	4104
浙人对于新旧都督之感情	4104
东报对于南方新政府之观察	4105
南京会议之北京观察	4105
再志甬埠商民之恐慌	4106
甬埠人心安定	4106
南京会议与浙江财政	4107
官厅安慰民心	4108
吕都督述浙省之地位	4108
江浙间谣言之由来	4109
南军规画湘闽赣之粤讯	4110
湖南独立前之程潜规画	4110
催征酒捐	4111
浙省军用公债两票之利弊谈	4111
沪杭通车志闻	4113
项城逝世前之联军北伐声(其十三)	4113
两粤军官之誓师四义	4114
岑都司令之三电	4115
官商电贺黎总统	4116
北京电	4117
北伐军停止进行前之要电(其二)	4117
北伐军停止进行前之要电(其三)	4118
浙江将发行军需票	4119
沪杭铁路照常通车	4120
沪杭客车今日通行	4120

浙垣杂闻	4121
南京快信	4121
浙省议会议员再请愿	4122
南京快信	4122
沪杭路线苏浙分派稽查	4123
民政分别缓急	4123
吕督实行减政	4123
浙省议会议员之再请愿	4124
褚辅成回禾纪	4125
贫民乘车之不便	4125
浙人欢迎章褚纪	4125
七月六日大总统策令	4127
西湖杂话（节选）	4127
吕督之布告	4129
军警取消戒严	4129
杭州：国会议员准备北上	4130
浙省议员再催召集	4130
浙江发行军用票问题	4131
康南海赴杭	4131
吕督考询贤能	4132
吕督来沪说	4132
浙江督军莅沪	4132
吕督昨日回杭	4133
浙江督军回杭	4133
吕都督提倡国货	4133
通告召集省议会	4134
殷汝熊任高检厅长	4134

通饬结束临时军费……4134
杭州电……4135
吕督军禁止赌博……4135
绸业大起恐慌……4135
南京快信……4136
江苏地方维持会要电……4136
取消军务厅之通饬……4136
诰诫军官崇俭……4137
请求恢复省会之公函……4137
北京电……4138
北京电（两则）……4138
顾问谘议将裁减……4138
杭州快信（四则）……4138
朱瑞死于北方……4139
烟酒联合会欢宴童亦翰……4139
杭州快信（三则）……4139
新任司法总长莅沪三志……4140
浙司法界欢迎张耀曾……4140
新任司法总长莅沪五志……4140
杭州近信（四则）……4141
杭州近信（两则）……4141
张谭联袂离杭……4141
陈英士之介弟……4142
杭垣近闻……4142
杭州快信（四则）……4143
公文程式删繁就简……4143
杭州快信（八则）……4143

请复自治之禀稿	4144
杭州快信（六则）	4145
康南海在杭之演说	4145
浙省长为民请命	4147
杭州快信（四则）	4147
孙中山先生改期赴杭	4148
孙中山改期赴杭	4148
北京电	4148
杭州快信（五则）	4148
周部员来杭	4149
国会声中之总长与省长	4149
杭州快信（四则）	4150
孙中山乘车赴杭	4150
浙省政界之内幕	4150
康南海离杭	4151
孙中山莅杭	4151
杭州快信（三则）	4151
孙中山先生游杭记（一）	4152
孙中山先生游杭记（二）	4152
孙中山先生游杭记（三）	4155
孙中山先生游杭记（四）	4158
苏浙协订水警保护航商之办法	4159
北京政局之旁观（三）（节选）	4160
浙督军欢宴孙中山	4160
杭州快信	4162
杭州快信（五则）	4162
杭州快信（两则）	4162

431

时事日记·一◇本国之部·七月十四日 …………… 4162
杭州快信(四则) …………………………………… 4163
杭州快信(两则) …………………………………… 4163
杭州快信(两则) …………………………………… 4164
浙江省议会近事 …………………………………… 4164
杭州快信(四则) …………………………………… 4164
宁波快信 …………………………………………… 4165
杭州快信 …………………………………………… 4165
杭州快信(六则) …………………………………… 4165
杭州快信(五则) …………………………………… 4166
杭州快信(七则) …………………………………… 4166
杭州快信(三则) …………………………………… 4167
台州犯官过沪 ……………………………………… 4167
杭州快信(三则) …………………………………… 4167
北京电 ……………………………………………… 4168
举行祀孔典礼之公函 ……………………………… 4168
北京特别通信(七)(节选) ………………………… 4168
杭州快信(五则) …………………………………… 4169
杭州快信(三则) …………………………………… 4169
浙海政潮(节选) …………………………………… 4170
杭州快信(三则) …………………………………… 4170
浙省议会开幕纪 …………………………………… 4171
杭州快信(四则) …………………………………… 4172
浙省会第四次常会 ………………………………… 4172
杭州快信(五则) …………………………………… 4173
杭州通信(四则) …………………………………… 4174
预志阙麟书追悼会 ………………………………… 4174

杭州通信（两则）……4175
梁任公莅杭纪……4175
浙督欢宴梁任公……4175
杭州通讯（四则）……4177
梁任公离杭纪……4177
杭州快信（三则）……4178
杭州快信（三则）……4178
自缢遇救……4178
杭州快信（四则）……4179
考察柞蚕之答复……4179
杭州快信……4180
杭州快信……4180
杭州快信（三则）……4180
杭州快信（四则）……4181
杭州快信（三则）……4181
庆祝双十节之预备会……4181
杭州快信（五则）……4182
杭州快信（四则）……4182
浙省民政厅实行归并……4183
杭州快信……4183
杭州快信（七则）……4183
台州第六中学散学风潮……4184
第六中学风潮尚未息……4185
杭州快信（两则）……4185
宁台镇守使之部署……4185
杭州快信（三则）……4186
杭州快信（四则）……4186

第一湖山双十会 …… 4186
十月十日大总统令 …… 4188
国庆节之杭垣盛况 …… 4188
杭州快信（两则） …… 4190
杭州快信（两则） …… 4190
浙省光复纪念 …… 4190
杭州快信（三则） …… 4190
查办石浦滋事渔民之省批 …… 4191
杭州快信 …… 4191
运木商船在洋遇盗 …… 4191
杭州快信（三则） …… 4192
杭州快信（两则） …… 4192
北京电 …… 4192
杭州快信（两则） …… 4192
运木商船在洋遇盗续志 …… 4193
杭州快信（两则） …… 4193
省公署之谈话会 …… 4194
杭州快信（三则） …… 4194
庆祝总统寿辰 …… 4194
杭州快信（五则） …… 4194
杭州快信（五则） …… 4195
杭州快信（两则） …… 4195
杭州快信（四则） …… 4196
杭州快信（三则） …… 4196
杭州快信（六则） …… 4196
杭州快信（两则） …… 4197
杭州快信（两则） …… 4197

浙省议会闭会纪	4197
浙省中等学校第一次联合运动大会(节选)	4198
召集临时省议会	4199
中学运动会给奖纪	4200
杭州快信(两则)	4200
余日章在杭讲演教育	4200
杭州快信(六则)	4201
吕督军受勋之典	4201
杭州快信(四则)	4202
集权分权	4203
杭州快信(五则)	4203
老西开案与外交次长	4204
锡湖铁路禀请备案之批示	4204
杭州快信(五则)	4205
回复自治之部复	4205
杭州快信(两则)	4205
回复地方自治之有待	4206
杭州快信(两则)	4206
杭州快信(两则)	4206
杭州快信(四则)	4207
黄蔡追悼会开会纪	4207
政治商榷会成立纪	4207
杭州快信(三则)	4208
省议会临时会开幕	4208
递解郑汝成被刺案内之汽车夫	4208
杭州快信(两则)	4209
杭州快信(两则)	4209

杭州快信(三则)	4209
杭州快信	4210
浙省改选参议员之签定	4210
杭州快信(三则)	4210
十一月八日大总统令	4210
杭州快信(四则)	4210
杭州快信	4211
杭州快信(四则)	4211
催复自治之部复	4211
督军署会议清乡办法	4212
浙省选举参议员初纪	4212
杭州快信(两则)	4213
杭州快信(两则)	4213
浙省续选候补参议员	4213
杭州快信(五则)	4214
杭州快信	4214
黄克强先生灵柩由沪回湘之盛况(节录)	4214
杭州快信(三则)	4215
杭州快信(两则)	4215
杭州电(三则)	4215
杭州快信(两则)	4216
浙省军警界之暗潮	4216
杭州快信(两则)	4220
杭州来电一	4221
杭州来电二	4221
南京快信	4221
浙省军警大风潮续纪	4221

吕公望辞职	4226
论浙军逐吕公望事	4227
北京电(四则)	4228
章太炎致浙省会电	4228
电令浙江军官案	4228
浙军警风潮中之文电一束	4228
缉私骚扰案之近讯	4231
浙省军警大风潮近讯	4232
嘉兴兵星夜赴杭	4233
杭垣政局趋势之别报	4233
北京电(三则)	4234
杭州快信	4234
北京电	4235
正月一日大总统令	4235
北京电(三则)	4235
杭城年关之状态	4235
南京快信(两则)	4237
军警两长官果均调浙耶	4237
杨使之赴浙问题(庸)	4237
西报论中央处置浙事	4238
杭州公民大会预记	4238
北京电(三则)	4240
京津间之政局警闻	4240
北京电(四则)	4240
浙公民会之继续进行	4241
杭州电	4241
北京电(四则)	4242

前任浙督返杭	4242
北京电（两则）	4242
浙事杂讯	4243
杨氏即日赴任	4243
杭州快信（三则）	4243
杨善德抵杭之西讯	4244
浙事杂讯	4244
松沪护军使之交替	4245
杨善德抵浙接印	4245
北京电	4246
杭州快信	4246
浙省新旧督军之意思表示	4246
丙辰年沪滨大事记（二）	4246
北京电	4247
一月二十日大总统令	4247
燕市见闻纪要（二）	4247
北京电	4247
杭州快信	4247
北京电	4248
一月二十九日大总统令	4248
北京电（两则）	4248
北京电	4248
北京电	4248
北京电（三则）	4249
十月九日大总统令	4249
北军入川时之状况（成都通信）	4249
杭州快信	4250

目　录

出兵声中之内争…………………………………… 4250

南京快信……………………………………………… 4251

吕公望过沪往浙……………………………………… 4251

广东电………………………………………………… 4252

香港电………………………………………………… 4252

北京电………………………………………………… 4252

香港电………………………………………………… 4252

北京电………………………………………………… 4252

纪浙军附南之详情…………………………………… 4252

闽省危急之现状……………………………………… 4254

童军附南之浙闻……………………………………… 4257

浙军附南之前后观…………………………………… 4257

浙军附南后之各方消息（节选）…………………… 4260

西南之军政府消息（节选）………………………… 4261

厦门战讯与李厚基（节选）………………………… 4261

西南最近之局势（平生通信，节选）……………… 4261

广东电………………………………………………… 4262

广东电………………………………………………… 4262

战后之厦门（厦门通信，节选）…………………… 4262

关于闽局之粤讯……………………………………… 4263

广东电………………………………………………… 4263

香港电………………………………………………… 4263

广东电………………………………………………… 4263

香港电………………………………………………… 4264

童葆暄病殁…………………………………………… 4264

北京快信……………………………………………… 4265

广东电………………………………………………… 4265

439

粤省主客军队之概数 …………………………………… 4265
西南之议和与制宪 ……………………………………… 4267
北京电 …………………………………………………… 4267
北京电 …………………………………………………… 4267
福建战机益迫 …………………………………………… 4267
香港电 …………………………………………………… 4268
北京电 …………………………………………………… 4268
香港电 …………………………………………………… 4269
粤闻纪要 ………………………………………………… 4269
曲同丰又发两要电 ……………………………………… 4269
香港电 …………………………………………………… 4270
香港电 …………………………………………………… 4270
香港电 …………………………………………………… 4270
攻闽中之各面观（节选） ………………………………… 4271
北京电 …………………………………………………… 4271
北京电 …………………………………………………… 4271
北京电 …………………………………………………… 4271
吕公望行将来京 ………………………………………… 4271
北京电 …………………………………………………… 4272
南京快信 ………………………………………………… 4272
杭州快信 ………………………………………………… 4272
天津电 …………………………………………………… 4272
北京电 …………………………………………………… 4273
杭州快信 ………………………………………………… 4273
山西通信 ………………………………………………… 4273
杭州快信 ………………………………………………… 4274
杭州快信 ………………………………………………… 4274

目 录

北京电 4274
北京电 4274
北京电 4274
杭州快信 4275
南京快信 4275
浙省之省道县道观 4275
北京电 4276
北京电 4276
护法讲习医院之组织 4277
出版界消息(节选) 4277
潘国纲郝国玺抵沪后之行动 4277
浙绅蒋屈等抵甬后情况 4278
杭州快信(三则) 4278
蒋尊簋昨已返沪 4279
宁波自治军备战 4279
浙省缉捕自治军要人 4280
吕公望前晚赴津 4280
第一次天津会议 4280
浙江长途汽车事业之近况 4281
吕公望偕王桂林由津来沪 4281
宁波同乡会昨晚开紧急会议 4281
浙长问题之酝酿 4282
屈映光声明自治军无赴甬独立事 4282
浙江军民两长将暂时不动 4283
北京通电一 4284
开封电 4285
北京电 4285

441

开封	4285
开封	4285
郑州	4285
开封	4286
段尚无意于退	4286
天津退督一览	4286
北京	4287
电□社十八日上海消息	4287
杭州快讯	4287
夏超出走后之花花絮絮	4287
粤鄂政闻	4288
党军对苏皖之策略（节选）	4289
吕公望赴通扬收抚军队	4289
建设讨论会第二次筹备会纪	4289
陈仪被任为江北宣抚使	4290
第六支队改编通扬收抚使基本队	4291
南京国民军进攻浦口	4291
吕公望改委江北招抚使	4291
时人行踪录·吕公望	4291
江北招抚使署近事	4292
仇鸾燮着手进行招抚事宜	4292
淮扬招抚委员徐森甫工作之进行	4292
江北招抚委员之进行	4292
南京快信	4293
镇江杂讯	4293
唐思明任第三纵队司令	4293
敖振翔奉委为淮海先遣队司令	4293

江北招抚委员即行出发	4294
杭州快信	4294
金玉振今日出发	4294
江北招抚先遣队报捷	4295
清江：江北招抚使署成立	4295
阜宁：释放招抚使官佐	4295
新都军政要人消息	4296
模范戒烟药片	4296
国货银行第二次发起人会纪	4296
各同乡会消息	4297
吕公望鬻书助振	4298
金华八县同乡会理事会议	4298
王正廷王广圻吕公望徐祖善介绍严大之牙医生	4299
吕公望写字总收件处迁移	4299
于右任及沪绅公祭明觉法师	4299
书画讯	4300
张钫救济豫灾意见	4300
书家吕公望举行书画赠券	4301
浙金积善堂启事	4301
浙金积善堂改组成立	4301
上海第一特区地方法院刑事第一审判决	4302
北平吕公望书法函授部助教张佩茝吴九如启事	4302
北平吕公望卖字特照老例廉润千件助捐	4302
绸业银行与吕公望押款涉讼	4303
吕公望被控后提出军人管辖问题	4303
吕门同学会启	4304
绸业银行控吕公望案——法官希望双方在外和解	4305

443

北平吕公望通告……4305
北平吕公望通告……4306
北平吕公望紧启……4306
上海至诚书法函授学校招生学员……4306
书法函授福音……4307
有志书法者鉴……4307
九福公司补力多又得名流题奖……4307
吕公望捐资纪念阵亡将士……4308
浙省参议会成立 张强吕公望当选为正副议长……4308
永康人质问二事 要请吕公望答复……4308
杭光复纪念 白云庵改为革命纪念馆……4309
杭市民调节会 决暂不管制米价……4309
杭放弃食米限价……4309
浙省派代表访赣 商两省经济交流……4310
浙省参会选出驻会委员九人……4310
要闻简报……4310
对中共广播和平条件 潘议长发表意见……4310
浙和平促进会成立 不日将发表通电呼吁停战 参会分电国共提供和平建议……4311
省参会重提翁柽贪污案 决交青田县自己清算……4311
全国和平促进会加紧筹备工作……4311
杭市应变委员会更名临时救济委会 吕公望张衡程心锦任正副主委……4312
中共浙江省委昨邀各民主党派各界人士座谈 马寅初吕公望先生等五十人出席通电新政协筹备会表示竭诚拥护……4313
杭州各民主党派各界人士纪念"七一"座谈会给新政协筹备会的通电……4314

目 录

杭市各界隆重纪念"七七"谭政委号召工人、知识分子、工商业界、军队努
 力本位工作援助农民恢复生产　建设新浙江 ················ 4315

大会通电 ··· 4317

杭市各界团体及民主党派民主人士昨成立各界劳军运动总
 会大会通过总会组织大纲九条推选马寅初先生为总会主任委员 ········ 4318

杭市教育工作者创办聋哑工艺学校 省立高工招收新生 ·········· 4319

杭市公债推销第五分会昨举行成立会 决设八个支会推进工作　总
 会副主委吴宪芷会讲话　勉以发动竞赛不落他人之后 ············ 4320

 杭市公债推购又一热潮 ······························ 4321

昨五分会扩大会议上展开竞购运动 胡秘书长勉励勿以初步成绩自满
 根据既定方针继续努力推进工作 ························ 4321

杭市防空善后救济工作开展　善后救济委员会成立 下设救济
 抢救等四组　推定专人负责订出具体工作计划立即策划进行 ········ 4325

杭市各界代表分别座谈 广泛吸取意见　迎接五次代表会对防止盲目生
 产等均提出具体意见 ······························ 4326

杭市五次各界代表会议协商委员会委员名单 ················ 4327

杭宗教界暨福救团体代表等集会坚决拥护政务院决定 保证以
 实际行动贯澈执行澈底肃清美帝文化侵略毒素 ················ 4327

杭州市各区临时军事法庭公审大会审判长、公诉人、陪审员
 名单 ······································· 4330

杭镇压反革命案件审委会二次会议 正确贯澈镇压与宽大相结合政策
 根据罪恶轻重分别审议判处死刑徒刑或管制保释 ·············· 4330

省市协商委员会暨抗美援朝分会举行联席会议 号召全省人民开
 展爱国增产捐献运动 ······························ 4331

省协商委员会举行第五次委员会扩大会议 ················· 4332

浙江省第一届各界人民代表会议协商委员会主席副主席及
 委员名单 ···································· 4333

445

省协商委员会常委会召开扩大会议讨论关于开展反官僚主义学习问题
·· 4334
中国人民救济总会杭州市分会召开市第二届人民救济代表
会议·· 4334
杭州市第一届人民代表大会代表名单·················· 4335
吕公望先生逝世·· 4338

附录五 日记 ·· 4339

童保暄日记(一八〇则)································· 4339
张椆日记(四则)·· 4371
徐永昌日记(二则)····································· 4372
符璋日记(四则)·· 4373
谭延闿日记(七则)····································· 4374
郑孝胥日记(一则)····································· 4375
黄秉义日记(一则)····································· 4375
许宝蘅日记(二则)····································· 4376
余绍宋日记(三二则)································· 4376
黄郛日记(三则)·· 4383
邵元冲日记(一则)····································· 4384
陈训慈日记(六则)····································· 4384
宋云彬日记(四则)····································· 4387
夏承焘日记(二则)····································· 4389
竺可桢日记(四则)····································· 4390

附录六 传略 ·· 4392

吕公望··· 4392
记吕公望先生·· 4393
吕公望——我国近代体育活动家······················ 4409
送吕镇守使赴湖州····································· 4412

与吕戴之省长津门客感次韵	4412
即席呈吕公戴之	4412
寄吕公望将军北平	4413
周恭先以通敌被刺于沪上,梅生有诗索和,作此应之	4413
生日吟(节录)	4413
浙江独立的内幕	4415
吕公望和反袁护国	4418
屈映光和吕公望相继督浙	4419
八十自述	4423
忆先父吕公望的几件事	4432
访问将军吕公望	4434
社会振济	4437
吕公望据理为黄绍竑解围	4438
自永康撤退至庆元途中壬午 组诗三十二章选五	4440
吕公望经理"难民工厂"之始末	4441
吕公望将军在赤石	4446
吕凤鸣封翁暨德配马太夫人七旬晋五双寿征文启	4449

主要人名索引 …………………………………………… 4455

鸣　谢 ………………………………… 卢礼阳　4592

吕公望集卷一 公牍一 一九一二年十月至一九一六年五月

致各报馆电

申报、民立、时事、共和转各报馆鉴：十五日《申报》载有杭州专电，"昨日标兵溃逃者二百八十余人，带枪百支"；又"军府闻有人以军火私运入宁、台等处，特饬严密追究，并下戒严令"二则。现杭城因时届冬令，实行卫戍，与昔之冬防无异，并非戒严。再，敝师兵士安靖如常，亦并无有带枪溃逃情事，恐报载失实，惹致谣传，特请更正。吕公望叩。铣。（中华民国元年十月十六日）

（原载《申报》一九一二年十月十七日，二版，公电·杭州电）

阳历十二月二号追祭浙军光复南京诸先烈告白

去岁光复南京，我浙军之铁血代价者居多。迨南北统一，生者既享共和幸福，死者尚祭典缺如，何以慰忠魂而安毅魄？当日全体军人不辞劳瘁，载诸先烈之忠榇回籍，筑邱墓于孤山，用昭景仰。迩来忠坟告成，又值周年纪念之期，凡我同胞，理应设奠追祭，以伸哀忱。拟于是日以西湖为祭场，新公园为祭台，行追悼礼，各团体诸公如有挽联匾额见赐，务请先期惠交杭州元宝街第六师司令部为祷，礼单届时再布。雨天祭期顺挨，以天晴为度。特此告白。

浙军第六师吕公望启

（原载《民立报》一九一二年十一月二十三日，一版）

第六师呈都督①

为第二十五团第一营第二连第一排排长张益廉被钱荣瑞等枪杀毙命请悬赏缉拿由

本月四日辰刻据代理步兵第二十四团团长李全义呈称，"为呈报事。本月四日上午六时，据第一营营长丁福田面禀，初三日下午八时三十分，第二连第一排排长张益廉，在竹竿巷口突遇凶首炮兵排长周叁六、炮兵钱锦祥、本营第四连撤差排长钱荣瑞三人，用手枪弹伤该排长肚角，连伤六处，当时该排长尚未毙命，以上情形均系该排长自供。至四日上午五点钟，在营毙命。此大略情形也。其详细再行呈报。除呈报旅长外，理合先行呈报，鉴核施行"等情前来。据此，当即派军医处长俞树菜前去检验，验得该排长张益廉确系被手枪击毙，受伤计有十一处之多，致命伤系因弹穿腹脏及大血管、腰髓各处等情禀复前来。据此，查凶犯钱荣瑞、周叁六、钱锦祥等辄敢于省会重地同谋杀人，枪毙军官，实属胆大心毒之极，若不严拿究办，何以惩凶恶而申国法？该钱荣瑞等三犯在逃，亟应捕治。除已通饬所属各旅、团、营，并照会省会警察局及宪兵司令处转饬一体严拿外，理合备文呈请察核，赐饬悬赏缉拿。

附　大都督训令第十八号

令军政司、民政司②

民国二年一月十一日准浙江都督咨开，"本月五日据第六师师长吕公望呈称，本月四日辰刻据代理步兵第二十四团团长李全义呈称：为呈报事。本月四日上午六时，据第一营营长丁福田面禀，初三日下午八时三十分，第二连第一排排长张益廉，在竹

---

① 本文由《大都督训令第十八号》析出。编者拟题。
② 民政司，底本误作民政军，径改。

竿巷口突遇凶首炮兵排长周叁六、炮兵钱锦祥、本营第四连撤差排长钱荣瑞三人，用手枪弹伤该排长肚角，连伤六处，当时该排长尚未毙命，以上情形均系该排长自供。至四日上午五点钟，在营毙命。此大略情形也。其详细再行呈报。除呈报旅长外，理合先行呈报，鉴核施行等情前来。据此，当即派军医处长俞树菜前去检验，验得该排长张益廉确系被手枪击毙，受伤计有十一处之多，致命伤系因弹穿腹脏及大血管、腰髓各处等情禀复前来。据此，查凶犯钱荣瑞、周叁六、钱锦祥等辄敢于省会重地同谋杀人，枪毙军官，实属胆大心毒之极，若不严拿究办，何以惩凶恶而申国法？该钱荣瑞等三犯在逃，亟应捕治。除已通饬所属各旅、团、营，并照会省会警察局及宪兵司令处转饬一体严拿外，理合备文呈请察核，赐饬悬赏缉拿等情。据此，除咨报陆军部并通饬各属严密缉拿外，相应备文咨请贵都督查照，请烦通饬所属将此案凶犯周叁六、钱锦祥、钱荣瑞三名，一体严密缉拿务获，解浙归案讯办，盼切施行。此咨"等因。准此，合行令仰该司转行各师、旅、团、营/饬各府、厅、州、县，一体严密协缉为要。此令。

（原载《秦中公报》第二百四十六号，一九一三年一月十六日，十二至十三页）

第六师呈都督①

射击场计画建筑图式并请估价兴工由

窃思步兵战斗，率因射击优劣以决胜负，而射击之优劣，则视平时操作精粗与其自信力之坚否而定；欲坚其自信力而精熟其操作，必于射击场为之，是射击场之建筑似不待言。查前清督练公所曾于望

---

① 本文由《浙江都督府公函 二年函字第二百四十四号》析出。编者拟题。

江门外大通桥官塘地方购地五百四十余亩,以为建筑射击场之用。光复以来,因经费浩繁,迄未建筑。但长此稽延,未为善策。兹已由职师参照实地形势计画建筑图式,应请都督派员估计材料工资,并饬下财政司拨款兴筑。倘能早一日竣工,则不难早一日收射击之成效。所有计画建筑图式并请估价兴工之处,是否有当,理合备文呈请核示。

附 浙江都督府公函 二年函字第二百四十四号

径启者。四月三日据第六师师长吕公望呈称,"窃思步兵战斗,率因射击优劣以决胜负,而射击之优劣,则视平时操作精粗与其自信力之坚否而定;欲坚其自信力而精熟其操作,必于射击场为之,是射击场之建筑似不待言。查前清督练公所曾于望江门外大通桥官塘地方购地五百四十余亩,以为建筑射击场之用。光复以来,因经费浩繁,迄未建筑。但长此稽延,未为善策。兹已由职师参照实地形势计画建筑图式,应请都督派员估计材料工资,并饬下财政司拨款兴筑。倘能早一日竣工,则不难早一日收射击之成效。所有计画建筑图式并请估价兴工之处,是否有当,理合备文呈请核示"等情,并图式一纸到府。查此项设备系平时训练军队所必要,细核原图、计画,亦尚妥洽。业经指令照准,并饬由本府参谋、军需各员将前项工料核实估计在案。查陆军部颁发《陆军审计现行规则》第八条载,"凡关于陆军建筑工程及购办军需物品,其需用在五百元以上者,应将合同契约或具详细说明书及价格图表,报明陆军会计审查处查核办理"等语,本月三号复准陆军部冬电,"陆军审查分处未经设立以前,所有军费审查事项,希径送审计分处复核"等因,自应遵照办理。相应分别造具该射击场图式并工料价格概算表、说明书各一纸,函送贵处长,请烦即日饬核见复,盼切施行。

此致

浙江审计分处处长

（原载《浙江公报》第四百四十八册，一九一三年五月十六日，一七至一八页，文牍）

致叶颂清傅其永电①

我军步兵廿三团，炮兵二连、工兵两营、机关枪三连，于廿八号由枫泾出发，因铁路中断，步行至松江，该处即日取消独立，一面修理铁道，一面进规沪滨。于三十一号抵沪路，乱兵均降，现驻军于龙华分局等处，并与郑中将联络②，沪滨不日可肃清。

附　嘉禾来电

都督、卫戍司令官鉴③：顷奉吕师长电云，"我军步兵廿三团，炮兵二连、工兵两营、机关枪三连，于廿八号由枫泾出发，因铁路中断，步行至松江，该处即日取消独立，一面修理铁道，一面进规沪滨。于三十一号抵沪路，乱兵均降，现驻军于龙华分局等处，并与郑中将联络，沪滨不日可肃清"等因。奉此，理合转达。颂清、其永。东。（中华民国二年八月一日）

（原载《浙江公报》第五百二十八册，一九一三年八月四日，七至八页，电）

致都督府电④

我军前夜先锋营已开赴龙华，昨又饬二、三营暨工程队、机关枪

---

① 本文由《嘉禾来电》析出。编者拟题。
② 郑中将，即海军中将郑汝成。
③ 都督，指朱瑞；卫戍司令官，指张载阳。
④ 致都督府电，与又致都督府电，均自《吕公望得意之电告》析出。

连继续前进,暂驻制造分局,明晨开往莘庄、斜桥等处,以示镇定。(中华民国二年八月初)

又致都督府电

苏督程商调我军①,奉都督电准以二十二团全营开往。顷据报安抵苏垣,驻仓米巷隆庆寺院,谨先电闻。(中华民国二年八月初)

附　吕公望得意之电告

本月二号都督府接嘉禾吕公望来电,略云:"我军前夜先锋营已开赴龙华,昨又饬二、三营暨工程队、机关枪连继续前进,暂驻制造分局,明晨开往莘庄、斜桥等处,以示镇定。"又电云:"苏督程商调我军,奉都督电准以二十二团全营开往。顷据报安抵苏垣,驻仓米巷隆庆寺院,谨先电闻",足见浙军威风之夺人,邻省亦倚若长城也。浙省西北毗连赣皖,犹宜驻兵防范,闻昨□电开,驻温陆军第二十一团及永嘉第二十一团第三营分驻玉环、兰溪等县各要隘驻扎云。

(原载《民立报》一九一三年八月七日,八版,新闻三)

浙军吕公望之声明

各报馆鉴:

前阅上海各报内载王团长率军至沪后布告"吾浙均守中立及树立浙军中立旗帜"等语,查浙军奉都督意旨开驻龙华,以保护铁路沿线、维持地方治安为责任,何曾树有"中立"字样之旗帜?此种传闻,全属子虚。闻匪徒在各处造作种种谣言,摇惑观听,实行其离间手段,毁坏我浙军名誉,用特登报声明,以证其误,还希代为更正,是为

---

① 苏督程,即江苏都督程德全。

至盼。吕公望。鱼。（中华民国二年八月六日）

（上海《神州日报》一九一三年八月八日，二版，公电）

致各报馆并转旅沪学会电

各报馆转旅沪学会公鉴：浙军驻龙华，大不利于乱党，该党因诬捏种种摇惑听闻，妄希浙军撤回，以遂其欲。此种手段，尽人皆知，本无足较。惟浙军名誉攸关，不得不剖白一二，以释群疑。浙军抵松后，有所谓杨了公者，遍发传单，谓浙军强迫开车，强迫人民挑担云云。查戒严期内，因军情紧急要求开车，自属应有之权限；自挑担一节，每人每日给小洋三角，系人民自愿承雇，何云强迫？浙军抵松时，即派巡察队保护当铺及店户，当日谢知事并商民皆目睹可询①。迨抵龙华时，已十室九空，至近日见有浙军保护，始稍稍安集，足见无奸淫掳掠之证。且龙华为作战地点，浙军是否可自由行动，不待智者而知。总之，该党所捏各节，不止一端，无非对于浙军，挑起人民恶感而已，恐闻者不察，特此布达，诸希公鉴。第六师师长吕公望。庚。（中华民国二年八月八日）

（原载《申报》一九一三年八月十日，二版，公电·嘉兴公电）

复朱瑞电②

真电敬悉。洲泉镇匪徒抢掠，已派该防六师第一营兵四棚往剿，并转饬就近水警助剿。禾地安静，勿念。吕公望叩。尤。（中华民国二年八月十一日）

（原载《申报》一九一三年八月十五日，六版，地方通信·杭州）

附　共进会肆扰嘉湖

党人近日因赣皖沪宁兵败穷蹙，辄复觊觎浙省，运动军警，

---

① 谢知事，指谢葆钧(1863—？)，字宰平，江苏省松江府华亭县（今属上海市松江区）人。民国二年十一月由华亭县知事调任常熟县知事。

② 电文由《共进会肆扰嘉湖》析出。

勾结起事,连日为官厅破获者踵趾相接。近又有陈英士切齿浙军之与应桂馨协谋,资以重金,号召共进会分头扰乱之说,闻已在两省交界之淀山湖大举祭旗,分帮出发。前经湖属乌青镇商会来省告急,闻入浙枪划船首领系王纲亭统带分扰嘉禾、石、桐,前日该属商民急电都督求救,现由第六师长吕君派队往剿,一面电复都督,谓"真电敬悉。洲泉镇匪徒抢掠,已派该防六师第一营兵四棚往剿,并转饬就近水警助剿。禾地安静,勿念。吕公望叩。尤。"

（原载《申报》一九一三年八月十五日,六版,地方通信·杭州）

致朱瑞张载阳电

朱都督、张卫戍司令官鉴：据叶旅长电称,吴淞炮台已于本日午前九时十五分克复,特电闻。吕公望。元。（中华民国二年八月十三日）

（原载《浙江公报》第五百四十四册,一九一三年八月二十日,二〇页,嘉禾来电）

致朱瑞铣电

都督鉴：嘉禾安静。公望。铣。（中华民国二年八月十六日）

（原载《浙江公报》第五百四十四册,二〇页,吕师长来电）

致朱瑞敬电

朱都督鉴：禾地安,勿念。吕公望。敬。（中华民国二年八月二十四日）

（原载《浙江公报》第五百五十三册,一九一三年八月二十九日,一一页,嘉禾来电）

致朱瑞有电

朱都督钧鉴：禾地安静,勿念。吕公望。有。（中华民国二年八月二十六日）

（原载《浙江公报》第五百五十三册,一一页,嘉禾来电）

浙江陆军第六师师长兼嘉禾戒严司令官吕公望布告[①]

照得第三区水上警察队第六营前五哨代理哨长周朝熙一员,狼子野心,好乱乐祸,在营充当军官,胆敢密谋内乱,或则煽惑军队,或则漏泄军情,奸谋叠出。及至本师部驻禾之际,该犯知逆谋难遂,即于戒严期内擅离职守,乘机逃亡,遁入乱党机关,充当讨袁军总司令部谍报科科长及募兵次长等伪职,并受乱魁黄兴运动军费洋五百元,甘心助逆,竟敢明目张胆造函该管长官,直言第二次革命不讳,措词悖谬,莫可究诘,继而尤敢潜复来浙,再图煽乱,扰害本省治安。似此好乱乐祸,实属不法已极,幸而天夺其魄,即经该管带王德明查悉拿获,并在某园中掘获枪枝,奸谋悉露,逆迹昭彰,连同逆证一并转送到部。兹已发由嘉禾军政执法处开庭讯明,供证确凿,按律判决,应处死刑等情,呈请核夺前来,据此除经核准,着即将该逆枪毙外,合将其罪状宣布,俾众周知,用昭炯戒。

特此布告。

(原载《申报》一九一三年九月二十七日,第六版,要闻二)

致浙省各界电[②]

都督府、总司令部及各机关,商务总会,之江、全浙两报馆均鉴:

辛亥以来,各省惨况迭生,人民生命财产断送已多,瞻念前车,可为殷鉴。此次举义,原以重持治安,缩短战祸为目的,权利二字,公望绝不愿闻。公等如能力障狂澜,挽回时局,俾我同胞免于涂炭,望则

---

① 布告以《浙军宣布周朝熙罪状》为题见报,导语称:"浙江陆军第六师师长兼嘉禾戒严司令官吕公望宣布周朝熙罪状,文云:"。
② 此电次日发表于《申报》第六版,导语称"嘉湖吕镇守使吕公望通电省中各机关云",电文有五处出入,"惨况"作"惨状","瞻念"作"顾瞻","重持"作"维持","敢陈"作"敢布",落款"吕公望"下有"叩"字。

9

执鞭随蹬，义不容辞。否则，人民安危，望愿共之。耿耿此心，天日可表。前敌各事，望负其责；地方治安，公等是赖。夙钦宏达，必有良图。星火燎原，诚所鳃虑。望赋性耿直，敢陈肺腑，尚希容纳。临电旁皇。吕公望。元。印。（中华民国五年四月十三日）

（《吕公望致浙省各界电》，原载《时事新报》一九一六年四月十七日，第二张第二版）

致北京统率办事处政事堂电[①]

北京统率办事处、政事堂均鉴：

帝制颁布，滇首反对，黔粤响应，风声所播，举国震动。今虽帝制取消，而以总统退位与不退位问题未能解决，致兵祸日蔓，交涉日棘，内讧外患，险象交迫，灭国之祸，近在眉睫。以不退位论，实拂全国多数之人心；以退位论，只在袁公一人之决意。孰难孰易，何去何从，明哲如袁公，想不难立决。倘袁公以悲悯为怀，不忍同室操戈之祸，洁身引退，牺牲一己之地位，拯救万民之痛苦，远法中古，近效有清，让德高风，同深钦感。如虑退位易召他变，反促国危，则有《约法》在，副总统可继续肩任也，黎、段、冯、徐诸公可深资奠定也。否则，国民心理终未能曲谅，势必阋墙祸结，生灵涂炭，反非袁公始终救国救民之初意。公望等鉴于时局，心所谓危，用敢掬诚劝告，并为维持地方现状起见，暂从所属军民之请，于十三日宣告脱离关系，藉保治安。急不择言，临电无任迫切企祷之至。

浙江嘉湖镇守使吕公望率各属文武同叩。元。（中华民国五年四月十三日）

[①] 元日三通电报以《嘉湖宣布独立之原电》为题见报，导语称："浙江宣布独立已历多日，而正式宣布之电文迄未发表。中央所布之滑稽命令，究竟其中所言之屈氏电文，是否浙江所发原电，殊多疑义。屈映光之不能为国人所诚信，亦即此。兹得嘉湖镇守使吕公望在禾宣布独立电文数通，为先照录如下。"

致各省将军巡按使长江巡阅使各都统各护军使各镇守使各师长电

各省除云、贵、两粤、浙五省,将军、巡按使、长江巡阅使、各都统、各护军使、各镇守使、各师长,上海、北京各报馆均鉴:

帝制实行,滇首反对,黔粤响应,举国震动。今虽帝制取消,而以总统退位与不退位问题未能解决,致兵祸日蔓,外交日棘,灭国之祸,近在眉睫。以不退位论,实拂全国多数之人心;以退位论,只在项城一人之决意。孰为难易,孰为去从,具有智识天良,不难立决。为项城计,早宜受护国军劝告,速行退位,根据《约法》,以副总统继续肩任,一面由国会另行选举全国推重,民心响戴,如黎、段、冯、徐诸公之一为正式总统,庶足以挽危局而奠国基。乃复拥位不退,虚言调停,多方疑忌,实行武力以相压制,忍令战祸蔓延,险象环生,速国于亡。公望等远为国家前途、近为地方现状起见,不忍坐视,因与倡义各省一致进行,对于袁氏政府,于本月十三日起脱离关系,宣布独立。须知国民心理,对于项城一日不去位,即一日不能曲谅,亦即时局一日不能平和。素仰诸公识见卓远,尚希速即联合响应,并赐覆音。

浙江嘉湖镇守使吕公望率各属文武同叩。元。(中华民国五年四月十三日)

致云贵两广各都督民政长电

云南、贵州、广东、广西各都督、民政长均鉴:

帝制实行,贵省先后表示拥护共和,义声所播,薄海同钦。国民方谓袁氏以真正民意之不可违,翻然改计,惩首祸,急退位,根据《约法》,以副总统继续肩任,由国会另举,如护国军所主张黎、段、冯、徐诸公为正式总统,国民犹可为袁氏曲谅。乃仍拥位不退,徒以一纸空文托饰卸责,忍令战祸蔓延,生灵涂炭,保一己之地位,陷国家于危亡。公敌所在，军民同愤。公望等不忍时局日即阽危，特于本月十三日起脱离北京政府关系，宣布独立，并通电各省劝告速即联合，与贵省力谋统一，以挽危局。素仰诸公荩筹硕画，必有以宏济时艰，奠定国基，尚祈时锡教言，俾策进行。临电无任企祷之至。

浙江嘉湖镇守使吕公望率各属文武同叩。元。（中华民国五年四月十三日）

（原载《申报》一九一六年四月十九日，六版，要闻二）

嘉湖戒严司令吕安民告示①

帝制发生，滇黔相继反对。袁氏争一己之尊荣，而祸国殃民，今虽帝制取消，而总统退位问题尚未解决，以致战祸蔓延，生民涂炭。兹从根本解决，并为维持地方秩序起见，特于本月十三日起，与袁氏脱离关系，宣布独立。地方秩序如常，外人教堂暨人民生产财产，均令一律保护，一切文官武职悉仍其旧，商民当各安其业，毋自惊扰。并令各商家对于纸币一律通用，如有奸商阻滞，自当重惩不贷。

（原载《申报》一九一六年四月十七日，六版，要闻二）

致宁波各县知事通电

宁波各县知事并转各捐局、第四十九旅司令部、商埠警察厅、水上警察厅、炮台司令官、团区司令官、建德团区司令官转丽水团区司令官鉴：

本省自本月十三日军民一致宣告独立，与袁政府断绝关系，公推巡按使屈公兼任浙军总司令，总理全省军政两务，不设都督名义，条

---

① 告示以《嘉兴宣布独立纪详》为题见报，导语称，"另一通信云：（中略）十四日东门热闹如故，居民秘密迁徙者颇不乏人，城内外之船只雇用一空。至是日午刻，四城门暨各通衢始贴有嘉湖戒严司令吕安民告示，略云"。又"自当重惩不贷"句下加云云字样，并曰："自此告示发贴后，人心始定，刻下地方安静，商民咸庆乐业矣。"

理井然,毫无疑义。自后通省一致,纪纲秩序均仍旧观,以杜纷更而固众志。溯自辛亥起义,本省各属纷立都督,自为区域,有以一县治而称都督者,骈枝纷歧,不知底止,在当时容有为自卫起见,出于必不得已者,而后此整理统一,镕铸就范,规复秩序,已非一朝夕之功。若今日群情一致,正宜协力同心,共策进行。若再人自为政,凌轹破碎,再蹈前车之辙,成何政体?省垣为全省之首,县区为四肢百体,宜群策群力,犹手足之捍头目,万无另设机关自立名义之馀地。除由屈总司令通电各属一体照常外,合切再就喧等私人意见,剀切申告,俾各周知。张载扬、吕公望、童保暄、周凤岐、夏超、王桂林、俞炜、顾乃斌。寒。印。(中华民国五年四月十四日)

(《浙江独立后第一声明要义》,原载《申报》一九一六年四月十七日,六版,要闻二)

致叶南坡函[①]

频年靱掌国事,每数军界人才,必推左右,高谈一□,尘抱为濯,不自知其膝之前于席也。自帝制发生,中原云扰,风声所布,影响东南。公望僻在嘉湖,初志不过保境安民,静观时变。嗣赴省垣与各方面接晤,始知大势所趋,非武装劝告,不足挽救沦胥。当时所以不敢告介公者,实因事已酿成,力难挽回,顺水行舟,情非获已。然自审天良,仍不外保境安民之宗旨,岂欲乘此时机,以妄冀非分哉?今时局又一变矣,川鄂态度,倾向南军,湖南、江宁相继风动,近浙一带则某某所部与某地驻兵亦已输诚密附。此皆根据于确实之报告,蛛丝马迹,灼然可寻。天意人心,了如指掌,苟有杰出之才,正宜舍身任事,宏济艰难,岂可冷眼旁观,鸣高肥遯?吾与足下,五载同袍,情犹昆季,凡此肺腑之谈,绝非邹衍瀛洲之比。三光在上,鉴此区区。以足

[①] 叶南坡(1884—1947),名焕华,浙江青田人。时任浙江陆军第六师第十一旅长。此函见《吕公望布置》所录,导语称"吕公望到省后,于日前致函叶南坡云"。

下之才，出襄时事，其造福浙人，裨益大局，必有什伯于今日者。斯人不出，如苍生何？凤佩热诚，讵能无抚髀之叹？公望自审力小任重，乐得二三同志共挽狂澜。谨爇一瓣心香，特遣傅团长来前，奉迎旌旆于仓皇戎马之中，作风雨联床之话。无论如何，必求速驾，千金一诺，惠然肯来。颂祷将之，临风九顿，掬诚奉布，伫候光临。敬请台安，不能宣意。吕公望谨启。

（原载《申报》一九一六年四月十九日，第六版，要闻二·杭城暗潮未已）

浙江军界致省内各道尹各县知事电①

本城丁道尹、宁波梁道尹、永嘉陈道尹、兰溪沈道尹，各县知事，并转军警政商学各界公鉴：

吾浙此次建义，惟一宗旨在拥护民国，保卫地方，绝无丝毫权利思想之可言。故军警政商学各界一致进行，人同此心，心同此理，秩序整然，士气奋发，振旗而出，共图匡济。此吾浙之幸，亦民国之幸也。袁氏僭窃政柄，破坏共和，实国民之公敌，我国民既建设民国于先，自应捍卫于后。袁氏为一人之私，吾人为天下之公，是非得失，昭然共见。方今公敌将退而未退，共和待复而未复，此正民国危急存亡之秋。惟有全国一致，共策进行，始足转危为安，以图存于世界。各省内部亦惟有团结，众志合为一体，始足自立于民国之中，而定建国之基础。吾浙管钥海疆，交通洞达，袁氏威力素所倾注，发难之始，为力较难，而举足轻重，影响亦巨。故虽处险阻困难之中，仍不得不力步西南诸省后尘，以启长江流域之先路。此次独立，所以脱离专制，

---

① 录自《浙省军人态度之表示》，导语称："浙省独立后，内幕情形至今不大明了，嘉湖宣布之电发表，国人略知吕公望一部份之态度已大鲜明。兹闻十七日浙江全省军人又有通电，分致省内各道尹、县知事等，文中所述实能贯彻独立之主旨，而对于依违迁就并无真正独立之诚意者颇有责词。此亦该省军人表示之一端也。其文云："本城丁道尹、宁波梁道尹、永嘉陈道尹、兰溪沈道尹，指钱塘道尹丁传绅、会稽道尹梁建章、瓯海道尹陈光宪、金华道尹沈钧业。

还我共和，本全省共同之意旨，非一部单独之行为。凡属吾浙将吏、人民，无论本籍、客籍，罔不谊属同舟，安危共济，言论行动断不容稍有歧异，致滋一部之纷扰，而阻全体之进行。倘有少数不肖之徒轻举妄动，或私立名号觊觎政权，或放弃职责苟图规避，是直蓄意破坏，紊乱治安，实全体之蟊贼，吾辈军人本保卫人民之天职，惟有协力声讨，以遏乱萌。现在驻沪北军严守中立，吾浙派有重兵驻守嘉湖等处，防御巩固，决不使客军阑入，以扰吾圉。至于地方治安，诸公同负保卫之责，尚望互相维系，广为劝告，以一众心而免自扰。迫切陈词，尚希公鉴。

浙江军界全体吕公望、张载扬、童保暄、周凤岐、王桂林、夏超、傅其永、来伟良、李全义、伍文渊、汪镐基、韩绍基、余宪文、黄元祥、顾乃斌、俞炜等同叩。篠。（中华民国五年四月十七日）

（原载《申报》一九一六年四月二十日，六版，要闻二）

浙省军民致北京政事堂统率办事处各部院长各省军民长官军警商学各界电[①]

滇黔首义，举国景从，公理真诚，皎如天日。公望等徇吾浙军民各界之切望，全体一致，于真日宣布独立，公推屈映光为都督，士气奋发，秩序晏然，谨以奉告。溯自辛亥发难，共和告成，海内喁喁，翘首待治。项城以国民付托之重，忘天下为公之心，背弃誓言，破坏《约法》，钳塞舆论，劫制正人，外债崇于邱山，苛政猛如虎，致闾阎无乐生之气，道路多吁嗟之人。犹复托名筹安，希图帝号，诡密之电，腾笑于友邦；警告之声，皇皇于五国。不知惟信可以立国，惟德可以服人，狙公之术既穷，土崩之局乃见。公望等于国事岂敢轻试，于项城非有

[①] 通电两道，前一道系屈映光通电。导语称：（前略）"十九日，吕公望等乃又以全浙军民名义发一通电，要求项城退位，声明屈氏已作都督，措辞较屈电似为得体，兹为汇志两电如左，以供国人观览。"

私仇，此次仗义兴师，枕戈待命，理无反顾，义无还心，实欲将顺众情，巩固民国。盖以飘摇风雨，国势已属可危，如其朝四暮三，鲁难伊于何底？欲灭除时局之危难，消弭国内之战祸，则不得不鉴天下之大势，示亡秦之决心。权利本无可言，危险更非所计。夫天下非一人之天下，中国岂袁家之中国？项城果尚有爱民惜己之心，宜速为洁身避贤之计，庶足示光明之度，犹不失退让之情。清室尚能以组织全权授诸项城，项城岂不能效法旧君授诸冯、段？冯公在南，段公在北，布置既较周于前，祸患自无忧于后。况乎《约法》具存，条文可据，代理既久经规定，争议自无从发生。方今四海分崩，众心离涣，川湘北旅挫败相寻，各省风云日益紧迫。项城亦当知大势之既去，覆水之难收，佳兵不祥，群情可见。当不为旦夕之延，以重其殃民之咎？矧威信既失，将何以临民；果拥兵负嵎，则败亡可待。公望等谨整饬军旅，严阵以待，庶几海内君子，鉴此微忱。掬血陈词，伫候明教。

吕公望、张载阳、周凤岐、童保暄、王桂林、夏超、俞伟、顾乃斌、徐则恂、董绍基、王萼、施承志、李炜章、吴钟镕、傅其永、来伟良、李全义、伍文渊、韩绍基、汪镐基、王文庆、莫永贞、张翅、裴绍、葛敬恩等。皓。印。（中华民国五年四月十九日）

（《关于退位问题之浙江通电》，原载《申报》一九一六年四月二十三日，三版，要闻一）

杭垣军警界复浙江国会议员电

上海申报馆转各报馆，并杜士珍、俞凤韶、许燊、殷汝骊、杜师业、徐象先、周珏诸先生均鉴：赐电悉。诸公关心桑梓，深足钦佩。浙省独立，为大局非为个人，屈督事前曾预筹画，事后同人一致议决推为都督，阖省治安赖以保全，外间种种猜议，全属子虚。同人等敢以身家担保，决无他虞，幸勿堕袁氏反间之计，自肇阋墙之祸。大局幸甚，浙江幸甚。吕公望、张载阳、周凤岐、童保暄、夏超、王桂林、顾乃斌、俞炜、徐则恂暨军警全体同叩。

（原题《杭垣军警界全体来电》，载《申报》一九一六年四月二十三日，二版，公电）

致参谋总长段祺瑞电

北京参谋部段总长钧鉴：

自背门墙，倏焉六稔。葵藿之忱，无时或释。往者筹安会起，吾师以手创共和之元勋，不忍坐视乱象之成，洁身引退，为天下率，光明磊落，举世共见。袁公比年以来，凡所设施，虽多未餍人意，然国人畏威怀德，信其终或有道以图强，莫敢轻议。帝制初生，犹以为不过三五金壬，妄冀尝试。智若袁公，讵肯自背誓言，出此下策？何意千虑一失，事竟实现。举国人民，愤郁无诉。故滇黔一发难，而企望之渴，逾于辛亥，南北各省，跃跃待动，已非一日。帝制卒虽取消，而失之已晚，人心一去，不可复回。生等窃窥大势，知非袁公去位，必不足以消弭战祸，挽救危亡。用是代表全浙民意，于十二日宣告独立，公推屈巡按使为都督，其余在官人员，除少数弃职潜逃者外，一无更张，以明兹举纯为谋国家之安全，保国民之人格，非有丝毫权利之见，羼乎其间。独立以来，匕鬯不惊，闾阎欢跃，可以觇民意之所归矣。今国人之所望于袁公者，不在其拥共和之虚号，乃在恪遵《约法》，引罪退职，以让贤者。袁公平昔宣言，志在救国。今国濒于危，唯袁公去位，足以救之。全国心理，莫不同然。袁公诚能本其救国之初衷，俯顺舆情，慨然引退，则举国之人，必将感其大德，仰其高风于无涯。为袁公计，与其留为众矢之的，孰若去成百世之名。清廷前事，足以为法，在袁公亦何乐而不为哉？或谓反对帝制，不过南人，北人则否。此实大谬。生等虽生长江南，而所受教育，则在朔方。此次暗潮潜伏，固已全国一致，北且尤甚，稍明大势者，类能知之。要之，国人于袁公，初无深怨，昔之拥护中央，如今之要求退位，其迹虽相反，而所以为国则同。伏望剀切进告，请其服从民意，即日退位，以纾战祸，国家幸甚。学生吕公望、童保暄、王桂林、王萼等谨叩。

（《吕公望童保暄等致段芝泉电》，原载《申报》一九一六年四月二十五日，二版公电，后收入志恢编辑《再造共和新文牍》，崇义书庄民国五年六月版，第七九至八〇页，落款作学生吕公望、童保暄等谨叩）

就任浙江都督通电

云南、贵州、广东、广西各都督、都总司令、参谋长暨上海各报馆鉴：

袁氏世凯背誓食言，殃民祸国。诸公仗义，简甲兴师，攘除奸凶，箫勺群慝，义声所播，天日为昭。浙省虽僻在偏隅，誓同护国。独立既倡，万众一心。属前都督危局支持，心力交瘁，元功弗宰，让德弗居。军民同声，攀援无术，乃责公望，承兹巨艰。自愧菲材，难胜重任，祗以四方多垒，元恶未除，敢惜一身，以误大局？兹于五月六日正式就任。区区之志，誓在搜讨，义旅为国驰驱，期与诸公东西策应，虽万危险，在所弗辞。事属同仇，义无反顾。翻云覆雨，窃所痛心，停战迁延，尤非所望。诸公首义，必宏远谟。幸锡南针，共图北首。枕戈待命，临电神驰。浙江都督吕公望。鱼。印。（中华民国五年五月六日）

（《浙江吕都督通电》，原载《申报》一九一六年五月七日，第二版，公电）

附　谷钟秀等致浙江吕都督电

杭州吕都督、童师长、周参谋长、王厅长、莫厅长均鉴①：浙事承诸公出任艰巨，大局底定，自是义声远播。一致讨贼，奠我民国，惟倚伟画。掬诚敬祝，不尽所云。谷钟秀、徐傅霖、欧阳振声、李述膺、赵世钰、王鑫润、吕复。

（原载《申报》一九一六年五月七日，第二版，公电）

---

① 童师长、周参谋长、王厅长、莫厅长，分别指陆军第六师师长童保暄、都督府参谋长周凤岐、民政厅长王文庆、财政厅长莫永贞。

附　钮永建等致吕都督等电

杭州吕都督、王厅长、莫厅长钧鉴：浙省得公主持，民生幸福无量。遐听下风，拊髀弥切，辅车之谊，幸赐箴规。遥企湖光，瞻依无似。钮永建、耿毅、冷遹、章梓、夏述唐、何嘉禄、赵正平叩。鱼。（中华民国五年五月六日）

（原载《申报》一九一六年五月七日，第二版，公电）

附　驻沪国会议员致吕都督函

载之都督执事：浙省起义，东南大局，焕发光明。前读通电，义正词严，读之欣佩无既。比悉执事顺从众志，于六日正式就都督任，军民各政，除旧布新，从此义声远播，海内倾心。岂惟全浙之荣，抑亦民国之福。远方遐听，曷任胪欢。惟袁一日不去，即大局一日不安。现在停战期限忽逾一月，而退位之议迁延犹昔，平和解决遥不可期，务望联合西南各省，一致讨贼，督促大军指日北上，驱除元凶，冀定民国。翘望旌节，心与俱驰，掬诚奉祝，不尽依依。顺颂勋祺，诸维察纳，不一。驻沪国会议员二百五十六人启。五月七日。

（原载《申报》中华民国五年五月八日，二版，公电）

附　韩绍基佳电[①]

都督吕钧鉴：公任都督，全省欢忭，合肃电贺，伏乞垂察。旅长绍基率全旅官兵同叩。佳。印。（中华民国五年五月九日）

（原载《浙江公报》第一千四百九十五号，一九一六年五月十一日，二页，湖州来电）

---

① 韩绍基，浙江萧山人，第三旅旅长。

附　张嘉树鱼电

都督吕钧鉴：鱼电敬悉。钧座功在梓乡，群情归向，两浙砥柱，永赖节麾①，夙隶帡幪，曷深欣忭。吴兴县知事张嘉树叩。鱼。

（原载《浙江公报》第一千五百号，一九一六年五月十六日，二页，湖州来电）

附　来伟良鱼电

都督吕钧鉴：鱼电敬悉。我公力顾大局，勉任艰巨，群情欢戴。湖属安谧，请纾廑念。来伟良率僚属同叩。鱼。

（原载《浙江公报》第一千五百号，二页，湖州来电）

附　黄继忠来电

都督吕钧鉴：奉鱼电，欣悉公继任浙督，全浙幸福，同深欢忭。业经遵电晓示，并饬属知照。台安。谨达。台州第一游击队统领黄继忠叩。

（原载《浙江公报》第一千五百号，二页，台州来电）

附　陈鸿业来电

电贺浙江都督吕公任禧施则行。陈鸿业叩。

（原载《浙江公报》第一千五百号，二页，衢州来电）

附　张德全等佳电

都督钧鉴：奉鱼电，敬悉我公俯顺舆情，担任全省都督，军界幸甚，全浙幸甚。统带等因防务繁冗，未及趋叩崇阶，谨电恭贺。张德全、白钊、王公衡同叩。佳。（中华民国五年五月九日）

（原载《浙江公报》第一千五百号，二页，湖州来电）

---

① "麾"底本作"魔"，误。径改。

附　潘补来电

吕都督、王厅长、周参谋长钧鉴：诸公出任巨艰，维持危局，凡我商民，同声相庆，并望联络各省，早定共和。王店商会潘补等叩。

（原载《浙江公报》第一千五百号，二页，王店来电）

附　嘉兴来电

吕都督鉴：我浙独立，赖公驻节嘉禾，地方安靖，备荷荩筹，现就督任，光我浙江，福我民国，望风顶祝，临电神驰。嘉兴方於笥、沈钧儒、陶元镛、高如沣、吴文禧、沈文华、金燮、陈思成、蒋世芳、顾宗况等叩。

（原载《浙江公报》第一千五百零五号，一九一六年五月二十一日，四页，电）

附　张寅董永安来电

吕都督钧鉴：鱼电敬悉。屈公辞职，我公勉徇公请，继任艰巨，各界群庆得人，知事、管带，属在下僚，尤深欣幸，谨电贺。东阳县知事张寅、管带董永安叩。青。（中华民国五年五月六日）

（原载《浙江公报》第一千五百零五号，四页，诸暨来电①）

附　顾乃斌来电

吕都督钧鉴：国事虽摇，久未底定，我都督出膺艰巨，屏障全浙，师干所树，日月为昭。行见遐迩风从，国基以奠。谨率所属，用伸贺祝。台州镇守使顾乃斌率全署人员同叩。寒。印。（中华民国五年五月十四日）

（原载《浙江公报》第一千五百零五号，四页，海门来电）

---

① 诸暨来电，东阳知事到诸暨拍电报。查《绍兴市志》卷七　邮政载：诸暨电报局开设于民国元年（1912）。据东阳电信通讯史料馆资料记载：民国二十七年一月，东阳始设电报局，有八号单铜线直达义乌线一条，莫尔斯人工发报机一台。故此电由诸暨拍发。

吕公望通电

吾浙宣布独立,公推屈前都督统治军民,二旬以来,秩序整然,闾阎安谧。公望职司军旅,志在干城,惟以卫国保民为怀,敢存急切近名之想。是以独立之后,躬驻嘉湖,为浙屏蔽,专力戎行,不闻政事。乃屈前都督功成不居,欲以让德风示天下,再四辞职,固留不获,军警商民各界群推公望继任斯职。公望自维材惭重寄,即席固辞,此系素怀,非出矫饰。乃各界又以国家大义、地方治安环相督责,谓阖省军民政务不可一日无人主持,今日只有同舟共济,非可揖让从容。公望心念大局之危,重以父老之督责,以身许国,义难推诿,乃不得不牺牲个人之志愿,以谋全浙幸福。爰于五月六日就任视事。念兹艰巨,勉为规随。凡为寅僚,安危共寄,务望照常办事,力保治安,并希分别转饬所属,晓示军民一体遵照。

(原载《申报》一九一六年五月十日,六版,要闻二·宁波快信)

浙都督致唐温王电

唐少川先生并转温钦甫、王亮畴两先生公鉴:三公德高望重,内外同钦,敬推为外交代表,除另具推任、派员恭送外,先此电达,伏乞俯允。浙江都督吕公望叩。鱼。印。(中华民国五年五月六日)

(原载《申报》一九一六年五月八日,二版,公电)

浙江都督通告云贵两广电

云贵、两广都督鉴:鱼电谅达。敝省已推任唐少川先生为外交正代表,温钦甫、王亮畴两先生为外交副代表,特此电闻。浙江都督吕公望叩。

(原载《申报》一九一六年五月八日,二版,公电)

附　浙绅致唐少川电

唐少川先生并转温钦甫、王亮畴先生公鉴：屈辞吕继，名义定，秩序安。已由都督电推三公任外交代表，务乞俯允。殷汝骊、莫永贞、范贤方、陈时夏、金兆棪、许燊、方於笥、俞凤韶。

（原载《申报》一九一六年五月八日，二版，公电）

浙江都督告示[①]

本省自独立以来，秩序安静如常，金融亦颇敏活，尔商民人等咸抱乐观。乃近日忽传播一种极无意识之谣言，有谓北京政府拟逼本省取消独立者，有谓某省调兵将至某处者，此皆匪徒造谣，听者不察，遂至以讹传讹，数日之间，省垣之内又似现有恐惶景象，商业或由此萧条，金融或由此停滞，甚至种种不可思议之影响将由此而发生。殊不知大局问题，本省早与外省互相联络，亟谋从速解决，以息兵端。各省现均各自维持治安，安有袭击他省之事？至北京政府，实已鉴于调兵不集、筹饷不灵，业经连日会议退位手续，何得再有武力之可用？本都督为维持治安起见，除已严饬军警密拿造谣之人从重惩办外，特此晓谕尔商民人等，务各安居乐业，慎勿轻信谣言，自相惊扰。

（《浙省又有谣言发生》，原载《申报》一九一六年五月十日，六版转七版）

浙江都督府饬军字第七十五号

饬文武各僚属不得藉端辞职仰即遵照由

为饬遵事。查浙省独立，始终以安辑军民、维持秩序为务，所有文武各机关在职人员，均应照常办事，不许藉端辞职，历经屈前都督通告在案。本都督念时局之多艰，期群贤以共理，受任之始，亦尝通电寅僚各安职守，感金石之尔音，期舟楫以共济。乃各属藉端辞职，

[①] 消息导语称："杭垣新旧都督交替之际，曾发现种种谣言，而屈文六氏为台州人，今日台州军官亦有辟谣之电发现。兹为分纪如下。吕都督示谕云："

近仍不乏其人,殊非本都督之所期许。昔前清守令多所纷更,视官厅如传舍,弃职务如弁髦,贻误地方,流弊滋甚。方今庶事维新,百端待理,本都督用人行政,一秉大公,决不愿叔世恶习再见于今日。用是竭诚通告,望我文武寅僚,各矢精勤,共任艰巨。若其事有阻碍,难于措施,尽可据实直陈,共筹良策。本都督方期与文武同寅共图治理,亦决不令凡百僚友独任其难。须知凡属官吏,既经受职,即应担负义务,不得妄希趋避。职有高卑,而事无歧异。况际此有事之秋,正吾人报国之会,曷可先去,以为民望?若其妄相揣测,意存规避,致使机关停滞,职务废弛,滋生弊端,酿成变故,则职守具存,各有专责,不惟国法所□容,恐亦良心所不忍。本都督为慎重官守,维系治安起见,不惮谆谆,为此饬仰该　即行遵照,并转饬所属共凛毋忽。此饬。

都督吕公望

右饬文武各属。准此。

中华民国五年五月九日

(原载《浙江公报》第一千五百号,一九一六年五月十六日,一页,饬)

浙江都督府饬警字第四十一号

饬嘉善县知事饬知调委枫泾警佐由

为饬知事。照得新委该县枫泾警佐黄之翰,应饬与绍兴县东关警佐胡景辉对调,除将胡景辉委状饬发绍兴县知事转给,并将黄之翰委状换给外,合行饬仰该知事知照。此饬。

都督吕公望

右饬嘉善县知事殷济。准此。

中华民国五年五月十二日

(原载《浙江公报》第一千五百零一号,一九一六年五月十七日,三页,饬)

浙江都督府饬警字第四十二号

饬绍兴县知事饬知调委东关警佐由

为饬知事。照得该县东关警察分所警佐胡景辉，应即与新委嘉善县枫泾警察分所警佐黄之翰对调，除将黄之翰委状径给外，合行填发胡景辉委状，饬仰该知事转饬祗领，克日交替清楚，前赴调任，并即具报。此饬。

计发委状一件。

都督吕公望

右饬绍兴县知事宋承家。准此。

中华民国五年五月十二日

（原载《浙江公报》第一千五百零一号，三页，饬）

浙江都督吕示

为出示晓谕事。照得本省独立以来，所有中国、交通两银行一律由本军政府担任保护钞票流行，信用极好。此次北京袁政府来电，"停止兑现"，是项命令在独立省分本不发生效力，惟未独立省分既经停止，本省中、交两行，准备虽甚充足，或恐现银流出，本军政府为保固金融起见，故有暂停兑现办法，尔军民人等毋得妄生揣测。总之，浙江金融上之信用，与他省不同，本军政府自有一定维持之策，用特一再示谕，并拟定条例六条开示于后，仰军民人等一体知照。切切特谕，毋违。

一、中国、交通两银行有"浙江"字样，向在浙省通行之钞票，暂缓兑现，仍一律通用，由护国军政府担负维持责任。

一、地丁捐税，概准照常完纳。

一、十元、五元之钞票，可向银行或钱铺调换一元钞票，概不折扣。

一、一元钞票，可向钱铺兑取银角、铜元，价值与现龙洋一律，不得抑扣或跌价。

一、钱业商董已议定维持办法，军民一体行用，决不稍有损失。

一、暂缓兑现期内，如有军民人等恃强兑现，及奸商故意抑扣跌价，均以扰乱秩序论罪。

中华民国五年五月　日

（原载《浙江公报》第一千五百零一号，六页，示）

浙江都督府饬警字第四十四号

饬知缙云县调委壶镇警佐由

为饬知事。照得该县壶镇警察分所警佐郑仁杰，应与萧山县西兴警察分所警佐张炳磷对调，除将张炳磷委状饬发萧山县知事转给外，合行填发郑仁杰委状，饬仰该知事转给祗领，并饬克日交卸，赴调职务，即由该知事委代具报。此饬。

计发委状一纸。

都督吕公望

右饬缙云县知事欧阳忠浩。准此。

中华民国五年五月十二日

（原载《浙江公报》第一千五百零二号，一九一六年五月十八日，一页，饬）

致段祺瑞劝告项城速行退位电

北京政事堂段国务卿钧鉴：自浙中独立，公望连电中央，敦劝项城退位，忠言药石，充耳不闻。比阅沪报，更传吾公有拥护项城之宣言，公望期期以为不可。项城秉国四年，政治、道德，无一足餍人心，犹复帝制自娱，背盟弃信，总统资格，丧失久矣。皮之不存，毛将安附？今乃冒神圣之荣名，为回翔之余地，翻覆雨云，环球腾笑，威信扫地。返日无戈，长此迁延，危亡立至。海内喁喁，想望吾公主持大计，挽救沦胥，诚不宜拥护一人，贻害全局。公望比以屈公解组，各界交推担任浙督，但知以国家为前提，不敢作随声之附和，仍乞忠告项城，速行退位，俾国家早日统一[①]，以救危亡。急切陈词，枕戈待命。吕公望叩。灰。（中华民国五年五月十日）

（原载《浙江公报》第一千五百零二号，四页，电）

浙江都督府饬军字第一百二十号

饬发《浙江省文武各官现行公文程式条例》由

为饬遵事。兹制定《浙江省文武各官现行公文程式条例》，除分饬外，合将《条例》饬发该　　，并转饬所属一体遵照。此饬。

计发《条例》　份。

都督吕公望

右饬文武各机关。准此。

中华民国五年五月十四日

浙江省文武各官现行公文程式条例

第一条　都督对于所属各文武官均用饬，各文武官对于都督用呈。

第二条　凡文武官有统属关系者，上级官对于下级官均用饬，下级官对于上级官用呈。

第三条　民政、财政、警政各厅，厅长对于道尹用咨，道尹对于各厅长用咨呈。

第四条　镇守使、民政、财政、警政、高等审检各厅厅长，对于各县知事均用饬，各县知事对于镇守使、各厅长用呈。

---

① 国家两字，底本难辨认。据《吕督又一救危要电》补，见《申报》一九一六年五月十三日第六版。电文并见于志恢编辑《再造共和新文牍》，八〇至八一页。

第五条　凡文武官无统属关系者,往来公文概用公函。

（原载《浙江公报》第一千五百零三号,一九一六年五月十九日,一页,饬）

浙江都督府饬军字第一百二十一号

饬发《军事参议会条例》由

为饬遵事。依据《浙江省护国军政府组织法》第五条,都督府设军事参议会,备都督重要军务之咨询。兹制定该会条例,亟应公布实行。除分饬外,合将条例饬发该　　　,并即转饬所属一体遵照。此饬。

计发《军事参议会条例》　份。

都督吕公望

右饬军警各机关。准此。

中华民国五年五月十三日

军事参议会条例

第一条　军事参议会设于都督府,备都督重要军务之咨询为主。

第二条　军事参议会内所列席之人员如左:

都督府参谋长;

师、旅长;

其他军事各长官;

特任军事参议官。

第三条　军事参议会由都督或参谋长主席,临时召集前条所应列席各员行之。

第四条　凡关于军事上重要事项,非个人意见所能决定时,概得付军事会议议决。

第五条　军事参议会列席各员,如有关于军事上必须集议之项,得随时提出,经主席许可,然后开会议决。

第六条　于必要之时期,得由主席以命令召集在要职各军官参与会议。

第七条　所有议决之件,由主席者交由各该机关执行之。

第八条　军事参议会议决之件,由书记登录会议簿,经各参议官亲阅盖章或签字,由都督府参谋长保管之。

第九条　本条例未尽事宜,得随时由军事参议会议决修正①,呈由都督公布。

（原载《浙江公报》第一千五百零三号,一至二页,饬）

吕公望启事②

公望顷因屈公解组,各界交推,担任浙江都督。兹事体大,惧勿克胜。重蒙诸君电贺,藻饰逾恒,益增惶愧。尚乞时加策励,惠我南针,无任感谢。临颖神驰,诸希公鉴。

吕公望启

（原载《申报》一九一六年五月十七号,一版广告）

浙江都督府饬军字第一百四十二号

饬知继续给发军官士兵本年上期年俸金及减饷由

为饬遵事。照得浙省现虽改革,所有退役军官本年全年年俸及退伍士兵本年上期年金并减饷,仍应竭力筹措,继续给发,以昭信用。惟现值军事倥偬之际,该退伍官兵等,因而复役军队者,谅不乏人,亟应严加取缔。于此次给发年俸金及减饷时,无论为官长、士兵,如非本人亲带凭证请领者,即将应发年俸金及减饷悉数扣留,以杜影射而

---

① 军事参议会,底本脱"会"字,径补。
② 本启事随后自《浙江公报》第一千五百零三号（一九一六年五月十九日）起刊登,至第一千五百六十四号（七月二十日）止,共刊登六十一期。《浙江公报》发表时署名之下无"启"字。

免冒滥。至发给时期,仍以六月月终为限,由该　先行造册具领,以凭核发。除分饬外,合行饬仰该　遵照办理。此饬。

都督吕公望

右饬台州镇守使顾乃斌、嘉湖镇守使张载阳、建德团区司令官黄元秀、兰溪团区司令官童必挥、丽水团区司令官佘冠澄、兼代绍兴团区司令官王伟。准此。

中华民国五年五月十六日

(原载《浙江公报》第一千五百零四号,一九一六年五月二十日,一页,饬)

浙江都督吕批

民政厅呈送组织条例请核准公布由

呈及《组织条例》均悉。察阅该《条例》内第八条第二款第七项所定职掌,与财政厅职权微有窒碍,应即删去,余均周妥,准即公布施行。《条例》存,代备副。呈缴。

浙江民政厅组织条例

第一章　总则

第一条　本厅组织依《浙江省护国军政府组织法》第八条第一款、第二款之范围定之。

第二条　本厅主管全省民政事宜及教育、实业、交通一切事务,指挥监督地方官厅及其他特设机关。

第三条　本厅设厅长一人,统辖所属职员,掌其吏事;参事一人,参预本厅重要事宜;秘书四人,助理秘书若干人,承厅长之命办理要牍、综核各科文稿事宜。

第四条　厅长就本厅主管事务,依其职权或特别委任得发厅令。

第五条　厅长就本厅主管事务,对于所属官厅之命令、处分,认为违法或害公益时,得取消或停止之。

第六条　厅长有事故时,参事得代行其职务。

第七条　厅长对于特种事项,认为必要专设机关办理时,得呈请都督酌量设置。

第二章　分科及其职掌

第八条　本厅分设五科,其职掌如左:

(一)总务科

典守印信事件;

收发公文事件;

所属官吏任免、奖励、惩戒事件;

文牍事件;

统计事件;

关于收发译电明密电码事件;

本厅会计事件;

本厅庶务事件。

(二)内务科

地方自治事件;

选举事件;

田土户籍事件;

礼俗宗教事件;

保存古迹事件;

荒政赈恤事件;

交通事件;

禁烟事件;

土木工程事件。

(三)警务科

地方警察行政事件;

警察编制事件;

卫生警察事件。

（四）教育科

普通教育事件；

专门教育事件；

社会教育事件；

外国留学生事件。

（五）实业科

农田、水利、林垦事件；

工、商、矿事件。

第九条　每科设科长一人，科员若干人。科长承厅长之命，总理本科事务，并指挥所属职员；科员承上官之命，办理事务。科长有事故时，由序列在前之科员代理之。

各科视事之繁简，酌股录事若干人①，管理各科庶务、缮校及卷宗事件；录事以下设司书若干人，辅助录事处理事务。

第三章　附则

第十条　本厅内部办事细则，由厅长定之。

第十一条　本条例呈由都督核准施行。

（原载《浙江公报》第一千五百零四号，二至四页，批牍）

浙江都督府饬军字第一百四十二号

饬各军队将退伍兵复役年月籍贯详细查明造册具报由

为饬遵事。现值军事倥偬，各军队人员前由本省退伍，此刻复役军队者谅不乏人，亟应切实查明，以凭注册。除饬外，合行饬仰该　　转饬所属，将前项官兵复役年月日及籍贯详细查明造册，汇总具报，一面晓谕所属军队官兵，如曾经本省退伍之员，应先自行禀报

---

① 股，疑为"设"之误。

该直属官长转报，倘有隐匿不报意图蒙混者，一经觉察，即将现职撤销，以示儆惩，并仰遵照办理。此饬。

都督吕公望

右饬陆军第六师师长童保暄、兼代陆军第二十五师师长周凤岐、宪兵司令官王桂林、本府守备队司令长郑炳垣、本府暂编游击队副官黄在中、杭州游击队统领张伯岐。准此。

中华民国五年五月十六日

（原载《浙江公报》第一千五百零六号，一九一六年五月二十二日，一页，饬）

浙江都督府饬军字第一百四十三号

饬知为特任俞凤韶为本府财政参议兼浙江
中国交通实业各银行监理官由

为饬遵事。兹特任俞凤韶为本府财政参议兼浙江中国、交通、实业各银行监理，前由北京政府派充各该银行监理官应即撤销，各该行所有官股暂由该员监察办理。除分饬财政厅厅长知照、各该银行并转各前监理官知照外，合行饬仰该银行分别转知各前监理官遵照、该厅长知照。此饬。

都督吕公望

右饬浙江中国银行、浙江交通银行、浙江地方实业银行、财政厅厅长。准此。

中华民国五年五月十五日

（原载《浙江公报》第一千五百零六号，一至二页，饬）

浙江都督府饬军字第一百四十三号

饬特任该员为本府财政参议兼浙江
中国交通实业各银行监理官由

为饬遵事。特任该员为本府财政参议兼浙江中国、交通、实业各银行监理,前由北京政府派充各该银行监理官应即撤销,各该行所有官股暂由该员监察办理。除分行财政厅及各银行转知各前监理官外,合将特任状饬发该员祗领遵照。此饬。

计发特任状一张。

都督吕公望

右饬俞凤韶。准此。

中华民国五年五月十五日

（原载《浙江公报》第一千五百零六号,二页,饬）

浙江都督府饬军字第一百四十四号

饬特任杭关浙海瓯海各关监督由

为饬遵事。特任该员为杭关、浙海关、瓯海关监督,合将特任状发仰祗领遵照。此饬。

计发特任状一张。

都督吕公望

右饬杭关监督程恩培、浙海关监督孙宝煊、瓯海关监督冒广生。准此。

中华民国五年五月十五日

（原载《浙江公报》第一千五百零六号,二页,饬）

浙江都督府饬军字第一百四十五号

饬特任高等审判检察厅长由

为饬遵事。特任该员浙江高等审判厅厅长、浙江高等检察厅厅长,合将特任状发仰祗领遵照。此饬。

计发特任状一张。

都督吕公望

右饬浙江高等审判厅厅长范贤方、浙江高等检察厅厅长王天木。准此。

中华民国五年五月　日

（原载《浙江公报》第一千五百零六号，二至三页，饬）

浙江都督府饬军字第一百四十六号

饬拿藉名捐募军饷匪徒由

为通饬事。照得迭据报告，近有无赖之徒，假藉本府名义在各处庵观寺院募捐军饷，殊不知本省自独立以来，虽云军用浩繁①，而饷糈实已充牣，固无须借助于捐募之途，更无扰及方外僧道女尼之理。此等匪徒骗取金钱，固属无几，然于我堂堂正正护国军之名誉，未免有损。合行饬仰该司令官、该厅长转饬所属一体严密查拿，从重惩办，勿稍疏忽，切切。此饬。

都督吕公望

右饬省城卫戍司令官、宪兵司令官、省会警察厅厅长。准此。

中华民国五年五月十六日

（原载《浙江公报》第一千五百零六号，三页，饬）

浙江都督府饬政字第五号

饬警政厅保护嘉善窑市由

为饬知事。顷据嘉善窑业公会黄善成、郁世骥、李朝森等电称，"善属洪溪镇为窑业中心，近时为窑业旺朝，数十货行往来巨万，自四月十九号镇遭匪劫二十余家，窑市停顿，工人赖业，镇无兵警，人心惶惶。请迅派水警前往保护，以维商业"等因。现在窑业旺期，匪劫之余，人心摇动，自未便任其久行停顿，亟应设法保护。为此饬仰该厅迅即查明，核办具复。此饬。

都督吕公望

---

① 浩繁，底本误作"浩紧"，径改。

右饬警政厅厅长夏超。准此。

中华民国五年五月　日

（原载《浙江公报》第一千五百零九号，一页，饬）

浙江都督府饬政字第六号

饬各县知事示各县人民本省钱粮捐税仍应照常完纳由

为饬遵事。浙省独立以后，钱粮捐税一律照常征收。访闻各县近来间有乡曲愚民误会揣测，妄冀减免粮赋。此类谣言毫无根据，但若听其播传，难免启人观望，实于财政前途大有妨碍。兹经本都督撰印示谕，通颁各县，俾解谣惑。除分饬外，合行饬发，仰该知事遵照迅即遍贴，俾众周知，并应宣谕绅民，广为劝导，另行具报，是为至要。此饬。

计发示谕　张。另寄。

都督吕公望

右饬各县知事。准此。

中华民国五年五月　日

浙江都督吕示

为出示晓谕事。照得钱粮捐税为军饷、政费之所自出，人民应负纳税义务，《约法》具有明文。近来浙省虽对于中央宣告独立，民国法律仍当照旧遵守。所有保卫地方、处理庶政，仍由本都督督同行政、司法各机关照常办理，政务兴革有增无减，况值防务紧要之时，添兵增饷，支出尤繁，待款甚急。乃风闻各县颇有少数人民误会揣测，希冀于钱粮捐税或有豁免蠲减之举，乡愚无知，转相传播，互为观望，以致各县征收机关多受谣传之影响，收入日形短绌，于财政前途实属大有妨碍。须知人民完纳赋税，国有常经，浙省自经独立，护国军政府组织已成，正应上下相维，俾臻治理，岂能妄思免除赋税，以自卸其国民之义务？若税入日形减短，则政务何由进行？为此示仰各县人民一体知悉，所有钱粮捐税仍应照旧迅速依限完纳，如有乡曲莠民故造浮言谣惑闻听者，即由所在地方官随时缉拿，按法究惩，毋稍宽贷。其各凛遵，切切。特示。

中华民国五年五月　日

（原载《浙江公报》第一千五百零九号，二页，饬）

浙江都督府饬政字第七号

饬省会工程局会办夏超代理总办由

为饬知事。据省会工程局总办孙启泰详称，"为旧疾复发赴沪就医，拟请准由会办代理职务，仰祈察核示遵事。窃总办素患肝疾，调治数月，见效甚鲜。入春以来，肝阳司令，火气上升，以致夜卧不宁，胃纳日减。据医者云，非静心调摄，难以见功。日内拟乞假赴沪就医，所有职局日行公务，拟请由职局会办、省会警察厅厅长夏超代理。路政与警务，本相联属，伏乞俯准。为此备文详请，仰祈都督核夺施行"等因。除批示照准外，为此饬仰该会办遵照办理，切切。此饬。批抄发。

都督吕公望

右饬省会工程局会办夏超。准此。

中华民国五年五月　日

批抄附

详悉。应即照准，候饬知该局会办夏超暂行代理可也。缴。

（原载《浙江公报》第一千五百零七号，一九一六年五月二十三日，一页，饬）

浙江都督府饬政字第八号

通饬各属遵照转饬所属一体照约保护美国人
陶士登俄国人米托发诺等来浙游历由

为饬知事。据外交部来咨,"准驻京美使馆、驻京俄使馆函称,'兹有本国人陶士登/米托发诺等前往浙江省游历,请发给护照,并转交盖印'等因前来。除由本部照办外,相应开具名单,咨请查照,转饬保护"等因。事关外交,自应照常办理。除分饬外,合行抄单饬仰该遵照,转饬所属一体照约保护。此饬。

计发抄单一纸。

都督吕公望

右饬各警察厅长,各道尹,嘉湖、台州两镇守使,交涉员。准此。

中华民国五年五月十六日

浙江省游历名单

美国人:陶仕登携眷、顾临、安德森、华司敦、明乐林、吴理安女士、明夫人、美国使馆二等参赞怀。

俄国人:米托发诺、陆克社赤。

(原载《浙江公报》第一千五百零七号,一至二页,饬)

浙江都督府饬政字第九号

通饬各属遵照转饬所属一体照约保护
日商下野哲四郎来浙游历由

为饬知事。案查日商下野哲四郎由山东省请照来浙游历①,前准该省民政长官咨请饬属保护有案。事关外交,自应照常办理。除分

---

① 底本作下野四郎哲,为"下野哲四郎"之误,径改。

饬外,合亟饬仰该　　遵照,转饬所属一体照约保护,并将该日商游历到境、出境日期及在境行动随时详细具报。此饬。

　　　　　　　　　　　　　　　　　都督吕公望

右饬各警备队统带、各警察厅厅长、交涉员。准此。

　　　　　　　　　　　　　　中华民国五年五月十六日

（原载《浙江公报》第一千五百零七号,二页,饬）

浙江都督咨浙江参议会

请求同意任命财政厅厅长莫永贞民政厅厅长王文庆
高审厅厅长范贤方不及提交先行就职日期由

　　为咨请事。案据《浙江参议会章程》第十三条载明,"都督委任之重要政务主管人员,须得参议会之同意";又《浙江省护国军政府组织法》第十一条载明,"除军事各项人员外,民政、警政、财政各厅长经参议会之同意,由都督任命之";又第十六条但书载明"高等审判厅长、高等检察厅长之任用,须得参议会之同意"各等语,是本都督如须任命民、警、财政各厅长,暨高等审、检厅长,自应先日提交贵会请求同意,然后再行加以任命。惟查此次本省自四月十一日宣告独立,政务、财政、高等审判各厅长即相继呈请辞职,迭经屈前都督婉词慰留,勉强未即离署,而各项政务进行实际均有停止之虑。嗣屈前都督又仓辞职①,本都督不得已勉膺兹任。前后交替之际,各机关益觉阢陧不安,不独整理亟待有人,抑且维持不宜再缓。除警政厅厅长无须更任外,民政、财政两厅,暨高等审判厅尤关重要。查有现任财政厅厅长莫永贞,于屈前都督未去职前早经推任;又,现任民政厅厅长王文庆,现任高等审判厅厅长范贤方,均属热忱伟抱,有志匡时,堪胜民、财两厅暨高等审判厅厅长之任。本都督为浙江全省大局亟须镇定起

---

① 底本如此,疑脱"促"字,即"仓促辞职"。

39

见,权宜促令就职,业已均于五月十日暨十二日先后详报正式受任,惟未及依法先行提出贵会请求同意,本都督实深歉于怀。兹特将任命民政厅厅长王文庆、财政厅厅长莫永贞、高等审判厅厅长范贤方不及提交先行就职各缘由,详叙备文咨请贵会曲谅行政当局苦衷,准予即日提交全体大会决意追认①,以符立法之至意,是为至要。此咨
浙江参议会

浙江都督吕公望
中华民国五年五月十五日

(原载《浙江公报》第一千五百零七号,三页,咨)

浙江都督府饬军字第一百四十八号

饬第二十五师师长为任命团附营长及委任副官由

为饬遵事。照得陆军步兵第五十旅司令部行将成立,所有该旅各团官长亟应遴员派充,以资编练。兹任命骑兵第六团团附姚琮为步兵第九十九团中校团附,步兵第九十八团五连连长张健为该团少校团附,步兵第二十三团第十一连连长徐步蛟为该团第一营营长,步兵第二十四团机关枪连连长林一杰为该团第二营营长,补充兵第二营营长蒋僎改为该团第三营营长,委任戴鸿渠为该团副官。又,任命步兵第二十二团团附李家鼐为步兵第一百团中校团附,步兵第九十七团九连连长冯炽中为该团少校团附,步兵第二十二团第三连连长陈钝为该团第一营营长,步兵第二十一团第十一连连长蒋棠为该团第二营营长,补充兵营长徐雄改为该团第三营营长,委任步兵第二十四团差遣钱宗泽为该团副官,月薪照上尉八成支给。除分别任委外,仰将发到各营关防并张健、蒋僎、冯炽中、徐雄任命状,转给祗领具报,所有补充各营关防,于补充事宜办理完毕,随即缴销。此饬。

---

① 决意,疑为"决议"之误。

计发关防六颗、任命状四张。

                都督吕公望

右饬兼代陆军第二十五师师长周凤岐。准此。

             中华民国五年五月十七日

（原载《浙江公报》第一千五百零八号，一九一六年五月二十四日，一页，饬）

浙江都督府饬军字同上号

饬第六师师长为任命团附营长及委任副官由

  为饬遵事。照得云云与前饬同。委任步兵第二十四团差遣钱宗泽为该团副官，月薪照上尉八成支给。除分别任委外，合将姚琮、徐步蛟、林一杰、李家鼐、陈钝、蒋棠、钱宗泽任委各状，发仰该师长转饬祇领遵照。此饬。

  计发任命状六张、委任状一张。

                都督吕公望

右饬陆军第六师师长童保暄。准此。

             中华民国五年五月十七日

（原载《浙江公报》第一千五百零八号，一至二页，饬）

浙江都督府饬军字同上号

饬委戴鸿渠为九十九团副官由

  为饬遵事。查有该员堪以委充步兵第九十九团副官。除分饬外，合将委状饬发，仰即祇领遵照到差。此饬。

  计发委状一张。

                都督吕公望

右饬戴鸿渠。准此。

             中华民国五年五月十七日

（原载《浙江公报》第一千五百零八号，二页，饬）

浙江都督府饬政字第　号

通饬各属遵照转饬所属一体照约保护
英国女教士饶梅英游历浙江由

为饬知事。本月十三日据浙海关兼宁波交涉员孙宝瑄详称,"窃本年五月四日准驻宁英领事函开,'兹有本国女教士饶梅英游历浙江全省,护照一张送请盖印移还'等由,准此。除将该护照加盖印信送还给执外,理合备文详报钧署,请赐通饬所属照约保护,实为公便"等情到府。据此,除分饬外,合行饬仰该　转饬所属一体照约保护。此饬。

都督吕公望

右饬四道尹、各警察厅长、各镇守使、交涉员。准此。

中华民国五年五月十六日

（原载《浙江公报》第一千五百零八号,二页,饬）

吕都督电复宁波周警察厅长仍着代理道尹由

宁波周警察厅长：盐电悉。仍着暂代,以待后命。都督吕。印。删。（中华民国五年五月十五日）

附　宁波周警察厅长电称新任道尹就职或另委接代由

都督钧鉴：寒电敬悉。琮理警务尚多贻误,道职关系尤重,月来代行,所有要事均由梁道尹亲裁[①],差少陨越。奉委接篆暂代,惶悚莫名,万难胜任,乞催新任克日就职,或另委接代,以维地方,不独琮之幸也。周琮。盐。（中华民国五年五月十四日）

（原载《浙江公报》第一千五百零八号,四页,电）

---

① 梁道尹,即梁建章(1871—1937),字式堂,直隶大城(今属河北)人。民国三年六月至民国五年五月,任会稽道尹。

浙江都督府饬军字第一百五十八号

饬各军队机关军职补充不得任意保荐由

为饬遵事。照得浙省自举义以来，各军队长官于保荐人员每多漫无限制，实非慎重用人之道，且增加一人即多一人之支出，于经费上亦难为继。嗣后军职补充，应遵照编制，于原有候差及应升人员中按其资格、学识，择尤详请委用，其对于投效军官，苟非必需之才，亦不得任意保荐。似此办理，庶使人有实用，款不虚縻，本都督有厚望焉。除分饬外，合行饬仰该　　遵照办理毋违，切切。此饬。

都督吕公望

右饬各军队机关。准此。

中华民国五年五月十七日

（原载《浙江公报》第一千五百零九号，一九一六年五月二十五日，一页，饬）

吕都督咨复参议会

咨请裁撤道尹一案依议执行由

为咨复事。案准贵参议会咨开，"案查光复以来，废除道制，实为刷新政治、裁汰冗员之一端。民国三年道制复活，综其职权，不过为承转文移之机关，非有澄清吏治之实力，既无秦时监郡之权，复异清代分巡之职，悬疣附赘，窒碍良多。兹经本会议员公同议决，废除道制，拟请将钱塘、会稽、金华、瓯海四道尹一律裁撤，以节国帑而除秕政。相应备文咨请贵都督查照施行，实为公便。此咨"等因。查各省道官制发生于民国三年，本未经正式国会之决定，现在浙江护国军政都督府成立，于所属官制已有变更，业经设立民政厅，承本都督特任专辖全省民政，若再留置道尹，迭为四级，于政治设施殊多障碍，矧在艰难缔造之际，尤以节财汰冗为先，为国家减一分度支，即为人民轻一分负担。贵参议会所有议决理由,本都督实在认为正当,应即依议执行。除分别电饬将钱塘、会稽、金华、瓯海四道尹一律裁撤外,合行咨复贵议长查照。此咨

浙江参议会议长张①

浙江都督吕公望

中华民国五年五月　日

(原载《浙江公报》第一千五百十号,一九一六年五月二十六日,一页,咨)

浙江都督府饬军字第一百六十六号

饬嘉湖戒严司令官前向嘉兴吴兴
提拨之款仰速将确数具复由

为饬知事。据财政厅长莫永贞详称,"五月十日据吴兴县知事张嘉树电称,奉嘉湖戒严司令部青电,以湖州司令官需款孔亟,饬在该县征收项下拨洋一万元,业已照拨。又,浙省独立以后,嘉兴、吴兴两处库款均有由该处军事机关直接派员提用,曾经吴前厅长查开数目详报屈前都督有案。此项所提库帑应如何结束,以清款项之处,理合详请鉴核批示。并据称近来军用浩繁,库空如洗,若省外军事机关再将各县征存之项截留拨用,则省库更无款接济,且非统一财政之道"等情前来。查前次该司令部详报嘉兴、吴兴等处提拨之款,共洋四万八千元,因与财政厅详报五万四千一百元之数不符,批饬详复,并以省库奇绌,筹款为难,前项暂拨之款准以二万元作为暂时借存之款,其余悉数抵充该司令部暨游击队并前敌军队恩饷之用在案,迄今未据查复。现在此项恩饷业已另款给发,所有前次向嘉兴、吴兴等处提拨之款,除去二万元外,应悉数作为五月分薪饷之需,以清款目。除

---

① 议长张,指张翅(1885—1934),名修仪,字惟容,号羽生,浙江天台人。宣统三年十二月十日,浙江省临时议会组成,莫永贞、张翅为正副议长。民国五年五月,莫任财政厅长,张接任参议长。民国六年一月,任公立浙江法政专门学校校长。

批复外，合行饬仰该司令官即便遵照办理，并速将提拨确数具复。再，该厅所称省库支绌，各县征存之项，势难截留拨用，亦系实情。嗣后非有特别重大事故，勿向各县征存项下截拨用款，俾免纷歧。其湖州戒严分司令部暂拨之一万元及前准作为暂时借存之二万元，并即补具借领，送府备查。此饬。

都督吕公望

右饬嘉湖戒严司令官张载阳。准此。

中华民国五年五月十九日

（原载《浙江公报》第一千五百十号，二页，饬）

浙江都督府饬军字同上号

饬第四十九旅长该旅前在宁波支库借拨款项
并九十七团第一营向绍兴县公署
借拨款项应如数归还由

为饬知事。据财政厅先后详称，"该旅司令部前在宁波支库借拨洋一万元；又，九十七团第一营在绍县公署借拨洋六百元[①]。并据称近来军用浩繁，库空如洗，若省外军事机关再将各县征存之项截留拨用，则省库更无接济，且非统一财政之道"等情前来。查该旅司令部现已由本府暂借洋一万元，前项借拨之款应即自行归还；其九十七团第一营向绍县公署借拨之六百元，亦即如数归还，以清款目。嗣后非有特别重大事故，不得于征存项下截拨用款，致涉纷歧。此饬。

都督吕公望

右饬陆军第四十九旅旅长韩绍基。准此。

中华民国五年五月十九日

（原载《浙江公报》第一千五百十号，二至三页，饬）

[①] 题"绍兴县"，文作"绍县"，底本如此。民国元年，山阴、会稽两县合并为绍兴县，简作"绍县"。

浙江都督府饬军字同上号

饬台州镇守使张前任前在海门支库借
拨款项有无归还查明具报由①

为饬知事。据财政厅长莫永贞详称,"张前镇守使前在海门支库借拨洋二千元"等情,查此项借款现在有无归还,合行饬仰该镇守使查明具报。此饬。

都督吕公望

右饬台州镇守使顾乃斌。准此。

中华民国五月十九日

（原载《浙江公报》第一千五百十号,三页,饬）

浙江都督府饬政字第二十一号

饬民政厅长警政厅长嘉湖镇守使保护莫干山避暑西人由

为饬知事。本月十七日据嘉兴基督教士花第生函开,"谨禀者。前在禾中面领教益,钦佩莫名。近悉屈公辞职,吾公勉徇公推,继任艰巨,俾全浙秩序赖以维护,遂听下风,无任翘企。兹因湖属莫干山地方竹深林静,风景宜人,敝教会西人每值夏令,大率携挈眷属同往该山,避暑山上,组织避暑会,盖有西式房屋大小不下百余间,自前清以至民国,历由官厅力任保护,迄未或弛。现闻浙省交涉司一职有即行撤消之说,是否属实,未敢参测。惟现在时值初夏,避暑西人即欲相率前往,若不恳请照常护持,值此地方多事,难保无发生意外之虞。为此合行函恳,仍照旧例,力为保护,俾外人生命财产得以无恙,实皆出吾公所赐也。如蒙俯准,希即赐函示悉。因敝处即拟登诸报章,以释群疑而慰众望,不胜激切待命之至"等情。据此,除分饬外,合行饬

---

① 张前镇守使,即张载阳(1873—1945),字春曦,号暄初,浙江新昌人。民国三年七月至民国五年八月,任台州镇守使。后由顾乃斌继任。

仰该转饬所属军警妥为保护,以重邦交。此饬。

都督吕公望

右饬民政厅厅长、警政厅厅长、嘉湖镇守使。准此。

中华民国五年五月　日

（原载《浙江公报》第一千五百十号,三至四页,饬）

附　浙江民政厅饬第二十三号
饬武康县知事保护莫干山避暑西人由

为饬遵事。案奉都督饬开,"据嘉兴基督教士花第生函开,'谨禀者。前在禾中面领教益,钦佩莫名。近悉屈公辞职,吾公勉徇公推,继任艰巨,俾全浙秩序赖以维护,遂听下风,无任翘企。兹因湖属莫干山地方竹深林静,风景宜人,敝教会西人每值夏令,大率携挈眷属同往该山,避暑山上,组织避暑会①,盖有西式房屋大小不下百余间,自前清以至民国,历由官厅力任保护,迄未或弛。现闻浙省交涉司一职有即行撤消之说,是否属实,未敢参测。惟现在时值初夏,避暑西人即欲相率前往,若不恳请照常护持,值此地方多事,难保无发生意外之虞。为此合行函恳,仍照旧例,力为保护,俾外人生命财产得以无恙,实皆出吾公所赐也。如蒙俯准,希即赐函示悉。因敝处即拟登诸报章,以释群疑而慰众望,不胜激切待命之至'等情。据此,除分饬外,合行饬仰该厅长转饬所属军警妥为保护"等因。查莫干山地方系在该县辖境以内,奉饬前因,合亟饬仰该知事转饬所属军警一体严密保护,毋稍疏虞,切切。此饬。

民政厅长王文庆

---

① 底本脱"组织"二字,据浙江都督府饬政字第二十一号补全。

右饬武康县知事宗彭年。准此。

中华民国五年五月二十四日

（原载《浙江公报》第一千五百十五号，一九一六年五月三十一日，四页，饬）

浙江都督吕批

财政厅详为省外军事机关直接所提库款
应如何结束并分饬各机关查明具报由

详悉。候分别饬知各该处军事机关查明具复，再行转饬遵照，并饬嗣后非有特别重大事故，不得向各县征存项下截留拨用，以归统一而免纷歧。此批。五月十九日

（原载《浙江公报》第一千五百十号，六页，批牍）

浙江都督吕批

永嘉县知事详为奉电划拨周委员征兵费银
二千元在省税项下动支乞示由

详悉。该县垫付周委员征兵费洋二千元，准由本府汇还归垫，仰将征兵周委员收据呈送来府，以凭核发。此批。

（原载《浙江公报》第一千五百十号，六页，批牍）

浙江都督吕批

龙泉县知事为据详请领垫发退伍兵死后年金
附送印领领结恳请察核照给由

详及印领领结均悉。该县垫发退伍故兵吴嘉福死后年金四十元，业已照数发交来员领回，仰将收到日期具报。此批。领结存。

（原载《浙江公报》第一千五百十号，六页，批牍）

浙江都督吕批

杭州游击队统领呈为补领旧有军官戴彤四月分薪水请示核发由

呈悉。该部旧有游击队第三营副官戴彤漏领四月分薪洋二十二元，查核饷册确未列入，应准照发。仰该统领即在四月分所领薪饷项下补发，并取具该员收据列入薪饷报销，毋庸由本府另款拨给①，以免纷歧。此批。

（原载《浙江公报》第一千五百十号，六页，批牍）

浙江都督吕批

镇海县知事为据情转详恳求核释逃兵姚连胜罪名仰祈鉴核由

详悉。查《新刑律》第六十六条末段载"有期徒刑之执行，未满三年者不在此限"等语。姚连胜系犯携带军装逃亡之罪，经第六师军法处判处三等有期徒刑三年，所请假释之处，核与法定条件不符，碍难照准，仰即知照。此批。

（原载《浙江公报》第一千五百十号，六页，批牍）

都督府电饬四道尹员缺一律裁撤预备结束由

钱塘、金华、会稽、瓯海道尹署：密。顷准参议会咨，"以公同议决废除道制，请将钱塘、会稽、金华、瓯海四道尹一律裁撤"等语。查现在省官制已有变更，业经设立民政厅，承本都督特任专辖全省民政，若复留置道尹，迭为四级，层累过多，政治设施殊多障碍，参议会所有议决理由，本都督业经认为正当，应即依议执行，将本省所有各该道尹员缺一律裁撤。除另文饬知，并派员接收会同筹办善后外，合先电饬该

---

① "庸"原作"康"，误，径改。

道尹，仰将在任已办、未办事宜迅速准备结束，一切款项、文卷及官用物品，并即分别检明列册，俟委员到后，面同交付。在署差职各员，一并开明履历、成绩，加具考语，详由本府记名，酌量提前委用，仰即遵照。都督府。漾。印。（中华民国五年五月二十三日）

（原载《浙江公报》第一千五百十号，七页，电）

浙江都督府饬军字第一百七十三号

饬知为任命杭州游击队第三营管带陈绍琳为步兵
第二十三团少校团附遗缺以徐鲲升充由

为饬遵事。兹任命杭州游击队第三营管带陈绍琳为步兵第二十三团少校团附，遗缺以步兵第二十四团八连连长徐鲲升充。除分行外，合将陈绍琳、徐鲲任命状发仰该统领、该师长转给祗领，遵照到差。此饬。

计发任命状一张。

都督吕公望

右饬杭州游击队统领张伯岐、陆军第六师师长童保喧。准此。

中华民国五年五月二十一日

（原载《浙江公报》第一千五百十一号，一九一六年五月二十七日，一页，饬）

吕都督咨浙江参议会

业经特任警政厅长高等检察长请追予同意由

为咨请事。查《浙江省护国军政府组织法》第十六条但书载明"高等检察长之任用，须得参议会之同意"等语，本都督自应照章办理。惟念时局阢陧，凡百政务待人而理，为用人求治起见，不得不略施变通。前次任用民政厅长各员，先行饬令就职视事，补请贵会追予承诺，业准贵会咨覆，提出大会，一致赞同。现查有警政厅厅长夏超、高等检察厅长王天木二员，均系属前都督业经任命之员，警政、检察两厅事务重要，不可须臾中止，该厅长、检察长又系旧任蝉联，有驾轻就熟之妙，与民政各厅长事同一例，业经本都督加给特任状，俾得从速照旧任事，相应咨行贵会，依照前例追予同意。此咨
浙江参议会

都督吕公望
中华民国五年五月　日

（原载《浙江公报》第一千五百十二号，一九一六年五月二十八日，一页，咨）

吕都督咨复浙江参议会

咨询警政厅长检察厅长曾否加委由

为咨覆事。本月十八日准贵会咨覆内开，所有本都督任命之民政厅厅长王文庆、财政厅厅长莫永贞、高等审判厅厅长范贤方，业经贵会提交大会，全体赞成为同意之追认等情，具见贵会经权并施之至意。又来咨内开，有"惟查警政厅、高等检察厅两厅长，是否系属前都督委任，更经加委"等语。查现任警政厅厅长夏超、现任高等检察厅长王天木，均系曾经属前都督任命，更由本都督加委，并以时局阢陧，万事待理，且均须本任人员继续治事，未便少有踌躇，转滋延误，故业已先行发给特任状，饬令迅速照旧办事，一面并查照前例，咨行贵会请予同意追认。除另咨外，相应咨覆贵参议会查照可也。此咨
浙江参议会

都督吕公望
中华民国五年五月　日

（原载《浙江公报》第一千五百十二号，一至二页，咨）

浙江都督府饬军字第一百八十号

饬委黄恩绪为本府助理秘书助办司法事宜由

为饬遵事。任命该员为本府秘书处助理秘书，助办司法事宜，合

将任命状饬发祗领,遵照到差。此饬。

计发任命状一张。

都督吕公望

右饬黄恩绪。准此。

中华民国五年五月二十二日

（原载《浙江公报》第一千五百十二号,三至四页,饬）

浙江都督府饬军字第一百八十二号

饬兼代第二十五师师长据台州镇守使详为
第二十五师差遣阮钟良调充职署少校参谋由

为饬知事。据台州镇守使顾乃斌详称,"陆军第二十五师差遣阮钟良拟请任命为职署少校参谋,乞鉴核"等情,除批示照准外,合将阮钟良任命状饬仰该兼代师长转饬祗领,遵照到差。再,该师差遣陈礼文业经委充该使署上尉参谋,合并饬知。此饬。

计发任命状一张。

都督吕公望

右饬兼代第二十五师师长周凤岐。准此。

中华民国五年五月二十二日

（原载《浙江公报》第一千五百十二号,三页,饬）

浙江都督府饬军字同上号

饬第六师长据台州镇守使详为该师步兵第十一旅司令部
差遣张乃森书记周兆熊调充职署副官军需正由

为饬知事。据台州镇守使顾乃斌详称,"原充陆军第六师步兵第十一旅司令部差遣、现在职署充当随员之张乃森,拟请委充职署上尉副官;又,该旅部书记周兆熊,拟请任命为三等军需正,乞鉴核"等情,除批示照准并将张乃森委状随发外,合将周兆熊一员任命状饬仰该师长转发祗领,遵照到差。此饬。

计发任命状一张。

都督吕公望

右饬第六师师长童保喧。准此。

中华民国五年五月二十二日

（原载《浙江公报》第一千五百十二号,三页,饬）

浙江都督府饬军字第一百八十四号

饬嘉湖戒严司令官据湖属经商黄永源等请将前湖属内河太湖各盐巡船勇一律迅予拨回由

为饬知事。案据湖属经商黄永源、钮恒兴、卢信惠、许宝忠等禀称,"窃自吾浙宣布独立,所有湖属各商公设之内河巡船及太湖巡船,曾奉戒严司令官调至王江泾及湖溇地方驻扎,以资防堵,事关浙省公义,各商亦何敢异辞。惟自巡船调开之后,内地空虚,各路私贩相率乘虚而入,以致盐栈销数日短一日。迭据各商电称,湖属之晟舍地方到有私船五六十艘,又嘉属之鲍郎等场到有私船一百五十余艘,此外各乡镇零星小贩,亦各明目张胆沿途洒卖,无怪官销之日见其短也。窃念各省独立,虽与中央断绝关系,独至盐课一项,则以抵借外人,终须为之保持,而欲保持盐课,则必先自整顿巡务始。乃湖属现时各船勇均已放弃其缉捕之责,而一意从事于防堵,有巡等于无巡,正恐私焰愈炽,官引不保,非惟各商受困,尤虑外人藉口。商等窃念苏浙两省均早申明各守中立,似不至发生战事,则于防务似尚不至十分紧要,拟恳都督俯念官销堕落,迅赐饬行嘉湖镇守使兼戒严司令官,准将前调之湖属内河、太湖各盐巡船勇一律迅予拨回,以利巡缉,庶几东隅之失,或可望桑榆之收,否则私盐多销一担,即官盐少销一担,驯至商倒课悬而止。为此恳请恩准迅速转饬祗遵"等情到府。合即饬仰该司令官即便按照所禀情节查核办理,并转饬该商等知照。此饬。

都督吕公望

右饬嘉湖戒严司令官张载阳。准此。

中华民国五年五月二十二日

（原载《浙江公报》第一千五百十二号，四页，饬）

浙江都督府饬军字第一百八十五号

饬兼代第二十五师师长据台州镇守使详为
第二十五师差遣张振岳请调充随员由

为饬知事。据台州镇守使顾乃斌详称，"第二十五师差遣张振岳拟请以原薪派充职署随员，乞鉴核"等情，除批"详悉。第二十五师差遣张振岳准派充该镇守使署随员，仍月支薪洋三十元，由师给领。除饬知该师师长外，仰即知照。此批"印发外，合行饬仰该师长知照，并转饬张振岳遵照前往到差。此饬。

都督吕公望

右饬兼代第二十五师师长周凤岐。准此。

中华民国五年五月二十二日

（原载《浙江公报》第一千五百十二号，四至五页，饬）

浙江都督府饬政字第四十二号

饬各属保护日人三浦铁太郎来浙游历由

为饬遵事。据福建巡按使公署咨开，"据福建外交特派员王寿昌详称，'准日本斋藤领事函开，邦人三浦铁太郎往福建、浙江、江西、江苏等省游历、通商，执照送请加印送还，等因。准此。照章将执照加印送还，照请日领事转告该日人前往各处游历，不得任意测绘，其土匪未靖地方暂缓前往。除批示并饬属保护外，相应咨请查照，转饬所属一体照约保护，并随时注意禁止测绘等事为荷"等因。为此通饬各属,如有上项日本人入境游历,验明执照相符,应即照章保护,并须随时注意不得听令有测绘等项逾越范围之行动。除分饬外,仰该厅长、该使、该道尹、该知事即行遵照办理可也。此饬。

都督吕公望

右饬交涉公署署长,各警察厅厅长,嘉湖镇守使、台州镇守使,各道道尹,各县知事。准此。

中华民国五年五月二十三日

（原载《浙江公报》第一千五百十四号,四至五页,饬）

浙江都督府饬政字第四十三号

饬民政厅长财政厅长警政厅长饬知各属
请领独立特别用款等情碍难照准由

为饬遵事。查浙省独立以来,一切行政照常办理,所有维持秩序、保卫治安,奉行政令,和辑军民,均属于普通行政之范围,除有支出详经本都督府核准支销外,其他一切经费均应照章开支,自不得假口独立名义任意开报,致滋紊乱。昨据瓯海道尹详称,"所有关于独立各项特别用款,兹已查核清楚,开单请领"等因,业经本都督批驳不准,其余各官署难免再有此项情弊,除分饬外,合即饬仰该厅长通饬所属一体遵照,是为至要。此饬。

都督吕公望

右饬民政厅厅长、财政厅厅长、警政厅厅长。准此。

中华民国五年五月二十二日

（原载《浙江公报》第一千五百十二号,五页,饬）

浙江都督府饬政字第四十五号

饬财政厅长民政厅长警政厅长据平湖县
知事电禀交卸日期知照由

为饬知事。据交卸平湖县知事电禀,"知事因病详奉前都督屈批准辞职①，遗缺由新任知事张濂署理。除遵批交代外，于本月十八日卸任平湖县篆务，即行回籍养疴。谨闻"等情，仰该厅长知照可也。此饬。

都督吕公望

右饬财政厅厅长莫永贞、民政厅厅长王文庆、警政厅厅长夏超。准此。

中华民国五年五月二十二日

（原载《浙江公报》第一千五百十二号，五至六页，饬）

浙江都督府饬政字第四十六号

饬前任财政厅长新任财政厅长派委监盘交代知照由

为饬遵事。据财政厅长/该厅长详，"应接前任厅长吴钫交代，请委员监盘，以昭慎重"等情，兹派该员/本府顾问官俞炜为监盘员，仰该员/该厅长等迅即照章会同办理。除分饬外，仰该员/该厅长即行遵照可也。此饬。

都督吕公望

右饬前财政厅厅长吴钫、本府顾问官俞炜、财政厅厅长莫永贞。准此。

中华民国五年五月二十二日

（原载《浙江公报》第一千五百十二号，六页，饬）

浙江都督府饬政字第四十九号

饬财政厅长莫永贞详查德清县粮额荒缺情形具复由

为饬知事。据德清县知事详称，"粮额荒缺，征收困难，吁恳援例计考"等情。查《考成条例》系全国所通行，该县事难独异，德清地丁

---

① 前任知事为季新益，字铭文，又号圣一居士，江苏海门人。宣统二年工科进士。民国五年三月二十五日试署平湖县知事，民国五年五月五日辞职。五月十八日卸任，由张濂继任。

银米应征与额征数目相去悬殊，国课积亏不可胜计，此项缺额究因荒废所致，抑属隐匿未清，数百年未复原额，其间积弊可想而知。现在庶事维新，应由财政厅统筹良策，以期早日清厘。至该知事详请以应征数目按成计考，如果照准，有无妨碍。经征之考成愈轻，则荒缺之复额愈难，此亦事之常理。事关田赋考成，除批该知事候饬厅查复核办外，仰该厅长详查具覆可也。此饬。

都督吕公望

右饬财政厅长莫永贞。准此

中华民国五年五月　日

（原载《浙江公报》第一千五百十三号，一九一六年五月二十九日，一页，饬）

浙江都督府饬政字第五十一号

饬四道尹一律裁撤并候派员接收由

为饬知事。案准参议会咨开，"案查光复以来，废除道制，实为刷新政治、裁汰冗员之一端。民国三年道制复活，综其职权，不过为承转文移之机关，非有澄清吏治之实力，既无秦时监郡之权，复异清代分巡之职，悬疣附赘，窒碍良多。兹经本会议员公同议决，废除道制，拟请将钱塘、会稽、金华、瓯海四道尹一律裁撤，以节国帑而除秕政。相应备文咨请贵都督查照施行，实为公便。此咨"等因。查各省道官制发生于民国三年，本未经正式国会之决定，现在浙江护国军政都督府成立，于所属官制已有变更，业经设立民政厅，承本都督特任专辖全省民政，若再留置道尹，迭为四级，于政治设施殊多障碍，矧在艰难缔造之际，尤以节财汰冗为先，为国家减一分度支，即为人民轻一分负担。参议会所有议决理由，本都督实在认为正当，自应依议执行，将全省道尹各缺一律裁撤，其任内所有特别委任职务并予撤销，前经电饬该道尹预备结束，并饬由民政厅遴荐妥员派赴接收。兹经本都督饬委章寿龄、王右庚、平智础、徐象先为该道接收委员，应俟该员到后按照后开各节，会同妥速办理，以便克期藏结①。除咨复参议会并分饬各属一体知照外，合行饬仰该道尹遵照，仍将卸任日期暨所有办结情形详细具报。此饬。

计粘附办法八条。

都督吕公望

右饬钱塘、会稽、金华、瓯海道道尹。准此。

中华民国五年五月　日

计附开办法八条

一、该道尹印信一颗，于裁撤后交由接收委员赍送本府缴销。

一、该道尹所有直接经管之教育、实业各机关职务，均改归民政厅管辖，暂交同城知事管理，继续进行。凡是项文卷、经费，一并会同委员点交该知事接收，仍分别详咨本府及民政厅查核备案。

一、该道尹所有经管防务事宜，均就近移交本区警备队统带管理，是项文卷并会同委员点明移送该统带接收，仍详咨本府暨警政厅查核备案。

一、该道尹所有兼管司法事宜，未决定办法以前，拟暂改归杭县、鄞县地方审检厅管辖，以免停顿。是项文卷、册籍一并会同委员点明移送该地方厅接收，仍分别详咨本府及高审检厅查核备案。

一、该道尹所有经存款项暨直属各机关用款，截至裁撤之日为止，一律另造清册，交由委员核对，赍送本府核收。

---

① 藏结，疑为"藏结"之误。

一、该道公署所有额定经常、薪公各费,均截至裁撤之日为止,一律核结,未领如数补领,已领者除支给外,余款交由委员赍缴本府,仍照章造册报销。

一、该道公署所有道警队均暂行移交同城知事管辖,并协委会商该区统带暨警察厅局长分别妥定办法详请核夺。

一、其余未尽事宜,由该道尹会同所派委员妥商办理,如有重要事件,准临时详情核示。

(原载《浙江公报》第一千五百十号,一九一六年五月二十六日,四至五页,饬)

浙江都督吕批

浙江警政厅详准组织条例由

详送拟具《警政厅组织条例》十七条,大纲均称妥洽,应准公布施行。摺存。此批。摘由发。

浙江警政厅组织条例

第一条　本厅组织法依《浙江省护国军政府组织法》第八条第二款之范围定之。

第二条　本厅主管全省警政事宜,指挥、监督全省警备、水上警察、省会警察及其他属于国家警察之特设机关。

第三条　本厅设厅长一员,统辖所属职员,办理全省警政。

第四条　本厅设参事一员,补助厅长处理本厅一切事宜①。

第五条　本厅就主管事务,依照《浙江省护国军政府组织法》第九条之规,得发厅令。

第六条　本厅就主管事务对于所属官厅之命令、处分,认为

---

① 补助,疑为"辅助"之误。

违法及妨害公益时,得取销或停止之。

第七条　厅长有事故时,参事得代行其职务。

第八条　本厅对于特种事须认为必要嵩设机关办理时,得呈请都督酌量设置。

第九条　本厅设秘书一员,助理秘书四员,承厅长之命,办理文牍一切重要事件。

第十条　本厅分设四科,其职掌如左。

一　第一科

关于典守印信事项;

关于收发文电事项;

关于保存卷宗事项;

关于本厅会计事项;

关于本厅庶务事项;

关于传达命令及报告事项;

关于统计事项;

其他不属各科事项。

二　第二科

关于编募、开补、教练及校阅事项;

关于防务计划事项;

关于营警调遣及缉捕事项;

关于章制、表册之审定及改革事项;

关于稽核成绩事项;

关于所属任免、奖惩事项;

关于恤赏事项。

三　第三科

关于审查预算、概算、决算事项;

关于饷需、装械之支给、交换、经营及检查事项;

关于营警存饷、截旷事项；

关于验收工程、物品事项。

四　第四科

关于违警事项；

关于警察行政事项；

关于营警之控诉事项；

关于军法事项。

第十一条　关于前各条规定之职务，有事涉两科以上者，应归主要科承办，或协商办理。

第十二条　每科设科长一员，科员若干员。科长承厅长之命，总理本科事务，并指挥所属职员；科员承上官之命，办理主管事务。科长有事故时，由序列在前之科员代理之。

第十三条　本厅设录事若干员，掌本厅案卷收发、庶务等事。录事以下设司书若干人，专司缮校文件。

第十四条　本厅设稽查若干员，随时派赴各属抽查警务之良窳，以策进行。另设差遣若干员，专任临时差委。

第十五条　本厅经费另表定之。

第十六条　本厅办事细则，由厅长定之。

第十七条　本条例自奉都督核准之日施行。

（原载《浙江公报》第一千五百十三号，三至五页，批牍）

浙江都督府饬军字第一百九十号

饬委胡庸为本府监印官由

为饬遵事。查有该员堪以委充本府监印官，月给薪水洋八十元，合将委任状饬发，仰即祗领遵照到差，谨慎供职，毋负委任。此饬。

计发委任状一张。

都督吕公望

右饬胡庸。准此。

中华民国五年五月　日

（原载《浙江公报》第一千五百十四号，一九一六年五月三十日，一页，饬）

浙江都督府饬军字第一百九十六号

饬委袁钟瑞为本府法律顾问官由

为饬遵事。兹任命该员为本府法律顾问官，合将任命状饬发，仰即祗领遵照。此饬。

计发任命状一张。

都督吕公望

右饬袁钟瑞。准此。

中华民国五年五月二十三日

（原载《浙江公报》第一千五百十四号，一页，饬）

浙江都督府饬军字同上号

饬委顾松庆王锡荣何春熙为本府财政顾问官由

为饬遵事。兹任命该员为本府财政顾问官，合将任命状饬发，仰即祗领遵照。此饬。

计发任命状一张。

都督吕公望

右饬顾松庆、王锡荣、何春熙。准此。

中华民国五年五月二十三日

（原载《浙江公报》第一千五百十四号，一至二页，饬）

浙江都督府饬军字第二百零五号

饬军法审判处处长为委任黄善溥丁权充该处帮审员由

为饬知事。兹查有黄善溥、丁权二员，堪以委充军法审判处帮审员,月各支薪水洋四十元。除分委外,合行饬仰该处长知照。此饬。

都督吕公望

右饬军法审判处处长朱寿同。准此。

中华民国五年五月二十四日

(原载《浙江公报》第一千五百十四号,二页,饬)

浙江都督府饬军字第二百零七号

饬知第二十五师长等为建筑五十旅营舍
派俞炜汪镐基为筹办委员由

为饬知/委事。照得陆军第五十旅业已成立,所有该旅部以及团营房舍亟应择地建筑,以资屯驻。现定地点于笕桥附近,其关于工程一切应办事宜,应即遴委专员办理,以期迅速。兹查有本府军事顾问官俞炜、第二十五师参谋长汪镐基,堪以委充该旅建筑营舍筹办委员。除饬委并令勘界、绘图具复/并分行外,合行饬知,仰该师长即便遵照并饬五十旅知照,/饬委该顾问官、参谋长即便遵照,会同勘定地界,绘具图说,并妥拟做品章程、投标办法,迅速呈报,以便拨款兴工,毋负委任,切切。此饬。

都督吕公望

右饬兼代陆军第二十五师师长周凤岐、本府军事顾问官俞炜、第二十五师参谋长汪镐基。准此。

中华民国五年五月二十四日

(原载《浙江公报》第一千五百十四号,二页,饬)

浙江都督府饬军字第二百零九号

饬兼代第二十五师师长第六师师长为委任
第九十九团中校团附暨各军需正由

为饬知/发事。该师/陆军第二十五师步兵第九十九团中校团附姚琮另有差委、遗缺/缺,查有第六师/该师工兵第六营营附方策堪以升任;又,该团三等军需正缺,查有第二十二团第二营军需张贯时堪以升任;第一百团三等军需正缺,查有第六师/该师炮兵第六团第二营军需周智堪以升任;又,该团二等军需缺,查有第六师/该师军需差遣林植堪以委充。除分饬外,合行饬仰该师长转饬知照。/饬第二十五师师长知照外,合将方策等三员任命状及林植委任状一并饬发该师长,分别转发祗领遵照。此饬。

计发任命状三张、委状一张。

都督吕公望

右饬兼代第二十五师师长周凤岐、第六师师长童保暄。准此。

中华民国五年五月二十四日

（原载《浙江公报》第一千五百十四号,二至三页,饬）

浙江都督府饬军字第二百一十号

饬第六师师长为宪兵司令官职务仍以王桂林暂行兼理由

为饬知事。该师步兵第十一旅旅长王桂林,应仍暂行兼理宪兵司令官职务。除饬遵外,合行饬仰该师长知照。此饬。

都督吕公望

右饬第六师师长童保暄。准此。

中国民国五年五月　日

（原载《浙江公报》第一千五百十四号,三页,饬）

浙江都督府饬军字第二百十一号

饬温岭县知事详请饬查该局借款赶速划还由

为饬知事。案据温岭县知事陆维李详称,"本年四月二十一日准陆军炮兵第六团第二营营长委充温岭征兵分局长王惟咨,'敝局于四月五日设立开征,业于十八日将入选者召集齐全,为第一次输送。兹爱新征兵额,不日即可招足,因领款多不敷支配,种切手续,时形掣肘,用特咨商贵知事借垫洋二百元,作为第二次输送公费,待到省后,当由都督府划还,俾可早日撤局'等因。计送钤领一纸过县,准经知事如数备齐咨送该局查收应用,请其到省后划交浙江银行收储,以便抵划解款在案。迄今多日,未准掣收寄来,究竟前款该局长有无领划,事关正项挪垫,未便虚悬,理合备文详请,仰祈钧督察核,迅赐饬知该局长王。惟查明前项借款,赶速如数划交浙江银行收储,掣收寄县,俾便归垫,抵划解款,诚为公便"等情。据此,除批"仰候饬将借款赶速划交归还"外,合行饬仰该分局长知照,即将前向温岭县借洋二百元如数划交浙江银行收储取回掣收,径寄该县归垫可也。此饬。

都督吕公望

右饬炮兵第六团第二营营长、委充温岭征兵分局局长。准此。

中华民国五年五月二十四日

(原载《浙江公报》第一千五百十四号,三至四页,饬)

浙江都督吕批

德清县知事吴鬶皋详为德邑赋额荒缺吁恳援例计考由

据详已悉。《征收田赋考成条例》,考核分数以额征数目匀计,系全国所通行,该县事难独异。该县应征地丁银数,与额征数目相去悬殊,究因荒废所致,抑属隐匿未清？若考成一旦减轻,恐荒缺更难复额。事关田赋考成,仰候饬行财政厅详查具覆,再候核办。此批。

(原载《浙江公报》第一千五百十四号,六页,批牍)

浙江都督吕批

海盐县详征收费不足等情饬财政厅查核由

征收公费额定若干,各县均应遵章办理,不能为该县特开一例。若各县均藉口公费不足,任意自请指款拨补,势必将通行原章均被破坏，仰财政厅查照向章迅即饬遵。此批。录详连清摺一扣并发。

（原载《浙江公报》第一千五百十四号，六页，批牍）

浙江都督吕批

台州镇守使详为请委任使署参谋副官
军需军法及书记各职人员由

详悉。查所送清摺内副官长陈国杰、上尉参谋陈礼文二员，业经分别委任，并饬知在案。至阮钟良准任命为该使署少校参谋，陈金棠准任命为代理少校副官，周兆熊准任命为三等军需正，张乃森准委充上尉副官，杨拱笏准委充军法官，陆镇准委充一等书记，月薪均照向章规定分别支给。惟陈金棠一员，应仍支原薪。除将阮钟良、周兆熊二员任命状分饬遵照外，合将陈金棠一员任命状及张乃森、杨拱笏、陆镇三员委任状饬发，仰该镇守使转给，祗领遵照。此批。五月二十二日

计发任命状一张、委任状三张。

（原载《浙江公报》第一千五百十四号，六页，批牍）

浙江都督吕批

绍兴县知事宋承家详报章徐氏报称被劫
一案诣勘情形录送单表请鉴核由

详、表、失单均悉。仰即会督营警务获是案真正赃盗，究办具报。此批。表、单存。

（原载《浙江公报》第一千五百十四号，六页，批牍）

浙江都督吕批

署理常山县知事赵钲铉详为详报遵办
防范玉匪情形仰祈俯赐察核由

据详已悉。该知事以详送道署之文封递本府，殊属疏忽。兹将原详发还，仰即补送备案。此批。五月二十二日

计发原详一件。

（原载《浙江公报》第一千五百十四号，六至七页，批牍）

浙江都督吕批

台州镇守使详为第二十五师差遣张振岳请调充随员由

详悉。第二十五师差遣张振岳准派充该镇守使署随员，仍月支薪洋三十元，由师给领。除饬知该师师长外，仰即知照。此批。

（原载《浙江公报》第一千五百十四号，七页，批牍）

浙江都督吕批

台州镇守使详为游击队统领办事勤奋请分别升等支薪由

详悉。游击队统领黄继忠、陈步棠二员，既据称办事勤奋，自本年六月份起，准如所拟各照升等支薪，以示鼓励，仰即分别转饬遵照。此批。五月二十二日

（原载《浙江公报》第一千五百十四号，七页，批牍）

浙江都督吕批

嘉善县知事殷济详报丁栅市郁恒裕等家
被匪劫扰诣勘情形并请通缉由

详及图、表均悉。查本案情节与洪家滩劫案略同，旬日之间竟任该匪等一再肆扰，该管文武官吏殊属异常疏忽，姑念在军警抽调之际，一时势难兼顾，从宽免予置议，仰速会同邻近营、县，立限严缉，务将案内赃匪破获究报。至丁栅镇自原驻水警他调后，该县究竟有无派警填驻，并仰明白声复。此批。图、表存。五月二十二日

（原载《浙江公报》第一千五百十四号，七页，批牍）

浙江都督吕批

据宪兵司令官详为宪兵司令官职务仍由旅长王桂林兼理由

呈悉。宪兵司令官职务，仍由该员暂行兼理，除饬第六师师长知照外，仰即遵照。此批。五月二十四日

（原载《浙江公报》第一千五百十四号，七页，批牍）

浙江都督吕批

温岭县知事为据详请饬查温岭征兵分局借款赶速划还由

详悉。仰候饬知该分局长赶将借款划还可也。此批。

（原载《浙江公报》第一千五百十四号，七页，批牍）

浙江都督府饬政字第六十号

饬据外海警厅长王蕚详称救护北兵资送上海
造送名册等情饬警政厅备案由

为饬知事。案据外海水上警察厅长王蕚详称，"救护北兵，资送上海，并造送名册一份，请予备案"前来，经本都督批示"候饬警政厅查核备案"等因。除批行外，合行饬仰该厅遵批办理。名册并发。此饬。

　　　　　　　　　　　　　　　都督吕公望

右饬警政厅厅长夏超。准此。

　　　　　　　　　　　中华民国五年五月　日

（原载《浙江公报》第一千五百十五号，一九一六年五月三十一日，一页，饬）

浙江都督吕批

第六师为炮兵团请领第二期卫生材料由

详悉。该师炮兵团应领第二期卫生材料，仰候转饬材料厂分别

配制后，由军务厅军医课函知，派员赴厂领取可也。此批。表存。簿册发还。五月二十四日

计发还诊断簿六十九本、处方笺五本、病床日志十四本、受诊名簿五本。

（原载《浙江公报》第一千五百十五号，五页，批牍）

浙江都督吕批

徐课员琳呈请变卖破坏服装并送清册由

据军需课转呈该课员呈及清册均悉。此项破坏服装，应准分类变卖，仰将售价先行估计，开单送候核夺。此批。抄由发。册存。五月二十四日

（原载《浙江公报》第一千五百十五号，五页，批牍）

浙江都督吕批

内河水警厅徐则恂详称巡警高元荣
并未违法殃民复请察核由

详悉。巡警高元荣既据称查无违法滥刑情事，姑免置议，仍仰该厅长饬区随时察看，其宋老虎一名，既犯劫案嫌疑，解经嘉兴县收讯，候另案办理。此缴。

（原载《浙江公报》第一千五百十五号，五页，批牍）

浙江都督吕批

游击队统部为呈送统部及所属各营开办器具经费报销册由

呈、册均悉。查报销清册系根据各项单据而成，该统部暨一、二、三、四各营清册开支总数，尚属相符，惟核与单据数目，其间多有不合，且零星各件，固无发票可取，亦应由经支者开单盖章，列入号簿，以重审计。再如该三营营本部及一营第一连、四营第四连各清册，号

数颠倒错乱,若因一物而购有先后,然号数尽可随票而编。又,各该营清册号数,间有数号并为一号,殊难稽核,不妨分别,以清眉目。又,各该营本部清册中所列印色刻戳、算盘、必针等零星各项,应于各该营公费项下开支。所有该统部暨各营清册间有应行更正删改之处,仰即知照,并即分别转饬各该营遵照,克日改造,呈候核夺。清册及单据簿各五本发还。此批。五月二十四日

（原载《浙江公报》第一千五百十五号,五页,批牍）

吕都督咨参议会

修正浙江护国军政府组织法第六第八
两条法案送请议决见复由

为咨送事。兹查《浙江省护国军政府组织法》第六暨第八两条有应加修正之处,除派员陈述理由外,合将《修正浙江省护国军政府组织法》第六、第八两条法案另缮清摺,送请贵参议会议决见覆。此咨浙江参议会会长张。

附清摺一扣。

都督吕公望
中华民国五年五月　日

修正浙江护国军政府组织法第六第八两条法案

第六条　都督府设军务厅、秘书处,其组织另定之。

附案原条文:秘书处下有"外交处"三字,修正删去。

第八条　都督统属机关如左:

一、民政厅承都督之命处理全省民政事宜;

二、警政厅承都督之命处理全省警政事宜,但地方警察权直属于民政厅;

三、财政厅承都督之命处理全省财政事宜;

四、交涉公署承都督之命处理全省交涉事宜；

五、盐运使承都督之命处理全省盐政事宜。

附案现条文第四项，系修正增入；原条文四项，今移作五项；

又，一至五各项下，原条文均无"事宜"二字，亦系修正增入。

（原载《浙江公报》第一千五百十六号，一九一六年六月一日，一页，咨）

浙江都督府饬军字第二百十四号

饬军法审判处据杭地检厅呈为刘景晨越权杀人一案
经同级审判厅判决管辖错误应归由该处审结由

为饬发事。据杭县地方检察厅检察长陈毓璿呈称，"案查前奉浙江高等检察厅饬办张陈光诉前缙云县知事刘景晨冤杀伊弟张陈银一案，并将原卷供单、保状、辩诉状及关系文件发交到厅，经票传刘景晨到案鞫讯侦查终结。该被告刘景晨对于张陈银确有越权擅杀之事实，依法起诉，送由同级审厅先付预审，经预审终结，认定刘景晨犯《刑律》第三百十一条之杀人罪，应付公判。嗣经同级审厅公开审讯，于本年四月二十五日判决，本件管辖错误。查阅原判理由，内载'刘景晨办理张陈银等四名一案，梅占魁、王文彬确系共同行为之人，刘景晨既与其会同办理该案，按诸《陆军审判条例》第十八条、第二十五条、第二十六条及第三十一条之规定，不属普通司法范围以内，本厅当然无管辖之权。该被告及其辩护人之请求，尚属相合，应依《刑诉通例》谕知管辖错误'等语。此案既经同级审厅依据《刑诉通例》为管辖错误之判决，应须归由军事裁判，以清权限。除抄录原判呈报浙江高等检察厅暨将刘景晨交保外，理合检同本案全卷及保状，备文呈请察核，发交陆军审判机关办理，并祈饬知承审之机关，于该案办结后，仍将原卷径还，俾便转送归档，实为公便"等情，并送原卷六宗、保状一本到府。除批复外，合将原卷六宗、保状一本，发仰该处长查核办理，审理终结后，仍将原卷、保状一并径送该厅转送归档，仰并知照。此饬。

计发刘景晨案警务处卷一宗、高检厅原卷一宗、地审厅原卷二宗、地检厅原卷一宗、缙云县原卷一宗,共计六宗,保状一本。

都督吕公望

右饬陆军军法审判处处长朱寿同。准此。

中华民国五年五月二十四日

（原载《浙江公报》第一千五百十六号,六至七页,饬）

浙江都督府饬军字第二百十六号

饬知旧杭属各县知事等特任第六师师长童保暄等兼充各处警备司令官由

为饬知事。兹查照本省《警备地域暂行条例》,特任第六师师长童保暄兼充杭州警备司令官,台州镇守使顾乃斌兼充台州警备司令官,四十九旅旅长韩绍基兼充鄞镇警备司令官。除分行知照外,合行饬仰该　　知照。此饬。

都督吕公望

右饬旧杭属各县知事、宪兵司令官王桂林、省会警察厅厅长夏超、杭州游击队统领张伯岐、第一区警备队统带王凤鸣、第二区警备队统带洪士俊、旧宁属各县知事、宁波警察厅厅长周琮、旧台属各县知事、台州第一游击队统领黄继忠、台州第二游击队统领陈步云、内河水上警察厅厅长徐则恂、外海水上警察厅厅长王萼、镇海炮台总台官。准此。

中华民国五年五月二十五日

（原载《浙江公报》第一千五百十六号,二页,饬）

浙江都督府饬军字第二百十六号

饬第六师师长兼警备司令官由

为饬委事。案查杭州警备司令官向由第六师师长兼任,现警备事宜继续办理，应仍由该师长兼充警备司令官，以重职守。除分行知照，并《警备暂行条例》已发前兼司令官有案外，合行饬仰该师长即便遵照。再，前发《警备条例》所定，凡应详报将军、巡按使者，既应改呈都督①，并仰遵照。此饬。

都督吕公望

右饬第六师师长兼卫戍司令官童保暄。准此。

中华民国五年五月二十五日

（原载《浙江公报》第一千五百十六号，七页，饬）

浙江都督府饬军字第二百十六号

饬台州镇守使顾乃斌兼警备司令官由

为饬委事。兹查有台州镇守使顾乃斌堪以兼充台州警备司令官、陆军四十九旅旅长韩绍基堪以兼充鄞镇警备司令官。除分别饬委行知，并本省《警备地域暂行条例》已发前兼司令官有案外，合行饬委该使、该旅长妥慎办理。再，前发《警备条例》所定，凡应详报将军、巡按使者，现应改呈都督，并仰遵照。此饬。

都督吕公望

右饬台州镇守使顾乃斌、署理陆军第四十九旅旅长韩绍基。准此。

中华民国五年五月二十五日

（原载《浙江公报》第一千五百十六号，七至八页，饬）

浙江都督府饬政字第六十九号

通饬发监征规则分别遵照由

为饬遵事。照得财政岁入以钱粮捐税为大宗，积弊亦以征收机

---

① 既，底本如此。同号饬台州镇守使者作"现"。

关为最甚,际此国家多事之日,军需、政费待用尤殷,各项征收自非力加整顿不可。查民国元年因嘉、湖所属各县知事催科不力,民间积欠太多,经由省吏派专员驻县监征,颇著成效。目下财政艰难,深堪顾虑,用特查照成案,规定《各属监征规则》十一条,先就杭、嘉、湖、宁、绍五旧府属办理,即日由本都督选派相当之员派往各县监征。所有经征、监征各员均应体念时艰,和衷共济,破除情面,一洗弊端,以期赋税之额征无缺,庶政之举措有资,功过所在,赏罚随之。至原设之统捐各路稽查员,暨各属督查员,原有专司范围,仍准照旧办理。合将印就《各属监征规则》随文颁发,即行遵照。除分饬外,合行饬仰该　　遵照可也。此饬。

计印发《规则》一件。

都督吕公望

右饬各县知事、财政厅厅长、烟酒公卖局长、各税局长。准此。

中华民国五年五月二十四日

各属监征规则

第一条　本规则因戒严期内筹备军饷起见,以督促经征税课为宗旨,于设有监征员之县属适用之。

第二条　先就杭、嘉、湖、宁、绍五旧府属,每县设监征员一人,由都督直接派充。

第三条　所有归县知事经征之地丁、漕粮,暨凡属于省经费范围内之各项捐税,监征员负有稽查、督催之责。

各统捐征收局暨各项捐局征收款项,准前项之规定,由该局所在地之监征员督催之,其分卡地跨二县以上者,仍以本局之驻在县分为标准。

第四条　监征员得检阅县署及局所各项经征簿据、文卷。

第五条　经征员役如有串通、隐漏、稽征不力,或将已收税款延搁不能各项情弊,监征员应随时稽查报告核办,不得扶同徇隐。

第六条 凡关于各县局征收手续之利弊、习惯,不便于民,应行改良者,监征员应详细调查,拟具说帖,随时陈报本府核办。如各商家、花户有滞纳抗粮等事,并应知会县知事、局长从严办理。

第七条 监征员无直接征收经解之权,尤不可干涉其他行政事务。

第八条 各县局征存钱粮捐税,并按照定章期限,扫数报解,仍随时会同该监征员核实,详细分别造表送府备查。

第九条 监征员办公房屋,即就县公署内酌拨应用,各员公费以六十元至八十元为限(旅费在内),视事务之繁简由都督分别批定,均由本府支给。各县、局、商户不许收受丝毫供应及借故刁难要求需索情弊。

第十条 各监征员有违背第五条、第七条、第九条之规定者,除由本府察出外,并得由县、局、商民举发,按照情节轻重,分别惩处。

第十一条 本规则由都督核定施行,如有未尽事宜,得随时修改之。

(原载《浙江公报》第一千五百十六号,二至四页,饬)

浙江都督府饬政字第　号

饬委章寿龄等为各道接收委员由

为饬委事。案准参议会咨开,"案查光复以来,废除道制,实为刷新政治、裁汰冗员之一端。民国三年道制复活,综其职权,不过为承转文移之机关,非有澄清吏治之实力,既无秦时监郡之权,复异清代分巡之职,悬疣附赘,窒碍良多。兹经本会议员公同议决,废除道制,拟请将钱塘、会稽、金华、瓯海四道尹一律裁撤,以节国帑而除秕政。相应备文咨请贵都督查照施行,实为公便。此咨"等因。查各省道官制发生于民国三年,本未经正式国会之决定,现在浙江护国军政都督府成立,于所属官制已有变更,业经设立民政厅,承本都督特任专辖全省民政,若再留置道尹,迭为四级,于政治设施殊多障碍,矧在艰难缔造之际,尤以节财汰冗为先,为国家减一分度支,即为人民轻一分负担。参议会所有议决理由,本都督实在认为正当,自应依议执行,将全省道尹各缺一律裁撤,其任内所有特别委任职务并予撤销,业经先后电饬各该道尹遵照,一面由民政厅长遴选妥员,由本都督给发委饬,分赴各道接收,并会同各该道尹妥处一切善后事宜,以清事限而昭慎重。兹据民政厅长分别荐拟前来,经本都督覆加核定,应亟饬仰该员克日前赴钱塘、会稽、金华、瓯海道尹公署,接收该道署印信、文卷,分别监移赍缴,并会同该道尹按照后开各项办法妥速办结,仍将办理情形详细具报核夺,毋稍延误,切切。此饬。

都督吕公望

右饬接收钱塘道尹裁撤事务委员章寿龄、接收会稽道尹裁撤事务委员王右庚、接收金华道尹裁撤事务委员平智础、接收瓯海道尹裁撤事务委员徐象先。准此。

中华民国五年五月二十三日

（原载《浙江公报》第一千五百十六号,四至五页,饬）

浙江都督府饬政字第七十一号

饬各厅厘定官俸并改编预算知照由

为饬遵事。查本省独立后,各项官制依《护国军政府组织法》之规定,不无变更,因之员额俸给亦略有损益。本月十九日由都督召集政务会议提出《厘定官俸临时办法》,当经公同议决,除军职各员仍照本官阶级给俸,其本府直辖官厅中如盐运使、交涉署、各关监督、各审检厅推、检以下人员,又各属地方官及民、警、财等厅科长以下,暨所属各机关人员,亦暂照原定办法,毋庸更议外,所有本府自都督以及秘书,民政、警政、财政各厅自厅长以及秘书,各官俸额均经重行厘定,惟秘书等职俸额,祇定一最高最低之限度,俾得各量事务繁简,预算盈虚,自由支配。兹将议定各端开单饬发,仰各该厅遵照单开俸额,将所属员额迅速编定预算,克日详送本府核定,以凭饬遵办理。再,此次厘定各职员官俸公费,应自本月分起一律照支,其前任已经扣支者,应自接任之日起算,仰并遵照。此饬。

计粘单一件。

都督吕公望

右饬高等审判厅厅长、民政厅厅长、财政厅厅长、警政厅厅长、高等检察厅厅长。准此。

中华民国五年五月二十四日

计开:

都督府

　　都督官俸,暂定月支一千二百元;

　　都督公费,暂定月支五千元;

　　机要秘书、秘书,月支二百至三百元;

　　助理秘书,月支一百至一百六十元。

各厅

　　民政、财政厅长官俸,暂定月支五百五十元;

　　民政、财政厅长公费,暂定月支八百元;

　　警政厅长官俸,暂定月支五百五十元;

　　警政厅长公费,暂定月支二百元;

　　高等审判厅长、检察厅长官俸,暂定月支五百五十元;

　　高等审判厅长、检察厅长公费,暂定月支二百元;

民政厅、财政厅、警政厅参事，三百元；

民政厅、财政厅、警政厅秘书及助理秘书，一百元至二百元；

民、财、警各厅科长以下及所属各机关人员俸薪，均照旧额；

高等审、检两厅所属人员俸薪，除新有规定外，悉照旧额。

（原载《浙江公报》第一千五百十五号，一至二页，饬）

浙江都督府饬政字第七十四号

饬据金华道道尹详请为金华县派员会考乙种商校毕业并饬民政厅届时派员由

为饬知事。案据金华道道尹沈钧业详，为转详金华县详请派员会考乙种商业学校毕业等情前来，经本都督批示："详悉。仰候饬行民政厅届时派员莅校会考。此缴。"除此批示外，合行抄发原详饬知该厅遵批办理，仰即查照。此饬。

都督吕公望

右饬民政厅长王文庆。准此。

中华民国五年五月二十五日

（原载《浙江公报》第一千五百十六号，五页，饬）

浙江都督府饬政字第七十八号

饬民政厅据台州镇守使详遵批验放食米由

为饬知事。案据台州镇守使详复，"五月八日奉都督屈批开，'详悉。查禁米出口，原为维持民食、防止偷漏起见，当此戒严期内，所有旧台属各县米石，既经镇署谕禁出口，自应一律遵办。惟该县严前知事于未经示查以前①，所给护照未运出口之米，自应兼筹并顾，妥定处置方。该知事所拟变通办法是否可行，仰台州镇守使核明饬遵，详报

---

① 该县严前知事，即严伟，字觉之，江苏仪征人，民国四年七月至民国五年四月任温岭县知事。

查核。此缴。详抄发'等因。奉此,查接管卷内据温岭县知事陆维李详称,'出口之米为数无多,可否按照如数放行'等情前来,节经张前使批饬,'查明实数以及当时何以不遽运放情形'去后。复据该知事详称,'查严知事前给护照只有鄞县陶知事咨准接济宁食之米计二千石[1],正在购运间,奉宪示禁,尚未出口。又据鄞县公署咨,准严知事接济民食,自与他项米贩不同,此外商贩米石,均不得援以为例'等情前来,复经张前使批饬,'既据查明各项实情,应准放行,以示体恤'"等因。据此,除批"详悉。查禁米出口,原为维持地方起见,势不能禁止流通,以过邻粜,亦不能漫无限制,有害民生,既据称经前鄞县陶知事咨准温岭严知事,原为接济民食,确与他项米贩不同,其数以二千石为限,并据查明各项均系实情,自应准照办理,并候饬行民政厅查照"外,合行饬知,仰即查照。此饬。

都督吕公望

右饬民政厅厅长王文庆。准此。

中华民国五年五月二十五日

（原载《浙江公报》第一千五百十六号,五至六页,饬）

浙江都督府饬政字第八十一号

饬据旧台属水产巡回教授员方宝清详请更正三月分
计算书及收据饬民政厅转咨财政厅查卷核销由

为饬知事。案据旧台属水产讲习会巡回教授员方宝清详送更正本会三月份计算书暨收据,仰祈鉴核等情前来,经本都督批示:"详及计算书并附收据均悉,仰候饬行民政厅查核,并咨财政厅查卷核销。此缴。计算书、收据并存。"除批示外,合行抄发原详,连同书据饬知该厅遵批办理,仰即查照。此饬。

---

[1] 鄞县陶知事,即陶镛,字在东,京兆人,民国四年七月至民国五年四月任鄞县知事。

附发书、据等件。

　　　　　　　　　　　　　　　　　都督吕公望

右饬民政厅厅长王文庆。准此。

　　　　　　　　　　　中华民国五年五月二十五日

　　　　（原载《浙江公报》第一千五百十六号，八页，饬）

浙江都督府饬政字第八十二号

饬据绍兴耆绅程丙臣禀称恶棍凭空冒名
捏控官长饬民政厅饬查律办由

为饬知事。案据绍兴县耆绅程丙臣禀称，"恶棍凭空冒名，捏控官长，叩请根究保证，一面饬警探拘律办，以儆不法"等情前来，经本都督批示："禀悉。该绅高年劭德，乡望翕然，乃竟有人冒名捏控官长，此种刁风亟宜惩究，仰候饬行民政厅饬查律办，以儆刁顽。此批。"除批示外，合行抄发原禀饬知该厅遵批办理，仰即查照。此饬。

　　　　　　　　　　　　　　　　　都督吕公望

右饬民政厅厅长王文庆。准此。

　　　　　　　　　　　中华民国五年五月二十五日

　　　　（原载《浙江公报》第一千五百十六号，八页，饬）

浙江都督吕批

杭县地方检察厅为据呈刘景晨越权杀人一案
经同级审厅判决管辖错误归由军事裁判
检同案卷及保状送请察核由

呈悉。候将原卷发交陆军军法审判处查核办理可也。此批。

　　　　（原载《浙江公报》第一千五百十六号，一四页，批牍）

浙江都督吕批

军务课员张炯呈为因病未愈请辞职由

呈悉。应准辞职,仰即知照。此批。

(原载《浙江公报》第一千五百十六号,一四页,批牍)

浙江都督吕批

第六师师长呈为二十四团团长伍文渊骑兵团团长余宪文办事得力请销去代理由

呈悉。准将代理骑兵团团长余宪文,改为署理,照中校十成支薪,任命状随发,仰即转饬祗领。至代理步兵第二十四团团长伍文渊,业经改为署理,已另文饬遵,并仰知照。此批。

计发任命状一张。

(原载《浙江公报》第一千五百十六号,一四页,批牍)

浙江都督吕批

浙江邮务长沙木罗浮详为请将饬委检查邮件地点开示以便遵行由①

详悉。查浙省自欧战发生,因弭患保安酌定办法,凡划入警备地域内之邮电各局,均已派员密查,嗣经前将军、巡按使遵照中央电饬,为防阻匪党交通煽乱起见,并曾通饬各县邮局一律派员密查在案。本都督为维持地方治安起见,所有各属邮电局所检查事宜,自应继续

---

① 沙木罗浮,德侨。《申报》民国三年二月二十日第六版,新派各省邮政管理局长,有"山东邮务管理局邮务长,着沙木罗浮署理";民国七年四月十六日第七版,杭州快信,有"敌侨沙木罗浮,前曾充任邮务局长,此次到省移居莫干山,不服监护,由陈检察长呈报到省,已饬照章取缔";民国七年十月三十日第十版,本埠新闻·电请接护赴京德侨,内有"接杭州杨督军、齐省长回电开:莫干山德侨北哈格又沙木罗浮及妻女各一,经内务部核准移居北京,本日由杭乘车赴沪,宥由沪乘车赴宁,经津浦路北上,请查照饬知沿途军警照章接护"。

办理，以昭慎密。除已通饬各县知照外，仰即转饬各局所一体知照。此批。五月二十六日

（原载《浙江公报》第一千五百十六号，一四页，批牍）

浙江都督府饬军字第二百二十三号

饬第六师长等为各部队一等军兽医司药人员
自六月一日起改照十成支薪由

为饬知事。查现在各部队军医、兽医、司药人员薪俸，自七成至十成支给不等，事近纷歧。本都督为整顿医务，激劝卫生人员起见，自六月一日起，将一等军兽医、司药以下各员，一律改照十成支薪；三等军兽医、司药正以上，在本职及同级职务期满六个月以上，服务勤慎成绩确优者，准由该管长官出具考语，呈请核加十成支薪，其未满六个月者，概照八成支薪，以示鼓励。合行饬仰该　转饬遵照办理。此饬。

都督吕公望

右饬第六师师长童保暄、兼代第二十五师师长周凤岐、宪兵司令官王桂林、守备队司令长郑炳垣。准此。

中华民国五年五月二十六日

（原载《浙江公报》第一千五百十七号，一九一六年六月二日，一页，饬）

浙江都督府饬军字第二百二十四号

饬杭关监督本府军医课前向上海购办军用
卫生材料运送到杭仰转饬税关照数放行由

为饬知事。本府军务厅军医课，前向上海天寿堂购办军用卫生材料，共计六箱，现据该药房函称，此项材料已分二次先后运送到杭，合行饬仰该监督转饬税关，照数放行，以资应用，仰即知照。此饬。

都督吕公望

右饬杭关监督程恩培。准此。

中华民国五年五月二十六日

（原载《浙江公报》第一千五百十七号，一页，饬）

浙江都督府饬军字第二百二十七号

饬二十五师师长该师四十九旅尚有编余
马匹应先拨归五十旅应用由

为饬知事。照得该师第五十旅业经成立，所需乘马，自应按照编制如数配备。查该师四十九旅尚有编余马匹，应先拨归该旅应用，其余空额，另俟随时筹备，再行补充，合即饬仰该师长转饬遵照。此饬。

都督吕公望

右饬兼代陆军第二十五师师长周凤岐。准此。

中华民国五年五月二十六日

（原载《浙江公报》第一千五百十七号，一至二页，饬）

浙江都督府饬军字第二百二十九号

饬民政厅据闽浙电政管理局详请核发
四月分官电费将清册发仰查照由

为饬知事。据闽浙电政管理局监督谢昌墀转据杭州局详称，"查本省官报欠费，按月由局造册，详送备文请领，业经送至本年三月份止在案。兹查四月分前将军署及都督府所发官报，计洋七千一百四十六元二角三分，前巡按使署及政务公署所发官报，计洋三千七百六十元二角七分，分别造具清册，详请转送等情前来，除饬知杭局照填收据具领外，理合备文连同清册详请钧府分别核发，并送清册二本"等因到府。除批前将军署及本府四月分电费来府具领外，合将原册一本，发仰该厅长查照办理。此饬。

计发清册一本。

都督吕公望

右饬民政厅厅长。准此。

中华民国五年五月二十六日

（原载《浙江公报》第一千五百十七号，二页，饬）

浙江都督府饬军字第二百三十号

饬高审检厅嗣后各县盗匪抢劫案件月报表均须逐月造报由

为饬知事。案查各县盗匪抢劫案件月报表，经前军署订定表式饬发各县知事，按月造报在案。近来省外各县抢劫案件时有所闻，该知事身任地方，除暴安良，责无旁贷，对于缉捕之勤惰，极应严加考核。嗣后各县发生抢劫案件，无论已获、未获，自本年四月分起，均须逐月造表，报由该厅查核，以资督责而示奖惩。俟各县报齐，再由该厅汇案列表，转报来府备查。至从前军署订定月报表，毋庸再行造报，仰并转饬各县知事遵照。此饬。

都督吕公望

右饬浙江高等审判厅厅长范贤方、高等检察厅厅长王天木。准此。

中华民国五年五月二十六日

（原载《浙江公报》第一千五百十七号，二至三页，饬）

浙江都督府饬政字第九十号

饬据茧商孙长耀禀控赵扬升等藉学勒捐
饬民政厅查案核办由

为饬知事。案据诸暨县同昌茧行茧商孙长耀禀控赵扬升等捏词冒控，欺官扰商，请准饬县申究诬控谕禁，藉名图诈，以维商务而保税务等情。查茧行抽收学捐，本属补助性质，该行所带收之捐款果经地方公认，官厅晓谕，指定为作民、上北两高等小学校经费，自不能任令赵扬升等藉学争利，致商业受其扰累。该县知事延搁此案不即核办，对于恤商、兴学两端未免近于放弃，应即由厅查案核定办法，饬县秉公执行，俾于实业、教育两有裨益。除批仰候饬行民政厅查案核办、饬县秉公执行外，合行检发原禀，饬仰该厅查案核办，并行该县知事秉公执行，切切。此饬。

并发茧商孙长耀原禀一件。

都督吕公望

右饬民政厅厅长王文庆。准此。

中华民国五年五月二十六日

（原载《浙江公报》第一千五百十七号，三页，饬）

浙江都督府饬政字第九十一号

饬据钱塘道道尹详报安吉县平民习艺所所长刘以璋领到
委状并缴销前所长潘荣光委状饬民政厅备查由

为饬知事。案据钱塘道道尹夏超详报，"安吉县平民习艺所所长刘以璋领到委状，并缴前所长潘荣光委状，谨请察核注销"等因前来，经本都督批示："详悉。候饬民政厅存案备查。委状存销。此缴。"除批示外，合行抄发原详，饬知该厅遵批办理。此饬。

都督吕公望

右饬民政厅厅长王文庆。准此。

中华民国五年五月二十六日

（原载《浙江公报》第一千五百十七号，三至四页，饬）

浙江都督府饬政字第九十五号

饬据瓯海道道尹陈光宪详报撰就禁止假茶
简明告示饬民政厅备案存查由

为饬知事。案据瓯海道道尹陈光宪详报，"遵饬撰就禁止假茶简明告示,分饬所属产茶各县,实贴严禁,并派员往各处讲演,以除弊害而维商业"等情前来,除批仰候饬行民政厅备案存查外,合行抄录原详,饬仰该厅希即查照。此饬。

都督吕公望

右饬民政厅厅长王文庆。准此。

中华民国五年五月二十六日

(原载《浙江公报》第一千五百十七号,四页,饬)

浙江都督饬政字第一百零一号

饬据会稽道道尹详送各县高小校管教员学生
一览表饬民政厅查核饬遵由

为饬知事。案据会稽道道尹梁建章详送各县高小校管教员、学生一览表,仰祈鉴核等因前来,经本都督批示:"详及管教员、学生一览表附清单均悉。仰候饬行民政厅转核知照。此缴。表、清单存。"除批示外,合行钞发原详随同表及清单饬发该厅遵批办理,仰即查照。此饬。

都督吕公望

右饬民政厅厅长王文庆。准此。

中华民国五年五月二十六日

(原载《浙江公报》第一千五百十七号,四页,饬)

浙江都督府饬政字第一百零三号

饬据会稽道道尹详请绍兴县师范讲习所举行
毕业派员监试饬民政厅核派由

为饬知事。案据会稽道道尹梁建章详称,"绍兴县立师范讲习所举行毕业,仰祈派员监试"等因前来,经本都督批示:"详悉。仰候饬民政厅核办具报。此缴。"除批示外,合行抄发原详饬知该厅届时派员前赴该所监试,以重学务,仰即查照。此饬。

都督吕公望

右饬民政厅厅长王文庆。准此。

中华民国五年五月二十六日

（原载《浙江公报》第一千五百十七号,四至五页,饬）

浙江都督府饬政字第一百零四号

饬据会稽道尹详送鄞县模范桑园开办经费详细款目清册饬民政厅查核饬遵由

为饬知事。案据会稽道道尹梁建章详送鄞县模范桑园开办经费详细款目清册,请鉴核等因前来,经本都督批示:"详悉。既据该知事将是项清册逐项明白声叙,仰候民政、财政两厅查核饬遵,仰即转饬知照。清册存。此缴。"除批示外,合行抄发原详,连同清册饬知该厅遵批办理,并咨行财政厅查照。此饬。

都督吕公望

右饬民政厅厅长王文庆。准此。

中华民国五年五月二十六日

（原载《浙江公报》第一千五百十七号,五页,饬）

浙江都督府饬政字第一百零七号

饬据会稽道尹详转温岭县禁烟案内给奖人员履历并记功状并请补发奖章饬民政厅分别给存由

为饬知事。案据会稽道道尹梁建章详,据温岭县知事详送禁烟案内给奖人员履历并记功状,并请补发奖章乞察核等因前来,经本都督批示:"详及履历并缴记功状均悉。吴鹏翔等三员奖章准予补给,仰候饬民政厅核发;徐宪章等三员记功状,并交厅暂存。缴。"除批示外,合行抄发原详,连同履历、记功状饬知该厅遵批办理。此饬。

并发各件，计履历三分、记功状三纸。

都督吕公望

右饬民政厅厅长王文庆。准此。

中华民国五年五月二十六日

（原载《浙江公报》第一千五百十七号，五页，饬）

浙江都督府饬政字第一百零八号

饬据钱塘道道尹转送嘉善县改正商会章程暨选举职员名册钤记公费饬民政厅查照核办由

为饬知事。案据钱塘道道尹夏超详送嘉善县改正商会章程暨选举职员名册、钤记公费，谨请察核等因前来，经本都督批示："详及章程、清册均悉。仰候饬行民政厅查卷核办。此缴。章程、清册、钤记费银洋十五元存。"除批示外，合行抄发原详及商会章程、职员名册饬知该厅遵批办理，仰即查照。此饬。

都督吕公望

右饬民政厅厅长王文庆。准此。

中华民国五年五月二十六日

（原载《浙江公报》第一千五百十七号，五至六页，饬）

浙江都督府饬政字第一百二十四号

饬各厅署及盐运使关监督厘正各下级机关呈电都督府及各厅署手续由

为通饬事。照得行政作用首在敏活，公文往复尤贵简捷，现据本军政府组织法规定，民政、警政、财政各厅及盐运使等署，均得对外发布厅令，以后凡隶属各该厅之机关，自奉到此次通饬之日起，对于该管辖内，除有关于事务款项变更、增设及特别紧要事项，仍须径呈或电请本都督核示饬遵，并兼呈电各该主管厅署外，其他依据一定规程办理之各项事件，应即分别呈电各该主管厅署查核办理后，再由各主管厅署随时汇案呈报，毋庸径由下级机关另行呈电本都督，以省繁复而期迅便。除分饬外，为此饬仰该　　查照，并转饬所属一体遵照毋违。此饬。

都督吕公望

右饬高等检察厅检察长、高等审判厅厅长、财政厅厅长、民政厅厅长、警政厅厅长、交涉公署署长、盐运使、各关监督。准此。

中华民国五年五月二十六日

（原载《浙江公报》第一千五百十七号，五页，饬）

浙江都督府饬政字第一百二十八号

饬民政厅将各县知事暨到省候补知事详细履历汇册详送备查由

为饬行事。案查地方行政，首重得人，值此政治革新之时，亟宜考核年资，周知贤否，以符循名责实之意。为此饬仰该厅长迅将各属现任知事详细履历、到任年月、奖惩功过，暨在省候补各知事详细履历及到省以后差委次数、有无劳绩，一律分别汇具清册，详送备查，切切，勿延。此饬。

都督吕公望

右饬民政厅厅长王文庆。准此。

中华民国五年五月二十六日

（原载《浙江公报》第一千五百十七号，六至七页，饬）

浙江都督府饬政字第一百二十九号

饬民政厅造送各厅局警正警佐详细履历到任年月功过成绩暨警官考试名单警务研究所毕业名册一并汇册详送备核由

为饬行事。案查警察为辅助地方行政之机关，所有各县警佐职务至为重要,值兹政治革新之时,亟宜考核年资、周知贤否,以符循名责实之意。为此饬仰该厅长,除省会警厅外,迅将各厅局警正、警佐暨各属现任警佐详细履历、到任年月、功过成绩,暨合于警佐资格各员之详细履历以及前次考试警官名单、警务研究所毕业名册,分别汇造清册,详送备核,是为至要,切切。此饬。

都督吕公望

右饬民政厅厅长王文庆。准此。

中华民国五年五月二十六日

(原载《浙江公报》第一千五百十七号,七页,饬)

浙江都督府饬军字第二百三十一号

饬游击队统领为委任该统部各营官长由

为饬遵事。照得该队现已完全成立,所有该统部及各营官长准照前呈各员履历册分别任委,以专责成,并准以徐天遗补充第一营副官,其第二营第五连三排长缺,查有缪范堪以补充;第六连三排长缺,以陈文升补充;第七连一排长缺,以陈芸斋补充;第三营副官缺,以褚善佐补充;第三营营长仍以陈兆麟充任。除分别饬委行知外,合将应给各员任委各状开单,一并饬发该统领分别祗领转给,各连司务长即由该统领给委。至各员应支月薪照单办理,并分饬各该员遵照。此饬。

计发任命状九张、委任状七十一张、清单一纸。

都督吕公望

右饬杭州游击队统领张伯岐。准此。

中华民国五年五月　　日

(原载《浙江公报》第一千五百十八号,一九一六年六月三日,一页,饬)

浙江都督府饬军字同上号

饬第六师长等该师差遣陈文升等业经杭州
游击队统领呈准调用由

为饬知事。该师长差遣陈文升、张同源、裘潇、章鸿春等四员,该司令处差遣陶国俊,该师第四十九旅差遣陈克明、吕律、方徐、尹觉等四员,业经杭州游击队统领张伯岐呈准调用,合行饬仰该师长、该司令官、该师长知照。此饬。

都督吕公望

右饬第六师师长童保暄、兼任宪兵司令官王桂林、兼代第二十五师师长周凤岐。准此。

中华民国五年五月　日

（原载《浙江公报》第一千五百十八号,一至二页,饬）

浙江都督府饬军字同上号

饬委缪范等充杭州游击队第二营各连排长由

为饬委事。查有该员堪以委充杭州游击队第二营第五连三排排长、第六连三排排长、第七连一排排长,月薪照少尉八成支给。除饬知游击队统领外,合将委状饬发该员祇领,遵照到差。此饬。

计发委任状一张。

都督吕公望

右饬缪范、陈文升、陈芸斋。准此。

中华民国五年五月　日

（原载《浙江公报》第一千五百十八号,二页,饬）

浙江都督府饬军字同上号

饬委褚善佐充杭州游击队第三营副官由

为饬委事。查有该员堪以委充杭州游击队第三营副官,月支薪洋六十四元。除饬知游击队统领外，合将委状饬发该员祗领，遵照到差。此饬。

计发委任状一张。

都督吕公望

右饬本府军务厅厅附褚善佐。准此。

中华民国五年五月　日

（原载《浙江公报》第一千五百十八号，二页，饬）

浙江都督府饬军字第二百三十三号

饬第六师长为调委军需处长被服厂长及
第二十四团各营营长由

为饬发事。查该师军需处处长薛炯，堪以任命为陆军被服厂厂长，月薪照旧支给；遗缺查有步兵第二十四团第三营营长王学棪，堪以调署；递遗之缺，以该团第一营营长徐震方调任；递遗第一营营长缺，以该团第二营营长吕俊恺调任，月薪均照中校八成支给；所遗第二营营长缺，查有该营第八连连长徐鲲堪以升任，月薪照少校八成支给。合将该员等任命状饬发该师长，分别转给祗领遵照。此饬。

计发任命状五张。

都督吕公望

右饬第六师师长童保暄。准此。

中华民国五年五月二十七日

（原载《浙江公报》第一千五百十八号，二至三页，饬）

浙江都督府饬军字第二百三十四号

饬第二十五师为委任张骥等四员充该师差遣由

为饬知事。兹查有张骥、陆秉亨、陈辅成、曹震等四员，堪以委充该师差遣,月各支薪水洋二十元。除分委外,合行饬仰该兼代师长知照。此饬。

都督吕公望

右饬兼代第二十五师师长周凤岐。准此。

中华民国五年五月二十七日

(原载《浙江公报》第一千五百十八号,三页,饬)

浙江都督府饬军字同上号

饬委张骥等四员充第二十五师差遣由

为饬遵事。查有该员堪以委充第二十五师差遣,月给薪水洋二十元。除饬该师师长知照外,合行饬委,仰即遵照到差。此饬。

都督吕公望

右饬张骥、陆秉亨、陈辅成、曹震。准此。

中华民国五年五月二十七日

(原载《浙江公报》第一千五百十八号,三页,饬)

浙江都督府饬军字第二百三十五号

饬为任命项霈为谘议官由

为饬遵事。查有该员堪以任命为本府军事咨议官,月支薪水洋一百元,合将任命状饬发,仰即祗领遵照。此饬。

计发任命状一张。

都督吕公望

右饬项霈。准此。

中华民国五年五月二十七日

(原载《浙江公报》第一千五百十八号,四页,饬)

浙江都督府饬军字第二百三十八号

饬知警政厅内河水上警察第三区区长张荫荣调充本府军事谘议官遗缺以王凤飞代理由

为饬遵事。照得内河水上警察第三区区长张荫荣,现经调充本府军事咨议官①;遗缺查有该区第十三队队长王凤飞,堪以任命代理;递遗队长缺,查有嘉湖游击队第三营第三哨哨官胡连昌,堪以委任代理。除分饬并径电王队长遵照外,合行饬仰该厅长知照,并将发到王凤飞任命状转发祗领,暨胡连昌到差日期具报。此饬。

计发任命状一张。

都督吕公望

右饬浙江警政厅厅长夏超。准此。

中华民国五年五月二十七日

(原载《浙江公报》第一千五百十八号,四页,饬)

浙江都督府饬军字第二百三十九号

饬本府军事参议官吴钟镕该员办事勤劳改为特任由

为饬知事。该参议官办事勤劳,应改为特任,月支薪水银四百元。合将特任状饬发,祗领遵照。此饬。

计发特任状一纸。

都督吕公望

右饬本府参议官吴钟镕。准此。

中华民国五年五月二十七日

(原载《浙江公报》第一千五百十八号,四至五页,饬)

---

① 本府,底本误作"本官",径改。

浙江都督府饬军字第二百四十号

饬为任命姚桐豫为本府顾问官由

为饬遵事。兹任命该员为本府顾问官,月支薪水洋二百元。合将任命状饬发,祗领遵照。此饬。

计发任命状一张。

都督吕公望

右饬姚桐豫。准此。

中华民国五年五月二十七日

（原载《浙江公报》第一千五百十八号,五页,饬）

浙江都督府饬军字第二百四十九号

饬知师长等继续训练担架兵以重教育由

为饬遵事。查各部队担架兵曾经各部队遵章教练在案,惟二期修业担架兵人数不多,亟应继续训练,以重教育。兹规定《办法》八条,合行抄发,仰该师长转饬遵照办理,并将办理情形具报。此饬。

计钞单一纸。

都督吕公望

右饬第六师师长童保暄、兼代第二十五师师长周凤岐。准此。

中华民国五年五月二十八日

一、本期担架修业分为二期。

一、第一期以五星期为限,授以救急法摘要（注重实习）及担架基本教育,简要应用动作（所有救急法摘要及进度表,由师部规定之）。

一、第二期仍照上年担架教育规定办法教授。

一、选挑人数照教育令行之,唯号兵半数(如于勤务时间不相抵触者,则全数)。

一、挑选之兵,以八个月兵以上为限①。

一、第一期内,须免去其他一切勤务。

一、修业期中,由该管部队长派选尉官一员管理之。

一、余均照《担架教育令》行之。

(原载《浙江公报》第一千五百十八号,五至六页,饬)

浙江都督吕批

九十八团团长兼绍兴团区司令官呈为
请领五年年俸及上期年金由

据呈送应发本届年俸金减饷册领,核数相符,所有应领银一万四千三百五十七元八角,仰候财政厅筹解到府,再行照领转放可也。此批。册领存。五月二十六日

(原载《浙江公报》第一千五百十八号,七页,批牍)

浙江都督吕批

闽浙电政管理局详为前将军署及巡按使署
四月分官电费请核发杭局收领由

详、册均悉。查前将军署及本府四月分官电费,共洋七千一百四十六元二角三分,准予取具收据来府具领。至前巡按使署所欠官电费,应候民政厅核发。除将清册一本饬发该厅外,仰即知照。此批。五月二十六日

(原载《浙江公报》第一千五百十八号,七页,批牍)

---

① 八个月兵,底本作"八个目兵",形近致误,径改。

浙江都督吕批

据钱塘道尹详送新登县知事造送苗圃图说并录租据
请拨给经费仰民政厅核咨财政厅给发由

详及图说、租据均悉。仰民政厅核咨财政厅给发,仍饬行新登县知事知照。此批。摘由钞详,连同图说、租据并发。五月二十六日

（原载《浙江公报》第一千五百十八号,七页,批牍）

浙江都督吕批

代理体育学校校长呈报奉委代理并启用印信日期由

呈悉。准予备案,仰民政厅查照。此批。呈钞发。五月二十六日

（原载《浙江公报》第一千五百十八号,七页,批牍）

浙江都督吕批

兼代第二十五师师长呈为造送四十九旅旅部
留裁人员清摺请鉴核由

呈及清摺均悉。第四十九旅司令部参谋潘竟、副官袁世俊、卫戍副官施普、军法官袁汉云、书记费垂纶等五员,应准照旧服务,并准委叶庆就充该旅部中尉副官。除刘崧申、钱钰、李焕章等,业经本府分别任委相当差事外,其沈正融、斯侠、斯文等三员,应即另候委用;司书王友濂等六员,均发给恩薪一个月,即行遣散。仰即转饬遵照办理,并将发到叶庆就委状转发祗领。此批。摺存。五月二十六日

计发委状一张。

（原载《浙江公报》第一千五百十八号,七页,批牍）

吕都督咨复前任浙江都督屈

为派员点收屈前都督移交款项等由

浙江都督府为咨覆事。案准贵前都督咨开,"查本都督自民国二

年十月一日到前民政长任，准朱前兼民政长移交署内用剩各项经费暨各种簿册，均经接收有案。嗣于民国三年六月一日改组巡按使公署，于本年四月十七日改组都督府，一切应需经费，历经饬由财政厅解署支用，均经按月照章造册报销，至本年四月底止在案。所有本年五月一日起，至同月五日止，一切用款均有簿据可核。兹值交卸都督职务，合行造具清册，并将用存各款一并咨请查照，派员接收"等因。准经饬委本府军需课课长林竞雄前往按册点收，旋据该课长详称，"遵即驰往总务科，按月逐一查点，除簿据，或正编造计算，或由收掌股提去，间有缺数，业经该科会计处签明理由，粘附原册外，其卷宗经费各数，均与原册相符。惟存款内大半皆非现金，或系支折、存单，或系债券、邮票，兹另开摺送呈鉴核。至前项经费卷宗、簿据，新任民政厅王厅长云已禀奉都督面允留厅备用，故即一律点交总务科科长章长庚接管，各于原册加盖该科长及课长名章，以资信证"等情，并将原册三本详缴前来。除饬民政厅知照外，相应咨覆贵前都督查照施行。此咨

前任浙江都督屈

都督吕公望

中华民国五年五月　日

（原载《浙江公报》第一千五百十九号，一九一六年六月四日，一页，咨）

浙江都督府饬军字第二百五十二号

饬知第六师长等为陆军各军需人员自
六月分起薪水改照十成支给由

为饬知事。照得本省陆军各军需人员薪水一项，向有十成支给者，有八成、七成支给者，办法既不一律，而职务相等，俸薪参差，亦不足以昭公允，且一等军需以下，若照七成支给，薪水过薄，尤非饫廪称事之道。值此军务倥偬之际，军需人员事务较繁，责任较重，似应稍

加优厚，以资策励。兹据本府军需课长林竞雄禀请核夺前来，查系实在情形，应准照办。自六月分起，所有军需人员薪水一项，凡一等军需以下，概照十成支给，三等军需正以上，向系七成支薪者，暂照八成支给，如服务一年以上、办事勤奋、成绩昭著者，准由各该长官考查属实、加具考语，呈请酌予增加，以昭激劝。惟自此次优予给薪以后，各该军需等务宜格外奋勉，力期考成，毋负本都督体恤属僚之至意。除分饬外，合行饬仰该　　即便遵照办理，并转饬各该军需一体知照。此饬。

都督吕公望

右饬第六师师长童保暄、兼代第二十五师师长周凤岐、嘉湖戒严司令官张载阳、台州镇守使顾乃斌、宪兵司令官王桂林、守备队司令长郑炳垣。准此。

中华民国五年五月二十八日

（原载《浙江公报》第一千五百十九号，二页，饬）

浙江都督府饬政字第　号

饬据东阳县详请给款施种牛痘饬民政厅查照由

为饬知事。案据东阳县知事张寅详称，据情详请给款施种牛痘以惠黎庶等情前来。除批"详悉。所请设局施种牛痘，经费由县税公益费项下开支，事属可行，应准照办。惟关于人民卫生，宜认真办理，毋得始勤终懈，致负初心，仰候饬行民政厅查核转咨财政厅查照。此缴"印发外，合行抄录原详，饬仰该厅如批办理，仰即查照。

都督吕公望

右民政厅厅长王文庆。准此。

中华民国五年五月二十六日

计抄原详一件。

附原详

详为据情详请给款施种牛痘以惠黎庶仰祈鉴核示遵事①。

案据自治办公处委员吴英、施志成、吴景星等详称,"窃东邑地处山僻,风气未开,人民固守旧法,故儿童初产,天花时发,流毒无穷,迭奉面谕开设痘局,祇以经济困难,未能实行。本年二月幸遇宁波陶先生来东,施种一月,大收效果,但限一偶,未能普及。倘每岁春冬开局施种,周流四乡,俾穷远山区无向隅之苦,惟仁台热心善举,藉为倡提,经费一门,预计周流各乡旅费岁结四十元,苗资四十元,以资弥补,可否于自治费项下酌量配定,俾得常此积极进行,受德无涯,伏希鉴核转详立案"等情。据此,查施种牛痘系属慈善事业,亟应倡办,迭经知事面催设局,均以经费难筹,屡议屡辍。现据详送预算数目,亦属撙节,拟于县税公益费项下年支银洋八十元,先于城区设立一局,四乡穷远处所,令医生定时走种,以便穷黎而资提倡,一俟著有成效,再行筹设分局。惟事关动支公款,知事未敢擅专,理合备文详请,仰祈钧督察核批示祇遵。谨详。

(原载《浙江公报》第一千五百十九号,二至三页,饬)

浙江都督府饬政字第一百三十一号

饬各属加派金华等十二县监征员由

为饬遵事。本都督前为巩固全省财政收入起见,特经颁订《监征规则》,先就戒严区域内杭、嘉、湖、宁、绍五旧府属派委监征员分驻各县,严行督催,业已通饬遵行在案。兹查有地丁银两在三万以上之金华、兰溪、东阳、义乌、衢县、龙游、江山、临海、黄岩、永康、淳安、永嘉等十二县,亦应各派监征员一人,以资督催而免延欠。除分饬外,仰

---

① 牛痘,底本误作"半痘",径改。

该　　切实遵行，毋稍忽视，切切。此饬。

附印发规则一件（已见本月一日本报"饬"门）。

都督吕公望

右饬各统捐局长、财政厅长、烟酒公卖局局长、各洋广货捐局长、各烟酒公卖分局长、各茧捐局长，金华、义乌、东阳、衢县、临海、永嘉、兰溪、永康、龙游、江山、淳安、黄岩县知事。准此。

中华民国五年五月二十八日

（原载《浙江公报》第一千五百十九号，三至四页，饬）

浙江都督府饬政字第一百三十五号

饬由警政厅遴选外海警厅第七队长呈候核委由

为饬知事。据外海警察厅厅长王萼电称，"都督钧鉴：职厅第七队队长赵鼎华逾假日久，前由厅长面饬回防，迄今未到，似此专顾私图，置现有职务于不问，殊属不知自爱，请立予撤差，以示惩儆。厅长王萼叩。敬"等语。除电复准予撤差外，合即钞电饬仰该厅长查照，迅即遴选妥员呈候核委，切切。此饬。

都督吕公望

右饬警政厅厅长夏超。准此。

中华民国五年五月　日

（原载《浙江公报》第一千五百十九号，四页，饬）

浙江都督府饬政字第　号

饬民政厅为派员点收屈前都督移交款项等由

为饬知事。案准前任都督屈咨开，"查本都督自民国二年十月一日到前民政长任，准朱前兼民政长移交署内用剩各项经费暨各种簿册，均经接收有案。嗣于民国三年六月一日改组巡按使公署，于本年四月十七日改组都督府，一切应需经费，历经饬由财政厅解署支用，均经按月照章造册报销，至本年四月底止在案。所有本年五月一日起，至同月五日止，一切用款均有簿据可核。兹值交卸都督职务，合行造具清册，并将用存各款一并咨请查照，派员接收"等因。准经饬委本府军需课课长林竞雄前往按册点收，旋据该课长详称，"遵即驰往总务科，按月逐一查点，除簿据，或正编造计算，或由收掌股提去，间有缺数，业经该科会计处签明理由，粘附原册外，其卷宗经费各数，均与原册相符。惟存款内大半皆非现金，或系支折、存单，或系债券、邮票，兹另开摺送呈鉴核。至前项经费卷宗、簿据，据新任民政厅王厅长云已禀奉都督面允留厅备用，故即一律点交总务科科长章长庚接管，各于原册加盖该科长及课长名章①，以资信证"等情，并将原册三本详缴前来。除咨覆外，合将册折钞录饬发，仰该厅长即便知照。此饬。

计钞发原册三本、清摺一扣。

都督吕公望

右饬民政厅长王文庆。准此。

中华民国五年五月　日

（原载《浙江公报》第一千五百十九号，四至五页，饬）

浙江都督府饬军字第二百五十八号

饬暂编游击队副官黄在中改任命为营长
遗缺以第六师差遣季亮充任由

为饬遵事。本府暂编游击队改为浙江特编游击队，任命该副官为营长，月薪照少校七成支给。所遗副官缺，查有第二十五师差遣季亮，堪以委充，月薪照上尉八成支给。除给委外，合将任命状及关防发仰该副官祗领遵照。此饬。

---

① 加盖，底本作"如盖"，据前咨复文改。

计发任命状一张、关防一颗。

都督吕公望

右饬本府暂编游击队副官黄在中。准此。

中华民国五年五月二十九日

（原载《浙江公报》第一千五百十九号，五页，饬）

浙江都督府饬军字第二百五十八号

饬第二十五师长为暂编游击队副官改任
为营长遗缺以该师差遣季亮充任由

为饬遵事。本府暂编游击队改为浙江特编游击队，任命该队原有副官黄在中为营长，月薪照少校七成支给。所遗副官缺，查有第二十五师差遣季亮，堪以委充，月薪照上尉八成支给。除任命外，合将季亮委状发仰该师长转饬祗领遵照。此饬。

计发委任状一张。

都督吕公望

右饬兼代陆军第二十五师师长周凤岐。准此。

中华民国五年五月二十九日

（原载《浙江公报》第一千五百十九号，五至六页，饬）

浙江都督府饬军字第二百五十九号

饬宪兵司令官宪兵第一连排长金衽调升
第二十一团第六连连长由

为饬发事。据第六师师长童保暄呈称，"宪兵第一连排长金衽，拟请调升步兵第二十一团第六连连长，月薪照上尉八成支给，乞鉴核"等情。除批示照准外，合将金衽委状饬发该司令官转发祗领，遵照到差。此饬。

计发委任状一张。

都督吕公望

右饬宪兵司令官王桂林。准此。

中华民国五年五月二十九日

（原载《浙江公报》第一千五百二十号，一九一六年六月五日，三页，饬）

浙江都督府饬军字第二百六十号

饬杭州游击队统领据军务厅转据中华佛教华严大学校请迁让军队仰饬该营另觅他处驻扎由

为饬行事。本月二十八日据军务厅长转据中华佛教华严大学校校长释显珠呈称，"窃敝校设立于民国三年，经前巡按使屈咨部立案，于兹二载，学生日多，进行靡懈，甚安无事。惟自本省独立后，来校借地驻兵者，日必数起，恐生冲突，未敢尽拒，遂以校前余地借浙江游击队两连驻扎，而来借地者，仍未绝迹，皆以学校所在，实无余地再借婉谢之。乃昨日游击队周营长幹偕警察厅计书记镇详等忽至校言借，迫令敝校解散，全部让出，移营本部至此，不胜骇异。窃念敝校创办艰难，孤诣苦心，始有今日，且为江浙两省僧界所合办，全国仅此一所，学生籍至十四省之多，一旦解散，群至流离失学，何以自慰，何以善后？自本省独立以来，鸡犬不惊，各界安堵，奚独使僧校受如斯之逼迫乎？用特呈恳军务厅长俯察创办艰难，僧学所系，可否一视同仁，饬周营长另觅他处，并给示保护，俾军民人等有所遵守"等情转请核示前来。该校既无余地，未便迫令腾让。所有该营本部，自应另觅相当处所驻扎，俾各相安。除批示外，合行饬仰该统领即便转饬该营长知照。此饬。

都督吕公望

右饬杭州游击队统领张伯岐。准此。

中华民国五年五月二十九日

（原载《浙江公报》第一千五百十九号，六页，饬）

浙江都督府饬军字第二百六十一号

各军事机关嗣后需用军士应在现役各士兵中
挑选勿得收用斥革之兵由

为饬遵事。查近来新成各营往往收用斥革之兵为军士，实属有碍军律。嗣后各该营需用军士，应在现役各士兵中挑选，勿得仍蹈故辙。除分行外，合亟饬仰该　转饬所属一体遵照。此饬。

都督吕公望

右饬陆军第六师师长童保暄、兼代第二十五师师长周凤岐、本府守备队司令长郑炳垣、嘉湖戒严司令官张载阳、台州镇守使顾乃斌、宪兵司令官王桂林、镇海炮台总台官金富有、内河水上警察厅厅长徐则恂、外海水上警察厅厅长王萼、模范警队营长陈最、杭州游击队统领张伯岐、本府暂编游击队副官黄在中、警备队第一区统带王凤鸣、警备队第二区统带洪士俊、警备队第三区统带刘凤威、警备队第四区统带戴任。准此。

（原载《浙江公报》第一千五百十九号，六至七页，饬）

浙江都督府饬军字第二百六十二号

一件为二十二团营长李金培等提升中校并更调二十一二
两团团附及嘉湖镇守使署副官长各缺由

为饬遵事。照得步兵第二十一团第一营营长李金培、第三营营长谢鼎，均升为中校，照中校八成支薪；该团第三营副官薛志超，升充本府副官，照少校八成支薪；该团少校团附遗缺，以本府参谋周璋调充，薪水照旧支给；该团中校团附魏斌调充本府参谋，照上校八成支薪；所遗中校团附缺，以第二十五师参谋伍崇仁调充；该团第一营副官蒋健，调升第二十五师少校参谋，照少校八成支薪；嘉湖镇守使署副官长兼嘉湖戒严司令部副官长遗缺，以步兵第二十一团中校团附汪以钫调充，照上校八成支薪；所遗中校团附缺，以该团少校团附李震东升充，照中校八成支薪；递遗少校团附缺，以该团八连连长李莅荃升充，照少校八成支薪。除分饬外，合将薛志超、魏斌、蒋健、汪以钫、李震东、李莅荃任命状发仰该师长。/伍崇仁任命状发仰该兼代师长转饬祗领。合行饬仰该镇守使知照。此饬。

计发任命状六张、一张。

都督吕公望

右饬陆军第六师师长童保暄、兼代陆军第二十五师师长周凤岐、嘉湖镇守使张载阳。准此。

中华民国五年五月二十九日

（原载《浙江公报》第一千五百十九号，七页，饬）

浙江都督府饬军字第二百六十二号

饬任命本府参谋周璋为二十二团少校团附由

为饬遵事。兹任命该参谋为步兵第二十二团少校团附，薪水照旧支给。除分饬外，合将任命状发仰该参谋祗领遵照。此饬。

计发任命状一张。

都督吕公望

右饬本府参谋周璋。准此。

中华民国五年五月二十九日

（原载《浙江公报》第一千五百十九号，八页，饬）

浙江都督府饬军字第二百六十三号

饬第二十五师长驻前敌备战之部队士兵照第六师长
　　详准月各给津贴两元按日扣算以示体恤由

为饬知事。照得开驻前敌准备作战之部队士兵，前据第六师长详请每名每月各给津贴两元，业经照准在案。此次九十八团第一营整队出防，所有该营士兵夫准援案自出发之日起，每名月给津贴两元，按日扣算，以示体恤。嗣后开赴前敌军队，均准照此办理。合行饬仰该师长即便转饬遵照。此饬。

都督吕公望

右饬兼代第二十五师师长周凤歧。准此。

中华民国五年五月二十九日

（原载《浙江公报》第一千五百十九号，八页，饬）

浙江都督吕批

第六师师长呈请更调二十三四两团及工兵营等处连排长暨司务长由

呈悉。除黄文魁、杨其藻二员充任排长年限尚欠，均应改为代理，月薪照中尉八成支给，俟将来著有成绩再予补实外，余均准如拟办理，仰将发到钱謇等三十三员委状分别转发，祗领遵照。再，差遣吕庆麟业经委充宪兵备补连排长，合并饬知。此批。五月二十七日

计发委状三十三张。

（原载《浙江公报》第一千五百十九号，九页，批牍）

浙江都督吕批

第六师呈二十二团排长郑樟森等办事勤恳请取销代理由

呈悉。步兵第二十二团中尉降代排长郑樟森、金桂林，少尉代理排长王国顺、宋学序、杨再兴、黄厥心等六员，既据称办事勤恳、成绩尚优，应准均予取销"代理"字样，各照职级支薪，以示鼓励，仰将发到王国顺、宋学序、杨再兴、黄厥心等四员委状转给祗领。此批。五月二十七日

计发委状四张。

（原载《浙江公报》第一千五百十九号，九页，批牍）

浙江都督吕批

二十五师师长呈请委周玉田充补充兵营二等军需由

呈及履历均悉。补充兵营二等军需缺,准以周玉田委充,月薪照二等军需七成支给,仰将发到委状转发祗领。此批。履历存。五月二十七日

计发委状一张。

（原载《浙江公报》第一千五百十九号,九页,批牍）

浙江都督吕批

第六师师长呈为辎重营一连排长阮兆熊与二连排长郑汉照对调请给委由

呈悉。辎重营第一连四排长阮兆熊,准与该营第二连四排长郑汉照对调,委状随发,仰即转饬给领。此批。五月二十七日

计发委状二张。

（原载《浙江公报》第一千五百十九号,九页,批牍）

浙江都督吕批

第六师为派员点放本年五月分各团营连薪饷由

呈及清单均悉。该师在省各团、营、连应放本年五月分薪饷,现经本府分别派员定于五月三十一日前往点放。除饬各该员遵照外,合将派定人员名单抄发,仰即转饬知照。此批。五月二十八日

计发抄单一纸。

附抄单

二十一团二营	报国寺
又机关枪连	梅花碑
二十三团第九十两连	梅花碑

以上派本府军务课员刘端

二十三团全团	笕桥
骑兵第六团	笕桥

以上派本府参谋张国威

二十四团全团	南星桥

以上派本府参谋吴万里

炮兵第一营	西大街
炮兵第二营	昭庆寺
工兵第六营	梅东高桥

以上派本府副官蒋普恩

军乐队	粮道署
宪兵第二连	拱宸桥
宪兵各连	部院仓桥

以上派军法审判处处长朱寿同

（原载《浙江公报》第一千五百十九号，一〇至一一页，批牍）

浙江都督吕批

第六师呈为炮兵团第二营建修炮房由

呈、摺均悉。察阅折开各账，尚属核实，准予建设工竣后，列入该营计算核销，并将完工日期、派员验收各情形呈报备查。抄由发。摺存。五月二十八日

（原载《浙江公报》第一千五百十九号，一一页，批牍）

浙江都督吕批

东阳县详请县费生学费应自何月起算由

详悉。县费生缺额补充，自应于该生选补之月起算，仰民政厅查明转饬该县遵照。原详抄发。此批。五月一日

（原载《浙江公报》第一千五百十九号，一一页，批牍）

浙江都督吕批

为云和县知事详筹办造林情形由

详及附件均悉。据陈筹办造林情形,规划缜密,条理井井,具见办事热心,至堪嘉尚,应予从优给奖,以示鼓励,仰民政厅迅即核拟具复察夺。抄详连同图说、清单、规则并发。此批。

(原载《浙江公报》第一千五百十九号,一一页,批牍)

浙江都督吕批

临海县知事详复该县商校面粉学捐情形
仰民政厅饬行该县遵照由

详及约据、清摺均悉。既据该知事查复,应准仍照旧章办理。再,周桂芬既办捐不宜,亟应另觅妥实坐贾承办,以重学款而免朦混,仰民政厅饬行该县遵照。此批。详抄发。约据、清摺附。

(原载《浙江公报》第一千五百十九号,一一页,批牍)

浙江都督吕批

萧山县知事呈称犒赏军警奉文互异由

据呈称犒赏出力军警,先后奉文互异等情,查前令与后令不同,当然遵从后令,并无所谓歧异。仰仍遵照一五八号饬开各节,切实查明办理可也。缴。五月二十七日

(原载《浙江公报》第一千五百十九号,一一页,批牍)

浙江都督吕批

瑞安县详附和谋乱犯王阿金案卷未列犯罪
事实无从释放请示由

据详已悉。查该犯王阿金系由旧将军署发交,既未另叙案由,当

无别项犯罪情节，核与该犯供称因内乱嫌疑牵涉，尚属可信，应即准予释免，仍录报高等检察厅备查。此缴。五月二十九日

（原载《浙江公报》第一千五百十九号，一一页，批牍）

浙江都督吕批

模范警队营长陈最呈报兵士屈瑞中操练重伤仰警政厅查核转饬由

详悉。该兵士屈瑞中因操练受伤，应即妥为疗治，仰警政厅查核转饬知照。原详抄发。五月二十九日

（原载《浙江公报》第一千五百十九号，一一页，批牍）

复外海水上警察厅厅长王萼电

镇海外海警察王厅长：敬电悉。第七队队长赵鼎华任意旷职，准即撤差。都督吕。印。宥。（中华民国五年五月二十六日）

（原载《浙江公报》第一千五百十九号，一二页，杭州复电）

附　镇海来电

都督钧鉴：职厅第七队队长赵鼎华逾假日久，前由厅长面饬回防，迄今未到，似此专顾私图，置现有职务于不问，殊属不知自爱，应请立予撤差，以示惩儆。厅长王萼叩。敬。（中华民国五年五月二十四日）

（原载《浙江公报》第一千五百十九号，一二页，电）

复象山县知事廖立元电

象山县知事廖立元：勘电悉。盐商赵觐璜家被劫三千余元，盗十四人，获盗四名，内周玉书一名既据讯明，供证确凿，核法相符，应准即行提犯周玉书一名，验明正身，执行枪毙，以昭炯戒。仍将全案供证

分别录报备案，一面派警会营赶缉原赃逸盗，并将所获其余盗匪三名集讯明确，从严惩办，毋稍枉纵，切切。都督吕。艳。（中华民国五年五月二十九日）

（原载《浙江公报》第一千五百十九号，一二页，都督复电）

附　宁海来电

都督吕钧鉴：象东爵溪盐商赵觐璜家，于二十六夜被劫三千余元，盗十四，获四名，内周玉书供证确凿，核与《惩治盗匪法》第二条及《施行法》第一条相符，现值渔泛，谣风甚重，可否先将周玉书就地正法，随后另呈全案，乞电示遵办，以靖盗风。象山县知事廖立元叩。勘。（中华民国五年五月二十八日）

（原载《浙江公报》第一千五百十九号，一二页，电）

浙江都督府饬政字第一百四十号

饬为吴兴县属织里地方被巢匪抢劫准悬赏并通缉由

为饬知事。本月二十五日据吴兴知事张嘉树敬电称，"漾晚，风闻苏来巢匪二三百人，肆劫织里，星夜督队并会水警驰往追捕，匪已远扬。探闻仍由太湖窜回苏境，勘明被劫两典十铺并厘卡驻镇水警枪弹被劫，拒杀巡士一名，暨流弹误毙乡民、船户各一人，案情重大，拟先悬赏六百元缉。除通报外"等情。据此，查该处被巢匪肆劫及厘卡警械，拒毙三命，案情重大，除准予悬赏六百元购缉外，合行饬该　迅即饬属一体严限勒缉，务获究办具报。此饬。

都督吕公望

右饬高审厅厅长，民、警两厅长，高检厅检察长。准此。

中华民国五年五月二十七日

（原载《浙江公报》第一千五百二十号，一九一六年六月六日，一页，饬）

浙江都督府饬政字第一百四十四号

饬委各县监征员由

为饬遵事。各属监征办法，业经详订规则颁行各在案。兹查有　　堪以派委为　　县监征员，为此饬仰该员遵即驰赴该县，照章认真办理，毋负委任。此饬。

计发《监征规则》一份。

都督吕公望

右饬　县监征员。准此。

中华民国五年五月二十八日

各属监征员一览表

杭县			顾问官俞　炜
海宁			咨议官赵志戎
富阳	新登	余杭	厅附卓其莘
临安	於潜	昌化	差遣张百载
嘉兴	嘉善		顾问官斯　良
海盐	平湖		咨议官卢钟岳
桐乡	崇德		厅附丁福田
吴兴	德清	武康	咨议官陈其蔚
安吉	孝丰		差遣朱一鸣
鄞县	奉化	镇海　慈溪	二十五师差遣徐行
定海	象山	南田	参谋陆殿魁
萧山	绍兴		副官刘同庹
诸暨			第六师差遣黄庆云
余姚	上虞		二十五师差遣叶文莘
嵊县	新昌		副官吴翀汉

兰溪	金华	淳安	二十五师差遣吕挹清
东阳	永康	义乌	二十五师差遣王　襄
衢县	龙游	江山	二十五师差遣赵振华
黄岩	临海	永嘉	顾问官朱光奎

（原载《浙江公报》第一千五百二十号，一至二页，饬）

浙江都督府饬政字第　号

饬任命杜士珍为都督府顾问官由

为饬遵事。查有该员堪以任命为本府顾问，月支薪银一百元。合将任命状饬发，仰该员祗领遵照。此饬。

计发任命状一纸。

都督吕公望

右饬杜士珍。准此。

中华民国五年五月　日

（原载《浙江公报》第一千五百二十号，二至三页，饬）

浙江都督府饬军字第二百六十四号

饬委翁辟柯德假充二十五师差遣由

为饬委事。查有该员堪以委充第二十五师差遣，月给薪洋三十元。除饬该师师长知照外，合行饬委，仰即到差。此饬。

都督吕公望

右饬翁辟、柯德假。准此。

中华民国五年五月　日

（原载《浙江公报》第一千五百二十号，三页，饬）

浙江都督府饬军字同上号

饬第二十五师师长为委翁辟柯德假为该师差遣由

为饬知事。查有陆军军官学校毕业生翁辟、柯德假二员，堪以发往该师差遣,月各给薪洋三十元。除分饬外,合行饬仰该兼代师长知照。此饬。

都督吕公望

右饬兼代第二十五师师长周凤岐。准此。

中华民国五年五月　日

（原载《浙江公报》第一千五百二十号,三至四页,饬）

浙江都督府饬军字第二百六十五号

饬宪兵司令官据报告冒穿军服致害军人名誉由

为饬知事。据报告,"查有似是而非之军人,上衣敝坏军服,下着便袴,或着全套军服,而无领章符号,游行街巷,高唱戏曲,调笑妇女,在一般人民,真伪莫辨,难免不误为军人。似此现象,实与军队名誉关系匪浅"等语。合亟饬仰该司令官,转饬巡逻宪兵认真查察,如系现役士兵,自当严予纠正;如确系流氓、游民人等冒穿军服,立即送交警厅惩办具报。切切。此饬。

都督吕公望

右饬宪兵司令官王桂林。准此。

中华民国五年五月三十日

（原载《浙江公报》第一千五百二十一号,一九一六年六月七日,一页,饬）

浙江都督府饬军字第二百六十六号

饬为委吕之望充本府机要秘书处书记由

为饬遵事。查有该员堪以委充本府机要秘书处书记,合将委状饬发,仰即祗领遵照到差。此饬。

计发委任状一张。

都督吕公望

右饬吕之望。准此。

中华民国五年五月三十日

（原载《浙江公报》第一千五百二十号，四页，饬）

浙江都督府饬军字第二百六十七号

饬为杭州游击队各管带改称营长换发关防由

为饬遵事。照得该队各营管带业经改为营长，兹经刊就各营长关防，饬发该统领遵照分别转给祗领，并饬将前发各管带关防缴由该统领汇齐缴销。此饬。

计发关防四颗。

都督吕公望

右饬杭州游击队统领张伯岐。准此。

中华民国五年五月三十日

（原载《浙江公报》第一千五百二十号，四页，饬）

浙江都督吕批

第六师师长呈为第二十一团第六连连长缺
请以宪兵排长金衽调升由

呈悉。该师步兵第二十一团第六连连长缺，准以宪兵第一连排长金衽调升，月薪照上尉八成支给。除将该员委状发由宪兵司令官转给祗领遵照到差外，仰即知照。此批。五月二十九日

（原载《浙江公报》第一千五百二十号，九页，批牍）

浙江都督吕批

第六师师长呈为二十三团连长徐步蚊等
缺以胡永胜等分别升充由

呈悉。步兵第二十三团十一连连长遗缺，准以该连一排长胡永

胜升充,照上尉八成支薪;所遗一排长缺,准以该连二排长骆品骥升充,照中尉支薪;递遗二排长缺,准以该团军官团员吴春根补充,少尉支薪①。委状随发,仰即转饬祗领。至工兵营排长张刚等,业已分别升调,另文饬遵,并仰知照。此批。五月二十九日

计发委状三张。

（原载《浙江公报》第一千五百二十号,九页,批牍）

浙江都督吕批

宪兵司令官呈为仍恳将周光杲徐宁二员拨充差遣由

呈悉。应准照办,仰即知照。此批。五月二十九日

附原呈一件。

为呈请事。窃本月二十一日奉钧府批详为请将周光杲、徐宁二员拨充差遣乞示遵由,奉批,"详悉。改革伊始,财政困难,业经明令非必需之才,不得保荐在案。所请以周光杲等委充差遣之处,应无庸议,仰即知照。此批"等示。奉此,本应遵照办理,惟差遣原非正式军职,系备临时指挥之用,当此军务倥偬之际,宪兵职务较为重要,遇有特别探务,或其他关于宪兵临时发生事件,不可无差遣员为之补助,以收指挥便捷之效。况周光杲一员,原系陆军宪兵上尉,前在职处供职有年,学识、经验两俱足取,此次派往南京调查,亦有微劳,若令赋闲无事,殊不足以示体恤而资驱策;其徐宁一员,原充嘉湖镇守使署调查员,办事勤谨,成绩颇著,现由职处调来服务,亦系因材而使,冀收实用,既非临时投效可比,亦与任意保荐不同。以上二员,应仍请准予拨充职处差遣,听候指挥,实为公便。如蒙俯允,所有周光杲一员,拟请

---

① "少尉支薪"之前,疑脱一"照"字。

照上尉八成支薪，徐宁一员，拟请给津贴洋三十元，以资办公。奉批前因，合再备文并请①，祈祈都督察核批示祗遵②。谨呈。

（原载《浙江公报》第一千五百二十号，九至一〇页，批牍）

浙江都督吕批

水警代理第三区区长王凤飞呈报织里被匪劫械抢掳勘验长巡伤毙拟议剿办情形由

呈、单均悉。查此案前据该区长电陈到府，已电嘉兴张司令官饬属通缉③，并电复该区长各在案。仰仍遵照前电认真缉追，务将人赃枪械并获具报，所请处分一节，候饬查明，再行核办。此批。单存。五月二十九日

（原载《浙江公报》第一千五百二十号，一〇页，批牍）

浙江都督吕批

吴兴县知事呈为事主张茂生家被劫并拒伤其弟妇林氏先行通报勘验情形请察核由

呈、图、表、单均④。仰速会营督警切实侦察，严缉是案真赃正盗，务获究报。此批。附件存。五月二十九日

（原载《浙江公报》第一千五百二十号，一〇页，批牍）

浙江都督吕批

据洪士俊详转报第四营四哨兵队遵饬撤回瓜沥原防仰警政厅查核由

详悉。着仍督饬认真防缉，仰警政厅查核备案饬知，并转咨军政

---

① 并请，疑为"呈请"之误植。
② 祈祈，前一个"祈"字，疑为"仰"字误植。
③ 张司令官，即嘉湖卫戍司令官张载阳。
④ 均字下疑脱"悉"字。

厅查照。此批。原详抄发。五月二十九日

计抄原详一件。

详为第四营四哨兵队遵饬撤回原防据情转报事。

窃照本年四月二十一日奉钧府第二号饬开，"案据萧山县详称，'窃警备队第二区二营哨官朱鏾所带兵队，原驻萧邑瓜沥地方，于去年十一月间奉钧署有电准江西戚巡按使漾电，饬将瓜沥撤防，暂移驻西塘下，嗣后酌量情形再回原防等因，当经该哨遵饬移驻在案。现在详茧将次上市，瓜沥一带茧行林立，各商收买鲜茧均以现款，数又较多，自非派驻兵队随时巡防，不足以资保护。萧邑兵警无多，不敷分派，所有移驻西塘下之兵队，应请转饬统部，即饬该哨官仍回瓜沥原防，安各防护，理合备文详请，仰祈察核，俯赐照准，实为公便'等情到署。除批复外，合行饬仰该统带迅即转饬该哨克日回防，以资保护，并即具报"等因。奉经转饬去后，兹据第二营项管带燃详称，"遵即饬令第四哨朱哨官，将西塘下所驻之兵队，已于本月六日撤回瓜沥原防驻扎，藉资保护，详请核转前来"等情。据此，除批饬认真防缉外，理合具文详报，仰祈都督察核施行。谨详。

（原载《浙江公报》第一千五百二十号，一〇页，批牍）

浙江都督吕批

中华佛教华严大学校校长释显珠呈为
请饬周营长另觅他处驻扎由

据军务厅长转据该校长来呈已悉。候饬该管统领饬将该营营本部另觅他处驻扎可也，仰即知照。此批。五月二十九日

（原载《浙江公报》第一千五百二十号，一〇至一一页，批牍）

浙江都督吕批

警备队第二区统带洪士俊详报第四营侦获慈属盗犯应文英解县饬厅转知由

详悉。仍着督饬侦缉逸盗,按名务获,仰警政厅转饬知照。此批。原详抄发。五月二十九日

计抄原详一件。

详为第四营侦获盗犯解县收讯据情转报事。

窃照本年五月九日据第四营王管带德明详称,"本年五月一日准慈溪县夏知事咨,'据县属明孝乡事主童其泉、童味香、童熙元、童尔清、童家瑞等状称,窃民等同门居住,本月二十六夜半,突来盗匪多人,越墙进内,撞开二门,明火持械,分投入室,翻箱倒箧,肆行搜括,劫去金银衣饰等件,该匪等负赃从前江入船而逸。开单叩请勘缉究办'等情,并据该图乡警陈标同报到县。当经敝知事亲诣失事地点勘明被劫属实,除饬队严缉外,抄单咨请饬属一体协缉此案真赃真盗,务获解办等由,准此。呈据职营前驻三七市第三哨哨官卫振海,于四月二十八日报同前由,管带细查出案处所,距罗江路遥十三四里,该处并无军警,事主童其泉等共室而居,是以同时被劫。管带以案关重要,当即多派干探,并严饬各哨赶紧侦获去后。兹于本月五日据探兵章志超、华阿泉等报称,已得是案盗踪,比即密饬第三哨哨官卫振海率兵,并带同线探前往,于是日午后九时,在慈南乡陆家埠拿获应文英一名,押带回营。管带询据该盗供称,系余姚人,于上月二十六日同姚北新塘根地方人史阿配,白船堂人林罗汉,住施应浦地方人道士阿章,犹有不识姓名之同伙等,约计二十余人,同往童家地方抢劫童家,得赃分用不讳。除将该犯解县收讯外,详请核转前

来"等情。据此，除批饬务将是案逸盗按名弋获解报外，理合据情详报，仰祈都督鉴核施行。谨详。

（原载《浙江公报》第一千五百二十号，一一页，批牍）

浙江都督吕批

高审厅呈平湖县盗犯脱逃知事管狱员分别议处由

据详已悉。平湖县监犯借名争闹，乘机脱逃，至四名之多，事后仅弋获杜阿真一名，该有狱、管狱各员[1]，均属咎有应得，应准如详将该知事季新益，按照《知事罚俸修监简章》第五条，罚俸一个月，以为修理监狱之用；管狱员阮希咸，记大过一次，三个月期间内减俸十分之二，用示儆惩。一面仍饬勒限严缉逸犯沈阿大、吴阿四、戈阿德等，务获究报。缴。五月二十九日

（原载《浙江公报》第一千五百二十号，一一至一二页，批牍）

浙江都督吕批

东阳县详报奉饬放免内乱嫌疑犯卢正魁一名请察核备案由

详悉。仰高等检察厅查照备案。此批。抄详、附表、呈发。

（原载《浙江公报》第一千五百二十号，一二页，批牍）

浙江都督吕批

绍兴县详报缉获西渡庵被劫案内盗犯何阿保等二名由

据详事主尼刘静安被盗破墙进内，用火燃烧身体，并伤更夫，劫去银元，当经勘验属实，并由该县警队长先后获犯何阿保、马小友二

---

[1] 有狱、管狱各员，即有狱官、管狱官，指管理、监督监狱的机构或官吏，统属狱官。中国古代狱政的特点之一，即司法、行政、狱政权限不分，从中央至地方监狱只是各衙门附属。设狱各衙门的行政长官有权兼理刑狱，其下设专职，则直接管理监狱。据此，狱官分有狱官和管狱官两类。有狱官有统辖、监督的权能，无管理的责任，即不专其职；管狱官专司其职，却无权监督、统摄。

名，提讯供认"与洪阿茂等行劫是案不讳"各等情。应即尽法惩治，录具供判，详候核夺，一面迅即会营督警严缉其余逸犯洪阿茂等，务获究报，仍录批分报民政、警政暨高等检察各厅查核。此缴。表单存。

计抄详一件。

  为详报事。本年五月五日据王家葑西渡庵事主尼刘静安报称，"四日晚十一时，被盗破墙进内，用火燃烧身体，并伤更夫，劫去洋银，开单请求勘验缉究"等情到署。据经驰诣勘验，被劫拒伤属实，分别填具表单、附卷，饬据县警队长先后获犯何阿保、马小友二名送县，即经提案讯据供认，与洪阿茂等行劫是案不讳。除再亟饬水陆军警严缉是案逸盗洪阿茂等务获、提同现犯研讯确情，录取切供另文详外，合将尼刘静安被劫一案勘验及获犯讯供大略情形，抄录表单，先行备文详报，仰祈都督鉴核，诚为公便。谨详。

（原载《浙江公报》第一千五百二十号，一二页，批牍）

浙江都督吕批

绍兴县详内乱嫌疑犯吴有金县中无卷可稽请示由

据详已悉。吴有金既属内乱嫌疑犯，自应准予释免，仰即遵照前饬办理，仍录报高检厅备案可也。此缴。五月二十九日

（原载《浙江公报》第一千五百二十号，一二页，批牍）

浙江都督府饬军字第二百六十八号

饬任命模范警队营长陈最为第六师
参谋遗缺以倪德熏充任由

  为饬遵/知事。兹任命模范警队营长陈最为第六师参谋，照中校八成支薪；所遗营长缺，以倪德熏充任。除分饬外，合将任命状发，仰

该营长、该员祗领遵照，并将交替具报。/行饬仰该师长、该厅长知照。此饬。

计发任命状一张（发陈最及倪德熏）。

都督吕公望

右饬模范警队营长陈最、倪德熏，陆军第六师师长童保喧，警政厅厅长夏超。准此。

中华民国五年五月三十日

（原载《浙江公报》第一千五百二十一号，一页，饬）

浙江都督府饬军字第九十五号

饬任命千秋鉴为机要助理秘书由

为饬遵事。查有该员堪以任命为本府机要秘书处助理秘书，合将任命状饬发，仰即祗领遵照。此饬。

计发任命状一张。

都督吕公望

右饬千秋鉴。准此。

中华民国五年五月　日

（原载《浙江公报》第一千五百二十一号，二页，饬）

浙江都督府饬政字第一百四十八号

饬各关监督造送关税总额比较暨薪公支出清册由

为饬遵事。照得关税收入，关系重要，亟应详加考核，为此饬仰该监督遵照，迅将该关所管各项征税，暨收入总额、比较数目以及大宗货物进口出口之总数，与前上三年之平均比较，暨该关人员薪公支出预算，限文到三日内，仿照贸易总册暨每月送部报告成案，分别详细造具清册，详送备查毋延。此饬。

都督吕公望

右饬瓯海关监督冒广生、杭关监督程恩培、浙海关监督孙宝瑄。准此。

中华民国五年五月　日

（原载《浙江公报》第一千五百二十一号，二页，饬）

浙江都督府饬政字第一百四十九号

饬财政厅将现任征收差职各员详细履历到差年月
比较成绩一律汇册造送由

为饬知事。照得征收捐税，贵在委任得人，而成绩比较，尤关考最。为此饬仰该厅长限文到三日内，迅将现任征收差职各员详细履历、所得奖惩功过及现职到任年月、比较成绩，一律汇册造送备查。又，各项经征机关所有常年分月额定总数，暨上三年比较增减数目，并各分项造具表册详送备查毋延。此饬。

都督吕公望

右饬财政厅厅长莫永贞。准此。

中华民国五年五月三十日

（原载《浙江公报》第一千五百二十一号，二至三页，饬）

浙江都督府饬政字同上号

为饬厅造送全省警务人员履历到任年月成绩表由

为饬送事。照得本府成立，百度维新，警政为维持全省秩序机关，所系至重，必须明晰统系，考核成绩，实事求是，始足以资整顿而策治安。为此饬仰该厅长知照，迅将该厅全体人员暨所属警备队、省会警察、内河外海水警、模范警队等厅各现任官长详细履历、到任年月、功过成绩一并造具表册，限文到三日内，详送本府备查毋延。此饬。

都督吕公望

右饬警政厅厅长夏超。准此。

中华民国五年五月三十日

（原载《浙江公报》第一千五百二十一号，三页，饬）

浙江都督府饬政字第一百五十二号

饬据临海马兆唐禀匪徒何昌君等
抢拔伤人饬县迅予查案办理由

为饬知事。案据该县民人马兆康禀称，"夤夜抢劫伤人，擒拔闺女，请求饬县勒限追捕，以戢匪风"等情到府。据禀各节，案关抢劫掳人，如果属实，自应认真严缉，以戢盗风。究竟有无他项情节，除批示外，合行饬仰该县迅即追回被拔人口，缉获余犯现赃，克日究结，仍将本案确情具报，无延干处，切切。此饬。

都督吕公望

右饬临海县知事张兰。准此。

中华民国五年五月三十日

（原载《浙江公报》第一千五百二十一号，三页，饬）

浙江都督府饬军字第二百七十二号

饬二师长为十二旅司令部副官朱吉舜委充
第二十五师差遣由

为饬知事。兹查有该师、第六师十二旅司令部副官朱吉舜，堪以委充第二十五师、该师差遣，月薪照旧支给。除分饬外，合将该员饬委发，仰该师长转饬祗领遵照。/合行饬仰该兼代师长知照。此饬。

计发饬委一封（六师）。

都督吕公望

右饬第六师师长童保暄、兼代第二十五师师长周凤岐。准此。

中华民国五年五月三十一日

（原载《浙江公报》第一千五百二十一号，三至四页，饬）

浙江都督府饬军字同上号

饬委朱吉舜充第二十五师差遣由

为饬遵事。查有该员堪以委充第二十五师差遣，月薪照旧支给。除分饬外，合行饬委，仰即遵照。此饬。

都督吕公望

右饬朱吉舜。准此。

中华民国五年五月三十一日

（原载《浙江公报》第一千五百二十一号，四页，饬）

浙江都督府饬军字第二百七十三号

饬委斯侠充本府军务厅军需课课员由

为饬遵事。查有该员堪以委充本府军务厅军需课课员，月薪照旧支给。合将任命状饬发，仰即祗领遵照到差。此饬。

计发任命状一张。

都督吕公望

右饬前步兵第四十九旅司令部三等军需正斯侠。准此。

中华民国五年五月三十一日

（原载《浙江公报》第一千五百二十二号，一页，饬）

浙江都督府饬军字同上号

饬委沈正融充本府军务厅厅附由

为饬遵事①。查有该员堪以委充本府军务厅厅附，月薪照旧支给。合行饬委，仰即遵照。此饬。

都督吕公望

---

① 事，底本作"知"，径改。

右饬前步兵第四十九旅副官沈正融。准此。

中华民国五年五月三十一日

（原载《浙江公报》第一千五百二十二号，二页，饬）

浙江都督府饬军字第二百七十四号

饬二十五师长查弁目学堂毕业生牟振声陆军第二预备
学校学生都铭等四员均发往该师差遣由

为饬知事。查陆军步兵上尉弁目学堂毕业生牟振声，陆军第二预备学校学生都铭、寿德、斯立、花之艮等四员，堪以发往该师差遣。牟振声一员，月给薪洋三十元；都铭等四员，各给月薪洋二十元。除分别饬委外，合行饬仰该兼代师长知照。此饬。

都督吕公望

右饬兼代第二十五师师长周凤岐。准此。

中华民国五年五月三十一日

（原载《浙江公报》第一千五百二十一号，四页，饬）

浙江都督府饬军字同上号

饬委都铭等充第二十五师差遣由

为饬委事。查有该员堪以委充第二十五师差遣，月给薪洋二十、三十元。除饬该师师长知照外，合行饬委，仰即遵照到差。此饬。

都督吕公望

右饬都铭、寿德、斯立、花之艮、牟振声。准此。

中华民国五年五月三十一日

（原载《浙江公报》第一千五百二十一号，四至五页，饬）

浙江都督吕批

高检厅详复温岭县纵容教练员枪毙团丁一案由

详悉。温岭县团丁黄金鳌自戕毙命，与教练员并无嫌隙关涉情事。既据查明属实,所有告发人张伯瑜等又属无从传唤,其捏名诬控显然可见,应即准予销案,仍仰转饬温岭县知事查明诬捏之人,从严惩究,以儆效尤,而昭炯戒。此缴。五月二十九日

（原载《浙江公报》第一千五百二十一号,六页,批牍）

浙江都督吕批

第六师师长呈送军官名册请分别升级加薪由

呈及清册均悉。正式人员册内所有合格各员,应予照准分别记升加薪,其现已升级或已加薪者,并实任本职及本职相当陆军正式军职未满三年者,应无庸议。特将准驳人员分别开单,发仰该师长转饬遵照。此批。五月二十九日

计发清单一件。

师部参谋石铎　副官长章世嘉
　　以上二员,均准记升上校,八成支薪。
师部军法处长黄绳武　三等军需正赵　立　十一旅参谋梁　韫
二十一团营长吴肇基　　　营长钱　皋　工兵营营附奚骏声
　　以上六员,均准记升中校,照中校八成支薪。
师部参谋陈　韶　　副官张白度　　副官郭相时　　卫戍属官郑　戡
二十一团附官吕焕光　营副官钱□定　连长吴伯廉　　连长孟　泰
　　营副官吕和音　连长童厥初
二十一团连长楼文鑠　营副官王书城　连长韦世经
二十二团连长华巨镕　连长黄玉珊　连长胡　伟　连长俞文俊
　　连长何光根　连长刘凤丹　连长陈云飞　连长陈　涌
二十三团副官何　桥　连长叶祖义　连长郁象贤　连长曹　毅
二十四团副官董朱联　副官沈应旌　连长杨时三　连长陆保群
　　连长钱　寋　连长许耀庚　连长管绍谟　连长周肇基

骑兵团连长杨国梁　副官商应时　连长李延岩

炮兵团副官姚永安　副官包　竞

工兵营副官贾连城

辎重营副官程　途　连长顾　鸿

　　以上四十一员,均准记升少校,照少校八成支薪。

二十一团排长江怀国　排长杜国钧　排长叶衍桐

　　排长白志义　排长伊得胜

二十二团排长徐长春　排长陈少连　排长郑樟森

　　排长蔡周封　排长金桂林　排长周锡魁

　　排长徐锡珍　排长周兰卿　排长张荣森

二十三团排长吕阅江　排长叶临春　排长徐　济

骑兵团排长李传先　排长林海清

辎重营排长陈　澜　排长张国锡　连长竹载赓

　　以上二十二员,均准记升上尉,照上尉八成支薪。

二十一团排长叶光耀　排长郦尚志　排长蒋伯雄

　　排长姜兆璜　排长张　鹗　排长陈金鳌

　　排长程天福　排长赵朱城　排长钟毓灵

二十二团排长倪永桂　排长王四宝　排长蒋国通

　　排长何连城　排长朱宗涌　排长余金标

　　排长韦文良　排长李显鑫　排长蒋　焜

　　排长朱亦荣　排长叶遇春　排长徐吉才

　　排长陈拭元

二十三团排长汪仕豪　排长黄品华　排长罗　新

　　排长陶云章

二十四团排长盛凤山　排长江佐才　排长吴光烈

　　排长徐耀武　排长余宝文　排长魏乐彪

　　排长吴鸣康　排长蒋　藩

骑兵团排长凌得胜　　排长钱　斌

炮兵团排长章维英　　排长黄炎光

工兵营排长卢绍勋　　辎重营排长金凌霄

　　以上四十员，均准记升中尉，照中尉十成支薪。

廿一团司务长蒋国康　司务长孟允中　司务长金　嵘

　　　司务长何峙海　司务长俞葆祥　司务长曾煜辉

廿二团司务长金庆标　司务长陈国良

廿三团司务长洪王佐

廿四团司务长倪尚志　司务长汪金魁　司务长孙海樵

　　　司务长徐庆珪　司务长端木祥　司务长薛鸿魁

骑兵团司务长林景升

工兵营司务长龚金标　司务长徐　刚

辎重营司务长叶汝贤

　　以上十九员，均准记升少尉，照少尉十成支薪。

骑兵团排长裘　筠　排长石意诚　排长方绍明

　　以上三员，均准照少尉十成支薪。

二十一团团附汪以钫　连长张效巡　连长李苴荃

二十二团团附魏　斌　营长李金培　副官蒋　健

二十三团排长陈厚之

二十四团营长徐震方　营长吕俊恺　营长王学棪

　　　连长徐　鲲　排长胡方禹　排长萧　鹏

　　　排长宋凤翔　排长周鸿煜　排长陈绍槎

　　　排长王　斌　排长陈树发　排长许烈荣

　　　排长汤步云　排长朱得胜　排长王　汉

骑兵团排长杨其藻

工兵营排长张　刚

　　以上二十六员，均已分别升级或加薪，无庸再议。

二十一团排长杨丙壬　排长宣正萼　排长项　铠

　　司务长徐　豁　排长林　涛　连长吴瑞麟

　　排长郑耀山　连长张　勃

二十二团排长李安南　十二旅副官朱吉舜　副官吴浙秋

二十三团副官蔡锦潮　副官徐兰亭　连长蒋鸿林

　　排长王屏藩　排长许祥升　连长何星崖

　　排长夏国珍　排长孙星环　排长丘应元

　　司务长周秀桢　司务长孔子元　排长骆品骥

　　排长胡永胜　排长施济众

二十四团连长章　烈

骑　兵团排长虞　言　排长杨　起

炮　兵团连长何公烈　排长王　寅　排长谢振华

　　排长谢　杰　排长洪大用　营长王　惟

　　排长谢　骥　排长何锦松　排长金凤魁

　　排长章必科　排长刘瑞棠　司务长吴绍魁

辎重营营附林　锐　连长王渊溯　司务长杨　勋

以上四十三员，均系实任本职及本职相当陆军正式军职未满三年，所请升级加薪，应毋庸议。

（原载《浙江公报》第一千五百二十一号，六至一〇页，批牍）

浙江都督吕批

高审厅详送五年三月分诉讼摘由单表由

详及三月分民刑事诉讼案件单、表均悉。该厅是月结案二百三十五起，成绩尚优，取有未结案件，仍仰迅予讯结，始终毋懈，是为至要。此缴。表二册存。五月二十九日

（原载《浙江公报》第一千五百二十一号，一〇页，批牍）

浙江都督吕批

杭县据吴福春禀唐卢氏侵占基地一案由

据禀唐卢氏侵占基地,藉端索诈等情。查经旧巡按使批饬,由按公署承审处讯断在案①。究系如何结果,仰民政厅核饬杭县知事传谕遵照可也。此批。禀抄发。

（原载《浙江公报》第一千五百二十一号,一一页,批牍）

浙江都督吕批

景宁县知事详报四月份禁烟情形由

详、表均悉。仰民政厅查核备案饬知。此批。钞详及原表并发。

五月二十九日

（原载《浙江公报》第一千五百二十一号,一一页,批牍）

浙江都督吕批

外海水警厅详报第三队获匪严海元一名并请奖巡官王鼓成由

详、单均悉。该巡官王鼓成拿获盗伙严海元一名,并在牛头洋面追获盗船,救出难民林得根等,缉捕勤奋,殊堪嘉尚。获盗严海元,既据详称县收讯,仰警政厅咨行民政厅迅饬临海县知事,讯明详办,再行核奖,仍转该厅长知照。此批。钞详附单并发。

附原详

详为获匪移县收讯事。案据职厅第三队队张叶志龙详称②,"三月九日据第七派出所巡官王鼓成单称,前奉饬往南探索盗

---

① 按,疑指巡按使。
② 队张,疑为"队长"之误。

踪,因巡船损坏,赴海门修理,并遇猛虎上船,业经陈报在案。迨将饬故各警调理妥协,分头探缉,于二月二十六日在北岸拿到盗伙严海元一名,讯供随项道会抢劫钓艚,勒赎分赃不讳。当于本月五日,开船将该盗解送回署。六日驶至牛头门洋面,见有乌茄船一只,形迹可疑,卑船追去,彼则迅逃,迨开枪示警,该盗亦回枪抵抗,下午四点钟追击至崇夳,盗知力不敌,弃船上山,巡官即率警上山追击,当场格毙一名,并获盗枪一枝、药袋一只,余盗纷纷逃逸。嗣以潮水将退,只得下船,计救出难民林得根、王日高、林得秋三名,并乌茄船一只,现由石浦商人保去。附呈保结一纸。伏乞讯验"等情。据此,署长当提该盗严海元研讯一过,供认不讳。查该巡官前次击毙巨豹,业经转详在案,此次孤舟远涉,十日之内,连破两案,办事尚称得力,可否酌予示奖,以资鼓励。至送来盗匪严海元及盗枪、药袋,并难民保结等件,理合备文详送,仰祈察核批示。计详送盗伙严海元一名及口供一纸,盗枪一枝,药袋一个,保结一纸等情前来。据此,当将该犯严海元提案覆讯,供同初词,除移解原籍县知事收讯,并匪枪汇缴外,该第三队第七分队长王鼓成,于十日内连破两案,办事得力,应如何酌奖激劝之处,理合备文详报,仰祈都督察核施行。谨详。

(原载《浙江公报》第一千五百二十一号,一一至一二页,批牍)

浙江都督吕批

内河水警厅详报第八队毙匪夺械情形并请抚恤由

详悉。该分队长张书阁督率长警击毙匪徒、夺获枪械,奋勇可嘉,既据该厅长分别记升奖赏,应即如详照准。水巡成桢祥,因公陨命,查与《恤金给与条例》第三条相符,并准如拟给予一次恤金洋一百元,即在该厅临时费项下支给具报,仰警政厅查核备案,并转行知照。此批。钞详及表并发。

附原详

详为具报第八队击毙匪徒、夺获枪械并水巡被匪击毙、劫去枪械，造表送请核与给恤事。

案据第二区区长俞肇桐详称，"窃于本月二十五日据第八队长叶燮光详报，'窃本月十九日据驻防南汇第二分队长张书阁报称，十八夜间一句①钟时，突来匪徒二百余人，由北面入镇，先抢劫陆警军械，复截击本分队左翼。时有第十六号船三等水巡成桢祥在外轮充步哨，被匪击伤，当时毙命，劫去毛瑟枪一杆。邻近步哨开枪鸣警，分队长闻警，当即督同水巡长蔡振邦率领水巡郭自鸿等出剿，与匪接战两句②余钟，击毙匪徒三名，夺获匪枪三杆，匪尸被匪夺回二具，追击三四里，余匪始四散逃窜，随即收队回镇，本镇并无惊扰各等情前来。据此，队长得报后，当即亲往该处，查勘属实，一面函致该故警家属知照，当由本镇各商界买棺成殓毕。查是股匪往经此次击毙三名，深恐怀恨前来报复，连夜调派巡船二艘，填扎补助，严加防范，谅不至再生危险。兹查该分队长张书阁、水巡长蔡振邦、水巡郭自鸿等，当夜与匪接战，均奋不顾身，忠勇异常，以寡敌众，竟能击毙匪徒三名，击伤多名，夺获后膛枪一支、前膛枪二支，致使商民毫无惊扰，其保护地方，厥功甚伟，均应分别记奖，以资观感。拟请将二等分队长张书阁以队长记升，一等水巡长蔡振邦以分队长记升，三等水巡郭自鸿以一等水巡长记升；尚有水巡朱月亭、许大开、刘明山等三名，在事异常出力，拟请各奖洋十元；又，水巡长周鼎新、郭锦堂等二员，亦属在事出力，拟请各记大功二次；又，水巡叶兴富、袁桂荣、吴松林、刘长发、黎茂荣、刘贵堂、王福林、叶扬文、张庆、刘连升、王有兴、黄有星等十二名，拟请各奖洋六元；又，查该故警

---

① 一句钟，底本误作"一旬钟"，径改；"句"，底本误作"旬"，径改。
② 两句余钟，底本误作"两旬余钟"，径改；"句"，底本误作"旬"，径改。

成桢祥，在职队服务已历有年，勤奋将事，并无过失，此次遽遭惨毙，殊堪悯惜，应请援照《警察官吏恤金给与条例》第三条第一款，给与一次恤金，以慰忠魂。除将已故水巡遗缺请补外，理合将南汇毙匪夺械、截击身死请奖给恤金各缘由，并填送警察官吏死亡病故给恤金调查表五份，备文详请核转。再，已故水警成桢祥，并无遗族，如蒙准给一次恤金，由该水巡胞姊具领'各等情到区。据此，除仍饬该队长督属严加防堵，并侦缉逸逃，务期弋获，暨详报司令部外，理合将第八队毙匪夺械各等情，并转送给恤调查表三份，备文转详，仰祈核示祗遵"等情。据此，该匪聚集二百余人，突来南汇，抢劫陆警枪械，复截水警左翼，该分队长张书阁竟能督率水警，以寡待众，接战二句余钟之久，击毙匪徒三名，夺获后膛枪一支、前膛枪二支，虽水巡成桢祥被匪击毙，并劫去枪械，而能保全该镇居民一无惊恐，实属忠勇可嘉，拟请先以一等分队长遇缺即用。水巡长蔡振邦以三等分队长记升，水巡郭自鸿以一等水巡长记升，水巡朱月亭等三名，准各奖洋五元，叶兴富等十二名，准各奖洋三元。由该队长叶燮光督率有方，即由该区长传谕嘉奖，以资鼓励。除批示并饬将夺枪获邀送并查明被劫毛瑟枪有无号码具报外，其遇害水巡成祯祥应如何抚恤之处，理合一并检具给恤调查表备文详请，仰祈都督察核示遵。谨详。

（原载《浙江公报》第一千五百二十一号，一二至一三页，批牍）

浙江都督吕批

乐清县详报匪犯鲍皮五改正判词由

详、判均悉。乐清县于盗匪鲍皮五一案，既经改正判词，查核尚无违误，自应准予备案存查。此缴。判词存。

（原载《浙江公报》第一千五百二十一号，一三页，批牍）

浙江都督吕批

高审厅呈富阳县盗犯盛生荣等判处死刑由

详及供、判均悉。富阳县知事于盛生荣等强盗俱发案之判词，所漏未声叙之点，既经分别更正，查核尚无违误。盛生荣迭犯行劫得赃越狱各案，自属法无可宥，应准照判处治，以昭炯戒，仰即饬提该犯盛生荣一名①，验明正身，执行枪毙，并将行刑日期具报。此缴。供、判存。五月三十日

（原载《浙江公报》第一千五百二十一号，一三页，批牍）

浙江都督吕批

金华县详报张光因被陈炳乾等砍伤方死一案由

详及格结均悉。张光因被陈炳乾等用刀砍伤毙命，既经勘验属实，仰即严缉正凶务获，提同现犯张尚林隔别研讯，务得确情，按律惩治。案关人命，自应详慎办理，毋稍枉纵，仰高等检察厅查核转饬遵照。此批②。抄格结、钞详并发。五月三十日

（原载《浙江公报》第一千五百二十一号，一三至一四页，批牍）

浙江都督吕批

浙江警备队第二区统带洪士俊详为第六三两营
具报剿匪并伤亡兵丁格毙匪徒仰祈察核由

据详悉该区管带王国治、李春和等于此次剿击各匪情形，办事尚属敏捷，该管带暨所有在事各哨官长，应一并传谕嘉奖，并由该统带核明开单，详送饬发注册。至已故副兵俞汉世，应准按照《警察官吏恤金给予条例》第六条办理，仰警政厅查核饬遵，并饬严缉余匪，悉获

---

① 盛生荣，底本误作"盛荣生"，径改。
② 此，底本下脱"批"字，径补。

解究具报。此批。抄详发。五月三十日

（原载《浙江公报》第一千五百二十一号，一四页，批牍）

浙江都督吕批

模范警队营长陈最详请分别奖升连长连附由

准如详分别奖升，仰警政厅查核办理饬遵可也。此批。钞详发。

原 详

详为详请分别加薪以昭激劝事。窃维懋赏在功，酬庸有典，用人之道，自古为昭，矧在军营，尤重奖励。此次浙省举义，论功行赏，职营实不敢居，惟事前事后教育、防务，宵旰勤劳，在各官长职守所存，虽非为邀功之地，而营长为奖励起见，自不得不分别等次，按诸现在服务之情形，参考平时所得之成绩，加具考语，拟请钧裁，自五月一日起量予加薪，以示公允，而昭激劝。兹查职营各员除教练官陆镇洋，副官张化习，连长李寿康、王份，少尉连附管枢、池锃、郑受诒，司务长马之良等七员[①]，新奉升调，均不加薪外，所有中尉连附韩经芳，少尉连附徐杏元、骆钟，司务长衰人龙等四员，品学兼优，热心教育，对于防务尤能异常勤劳，不遗余力，拟请加升二等，照一等支薪；连长端木坚、江逊，并少尉连附陈汝淮等三员，督率有方，认真巡察，拟请升一等，均照一等支薪；又，中尉连附黄湘、余浩、邢启周，少尉连附张锟、黄衷宪，司务长戈锡龄、李宝琛等七员，均能办事勤慎，克尽任饬，拟请概以加升一等，照二等支薪。所有前项加薪款项，即在预算官俸项下动支，不另请领。拟请各节，是否有当，理合备文详请，仰祈都督察核示遵施行。谨详。

（原载《浙江公报》第一千五百二十一号，一四至一五页，批牍）

---

① 七员，似当为八员。

浙江都督吕批

长兴县知事详报叶阿五因伤身死并送格结由

详及格结均悉。董长生以房屋纠葛,殴伤叶阿五致毙,案关人命,自应研讯明确,按律科断。叶阿五之妻叶阮氏藉端纠集恶少多人,擅入董长生家,操掳米物,亦属罪有应得,并应依法究拟,以儆浇风,仰高等检察厅查核,转饬该县遵照审结具报。此批。格结并发。

五月三十日

(原载《浙江公报》第一千五百二十一号,一五页,批牍)

浙江都督吕批

警备队一区统带详报犯官傅新脱逃情形由

详悉。仰仍分别咨饬各区营一体严缉该犯傅新,获解究报,仰警政厅转饬知照。此批。钞详发。五月三十日

计钞原详一件。

附原详[①]

详为遵饬查覆犯官傅新脱逃实情仰祈鉴核事。

窃于本年四月二十七日奉都督府第九六九号饬开,"案据该区第二营管带王镇乾详称,'本月十四日据第三哨哨官王炳炎申,据哨长王奋武报告,本月三日由第二区解来犯官傅新一名,奉司令部饬令卫兵司令看管,昨十二日轮值前任第三哨哨官许济看管。是日清晨独立后,适该哨官被拿,卫兵交代,正军民纷扰之际,该犯官傅新遂乘隙遁,遍寻无着等语,理合报候鉴核前来。查该犯官既泾被押[②],胆敢乘隙脱逃,实属目无法纪,其时管

---

① 底本省略,编者补。
② 泾,疑为"经"字之误。

带尚未到差，兹据申报前情，除派兵四出追缉外，合亟具文转报，仰祈钧鉴俯赐核转，通饬一体协缉等情前来。除准予通缉、各区协缉外，据称是日应值哨官许济被拿，自属势难照料，至卫兵等轮班值管，应无疏虞，何至该犯脱逃全无知觉，果因当时军事仓偟失措，抑或另有别情，合行饬仰该统带切实查明确情具报，并严饬所属一体缉拿，归案究办，毋稍徇纵，切切，此饬'等因下部。奉此，遵即转饬本区教练官薛延祚遵照前因据实查覆去后。兹据覆称，教练官遵即查询第三哨哨长王奋武究竟傅新脱逃如何确情，旋据报称，'犯官傅新系于本月三日由第二区解送司令部，当奉部饬卫兵司令看管，因该犯属于官长，并未押在禁闭室中，仅有轮值哨官将该犯官看管于卫兵室内，逐日轮值，无他故。讵料是日由前任第三哨哨官许济轮值，适独立后，许哨官被拿，一时军民纷扰，而卫兵长柯金高及卫兵等，因无上官督率，事出仓猝，致有疏虞，故该犯官傅新遂乘隙脱逃，事属实情'等语。据此，教练官覆查无异，但第三哨哨官许济业经去职离杭，无从查追"等情前来。据此，统带覆查各情，当属实在。除另严饬所属一体严拿逃犯傅新归案究办外，为此理合据情详覆，伏祈钧督察核施行。谨详。

（原载《浙江公报》第一千五百二十一号，一五至一六页，批牍）

浙江都督吕批

详请调补一营一哨二营一哨各哨官差遣由

详悉。黄培元、于得文、王砚田三员，均准如详分别调升，委状三件，随批填发，仰警政厅饬转查收，分别给领，并将各该员等交替日期具报。至探员遗缺，即由该统带径行遴补可也。此批。钞详发。五月三十日

（原载《浙江公报》第一千五百二十一号，一六页，批牍）

浙江都督吕批

警备队一区统带王凤鸣详送二三四五营

各在职人员履历名单请准予加委由

详悉。除该区第二营管带王镇乾、第三营管带赵子和、第四营管带黄立勋,由本府加给任命状外,其余各员,仰警政厅查核加委具报可也。此批。钞详连同任命状、名单、履历并发。五月三十日

(原载《浙江公报》第一千五百二十一号,一六页,批牍)

浙江都督吕批

详报撤换连附黄衷宪并请委任连附司务长由

准如详办理。新委该连连附马之良、司务长徐强,委状各一道,随批附发,仰警政厅饬营查明,分别给领,并将各该员交替日期具报。此批。钞详发。五月三十日

(原载《浙江公报》第一千五百二十一号,一六页,批牍)

浙江都督吕批

高等厅详报鄞地审厅判处盗犯李德新等死刑由

详及钞卷均悉。盗匪李德新、林阿三、金阿二三名,屡次纠众行劫,既经在宁波警察厅及检察厅供认不讳,罪证确凿,虽至起诉后,该犯等狡供,讳抢为偷,然两次行劫,均带有刀械、火把,并砍伤事主,是其伙同强抢,无可狡饰。该厅既查无违误,自应按法惩治,以昭炯戒,仰转饬提犯李德新、林阿三、金阿二三名,验明正身,执行枪毙,并将行刑日期具报备案。此缴。钞卷存。五月三十日

(原载《浙江公报》第一千五百二十一号,一六页,批牍)

浙江都督吕批

安定中学校校长陈纯呈报校生陆焜等四十四人毕业由

据呈称该校四年级生陆焜等四十四人期满毕业等情,仰民政厅核明转饬该校长知照。此批。摘由钞呈发。五月三十一日

（原载《浙江公报》第一千五百二十一号,一七页,批牍）

浙江都督吕批

民政厅据龙泉县季庆麒等禀控知事
张绍轩失职违法请撤换由

禀悉。列控各节,事关官吏违法,虚实均应澈究,仰民政厅派员查明,具复核夺。此批。折由、禀钞发。五月三十一日

（原载《浙江公报》第一千五百二十一号,一七页,批牍）

浙江都督吕批

杭县徐继生禀称不报杭地审厅判决请救济上诉由①

据禀,尔案业已判决确定,自应听候依法执行,所请救济,上诉期间实属无此办法,碍难照准。此批。五月二十九日

（原载《浙江公报》第一千五百二十一号,一八页,批示）

浙江都督吕批

前步兵二十四团一营连长陈子汶家属陈朱氏禀
请就近给领遗族年俸以免跋涉由

批禀悉②。应领本年遗族年俸一百九十二元,准予照发,仰即备具领结来府具领可也。准此。五月三十一日

（原载《浙江公报》第一千五百二十一号,一八页,批示）

---

① 不报,疑为"不服"之误。
② 批禀,疑为"据禀"之误。

浙江都督府饬政字第　号

饬财政厅据崇德县公民徐受孚等电禀益大茧行
擅用私秤请速派员同验罚办由

为饬行事。案据崇德县公民徐受孚等电禀，"崇德益大茧行擅用二十两私秤收茧，当将该秤送县验明，由县验明发局，局长仍将私秤发还收茧，群情怨愤，请速派员同验罚办。余禀详"等情。查私用重秤，久为例禁，兹值茧市正旺之际，岂能任茧行有擅用私秤收茧情事，倘果如该公民电禀，该茧局长亦有袒庇行商等情，尤属不合，合亟饬仰该厅迅即会同民政厅饬查核办毋忽，切切。此饬。

都督吕公望

右饬财政厅厅长莫永贞。① 准此。

中华民国五年五月三十日

原　电

都督、财政厅鉴：崇德益大茧行擅二十两私秤收茧，当将该秤送县验明，由县验明发局，局长仍将私秤发还收茧，群情怨愤，请速派员同验罚办。余禀详。公民徐受孚等叩。

（原载《浙江公报》第一千五百二十二号，一九一六年六月八日，一页，饬）

浙江都督府饬军字第二百七十五号

饬委王仁济充杭州游击队司令部司药由

为饬发事。案查前据该统领呈送王仁济履历，请委充该司令部司药等情，应准照委，月薪照二等司药七成支给，合将委任状饬发该

---

① 右字下，底本脱"饬"字，径补。

统领转给祗领遵照。此饬。

计发委任状一张。

都督吕公望

右饬杭州游击队统领张伯岐。准此。

中华民国五年五月三十一日

（原载《浙江公报》第一千五百二十二号，二页，饬）

浙江都督府饬政字第一百五十四号

饬民政厅据瓯海道师范讲习所请催解款饬厅核办由

为饬遵事。据瓯海道师范讲习所第一所长叶正度[①]、第二所长杜孝治电称，"瓯海道师范讲习所需款万急，请速饬各县解款维持"等语，合行饬仰该厅长迅即查照定章，分别严饬催解，以维学务，并转各该厅长知照。此饬。

都督吕公望

右饬民政厅长王文庆。准此。

中华民国五年五月三十一日

（原载《浙江公报》第一千五百二十二号，二页，饬）

浙江都督府饬政字第一百五十五号

饬财政厅核办嘉兴六邑茧商电请茧货
经过厘卡免予起货过秤由

为饬知事。据嘉兴六邑公所全体茧商电称，"茧厂间接洋商关系，于国税营业甚大，既有委员验明报捐，奉给护照出运，若再经过厘卡起货过秤，非但茧质受损，尤属扰累不堪，如或节节提验，茧受潮霉变，损失谁负其责，即盼酌夺示遵"等情前来。该商等所陈各节，事关

---

① 底本脱"习"字，径补。

茧捐向章,应否详拟变通,以期便商而仍无碍收入之处,合亟饬仰该厅长迅即酌核饬遵,仍将核办情形详复备查。此饬。

都督吕公望

右饬财政厅长莫永贞。准此。

中华民国五年五月三十一日

（原载《浙江公报》第一千五百二十二号,二至三页,饬）

浙江都督府饬政字第一百五十八号

饬发财政厅厅长兼任烟酒公卖局长由

为饬遵事。兹任命该员兼任烟酒公卖局长,合将任命状饬发遵照。此饬。

都督吕公望

右饬财政厅厅长莫永贞。准此。

中华民国五年五月　日

（原载《浙江公报》第一千五百二十二号,五页,饬）

浙江都督吕批

平湖县知事详送四月分监狱工场出品暨收支一览表由

详、表均悉。仰高等检察厅查核转饬知照。此批。详、表抄发。

五月三十日

原　详

详为详送事。案照平邑遵饬筹设旧监狱工场,业经详奉核准实行工作,并将民国四年五月一日开办起,至本年三月底止,收支各数先后列表详送查核在案。兹应接报四月份收支各数,除照案列表分详财政厅暨高等审、检厅外,理合列表具文详送,仰祈都督鉴核批示,实为公便。谨详。

计详送平湖县监狱工场出品暨各项收支一览表一份。

四月份

科目	品名	收入 成品数量	收入 成品得价	收入 合计	支出 材料费	支出 艺师薪津	支出 赏与金	支出 杂费	支出 合计	比较 盈	比较 亏
缝纫	缝衣工资	八五件	一六·○九六	一六·○九六	六·六四○	五·○○○	一·八九一	○·六一○	一四·一四一	一·九五五	无
机织	结板带縏工资	一二四根	二·二五○	二·二五○	无	二·五○○	○·四五○	无	三·九五○	无	一·七○○
篾竹	篾篮师	一七六双	七·○七三	七·○七三	六·二七○	二·五○○	○·一六一	○·○四四	八·九七五	无	一·九○二
	草履	三一○双	二·九一一	二·九一一	二·七七○	无	○·○二八	无	二·七九八	○·一一三	无
	草绳	五二二斤	五·六○○	五·六○○	五·二○二	无	○·○八○	无	五·二八二	○·三一八	无
合计		三十三元九角三分							三十四元一角四分六厘	二·三八六	二·六○二
备考	按:据报本月自戒严后,出货滞销,停工一星期,是以成品无多,以收抵支,计有亏银二角一分六厘,已由县于逐月积有余利款内拨给,合并登明。										

(原载《浙江公报》第一千五百二十一号,八页,批牍)

浙江都督吕批

外海水警厅详第□署拿获掳却油船
盗首项金富请抵销前过由[1]

详悉。美孚油船被劫一案，既经该管队长叶英会营拿获盗首项金富一名，并搜获匪枪多枝，缉捕尚属勤奋，应准由厅查明前记过次注销，仍着督饬该队长赶将是案盗伙悉数缉获，解究具报，仰警政厅迅即饬遵，并咨民政厅查照。此批。抄详发。五月三十日

附原详

详为拿获掳劫油船匪首并请取销记过事。

本年四月二十日据职厅第二区区长章翔绶详称，"据第四队队长叶英详称，'窃本年二月间前后遵奉函饬陶顺发帆船装载美孚空油桶一百双，由古鳖头运甬，经磨盘北乡洋面遇盗入船被劫，现经区长设法救回，在抢盗匪尚未弋获。查此案确系海盗项金富带班，迅将该海盗务获究解，毋使逸逃等因。奉此，队长一面饬属限拿，一面购线通报。本月二十六日据线民报称，海盗项金富现因渔泛在迩，潜匿督朱头地方，纠集匪伙，不日出洋行劫云云。查督朱头系在陆地，当即会商游击队第二营管带徐汝梅饬属协拿，并布置方法，队长随领第二、第三二号巡船堵截桃子江口，又派第一派出所巡官施邦鸿率警陆行，择守要道，即于二十七日协同游击队第二营一哨哨长黄振金将海盗项金富拿获，并搜获土大六枪一枝、土毛瑟枪一枝、前膛枪一枝、小六门手枪一枝。除将匪犯匪械概由徐管带解缴外，理合将捕匪情形备文详报，仰祈察转'等情。据此，查获盗项金富确系据劫陶顺发帆

---

[1] 第署，底本如此，疑有脱字。

船案内首要盗犯,该管队长前因防务不力,奉按署批饬记大过一次,业奉钧厅行知在案。兹既据经该队长协同游击队第二营管带徐汝梅将是案盗首项金富拿获解办,并搜获匪枪多枝,该队长叶英虽属疏防于先,尚能勤奋于后,论情不无可原。据详前情,除饬该队长仍将是案盗伙悉数缉解外,理合备详转报,可否准予转详抵销前过之处,仰祈俯赐察转"等情前来,据此查该队长叶英事前虽疏防范,事后颇知愧奋,且平时缉捕成绩尚佳,该区长代请抵销前过,亦惩前激后之法,理合备文转详,仰祈都督察核俯允。谨详。

(原载《浙江公报》第一千五百二十二号,九至一〇页,批牍)

浙江都督吕批

第六师师长呈为二十二团排长谢文彬销差遗缺以黄湘济暂代由

呈悉。步兵第二十二团第二连二排排长谢文彬,准予销差,遗缺准以差遣黄湘济暂代,仰将发到委任状转饬给领遵照。此批。五月三十一日

计发委任状一张。

(原载《浙江公报》第一千五百二十二号,九页,批牍)

浙江都督吕批

永康县知事吕策详报三月份缉捕月报表由

详、表均阅。表列接缉未破两劫案,为日已久,应速催督营警上紧侦缉,破获究报,仰民政厅转饬遵照。抄详及表并发。五月三十一日

(原载《浙江公报》第一千五百二十二号,一〇页,批牍)

浙江都督吕批

发警政厅据浙江警备队第三区统带姜映奎详报
六营军佐刁庆奎辞职以袁文豹接充由

详悉。仰警政厅查该注册,转饬知照。此批。原详抄发。五月三十一日

附原详

详为详报第六营军佐辞职遴员接充事。窃本年五月十六日据第六营张管带详称,"窃职营会计兼书记刁庆奎,因生母患病,于本月八日坚请辞职回籍,当经管带照准。所遗会计兼书记,查有前充中路右翼巡防第四营书记长袁文豹,文理清通,堪以接充,理合备文详请察转"等情前来。除批该管带取具该营新补会计兼书记袁文豹履历、印条详候转送外,理合备文转报,仰祈钧督察核俯准注册,实深公便。谨详。

（原载《浙江公报》第一千五百二十二号,一〇页,批牍）

浙江都督吕批

嘉湖戒严司令官呈为仍请将上官仁恩改委为代理少尉副官由

呈悉。上官仁恩准委充该戒严司令部代理少尉副官,月薪照少尉八成支给。委任状随发,仰即转给祗领。此批。五月三十一日

计发委任状一张。

（原载《浙江公报》第一千五百二十二号,一〇页,批牍）

浙江都督吕批

第六师师长呈为师部少校副官林拯久不到差遗缺
请以二十一团副官吕和音等调充由

呈及任命状均悉。该师部少校副官林拯,既据称久不到差,应

即撤销；遗缺准以步兵第二十一团第三营副官吕和音调升，月薪照少校八成支给；递遗之缺，准以该团第一营副官钱元定调充；递遗副官缺，准以第一连连长吴伯廉调充，月薪均照旧支给；所遗连长缺，应于记升人员中遴候核委。仰将发到吕和音任命状及钱元定、吴伯廉二员委任状分别转发，祇领遵照。此批。缴状存销。五月三十一日

计发任命状一张、委任状二张。

（原载《浙江公报》第一千五百二十二号，一〇至一一页，批牍）

浙江都督吕批

镇海炮台总台官详请委马步云充安远炮台教习由

呈及履历均悉。马步云准委充安远炮台教习，仰将发到委任状转给，祇领遵照。此批。履历存。五月三十一日

许发委任状一张。

照抄原呈

为呈请事。窃准水警厅转奉钧署批准安远炮台添设教习一员等因，自应遵照荐请委任。兹查有裁缺前镇远炮台教习马步云，老成干练，历当教习，于炮学操练确有经验，堪以充任安远炮台教习。理合开具履历，呈请都督迅予批准，填发委任，俾饬到差，实为公便。谨呈。

（原载《浙江公报》第一千五百二十二号，一一页，批牍）

浙江都督吕批

於潜县知事详县境半年未出盗案请奖出力人员由

据详该县半年未出盗案，请将得力人员给予奖励等语，仰民政厅核明饬遵具报。此批。原详抄发。五月三十一日

计抄原详一件。

详为县境半年未出盗案恳请奖励得力各员事。窃於邑僻处边境，山陵重迭，毗连六邑，集处五方，时有匪类出没窃发，而尤以冬令为甚。知事鉴于前车，按日指派营警，分路梭巡，严密防范，而警佐王世荣、哨官周光镛、哨长傅金龙等，均能勤奋职务，不辞劳苦，故自去年十一月以至本年四月计有半年以上，并无盗案发生，应即援案恳请各予记功一次，以示激劝，出自逾格鸿慈。除仍由知事督率营警加意巡防外，所有半年未出盗案情形，理合具文详报，仰祈钧督察核施行。谨详。

（原载《浙江公报》第一千五百二十二号，一一页，批牍）

浙江都督吕批

戴任详为五营详报哨官娄旭东勤劳卓著请予优奖据情转陈仰祈鉴核示遵由

详悉。厅称该哨官有功议叙之处，仰警政厅妥核具覆，转饬遵照。此批。抄详发。

附原详

详为第五营详报哨官娄旭东勤劳卓著请予优奖，据情转陈，仰祈鉴核示遵事。

本月十五日据第五营管带韩文彬详称，"窃管带以地方治安，军队有责，节经密饬各哨官长随时训练戒备在案。嗣于四月十五日傍晚时，突有卢炳奎其人纠集党羽二三百人，声称假道缙云，攻打丽水，不允所请，必须极力争战，风声所至，城中商家惊惶万状。管带防备壶镇，势难兼顾，幸赖第一哨哨官娄旭东督率军队,晓谕卢炳奎,勒令解散,一面传谕各商家,安居乐业,毋须惊惶。镇夜亲督什兵梭巡,附城各处,荷枪实弹,严密戒备,通宵达旦,幸无意外之处。卢炳奎亦因有备,不克肆逞,旋即解散,地方迄无抢劫骚扰情事。似此勤劳,不无足录。且壶镇离缙云县城六十里,一旦有事,往返需时,管带只能注意东乡一带及壶沉本镇,城厢及西南两隅全赖第一哨临时机宜,方能消患无形。哨官娄旭东年富力强,洞达事理,训练指挥无不咸宜其方,亦堪造就,似宜优加奖励,以昭激劝。惟查该哨官娄旭东初任哨官职务,薪金例列三等,可否从优晋升一等薪之处,理合备文详请,仰祈统带察核转详示遵"等情前来。统带查该管带所请系为激劝属官起见,是否有当,理合据情转详,仰祈都督鉴核示遵施行。谨详。

(原载《浙江公报》第一千五百二十二号,一一至一二页,批牍)

浙江都督吕批

上虞县知事造送四月分缉捕盗匪成绩月报由

呈、表均悉。仰民政厅转饬上虞县知事迅将表列未获各案缉获究报。此批。五月三十一日

附原呈一件。

呈为呈报事。案查前奉会稽道尹公署饬开,"案奉前巡按使公署饬发警察缉捕盗匪成绩月报表式,转饬所属按月填送"等因,奉经遵办在案。兹查本年四月分发生盗匪案件,汇填一表,除仍饬缉表列未获各案逸盗,务获究报外,理合备文呈报,仰祈钧督鉴核。除呈会稽道尹外,谨呈。

附四月份缉捕盗匪成绩表一件。

计开:

上虞县警察缉捕盗匪成绩月报表

所别类别	地点	案情	事主姓名	出案月日	损失若干	盗犯人数	境内盗匪或外来盗匪	破案月日	出力人员姓名	获犯几名及姓名	赃物若干	盗犯处分	其他
崧厦警察分所	小越西罗村	该盗匪桩墙而进，蜂拥投行劫。	罗瑞睐	民国四年一月十二日夜时。	估值洋数百元	十余人	外来盗匪				衣服首饰大小共计数百件		
崧厦警察分所	上湖头	该盗匪用竹杆爬墙开门拥入，分投行劫。	连崇善	民国四年一月二十一日夜九时。	估值洋百数十元	十余人	外来盗匪			当场格毙拒捕不识姓名盗犯一人	衣服首饰大小共计七八十件		
城区警察分所	朱巷	该盗用石撞墙，进内行劫。	朱成邑朱冠度	民国四年三月十日夜十一时。	估值洋数千元	十余人	外来盗匪	民国四年十二月七日	余姚县知事王嘉曾	周阿荣一名	衣服首饰共计一百余件		
崧厦警察分所	湖田	该盗用木头撞门，进内行劫。	潘永泰	民国四年十二月二十一日夜。	估值洋数百元	十余人	境内盗匪	民国四年十一月二十四日	崧镇警佐叶问仲	连国昌一名	银圆饰物十余件		
章镇警察分所	甄纲山振壁铜罗下	该盗在途拦截行劫。	谢嘉友	民国四年十二月二十一日下午五时。	估值洋一百余十元	四五人	外来盗匪						

152

续 表

所别类别	地点	案情	事主姓名	出案月日	损失若干	盗犯人数	境内匪或外来盗匪	破案月日	出力人员姓名	获犯几名及姓名	赃物若干	盗犯处分	其他
章镇警察分所	下管	该盗用石撞门，进内行劫。	徐怀玉	洪宪元年一月十三日夜三时。	估值洋数百元	十余人	外来盗匪				布匹衣服共计百余件		
崧厦警察分所	杨湖堰	该盗用竹竿接引，越墙进内，上楼分投行劫。	吴尚忠	洪宪元二十一月十六日夜十一时。	估值洋数百元	十余人	外来盗匪				衣服首饰大小共计九十余件		
章镇警察分所	丁宅街	该盗先后用石撞门，进内行劫。	沈寿铭、丁三宝	民国五年三月二十七日夜十二时。	估值洋四百余元	六七人	外来盗匪	民国五年四月八日	警队长王殿甲		布匹等物共计百余十匹		
城区警察分所	后陈	该盗用石撞门，进内行劫。	陈期颐同侄陈德庆等	民国五年四月二十六日夜十一时。	估值洋千数元	十余人	外来盗匪				衣服首饰银元共计百余十件		
备考													

中华民国五年五月　日陈

（原载《浙江公报》第一千五百二十三号，一九一六年六月九日，一六至一七页，批牍）

浙江都督吕批

余姚县耆民陈景云等禀控陈碧田等藉势吞赈由

据禀各节，如果属实，亟应澈究。惟查阅旧卷，陈碧田、袁功定暨冯锦标等互相攻讦，缠结经年，该民等是否有扛帮砌讼，藉端倾轧情弊，仰民政厅饬余姚县知事迅速查明虚实，分别究报。此批。抄禀发。五月三十一日

（原载《浙江公报》第一千五百二十三号，一七页，批牍）